国家社会科学基金重大项目（16ZDA222）研究成果

国家出版基金项目

"十四五"国家重点出版物出版规划项目

上海市重点图书出版项目

复旦大学新闻学院一流学科建设项目

内容提要

阅读产生知识，知识催生信仰。晚清的报刊阅读是一场"静悄悄的革命"。

本卷以晚清社会变革为背景，以报刊发展为线索，以读者阅读为中心，在时空交织中建构报刊、读者和社会变迁的多元图景。

晚清时势对读者的报刊阅读有着直接影响。从早期少数开明士绅通过宗教报刊对世界知识的理解，到甲午之后新学新政的蔓延，乃至清末学生阅读革命报刊的热潮，报刊是社会的风向标。读者在日记中再现阅读的场景，记录他们的阅读经历和心理体验，为他们的日常生活增添不少情趣。他们的阅读实践在日常叙事中得以展现，充满了丰富的情感经历和文化想象。

晚清社会"书—刊—报"形态的演变，意味着报刊作为社会的"基础设施"，其"毛细血管"作用逐步得以显现。报刊内容从早期的宗教知识、科技知识到新学新政的变化，决定了读者的阅读来源，影响了读者的认知水平，反映了晚清社会新陈代谢的进程。

晚清读者阅读报刊，接受新闻信息，是"我读故我思"的呈现方式。他们所书写的阅读文本，则是"我在故我写"的意义延伸，为后人的阅读史书写留下"旁白"。

中国报刊阅读史（1815—1949）

第一卷 晚清时期（1815—1911）

蒋建国 著

目　录

导　论 ·· 1
　一、读者本位意识与报刊阅读的时空延展 ···························· 3
　二、社会记忆与读者阅读的时代变迁 ································· 10
　三、读者阅读实践与意义之网的建构 ································· 17

第一章　早期报刊传播与读者阅读（1815—1879）··············· 21
　第一节　早期传教士中文刊物的传播、阅读及影响 ·············· 22
　　一、海外传教士中文刊物的传布与阅读 ··························· 23
　　二、《东西洋考每月统记传》与世界知识的阅读及想象 ······· 27
　　三、宗教刊物发展与口岸城市的读"刊"活动 ··················· 34
　　四、宗教刊物的大众化与社会启蒙进程 ··························· 41
　　五、《上海新报》与读报内容的转向 ······························· 45
　　六、《中外新闻七日录》与地方性阅读 ···························· 50
　第二节　洋务派官绅的报刊阅读与新闻认知 ······················· 52
　　一、新闻纸的引入与洋务派官绅的读报活动 ····················· 53
　　二、新闻纸与李鸿章的对外交涉 ···································· 60
　第三节　早期商业报刊的多元呈现与读者阅读 ···················· 66

一、19世纪70年代的《申报》与读者阅读 ·················· 66
二、19世纪70年代其他报刊的发行与阅读 ················ 101
小结 ·· 104

第二章　1880年至甲午前后的报刊阅读 ························ 110
第一节　19世纪80年代的报刊发行与阅读 ················ 110
一、19世纪80年代的宗教报刊与读者阅读 ·············· 110
二、19世纪80年代广州、天津的商业报刊与读者阅读 ····· 114
三、19世纪80年代的《申报》传播空间、阅读地理与读者反响 ··· 119
四、《点石斋画报》与读者阅读 ······························ 162
五、乡绅的资讯获取与《申报》新闻传播：以《咸丰同治光绪
　　兵事日记》为例 ·· 165
第二节　甲午时局、新闻呈现与读者阅读 ·················· 168
一、甲午之前报刊发行、传播与阅读 ······················ 169
二、报刊地理、甲午时局与士绅的读报活动 ·············· 181
三、抄报活动：《鸡林记事》与甲午时局的新闻呈现 ····· 194
小结 ·· 199

第三章　维新时期的报刊阅读与社会影响 ······················ 203
第一节　《时务报》的发行与"阅读共同体"的建构 ······· 204
一、官方发行与"制度化阅读" ···························· 205
二、发行网络、人脉资源与阅读群体的扩展 ·············· 210
三、互动与互进：阅读共同体的形成 ······················ 227
第二节　维新时期商业报刊的传播与读者阅读 ············ 234
一、维新前后报刊的发行与影响 ···························· 235
二、维新时期商业报刊的时政报道与读者阅读 ··········· 242
第三节　维新时期湖南的学会、报刊与读者阅读 ·········· 256
一、维新时期湖南的学会、学校与读报风气 ·············· 257

二、南学会的公共读报活动与湖南维新报刊的影响 …………… 263
　第四节　维新时期其他报刊的传播与阅读 …………………………… 268
　　一、《知新报》的"依附性阅读"与延展 ……………………………… 272
　　二、《国闻报》的发行与阅读 ………………………………………… 275
　　三、维新时期一些地域性、专业性报刊的发行与阅读 ……………… 278
　　四、19世纪末《万国公报》发行与读者反响 ………………………… 287
　小结 ……………………………………………………………………… 295

第四章　20世纪初报刊发行与读者阅读 ……………………………………… 302
　第一节　报刊的大众化与发行网络的延伸 …………………………… 302
　　一、报刊的多元化、大众化态势 ……………………………………… 302
　　二、报刊发行网络与辐射范围的拓展 ………………………………… 310
　　三、各地报刊销量与读者阅读的延伸 ………………………………… 323
　第二节　士绅的报刊阅读与观念世界 ………………………………… 338
　　一、传统士绅获取新闻资讯的途径 …………………………………… 340
　　二、新思潮与士绅读报的复杂心态 …………………………………… 347
　　三、乡绅们的报刊阅读与社会心态 …………………………………… 368
　　四、《文明小史》中的报刊阅读现象 ………………………………… 404
　　五、清末的抄报人与抄报活动 ………………………………………… 409
　第三节　学生社会的报刊阅读活动与观念变革 ……………………… 416
　　一、清末学堂发展与学生读报活动的推广 …………………………… 417
　　二、《新民丛报》的阅读冲击与学生世界观的变化 ………………… 422
　　三、留学生报刊阅读与学生民主革命思想的涌动 …………………… 432
　　四、《民报》等海外革命报刊的阅读与影响 ………………………… 437
　　五、国内革命报刊阅读与学生革命思潮的发展 ……………………… 442
　　六、学生读报与思想历程：周作人的早期读报活动（1898—1905） …… 449
　　七、南洋公学学生庄文亚的读报抄报活动（1902—1903） ………… 454
　小结 ……………………………………………………………………… 460

— 3 —

第五章　辛亥时局与报刊读者的阅读心态 ············· 465
第一节　辛亥革命、报刊造势与社会心理影响 ············· 466
第二节　革命形势、社会恐慌与官绅的读报心态 ············· 473
第三节　革命报刊、革命想象与革命运动 ············· 490
小结 ············· 502

第六章　劝民读报与公共读报活动的发展 ············· 504
第一节　办报与读报：报刊大众化的探索与困惑 ············· 504
一、维新之前报人办报与下层社会的读报问题 ············· 504
二、下层社会的阅报困境与劝民读报 ············· 510
三、白话报刊与下层社会的阅读面向 ············· 517
四、白话启蒙与现实阅读困境 ············· 524
第二节　早期阅报组织与公共读报活动的发展 ············· 528
一、报馆集报与报人读报 ············· 528
二、晚清书院与公共读报活动的发展 ············· 534
三、甲午之前阅报场所发展与公共读报方式的演进 ············· 545
四、维新前后的阅报组织与读报活动 ············· 549
第三节　阅报社与公共阅读的推广 ············· 557
一、官办阅报社与读报活动的推广 ············· 558
二、民办阅报社与读报风气的拓展 ············· 566
三、阅报社规章与公共阅读的制度化 ············· 586
四、讲报活动与报刊知识的传播 ············· 594
小结 ············· 602

余　论 ············· 606

参考文献 ············· 618

导　论

钱穆先生曾指出：

> 近人治学，都知注重材料与方法。但做学问，当知先应有一番意义。意义不同，则所采用之材料与其运用材料之方法，亦将随而不同。即如历史，材料无穷，若使治史者没有先决定一番意义，专一注重在方法上，专用一套方法来驾驭此无穷之材料，将使历史研究漫无止境，而亦更无意义可言。黄茅白苇，一望皆是，虽是材料不同，而实使人不免有陈陈相因之感。①

由此可见，寻求意义是整合材料的前提，没有意义的材料罗列往往令人生厌。从探寻意义的角度看，我们对阅读史的研究，不仅仅是陈述媒介的内容和特色，而应该突出读者如何通过阅读获得意义。近年来，关于"读书人"的思想、观念与日常生活的研究已成为热点。但是，关于"读报人"的系统研究却并不多见，且较为零散。尤其是在近代新闻传播史的已有成果中，关于报人、报馆与报刊的研究占据着主导地位，而读者作为新闻的消费者和报刊价

---

① 钱穆：《中国历史研究法》，生活·读书·新知三联书店2001年版，"序"第1页。

值的实现者，没有得到应有的重视。阅读的本质就是为了探寻文本意义，没有读者的阅读实践，报刊的价值和意义就无从实现。

近年来，随着阅读史研究的兴起，学界对近代报刊阅读的研究也有所关注。研究者多从某个历史时期的报刊阅读现象或结合某家报刊阅读进行研究。如李孝悌研究清末最后十年阅报社发展、讲报与演说活动，认为下层民众的报刊阅读对社会启蒙起着极为重要的作用。① 王维江对《申报》早期的官员读者群进行了具体分析，他认为"清流"看《申报》是一种政治需要，目的在于能够跟上官场上的洋务话题。② 潘光哲集中研究了《时务报》对读者产生的影响，他认为《时务报》在读书界引起的回响多元繁复。每位读者在读报的时分，都会因个人关怀的不同与思想立场的差异，对《时务报》承载或提供的讯息有自己的理解和诠释，从而形构了生命个体对外在局势和自我定位的认知，响应的策略与行动自是千样万态。③ 卞冬磊以甲午至辛亥间三类读书人（上层绅士、地方读书人、青年学生）日记为主要史料，探讨现代报刊如何进入中国历史、读书人如何阅读报刊、报刊塑造读书人的何种精神气质。④ 张仲民在书籍史和阅读史研究中，运用了大量报刊史料进行阐述。⑤ 其他一些有关近代新闻史的论著中也有对报刊的零散论述。但是，从总体上看，目前学界对晚清报刊阅读缺乏系统梳理，尤其是有关报刊新式传媒如何"进入"读者的精神世界，报刊内容变化对读者思想所产生的影响，读者阅报的历史记忆及其观念变化，读者群体的组成、相互关系及其社会演变等问题，尚没有结合晚清报刊的整体发展史与观念史进行系统研究。另外，虽然有些学者对《万国公报》《申报》《时务报》等报刊的阅读进行了个案研究，并揭

---

① 李孝悌：《清末的下层社会启蒙运动》，河北教育出版社 2001 年版。该书将白话报刊的流布视为下层社会阅读的基础，报社的发展也与报刊的通俗化趋势有关。然而，清末的报刊阅读已较为深入，对于社会精英与下层社会的阅读区隔、价值差异，该书并没有进行深入探讨。
② 王维江：《"清流"与〈申报〉》，《近代史研究》2007 年第 6 期。
③ 潘光哲：《〈时务报〉和它的读者》，《历史研究》2005 年第 5 期；潘光哲：《晚清士人的西学阅读史（1833—1898）》，"中央研究院"近代史研究所 2014 年版。
④ 卞冬磊：《古典心灵的现实转向：晚清报刊阅读史》，社会科学文献出版社 2015 年版。
⑤ 张仲民：《出版与文化政治——晚清的"卫生"书籍研究》，上海人民出版社 2021 年版；张仲民：《种瓜得豆：清末民初的阅读文化与接受政治》（修订版），社会科学文献出版社 2021 年版。

橐这些报刊的价值与影响,但这些个案研究往往将读者视为"个体",缺乏与其他报刊、人物与事件的相互观照。在整个晚清新闻传播史的研究中,"读者"与"阅读"的缺位仍是明显的不足,因此,以报刊读者为主体的研究,是本书阐发意义的前提和基础。

一、读者本位意识与报刊阅读的时空延展

在晚清社会,报刊固然是传递新闻最为重要的载体,其作用与价值随着时局变动得到了极大提升,时人往往将报刊之发展与国家文明之进步联系起来。而新闻史以报刊史作为中心的研究传统一直得以延续,如戈公振的《中国报学史》与方汉奇的《中国近代报刊史》,是系统研究中国近代报刊史的经典之作,其篇章体例都突出不同时期重要报刊的地位。20世纪80年代后的许多近现代新闻史著作,大致沿袭了以报刊、报人为中心的研究线路。从关系网络的角度看,报人是生产者,报刊是产品或商品,读者是消费者,三者之间相互依存,是整个新闻市场的核心要素。但过度突出报刊与报人,而忽略读者作为消费者的主体存在,就难以全面系统地了解新闻市场的全貌,更无法评价报刊如何进入市场,如何进一步产生社会影响,也谈不上研究读者读报刊的文化意义和社会价值。因此,读者的"缺位"是新闻史研究的一大遗憾。

正如阅读史家阿尔维托·曼古埃尔(Alberto Manguel)所言:"不管是哪种情况,阅读其意义的都是读者;允诺或承认事物、地方或事件具有某种可能的可读性的是读者;觉得必须把意义归诸一套符号系统,然后辨读它的是读者。"[①] 读者作为报刊消费的主体和终端,是报刊价值的指向。"一个文本之所以存在只是因为有一个读者赋予它意义"。[②] 读者既是报刊新闻的生产者和消费者,又是社会变迁的见证者和记录者。没有读者的"在场",报刊存在的意义就难以证实,新闻的价值也难以体现。但是,在近现代报刊业发展的

---

① [加拿大]阿尔维托·曼古埃尔:《阅读史》,吴昌杰译,商务印书馆2011年版,第7页。
② [法]罗杰·夏蒂埃:《书籍的秩序——14至18世纪的书写文化与社会》,吴泓缈、张璐译,商务印书馆2013年版,第87页。

过程中，读者的"缺位"却是"常态"。我们虽然可以通过报刊文本本身，探讨报刊对社会产生的影响，但是报刊的意义生产和价值创造离不开读者的参与。谁在读，在何地何时读，读什么，有何意义，不仅是阅读史研究的核心内容，也是新闻史研究亟需重视的重要问题。研究报刊阅读史，首先就是要回归读者本位意识。

需要特别指出的是，本书以晚清报刊作为研究对象，是将国内学术界较为公认的第一份现代意义的中文刊物《察世俗每月统记传》（以下简称《察世俗》）作为研究起点，截至中华民国成立前涉及的报刊。本书不包括中国古代的邸报，尽管邸报的传播与阅读有着较为丰富的内涵，但它的内容主要以各种上谕、奏折为主，涉及朝廷动态、官员任免、科举消息与政治外交等方面的议题，但它无报头，无定式，无期号，无广告，不公开发行，与现代报纸大不相同，且其阅读对象主要为各级官员，形成了一个较为封闭的阅读系统，一般民众难有机会接触。晚清官员的日记中，阅读邸报的记录较为常见，但内容大多为官员任免、政事奏折、科举放榜之类消息，文本意义的重复性较为明显，与现代报刊新闻有着明显区别。

从报刊生产的角度看，早期的宗教报刊往往被传教士称之为"书"，以传播教义为主要目的，还不是真正意义的新闻纸。由于宗教报刊过度依赖免费"派阅"而很难体现其商品价值，也很少有读者因为读报而产生宗教信仰，因此，报刊作为"赠品"的有效阅读和传播效果很不理想。鸦片战争后，中文报刊从宗教传播到科学传播的转变过程中，才逐步引起少数开明士绅的关注，报刊作为"知识纸"的作用逐步显现。宗教报刊为少数读者打开了"世界知识"的窗口，尤其是传教士在推动教会、报馆与学校一体化的发展过程中，宗教报刊逐步在口岸城市获得了士绅社会的认知。报刊作为"交往纸"，在中西人士的社交中充当着"中介"的作用，尤其是早期宗教报刊的读者来信栏目，在解答"问题"的过程中，建立起编者与读者之间的沟通桥梁。

1850年代后，随着传教士对活字印刷技术的推广，使用活字印刷的刊物如《遐迩贯珍》《六合丛谈》具有更强的新闻性、知识性和时效性。活字印刷有利于新闻的灵活处理和编排，提升了读者阅读的审美意趣。宗教刊物的新闻和读者来信栏目,使读者对"时事"的概念有了一定认知。宗教刊物"说理"与"叙事"的有机结合,推动了宗教刊物向着"新闻纸"的方向发展。1860年代后,随着《中外新报》《上海新报》等报刊的创办,新闻与广告成为报刊的主要内容,"报"与"刊"之间在内容与形式方面有着较大差异。报刊拓展了新闻的时空概念,为读者建立了一个新的阅读与交往网络。正如安德森所言:"印刷资本主义使得迅速增加的越来越多的人得以用深刻的新方式对他们自身进行思考,并将他们自身与他人关联起来。"①"新闻"借由报刊的通道进入读者的感知和观念系统,打破了传统社会以"见闻""听闻"获知信息的局限,为读者编织了广阔的"互联之网"。

在人类历史上处于中心位置的,是各种相互交往的网络。② 而交往网络的发展,往往与媒介的"介入"有密切的关联。在某种程度上看,新闻是交往的"注释",正如费孝通所言:"传统社会里没有新闻,不需要新闻,也害怕新闻。一个人从生到死,有着一定的安排;有问题时,找个老年人问问,经验是最可靠的咨询者。传说、经典是生活的指南。一切成为新闻的也必然是离经违道的事故,正经的人应当充耳不闻。"而现代社会对新闻的需求,乃是基于人类交往网络扩大的需要。"现代社会里不能关了门独善其身,一朝起床就要问华盛顿、伦敦、莫斯科有什么消息。世界神经中枢有任何一点变化,就会牵连到世界各地任何一个小细胞。新闻,也成了一个现代化程度的指数。"③ 因此,看新闻,就是"看世界"。新闻是整体上的交往网络,使个体与世界建立广泛的联系。

报刊阅读具有时间与空间的双重面向。"报纸出,则不得观者观,不得听者听"。④ 现代报刊打破了读书人的传统交往方式,使不同"地方"的读书人

---

① [美]本尼迪克特·安德森:《想象的共同体:民族主义的起源与散布》(增订版),吴叡人译,上海人民出版社2011年版,第33页。
② [美]约翰·R. 麦克尼尔、威廉·H. 麦克尼尔:《人类之网:鸟瞰世界历史》,王晋新、宋保军等译,北京大学出版社2011年版,第1页。
③ 费孝通:《美国人怎样办报怎样读报?——为〈上海文化〉特辑专写》,《上海文化》1946年第5期,第14页。
④ 谭嗣同:《〈湘报〉后叙(下)》,《湘报》第11号,1898年3月18日,第2页。

可以通过新闻建立联系,并能提供"邂逅"的机缘。同时,新闻改变了读者的时空观念,报刊可以使读者在不同的地点阅读相同的新闻,读者的阅读不仅是一种精神消费活动,通过报刊,读者可以打破地理空间的局限,与许多素不相识的人隔空"相遇"。19世纪70年代后,以《申报》为代表的商业性报刊,在都市社会向城镇社会传播的空间延展中凸显其"商品"属性,经营者注重扩张发行渠道和广告营销,但其新闻的社会性和广博性仍然有一定局限,商业报刊作为"信息纸"的特征较为突出。然而,商业报刊打破了读书人的传统阅读方式,"新闻"的消费能够"产生"意义,并拉近了读者与现实社会的距离。新闻纸强调"当下"的价值,注重挖掘"消息"的意义,从而打破了邸报对于官方新闻的垄断地位,使读者在阅读过程中被赋予了"主体"地位,读报刊不仅可以知晓天下事,还能获得新的阅读趣味和象征资本,并建构了日常生活的意义网络。19世纪80年代,随着电报新闻的运用,电报对诸如《申报》之类的商业报刊影响深远,它不仅提供时政要闻,同时还传播社会、文化、经济和军事新闻。电报报道缩短了从事件发生到新闻报道触及公众所需的时间,并能及时提供有关事件进展和公众反应的追踪报道,从而提升了新闻对大众的影响力。① 尤其是电传科举新闻打破了传统官方新闻传播模式,为读者提供了快捷的传播渠道,并制造了集体意义上的新闻话题和公共舆论。

甲午以后,政论性报刊崛起,尤以《时务报》为标志。汪康年等人充分利用官方资源和人脉网络推广发行,产生了明显的"涟漪效应",极大地扩展了士人的阅读圈层,开启了思想启蒙的新时代。"中外通、上下通"的变法言论在士林中引起巨大反响,梁启超也由此"暴得大名"。之后,《新民丛报》《民报》等政论性报刊也声名鹊起,报刊作为"政治纸""思想纸"的作用得到彰显。而随着白话报刊的普及,报刊作为"启蒙纸"的价值得到进一步提升。总之,现代意义上的报刊媒体,作为"知识仓库"的构成要素之一,越

---

① [美]周永明:《中国网络政治的历史考察:电报与清末时政》,尹松波、石琳译,商务印书馆2013年版,第75页。

发吸引士人的目光,逐渐成为日常读书生活里的必需品。①

报刊文本是新闻意义的来源,而且,"文本只有通过读者才具有意义,且会随读者而变化"。② 我们探讨晚清报刊的价值,必须要思考读者作为消费者主体的重要性。但新闻史研究对于报刊读者的"忽略",并非研究者故意为之。即便是今天的"全媒体"时代,对于"受众"的重视也仍然不够。从统计的角度看,晚清社会很难有报刊读者的具体数字和阅读调查,尤其是早期的传教士报刊以免费阅读为主,其发行量与阅读率之间的关联性很难考证。诸如《申报》之类的商业性大报,在发行之初曾经宣称有颇多"市肆之人"阅看,但并没有具体数据加以证明。而报刊自称的发行量更是存在诸多疑问,许多代销处往往有大量过期的报刊退回报馆,其有效发行与实际阅读之间有较大差距。从量化的角度研究"阅报史",的确有很大难度,而对整个晚清报刊读者的量化研究更是无从谈起。

虽然读者读报的过程较为复杂,但并非说明读报的史料无从检阅。事实上,许多读者的读报活动往往见诸他们的个体记忆之中。一些有心的读报人有着记载、抄录或摘录新闻的习惯,他们将读报所见所感付诸笔端,通过日记形成了具有个体情感色彩的读报历程。正如大卫·理斯曼(David Riesman)所言:"日记可以作为个体内部时间与活动的研究根据,因为个体借日记来记载并评价着自己每天的行为。日记还可以说明行为的自我和反省的自我之间的差距。"③ 因此,日记乃是个体生命历程的真实记录。晚清无数士人的日记中,蕴含了较为丰富的读报内容。尽管有学者进行了个案或者阶段性研究,但是对晚清日记与读报活动进行系统研究的成果尚未见到。通过日记来观察读者的阅读心态、社交网络、价值观念,可以真实地反映报刊进入读者阅读世界的历史进程。大量的回忆录、杂记、年谱,也有许多关于读报的史料。晚清士人对于报刊可能存在着"选择性记忆"的问题,且记载的

---

① 潘光哲:《晚清士人的西学阅读史(1833—1898)》,"中央研究院"近代史研究所2014年版,第20页。
② Michel de Certeau, *The Practice of Everyday Life*, Berkeley: University of California Press, 1988, p. 170.
③ [美]大卫·理斯曼等著:《孤独的人群》,王崑、朱虹译,南京大学出版社2002年版,第43页。

新闻有着一定的主观判断，但他们着重记录某些报刊及新闻事件，至少可以说明报刊对他们有着一定影响。一些读者读报后所写的书信，则能反映读者对某家报刊或某一新闻事件的态度，他们通过向亲友"二次传播"，表明他们作为读者的"身份"。上述的"零散记忆"，往往通过报刊新闻得以互证，如报刊刊登的大量读者来信与售报广告，便表明其发行范围与读者阅读的反响。报刊作为文本通过"延伸的场景"为读者建构"社会图景"，读者的记忆因而可以构筑阅读的"意义之网"。因此，从日记、回忆录、杂记、书信、年谱、报刊等不同的文献来源研究阅报史，可以通过零散的史料"重演"阅报的部分历史场景。

但是，在浩如烟海的晚清史料中，寻找读者读报的材料实不容易。对日记颇有研究的桑兵认为："仅就日记史料而论。尽管相对于此前，晚清民国是目前所知留存日记最多的时期，可是有条件有能力记日记的，在全体社会成员中毕竟不占多数，愿意并坚持写日记的更少，能够留存下来而又幸而公开面世的，则少之又少。"① 尤其是一般民众的识字率较低，很难坚持记日记。目前我们所看到的晚清日记，其主人基本上属于士绅阶层，很少有粗识文字的"贩夫走卒"，而且，相对于其他史料，日记材料的总量并不多。但近年来，各地图书馆、档案馆和出版社整理和影印了不少晚清日记，为报刊阅读史研究者提供了新的史料来源。然而，晚清文人的日记中，有关读报的记载较为零碎杂乱。对于研究者而言，我们无法预设某人的日记是否有读报的记录，因此，研究者不能抱有侥幸心理，需要逐页浏览方不致遗漏零散的读报记录。此类艰苦的阅读不仅需要耐力，还要求研究者具有很好的洞察力。由于日记往往体现了主人的偏好，他们对日常生活的记录也有一定的选择性，对于晚清士人而言，读书、写信、酬酢、公务、家庭生活的记录往往成为日记的重心，即便是在清末报刊较为发达的时期，将读报作为每天生活的内容并坚持记载的读者甚为少见。就"知识仓库"的构成而言，文人日记中读书

---

① 桑兵：《走进共和：日记所见政权更替时期亲历者的心路历程（1911—1912）》，北京师范大学出版社2016年版，第2页。

的记载较多,尤其是阅读儒家经典和二十四史的内容占有相当比重,经史知识是显示士人知识积累、学术地位和价值取向的重要象征,也是他们获取功名的重要前提。在晚清文人的知识仓库中,古典知识的比重很高,而获得世界知识仍然是少数文人所追求的目标。这在甲午之前的文人日记中尤为明显。

从获取资讯的角度看,晚清士人往往通过收发书信、社交和公务活动与外部世界发生种种联系,尤其是收信、读信、写信和发信,成为许多文人日记的日常记录,体现出他们的情感诉求、交往范围、资讯来源和社会网络。而报刊作为"现代性"的象征,虽然逐步受到士人的重视,但由于交通、邮政等方面的限制,能够常年订阅报刊的士人所占比例并不很高。一些长达数百万字的日记,有关读报的内容可能就是几句话,甚至毫无记载。从总体上看,读书人向读报人的过渡与融合是一个较为漫长的过程。从日记中发现"报刊新闻",是一个极为艰苦的阅读过程。但是,一些零散的读报记录,形成无数具有复杂意义的文本,能"重演"读者的阅读经历和历史场景,并跨越时空,建构文化意义,展现报刊知识和新闻资讯在士人思想世界的回响。

尽管我们发现和研究报刊读者较为困难,但并不能就此低估新式报刊传媒的社会影响。报刊文本作为社会记忆的象征,不仅为时代"画像",而且作为传播新式知识的"种子",在读者心中萌芽和生长。读报人阅读新闻事件所产生的震撼,往往与时代的变奏结合在一起,并通过新型知识波对社会产生巨大的冲击力。甲午之后,西学新知的广泛传播,乃是报刊深入读书人思想世界的重要见证。旧学虽然强大,但报刊知识却能够产生变革力量,为读者指明问题与主义,道路与方向。诚如裘廷梁所言:"阅报之多寡,与爱力之多寡有正比例,与阻力之多寡有反比例。"① 报刊为读者打开了一个新的世界,虽然他们在科举制度下仍然苦读经史,但报刊传播时务新知所产生的强大威力,却是不争的事实。

所以,无论从阅读史、文化史还是社会史的角度看,"读报人"是晚清社

---

① 《裘廷梁函(2)》,上海图书馆编:《汪康年师友书札》(3),上海古籍出版社1987年版,第2625页。

会不可忽略的重要群体。晚清社会在走向崩溃的过程中,既面临着西方列强的屡次入侵和宰割,又面临着传统的逐步瓦解与"被动变革"的剧痛。在"除旧布新"的过程中,读书人的思想世界有着极为复杂的变动,有着幽微多样的阅读心态。读书人的观念冲突与价值取向,随着时局的变化而呈现诸多不同的"面相"。而在"时局阽危"的形势下,读书人对"现代性"的接受与拒绝也经历了极为复杂而矛盾的冲突。从这个层面看,作为现代传媒的报刊,是检验"现代性"的重要标识,也是缓解读书人内在紧张的重要文化资源。正如谭嗣同所言:"各新闻纸为绝精之测量仪器,可以测其国,兼可分策其人。国愈盛者,出报必愈多,人至极暗陋,必不阅报。"① "读书人"向"读报人"的身份转变,其背后往往存在着"古典"与"现代"、"传统"与"时尚"、"保守"与"先进"等理念的认知过程。报刊既为读者建构了"情感共同体",也为读者提供了"思想版图"。书与报在知识类型上有着明显的区别,有评论指出:"中国之书多矣,读书者亦众矣。而往往求博古之才则易,求识时之才则难,何也?良以考古之道在乎读书,而通今之务莫如读报,报即今之书也。"② 因此,当现代报刊进入读书人的阅读世界,"读报人"必将成为观察晚清社会的一道绮丽风景,"读报人"的所思所言所行,不仅是报刊阅读的历史轨迹,也是社会变迁的一个缩影。

二、 社会记忆与读者阅读的时代变迁

"只有报纸,才能在同一时间将同一思想灌注于无数人的脑海"。③ 报刊在时空延展中为读者提供了"相遇"的机会,所谓阅读,"其实就是一个不断邂逅的运动"。④ 报刊不断提供新的新闻文本,而读者通过报刊不断地与新闻"邂逅"。通过阅读,"原本可能难以或根本无法彼此交谈的人们,通过印刷字体和纸张的中介,变得能够相互理解了"。而被报纸所聚集的读者群体,"在

---

① 谭嗣同著,蔡尚思、方行编:《谭嗣同全集》(上册),中华书局1981年版,第262页。
② 李洵:《〈华字汇报〉缘起》,《大公报》1905年6月3日,第2版。
③ [法]托克维尔:《论美国的民主》(下卷),董果良译,商务印书馆2016年版,第698页。
④ [日]小森阳一:《作为事件的阅读》,王奕红、贺晓星译,南京大学出版社2015年版,第3页。

其世俗的、特殊的和'可见之不可见'当中，形成了民族的想象的共同体的胚胎"。同时，报纸所形成的同时性（simultaneity）概念，对于信息的共享具有重大意义。"即使是'世界性事件'也都会被折射到一个方言读者群的特定的想象之中。"① 而地方性知识和地方性事件，则更能引起读者的共同回响，从而产生丰富的文化印记。

对于读者而言，阅读本身就是通过记忆而构建"知识仓库"，"记忆不仅仅是过去的时间在我们脑海中刻下的印记；它是一个守护者，守护着那些对于我们最深切的希望和恐惧而言有意义的东西。照此，记忆又是一个证据，它证明了我们与时间之间存在一种灵活且具创造性的关系，其指导性原则不是时钟，而是我们经验的质的意义"。② 同时，"记忆是实现历时性和时间延续的器官"。③ 在一个特定的历史时期，读者读报既是一种仪式化的过程，也是一种历史场景的回顾。因此，读报是读者在流动的时间中与报刊提供的新闻空间的"相遇"。在此过程中，不仅新闻是"事件"，而且阅读本身具有"事件性"。诚如日本学者小森阳一所言：

> 阅读过程中，读者最先投身的就是文本这个文字与文字相连接的场所。作为一名读者，当自我意识开始介入文本的那一刻起，时间流动起来，文本的空间也开始不断展现，与此同时，这也是表述者与读者同时在场相遇的开始。表述者曾经写出的语句，进入了读者的意识空间，由此生成意义，这同时也意味着曾经存在于读者意识中的语句，被投企到了表述者所组织的文本场域当中，这个原本完整的时空连续体场域，由此出现了瞬间的扭曲和突起——这里发生的就是事件。④

---

① ［美］本尼迪克特·安德森：《想象的共同体——民族主义的起源与散布》，吴叡人译，上海人民出版社2011年版，第43、60页。
② ［美］罗洛·梅：《人的自我寻求》，郭本禹、方红译，中国人民大学出版社2013年版，第200页。
③ ［德］阿莱达·阿斯曼、扬·阿斯曼：《昨日重现——媒介与社会记忆》，陈玲玲译，冯亚琳、［德］阿斯特莉特·埃尔主编：《文化记忆理论读本》，北京大学出版社2012年版，第21页。
④ ［日］小森阳一：《作为事件的阅读》，王奕红、贺晓星译，南京大学出版社2015年版，第4页。

晚清报刊如何影响读者阅读的"事件"是一个漫长的发展过程。早期的传教士将报刊视为宗教传播的工具，他们虽然具有"眼光朝下"的宗教情结，但是，宗教报刊在底层社会的传播却收效甚微。"蛮夷"与"邪说"的概念深存于下层民众的观念之中，对于传教士所谓"融合中西"的传教理念，也很难得到民众的回应。但鸦片战争前宗教报刊阅读率的低下，并没有打消传教士的办报热情，他们对西方科技知识的传播，也终于得到了少数中国士大夫"睁眼看世界"的回应。鸦片战争后，他们对下层民众的传播策略虽有所变动，并且以"西方新闻""社会新闻"吸引读者的关注，仍然收效甚微。在上海、广州等口岸城市，很少有下层民众对宗教报刊感兴趣。而少数"口岸文人"由于生计所迫，在被外报聘用的过程中，"被动"地阅读宗教报刊，这些"落拓文人"将编报、阅报视为一体化的工作，他们虽然视报馆谋生为末路，却在无意中兼具读书人与读报人的双重身份，甚至充当了某些宗教报刊的"首席读者"，进而对晚清社会的报刊阅读起着先导作用。

正如陈旭麓所言："洋务运动汲取来的西方知识对中国传统社会的冲击，比十次旧式农民战争更大。"① 洋务运动对报刊阅读有着重要影响。洋务官员对现代传媒的认知远超一般士绅。从李鸿章、刘坤一、张之洞、沈葆桢、郭嵩焘、曾纪泽、周腾虎、赵烈文、薛福成、吴汝纶等人的日记或书信中，可以发现大量读报记录。与早期口岸文人的被动式阅读不同，一些高级官员和幕僚往往将"饭后读报"视为一种生活习惯，并摘录某些重要新闻以示重视，有时还配上一段评论以表达自己的见解。尤其是一些阅读"外国新闻纸"的记录，表明他们已具有洞察"西方世界"的眼光。正如法国社会学家布尔迪厄所言："'眼光'是由教育再生产出的历史产物。"② 这些早期阅读"洋报"的高级官员，在接受"西方知识"的过程中，形成了迥异于传统精英的"审美眼光"，他们通过读报所形成的趣味，对"洋务"的集体认知有着重要影响。可见，少数政治精英的读报活动，虽然没有影响到整个上层社会，却开

---

① 陈旭麓：《近代中国社会的新陈代谢》，中国人民大学出版社 2015 年版，第 113 页。
② [法] 皮埃尔·布尔迪厄：《区分：判断力的社会批判》（上册），刘晖译，商务印书馆 2015 年版，导言第 4 页。

启了阅报史的新时代。他们对现代报刊的观感尽管没有脱离"中体西用"的窠臼,但他们通过读报可以增见闻、长智识、学西学,从而与传统守旧的官绅有着明显区隔。

1872年,《申报》作为商业性报刊的发行与传播,对报刊阅读的扩张有着重要意义。尽管早期的《申报》发行量不大,却在提供新闻、制造舆论方面有着重要影响,并由此在士林中引发较多关注。一些较为开明的官绅便通过阅读《申报》而知时事、评时政、抒胸臆、摆观点;一些文人骚客通过投稿来改变"书写方式",在《申报》中寻找文艺滋味与自我价值;一些商人则通过在《申报》中刊登广告来寻找作为潜在消费对象的读者。通过借阅和传抄,早期《申报》的阅读还延伸到乡村社会,制造新的阅读"事件"。如苏州乡下的柳兆薰便借阅了1874年的《申报》,早期《申报》在江浙地区拥有不少读者。《申报》为"四民"服务的口号虽然有些夸张,但其文体的浅易更能降低读者阅读的门槛。报刊的通俗化虽然经由传教士的努力有较大改观,但《申报》作为商业性报刊进一步打破"古典"叙事范式,使读者感受到现代传媒的巨大魅力。

读报纸就是读社会、读时代。商业性报刊的职业化分工,使其新闻更具可读性。《上海新报》《香港新报》《汇报》《述报》《广报》《时报》《直报》等报刊对地方新闻和社会新闻的重视,有利于商业性报刊的地域性扩张。中法战争前后,报刊对新闻时效性更为关注,读者往往将重大时政问题作为日记中的议题。何承禧、庄鼎臣、王伟桢等人对中法战争期间的新闻抄录活动,便是普通士人关注时局的重要例证。但是,由于阅读观念、传播技术与邮政条件等方面的原因,在甲午之前,整个社会精英阶层中读报人的数量十分有限,至于下层民众,则很少有机会接触到现代报刊。报刊发行主要集中于通商都会,城镇社会的普通民众仍然难有机会订阅,但通过士人的借阅、寄阅、赠阅、抄录和书信交流,江浙一带的某些乡绅也有机会阅读报刊,了解时局。总体上看,报刊作为中国现代化的缩影,主要集中在几个口岸城市。即便读书人具有读报倾向,但报刊的"可得性"是一个现实难题,从地理空间上看,北方地区的读者很难有机会接触到现代报刊。

甲午之后，国将不国，"中国知识分子面临的不仅是一种政治秩序的危机，而且是一种远为深刻的危机——东方秩序的危机"。① 面对前所未有的危机，士人需要用新的世界观来重建意义和秩序。西学的广泛传播进一步打破了传统儒学的知识垄断地位。在"道出于二"的背景下，读书人开始向知识人转变，在古典与现代、保守与前卫、中学与西学之间，读书人面临着身份认同与价值取舍。而读书人是否愿意看维新报刊，更是立场与观念的考量。维新报刊以"变法图强"的观念引领社会思潮，很快得到知识界的广泛回应，围绕着《时务报》等维新报刊而形成的读者群体，汇聚成一个巨大的"阅读共同体"。维新报人运用其广泛的人脉资源和发行系统，将报刊渗透到"城镇社会"和"乡村社会"，维新言论使许多读书人"如饮甘泉"，在士林中产生巨大震动，达到"梦寐以求"的地步。尤其是学校、学会与报刊三者之间的互动，在整个士绅社会中形成了巨大的舆论场，由此吸纳更多的读书人加入维新报刊的阅读潮流之中。宋恕便指出："今赤县之民渐知耻矣！夫不耻者昏，徒耻者懦，耻莫若学，学莫若会，立学会莫若基报馆。"② 在宋恕看来，设报馆是学新学的前提。桐城派学者贺涛就告诫门下诸生："为学当以史部各类为主，古今中外一切事迹掌故，及近时各报，皆史类也。……今当以看报为主，已译各种亦须随意披阅。"③ 读报重于读书，这可谓是开明士绅的新颖观点。因此，与守旧的士绅不同，新式知识分子对报刊的态度有了明显改变，他们往往能够观察到报纸文字背后的"问题"与"主义"。正如理斯曼所言："他们有了自己独特的见解，不再受传授者的观点限制而阅读，读者接受的信息无论在深度、广度还是变化上都更宽泛了，印刷品因此成为促进社会变化的重要因素之一。"④

甲午之后，维新思潮波及大江南北，"除旧布新"已成时代所趋，启蒙所

---

① 张灏：《危机中的中国知识分子：寻求秩序与意义》，高力克、王跃译，毛小林校译，新星出版社 2006 年版，第 10 页。
② 宋恕：《〈经世报〉叙》，《经世报》第 1 期，1897 年 7 月 20 日，第 3 页。
③ 贺葆真著，徐雁平整理：《贺葆真日记》，凤凰出版社 2014 年版，第 48 页。
④ [美] 大卫·理斯曼等著：《孤独的人群》，王崑、朱虹译，南京大学出版社 2002 年版，第 89—90 页。

向。正如丘为君所言:"近代中国启蒙运动的第一项重要特质,是对'新'的乌托邦式向往。作为启蒙运动世代的一种重要心态,'新'被启蒙世代视为'善'的象征,'旧'则被看成是万'恶'之源。"① 对于读者而言,维新报刊为他们界定了"新"与"旧"的理念,赞同与拒绝意味着政治界限的划分,士绅社会内部的分化已成为必然。时人对"开明"与"守旧"的划界,往往以是否赞同"变法"作为标识。以梁启超、严复等人为代表的报刊舆论领袖,极大地发挥了言论引领思想的作用,在全国范围内掀起了一场报刊阅读革命。梁启超指出:"去塞求通,厥道非一,而报馆其导端也。"② 严复认为读报的好处是,"观于一国之事,则足以通上下之情;观于各国之事,则足以通中外之情。上下之情通,而后人不专私其利;中外之情通,而后国不专私其治"。③ 在他们看来,报刊已成为保家卫国、开启民智的思想武器。虽然以维新报刊的发行量估计,其读者数量并非特别庞大。但是,《时务报》等报刊在数年间的重印与"二次传播",已经在知识界形成巨大的"涟漪效应"。

维新之后,新式报刊虽一度受到查禁,但是,随着庚子事变的发生,残酷的现实已使读书人对现有体制产生强烈不满。20世纪初期的思想界已经不再满足于是否变法的讨论,而是对"国家"与"朝廷"进行了划分,读书人对清廷的统治合法性产生了强烈质疑。梁启超在日本期间创办的《清议报》《新民丛报》,虽然以"保皇立宪"为口号,但报刊言论对民主、自由、新学、宪政的鼓吹,客观上使读者了解到中西方社会制度的明显差异,旧思想、旧制度、旧习气由此成为读者憎恨的缘由。报刊成为新时代的象征,在"除旧布新"的过程中进一步发挥其启蒙作用:"夫报既能通上下之隐情,传内地之动静,使世界大势伏处山麓者,了如指掌,又能为研究新学之母。"④ 读报既能增广见闻,又能学习新学,体现出新闻和知识的有机统一。因此,读书

---

① 丘为君:《启蒙、理性与现代性:近代中国启蒙运动(1895—1925)》,台大出版中心2018年版,第7页。
② 梁启超:《论报馆有益于国事》,《时务报》第1册,1896年8月9日,第1页。
③ 严复:《〈国闻报〉缘起》,《国闻报》1897年10月26日,第3页。
④ 修真:《论阅报之有益》,《觉民》第1期,1903年11月,见《觉民》第1—5期合本,1904年7月8日,"论说"第2页。

人是否读报，便具有"传统"与"现代"的分野。

清末十年新政，虽然是旧制度下的局部改革，却有利于新式报刊的快速发展。报刊在联结社团的同时，也起到了"合群""乐群"的作用。报刊往往通过"群术"团结"同志"，诚如梁启超所言："所常行之事，使其群合而不离，萃而不涣。夫是之谓群术。"①以"合群""乐群"为价值导向的各种社会力量，在寻求"政治道路"的过程中，形成了各种学会、社团与派系，这些组织以政论性报刊体现其宗旨，进而激发读者的阅报热情，并促进社会运动的发展。

清末新政客观上促进了"学生社会"的发展，在改书院、废科举、兴学堂的过程中，读书人的身份发生了分化，传统士绅虽然还具有较为强大的政治与文化资本，但新式学堂学生的数量急剧增长，并在1909年前后超过士绅的人数。士绅社会与知识人社会并存的局面，使读书人在阅读时存在着明显的价值导向。对于学堂学生而言，进步报刊如"暗室之孤灯，迷津之片筏"。② 他们向往经典之外的现代阅读世界，对进步报刊趋之若鹜，进而对旧制度展开全面评判与反思，在思想与行动上与"守旧士绅"进行区隔。清末留学生报刊和革命报刊在学生社会所引发的巨大反响，使报刊作为"思想纸""政治纸"的作用得到了极大的发挥，尤其是革命报刊吹响"革命排满"的号角，极大地激发了学生社会的革命想象和斗争激情。围绕着民主革命还是君主立宪的道路选择，学生社会与士绅社会的分歧也愈加明显。读者对报刊的选择，在某种程度上与人生道路及政治立场结合起来，从而体现"读报纸"的身份认同与价值引领作用。

尽管清末许多报刊存续时间较短，但是上千种报刊的发行已形成了巨大的阅读"景观"。在一定程度上看，清末社会已进入"报刊社会"。尤其随着白话报刊的广泛传播，报刊已普遍树立为中下层社会服务的意识。而阅报社、讲报所在基层社会的不断推广，使许多"买不起报""买不到报"的读者有机会进入"公共阅读"的空间。尽管清末的识字率还较低，"愚夫愚妇"仍

---

① 梁启超：《说群自序》，《时务报》第26册，1897年5月12日，第1页。
② 切生：《〈时事画报〉出世感言》，《时事画报》1905年第1期，第25页。

然无法读报,但"劝民读报"与报刊所引发的阅读革命已在整个社会形成巨大的反响。"读报纸"与"识时务"有机地结合在一起,报刊舆论对下层社会阅读的广泛推动,有利于整个报刊文明的普及和发展。虽然仍有一些守旧士绅沉醉于"古典世界",对现代报刊采取置若罔闻的态度,但是,科举社会已经终结,经典阅读不再提供"学而优则仕"的上升通道,在新学广为普及的背景下,学新学、谋新路、求自由已成为学生读书的重要目标,读新式书报已成为大势所趋。"苟欲通达时务,振作国魂,尤非多读报章不为功"。①而清政府试图通过改良的方式挽救危亡的努力,客观上推动了知识人社会的崛起。同时,清末社会所产生的撕裂性变革,进一步激发了社会力量的分化与重组,进步社团与革命团体不断发展,社会界别的概念不断推广,新式报刊的政治符号与身份符号得以凸显,其思想资源对读者的价值观与道路选择起着重要作用。"看何报"与"知何人"有着内在的逻辑关联,读报人在清末政局变动中的"在场",通过报刊舆论和新闻场域得以证实。

三、 读者阅读实践与意义之网的建构

读报既是私人化的仪式与体验,也是个体融入社会的方式与途径,阅读本身包含了观念系统、行为系统与社会系统的互动。对于晚清报刊阅读史研究,需要从政治、经济、文化等方面进行深入考察。晚清社会的变迁,与报刊之间存在互动互证的关系。新式报刊从西方移入后所经历的曲折发展过程,对读者的阅读历史也有着直接影响。读者作为消费者如何接触、阅读报刊,与社会情境密切相关。报刊的内容、形态、发行与影响,往往需要通过读者的阅读加以证实与回应。读者读报不仅是看新闻、学知识、求交往,还通过报刊将个体融入社会之中,他们在读报时分的所思所言所记,都是对外部世界的一种认知、体验与记忆。读报刊就是读社会,如果说新闻是已经发生的历史,历史是已经发生的新闻,读者则是新闻与历史的见证者。没有读者的存在,新闻与历史都无法进入社会化的过程。

---

① 李洵:《〈华字汇报〉缘起》,《大公报》1905年6月3日,第2版。

从读者角度看，报刊是一种"可沟通"的媒介，它为读者提供交流的平台，解答读者提出的各种问题，满足读者的多元需求。读者与编者之间通过书信展开对话与交流，报刊的读者来信栏目诠释了这种互动关系。《察世俗》《遐迩贯珍》等早期宗教报刊就非常注重读者的阅读需求，之后，《中国教会新报》《万国公报》《格致汇编》都开辟了读者来信栏目，这些报刊通过答疑的方式普及西学和宗教知识，在"问"与"答"之间，体现了编者与读者在通过报刊进行"隔空对话"。而《申报》等商业性报刊推出的读者来信栏目，则将读者进一步置于"主体"的位置，读者来信提出的问题涉及社会的各个层面，报刊作为"交往纸"的作用得以强化，从而成为读者借以联系编者和社会大众的重要桥梁。读者的私信通过报刊转变为"公信"，其问题和主张由此得到社会关注，成为引发公共讨论的重要议题。维新之后政党报刊的发展，在很大程度上得益于读者在报刊上的"发言"。

"言说与书写本身就是阐释"。① 在阅报史的研究中，读者是"我者"与"他者"的统一。对于报刊阅读本身而言，读者是主体，是报刊价值的实现者和传播者。因此，没有"读文化"，就难以体现报刊"写文化"的意义，而读者通过日记、书信抄录、述评和传播新闻，进一步"再现"新闻的价值。从文本形态看，"报纸是一种群体的自白形式（group confessional form），它提供群体参与的机会。报纸可以给事件抹上一层偏见的色彩，因为它既可以借用事件也可以完全不借用事件。然而，正是由于将许多新闻和事件并列于报端使公众每天耳濡目染，才使报纸具有令人感兴趣的多重性的广阔范围"。② 因此，报纸提供的新闻具有丰富多样的阅读选择性，读者记述的内容更是复杂多样。从意义阐释的角度看，读者对报刊新闻的评述，大多是基于新闻的选择性记忆，他们对新闻的记载一般是在阅读之后的回顾和"综述"，通常不会照抄原文。但是，在报纸较为稀缺的情况下，抄报则成为进行二次新闻传

---

① ［美］温森特·克拉潘扎诺著，杨春雨译：《赫耳墨斯的困境：民族志描述中对颠覆因素的掩饰》，见［美］詹姆斯·克利福德、乔治·E.马库斯编：《写文化——民族志的诗学与政治学》，高丙中等译，商务印书馆 2014 年版，第 82 页。

② ［加］马歇尔·麦克卢汉：《理解媒介——论人的延伸》，何道宽译，商务印书馆 2007 年版，第 256 页。

播的重要方式。另外,一些读者在读报之后抄录新闻,是在对新闻内容进行综合对比和思考之后,根据自身的判断选择重点篇章"移录"新闻,将印刷文本"转为"手写文本,以手写的方式"再现"新闻内容,从而使"抄本"能偏向于时间,见证了个体的阅读经历和"移情"活动,赋予文本以情感符号,并成为个体"知识仓库"的重要组成部分。

读者对报刊内容的意义获取和加工的过程,体现了"读-写"过程的有机统一。"读者乃偷猎者,每个读者群体都有着自己独特的实践网络与阅读规则"。① 读者对报刊新闻的记录和思考,是报刊意义生产和传播的重要环节,其文本成为连接社会的中介。读者是新闻剧场的观赏者,同时,读者与新闻事件保持了一定的距离,又会以其见解来充当新闻场景的"导游",读者的阅读、观察和思考,使报刊产生极为丰富的社会意义。

诚如人类学家西敏司(Siney W. Mintz)所言:"商品之'所是'以及商品包含着什么样的意义都呈现出了截然不同的面貌。基于同样的原因,人之'所是'以及人所具有的意义是什么也随之而改变。在理解这一'物'与'人'之关系的同时,我们将重新发掘自身的历史。"② 报刊作为商品,其最终目的是为了满足读者的消费需求。在晚清报刊的商品化进程中,其内容自是千差万别,对读者的影响也因人而异,我们无法还原历史的全貌。但是报刊作为消费品的社会意义在于,它不仅通过其内容呈现了历史,而且通过读者的消费,使其符号和意义被吸纳、理解和记忆,成为读者思想资源的有机组成部分,从而对读者的日常生活和精神世界产生深刻的影响。从这个意义上看,报刊"成就"了读者,读者在消费报刊的同时,既与社会产生更广泛的联系,又丰富了自身的历史。

本书试图从读者、报刊与社会的互动中对阅报史展开多元探讨。然而,如此"宏大"的叙事仅凭零散史料的解读很难达到预想的研究目的,且零散

---

① [法]罗杰·夏蒂埃:《书籍的秩序——14至18世纪的书写文化与社会》,吴泓缈、张璐译,商务印书馆2013年版,第89页。
② [美]西敏司:《甜与权力——糖在近代历史上的地位》,王超、朱健刚译,商务印书馆2016年版,第210页。

和局部的诠释很难体现整体研究的指向。格尔茨（Geertz, C.）认为文化是由人自己编织的意义之网，因此，"对文化的分析不是一种寻求规律的实验科学，而是一种探求意义的解释科学"。①照此，本书对晚清士人读报活动的研究，也大体定位于读报的阐释过程。这种阐释，立足于阅读文本和个案的深度研究，既需要以"他者"的眼光进行"深描"，又必须将文本和个案"作为众多世界中的一个世界来看待"。②

可以说，阅读是整体意义上的隐喻。读者读报的根本目的是寻求意义，但每个读者的阅读都有其特殊意义，具有"由此及彼"的意义关联。因此，阅读报刊，不仅是读新闻，也是通过文本来隐喻读者的"所指"。本书意图通过读者的读报活动来分析他们的思想世界。这是阅读史研究的意义所在，但是，意义建构的过程极为复杂，对阅读行为的研究尚处于摸索阶段。阅读是即时性行为，它固然是产生思想的前提，但往往稍纵即逝，难以捉摸。阅读史研究本身并无成熟的框架可资借鉴，尽管近年来有关西方阅读史的理论颇为流行，但所有的理论必须契合文本语境和历史情境。因此，本书并不希图简单套用理论来阐释报刊阅读行为，而是尽量从不同视角挖掘史料，对晚清报刊阅读史本身进行叙述和解读。总之，以读者为中心，编织近现代报刊阅读的"意义之网"，从读者阅读的文本中寻求"意义"，力求展示晚清报刊的基本线索和大致轮廓，是本书的目的所在。

---

① ［美］克利福德·格尔茨：《文化的解释》，韩莉译，译林出版社1999年版，第5页。
② ［美］克利福德·吉尔兹：《地方性知识：阐释人类学论文集》，王海龙、张家瑄译，中央编译出版社2004年版，第19页。《文化的解释》与《地方性知识》是美国文化人类学家C. Geertz 的两本代表作。格尔茨、吉尔兹是作者的两个不同译名。

第一章
早期报刊传播与读者阅读（1815—1879）

  学界通常认为，维新运动之前，报刊发行量极少，影响力甚微，读报者更是寥寥无几。梁启超、姚公鹤等报人的回忆更是作为例证被广为引用。如梁启超说："《中外公报》（应为《中外纪闻》）只有论说一篇，别无记事。……其言之肤浅无用，由今思之，只有汗颜。当时安敢望有人购阅者，乃托售京报人随宫门抄分送诸官宅，酬以薪金，乃肯代送。"① 姚公鹤则回忆道："彼时社会以帖括为唯一学问，而报纸所载亦实多琐碎支离之记事，故双方愈无接近之机。"② 这两则史料意在说明早期报刊发行颇为困难，购阅者甚少。但是，甲午之前，中文报刊在内地存在近八十年之久，李提摩太统计1895年报刊总数，"除京报外，自始至今共有七十六种"。③ 数十种报刊在中国社会的长期存在，势必有着自身的发展轨迹和阅读历史。因此，对于早期报刊发行与阅读，特别是报刊记录和反映社会变迁的意义和价值，不能一笔带过甚至全面否定，而且对宗教刊物在提供思想资源、建构现代观念、促进西方文化传播方面的作用，要予以高度重视。

---

① 梁启超：《鄙人对于言论界之过去及将来》，《庸言》第1卷第1号，1912年12月1日，第2页。
② 姚公鹤著，恽树钰校：《上海闲话》，商务印书馆1927年铅印本，第176页。
③ ［英］李提摩太：《中国各报馆始末》，杨光辉等编：《中国近代报刊发展概况》，新华出版社1986年版，第1页。

第一节　早期传教士中文刊物的传播、阅读及影响

1884年，广州的《述报》馆主人在创刊号中强调："我中国自咸同以来，香港、上海始有报馆，初创时阅者寥寥，阙后渐多，咸知其益。"① 这大体说明了早期报刊阅读不广的事实。但是，作者话锋一转，接着说："十余年来，此风日盛。本馆主人于诵习之余，颇好留心时事。中国现有之各报，靡不购阅。至于通商各国，其著名报馆，凡可邮寄者，亦必多方罗致，以便译读。"② 这表明论者是一位兼学中西、热衷读报的新式报人。彼时，传教士中文报刊（以下简称宗教报刊）已存在数十年之久，其作为新式媒介，势必有着自身的发展轨迹和阅读历史。然而，学界在研究西学东渐问题时，往往强调"西书"的作用。如葛兆光认为，西洋新知进入中国，影响最大的当然首推译自各种西洋书籍，被古代中国称为"格致"之学的新知识。③ 而对于宗教报刊的影响，学界很少从阅读史的角度加以深入探讨。与"西书"相比，宗教报刊的数量虽然较少，但它作为一种"新知"，逐渐进入中国的知识系统中。"近代以来，最先由外来文化'刊'的介入，改变了原有的知识系统秩序，进而影响了近代中国的变革"。④ 宗教刊物在传播西学知识方面的作用，需要通过读者的阅读得以证实。长期以来，学界在研究西学东渐问题时，往往将"西书"与"西学"视为一体，而较少关注早期宗教报刊在传播西学与影响读者观念世界方面的作用。但是，此类宗教期刊鼓动的是对现实变动、"新"的关注，定期而累进的刊数序号伴随着"前进"的急迫感，将其读者卷入一种规律且

---

① 《〈述报〉缘起》，《述报》，光绪十年三月二十三日，第1页。本书所引《述报》，为方汉奇先生收藏的原本，笔者于2005年借阅，现已捐赠苏州大学图书馆。关于《述报》的创办人，之前有人认为是《广报》的创办者邝其照，但这一说法已被否认。最近流行的说法是，该报创办人是西湖刘庄的主人刘学询，他是广东中山人，因承包广东"闱姓"而成巨富，在广州创办了《述报》，此说尚无充足的证据，亦存疑。

② 《〈述报〉缘起》，《述报》，光绪十年三月二十三日，第1页。本书探讨的宗教报刊是传教士中文报刊，简称宗教报刊。至于外文报刊，不在讨论范围之内。

③ 葛兆光：《中国思想史》第2卷，复旦大学出版社2001年版，第446页。

④ 黄旦：《媒介变革视野中的近代中国知识转型》，《中国社会科学》2019年第1期，第137页。

理性切割的时间之流内。① 因此，从媒介"介入"的角度看，早期传教士中文刊物为读者提供了学习西学的机会。

在传播"世界知识"的过程中，尤其是在创建"知识仓库"的初期，传教士扮演了主力角色。在传教士开展的宣教事业里，出版书刊是宣传"福音"，向中国介绍西方文明与知识的重要凭借，更是中国士人追求"世界知识"的窗口。② 从阅读史的角度看，研究传教士传教活动与宗教报刊的影响，势必要回答这样的问题："谁接受了传教士传布的内容，传教士译著的读者范围，在社会上和地域上究竟有多大？读者的类型在那些年间是怎样发生变化的？"③ 也就是说，读者如何阅读宗教书刊，是探讨"西学东渐"与宗教报刊传播的重要议题。

然而，早期的西学书刊形态虽有不同，在形式和内容上却有不少相似之处。而宗教刊物作为定期出版物，通过栏目分类提供了更为快捷而多元的信息资源，对于读者而言，读刊则是与现实世界建立联系的重要途径，进而改变其知识仓库，并对"世界知识"有了初步认知，这显然有别于传统士人的经典阅读。因此，在"自西徂东"、由浅入深的传播过程中，通过探寻报刊传播与读者的阅读活动所产生的影响，可以从知识来源和读者本位的角度分析"西学东渐""中体西用"的历史进程，以及宗教报刊在建构西学观念与传播"世界知识"方面的价值与作用。

一、海外传教士中文刊物的传布与阅读

在早期宗教报刊研究中，往往将"报"与"刊"结合起来，"报""刊"之间没有严格区分，这显然不符合西方有关报纸与杂志的定义。从阅读的层面上看，"报""刊"虽然都是定期出版物，但报纸更多地体现"新闻纸"的

---

① 李仁渊：《晚清的新式传播媒体与知识分子：以报刊出版为中心的讨论》，台北稻乡出版社2005年版，第30页。
② 潘光哲：《晚清士人的西学阅读史（1833—1898）》，"中央研究院"近代史研究所2014年版，第17页。
③ 费正清编：《剑桥中国晚清史（1800—1911）》上卷，中国社会科学院历史研究所编译室译，中国社会科学出版社1985年版，第642页。

特色，发行间隔短、新闻信息多、内容更新快，呈现的是"纸"；而刊物则发行间隔长、栏目分类广、观念导入强，呈现的是"本"。但是，晚清时期的"报""刊"不分，主要是两者之间的功能区分并不明确。如早期的刊物以"书本"的形态呈现，虽然偏向于介绍宗教与西学，却夹杂了不少新闻；早期的报纸虽以"新闻纸"面目出现，但刊登了大量的文论，新闻内容则以"转录"为主。然而，从物质形态上看，中国早期宗教刊物更多地借鉴了"书"的传统。从发生学的角度看，中国近代报刊是沿着书—刊—报的形态逐步演进的，而早期宗教刊物则兼具"书"与"刊"的性质。

《察世俗》一般被认为是近代最早的中文刊物，尽管它在马六甲一带发行和传播，但其读者对象为华人。在《察世俗》的序言中，"学者""看书者""众位"既指广泛意义上的传教对象，又指该刊的读者。该刊重视读者的阅读需求，认为"看书者之中有各种人，上中下三品，老少愚达智昏皆有"，因此"必载道理各等也"，而且"所讲道理要如彩云一般，方使众位亦悦读也"。由此可见，该刊将可读性视为办刊的主要目的，并表明"每篇必不可长也，每篇必不可难明白"；将是否能够读懂作为衡量内容优劣的重要标准，其原因是："容易读之书者，若传正道，则世间多有用处，浅识者可以明白；愚者可以成得智；恶者可以改就善；善者可以进诸德。"[①] 在办刊者看来，《察世俗》应该是易读之"书"，是传道的工具。这与儒家所强调的"道问学"精神是契合的，只是《察世俗》以传基督之道为目的。因此，"通俗"符合传教士"普度众生"的宗教意识，有利于普及基督教的基本理念，从而达到"文字布道"的目的。为了使该刊能够流传后世，序言还提醒读者"读了后，可以将每篇存留在家里，而俟一年尽了之日，把所传的凑成一卷，不致失书道理，方可流传下以益后人也"。[②] 该刊还非常重视读者的反应，并承诺"凡看书者，无论彼此，都说出心里之疑，我自必该当尽力释之"。[③] 这份定期的宗教出版物刊登过的"有价值的文章"，"后来都另印成小册子出版，

---

① 《〈察世俗每月统记传〉序》，《察世俗每月统记传》1815年全卷，第2页。
② 《〈察世俗每月统记传〉序》，《察世俗每月统记传》1815年全卷，第3页。
③ 《释疑篇》，《察世俗每月统记传》1819年全卷，第24、25页。

广为传布"。① 尽管我们无法统计该刊有多少读者,但它在马六甲一带华人社会的影响是不容忽视的。据《特选撮要每月纪传》(以下简称《特选撮要》)的序言介绍,至1823年,包括《察世俗》在内的书刊,"各处地方唐人之间约有十余万本"。② 这虽然是《特选撮要》的自我言说,但也可说明传教士通过宗教出版物进行传教活动的事实。

早期在海外创办的中文刊物,其潜在读者限于海外华人。然而,对于绝大多数在马六甲一带谋生的华人而言,由于他们文化水平普遍较低,在客观上对宗教书刊的阅读存在着许多困难。尽管《察世俗》较为通俗,并宣称"此书每月初日传数篇",③ 表明它是以"书"的形态定期更新的出版物。但是,宗教刊物的传播"面"与读者接触的"点"有着极大的反差。另外,由于不少海外华人脱离了科举制度的价值指引,对书刊的渴求远不如谋生重要。对绝大多数劳工而言,追求物质生活的满足乃是最重要的目标。在异国他乡,关于"他者"的宗教文化,对华人而言,几乎没有直接影响。因此,"虽然这各样书甚多,用心看者为甚少也"。④ 尽管《察世俗》还通过各种途径传入广东、福建一带,如米怜(William Milne)提及他的中文老师寄三册《察世俗》给居住广东的家人,其父函谢米怜谓:"焚香拜读,获益良多。"⑤ 此类的客套话并不能表明中国内地读者对宗教刊物有阅读兴趣,也许是有人浏览过,但真正理解其"教义"者可能无从考究。

《察世俗》以"书"的名义对定期出版物进行了知识分类,这在内容上区别于中国古典意义上的书,其每期目录具有多个主题,并为读者提供索引。如第一期的标题为:

忤逆子悔改孝顺、立义馆告贴、神理、月食、古王改错说、圣经之

---

① 卓南生:《中国近代报业发展史》,中国社会科学出版社2002年版,第29页。
② 《〈特选撮要〉序》,《特选撮要每月纪传》1823年第1卷,第2页。
③ 《〈察世俗每月统记传〉序》,《察世俗每月统记传》1815年全卷,第3页。
④ 《〈特选撮要〉序》,《特选撮要每月纪传》1823年第1卷,第2页。
⑤ 转引自苏精:《马礼逊与中文印刷出版》,台湾学生书局2000年版,第159页。

大意、神理、解信耶稣之论、论不可拜假神、成事之计、神理、古王审明论、神理、论天地万物之受造、神理、年终论。①

显然，这份目录提供了不同于书籍的多类型知识，各文内容大致分为宗教与伦理、科技、史地、文学、时事及其他六类，宗教伦理的内容超过85%，②体现其传播神理、人道、国俗的目的。但是，其"新闻篇"具有"新闻纸"的某些特征。其"立义馆告贴"便是一则具有新闻性质的广告，这个立义馆是米怜创办的免费学校，面向"中华广福两大省各兄台中所有无力从师之子弟"。而米怜则负责"所有束金、书纸、笔墨、算盘等项"，并呼吁华人"请早带子弟先来面见叙谈，以便认识可也"。③这则广告具有明确的信息指引作用，希望为华人提供免费教育的机会。正如米怜所言："知识和科学就像是宗教的侍女一般，可称为道德的支柱。"④一本刊物能同时提供宗教、科学知识和新闻信息，这是其区别于书籍的符号象征。因此，《察世俗》在由"书"向"刊"转变的过程中，引导读者关注"世俗"的目的较为明确。这对之后宗教报刊的办刊方略有一定的影响。

另一份宗教刊物《特选撮要》的创办，受到了《察世俗》的影响。麦都思（Walter Henry Medhurst）在创刊号的序言中提到《察世俗》，"大有裨益于世，因多论各样道理"。因此，麦都思要继承米怜的"德业"，"继修其功而作文印书，亦欲利及后世也"。鉴于《察世俗》已停刊七年，麦都思要继承这份杂志的办刊模式，"易其书之名，且叫做《特选撮要每月纪传》"。他特地指出："此书名虽改，而理仍旧矣。"⑤《特选撮要》采用木刻印刷，创刊号印刷1 700部，第2、3期各印200部，交给随着季风返华的贸易帆船带往中国。

---

① 《察世俗卷一目录》，《察世俗每月统记传》1815年全卷目录，第1页。
② 苏精：《马礼逊与中文印刷出版》，台湾学生书局2000年版，第163页。
③ 《立义馆告贴》，《察世俗每月统记传》1815年全卷，第5页。
④ William Milne, *A Retrospect of the First Ten Years of the Protestant Mission to China*, Malacca, Anglo-Chinese Press, 1820, p. 154.
⑤ 《〈特选撮要〉序》，《特选撮要每月纪传》1823年第1卷，第2、3页。

麦都思详细地列举创刊以来13期的印量,每期数目不一,最少2 000部,最多3 800部。① 麦都思是该刊的唯一作者,他以传播神理为目的,也关注华人的阅读需求。他在《咬留吧总论》的开篇中便指出:

> 现今世界之人,或是住本乡,或是往外国去者,都欢喜(喜欢)听各样新闻,而都要知道各处之人物风俗等,所以有人做地理之书。及曾往游学之人,至回家时,亦有记其所闻所见之事,致人人可知外国番邦之好歹,而在其中可取益也。②

在麦都思看来,听闻可能是道听途说,但文字记载的新闻则真实可靠,传播较广。知悉外国情况,建立对异邦的想象,是吸引读者阅读该刊的重要目的。在《咬留吧总论》一文中,麦都思对爪哇的人文地理、风俗习惯进行了全面描述,并经常提及"唐人",以表达其对当地华人社会的关注。之后《咬留吧总论》单独成书,广为发行。1935年2月5日,留学英国的夏鼐,在不列颠博物馆"阅殿本《西清古鉴》及《咬留吧总论》"。③ 这表明《特选撮要》的栏目名篇通过二次传播,在一百多年后,仍然发挥影响。正如麦都思所言:"偶尔《特选撮要》迟了些出版,有些华人还会向他探询其故。"④ 这说明《特选撮要》已受到华人读者的关注。

二、《东西洋考每月统记传》与世界知识的阅读及想象

由于地缘、人缘与"信息源"的关系,在鸦片战争之前,广州是中国内地的报刊业中心,尽管广州仅先后发行7种报刊,包括中文报刊3种。由于外文报刊面向外国人传播,中国人很少有人能够流利阅读。诚如林则徐所言:

---

① 转引自苏精:《铸以代刻——传教士与中文印刷变局》,台大出版中心2014年版,第88页。
② 《咬留吧总论第一回》,《特选撮要每月纪传》1823年第1卷,正文第1页。
③ 夏鼐:《夏鼐日记》卷2,华东师范大学出版社2011年版,第10页。
④ 转引自苏精:《铸以代刻——传教士与中文印刷变局》,台大出版中心2014年版,第91页。

其澳门地方，华洋杂处，……又有夷人刊印之新闻纸，每七日一礼拜后即行刷出，系将广东事传至该国，并将该国事传至广东，彼此互相知照，即内地之塘报也。彼本不与华人阅看，而华人不识夷字，亦即不看。近年雇有翻译之人，因而辗转购得新闻纸密为译出，其中所得夷情，实为不少，制驭准备之方多由此出。虽近时间有伪托，然虚实可以印证，不妨兼听并观也。①

这段文字表明，林则徐不能直接阅读当时"夷人"所创办的外文报刊，他对外国报刊的认知，也停留在"塘报"的层次上。但是，他"刺取其新闻纸与月报，洞悉其情，持之颇坚"。②他雇人翻译"夷人"所创办的"夷报"，目的是为当政者提供了解"夷情"的资料，做到知己知彼。这至少表明，林则徐和少数开明官员读过翻译成中文的新闻纸。

当时在广州生活的外国人是早期英文报纸的重要读者，如长期在广州生活的美国人亨特（William C. Hunter）是《广州纪事报》的重要读者之一，他曾"向该报投稿"，③还通过阅读《中国丛报》获得《朝报》（Court Journal）的内容，认为"它使人对本省当局的工作和活动有一个正确的认识"。④然而，像亨特这样的外国读者毕竟很少。正如英国学者保罗·法兰奇（Paul French）所言："《广州纪事报》和《广州周报》尽管在当地的读者人数有限，但在英国本土影响巨大，两者显得不成比例。1832年，东印度公司在洋行里和澳门岛上的英籍职员总共不过25人，以外还有32个各类英籍居民。到1839年，这个数字上升到大约至多200人……再怎么算也不是一个庞大的读者群。"⑤

与当时传教士创办的外文报刊不同，中国境内出版最早的宗教刊物《东

---

① 梁廷枏：《夷氛闻记》卷3，中华书局1997年版，第68—69页。
② 梁廷枏：《夷氛闻记》卷5，中华书局1997年版，第170页。
③ [美]威廉·C.亨特：《广州"番鬼"录》，冯树铁译，广东人民出版社1993年版，第81页。
④ [美]亨特：《旧中国杂记》，沈正邦译，广东人民出版社1992年版，第199页。
⑤ [英]保罗·法兰奇：《镜里看中国：从鸦片战争到毛泽东时代的驻华外国记者》，张强译，中国友谊出版公司2011年版，第10页。

西洋考每月统记传》（以下简称《东西洋考》）甫一创办，就已经关注到报刊阅读问题。该刊的创办者郭实猎（Karl Friedrich August Gützlaff）对于广州社会有一定程度的了解，其目的是"要使中国人认识我们的工艺、科学和道义，从而消除他们那种高傲和排外观念"。① 在创刊号的序言中，郭实猎就对儒家仁义道德与基督教教义的一致性进行了全面阐述，指出天下一家，四海之内皆兄弟。最后强调"读者不可忽之，则乐不可胜"。② 显然，这份刊物非常重视在读者中产生的反响，并在第一期的新闻中报道，广州有王、陈两人，听闻该刊出版，"特意推德行、广知识，不亦说（悦）乎。二人就拿一篇《东西洋考》之读"。③ 这篇新闻有"代言广告"之嫌，但反映了该刊对传播效果的关注。相对于清末时期较为流行的"劝君阅报"广告，《东西洋考》早就关注读者阅读的"从众效应"。如《招签题》一文云："设使每月捐一员（元），收《东西洋考》十本，与亲戚朋友看，稍效微劳，便有裨益矣。或家道不富，只买一本，而舍银一钱，亦不难矣。一街之店主签题，一里之乡绅行此，则《东西洋考》周流四方以行教，不亦悦乎。"④ 郭实猎期待中国读者能够关注这份杂志，并从"货实价廉"的角度招徕生意，扩大其发行量。虽然此类"隔空喊话"的效果非常有限，但传教士对刊物阅读效果的重视，体现在他们的办报细节之中。

尽管我们无法知道有多少人与该刊"邂逅"，但这份杂志对西方历史、地理与科学的介绍，为后来一些开明士绅"睁眼看世界"起到了启蒙读物的作用。魏源在撰写《海国图志》时，就引用《东西洋考》文章 24 篇，文字 28 处。⑤ 他在《海国图志》中称："澳门所谓新闻纸者，初出意大里亚国，后各

---

① 《中国丛报》1833 年第 2 卷，转引自方汉奇主编：《中国新闻事业通史》（第 1 卷），中国人民大学出版社 1992 年版，第 180 页。

② 《序》，爱汉者等编，黄时鉴整理：《东西洋考每月统记传》，道光十三年（1833）六月，中华书局 1997 年版，第 3 页。

③ 《新闻》，爱汉者等编，黄时鉴整理：《东西洋考每月统记传》，道光十三年（1833）六月，中华书局 1997 年版，第 8 页。

④ 《招签题》，爱汉者等编，黄时鉴整理：《东西洋考每月统记传》，道光十八年（1838）正月，中华书局 1997 年版，第 318 页。

⑤ 参见黄时鉴：《〈东西洋考每月统记传〉影印本导言》，爱汉者等编，黄时鉴整理：《东西洋考每月统记传》，中华书局 1997 年版，第 27、28 页。

国皆出，遇事之新奇及有关系者，皆许刻印，散售各国无禁。苟当事留意挥阅，亦可觇各国之情形，皆边防所不可忽也。"① 这表明他对当时的新式报刊有了一定程度的认知。他在《海国图志后叙》中指出："在粤东译出者，则有钞本之《四洲志》《外国史略》，刊本之《万国［地理全］图（书）集》《平安通书》《每月统记传》，灿若星罗，了如指掌。始知不披海图海志，不知宇宙之大，南北极上下之浑圆也。"② 这说明魏源尽管看到《东西洋考》可能是在其出版数年之后，但他证实该刊的一些文章和地图对西学的早期传播起到了一定的作用。

与魏源相似，徐继畬在撰写《瀛寰志略》的过程中，也将《东西洋考》作为重要的参考文献。他在自序中称："觅得泰西人汉字杂书数种……采诸书之可信者，衍之为篇，久之积为卷帙。每得一书，或有新闻，辄窜改增补，稿凡数十易。"③ 这其中，很可能包括对《东西洋考》的搜求、阅读与考证。例如，徐继畬关于华盛顿的知识，主要源自美国传教士雅裨理的介绍。他在《瀛寰志略》的初稿《瀛寰考略》（1844）中，将华盛顿的名字全都写作"兀兴腾"，诸如"兀兴腾既得米利坚之地"，"兀兴腾，异人也，起事勇于胜、广，割据雄于曹、刘"。四年后《瀛寰志略》（1848）出版，"兀兴腾"全部被改为"华盛顿"。此前，使用"华盛顿"最多的，一是《东西洋考》，二是裨治文1838年出版的《美理哥合省国志略》。徐继畬1844年在与雅裨理接触时，可能还没有看到《东西洋考》和《美理哥合省国志略》，及至1848年杀青《瀛寰志略》书稿时，可能看到了《东西洋考》和《美理哥合省国志略》，或其中的一种，觉得"华盛顿"译名比"兀兴腾"更雅，于是改用了"华盛顿"译名。④

与魏源、徐继畬等外地学者"辗转"获得《东西洋考》不同，梁廷枏长期在广州生活，1835年，他任广东海防书局总纂，后来又担任《粤海关志》

---

① 魏源：《海国图志》中册，岳麓书社1997年版，第1440页。
② 魏源：《〈海国图志〉后叙》，《魏源全集》第4册，岳麓书社2004年影印本，第7页。
③ 徐继畬：《瀛寰志略》，上海书店出版社2001年版，第6页。
④ 熊月之：《华盛顿形象的中国解读及其对辛亥革命的影响》，《史林》2012年第1期。

总纂，还担任过广州越华书院、越秀书院监院和学海堂学长等。他与传教士和洋商有着直接交往，对各种西学和洋报尤为关注，并阅读了《东西洋考》等刊物。他在《海国四说》中指出："年来泰西所月行之新闻纸，译出传入内地，固半属劝人持教邀福。"他在撰写《海国四说》一书的过程中，多处征引了《东西洋考》的论述。如他在写《耶稣教难入中国说》一部分时，针对《圣书》所云"开辟六千年"之说，着重强调："此与近日西人所纂《东西洋考统记传》之称造天创地起，至道光十四年，为六千五百四十七年同为据。"① 这表明梁廷枏认真核对过《东西洋考》的相关内容，互为参证。在撰写《合省国说》时，梁廷枏除了大量引用裨治文的《美理哥合省国志略》一书外，也结合《东西洋考》的相关论述进行订正。如针对"天下分五大洲"的论述，他便全文引用了《列国地方总论》一文，指出："亚细亚长二万有余里……澳大利亚为旷荒土番，无帝君，但大英国挪移新民在东南方及西方矣。"② 通过对比，梁廷枏认为"惟澳大利亚，《志异》所无"。③ 说明他对《东西洋考》的五大洲说法颇为赞同。在论及南亚墨利加的"金加西蜡国"时，他便引用《东西洋考》中的《金银论》一文，对西班牙、葡萄牙掠夺南美金银和贸易问题详加披露，并指出原文中"本船者"，应为"英吉利自谓也"，"以此知《统记传》撰于英吉利人也"。④ 另外，在《兰仑偶说》《暹罗国》等专题中，他引用了《东西洋考》的相关论述。⑤ 可见，梁廷枏对《东西洋考》阅读甚为细致，考证颇为周详。

上述三人都是早期主张"睁眼看世界"的先驱人物，他们的著作对数十年后中国思想界都有重要影响，尤其对史地知识的传播发挥了重要作用。如曾国藩于同治六年（1867）十月六日开始，至十一月七日，第二次完整地阅

---

① 梁廷枏著，骆驿、刘骁点校：《海国四说》，中华书局1993年版，第7、48页。
② 《列国地方总论》，爱汉者等编，黄时鉴整理：《东西洋考每月统记传》，道光十四年（1834）二月，中华书局1997年版，第147页。
③ 梁廷枏著，骆驿、刘骁点校：《海国四说》，中华书局1993年版，第54页。
④ 梁廷枏著，骆驿、刘骁点校：《海国四说》，中华书局1993年版，第62页。《金银论》，爱汉者等编，黄时鉴整理：《东西洋考每月统记传》，道光十四年（1834）三月，中华书局1997年版，第103页。
⑤ 参见梁廷枏著，骆驿、刘骁点校：《海国四说》，中华书局1993年版，第118、168页。

读了《瀛寰志略》，他在日记中写道："盖久不看此书，近阅通商房公牍，各外洋国名茫不能知，故复一涉览耳。"① 可见，《瀛寰志略》已成为他了解西方知识的重要参考书，而《瀛寰志略》之类新书对"西学"的认知，大多源自传教士出版的书刊。又如文廷式在丙子年（1876）正月初八日，"阅《海国图志》数十页"，两天后，"阅《海国图志》数十翻"。② 此后的一个月，他多次阅读该书。曾国藩、文廷式等人通过阅读《瀛寰志略》《海国图志》获取经过加工的"世界知识"，与《东西洋考》对"西方社会"的推介有着一定关联。尽管读书人在读到魏源、徐继畬等人的论述时，往往注重对文本本身的理解和阐释，对其著作的思想资源很少进行"知识考古"，然而，《东西洋考》的知识在转化和再度加工过程中，分明见证了其作为"思想纸"的价值。尽管在二次传播过程中，原创性的思想有可能被改造，《东西洋考》仍然在早期西学书籍中或隐或现，体现其传播西学的影响。

值得注意的是，《东西洋考》还多次刊登广州本地新闻，意在吸引当地读者的注意力。从总体上看，此类早期宗教刊物的传播效果很不理想。首先，地方官员对于新式出版物的管制极为严厉，宗教刊物难以通过正式渠道进入官方的发行系统。其次，传统士绅以古典阅读为取向，热衷于科举考试的他们对于宗教读物根本不感兴趣。而广州的商人虽然愿意与外国人打交道，但他们无意于宗教刊物的阅读。尽管该刊宣称在广州有很多读者，但是每期不到一千份的发行量，说明其有效阅读率仍然较低。

早期参与宗教传播事业的华人如蔡轩、梁发等，多半居住在沿海地带，且文化水准不高，扮演如印刷工人、夹带传递等角色。③ 这些由传教士聘用的少数华人，多来自下层社会，但对宗教传播事业颇为热衷，他们无疑是早期宗教刊物的阅读者和传播者。如来自广东高明的梁发，是传教士米怜的得力助手，"米怜在他献身为传教士的短短十年间所做的一件最伟大的工

---

① 曾国藩著，林世田等点校：《曾国藩日记》（下册），宗教文化出版社1999年版，第95页。
② 文廷式著，汪叔子编：《文廷式集》下册，中华书局1993年版，第1055页。
③ 李仁渊：《晚清的新式传播媒体与知识分子：以报刊出版为中心的讨论》，台北稻乡出版社2005年版，第39页。

作,就是感动和获得梁发其人"。① 米怜在编辑《察世俗》和翻印圣经的过程中,梁发是最为重要的参与者、阅读者和传播者。尽管梁发1816年受洗为教徒后,终生传教,并曾向科考士子散发宗教小册子,但是,早期宗教读物在内地的传播颇为艰难。诸如《东西洋考》之类的报刊难以获得普通读书人的青睐。

鸦片战争前,传教士将发行中文报刊作为传教的重要手段,其灌输式的传播并没有取得理想的效果。尽管传教士在广州等地与民众有一定接触,但他们并没有建立广泛的社交圈子和发行网络,尤其是当地文人学士对传教活动缺乏兴趣。传教士虽然充当着"行走的媒介"的角色,但是,他们难以通过组织化、网络化的文字布道影响到中国知识分子的阅读和观念系统。鸦片战争后,随着"五口通商"之后贸易的发展,传教士在口岸城市的生存境遇和传教环境大为改观,他们的传教活动得到了西方列强的大力支持,他们在口岸城市建立教会、教堂、学校、书局,有计划、有目的地进行系统化传教已成为可能。

由于语言、文字和文化上的差异,鸦片战争前在广州出版的英文报刊,主要供外国人阅读,中国人尽管有机会接触,却难以读懂。但是,新式报刊让民众有机会观察到与中国传统经典完全不同的"样貌",对"洋报"产生另类的认知。相对于内地读书人对现代报刊的茫然无知,广州民众对西方人和西方报刊的接触,使城市空间具有异国情调。鸦片战争后,随着西方人对广州时局的关注,西方报刊也传入广州。如创刊于1842年的《伦敦新闻画报》,是世界上第一个成功地以图像为主要特色来报道新闻的周刊,其影响力遍及欧、美、亚的许多国家。② 早在1858年,《伦敦新闻画报》来华报道第二次鸦片战争的特派画家沃格曼,就有机会与广州下层人接触。他在当年3月20日的新闻中写道:"我给其中的一些苦力画了速写,假如他们发现自己的

---

① 麦沾恩:《中华最早的布道者梁发》,胡簪云译,上海广学会重译,《近代史资料》1979年第2期,中华书局1979年版,第158页。
② 沈弘:《译序》,沈弘编译:《遗失在西方的中国史:〈伦敦新闻画报〉记录的晚清 1842—1873(上)》,北京时代华文书局2014年版,第7页。

画像刊登出来的话，会乐得心花怒放。因为中国人非常喜欢用《伦敦新闻画报》来装饰他们的墙壁和平底帆船。"① 尽管沃格曼的描述可能有夸张的成分，但是，这份画报在广州社会的传播应该是可信的。尤其是沃格曼在该报2月27日的报道中，特地说明"一位中国女子在阅读你们的报纸"。② 在图片中，一位广州当地女子双手拿着"THE ILLUSTRATED LONDON NEWS"字样的报纸认真阅读，这表明《伦敦新闻画报》的确在广州拥有它的读者，而且有当地女性读者，这在中国报刊阅读史上是一个值得关注的现象。

三、宗教刊物发展与口岸城市的读"刊"活动

鸦片战争后，随着传教士对活字印刷技术的推广，使用铅字印刷的刊物如《遐迩贯珍》《六合丛谈》具有更强的新闻性、知识性和时效性。宗教刊物在强调"神理"的同时，注重开设"西学论说""地理撮要""生物总论""身体略论""热气理论""列国图说""泰西近闻""通商事略""进出货单""西学新书""近日杂报"等栏目，从多方面介绍西方科技、人文和时政知识，使读者对"西学""时事"的概念有着进一步认知。宗教刊物"说理"与"叙事"的有机结合，使其向着"知识纸""新闻纸"的方向发展。"西学""近闻"借由宗教刊物的通道进入读者的感知和观念系统，打破了传统社会以"见闻""听闻"获知信息的局限，为读者编织了广阔的"互联之网"，拓展了西学的传播空间。

香港、上海由于贸易的发达和外国人的增多，更能吸引传教士的关注。许多"落拓文人"到口岸城市寻找谋生机会，形成"口岸文人"群体。香港的英华书院、上海的墨海书馆吸引了一批"秉笔华士"求职，他们大多以协助传教士"校书"为业。正如美国学者柯文（Paul A. Cohen）描写王韬早期

---

① 《在中国的战争：军事辎重队》，《伦敦新闻画报》第32卷，第909号，1858年3月20日，见沈弘编译：《遗失在西方的中国史：〈伦敦新闻画报〉记录的晚清1842—1873（中）》，北京时代华文书局2014年版，第320—321页。

② 《在中国的战争：激战广州》，《伦敦新闻画报》第32卷，第904号，1858年2月27日。见沈弘编译：《遗失在西方的中国史：〈伦敦新闻画报〉记录的晚清1842—1873（中）》，北京时代华文书局2014年版，第305页。

在墨海书馆的朋友时所言:"他们许多都曾受到儒学经典训练,取得秀才资格,而又起码部分是因西方人在上海出现所创造的新的就业机会而来到上海的。作为个体而言,他们颇不寻常,甚或有些古怪,有时才华横溢。"① 这些口岸文人对传教士中文报刊的发展起着非常重要的作用。与鸦片战争前梁发等人在报刊业务中充当印刷、发行角色不同,鸦片战争后,这些口岸文人往往与一些传教士形成一个较为正式的组织。如何进善、黄胜就在理雅各等人创办的英华书院工作,这所书院集研究、教育、传教、书报编辑出版等功能为一体,他们与传教士朝夕相处,对西方宗教、科技知识有较多接触和了解,这些华人助手在协助传教士编辑报刊时,更了解中国人的表达方式和阅读习惯,并吸引文人学士的关注。如《遐迩贯珍》甫一出版,便在首页刊登保定儒生章东耘的题词:

> 创论通遐迩,宏词贯古今。幽深开鸟道,声价重鸡林。妙解醒尘目,良工费苦心。吾儒稽域外,赖尔作南针。
>
> 秉笔风存古,斯言直道行。精详期实用,褒贬总公评。一气联中外,同文睹治平。坤舆夸绝异,空负著书名。(按:西洋南怀仁有《坤舆外纪》入《四库全书》)②

这篇题词具有"借题发挥"之意,认为这份刊物是读者了解"世界知识"的窗口,具有引领西方文化的作用。而《遐迩贯珍》在序言中大加赞美中国的物产地理、文化传统,其文字典雅清新,应该经过"秉笔华士"的润色。该刊在香港、广州、上海的三个发行处恰恰是伦敦布道会的三个宣教站,有针对性的发行和宣传,使该刊的影响范围更为广泛。

根据苏精的研究,《遐迩贯珍》的主编是麦华陀和奚礼尔,而非麦都

---

① [美]柯文:《在传统与现代性之间——王韬与晚清改革》,雷颐、罗检秋译,江苏人民出版社2003年版,第10页。
② 《序言》,《遐迩贯珍》,1853年第1号,1853年8月1日。见[日]松浦章、[日]内田庆市、沈国威编著:《遐迩贯珍》(附解题、索引),上海辞书出版社2005年版,第716页。

思。①《遐迩贯珍》高度重视新闻的作用，其序言便称："中国除邸报载上谕、奏折，仅得朝廷举动大略外，向无日报之类。惟泰西各国如此帙者，恒为叠见，且价亦甚廉。虽寒素之家亦可购阅，其内备载各类信息。"因此，《遐迩贯珍》在内容上区别于《察世俗》等早期以传播"神理"为主的刊物，将各类"消息"作为重要内容，使之"为众人所属目"，"以洞明真理而增智术之益"。②《遐迩贯珍》是相当具有时效的新闻性与知识性杂志，尤其是最初的一年多，每期刊登世界各地的时政要闻，这些消息和其他文章大多由主编从英文译成中文，经中文教师润饰后，再发给香港的英华书院排印。③ 该刊每号都有"近日杂报"，新闻占到刊物内容的三分之一以上，其地方新闻涉及广东的时政、经贸和社会生活，有利于在港粤人了解广东社会状况。显然，该刊除了传播宗教、科技知识之外，还注重满足中国读者多方面的信息需求。

由于这份刊物人手有限，又要兼顾新闻性与知识性，因此，广采各类"来稿""来信"，发挥读者的"写稿"作用，便成为其办刊的重要策略。该刊在序言中便呼吁："更望学问胜我者，无论英汉，但有佳章妙解，邮筒见示，俾增入此帙，以惠同好，谅而助益之。"④ 在第 4 号的《援辨上苍主宰称谓说》一文中，开篇便提及："《贯珍》第一号刊行后，适接一习汉语之宗邦友人来书。有此篇内于泰西各国所崇奉之一真神，但以上帝为称呼，废用一切别称。想更有别美称者为佳（准）云云。"⑤ 这位"宗邦友人"不仅懂中文，对当时在华传教士关于"上帝""神"翻译问题的分歧，提出自己的见解，引起编者的注意，从而撰文予以解释。而各地的读者来信，则成为该刊新闻的重要内容。如 1854 年第 2 号的《近日杂报》就有"福州来信""厦门

---

① 苏精：《铸以代刻——传教士与中文印刷变局》，台大出版中心 2014 年版，第 282—284 页。
② 《序言》，《遐迩贯珍》，1853 年第 1 号，1853 年 8 月 1 日。见 [日] 松浦章、[日] 内田庆市、沈国威编著：《遐迩贯珍》（附解题、索引），上海辞书出版社 2005 年版，第 714 页。
③ 苏精：《铸以代刻——传教士与中文印刷变局》，台大出版中心 2014 年版，第 281 页。
④ 《序言》，《遐迩贯珍》，1853 年第 1 号，1853 年 8 月 1 日。见 [日] 松浦章、[日] 内田庆市、沈国威编著：《遐迩贯珍》（附解题、索引），上海辞书出版社 2005 年版，第 714 页。
⑤ 《援辨上苍主宰称谓说》，《遐迩贯珍》，1853 年第 4 号，1853 年 11 月 1 日。见 [日] 松浦章、[日] 内田庆市、沈国威编著：《遐迩贯珍》（附解题、索引），上海辞书出版社 2005 年版，第 686 页。

第一章 早期报刊传播与读者阅读（1815—1879）

来信""花旗国金山来信"等。① 这些"来信"虽没有提及具体作者，但读者投稿的内容颇为丰富，许多"来信"具有"新闻信"的功能，使一些私人见闻通过该刊传播，成为更多读者的阅读内容。通过吸引读者写稿，该刊在读者、编者与作者之间建立了一个初具规模的交往网络，拓展了新闻来源。

在第十二期的《遐迩贯珍小记》中，该刊号称"每月用上等纸料印贯珍三千"，除了在"香港或卖或送"之外，"并寄与省城、厦门、宁波、福州、上海等处，遂至内地异方，皆得传视"。② 尽管每月三千本的发行量不一定准确，但是该刊在通商口岸城市的流布却是不争的事实。如郭嵩焘于咸丰六年（1856）二月九日在"往看火轮船"的途中，"次至墨海书馆"，与麦都思、李善兰、王韬等人相见，获赠"《遐迩贯珍》数部"，他在日记中描述该刊的内容："前格物理一二事，而后录中外各处钞报，即所谓新闻报也。"③ 这说明郭嵩焘至少是浏览过这份月刊的，否则就不会有总体上的认知。由于史料缺乏，我们无法统计有多少人在阅读该刊，但它利用宗教组织和固定网点进行有计划的推广和发行，对于提高刊物的有效阅读率是很有意义的。

在19世纪四五十年代，墨海书馆成为上海中西文化交流中心。传教士麦都思、伟烈亚力（Alexander Wylie）、慕维廉（William Muirhead）和艾约瑟（Joseph Edkins）等人，聘请王韬、李善兰、管嗣复等中国学者担任助手。他们一起翻译西方宗教经典，在相互切磋和交流中加深了对中西文化的理解。当时的墨海书馆作为香港报刊在上海发行的总代理处，使早期在书馆从事编辑工作的中国学者有机会看到香港报刊。如王韬在咸丰九年（1859）三月五

---

① 《近日杂报》，《遐迩贯珍》，1854年第2号，1854年1月1日。见［日］松浦章、［日］内田庆市、沈国威编著：《遐迩贯珍》（附解题、索引），上海辞书出版社2005年版，第663、664页。
② 《遐迩贯珍小记》，《遐迩贯珍》，1854年第12号，1854年12月1日。见［日］松浦章、［日］内田庆市、沈国威编著：《遐迩贯珍》（附解题、索引），上海辞书出版社2005年版，第594页。
③ 郭嵩焘：《郭嵩焘日记》第1册，湖南人民出版社1981年版，第33页。郭嵩焘在当天的日记中特地介绍了王韬当时在墨海书馆的主要任务是协助校对书籍。由于宗教书刊中有关传教士的文章"不甚谙习文墨"，因此，王韬"为之疏通句法而已。其耶稣教问或，乃多取儒家之义相比较，而袭引佛氏地狱之说，诋娸诬罔，以推重其术"。王韬所言，表述了中国早期外报所雇佣华人的主要目的是为了润色文字，推动宗教书刊的传播。

日的日记中，就记载"偶阅香港新闻纸"一事，① 说明王韬不仅是上海早期中文报刊的积极参与者，也是香港中文报刊的早期读者。同时，王韬还有机会看到"西人新闻纸"，如咸丰九年（1859）五月四日，他通过阅读"西人新闻纸"，了解1859年法奥战争的进展，并在日记中总结："奥地里与那不勒战，杀其王，法急出兵与之复仇，奥不战而溃。"②

值得注意的是，江苏常州的名士赵烈文经常游历上海，与其姐夫周腾虎从墨海书馆读到《遐迩贯珍》，他对这份刊物颇为喜爱，细心搜罗，得以全璧。咸丰八年（1858）八月底至十月，他虽在重病中，却不忘这份杂志，他写道："余向与弢甫采集夷事《遐迩贯珍》全部。弢甫屡得屡散，余数年来仅而得全，为吴子登庶常索观不还，乃以转借邓随帆观察，数日前吴子登见访，忽言观察已下世，此书遂尔零落，可惜，可惜！"但他之后在日记中附注："书此后半月，其书还归。"③ 足见他对这份完整《遐迩贯珍》之重视。

1857年创办的《六合丛谈》，是传教士与华人学者通力合作的结果。该刊加大了科技、人文内容的传播，更为具体地介绍西方科学的最新进展。王韬等华人编辑在协助处理稿件时，对西方新科技极为赞赏，而艾约瑟等人还着重介绍了西方文学、哲学方面的著作，拓展了中国读者对于西方社会的认识。由于墨海书馆在上海开明士绅中具有较大影响，一些文人学士也经常造访，或购书报，或讨论学术。如艾约瑟与诗人、散文家蒋敦复往来密切。伟烈亚力在第一期的《小引》中也指出："吾国士民旅于沪者，几历寒暑，日与中国士民游近沪之地，渐能相稔，然通商设教，仅在五口，而西人足迹未至者，不知凡几。兼以言语各异，教化不同，安能使之尽明吾意哉。是以必颁书籍以通其理，假文字以达其辞。"④ 可见，作者自称与上海士民交往颇多，

---

① 王韬著，中华书局编辑部编，汤志钧、陈正青校订：《王韬日记》（增订本），中华书局2015年版，第283页。
② 王韬著，中华书局编辑部编，汤志钧、陈正青校订：《王韬日记》（增订本），中华书局2015年版，第302页。
③ 赵烈文著，廖承良标点整理：《能静居日记》第1册，岳麓书社2013年版，第39页。
④ 《六合丛谈小引》，《六合丛谈》咸丰丁巳（1857）正月一日，沈国威编著：《六合丛谈》（附解题·索引），上海辞书出版社2006年版，第521页。

希望该刊能够被更多中国人所知悉。在伟烈亚力看来,《六合丛谈》仍然属于"书籍",但这份刊物却与《察世俗》之类的"书"有着明显区别。它有关宗教方面的内容已经较少,而天文、地理、历史、文学知识占有相当比重,尤其是各类中西方"近事"的报道,已表明它将"新闻"置于较为突出的位置。如第一期目录中,泰西近事纪要、印度近事、金陵近事、粤省近事述略①等四篇新闻,占到当期篇目的三分之一。另外,它每期刊登进口货单、出口货单、银票单、水脚单,说明它对贸易和金融信息较为重视,这显然是考虑到中西商人的实际需求。从总体上看,《六合丛谈》具有较为明显的新闻性和时效性,兼顾了传道、布闻与知新三者之间的关系,为读者提供了多样化的知识体系。这就体现了该刊似"书"而非"书"的现代传媒的性质,使宗教刊物逐步向新闻纸的方向发展。

《六合丛谈》的第二号目录右下方标注"浙江宁波江北岸卢家祠堂巴先生颁发",②第九号的代理发行处又增加了"香港英华书院",并标明"每本例取纸墨钱十二文",③说明它利用了传教士的交往网络发行,尤其是墨海书馆与英华书院之间有着密切往来,两者之间相互寄发刊物,代为销售和推广,这对早期宗教报刊阅读空间的扩张有着重要意义。

值得注意的是,《六合丛谈》的订户以当地的外国人为主,其订阅费收入可以佐证:"上海的外国人的购读费为791 352文,上海的中国人的购读费为75 834文,福州地区的购读费为111 470文。"④尽管上海当地居民购买的比例较低,但在上海的外国人所购买的刊物,有相当部分是免费提供给本地居民阅读的。该刊主要撰稿人韦廉臣在1857年4月所写的一封信证明了这一情

---

① 《第壹号目录》,《六合丛谈》咸丰丁巳(1857)正月一日,沈国威编著:《六合丛谈》(附解题·索引),上海辞书出版社2006年版,第520页。
② 《第贰号目录》,《六合丛谈》咸丰丁巳(1857)二月一日,沈国威编著:《六合丛谈》(附解题·索引),上海辞书出版社2006年版,第538页。此处提到的卢家祠堂应为美国长老会在宁波设置的布道站地址,该布道站建立的华花圣经书房,是当时在华传教士设置的几个重要出版机构之一,而这位"巴先生",应该是宁波布道站的传教士或工作人员。
③ 《第九号目录》,《六合丛谈》咸丰丁巳(1857)九月一日,沈国威编著:《六合丛谈》(附解题·索引),上海辞书出版社2006年版,第650页。
④ 沈国威编著:《六合丛谈》(附解题·索引),上海辞书出版社2006年版,第33页。

况:"《六合丛谈》于中国新年创刊,每月出版一期……外侨社区也为他们的佣人预定了近九百份,所以我们光在上海就能售出一千七百份。已经出版的三期很受中国人的欢迎,我们对未来充满希望。"① 从地域上看,《六合丛谈》的影响不限于上海,仅福州一带,《六合丛谈》至少卖出了 9 000 份。② 与墨海书馆翻译的大量西方文献相比,《六合丛谈》在其出版事业中所占的比重不高,但它对宗教、科技、新闻知识的定期传播,强化了读者的阅读认知。

《六合丛谈》如何被具体的读者阅读是值得注意的。咸丰年间,有"异才""奇者"之称的江苏阳湖人周腾虎,因太平天国兵乱而得以展示政治才华,他倡设厘金制度,筹设军饷,后入曾国藩幕,声名鹊起。咸丰癸丑(1853)十月二十九日,他抵上海,之后,与友人"影小照""访夷馆",十二月九日,他"独行至夷人书馆、医馆游览。访夷书,得墨海书馆,英夷在此翻译唐字书者。为其校书者二人,太仓潘枕书、苏州王兰卿。得《中西通书》《全体新论》《华英通语》《算法》等"。经王兰卿(王韬)的介绍,又得以认识艾约瑟、蒋剑人等人,与墨海书馆的中西人士建立了广泛的联系。咸丰七年(1857),《六合丛谈》甫一出版,周腾虎便得以阅读,并详加评论。他在当年正月一日的日记中称:"早,同惠甫至墨海书馆,途遇谢阶鹤,送《六合丛谈》一本。夷人伟烈亚力所作,胪载中外近事,并及泰西各种学问,可览也。至墨海书馆,访诸夷人未遇。"这里,周腾虎不仅对《六合丛谈》的特色作了大体描述,同时,文中提及的谢阶鹤作为这份杂志的赠送者,应该是读过它的。而与周腾虎同行的惠甫,即周腾虎的内弟赵烈文,也很有可能翻阅过。两天后,周腾虎写信给好友潘季玉,"寄夷人新辑《六合丛谈》二本"。通过周腾虎的推介,江苏乡绅潘季玉便有机会阅读《六合丛谈》。第二年三月二十六日,周腾虎"在惠甫处借到夷书《六合丛谈》及《癸巳类稿》",这证实了赵烈文当时已拥有《六合丛谈》杂志。当日,周腾虎在舟中阅读《六合丛谈》第九号,并在日记中重点评论了韦廉臣"论性"一文。

---

① 《传教杂志》1857 年 7 月号,转引自周振鹤:《〈六合丛谈〉的编纂及其词汇》,见沈国威编著:《六合丛谈》(附解题·索引),上海辞书出版社 2006 年版,第 161 页。
② 赵晓兰、吴潮:《传教士中文报刊史》,复旦大学出版社 2011 年版,第 156 页。

认为该文"博引群书,大约宗韩子'三品'之言,而断为性恶,如荀子所云"。针对韦廉臣的性恶论,周腾虎引经据典,结合儒家学说,以性善论予以反驳,指出"天之性,即人之性。性理之同,发于爱为仁"。① 周腾虎对韦廉臣的"性恶论"进行深入剖析,有感而发。这可以说是读者与作者之间的一次"隔空对话",周腾虎的反驳是对原有文本意义的"延伸"与"反证"。

作为早期的铅印刊物,《六合丛谈》在出版史上具有重要地位,并受到收藏家的关注。如1943年4月19日,郑振铎十分欣喜地在日记中记载:"购乾隆《瀛洲竹枝词》一册,咸丰时铅印之《六合丛谈》合订本一册,《六合丛谈》封页有龚孝拱题字数行。共十五元。"② 孝拱为龚橙的别号,龚橙系龚自珍的长子,曾长期在上海生活,其藏书富甲江浙,他在《六合丛谈》的封面题字,表明他至少是读过这份刊物的。八十余年后,郑振铎重获签名本,自然喜不自禁。

四、 宗教刊物的大众化与社会启蒙进程

第二次鸦片战争后,上海取代香港成为中国报业的中心,据初步统计,在1861年至1895年间,香港新出版的英文报刊为8种,而上海则为31种,几乎为香港的4倍,且占全国英文报刊总数的55%以上。以中文报刊而论,在1861年至1894年间,香港新增3种,而上海新增31种,为香港的十余倍。③ 外报主要供外侨阅读,其订户比较固定。但在1860年代,上海的传教士经常将外报译成中文,供中国读者阅读。如薛福成在1868年至1872年所记的新闻,许多内容来自上海的外报。

而鸦片战争后中文报刊的兴起,则与上海外贸的发展与文化需求的多元化有着密切关系。随着传教士对上海社会的深入了解,他们在办报旨趣上也有很大的改变。丁韪良(William Alexander Parsons Martin)、傅兰雅(John Fryer)、林乐知(Young John Allen)等传教士与中国社会各阶层有着密切接触,尤其与洋务派的官僚交流颇多,他们在进行宗教布道的同时,加强了对

---

① 周腾虎著,肖连奇整理:《周腾虎日记》,凤凰出版社2019年版,第21、25、81页。
② 郑振铎著,陈福康整理:《郑振铎日记全编》,山西人民出版社2006年版,第147页。
③ 方汉奇主编:《中国新闻事业通史》(第1卷),中国人民大学出版社1992年版,第208页。

西方科技、文化知识的传播。1860年代之后，西方传教士在上海创办了一批宗教报刊，如《中国教会新报》《小孩月报》《益智新录》《中西闻见录》《格致汇编》《益闻录》等。这些宗教报刊仍然以传播基督教和科学知识为宗旨，但是，传教士已深知中国读者的阅读需求，1861年11月，傅兰雅、林乐知等人主笔的商业报纸《上海新报》甫一出版，便强调"华人"读者与报刊互动的重要性，该报在"告白"中称："华人如有切要时事，或得之传闻，或得之目击，无论何事，但取其有益于华人，有益于同好者，均可携至本馆刻刷，分文不取。"① 而宗教报刊对《圣经》采用故事、问答等方式进行通俗化解说，尤其注重刊登"教友来信"，就某一具体宗教问题，结合儒家经典进行详细讲解，达到通俗性、灵活性和趣味性的统一，体现出读者、编者、作者之间所形成的意义网络。除了宗教知识之外，《中国教会新报》主编林乐知特别重视读者来稿在宣教布道方面的作用，其《请做文论》一文云：

> 新报行有一载，所收各处诗词问答论章诸信，除上海本处外，已有四十余位。阅其文意，皆才高学广、渊源通彻之辈，敬服敬服。兹本书院主人思欲拣选圣书中之句为题，请为中国教师能文教友依题或论或文，即如中国考试经书文章之作，法四股八股亦无妨。先请寄上新报后，则于新报中择出，印成圣书之文，每文系每处每人所作，流传后世，使后学者知先辈之奇才，且将圣书之妙理精参细解。后入教之人，亦可得其备益，现今又可助新报之彩润。②

林乐知这则"征文启事"，将读者置于报刊的"中心"位置，鼓励读者围绕圣经的内容进行文学创作，并将其作品发表在刊物上，形成读—写—读的良性循环系统。在林乐知的鼓动下，读者来稿成为该刊的重要内容，尤其是口岸文人对投稿颇感兴趣，他们与传教士之间相互唱和，通过报刊文字进行互

---

① 《本馆谨白》，《上海新报》1861年11月19日，第1页。
② 林乐知：《请做文论》，《中国教会新报》第49期，1869年8月21日，第5—6页。

动,体现出中西士人交往的新趋势。如一位自称"映雪老人"的读者在《中国教会新报》上发表了多首诗歌,其和黄筠孙的诗云:"文章声价重鸡林,自古神交契合深。尘世生涯原是梦,楚人梼杌亦为箴。"① 另一位读者殷寿椿也和诗云:"曾有声名在士林,照观新报感恩深。携来芸馆经三复,寄向蓬门胜六箴。"还有一位读者陆又新也和诗赞扬:"教会几同翰墨林,唱酬不负岁华深。关心尽得个中趣,寓目皆成座右箴。"② 读者与编者可以跨越时空,通过报刊以文会友,并能吸引更多文人通过征文相互唱和,产生情感交流的"涟漪效应"。

不仅如此,一些宗教刊物在内容上也不断拓展。如创办于1872年的《中西闻见录》声称:"书中杂录各国新闻近事,并讲天文、地理、格物之学。"③ 尽管传教士仍然称宗教刊物为"书",但此时的"书"与鸦片战争前的宗教刊物有着很大区别。其知识类型中,科技知识已占有很大比重,契合了洋务运动对西学知识的需求,并与《海国图志》《瀛寰志略》等西学书籍互补,对喜读新学者进行思想启蒙。《中西闻见录》出版后的第二年,在保定莲池书院任教的杨葆光,开始阅读《瀛寰志略》《万国公法》,于六月四日,"支买《中西闻见录》钱五吊"。④ 这是该刊被读者订阅的真实记录,虽然杨葆光很少在日记中披露阅读该刊的心得,但新式报刊在1873年进入他的消费视野,在当时已属难得一见的现象。

传教士傅兰雅在谈及《格致汇编》的创刊目的时,便明确提出:"欲将西国格致之学与工艺之法,择其要者译成华文,便于中国各处之人得其益处,即足不出户,能知天下所有强国利民之事理。"⑤ 显然,这份刊物以传播西方科技与工艺为主要目的。《格致汇编》设有"互相问答"一栏,专门回答读者提出的各种问题。从第一卷开始,连续刊载,共有320条。"互相问答"的内容,包括应用科学、自然常识、基础科学、奇异问题等四类。所有问题中,

---

① 《映雪老人和新报诗》,《中国教会新报》第50期,1869年8月28日,第7页。
② 《奉题〈教会新报〉和黄筠孙先生原韵》,《中国教会新报》第50期,1869年8月28日,第4页。
③ 《中西闻见录》第1号,同治十一年(1872)七月,封面页。
④ 杨葆光著,严文儒等校点:《订顽日程》(第1册),上海古籍出版社2010年版,第485页。
⑤ 傅兰雅:《〈格致汇编〉启事》,《格致汇编》第一年第六卷,1876年8月4日,第1页。

有很大一部分是直接实用性的，提出这些问题的人，大多不是出于好奇，而是出于实用。有些人在得到答复以后，便照着西书上所介绍的步骤去实验。①"互相问答"栏目在很大程度上激发了读者的"互动式"阅读，编辑通过西学类型的专题设置，为读者提供相互交流的平台，而读者提出的疑惑，通过刊物的认真解答，达到引导读者和普及西学的目的。

《格致汇编》特别重视刊物的发行工作，在创刊一年多之后，其销售点便达到25处，具体发行点如下：

> 北京、天津、牛庄、济南府、燕（烟）台、登州府、汉口、武昌、武穴、九江、南京、镇江、上海、苏州、宁波、杭州、福州、厦门、台湾淡水、汕头、香港、广州府、新嘉坡（新加坡）、日本神户、横滨。②

可见，《格致汇编》注重在口岸城市的发行，希图通过在发达地区的传播，影响更多的"开明之士"。傅兰雅在启事中称："《格致汇编》去年印十二卷，阅看诸君渐渐众多，问事信者亦日多一日，以致不及奉复，只择其要者而答之。第一卷印三千本，业已售尽，近已重印之，其余各卷俟后陆续重印，如有欲补买前各卷者，仍照原价。"③ 尽管其真实发行量无法核实，但其一年之后能够重印，说明格致之学已有一定的阅读市场，也反映这份刊物具有持续的影响力。

《格致汇编》还借助于当时上海的商业报刊进行推广和营销。1877年，科场失意的蔡尔康在申报馆编辑《民报》之余，便经常阅读《格致汇编》，他认为该刊"探万物之奥，浚一心之源，美矣备矣，蔑以加矣"。④ 从当年第四卷开始，他连看了五卷，并在《申报》上发表了5篇"读后感"。他在评论中介绍，该刊起初每月印刷千份，"不谓印至八、九卷时，书出数日，即已售

---

① 参见熊月之：《西学东渐与晚清社会（修订版）》，中国人民大学出版社2011年版，第334—337页。
② 《各口寄售〈格致汇编〉》，《格致汇编》1877年第3期，第1页。
③ 《格致汇编》1877年第3期，第1页。
④ 蔡尔康：《书〈格致汇编〉第四卷后》，《申报》1877年6月26日，第3页。

完。可知中国之人于格致之学,已日新其耳目,深信而爱慕之,详阅而考究之矣"。① 尽管此说有推广销路之意,但蔡尔康在《申报》上介绍《格致汇编》的内容与特色,并大加赞誉,起到了二次传播和提高知名度的作用。

传教士林乐知在编辑《教会新报》以及《万国公报》的过程中,不断增加时政要闻和地方新闻的报道,更多地面向中国公众,尤其是面向中国的士大夫。② 1870年《上海新报》的一则评论认为,《教会新报》"所论者,教内教外及中外国各等事宜。逢一礼拜刊发一次,看者,价洋周年半元。此新报传播甚广,除中国十八省外,如满洲地方及东洋亦皆买看"。并对《教会新报》的现状和前景表示乐观:"不问教中教外,看者甚多。其中博学之士送来宏词伟议,采而辑之,亦可日增一日。且安知他日不篇幅加长,与西国大新报同日语哉?"③ 论者语气虽略带夸张,但该报博采众长,发行范围较为广泛,却是不争的事实。

尽管当时宗教刊物比较流行,但也有中国人在海外"偶尔"阅读外报。被清廷委派出国的低级官吏斌椿,便有海外读报的经历。1866年春,曾任山西襄陵县知县的斌椿,率同文馆学生四人、两名英国人及一名法国人出使欧洲。他们在欧洲逗留百日,参观了法国、英国、荷兰、丹麦、瑞典、芬兰、俄国、普鲁士、比利时等国。斌椿于当年五月十七日至荷兰,乘船至泄水公所,看到"用火轮法转动辘轳,以巨桶提汲起,由外河达海。堤高数仞,日汲数千石"。他看后即兴赋诗,第二天,他便得知,"昨观火轮泄水,题七律一章,已印入新闻纸数万张,遍传海国矣"。④ 尽管斌椿不懂洋文,但是他看到自己的作品能够刊登在荷兰报纸上,甚为得意。他也由此成为较早在西方报纸上发表作品的中国人,也是较早在海外接触外国报纸的官员。

五、《上海新报》与读报内容的转向

在1860年代,上海早已取代广州成为国际贸易中心,尤其是上海租界一

---

① 蔡尔康:《读〈格致汇编〉二年第四卷书后》,《申报》1877年6月30日,第1页。
② 朱维铮:《导言》,见李天纲编校:《万国公报文选》,中西书局2012年版,第3页。
③ 《上海各馆外国字新报》,《上海新报》1870年12月8日,第3页。
④ 斌椿著,谷及世校点:《乘槎笔记(外一种)》,湖南人民出版社1981年版,第34页。

带，商铺林立，各种洋货琳琅满目。傅兰雅、林乐知等传教士洞察到上海社会对商业信息需求较为迫切，试图通过办报为民众与商人之间架设沟通和交易的桥梁，由此出现了传教士报刊向商业性报刊的过渡。上述传教士先后主笔的《上海新报》，有三分之二的内容为各类广告，尤其是各种新式洋货广告所占比例极高。1862年，《上海新报》的一则《本馆告白》对广告的价值和作用进行了深刻剖析，其称：

> 大凡商贾贸易，贵乎信息流通。本行印此报，所有一切国政、军情、市俗利弊、生意价值、船货往来，无所不载。类如上海地方，五方杂处，为商贾者或以言语莫辨，或以音信无闻，以致买卖常有阻滞。观此闻报，即可知某行现有某货定于某日出售，届期亲赴看货而面议，可免经手辗转宕延，以及架买空盘之误。又开店铺者，每以货物不销，费用多金刷印招贴，一经风雨吹残，或被闲人扯坏，即属无用。且如觅物、寻人、延师、访友，亦常见有招贴者，似不如叙明大略，印入此报，所费固□无多，传闻更觉周密。又有客商往来通商各口，每以舟楫不便为憾，此报载列各船开行各口日期，于附搭寄信等事甚便，阅此无不备悉。①

因此，该报十分重视刊登各类广告，如各类洋银钱价、航运、货价、拍卖等广告，分门别类，使人一目了然。这与早期传教士创办的宗教类报刊传播重心有明显区别，如《东西洋考每月统记传》《六合丛谈》等宗教类刊物，不太注重商业信息的传播，其广告多刊登"货价行情"。而《上海新报》则在广告中对洋货进行"描述性"传播，不但介绍洋货的种类、价格、功用，还重点推出一些洋货行的拍卖和商品到货信息，集中展示上海洋货市场的动态。另外，该报还刊登娱乐、游戏、招工、寻物、寻人等方面的广告，为中外人士的日常生活提供了丰富的信息。而有关西方科技方面的图说，更能增加读

---

① 《本馆谨启》，《上海新报》1862年6月24日，第1页。

者的见识。①

从出版周期上看,该报初为周报,从1862年5月改为每周二、四、六隔日出版,而早期宗教刊物一般每月出版一次,《上海新报》以"新"区别于宗教刊物,以"报"表现每期四页较为固定的版面,第1、3、4页为各类广告,第2页为新闻,尽管广告的比重较高,但其新闻性和商业性的特征较为明显,且铅印质量很高,文章标题较为醒目。1870年,该报的一篇《上海各馆外国字新报》指出:"中国字新报馆三处,以字林新闻纸馆为最先,逢一礼拜出三次,阅者价洋周年四元,所论者,生意新闻并重。"②这表明它与说理性的宗教刊物有着不同的价值指向。从出版时间上看,报纸与刊物有较为明显的区别,读者对象也有所偏向,该文进而指出:

> 以各外国而论,新报最为紧要,议论各有不同。多寡不皆一律。有言生意者,有言时事者,有言技艺者,或逐日早上发出,或一礼拜出三次,或一礼拜出一次,或一月一次,或三月一次。其中,作者采访有多寡,文理有浅深。如逐日一出,逢礼拜出三次,及逢一礼拜出一次者,只欲叙事明白,无暇求精。若一月一次,三月一次者,必当文理深奥,叙事精详,长篇大幅,装订成书。或一百张,或数百张。非大手笔不能作,亦不敢作也。看者皆读书人,生意人无须看,即看亦格格不入也。有西士曾云,欲在中国设立大新报行,央请中外博学多闻之士,议叙中外自古及今事迹,参以时事,词不嫌繁,义取其奥。或一日一出,或三日一出。使中外人观之,可以增长见识,可以洗去疑心,所观实非浅鲜。③

这则评论尽管将当时的刊物和报纸总称为"新报",但从发行时间上对报纸和刊物进行了区分,将一周之内出版的"新报"视为报纸,主要是提供新闻,

---

① 蒋建国:《〈上海新报〉广告与消费文化传播》,《新闻大学》2013年第1期,第113页。
②③ 《上海各馆外国字新报》,《上海新报》1870年12月8日,第3页。

要简单明了，稍识文字的普通民众和商人皆可观看。而间隔一月或者三月发行的"新报"应是刊物，或者称之为"书"。因为文理深奥，有一定知识储备的读书人才能读懂。论者不仅从媒介形态上进行了分类，而且从知识形态上对其中的难易程度进行区分，报纸提供了通俗化的知识，而刊物提供了理论性的知识，因此，读者的阅读层次应该有明显的差异。一般人应该读报，因为"报纸的源头是世俗的、日常的东西"。① 所以，报纸刊登的是告知性的信息，而宗教刊物源于神理，注重刊登劝说性的宗教原理，是说理性的知识。由此可见，《上海新报》已偏重于"告知"而非"说理"，其大量的商业广告和转载的新闻，主要是为当地商人和其他读者提供"信息"，从而强化了其作为新闻纸的基本特征。

《上海新报》是中国内地第一份具有日报性质的报纸，该报模仿了西方日报的式例，也受到香港《中外新报》的影响。② 这份由字林洋行所创办的报纸，还促进了租界中西人士的交往与互动。尽管是传教士先后主持编务，但该报的大部分新闻转载自《京报》《中外新报》《香港近事编录》《中外新闻七日录》《中国教会新报》等中文报刊，如1868年9月至12月，该报转载《中外新闻七日录》的新闻共有9期。另外，许多新闻报道来自华人社会网络，并通过读者来信报道全国各地的新闻。其广告称："如有切要时事，或得之传闻，或得之目击，无论何事，但取其有益于华人、有益于同好者，均可携至本馆刻刷。"③ 在1868年后，该报明显增加了文学作品的报道，尤其对中国社会陋习的批判，表明了林乐知对中国社会现实问题的强烈关注，其中一些文人来稿对中国社会问题的讨论，也说明该报在制造公共舆论方面已具有一定影响。1872年6月28日，《申报》刊登了一则《本馆自叙》，称"昨日

---

① ［法］加布里埃尔·塔尔德著，［美］特里·N.克拉克编：《传播与社会影响》，何道宽译，中国人民大学出版社2005年版，第245页。

② 王韬在《日报渐行中土》中提到："惟香港孖剌之《中外新报》，仿西国式例，间日刊印，始于咸丰四五年间，至今渐行日远。其他处效之者，上海字林之《新报》，广州惠爱馆之《七日录》……"（海青编：《中国近代思想家文库·王韬卷》，中国人民大学出版社2013年版，第278页。）这说明上海早期的商业报纸在形式上受到了西方和香港报刊的影响。

③ 《告白》，《上海新报》1862年7月11日，第1页。

阅《上海新报》，知其改式减价"。① 这说明《申报》与《上海新报》之间存在竞争关系，双方"相互关注"，也成为新闻同业的一种阅读现象。

据美籍华人学者周永明考证，《上海新报》是第一家刊登电报新闻的中文报纸。② 1869年7、8月间，该报在"中外新闻"中，多次刊登电报新闻。如7月31日有一篇关于伦敦丝绸和茶叶价格的电报新闻，这份电报稿7月6日由伦敦发出，传送到比邻满洲里的一个俄国电报站，随后由信差陆路传至天津，最终用汽船于7月28日送达上海，整个旅程共费时28天。1871年，随着香港与上海海线的完成，一封电报由伦敦到上海所需的时间已缩短至三天。在普法战争的高峰期，《上海新报》几乎每期都登载电报新闻。③ 尽管受到诸多技术条件的限制，但《上海新报》很早就注重电报对新闻传播的作用，采用电报稿报道国际国内新闻，这不仅是新闻体裁的突破，也是读者获取信息方式的突破。

值得关注的是，虽然《上海新报》发行量不大，上海民众却有机会在街头或者茶楼、酒楼"偶遇"。1870年，上海一家福仙园茶馆在《上海新报》刊登广告，特地声明："本茶馆有字林洋行本地新闻纸给茶客看视，凡贵客来本馆饮茶者，轮流请看可也。"④ 这则广告表明该茶馆将《上海新报》作为"卖点"，茶客来茶楼可免费看报，可谓别开生面。茶楼里的《上海新报》，营造了公共的"媒介景观"，新式报刊进入茶楼之后，制造了新的文化场域，传统意义上的茶楼是传播都市"公开的闲话"的空间，但报纸进入之后，茶客可以通过轮流读报而获知新闻和商业信息，由此形成新的社会话语和公共议题。可以说，《上海新报》在茶楼的出现，表明上海都市社会增添了新的读报空间，尽管我们无法知悉有多少人在福仙园读过报纸，但其存在就足以表明报纸的公共阅读价值已经得到呈现。

---

① 《本馆自叙》，《申报》1872年6月28日，第1页。
② [美]周永明：《中国网络政治的历史考察：电报与清末时政》，尹松波、石琳译，商务印书馆2013年版，第59页。
③ [美]周永明：《中国网络政治的历史考察：电报与清末时政》，尹松波、石琳译，商务印书馆2013年版，第60、62页。
④ 《福仙园茶馆告白》，《上海新报》1870年5月9日，第2页。

《上海新报》读者的阅读和反响还通过一些专题讨论展示出来，并成为引导舆论的重要内容。尽管我们难以找到当时有多少当地文人阅读该刊，但在该报发行的11年间，正处于上海外贸高度发展的阶段，也是中国洋务运动初步兴起的时期。一些开明官绅有可能关注并阅读《上海新报》，如同治九年（1870）六月十二日，江西巡抚刘坤一在日记中记载："唯递接景道寄来上海新报，各国多派兵船赴津，且在各口团练，恐其狡焉思启，畿辅尤应严防。"①刘坤一通过读《上海新报》了解政局并发表自己的看法，说明《上海新报》对天津教案的相关报道，已引起他的高度关注。八月十七日，他通过阅读"新闻纸"，得知"朝廷计在讲和，决无宣布击法之意"。②这说明刘坤一已将报纸新闻作为判断形势变化的重要信息来源。而另一位晚清政论家薛福成则长期关注中外时政。从1867年开始，他在日记中经常记载所看报刊的内容，在1867年至1872年间，他在曾国藩幕府任职，多次记载阅读上海"新闻纸"的内容，对日本内战、明治维新、朝鲜内乱等重大事件有具体记录，对上海的进出口行情也有详细记载，部分新闻内容应源自《上海新报》。如他在1871年6月19日记载《上海新报》的报道云："法国执政不受崇厚所呈国书，亦不与之相见。"③可见，作为商业性的中文报纸，《上海新报》所记载的重要新闻，对关注时政的薛福成而言，已具有重要的参考价值。

六、《中外新闻七日录》与地方性阅读

在19世纪60年代，一些西方传教士改变策略，在广州建立医院，利用西医为当地人治病，以先进的医技取得当地人的好感。在此基础上，他们利用报纸传播新闻和科技知识。应该说，传教士办报的出发点尽管与宗教事业有关，但确有许多善意的成分。广州的《中外新闻七日录》创办于同治四年

---

① 刘坤一著，中国科学院历史研究所第三所主编：《刘坤一遗集》第5册，中华书局1959年版，第2318页。在《上海新报》1872年停办之后，1876年上海道台冯焌光创办了《新报》，从时间上看，刘坤一所阅读的应是《上海新报》。

② 刘坤一著，中国科学院历史研究所第三所主编：《刘坤一遗集》第5册，中华书局1959年版，第2319页。

③ 薛福成著，蔡少卿整理：《薛福成日记》（上），吉林文史出版社2004年版，第72页。

(1865)一月七日，是近代第一份新闻周报，作为依附于惠爱医馆的报纸，该报主要是报道新闻和传播新知，正如其创刊号小引所言："盖欲人识世事变迁，而增其闻见，为格物致知之一助耳。"① 可见，《中外新闻七日录》与宗教报纸和一般外文报纸都有明显区别。作为专门刊登"中外新闻"的报纸，它几乎没有宗教色彩，它一方面广泛转载世界五大洲尤其是欧美各国的时政要闻，以增进读者的国际视野；另一方面又注重汇编中国本地的各处新闻，尤其是注重香港、上海等地新闻的采编。同时又立足广州，为本地民众讲述"身边的故事"。这份新闻周报虽然采用雕版印刷，但它作为纯粹的新闻纸，其布闻、广知与启蒙的意图，体现出"七日录"的目的所在。

《中外新闻七日录》创办之际，广州正处于经济恢复期。在1865年，"每天有两班轮船从香港驶来广州，并有两班轮船离开广州前往香港。运费也较低廉，因而有助于贸易的发展"。1866年，广州口岸"贸易价值大幅度上升，税收也同时增加"。② 在广州经济处于复苏期间，外国传教士对于广州人所面临的问题有着清醒的认识。与19世纪初期相比，中国的大门已经打开，香港、上海已经是西方人向往的东方都会，而广州被英法等西方国家侵略后，贸易地位大为降低，广州民众对于西方人没有好感。传教士要想在广州建立传教基地，必须改变以前那种带有明显说教和歧视性的传播方式，给广州人带来一些实在的好处。

正如粤海关的报告所指出的那样："在一般的商业交流中，香港与广州如果不是互为附属的关系，也是密切相关的。"③ 商贸是联系两地的重要纽带。在1865年，广州不少居民常往返于省港之间，甚至将香港视为旅游之地。如《中外新闻七日录》第33期报道："近日省城多有蚩氓往游香港，欲观盂兰盆会，而反诚狂妄之事也。"④ 19世纪60年代，由于交通条件的改善，两地之间往来十分方便。有外国政要到达香港后，也乐于到广州一游。如比利时王

---

① 《小引》，《中外新闻七日录》，同治四年（1865）一月七日，第1页。
② 《近代广州口岸经济社会概况》，暨南大学出版社1995年版，第15、18页。
③ 《近代广州口岸经济社会概况》，暨南大学出版社1995年版，第45页。
④ 《省城新闻》，《中外新闻七日录》，同治四年（1865）七月二十五日，第1页。

储巴拉班公在同治四年（1865）二月曾游览香港、广州，"十五日到香港，住两宿，至十七日，复到羊城，主于英牧师，想其此来并无公事，不过欲博览山水人物，以广其见识耳"。① 同治六年（1867）六月二十日，在比利时游历的斌椿便见到了已任国王的巴拉班公，斌椿在笔记中写道："王英武过人，三年前曾至中国粤东，中国大臣相待甚挚。"② 斌椿尽管没有读到这位国王曾经抵达广州的新闻，但是，他从国王的回忆中证实了当时《中外新闻七日录》记载的可信度。

该报的本地新闻突出其贴近广州民众的特色。特别是《羊城新闻》《省城新闻》《羊城近事》《西关新闻》等栏目，较为深入地反映了1865年至1867年广州社会的变化。该报还经常采写欺诈、抢劫、赌博、吸鸦片、嫖妓等方面的社会新闻，如《河南烟馆近事》《西关女摊馆近事》《大楼火灾》《补言妓船新闻》《妓艇新闻》等，从不同侧面描写了当时烟赌嫖等行业畸形发展的状况，不少地方新闻源自编者的见闻，也有本地读者为其写稿。作为1860年代国内出版的少数中文报刊之一，《中外新闻七日录》以其通俗而多样的新闻获得广州民众的青睐。它很少刊登广告，每期标价二文钱，且经常免费向民众送阅。1867年年初，该报自称"每期观者万余人，可见欣赏之盛矣"。③ 这一说法虽有夸张之嫌，但它在近代中文报刊中较早进行读者数量的估计，也在一定程度上说明了该报所受欢迎的程度，尤其是许多下层民众有机会阅读这份廉价的报纸，使其在下层社会有一定的影响，这是传教士中文报刊的一大突破。

第二节　洋务派官绅的报刊阅读与新闻认知

在洋务运动中，洋务派在引进西方先进的技术和设备，创办新式军事和民用企业，处理"中外交涉事务"的过程中，需要获取"夷情"和"思想资

---

① 《巴拉班公到羊城》，《中外新闻七日录》，同治四年（1865）二月二十六日，第1页。
② 斌椿著，谷及世校点：《乘槎笔记（外一种）》，湖南人民出版社1981年版，第44页。因《中外新闻七日录》记载比利时王储是同治四年（1865）二月十七日到广州，斌椿所记的"三年前"可能有误，按照时间推断，王储应该是一年多以前到达广州。
③ 《暂理七日录》，《中外新闻七日录》，同治六年（1867）二月二日，第1页。

源"。因此,诸如江南制造总局翻译馆所编译的各种书报,在很大程度上成为西学的"知识仓库"和新闻资讯的"汇编处"。丁日昌、冯焌光、刘瑞芬等历任上海道员,都注重编译上海出版的中外文报刊,按期汇编成册,呈送总理衙门和两江总督衙门等处,上海的中外文报刊尤其是《申报》还通过其他途径抵达总理衙门和洋务派重要官员的"案头"。此类"制度化"的新闻传递,为洋务派官绅阅读"新闻纸"或"新报"提供了较为通畅的渠道。在1881年津沪电线没有开通之前,新闻纸是洋务派官绅了解时政和处理"中外交涉事务"的重要工具。因此,探讨这一时期报刊如何经由各种管道进入洋务派的阅读视野,报刊如何对洋务派官绅的公务活动、日常生活和观念世界产生影响,需要结合具体的社会情境和相关史料进行分析。

一、新闻纸的引入与洋务派官绅的读报活动

1861年,李鸿章受曾国藩之命,回家乡安徽招募团练,组建淮军。1862年,他依赖江南士绅的大力支持,淮军基本成形。农历三月十日,李鸿章进驻上海,署理江苏巡抚,与外国雇佣军、商人交往较多,认识到新闻纸的重要性。四月二日,他给两江总督曾国藩写信说:"外国新闻纸,商行用清字摹刻者,大都买卖场中之事,无甚关系。其英字新闻纸在夷官处多要语,昨令会防局请人翻译三份,按旬呈送,一京师总理衙门,一尊处,一敝处,兹先寄上二纸。"① 在李鸿章看来,华字新闻纸多刊登商业广告,而英字新闻纸则对了解时政和外国要闻有非常重要的价值。作为淮军首领,李鸿章要求中外会防局定期翻译上海出版的英文报刊,并呈送总理衙门和两江总督衙门,表明他对新式报刊有着独特的认知,这是当时一般官员难以达到的眼界。六月三日,李鸿章和曾国藩在奏折中又附上前任詹事府詹事殷兆镛的一份奏折,进一步强调了报刊的重要价值:"臣谓筹防,事非一端,不外抚驭得体,整军经武,益求船坚炮利。尤在博知夷情,各国皆有新闻纸,一国之纸,互刊数

---

① 李鸿章:《上曾制帅》,李鸿章著、顾廷龙、戴逸主编:《李鸿章全集·信函一》(第29册),安徽教育出版社2008年版,第84页。

国之事，并不秘密。前年英、法内犯，其驻中国夷目，如何告诉两国主，如何会议兵丁炮船，如何前来，用何法攻我陆路，何法攻我水路，以及虞不能胜，急于议和等情，迭次纸来，一一详叙。纸到一两月后，其兵始到。今上海新闻纸多译货价，应饬各口通商衙门遍览各国新闻纸，雇令识夷字人口译有关时事者书记，大则奏闻，借资预备。"① 在他们看来，新闻纸是了解"夷情"、知己知彼的重要情报来源，对于分析中外交涉和军国大事有重要参考价值。

在阅读了上海方面递送的新闻纸后，曾国藩对报刊的态度有所变化。同治元年（1862）闰八月初九日，他在复信给李鸿章时说："上海所刻新闻纸谣言太多，能设立禁阻一二否？尊处所寄局抄新闻纸了无足观，而馀纸甚多，往往数十字费纸十馀叶。能以一纸总抄之否？"② 在曾国藩看来，上海新闻纸有些不靠谱，他对李鸿章的译报也提出了建议。这说明他对当时的"新报"并不满意。

尽管曾国藩本人在日记中很少提及新闻纸，但在他任两江总督期间，江南制造总局和上海洋务官员会定期寄送新闻纸至衙署。其时，在他身边的幕僚便有机会阅读上海出版的报刊。如长期担任曾国藩幕僚的赵烈文，能在衙门内接触到报刊传媒。他在同治元年（1862）正月初六日记载："见夷人十二月十五日新闻纸，上海法华、龙华、大场、黄渡、纪王庙皆有贼，近者离新闸数里。又番刻京抄国子监司业马寿金一折，陈捐输八弊，请旨饬户部议设限制云云。语颇明白，然不能畅达其说。"③ 虽然赵烈文读到的是二十天前的报纸，但新闻对太平军入侵上海的具体地点交代较为清楚，并对报纸上转抄的奏折加以客观评论，颇为公允。作为幕僚，赵烈文也可以通过书信、文书等了解上海战事，但他在日记中首次披露了新闻纸，说明报刊媒介已进入他的阅读视野，对他的阅读生涯产生了影响。

---

① 殷兆镛：《奏为谨就微臣在籍闻见情形 胪陈圣鉴事》，曾国藩著，唐浩明主编：《曾国藩全集·奏稿之四》（第4册），岳麓书社2011年版，第330页。
② 曾国藩：《复李鸿章》，《曾国藩全集·书信之四》（第25册），岳麓书社1994年版，第3032页。
③ 赵烈文著，廖承良标点整理：《能静居日记》第1册，岳麓书社2013年版，第463页。

在赵烈文的日记中,读报虽然是偶尔为之的事情,在当时却是一种较为难得的阅读行为。当他于同治二年(1863)六月十七日第二次读到上海方面寄来的新闻纸后,对其内容进行了归类,并在日记中详加抄录。一是关于国际新闻:"内云日本国与在彼之英、美各国钦差不和,土王作乱,美国钦差搬上兵船,英国与之决战已定见矣。"二是关于上海的外国人告示:"我将洋枪卖与长毛,有七分五厘利息,人因说我不正。我想大英官府代中国办事,所得辛俸较本国两倍,与我获利之心相同。其分别者,不过英兵系奉有明谕,我系自为,若照律例,两边均不应帮助也。"三是有关上海新式轮船业的发展:"李泰国代买轮船,一名北京,一名中国,二舟装兵。一名厦门,作小炮船,内河可行。该三船已开来申地,另有数舟在美国监造,又有小轮船在广东监造,其炮船虽不能装上等大炮,然总可合用。此事均奥士本经理。"四是报纸转载有关英国公使威妥玛的来信:"南京城乡房屋均被烧毁,贼并不整顿,现在奥士本既来中国,应至南京先夺其要隘,庶各路通达,中国亦大有益也。"五是摘录报纸上的宁波来信:"浙抚在富阳并不攻打长毛,看来若无西人教练之兵帮助,难于克复。"六是报道英、法两国军官的矛盾:"英、法总兵不和,缘两国教练之兵均为法总兵管理,英总兵不服,恐致争闹。"① 赵烈文所见的"三折新闻纸",可能是数天的报纸,他通过详细阅读,根据内容进行择要抄录,颇有录以备考之意。

同治三年(1864)二月二十三日,在李鸿章率淮军并联合戈登的洋枪队攻下苏州后不久,赵烈文又见"英国新闻纸",因他并不认识英文,他所见的应该是经过上海方面翻译的手抄报。他在日记中记载:"洋人欲于苏州买地,李中丞不许,洋人颇怒其不能通融,且言克复苏城借其力,而今以细事靳之,为无情义云云。"② 显然,赵烈文抄录这则新闻,是为李鸿章"正名",以此表达对李鸿章的赞誉之意。尽管之后赵烈文的日记很少记载读报活动,但他在1862年至1864年的三次读报记录,对了解上海报刊在官场的传播与阅读

---

① 赵烈文著,廖承良标点整理:《能静居日记》第2册,岳麓书社2013年版,第664页。
② 赵烈文著,廖承良标点整理:《能静居日记》第2册,岳麓书社2013年版,第743页。

有着重要价值。

同为曾国藩幕僚的薛福成于1865年入幕,他虽然跟随曾国藩仅7年,但后来的名气却远高于赵烈文,被列为"曾门四子"之一。薛福成的日记始于同治七年(1868)正月初一日。彼时,曾国藩尚在两江总督任上,已在幕府历练二年半的薛福成,对兵事、饷事、吏使颇为练达,对洋务尤其是江南制造局的事务颇为熟悉。由于上海道台和洋务官员经常向两江总督衙门递送经他们译编的新闻纸和各种"洋报",使薛福成有机会涉猎各种报刊,并将之作为了解国内外新闻、洞察时局的重要资讯来源。与赵烈文在1865年之前偶尔阅读"新闻纸"不同,薛福成则自1868年开始,在日记中经常抄录各类报刊新闻,尤其是国际时政报道在薛福成的日记中占有较高的比重,与同时期的官绅日记比较,很少有人如此关注报刊新闻,也很少有人能够如此广泛地涉猎国际政治。多年后,薛福成能够担任出使英、法、意、比四国大臣,并成为著名外交家,与其长年坚持读报和观察国际时局有一定关联。

在薛福成开始记日记的第四天,他就开始摘录报刊新闻:"新闻纸云,十一月廿三日,淡水地震,人多死者";"英国与缅甸立约,要在意里猾低及巴摩等地方开路,直抵中国云南省,以便印度、缅甸等国到中国西界通商";"去年法国教头被高丽人杀死,起兵攻之,克江华城,既而退去"。① 薛福成的早期读报记录中,对报刊基本上以"新闻纸"称之,彼时,《申报》尚未创办,此类新闻纸有可能是上海方面编译的"新闻汇编",其内容大多来自上海出版的外报。薛福成对"中外交涉"事务颇为关注,他抄录的国际新闻涉及面甚广。在同治七年(1868),日本的倒幕战争颇为激烈,薛福成多次记载日本内战新闻。如一月二十六日记:"西洋人在东洋荷砂加及靴峨两处开新码头,至今一月,并无一人交易。想因东洋各王家不能和睦,以及各商民无心生意。"二月二日又记:"靴峨新码头甚不安静,因东洋各小诸侯与太公不睦,设计将米加啰王之子擒去。太公之大臣包达西现在荷砂加招兵,并调齐轮船,要与各诸侯战。萨峒马王府被人放火,死者颇多。页多京城亦十分扰乱。又

---

① 薛福成著,蔡少卿整理:《薛福成日记》(上),吉林文史出版社2004年版,第1页。

云:太公与萨峒马大员在页多京城打仗,萨峒马宫殿已被太公之兵焚烧。荷砂加内地至乔岛一带亦纷纷开仗。"① 这两则新闻,大致说明了当时日本内战的缘起和初期战况,从记载的地名看,薛福成记录的新闻是经过翻译的文字。但在当时,有机会读到这些新闻并留心记录者,恐怕除薛福成之外,极为罕见。之后的数月,薛福成多次记载日本内战的相关新闻。如二月十日记:"长崎地方官员(属太公)已经逃走,城池被萨峒马占踞,太公与各诸侯大战数日,兵败退回页多。"二月十九日记:"色达拔希在页多招练兵马,其荷砂加地方仍系萨峒马及佐修之兵占住。"三月二十八日记:"日本国士达士巴希现已让位与美加多。南方各省诸侯均联一气,帮助美加多,不服者压苏一人而已。"② 此后的三个月,薛福成多次关注和记载新闻纸有关日本内战的报道,比较全面地反映了这场内战的进展。

薛福成对西方时局也非常关注,经常记载西方主要国家的重大时政新闻。如同治七年(1868)二月二日载:"英国境内近有会匪扰乱。美国向西班牙买九华地方,西班牙开价一万五千万洋。"三月十九日载:"英君主将亲临碧京咸宫殿迎接各国钦差。"三月二十八日载:"新金山现有地可种洋药,将来地价必贵。"五月十一日载:"四月初四日,亚比西尼亚与英兵接仗败绩,其王自杀,英兵攻城陷之,立其大臣为王,乃班师。"③ 此类国际报道,虽言简意赅,但薛福成在日记中加以记录,体现其作为洋务派幕僚的"国际眼光"。

是年八月,曾国藩调任直隶总督,薛福成随之北上,之后的一年多,他的日记中很少出现读报记录,这有可能是直隶总督衙门难以收到来自上海方面的报刊。同治十年(1871)初,曾国藩回任两江总督,薛福成的日记中又有不少有关"新闻纸"的记载,他对当时的布(普)法战争颇为关注,多次抄录相关新闻。如当年二月二日记载:"法国甘齐大员所带之兵,败至伦乃斯,全军大乱。又罗亚大员所带之兵,被二太子追赶。又云,日耳曼军攻郎灰城,九日而降,生擒法兵四千,获大炮二百尊。"法军大败后,两国开始议

---

① 薛福成著,蔡少卿整理:《薛福成日记》(上),吉林文史出版社2004年版,第3页。
② 薛福成著,蔡少卿整理:《薛福成日记》(上),吉林文史出版社2004年版,第4、5、8页。
③ 薛福成著,蔡少卿整理:《薛福成日记》(上),吉林文史出版社2004年版,第3、7、8、13页。

和,薛福成关注议和的进展,如二月八日记载:"布、法暂议息兵。日耳曼军都入巴黎斯城。布国索爱尔衰斯、罗林、庄未尔、倍尔福脱之地及银七百万,方许议和,其所列各款法国已一一允从。日耳曼后至之军皆已退回。"二月十二日记载:"法、布议和之事已定,割爱尔衰斯及密士城割与布国,并偿还军需银五十万万佛郎。"二月十五日记:"布王于今年洋正月十八日称帝。"二月二十五日载:"布、法议和,日耳曼军皆退出巴黎斯城,布相亦已回国矣。"① 之后,薛福成还多次记载普法战争的相关报道。对于这场影响欧洲政治格局的大战,很少有中国人如此关注,更遑论通过新闻进行详细记录和分析了。而薛福成通过阅读和记载相关新闻,意识到这场战争的重要性,其识见不同凡响。

值得注意的是,薛福成除了阅读泛指的"新闻纸"外,当年还在日记中抄录了《香港新报》《上海新报》的不少新闻。二月二十五日,他记载《香港新录(报)》云:"天津之事,罗公使先请各国会衔照会总理衙门,既而议论一切皆不与各公使相商,各公使甚不惬意。中国见出首止罗公一人,遂不听命。罗自觉一人不能胜任,复请各公使会商,而各公使不遵教矣。"五月十四日,他记载:"《香港新报》伦敦洋六月十五日电信:威公使文书至英国都,云法国必欲用兵中国,是各国洋人关系非小,将来如何吃亏,实难逆料。"② 这二则新闻都与当时的天津教案有关,清廷已派崇厚作为专使到法国道歉,但崇厚至法国后,普法战争正酣,而薛福成在此前也对天津教案有一定了解,结合之前他对普法战争的关注,可以看出他对国际新闻的重视。

除了关注普法战争之外,薛福成对报刊新闻的记录范围较为广泛。举凡国内外大事,他都留心记载。如同治十年(1871)三月三日载:"总理衙门照会各国公使,请修改教会章程……"三月二十五日记:"去年洋商到中国货值总数,较前两年略减。七年货值计银一万四千万两,八年货值一万四千二百

---

① 薛福成著,蔡少卿整理:《薛福成日记》(上),吉林文史出版社2004年版,第64、65、66、67页。

② 薛福成著,蔡少卿整理:《薛福成日记》(上),吉林文史出版社2004年版,第67、73页。

万两,九年货值一万三千一百万两。"这反映了当时外交和外贸的重要信息。而当年西方列强利用海路敷设电报的情况,薛福成特别留意,在阅读新闻纸后,他多次记录。如三月二十八日载:"香港至新加坡之电线已陆续到齐。"七月九日记:"香港至安南宅郡电报已成,往来信件每二十个字,该价银六洋五角。"十一月二十日载:"中国通外国电报有总路二条,南条由上海至香港,直达南洋,往欧洲及亚美利加洲等处,系旧电路;北条即新电路,现已设成,由俄罗斯直达亚美利加等处,计此条系由上海海外葛斯辣夫海岛设起,直抵长崎,转北至巴舌海湾,……就此分散至各处。"① 这些新闻,大致反映了当时西方列强试图通过电报进一步入侵中国的企图。至1879年,由塘沽至天津的中国内地第一条电报线路才开通。作为洋务运动的拥趸,薛福成对电报新闻的重视,体现了他的"先见之明"。此外,薛福成还特别留意普法战争的后续报道,诸如日本、美国、英国、俄罗斯、意大利、印度、安南(越南)等国新闻,在日记中俯拾皆是。

薛福成在日记中最早记录阅读《循环日报》是在天津任李鸿章幕僚期间,光绪五年(1879)二月二日,他摘录了该报的评论:"西商以英人心计为最工,足迹遍天下,而其高视阔步不足服人。"薛福成对此段评论颇有感触,亦表达了他对英商的不满。而在当年七月四日,他又记载了该报报道冯子材的事迹:"冯军门子材出关以来,正月间派员至宣广、太原两府交界之来懦祖地方,劝散逆党,李逆养子李来桂以六百人降。"另外,薛福成在1870年代还阅读了《西国近事汇编》《新报》《字林西报》《晋源报》等多种报刊,如他第一次谈及《西国近事汇编》时,特地记载有关报馆的论述:"西国重臣皆自设报馆,中国为地球大国,亦宜仿行。延西士深明学术者主笔,凡交涉重情,可援西国法律辨论而宣布之,胜于十万师也。"② 显然,薛福成特地记载这段话,表明他对创设报馆问题是较为重视的。

随着"官译新闻纸"由手抄改为铅印,其内容更为丰富,发行范围大为扩

---

① 薛福成著,蔡少卿整理:《薛福成日记》(上),吉林文史出版社2004年版,第69、78、89页。
② 薛福成著,蔡少卿整理:《薛福成日记》(上),吉林文史出版社2004年版,第247、275、159页。

展，不少洋务派官员有机会得以阅览。如洋务派官员陈其元担任上海县令后，就对《西国近事汇编》较为关注，他在笔记中记道："外国之新报，即中国人之邸抄也，阅之可得各国之情形，即可知天下之大局。冯竹儒观察令美国人金楷理口译之，历城蔡锡龄笔述之，汇为一册，名曰《西国近事汇编》，诚留心世事之学也。"陈其元对该刊颇为熟悉，并"抄录其事之有关系中外之大计者若干条"。对于这些"关涉中外大局"的新闻，他最后总结："方今外国以俄、布为强，大英则少懦矣。"① 他通过阅读报刊所得出的结论，在当时是较为独到的见解。而担任直隶总督李鸿章幕僚的刘汝翼，与洋务派官员有着较多的交往，在同治十三年（1874）十二月，曾多次阅读《西国近事汇编》，如十二月二十二日，他"看《西国近事汇编》一卷"，之后三天，他每天阅读《西国近事汇编》。② 这些零散的记载表明，"真实读者"通过各种途径能够接触报刊传媒，他们读报时分的体验，与平时的古典阅读相比，自然别有一番滋味。

二、新闻纸与李鸿章的对外交涉

李鸿章在处理中外交涉事务时，特别留意各类报刊的报道。如震惊中外的"天津教案"发生后，李鸿章非常留意报刊的相关消息。同治九年（1870）七月初三日，他在写给曾国藩的信中提及："上海新闻谓，英人借此求添口岸、请觐朝廷等事，此案伤毙英女一名、俄商三名，皆称请示国主，固有深意。窃虑法国另立行教新款，英、俄或请增地方能办结耳。美国向不多事，庚申之变亦不与议也。"③ 天津教案涉及法、英、俄、美等国，李鸿章根据事态的发展，为曾国藩提供上海方面的新闻资讯，注意利用报刊新闻对事件进行分析。七月二十日，他回信左宗棠时，也注意引用报刊新闻："上海、香港新闻纸皆云，必须用武力使中国官民知儆，亦出自英人议论，阋墙御侮，幸灾乐祸，殊可怪也。……香港报已派轮船往安南运法兵，不

---

① 陈其元著，杨璐点校：《庸闲斋笔记》，中华书局1989年版，第188、198页。
② 刘汝翼：《需次日记》，上海图书馆稿本（善本，编号：862236—46），同治十三年（1874）十二月二十二日、二十三日、二十四日、二十五日。
③ 李鸿章：《复曾相》，顾廷龙、戴逸主编：《李鸿章全集·信函二》（第30册），安徽教育出版社2008年版，第84页。

日可到。"① 英国人在教案中的敲诈勒索，引起李鸿章的关注。同时，他对天津知府张光藻在处理教案过程的不当行为也有不满，他说："细阅该守令供单，其五月二十三以前所出告示，语意实多不妥，无怪上海、香港新闻纸啧有烦言，而罗酋（法国公使罗淑亚）执为证据也。"② 至九月二十七日，教案了结之际，李鸿章在呈总理衙门的信中称："查津案初起时，外国新闻纸谓须索赔三四百万，虽系虚疑恫喝，固有大欲存焉。兹各国议给赔恤银统不过五十万内外，非独撙节度支，借以存国体而弭后患，良深庆幸。"③ 其言外之意，他在处理教案过程中，并没有受到新闻舆论的误导，赔款的数目是令人满意的。而且他对英国人的节外生枝始终保持警惕。至第二年七月四日，他复信曾国藩时指出："法国内乱已平，津案议结，罗淑亚、李梅等均无异词，讵英国新闻纸忽有派兵来华之说。……嗣阅新闻纸云，即派兵船，甚为惶怖。……法力既尚不能大举，各国亦断不与合从，且俟明年再看动静。"④ 李鸿章的这些信件表明，他在观察和处理天津教案的过程中，非常留意报刊新闻和评论，并以此观察西方各国的态度，从而影响到他对案件的判断和处理。

1874 年，李鸿章在处理"上海法界击毙华人"一案中，也十分注重报刊舆论。三月二十五日，李鸿章在致总理衙门的函件中，详细引用了当时报纸对此案的报道：

> 顷阅上海新报，内载三月十八日法界与华民构衅，击毙华民六人，几酿巨案。因法国工部局欲在四明公所坟地上筑开马路，激怒宁人。四明公所系宁波侨寓上海之商民公置，向来在沪最称强悍者。此案未知该地方官如何办结。本日适法国领事林椿同比利时公使协恢思来晤，鸿章

---

① 李鸿章：《复左宫保》，顾廷龙、戴逸主编：《李鸿章全集·信函二》（第30册），安徽教育出版社2008年版，第88—89页。

② 李鸿章：《复曾中堂》，顾廷龙、戴逸主编：《李鸿章全集·信函二》（第30册），安徽教育出版社2008年版，第94页。

③ 李鸿章：《致总署 论天津教案》，顾廷龙、戴逸主编：《李鸿章全集·信函二》（第30册），安徽教育出版社2008年版，第113页。

④ 李鸿章：《复曾中堂》，顾廷龙、戴逸主编：《李鸿章全集·信函二》（第30册），安徽教育出版社2008年版，第276页。

问及此事,协使甫从沪来,林椿甫接沪信,均与《申报》情节相同。当告以九年津案所毙法人一一抵偿,而法国犹未满意,此次竟毙华民六人,若不缉拿凶手问抵,该工部局巡捕等强要义冢作马路,激成重案,较天津府县罪名尤重;若不查问发遣,嗣后中外似此案件难得允服人心。林椿允已飞致热使。合将二十日原刻《申报》一纸附呈电阅,以为辩论之据。并请函致南洋秉公妥办,勿任死者含冤,再启衅端为幸。①

从李鸿章的语气看,他对法国工部局在上海租界无理抢占地盘并枪杀6名中国人的事件感到愤怒。他认为此次事件与四年前的天津教案有本质不同,中国方面应坚持正义,据理力争。第二天,他在回复上海道台沈秉成的信中,进一步指出:"此次华民之死,敝处昨阅二十日《申报》,实系被洋人用洋枪击毙,所毙系局外平民,而洋人并未伤毙一人,显其情节亦非互相斗殴可比。……务望执事查照所指各节,与法领事逐层辩驳,认真持平妥办,以期折服人心,庶不至再启衅端,是为切要。"② 他以《申报》的报道为依据,要求沈秉成认清事实,坚定立场,稳妥处理。四月二日,李鸿章在写给两江总督李宗羲的信中,再次强调《申报》的报道,态度更为明确,他指出:"前阅《申报》,上海法界击毙华人六名,适法领事过晤,谕令须查凶手议抵,并函致总署,与热使辩论。沈道来禀,似将含混办结,当复书抄函,令其转致尊处,彼肯抵偿再议赔补烧毁洋房,否则应与力持,庶以后中外交涉命案方易商办。"③ 对于沈秉成的办事态度,李鸿章感到不满,再次强调此案对于今后中外交涉事务的重要影响,希望李宗羲能引起高度重视。在整个事件中,李鸿章多次强调《申报》的报道,引以为办案的重要证据,这与当时不少官员对《申报》诋毁和谩骂的态度大不相同。

---

① 李鸿章:《致总署 论上海法界击毙华人》,顾廷龙、戴逸主编:《李鸿章全集·信函三》(第31册),安徽教育出版社2008年版,第28页。李鸿章所阅的上海新报,不是已经停刊的《上海新报》,也不是上海道台冯焌光所办的《新报》,当时不少官员对上海报刊以"新报"称之,并不直接说出报刊名称。这一事件,《申报》多次予以报道,李鸿章也多次在信中提及《申报》的报道。
② 李鸿章:《复上海道沈》,顾廷龙、戴逸主编:《李鸿章全集·信函三》(第31册),安徽教育出版社2008年版,第29页。
③ 李鸿章:《复李雨亭制军》,顾廷龙、戴逸主编:《李鸿章全集·信函三》(第31册),安徽教育出版社2008年版,第33页。

第一章 早期报刊传播与读者阅读（1815—1879）

同年，对于日本侵略中国台湾事件，李鸿章也注意收集日本方面的情报。他在四月四日致总理衙门的函件中称："《横滨新报》亦有兴兵往高丽之说，然往高丽应由日本西北之对马岛济渡，不应由西南之长崎征发，盖长崎与台湾东面相对也。是其日前暂停发兵及改往高丽之说，或已闻知中国不准，故抑扬其词，声东击西，以懈我之备耳。"① 显然，李鸿章对日本《横滨新报》的相关新闻有深入分析，没有被表象所蒙蔽，并希望总理衙门引起高度重视。不久，日军在台湾琅峤登陆，侵略台湾战争爆发，说明他的担忧并非多余。

作为洋务派的首领，李鸿章将上海视为兴办现代军事基地、企业和对外交往的窗口，他的一批亲信也长期在上海经营新式工商业。其中曾任江南制造局总办的冯焌光于1875年就任上海道台之后，便利用公款新办了《新报》，刊登官方告示和中外新闻，此报创办后，引起总理衙门的关注，但传闻不确，为此，李鸿章特地给这位亲信写信说：

> 顷准总署函称，闻天津刊有各种新报，较之《申报》更多可采，望转饬承办局员，每月照刷二分封寄本处，其中有洋文新闻，望饬译出汉文，一并寄部，以备搜采等因。查津郡并无刊印新闻，总署来函所云，自即指执事所刊新报而言。鸿章前在江督任内，雨生中丞适任沪道，其时每月按旬翻印英馆新闻纸，即由南洋咨送总署，以备查核，然皆系抄件。自执事履任后，始准刊刷，并译刻伦敦及各处西报，搜采无遗，足见留心时务，意美法良。雨生中丞前过津述及，亦甚佩服。此次总署函索，自由雨帅谈及而误会全为津郡所刊，敝处复函，已述明此报系由执事创办。现值轮船畅行，望即查照，每次添寄两分，迅速汇递，将来若值封河期内，此项刊报即由五百里排单驰递行辕，以便转寄总署，是为至要。②

---

① 李鸿章：《致总署 论日本图台湾》，顾廷龙、戴逸主编：《李鸿章全集·信函三》（第31册），安徽教育出版社2008年版，第34页。

② 李鸿章：《致江海关道冯》，顾廷龙、戴逸主编：《李鸿章全集·信函三》（第31册），安徽教育出版社2008年版，第227页。李鸿章的这封信写于光绪元年（1875）四月二十三日，这表明，总理衙门对"新报"创办于天津的说法，是讹传，李鸿章已得知冯焌光在上海创办了"新报"，这里所提及的"新报"，可能是指冯焌光主持的"官译新闻纸"。

显然，冯焌光所创办的"新报"，得到了李鸿章的高度重视，他特地叮嘱对方要定期寄给总理衙门两份，说明报刊已为清廷外交官员所关注。另外，李鸿章还特别留意冯焌光翻译外文报刊的工作。他在信中强调："尊处所译洋字新闻，除《晋源》《字林》各新报，有何另种名目，得自何处，便乞示知，并谆嘱王荣和等细心据实翻译，勿稍含混舛误为幸。"① 显然，在天津的李鸿章迫切需要了解外国报刊刊登的新闻，希望冯焌光及时翻译和寄送，以便及时掌握更多的国际要闻。

可见，李鸿章对冯焌光的办报活动甚为关注，将其提供的报刊新闻作为重要的资讯渠道，并借助书信加以证实和沟通，形成一条上海与天津之间的新闻传播渠道。光绪元年（1875）正月，"马嘉理事件"发生后，李鸿章受命与英国驻华公使威妥玛等人谈判。在此过程中，李鸿章特别重视上海报刊的相关报道。三月二十六日，他在回复冯焌光的信中称："英翻译马嘉理被戕一案，新闻纸虽有归咎缅甸之说，威使照会总署，据印度蓝贡电信所述，则谓腾越带兵大员与土司所为。连日赫德、梅辉立过津谒晤，言之凿凿。而云南岑中丞二月中旬函称，以野人抢去英人军火数驮，似不知马翻译被害者，殊为疑窦。……威使派员前往查办，或不至遽开兵端。至《申报》铁甲船北上之谣，更属无稽，嗣后探报若何情形，望随时详细飞示。"② 可见，李鸿章综合了报刊新闻和各方面的消息，并驳斥了《申报》的谣言，对整个事件有自己的独立判断。四月十三日，他在致总理衙门的函件中进一步指出："英国新闻纸载有伯郎详叙由缅赴滇在土司番界遇兵拦阻情事本末，甚为详悉。敝处嘱令美副领事毕德格与杨委员译出，照钞奉览。本日接阅《申报》译刊此事，大略相同，另钞附呈。据此则非缅甸与谋矣。"③ 李鸿章通过英国新闻纸的报道排除了缅甸参与事件的可能，避免引起更大的国际纠纷，也为下一步

---

① 李鸿章：《致江海关道冯》，顾廷龙、戴逸主编：《李鸿章全集·信函三》（第31册），安徽教育出版社2008年版，第227页。
② 李鸿章：《复上海道冯卓儒观察》，顾廷龙、戴逸主编：《李鸿章全集·信函三》（第31册），安徽教育出版社2008年版，第209页。
③ 李鸿章：《译呈英国新闻纸载滇案始末》，顾廷龙、戴逸主编：《李鸿章全集·信函三》（第31册），安徽教育出版社2008年版，第221页。

的谈判提供了基础。为了让云贵总督岑毓英了解马嘉理案件的详细情况,李鸿章还嘱人抄寄相关新闻给岑毓英。五月二十六日,他还特地询问云南布政使潘鼎新:"马嘉理案主谋之人,英使固早确知,前曾照钞新闻纸寄岑帅处,吾弟想亦寓目。访闻所说,无甚虚饰,若稍曲护,必不甘休,终恐激成大变。"[1] 相对于云南地方官员,李鸿章利用报刊新闻,较为全面地掌握了马嘉理案的真实情况,并将有关新闻提供给岑毓英等人,显示出他在处理外交事务中的高明之处。

除了关注报刊的涉外报道外,李鸿章对报刊所反映的一些国内要闻也颇为留意。光绪元年(1875)五月,报纸报道有关长江沿岸炮台质量低劣和水手操练不够的问题,引起他的高度重视,他给其兄李瀚章和有关将领、官员写了八封内容一致的信,指出:"顷准总署五月十三日直字二百四十七号来函,以新闻纸论及长江现造炮台不甚合式,轮船水手人等应讲求操练各节,函属妥为筹办转致等因。查炮台一节,据称扬子江等处似铁所造成云云。闻只炮台用铁皮遮护,本属不甚得力,并非如西国全台皆用厚铁甲炼成者。"[2] 在某种程度上看,报刊所揭发的防务问题,成为总理衙门和李鸿章决策的重要依据。不管李鸿章督促的结果如何,彼时的新闻纸不仅仅提供新闻,还在制造舆论、提供观点,对清廷高级官员产生了一定影响。

从总体上看,1860年之后的近二十年,上海不仅是洋务运动的产业和文化中心,也是新式报刊与国际信息传播中心。而洋务运动的重要人物如曾国藩、李鸿章、刘坤一、沈葆桢等督抚大员对报刊新闻有一定程度的认知和利用,他们通过与上海官员、报人、商人和传教士建立了较为广泛的联系网络,形成了由上海向他们输送"新闻纸"的通道,这就为洋务派高级官员和他们的幕僚提供了阅读报刊的机会。在洋务派看来,引进西方设备、创办新式工业企业是"自强"的途径,而了解"夷务",提高处理"中外交涉事务"的

---

[1] 李鸿章:《复云南藩台潘琴轩》,顾廷龙、戴逸主编:《李鸿章全集·信函三》(第31册),安徽教育出版社2008年版,第258页。

[2] 李鸿章:《致湖广制台李》,顾廷龙、戴逸主编:《李鸿章全集·信函三》(第31册),安徽教育出版社2008年版,第247页。

能力，就不得不依靠新闻纸。李鸿章在处理天津教案、四明公所事件和马嘉理事件的过程中，就非常关注上海报刊上的各种新闻和观点，了解国内外的舆论动态，为事件的处理提供舆情分析材料。而赵烈文、薛福成等幕僚也由于阅读新闻纸获得了不少"世界知识"，进一步开拓了国际视野。与之相对的是，一般守旧官僚则热衷于阅读儒家经典，尚不知报刊为何物。从这个角度看，早期洋务派官员重视报刊与政治的关系，他们围绕报刊新闻展开的讨论，从不同侧面反映了报刊的情报价值和舆论作用。

第三节 早期商业报刊的多元呈现与读者阅读

以《申报》为代表的商业报刊，开创了近代报业的新局面。商业报刊以市场为导向，打破了邸报对官方新闻的垄断，又与宗教报刊传播宗教与科技的宗旨有着明显差异。商业报刊以赢利为目的，注重刊登时政要闻、社会新闻、新闻评论、文艺作品和各类广告，满足读者"足不出户而知天下事"的阅读需求。作为联系市场与消费者的中介，商业报刊视广告为"生意"，与各类商家建立广泛的联系，成为展示商品和各种服务的平台，从而与宗教报刊在内容上也有了明显的区别。作为新闻生产者，商业报刊需要通过新闻市场供给满足读者的消费需要。尽管早期商业报刊销量不大，发行不广，但其市场化运作模式势必迎来生产、经营、销售的新格局，对读者的阅读也产生了深刻影响。

一、19 世纪 70 年代的《申报》与读者阅读

创办之初的《申报》，引入现代报刊理念，注重为"四民"服务，在版式、文体、语言上区别于传统宗教报。早期《申报》注重新闻报道，挖掘新闻话题，通过新闻事件制造舆论热点，引发社会关注。它注重登载广告，依托上海商业市场进行推销，关注读者的阅读需求，吸引文人雅士投稿，以"文学市场"扩大读、写网络，从而在士林中不断扩散其影响，形成了早期的阅读群体。

第一章　早期报刊传播与读者阅读（1815—1879）

（一）发行网络与社会影响

创刊于 1872 年 4 月 30 日的《申报》，是一家以牟利为目的的商业报纸。《申报》聘请中国人主持笔政，蒋芷湘、钱昕伯、黄协埙等先后担任主笔，这些早期报人了解中国情况，又与西人长期交往，眼界较为开阔，对《申报》言论、文艺栏目尤为关注。同时，《申报》非常重视新闻报道，"凡国家之政治，风俗之变迁，中外交涉之要务，商贾贸易之利弊，与夫一切可惊可愕可喜之事，是以新人听闻者，靡不毕载"。① 《申报》以"新"为特色，正如《申报馆赋》所云："著《申报》者，新报也，贵新也。弗新者，删也，毋羼录也。若然，使《申报》各爱其新，则藉以劝惩。劝惩扩《申报》之新，则布一处可至各处而警心，谁阅而不乐也？吾人既爱自新，俾众人新之，众人新之而日广之，亦使众人而又新众人也。"② 从总体上看，《申报》的栏目和内容已具备现代报刊的基本要素，体现了商业性报纸追求阅读效果和经济利益的核心理念。诚如老报人徐铸成所言：

> 在它以前出世的报纸，基本上是外文的中文版，内容多译自外报，加上一些洋行"告白"（广告）和船期消息等等，读者只限于买办阶级和高等华人。《申报》问世，才以一般群众为读者对象，开始冲破"宫门抄""辕门抄"及政治公报的藩篱，重视对国内外大事的采访和记载，也逐渐注意市井琐闻和社会变化，第一次形成了一张现代意义的中国报纸。③

与以往依托于书局、学校、宗教传播网点发行的宗教报刊不同，《申报》甫一开张，就面向大众社会，以提高发行量谋求业务的发展。李嵩生回忆了《申报》早期的发行情况："（同治）十三年终，销数增六百余张。光绪二年五月，销数益广，每日达二千余张。三年忽增至五千张。"④ 《申

---

① 《本馆告白》，《申报》1872 年 4 月 30 日，第 1 页。
② 海上双鸳鸯砚斋：《申报馆赋》，《申报》1873 年 2 月 15 日，第 1 页。
③ 徐铸成：《报海旧闻》（修订版），生活·读书·新知三联书店 2010 年版，第 9 页。
④ 李嵩生：《本报之沿革》，申报馆编：《最近之五十年——申报馆五十周年纪念》（下），上海书店出版社 1987 年影印版，第 31 页。

报》最初发行的几个代售点是:"三茅阁桥,广永昌广货店;山东路,三贸酒店;叉(又)山东路,悦隆号;新开河,王春记;陈家木桥,裕大酒店;棋盘街,周元成洋货店。"① 为了吸引各类酒店、商铺加盟,《申报》在创刊后的第二号报纸上就刊登广告云:"各店零售每张取钱八文,各远处发卖每张取钱十文,本馆趸卖每张取钱六文。"② 可见,《申报》十分注重店铺发行。

19世纪70年代,上海已成为中国商贸中心,"十里洋场"一带店铺林立。店铺充当报刊发行处具有双重意蕴:一是由于代理报刊发行,店铺便具有传播信息、沟通消费者的功能;二是对于读者而言,在店铺购买报刊,是在商业环境中的消费行为,读者可能就是店铺顾客,或者邻近街坊。这些读者不再限于"士绅"的身份,他们与店铺消费者可能混同。可以肯定的是,店铺这一大众化的报刊销售和阅读场所,在一定程度上实现了"文化下移"。普通民众可以在附近店铺实现文化消费行为,这是报纸广告取得营销传播效果的重要前提。正是由于报刊与商业的联姻,使其经营成本不断降低。③ 而店铺作为公共场所,不仅可以传播都市"公开的闲话",还可以通过公共话语获取和交流信息,通过普通市民讲述"身边的故事"。报纸在店铺的展示与销售,具有阅读想象和文化建构的意涵。尽管姚公鹤等报人在回忆中描述早期报刊依托店铺发行的窘境:"及届月终,复多方善言乞取报资,多少即亦不论,几与沿门乞讨无异。"④ 但是,在《申报》初创时期,代理发行的店铺在引领阅报方面的作用却不容小觑。1877年,该报的一则评论云:

兹先设之时,销数每日不及千张,于今五年,每日销数已将及万。……余尝闻之售报人言,皆谓阅报之人,市肆最多。我等亦曾询诸

---

① 《今将在沪代零卖本馆新报之各店开列》,《申报》1872年5月7日,第6页。
② 《本馆条例》,《申报》1872年5月2日,第1页。
③ 蒋建国:《消费意象与都市空间——广州报刊广告研究(1827—1919)》,暨南大学出版社2008年版,第85页。
④ 姚公鹤著,恽树钰校:《上海闲话》,商务印书馆1927年铅印本,第177页。

肆友君等,何以众皆喜阅《申报》。肆人应曰:《申报》文理不求高深,但欲浅显,令各人一阅而即知之。购一《申报》,全店传观,多则数十人,少则数人,能识字者即能阅。既可多知事物,又可学演文墨。故自《申报》创设后,每店日费十余文可以有益众友徒,亦何乐而不为哉。初犹疑信相参,后阅各店往来信札,均能文顺字从,始信众言之不谬也。余亦尝谓华人于唱盲词说平话之场,日花数十文以听之,既设《申报》,当亦有同情也。①

这篇评论是从《申报》的立场谈及店铺在报刊阅读中所起到的媒介和推销作用。一份报纸置于公共场所,其传递与轮流阅读的可能性大增,报纸的公共性也得以彰显。阅读与评报有可能联结起来,成为店铺公共话语传播的重要内容。而在消费者聚集的酒楼茶馆,闲来读报则作为顾客了解时政的重要方式,读报内容也成为餐桌谈资的组成部分。报纸集资讯、知识、娱乐为一体,为公共生活增添了新的景观。与早期的宗教报刊相比,《申报》的新闻、言论、文学与广告内容颇为丰富,可以满足不同层次读者的阅读需求,其可读性还通过读者来信得以检视。尽管早期的宗教报刊也有读者来信,但是,《申报》自创办之日起,就将读者来信作为言论、新闻、文学栏目的重要内容。一些读者在阅读前期的《申报》之后,就某一新闻或评论发表自己的见解;也有读者就自己的见闻,对某一事件或者问题提出看法;还有读者通过信件对《申报》上诗词歌赋进行唱和,等等。正如当时的一首竹枝词所言:"客窗寂寂静难禁,一纸新文说字林。今日忽传有《申报》,江南遐迩共知音。"②这说明《申报》与字林洋行所创办的《上海新报》相比,更受江南文人的欢迎。

从总体上看,在19世纪70年代,随着《申报》在新闻、言论、艺文、广告等内容方面不断开掘,其影响力不断扩大。老报人李嵩生谈及早期《申

---

① 《论本报销数》,《申报》1877年2月10日,第1页。
② 嘉门晚红山人:《续沪江竹枝词二十首》,《申报》1872年9月28日,第2页。

报》的销路时说:"(光绪)六年,重要各都市,无不有本报。如北京、天津、南京、武昌、汉口、南昌、九江、香港、安庆、保定、广东、广西、四川、湖南、杭州、福州、苏州、扬州、宁波、烟台等处。外埠各信局皆代售本报。"① 这大致反映早期《申报》总发行量呈逐年上升的趋势。1876年6月12日,《纽约时报》刊登了一篇伦敦《泰晤士报》驻上海记者的报道,对《申报》的发行与业务进行了评论:

> 我曾不止一次地提起过由外国人赞助在上海出版中文报纸的情况。令人满意的是,它们的发行量和影响力都在稳步增长,清国人对它发布的消息和抨击官僚的议论已显示出了浓厚的兴趣。报纸的发行量现已上升到每天6 000份,价格是10个铜板,相当于半个便士。
>
> 目前,经营者正努力使报纸印得更小些,力图把价格再降低一半,以使下层的人民也能够读到。一个清国劳工曾说,念过两年书的人就能读一些浅显易懂的消息。
>
> 报纸应杜绝那种在传播业中甚嚣尘上的刊发小道消息的现象,应以极低廉的价格给普通大众提供有价值又值得信赖的消息,这是它具有的最令人珍视的品质。我坚信梅杰先生的事业一定会获得成功。②

尽管这位《泰晤士报》记者从"西方"观念对《申报》经营进行评论,但也从另外的角度表明《申报》在努力扩大发行渠道。

早期《申报》除了在大城市设立销售处之外,也关注一些小城镇的阅读需求,希图通过读者"集体订阅"来降低发行成本。其广告称:

> 本馆今在远迩各大城镇自设有卖报送报之人,其城池较小地方、鸾

---

① 李嵩生:《本报之沿革》,申报馆编:《最近之五十年:申报馆五十周年纪念》(下),上海书店出版社1987年影印版,第31页。
② 郑曦原编:《帝国的回忆:〈纽约时报〉晚清观察记》,郑曦原、李方惠、胡书源编译,生活·读书·新知三联书店2001年版,第103页。文中所提到的梅杰先生,全名为欧奈史特·梅杰,又译为安纳斯脱·美查,即《申报》馆的创办人。

远之区，虽或诸君意欲赏阅，若本馆自行专投售报之人，则支费收项两不相济。不若请此处欲阅诸君联名与地方信局商量承办。但集买七八九张则摊算信钱犹为廉省，且与设有承售之人无异。此法近蒙多处渐行，各信局向本馆按月定买，已成大数。因恐或有多城不筹及此，故再为陈说也。方今国事大局日尚权变，为古来所未见。凡留心世务者，自宜日有所闻。远隔通都乡居僻静者，非得新报日日阅之，又何从而知当世之事耶。①

这表明，在早期《申报》的发行管道中，小城镇的信局充当了重要的代理人角色。由信局代理订户进行"批发"，使许多地处偏远之士有机会读报。

《申报》强调"上关皇朝经济之需，下知小民稼穑之苦"，② 注重社会各阶层的阅读需求。《申报》阅读对象中有高级官员、文人、商人和普通民众，各层次的读者都可以从《申报》中获取有益养料。正如该报所云："仕宦者可以恭阅邸抄考见朝政；士君子可以讽诵诗词怡适性情；巨商贾又可以博知货殖之低昂；行旅者又可以参稽船埠之进出；而俗事笑谈又可以作解颐之助。瀛州寰海，更可以极放眼之观。故人皆乐得而取阅也。"③ 在1870年代后期到达上海的英国海军军官寿尔，在他的回忆录中，对当时的报纸进行了比较，他指出：

> 中国出版的主要报纸是《京报》《申报》和 *Sing Pao*（《新报》），《京报》可能是世界这类出版品中最古老的了。不过如果要从里头找出新闻的话，则无异缘木求鱼。从新闻来说，它是最不中用的新闻纸。里头只是政府认为对自己有益，应该发表给士绅和官吏阶级看的一些奏议和皇帝的杰作罢了。

---

① 《集阅报纸告白》，《申报》1875年7月13日，第1页。
② 《论本馆作报本意》，《申报》1875年10月11日，第1页。
③ 《论杭州停卖〈申报〉之故》，《申报》1873年4月15日，第1页。

《申报》是在外国人的指导下出版的，订户相当多，在经济上是成功的，里头许多文章都是当地人写的。①

寿尔以西方人的眼光来比较《申报》与《京报》，他对《申报》的赞誉，在一定程度上表明了其商业经营的成功。早期《申报》注重发行和团结"地方文人"，将可读性视为重要品质。值得关注的是，早期《申报》还非常注重"传阅"的功效。1874年，一封苏州读者的来信反映了该报在传阅过程中所受欢迎之程度："每见市肆之间，置有一纸。其店中之主宾以及学徒彼此传观，互相问辨，竟若每日之课诵焉。于此借以得益者谅亦不少。……贵报日新月异，为数无多，文理又易通晓，价值亦不高昂。仅须片刻之光阴，得悉世间之事理。可以广见闻，益心智，达文义。"②尽管读者来信有夸耀之嫌，但它在一定程度上表明《申报》利用各地的发行网络，不断扩大在普通民众中的影响。

总之，在19世纪70年代，《申报》已成为当时社会各界阅读的重点报刊，其商业性报纸的定位和适合社会大众的多元内容是其吸引读者关注的重要原因。尽管当时上海、香港都有一些中文报刊，且试图与《申报》竞争，但这些报刊的"可读性"难以与《申报》相提并论，很难吸引读者长期关注。从总体上看，早期《申报》发行范围仍然以上海和江浙地区为主，由于交通和邮政条件的限制，内地普通民众尚难以接触到《申报》，读报的风气尚难以在全国范围内扩展。但是，早期《申报》的传播与阅读，却对报刊的转向起着积极的引导作用。可见，商业性报纸与宗教报刊的区分已经较为明显，宗教性报刊的劝说性阅读收效甚微，而商业性报纸对新闻、论说、艺文和广告的重视，使报纸与民众的日常生活有着密切关联。阅读报纸与了解社会融为一体，这无疑开创了报刊阅读的新时代。

---

① 寿尔：《田凫号航行记》，中国史学会主编：《洋务运动》（第8册），上海人民出版社1961年版，第417页。Sing Pao 指的是1876年由上海道台冯焌光所创办的《新报》，这说明寿尔到达上海的时间至少是在1876年之后。

② 《苏城来函》，《申报》1874年8月12日，第1页。

第一章 早期报刊传播与读者阅读(1815—1879)

(二) 重视读者来信

早期的《申报》没有专门的记者,不少读者由于投稿而与《申报》建立了新的"关系",读者与报纸的互动,使报纸阅读具有构建公共问题的价值。如《申报》于1872年5月13日就刊登了一位名为海上归来客的读者来信,其文云:"兹阅第三号《申报》内拟易大桥为公桥一则,据谓华人过桥,必取其值,而西人则否,以致华人不服云云。……是工部局为西人计而不为华人计,即偏枯之说矣。"① 这则评论是作者看完第3期的《申报》后,就过桥收费这一公共问题发表看法。显然,此类问题会引起当地读者的关注,也引发其他一些公共问题的讨论。这篇读者来信也被当时的《中国教会新报》所转载,引发舆论关注。② 早期的《申报》几乎每期都有读者"来札""来信",并在文中开头冠以"读昨日《申报》""阅《申报》第×号"等字样,表明读者是在认真阅读某一新闻或者评论之后所发表的见解。我们可以以同治十一年(1872)的《申报》为例,分析其读者来信篇目(表1-1)。

表1-1 同治十一年(1872)《申报》部分读者来信情况

序号	日期(农历)	标题	作者
1	四月三日	辩易公桥论	海上归来客
2	四月七日	附录来信(读昨日《申报》叙寒山寺僧来沪募缘……)	绣佛庵主
3	四月九日	附录槎尾生来书	
4	四月十一日	答辩鹎鶋名物异同书(附录来札)	
5	四月十一日	附录镜机子来书	
6	四月二十二日	附录墨池生烟馆月捐事辨诬来札	
7	四月二十二日	谨答十九日申报辩惑说	江阴薛成章

---

① 海上归来客:《辩易公桥论》,《申报》1872年5月13日,第4页。
② 《易公桥辩》,《中国教会新报》1872年第187期,第7—8页。该文与《申报》上的《辩易公桥论》内容完全一致,只是标题略有改动,说明此事已在上海产生舆论反响。

续表

序号	日期（农历）	标　　题	作　　者
8	四月二十二日	附录薛达孚来札	
9	四月二十八日	附友人来札	
10	五月九日	附友人来书	宁波经手客
11	五月十五日	问报关必用西字来书	中商鹤巢氏
12	五月二十九日	廿六日徐茂松伸冤来信	
13	六月十七日	议西字报关来书	甬东樵子
14	六月二十五日	戒食牛文辨	
15	六月二十五日	附录醒否子来书	
16	六月二十九日	义冢切宜深埋辨	同仁辅元堂司事来稿
17	七月三日	请刻急救万应方来书	甬江醒否子
18	七月五日	附录来书（近阅贵馆申报内多劝世良言……）	
19	七月九日	附录来书并药方	乐善居士
20	八月八日	《戒食牛文辨》辨	同吟馆主人
21	八月八日	详言捉鼠孽报	申江莱根香室小主人
22	八月十一日	附录辨鼠嗞苏某来信	笠湖隐者
23	八月十二日	苏州禁鸦片烟馆说附来书	
24	八月十五日	论甲乙二人在烟墩设计串诈事实	
25	九月二十七日	法国巡捕虐待华人事辨误	
26	十月四日	附录来书	平之氏
27	十月四日	论前录周某报复事	古射襄青士

续 表

序号	日期（农历）	标题	作者
28	十月六日	辨狗上屋为灾异事	
29	十月二十八日	辨道士立关真心苦状	坦白居士
30	十一月九日	论方山阁主金陵下关遇盗事	
31	十一月九日	驳陈曲江辨诬	古越子
32	十一月十二日	论西教事答教友来书	执权居士
33	十一月十三日	论西字新报屡驳申报事	
34	十一月十八日	陈曲江医品议	悯时子
35	十一月二十日	辨前报所论收养东洋女孩案件	东国寓公
36	十二月四日	谨对问心草堂主人悯世联语	侣录山樵
37	十二月六日	辨诬赌痞事来书	岳麓山樵
38	十二月六日	论对句荒谬	润州布衣
39	十二月十一日	论宝山曾邑侯去官遗爱在民记事	白下酒民
40	十二月二十二日	辨小辋川主人劝禁淫词来书	风尘下士

这些内容丰富、形式多样的"来书"可以进一步激发读者的讨论，促进读者与作者之间的"隔空对话"，丰富《申报》的稿件来源，增进编者与读者之间的交流与互动，并能引发新的话题，极大地丰富了早期《申报》的言论内涵。正如当时的一首竹枝词所言："广采新闻播远方，誊清起草倍仓皇。一年三百六旬日，日日千言录报章。"①

（三）挖掘文艺栏目和奇闻趣事

与此前传教士报刊以少数口岸文人为主要阅读对象不同，早期《申报》的文艺栏目则面向普通读者，其诗词文赋具有明显的地域文化色彩。《申报》创刊

---

① 辰桥：《申江百咏》，顾炳权编：《上海洋场竹枝词》，上海书店出版社1996年版，第82页。

号就大力呼吁:"如有骚人韵士,有愿以短什长篇惠教者,如天下各名区竹枝词及长歌纪事之类,概不取值。"① 早期《申报》刊登大量文人骚客的作品,成为联系文人的桥梁和纽带。如上海一位善于诗词书画的文人,在同治十二年(1873)投稿给《申报》,不久,该文刊出,作者在五月二十九日的日记中写道:"《申报》来,见《明珠暗投记》,改《鹤立鸡群论》,已登报中,大快人意。"② 这位读者能在《申报》上读到自己的作品,感到无比荣幸和喜悦。它在一定层面上表现了当地文人通过"投稿"与《申报》所建立的"写与读"的关系,在读报与写稿的互动过程中,一些文人对《申报》产生了阅读上的依恋感。

《申报》刊登的沪上竹枝词,颇受本地文人的喜爱。初步统计,自1872至1875年,《申报》刊登的竹枝词至少在648首以上,其中注明作者的有31人。这些形式多样的竹枝词从不同侧面描绘了上海社会风貌,极大地丰富了读者的文学想象力,增强了《申报》的文学性和可读性。文人雅士围绕《申报》施展文学才华,并能够通过《申报》以文会友,如袁祖志就因在《申报》上多次发表竹枝词而结识不少口岸文人,其中包括《申报》编辑蔡尔康、黄协埙等人。他们通过雅集,又不断创作出新的诗词作品,为《申报》提供更多的作品。《申报》则为文人的交往与阅读提供了"公共空间"。有竹枝词描述了《申报》被读者广为传阅的情景:"巷论街谈费讨寻,一时声价重鸡林。蜃楼结撰虽无碍,清议原存愤世心。"③

而《申报》对鬼神怪异之事的刊登,不仅具有文学色彩,也有博取读者眼球的意图。1863年出生的清末报人孙玉声就在日记中描绘了童年所阅《申报》的记忆:

> 余幼时阅同治年老《申报》,忆有一事甚为可异。乃某商人服贾于外,越岁始返,其妇以夫久别归来,即夕为之置酒洗尘,饮至微醉而卧。

---

① 《本馆条例》,《申报》1872年4月30日,第1页。
② 无名氏:《绛芸馆日记》,上海人民出版社编:《清代日记汇抄》,上海人民出版社1982年版,第310页。
③ 李默庵:《申江杂咏》,顾炳权编:《上海洋场竹枝词》,上海书店出版社1996年版,第74页。

讵料翌日商人不起，竟已僵毙于床，七孔皆有血痕溢出，其状显为中毒。……妇以阅时仅有一夜，绝无琐事可供，惟言饱饭后曾吸水烟四五筒，吸竟即卧。宰令呈水烟袋察验，初无他异，继令将烟袋内所储之水倾而视之，水色甚清而中有赤色之细虫无数，蠕蠕而动，触目堪惊。乃断定商人之死，实中虫毒所致。……此案报中载有省县地址并商人与宰之姓名，当非向壁虚造。①

孙玉声幼年所读的是同治年间《申报》，他对某商人受毒虫之害的新闻记忆犹新，说明报纸阅读在其幼年的经历中具有深刻的影响。无独有偶，著名学者缪荃孙在写给友人汪康年的信中，也回忆到早年阅读《申报》的轶事："同治年《申报》有一则云，洋行中畜一犬，无故乱吠，人问其故，有知之者曰：无他，止是吃洋屎太多耳。"② 这些早年的读报趣闻，反映了读者对《申报》有关"天下奇闻"报道的关注。

早期《申报》的可读性不仅体现了其新闻来源较为广泛，对国际、国内新闻的报道较为深入。美查不遗余力地为《申报》搜集重要新闻，如黄协埙在回忆早期的《申报》时说："越年，台湾生番戕杀高丽人，日本兴师问罪。美查竭其精力四处采访，务得真情。载之报章，无淫无饰。由是人知新闻纸之有益，争先购阅，日销数千张。"③ 这反映了1874年《申报》报道日本侵华新闻所引发的社会影响。

（四）官员的早期《申报》阅读

《申报》在创刊号的《本馆条例》中便强调，"设法由信局带往京都及各省销售"。④ 在北京打开销路，一直是《申报》扩展市场和提高影响力的重要策略，虽然它在北京市面的销售一直不理想，但总理衙门和一些官衙的高

---

① 孙家振：《退醒庐笔记》（下卷），上海书店出版社1997年版，第189—190页。
② 《缪荃孙函（十三）》，上海图书馆编：《汪康年师友书札》（3），上海古籍出版社1987年版，第3057页。
③ 黄协埙：《本报最初时代之经过》，申报馆编：《最近之五十年：申报馆五十周年纪念》（下），上海书店出版社1987年影印版，第26页。
④ 《本馆条例》，《申报》1872年4月30日，第2页。

中级官员可以通过官方订阅的"制度化"途径读到这份商业报纸。与一些外报偏向于报道"西国近事"不同,《申报》注重报道国内时政要闻,并通过制造舆论引发官场关注。如郭嵩焘便在总理衙门读到《申报》。又如时任太常寺卿的许庚身,于光绪四年(1878)正月十一日,在阅读《申报》之后,特地记录了两则新闻:"看《申报》有吴桐云腊八日辞世之说,怆怀旧雨,恻然伤神。又详载开平矿务情形。"① 尽管在许庚身残留的数年日记中,仅有一次阅读《申报》的记录,但这次偶然的阅读表明了这位高级官员较早接触了新式传媒,也说明《申报》已通过各种通道进入了官员的阅读视野。

《申报》在北京官场的传抄,通过户部主事袁昶的抄报活动也得以证实。光绪四年(1878)十月,袁昶两次抄录《申报》,对国际国内大事予以重点关注。他特地加上标题"节录《申报》"四字,表明他是在抄录而非总结。他节录的新闻主要涉及土耳其与俄罗斯之争,阿富汗与英国之矛盾。他抄录道:"据英国电报云:现俄兵复自巴而坎山之南入土耳其境,土国汗曾谕英使臣在土京者,以土俄不共戴天、誓不立和约云云。"从其抄录的语气中可以看出,这是《申报》所译载的英国电报新闻。当日,他还抄录粤匪李扬材"约有五万众,至今为越南患"。在抄录之后,他在日记中加上眉批:"《申报》所载近事,每真妄杂糅,不足深据,姑录备考。"这段简短的批语,作为他抄录的"证据",表明了他对《申报》新闻的疑虑和录以备考的目的。当月,他第二次注明"节录《申报》",以《论中英俄大局》为标题,继续关注俄土和谈,并加以眉批:"疑此次会议系在土京,土京君士坦丁,未知此会系在德京伯灵,抑在土京。"他还抄录俄罗斯侵略伊犁事件的来龙去脉,以及左宗棠"新借汇丰西商之银款,其息系一分二厘五毫"。② 显然,此类新闻与邸报上的官场消息不同,可以大开眼界。袁昶以节录形式在日记中"再现"报刊新闻,并强调抄录自《申报》,表明新式报刊对他的阅读生活产生了一定

---

① 许庚身著,许恪儒整理:《许庚身春明日记》,国家清史编纂委员会编:《晚清文献七种》,齐鲁书社 2014 年版,第 550 页。
② 袁昶著,孙之梅整理:《袁昶日记》(上),凤凰出版社 2018 年版,第 347—351 页。

影响。

与袁昶同在北京为官的沈家本,光绪五年(1879)在刑部担任低级司员,他曾于八月二十五日深夜看《申报》,他记道:"看《申报》中懒则致贫说》中有'懒于晋接,则托言不事奔竞以鸣高'之语。颇与余情状相合,为之哑然。"① 这篇刊于《申报》七月二十六日第一版的评论,沈家本读后颇有感慨。沈家本日记始于1861年,终于1912年,在长达五十余年的日记中,读报的记载仅此一条。这并不能表明他在之后没有读报,尤其是在其主持清末修律的过程中,应该有诸多接触新式报刊的机会,他在1879年的读报感想,足以印证这位著名法学家是早期《申报》的读者。

洋务派内部和督抚大员在某些重大政治问题上的分歧,为《申报》提供了制造舆论的机会。比如李鸿章与左宗棠不仅在收复新疆问题上态度迥异,两人对报刊的态度也有很大区别。尤其是1873年之后的数年,左宗棠在受命收复新疆的过程中,多次提及《申报》和其他新闻纸,对相关报道和新闻舆论对他的指责加以辩驳,如他写信给两广总督刘坤一说:"俄国索使由豫秦来陇,意在觇我虚实,弟引居节署,纵令观诸布置之详。……以觇其来意,并示以新闻纸所言与英人有约之事,渠言,此行系上年奉其国主之命而来,原为永敦和好,并无异说。本国与中国从无交兵之事,不至忽起衅端。……察看情形,俄人确无与英夷协以谋我之事,威妥玛虽约其牵制西师,俄必不应也。新闻纸本不足信。"② 他对胡雪岩也表达了相似的看法:"俄人在此相处一月,察看情形,确无他意。新闻纸云云,不足信也。海上用兵以来,议论纷纭,迄未得其要领,敷衍日盛,流弊日滋,恐将不可收拾也。"③ 作为在前

---

① 沈家本:《沈家本日记》,韩延龙、刘海年、沈厚铎整理:《沈家本未刻书集纂补编》(下),中国社会科学出版社2006年版,第1152页。参见:《懒足致贫说》,《申报》1879年9月12日,第1版。沈家本抄写时使用了异体字,据原文进行了校改。
② 左宗棠:《答刘岘庄》,《左宗棠全集》(第14册),上海书店1986年影印本,第11849—11851页。
③ 左宗棠:《答胡雪岩》,《左宗棠全集》(第14册),上海书店1986年影印本,第11854—11855页。

线作战的钦差大臣，左宗棠根据自己的见闻来驳斥报刊有关臆测，表达对报刊的不满。

由于军费支绌，左宗棠不得不通过胡雪岩多次向外商借款。此事引发上海报界尤其是《申报》的大肆攻击，左宗棠在获知报刊有关报道后大为不满，多次反击和批判上海报界的"污诋"行为。他写信给浙江巡抚杨昌浚说：

> 见在停军以待，且看事势云，何六十许人，岂尚有贪功之念？所以一力承当者，此心想能鉴之。洋事坏于主持大计者，自诩洞知夷情，揣其由来，或误于新闻纸耳。此等缪悠之谈，原可闭目不理，无如俗士，惟怪欲闻辄先入为主，公谓忌之者，多不知忌之者，尚托空言，此则以无为有，足惑视听。江浙无赖士人，优为之处士横议，托于海上奇谈，都人士遂视为枕中秘矣，所系在颠倒是非，辩言乱政，不仅江浙一时之害。杨乃武之案，浙人颇能言之，胡侍郎正人断不能抹却公论，新闻纸亦何能为？然担荷时局者亦颇引此为证，真可怪耳。①

左宗棠如此仇视这些所谓的无赖文人，是由于他们在报纸上发表有关反对借款的言论，对整个新疆局势颇有不利。即便是在杨乃武一案中，报刊也在误导舆论，他为之痛恨不已。其实，他所指的新闻纸，就是英国人美查所开设的《申报》。他对李筱轩说："近时传播新闻纸，本英人设局，倩江浙无赖之徒所为，侈谈海务，旁及时务，公造谣言，以惑视听，人所共知。即如所录喀什噶尔回酋附土耳其通商英俄一事，……前俄人在兰州言之甚明，新闻纸所载，不知何据？"②在左宗棠看来，《申报》在涉及新疆的报道中，往往无中生有，随意制造谣言，他多次称报人为无赖之徒，表达了他对《申报》的不满。他愤而对两江总督沈葆桢说："吴越人善著述，其无赖者受英人数百元

---

① 左宗棠：《答杨石泉》，《左宗棠全集》（第 14 册），上海书店 1986 年影印本，第 11880—11881 页。

② 左宗棠：《答李筱轩侍御》，《左宗棠全集》（第 14 册），上海书店 1986 年影印本，第 11887—11888 页。

即编新闻纸,报之海上奇谈,闲及时政,近称洞悉洋务者,大率取材于此,不觉其诈耳。"① 其言外之意,这些无赖文人不仅制造谣言,干涉政治,还误导读者,蒙蔽真相,可谓是十恶不赦了。他进而直接对《申报》大加批判:"论洋务者,非不知滇案就地可了,英人特欲开通西路,广销鸦片,掀波作浪,虚言恫喝,其技已穷。而顾不敢以正论出诸其口者,误于沪之《申报》耳。《申报》本江浙无赖士人所编,岛人资之以给中国,其中亦间以一二事迹堪以覆按者,然干涉时政,拉杂亵语,附录邸报,无纸不然,纤人之谈,不加究诘,置之不论足矣。合肥竟以入奏,并议撤西防以裕东饷,何耶?……"对于该报有关新疆的报道,他还对李鸿章误信报道表达不满:"《申报》谓喀什噶尔回酋附土耳其以通俄、英,我军攻之为失算,不知何据?合肥即奏请停兵勿进,而分置头目羁縻之。"② 而《申报》针对左宗棠的"败退"谣言,尤令他颇为不满,他对刘克庵说:"当是都中人士议论《申报》(即新闻纸),又谓弟部与关外诸军均已败退,守关。此辈所为,专以张西讪中为意,其殆枭獍不若耳。"③ 他对《申报》的不满上升到误国殃民的高度:"沪局新闻纸公然把持国政,颠倒是非,举世靡靡,莫悟其奸。而当事不但不加呵禁,又从而信之,甚且举以入告,成何事体,可为浩叹。"④ 在左宗棠看来,他西征新疆数年来,《申报》一直与他为敌。他对好友曾国荃说:"恐俄人乘机窃取于印度,有害于中国边界,亦多不利,图入场搅事。……今忽如此,是必有故,始悟前此不肯借洋款,及沪上《申报》历言西师不可轻动,及造谣我军败退关内者,非无因也。荆公晚年每书空精扯淡三字,正合此时事体也。"⑤ 然而,对于"西洋新闻纸",左宗棠似乎态度较为平和。1879 年,他在谈及崇厚在俄谈判一事,对杨昌浚说:"崇使谬率定议,匆遽言归,只为脱身计耳。……

---

① 左宗棠:《与两江总督沈幼丹制军》,《左宗棠全集》(第 14 册),上海书店 1986 年影印本,第 11897 页。
② 左宗棠:《答两江总督沈幼丹制军》,《左宗棠全集》(第 14 册),上海书店 1986 年影印本,第 11907—11909 页。
③ 左宗棠:《答刘克庵》,《左宗棠全集》(第 14 册),上海书店 1986 年影印本,第 12075 页。
④ 左宗棠:《答刘克庵》,《左宗棠全集》(第 14 册),上海书店 1986 年影印本,第 12033 页。
⑤ 左宗棠:《答曾沅浦》,《左宗棠全集》(第 14 册),上海书店 1986 年影印本,第 12146—12147 页。

以实在情形言之，还看自己强弱何如，我实在能强，则无理亦说我有理，我不能强，则有理亦说我无理，古今同。……三年，西洋新闻纸载俄人自言要还伊犁须俄元二百五十万元，兹对崇使所说要五百万元，而总署不觉，翻谓其就范也。"① 他引用西洋新闻纸的报道来揭发崇厚出卖国家利益的行为，表明他对报刊提供的数据比较信任。

1875年至1879年间担任两江总督的沈葆桢，也曾多次披阅《申报》。如针对1875年发生的"滇案"，沈葆桢在回复左宗棠的信件中就提及："滇案未能遽了者，缘威妥玛坚指为岑彦卿所主使，总督方与相持。《申报》之谬妄，日甚一日。始则尚有为其所惑者，今亦夫人而知之矣。"② 在沈葆桢看来，《申报》所刊的一些新闻多有不实之言，因此，他在公牍和书札中曾多次提出质疑和批评。如他针对《申报》所刊《郭嵩焘驻英国近闻》的报道，认为"都中早知《申报》之不足信。近筠仙星使请穷其诬捏之所由来，已照咨行关道。筠叟意不在《申报》，人人知之。然殊不谅中朝之心苦矣"。③ 这就表明"都中"某些大臣是读过《申报》有关郭嵩焘的新闻的，但由于顽固派对郭嵩焘早有敌意，因此，郭嵩焘希望《申报》澄清事实，以证清白。沈葆桢与郭嵩焘私交甚笃，是关注这一官司的重要见证者。对于郭嵩焘所遭受的种种不公，他曾多次致书，以示安慰，认为"目前之毁誉，于我公何加损焉"。④ 他们在信中都以《申报》所载相关新闻为议题，表明报纸舆论已引发他们的重视，尽管他们极为不满，但书信作为"新闻信"则进一步扩大了舆论的影响。

尽管沈葆桢对《申报》表达了种种不满，认为"其字太小，老年目力颇宜省啬用之"。但是，他平时还是"甚留意于《申报》"。⑤ 对于该报在传递官场新闻方面的作用，他颇为看重。如他在写给吴维允的信中，提及福建遭遇水灾一事，并"札上海道招商运米到闽"，要求"上海一见告示，便刻入

---

① 左宗棠：《答杨石泉》，《左宗棠全集》（第15册），上海书店1986年影印本，第12961页。
② 沈葆桢：《复左宫保》，《沈文肃公牍》（1），江苏广陵古籍刻印社1997年版，第434页。
③ 沈葆桢：《复梅中丞》，《沈文肃公牍》（3），江苏广陵古籍刻印社1997年版，第1201页。
④ 沈葆桢：《复郭筠叟星使》，《沈文肃公牍》（2），江苏广陵古籍刻印社1997年版，第782页。
⑤ 沈葆桢：《复林勿邨掌教》，《沈文肃公牍》（3），江苏广陵古籍刻印社1997年版，第1151页。

《申报》,各口不呼自集也"。① 沈葆桢认为,当时各通商口岸是可以及时看到《申报》的,对于赈灾大事,各港口的官员在得知消息后会及时回应。这表明《申报》在传递官方新闻方面起到了重要作用。

1875年,担任两广总督的刘坤一,在信函中提及阅读新闻纸的情况,其时,广州本地并无中文报刊,他所阅读新闻纸应该来自上海或香港。当年七月,他在写给李鸿章的信函中提到:"晚生阅核各处函牍及新闻纸,颇为江海防务为虑,以英人既与缅、滇为难,难保不向各口岸虚声恫喝也。"② 刘坤一所阅读的各处新闻纸,可能包括了当时最具代表性的《申报》。

在早期《申报》的读者中,郭嵩焘是较为特殊的一位,从他在日记中读报的记录看,他不仅是最早接触到《遐迩贯珍》的读者之一,也是第一个在国外长期阅读《申报》的驻外使节。在离京之前的一年多,他已开始接触《申报》,同治十三年(1874)六月二日,他在日记中记载:"张力臣见示《申报》四纸,因劝阅此,所费六百文而已。"③ 1876年,郭嵩焘到达伦敦后就注意搜罗中外报刊,1877年,他开始阅读"中外新报",当年农历四月初七日,他在日记中记载了"《代模斯》《摩宁波斯特》两处新闻报"。④ 之后的两年,他阅读了多种英、法文报刊。尽管他有可能通过使馆随员罗丰禄翻译才能读懂英、法文报纸,但他对西方时政要闻,尤其是对第十次"俄土战争"(Russo-Turkish Wars,1877—1878)的高度关注,说明他十分重视外报的新闻价值。而在英法期间,他经常收到上海文报局寄来的《申报》,光绪四年(1878)正月十四日,他读到《申报》上"沈幼丹(沈葆桢)劾奏刘咸、杜

---

① 沈葆桢:《致吴维允提调》,《沈文肃公牍》(2),江苏广陵古籍刻印社1997年版,第534页。
② 刘坤一著,中国科学院历史研究所第三所工具书组校点:《刘坤一遗集》(第4册),中华书局1959年版,第1781页。
③ 郭嵩焘著,湖南人民出版社古籍编辑室校点:《郭嵩焘日记》(第2卷),湖南人民出版社1982年版,第827页。张力臣即郭嵩焘的好友张自牧。
④ 郭嵩焘著,湖南人民出版社古籍编辑室校点:《郭嵩焘日记》(第3卷),湖南人民出版社1982年版,第209页。郭嵩焘所阅读的《代模斯》报即《泰晤士报》(The Times),《摩宁波斯特》报即《晨邮报》(Morning Post)。他是根据汉语发音来写外文报刊名的,在他之后两年的日记中,他多次记载阅读《代模斯》的情况。另外,他常阅多种"新报",并没有标记具体的报名,但有一种《伦敦安得占宜司》(London and Chinese),他也多次阅读。总体来看,郭嵩焘十分留意外报中的国际时政新闻,是当时极少数接触外报的高级官员之一。

文澜以下各员吸食洋烟"的内容，得知刘咸等人被革职处理，赞叹"此近年举措之最当人意者，阅之为一快"。二月二十七日，他在读完近期的《申报》后，认为"有三折差当人意"。① 可见，郭嵩焘在伦敦、巴黎等地读《申报》，主要关注国内要闻，并就时局进行评论。尤其是一些官场新闻，拉近了他与当事人的"距离"，引发他的联想和感慨。

郭嵩焘与《申报》的一则纠纷，则在当时引起对外交涉并形成较大舆论反响。光绪四年（1878）六月二十日，《申报》刊登了一篇题为《郭星使驻英近事》的文章，对郭嵩焘进行了讽刺和戏谑，一个多月后，郭在伦敦读到了这篇报道，极为震怒，对画师顾曼（Water Goodman，即古德曼）极为不满。他在八月十五日的日记中写道："并见《申报》载古德曼一段议论，意取讪侮而已，一切并由马格里关说。招问之，马格里勃然为之不平，生平积累浅薄，有大德于人则得大孽报，刘锡鸿是也。有小德于人亦得小孽报，古德曼是也。"郭嵩焘认为刘锡鸿在谣言传播中也扮演了不光彩的角色，为了证实这则报道纯属造谣，他便托人向《申报》了解真相，并对《申报》妄自刊登虚幻之文极为不满。他于当年十二月二十四日给总理衙门发出咨文，要求"咨查上海两次《申报》"，并分别发给直督、江督、上海道、上海县公文，请求调查"《申报》华人诬造谣言"。② 在旁人的斡旋下，郭嵩焘应允由当事人顾曼与马格里作更正之函，"分寄上海《申报》馆及欧洲各日报刊载，以明真伪"。③ 不仅如此，郭嵩焘在回国后，还委托律师，准备状告《申报》。之后，《申报》也在巨大的压力下，公开刊登声明，向郭嵩焘道歉，这场持续近一年的纠纷才算告终。

而郭嵩焘在出使期间与参赞刘锡鸿的矛盾，也被国内顽固派加以利用，尤其是张佩纶等人对郭嵩焘大加指责，并上折奏免郭嵩焘。《申报》对此事加以报道后，郭嵩焘在光绪四年（1878）十二月二日读到《申报》后，"甚不

---

① 郭嵩焘著，湖南人民出版社古籍编辑室校点：《郭嵩焘日记》（第3卷），湖南人民出版社1982年版，第420、460页。
② 郭嵩焘著，湖南人民出版社古籍编辑室校点：《郭嵩焘日记》（第3卷），湖南人民出版社1982年版，第627、741页。
③ 姚公鹤著，恽树钰校：《上海闲话》，商务印书馆1927年铅印本，第44页。

乐也"。他愤而写道：

> 《申报》又添入多少议论，伦敦数十家新报皆无之，此语不知所自来。姚彦嘉谓出自刘锡鸿之诬造。刘锡鸿鬼蜮，何所不至，然其人劣材也，必尚有为效指嗾者。刘和伯在《申报》局多年，行迹绝可疑。……刘锡鸿之酷毒惨烈，亦姚彦嘉之授之隙而资之狂逞也。陈小舫课得"朱雀衔刀"，谓主口角弹射，而皆成于刘锡鸿一人。多生积冤，乃遘遇此种戾气，为之黯然。①

这是郭嵩焘被免职归国前最后一次阅读《申报》的记录，其被刘锡鸿污蔑所造成的影响，确与《申报》的刻意传播有关。其实，郭嵩焘在《使西纪程》一书中一些赞美西方的观念，是导致他被顽固派攻讦的重要原因，而刘锡鸿对他的多次诬告，以及国内顽固派的相互呼应，则使他百口难辩，最终被解职归国，自此断绝仕途。可见，他通过读《申报》，已了解到国内舆论的强大威力，而他对刘锡鸿的怨恨则在读报之际展露无遗。

接替郭嵩焘出任驻英法使臣的曾纪泽，从光绪四年（1878）开始，长期阅读《申报》。当年十一月十三日，他在出使英国的途中，得知自己被补授太常寺少卿，其消息来源是"《申报》中所刊邸抄也"。②他抵达英国之后，便将阅读《申报》作为日常性的活动，仅以光绪四年（1878）十二月至次年二月的记载为例，可以看出其对《申报》的关注：

> 光绪四年十二月廿六日，饭后，在上房久坐，写零字。兰亭来久谈，看

---

① 郭嵩焘著，湖南人民出版社古籍编辑室校点：《郭嵩焘日记》（第3卷），湖南人民出版社1982年版，第718页。
② 曾纪泽著，刘志惠点校辑注：《曾纪泽日记》（下），岳麓书社1998年版，第803页。关于《申报》被当作驻外使馆的工作用报问题，从后来担任欧美和日本驻外使节者日记中阅读《申报》的经历看，中国驻外使馆可以经常收到上海寄来的《申报》。应该说，从郭嵩焘担任驻英法大使之后，驻外使节阅读《申报》已经成为工作的一项重要内容。而曾纪泽多次在饭后或茶后"阅《申报》良久"的记载，表明《申报》新闻对他的重要性，也说明外交官员对《申报》较为重视。关于这个问题，值得进一步探讨。

《申报》良久。

　　十二月廿七日，辰正起，温英语。茶食后，看《申报》极久。

光绪五年正月初十日，饭后，沪局寄《申报》《新报》来，阅看良久。

　　正月十九日，阅上海寄来文牍、《申报》等件良久。

　　二月初三日，阅上海寄来文牍、《申报》等件。

　　二月初九日，饭后与兰亭谈甚久，阅上海寄来函牍、《申报》等件。

　　二月廿七日，饭后，阅上海寄来《申报》《新报》、函牍等件。

　　二月三十日，阅《申报》《新报》等件甚久。①

　　曾纪泽将饭后读《申报》作为在国外生活的重要内容，仅在光绪五年（1879）一月至九月，他在日记中记录阅读《申报》29次，上海信局寄来报纸后，他便及时阅读并了解国内最新动态，他将阅读报纸作为一种仪式，多次用"良久""甚久""极久"来表达阅读过程，说明他对《申报》的内容非常重视，并在阅读过程中思考某些重要问题，而他经常记录读报活动，表明报刊新闻与他的日常生活有着密切关系。

　　除了督抚大臣和驻外使臣之外，一些中低级地方官也可以通过各种途径获取《申报》。随着官职的变动，一些官员便通过民间信局订阅《申报》。如邓华熙于光绪五年（1879）出任云南大理知府，彼时，大理信息极为闭塞，一般民众无法获得读报的机会。但邓华熙到任不久，便于四月三、十一、十五日三次"接云丰泰《京（报）》《申报》"。光绪六年（1880）三月九日，他收到的《申报》，"由乾盛亨交潘太来寄"。②虽然信局投递较为迟缓，但《申报》对这位地方官的资讯获取有着重要影响。在偏远的大理，邓华熙能够与外部世界建立联系，那些国内外新闻由此进入他的阅读视野，并融入他的观念世界之中。

　　在19世纪70年代，一些高中级官吏利用其政治资源有可能得到定期寄

---

① 曾纪泽著，刘志惠点校辑注：《曾纪泽日记》（下），岳麓书社1998年版，第831—853页。
② 邓华熙著，马莎整理：《邓华熙日记》，凤凰出版社2014年版，第135、146页。

送的《申报》。1873 年，丁母忧在常熟老家守丧的翁同龢就在日记中记载阅读《申报》的内容："阅《申报》，云南，昆寿、黄体芳；贵州，许庚身、王文成。又知本月初五日于紫光阁召见各国驻京使臣，各递国书，礼成。夜辗转不寐。""见《申报》邸抄。肃州克复，马回伏诛，左帅晋协办大学士。"① 翁同龢丁忧期间，仍然关注官场动态和国内大事，而《申报》提供的重要新闻，使他读后在日记中进行选择性记载。彼时，在常熟乡下，普通民众是很难看到《申报》的，翁同龢能在老家读报，应与他的地位与资讯渠道有关。

一些退职官员虽回到老家，但他们可以通过邮政网络和人脉资源得以阅读报刊。浙江山阴（今绍兴）人平步青曾官至江西粮道并署布政使，1872 年，他辞官回乡，校雠群书，潜心著述。同年十一月五日，他至上海，拜访友人，六日，至"荣记洋货店购物"。尽管我们无法推测此次上海之行他是否订阅了《申报》，但此后他在日记中没有记载游历上海的信息，除了偶尔去绍兴之外，他几乎足迹不出平家溇村。但是，在资讯非常闭塞的乡下，他除了博览群书之外，却在日记中多次记载阅读《申报》的经历。同治十二年（1873）二月八日下午，他"阅《申报》"，六月七日，又"阅《申报》"，十二月二十七日，再"阅《申报》"。尽管本年仅有三次阅报记录，且仅表明他已"读报"，但彼时《申报》创办不足一年，即便是在上海当地，能够接触和阅读《申报》的读者并不多见，而平步青竟然在偏僻的乡村接触到当时非常稀缺的《申报》，对于报纸的来源，在他的读报记录中有所交代，如他光绪三年（1877）六月七日记载："阅信昌来《申报》。"② 这说明他是通过信昌信局订阅《申报》的。

从 1873 年开始，他几乎每年都有读《申报》的记载。初步统计其日记中的阅报记次数为：1874 年，3 次；1875 年，5 次；1876 年，5 次；1877 年，5 次；1878 年，1 次；1879 年，9 次。从他的简略记载看，他读到的《申报》并

---

① 翁同龢著，翁万戈编，翁以钧校订：《翁同龢日记》（第3卷），中西书局2012年版，第1018、1045页。

② 平步青：《栋山日记不分卷（3）》，国家图书馆编：《国家图书馆藏抄稿本日记选编》第37册，国家图书馆出版社2015年版，第275、313、338、365、572页。

不迟缓。如光绪五年（1879）七月四日记载，"阅《申报》廿九止"。七月二十日，"阅《申报》十七日止"。九月二十三日，他特地记载顺天乡试放榜消息："阅《申报》二十一止。北闱题名，会稽中式三人，石赓［庚］、冯述兰、沈钤，……不知何处人也。"① 这表明他对科考中式者颇感兴趣，抄录中式者的姓名，有录以备存之意。通过读报活动，他在居住的平家溇村形成了与外部世界建立的资讯网络。

应该看到，在官绅由都市向乡村"回流"的过程中，他们拥有的政治和文化资本为报刊向乡村渗透提供了条件。诸如平步青此类的退职官员回到乡下老家，不仅影响乡村政治，也随着读报活动的开展，为乡村与现代世界建立一条可能的"通道"。在报刊发行的过程中，我们往往注重报刊物质载体的空间移动，很少关注到人的流动所带来的媒介资源的变化。显然，早期《申报》能够进入偏远的乡村，与社会精英的识见和影响有着很大关系。

总之，《申报》创办之后，注重时政要闻和官场动态的报道，不少官员本身就成为新闻人物，如李鸿章、左宗棠、刘坤一、郭嵩焘、曾纪泽、薛福成等人，都成为《申报》议论的对象。他们读到《申报》和其他报刊有关自己的议论，会有不同程度的反应，一些人会采取措施进行回应或反击，进而扩大舆论影响。无论是左宗棠对《申报》有关"借洋款"言论的批驳，还是郭嵩焘对《申报》有关"讪侮"报道的不满，这些高级官员对报刊的重视，表明新闻舆论场具有巨大的传递效应。左宗棠谩骂报人为"江浙无赖之徒"，说明"文人论政"通过报刊传媒超越了传统的"清议"方式，报刊作为"政治纸"的作用已经得到了初步认知。洋务派的高官们在开始利用新闻纸时，主要是为了"广见闻""通夷务"，而当《申报》在制造"言论的市场"时，他们又通过阅读新闻事件感受到舆论的威力。尽管左宗棠、郭嵩焘等人曾与《申报》结怨，但是现代报刊发展的潮流不可阻挡，新闻资讯与言论的结合，势必影响到某些官员的思想世界。

---

① 平步青：《栋山日记不分卷（4）》，国家图书馆编：《国家图书馆藏抄稿本日记选编》第38册，国家图书馆出版社2015年版，第279、284、307页。原文不清晰，据《己卯正科顺天省乡试题名全录》校核，见《申报》1879年11月3日，第2—3页。

（五）士绅的早期读报经历

在早期《申报》的读者中，官员的幕僚也是一个值得关注的群体。除了曾国藩、李鸿章等达官显贵的幕僚之外，一些中级官员的幕僚也有机会读到《申报》。如江苏常州的庄鼎臣，在同光年间担任河北滦州知府游智开的幕僚长达十五年之久。在其残存的日记中，第一次阅读《申报》是在光绪五年（1879）二月初二日，是日，他记载："阅《申报》，知粤西判（叛）官李扬材窜至安南，十分猖獗。朝命提督冯子材军门带兵出关救援。"之后，他多次阅读《申报》。二月十七日，他"阅《申报》《贺年公启》"。三月二日，他阅《申报》所载崔孝子词，认为"有裨名教"。三月二十八日，他"阅《申报》题《圆圆像并序》"。三月二十九日，他阅"《申报》载《周富儿词并序》"。九月三十日，他阅《申报》并记载："江南试题首为'樊迟请学稼'一章，次为'诚者自成也'至'无物'……"十月十二日，他阅《申报》并记载："现任江苏宿迁县舒静峰大令劝办纺织一禀，洵今日牧令之铁中铮铮者。"① 在1879年，庄鼎臣总共读《申报》7次，并全文抄录了数则新闻。从他读报的日期看，有时看到的是一个多月前的报纸，新闻早已成为"旧闻"。但是，在河北滦州这样偏远的小城，他能够读到《申报》，已绝非易事。这显然与《申报》在北方发行网络的延伸有着直接关系。

而苏杭等毗邻上海的大城市，由于设立了一些代销处，购阅《申报》比较容易。如长期担任曾国藩幕僚的薛福成，在曾国藩去世后，一度较为失落，到苏州的江苏书局校点《辽史》《金史》《元史》等史籍，闲暇之余，不忘阅读报纸，了解国内外动态。他在同治十一年（1872）十二月二十四日的日记中记道："《申报》新闻纸云：本月初二日，有一轮船名'西丹'者，由香港驶赴上海。至初四日，北风稍大，颇觉颠播（簸）。时左近有一海岛，而船主以为离岛已远，未之泊也。"② 此则日记，应是读者有关阅读《申报》新闻的较早记录，距离《申报》发行不足八个月。光绪元年（1875）下半年之后，

---

① 庄鼎臣：《庄鼎臣日记》，叶舟点校，常州图书馆编：《晚清常州名贤日记四种》，凤凰出版社2013年版，第137、139、141、144、146、171—172、173页。

② 薛福成著，蔡少卿整理：《薛福成日记》（上），吉林文史出版社2004年版，第112页。

他入李鸿章幕府,有更多的读报机会。之后他在日记中还多次记载阅读《申报》的内容,仅以1878年为例,他多次在日记中记录了所看《申报》的内容:

> 光绪四年(1878)五月二十日记 《申报》云:昨接电信,知普国又有一刺客用枪轰击其主,枪中装有小弹如豆子,大者三十余颗,竟全中其身。幸为医尽行取出,获保无危。
>
> 八月廿六日记 《申报》云:有人接到分统老相[湘]右军罗孟威观察自喀什噶尔来信云:白彦虎投窜俄境后,左相行文图尔齐斯坦总督,刘京卿照会塔什干及阿里木台俄官。回文语句不甚明晓,大约谓此项难民既由中国赶来,我不便赶出。
>
> 十一月初八日记 《申报》述电信云:中国所产之绿茶运往美国,每年逐渐滞销,近来按年仅销一千万磅之数。
>
> 十一月廿三日记 《申报》云:西历十一月十六日,意大理国王偕相臣游行郊外,有匪徒突行前刺,王受微伤,而相臣以力擒凶手之故,伤甚沉重。刻下,匪徒已获矣。①

薛福成的日记中,报刊新闻占据了相当部分的篇幅。从1868年开始,他在曾国藩幕府中,就有阅读报刊的习惯,他早年的日记根据报纸内容,记载了日本废藩府、明治维新、吞并琉球、朝鲜内乱、法国侵略越南、中俄边界纷争等等。可以说,许多重要的国际新闻都是通过阅读各类"新闻纸"获知的。在1870年代之后,他经常阅读《香港新报》《泰晤士报》《申报》《循环日报》《晋源报》《旧金山新报》《西国近事》《香港报》等多种中外报刊,记录了当时重大的国际事件和国内重要新闻,而在1878年后,他阅读《申报》的次数较多,尤其是关于外交、洋务和地方动乱方面的新闻,记载颇为详细。

---

① 薛福成著,蔡少卿整理:《薛福成日记》(上),吉林文史出版社2004年版,第201、218、234、236页。

与一些官员幕僚因"制度资源"而阅读《申报》不一样,普通士绅接触报刊传媒较为困难。但是,士绅的社会流动和交往网络为他们创造了新的阅读际遇,通过职业的变动、友朋之间的借阅和赠阅等途径,也有不少士绅能够阅读早期的《申报》。由于报刊媒介的稀缺,便会给士绅的阅读留下深刻的印象。除了《申报》自称其发行之初便有不少上海士人阅读之外,某些士绅在日记中的片言只语,留下了阅读《申报》的真实记录,证实他们是早期《申报》的真实读者。如安徽桐城的萧穆,出身贫寒,但他一心向学,苦读经史古籍,游学于文汉光、刘宅俊、方宗诚、吴汝纶、徐宗亮等文人学者门下,颇有文名。他于1872年受邀来到上海后,在江南制造局翻译馆校勘书籍,虽收入低微,但与吴桐云、冯焌光、刘芝田、徐寿、华蘅芳等沪上名流交往密切。在江南制造局,他的阅读范围有了很大的拓展,创刊不久的《申报》也进入他的阅读视野。同治十二年(1873)四月二日夜间,他"阅《申报》久之,乃卧"。五月十七日,他"夜阅《申报》三纸"。① 尽管萧穆没有交代这些《申报》的来源,但他夜读《申报》的真实记录,以"我读故我在"的方式证实了他的读者身份。

此后,萧穆多次在日记中记载阅读《申报》的经历。如同治十三年(1874)六月五日记载:"又到静涵处坐谈久之并阅《申报》后,回室张灯。"这也说明他的同事赵元益(字静涵)处存有《申报》。当年十一月三日又记载:"乃回室,灯下阅《申报》"。光绪元年(1875)二月二十三日,他"灯下阅《申报》久之"。至三月二日,他阅《申报》后,恭录二月二十日两宫皇太后懿旨:"嘉顺皇后于本日寅刻崩逝,所有一切事宜,尚待各该衙门查照例案,随时安筹具奏也。"② 这是萧穆第一次记载《申报》新闻的具体内容。彼时,同治皇帝去世不久,嘉顺皇后去世的消息引发朝野议论,他摘录此条

---

① 萧穆:《敬孚日记》,周德明、黄显功主编:《上海图书馆藏稿钞本日记丛刊》第31册,国家图书馆出版社、上海科学技术文献出版社2017年影印本,第45、62页。萧穆,字敬孚,为晚清目录校雠名家,其遗著《敬孚类稿》已于2014年由黄山书社出版,而影印本将萧穆日记名为《敬浮日记》,有误,宜改为《敬孚日记》。

② 萧穆:《敬孚日记》,周德明、黄显功主编:《上海图书馆藏稿钞本日记丛刊》第31册,国家图书馆出版社、上海科学技术文献出版社2017年影印本,第243、310、364、367页。

懿旨，表明对这则新闻予以特别关注。丙子年，萧穆也有数次阅读《申报》的记录，他仍然采取记流水账的方式，以"阅《申报》"表达他的日常生活的内容，偶然看到《申报》上颇有价值的评论，他也会有感而发。如光绪二年（1876）六月二十五日，他阅前月《申报》，"有论盐务二三条，原委详尽，可采"。① 简单十余字，对文本内容进行了高度概括和评论，"可采"两字不仅体现了萧穆对这篇文章的价值判断，同时也是他阅读后进行的"意义生产"，这在早期的《申报》阅读史上颇值得关注。尽管与他涉猎诸多古籍相比，读报活动的次数较少，但是，这些真实的阅读记录表明《申报》已进入了他的阅读世界。

萧穆独在沪上谋生，每年都会回桐城老家探亲，他的好友兼同事赵元益则在上海寄《申报》供他阅读。如他在光绪四年（1878）六月二十八日记载："收到赵静涵本月廿日发自上海寄信，……又附寄本月《申报》十五张。"② 由于萧穆在上海的工作和交往经历，使《申报》有机会"下乡"。从发行地理看，早期《申报》是以上海为中心向江浙逐步辐射的。如果萧穆没有在沪上谋生的经历，他告假回家便很难读到千里之外的《申报》。其实，在早期《申报》的传阅网络中，信件夹寄是一种值得注意的方式，通过士人之间的通信和夹寄，人的"流动"与报的"移动"便关联起来。友朋之间寄送报刊的活动并不在报馆发行体系之内，但他们利用自身的影响，将报纸"推送"给好友，扩展了报刊的传播范围和阅读地理。由于赵元益的寄递，萧穆可在桐城老家读到《申报》，这具有特别的阅读价值和社会意义。

萧穆由于在江南制造局工作而成为《申报》的早期读者，他能够经常看到《申报》，自然与其"得地利之便"有关。而《申报》发行之初，在江浙地区，也有士人通过各种途径得以阅读。尽管他们是偶尔记载，但这些零散的记忆则在《申报》阅读史上具有重要的意义。它表明《申报》出版之后，

---

① 萧穆：《敬孚日记》，周德明、黄显功主编：《上海图书馆藏稿钞本日记丛刊》第32册，国家图书馆出版社、上海科学技术文献出版社2017年影印本，第85页。
② 萧穆：《敬孚日记》，周德明、黄显功主编：《上海图书馆藏稿钞本日记丛刊》第32册，国家图书馆出版社、上海科学技术文献出版社2017年影印本，第443页。

第一章　早期报刊传播与读者阅读（1815—1879）

其新闻的传播在空间上延伸出丰富的文本意义和社会价值。如浙江嘉兴人沈景修，为嘉兴闻湖（王江泾）人，拔贡出身，历任宁波、萧山等地教谕，他在书法方面有些名气，经常为人作字，是一个典型江南低级士绅。《申报》的出现，使他对时政要闻的阅读有了新的"机缘"。他在同治十三年（1874）十二月二十日的日记中记载：

> 阅《申报》，惊悉（先有探报云，北来文书俱用蓝印蓝笔，正怀忧虑）大行皇帝于十一月廿九日，旧病复变，延至本月初五日申时，龙驭上宾。普天下莫不痛悼，如丧考妣。窃念大行皇帝登极以来，各省肃清，方冀天赐遐龄，孝事两宫，以答两宫历年垂帘宵旰之劳，奈岁止十九，亲政甫二年，乃以天花时疠，遽尔崩殂。两宫太后何以为情。幸闻有惇亲王之孙，四岁。理合缵承大统，择日登极，以安天下人心耳。①

同治皇帝去世后，在发布"哀启"之前，一般民众无法得知这一重大变故。而《申报》利用其资讯优势，在十二月十三日便刊登这一新闻，打破了邸报传递官场消息的垄断地位，沈景修在阅读新闻后加以记载，表明其阅读行为本身也成为"事件"。对于无法获知报刊新闻的士人而言，同治去世的传闻使他们难以辨别。如在苏州的某位绅士与赵烈文、金眉生、李鸿裔等名士有书信往来，对时政颇为留意。十二月二十五日，他在日记中记载："今日始得确音，惊悉：大行皇帝于初五日申刻因豆症复变宾天，立醇亲王之子为嗣皇帝，建元光绪。"② 他没有交代消息来源，但之前大约听到不少传闻，相对于沈景修通过读报获得的消息，"国变"传闻往往令人真假难辨，需要"确音"予以证实。这说明《申报》打破了邸报在官方新闻发布方面的垄断地位，其新闻报道为普通读者开辟了快捷而确切的信息通道。

值得注意的是，在苏州，一些商人由于与上海有着密切的商贸往来，他

---

① 沈景修：《蒙庐日记》，复旦大学图书馆稿本（善本，编号：2981），同治十三年（1874）十二月二十日。
② 佚名：《香庄日记》，复旦大学图书馆稿本，同治十三年（1874）十二月二十五日。

们通过接到上海商人信件和附寄的《申报》，了解时政新闻。如同治十三年（1874）三月，法国人由于侵占宁波同乡会所在地及宁波人的墓地，与宁波人发生暴力冲突，法国水兵打死7名市民，引发《申报》等报刊的高度关注，并加以详细揭示。苏州商绅尤春畦通过友人附寄的《申报》而得知这一新闻事件，当月二十四日，尤春畦"接勉信，附来升结单，用信，附《申报》"，得知当时发生在"四明公所"的冲突："十八之事，实毙七人，受伤二十人，其中重者七人云，均系看客，死于非命。听云此事肇端由于法工部局总领事葛虽未能排解于前，当能弥患于后，惟太览过誉，殊可笑语。"① 此后，尤春畦多次记载接阅《申报》的情况。此类附寄《申报》的方式，为读者提供了新的报刊阅读通道。

担任早期《申报》主笔的蒋芷湘、钱昕伯、何桂笙等人，均为生员出身，都曾是乡试的落第者。他们从江浙等地来到上海，与传教士和洋务派的一些官员有过接触，他们受到西方文化的影响，对报刊新闻的功能和作用有一定认知能力。早期《申报》通过查禁风波、杨月楼案、杨乃武案、四明公所事件等一系列重大新闻，逐步涉及官场纷争，形成舆论影响，受到士绅社会的广泛关注。如同治十二年（1873），《申报》多次报道杨月楼案，一些读者纷纷在《申报》上发表时论文章，表达对热点事件的看法。一位久居上海的士绅，经常到丹桂园、金桂园看戏，他通过阅读《申报》而对杨月楼案发表见解。他在十一月十日的日记中记载："阅《申报》见有持平子论杨月楼事，长篇累幅，理正词严，不特深合吾意，实属先得我心，可知公道自在人心，是无烦多人之哓哓也。"② 而《申报》因屡次揭发官场内幕，甚至讥讽朝廷官员，多次遭到官员的反击。因杨月楼案的报道，《申报》与上海地方官员交恶，并引发江浙官员对报纸的痛恨。又如1874年报道左宗棠在新疆借款一事，引起左宗棠大怒。1875年，因报道浙江巡抚派员赴粤购买军火一事，浙

---

① 尤春畦：《健忘略记》，《苏州博物馆藏近现代名人日记稿本丛刊》卷15，文物出版社2018年影印本，第33页。三月十八日，四明公所事件之后，第二天《申报》便在第一版以《法界拘毙杀人放火情形》为题进行报道，之后刊发20多篇相关报道，引发舆论广泛关注。

② 无名氏：《绛芸馆日记》，上海人民出版社编：《清代日记汇抄》，上海人民出版社1982年版，第312页。

抚大为不满，特派人指摘《申报》馆，认为《申报》馆泄露军情机密。① 由此可见，早期《申报》对官场的报道，往往引起一些官员的不满，双方在报纸上展开论战，从而进一步吸引社会各界的关注，形成强大的舆论场，激发了士绅的阅读兴趣。

在早期《申报》的研究中，很少有人关注其在乡村社会的传播与阅读。一般认为，早期《申报》的读者多为都市社会的官绅，乡村社会的低级士绅很难有机会阅读。但是，早期《申报》在江苏、浙江的发行与传播，事实上在士绅中建立了一个广泛的阅读网络，正是由于报刊新闻的"稀缺"，其在友朋之间的传阅促进了新闻的传播。如在江苏苏州的吴江乡下，早在1874年便有《申报》的传阅网络。是年，日本侵略中国台湾，九月二十二日，中日在北京签订了《台事专约三款》，清廷与日本达成妥协。通过《申报》的报道，此事引起了吴江乡绅柳兆薰的注意。十月七日，他在日记中写道："至赵田，憩棠来谈，……即至憩棠新宅畅叙……论及东洋日本事，大约可以讲和，以《申报》一束借阅，约岁底连旧同缴。"柳兆薰通过向好友袁憩棠交谈并借阅《申报》，得以了解这一外交事件。之后，他在日记中多次记载阅读和传抄《申报》的情形。十月八日，他"暇阅《申报》"。十二月二十二日的日记记载："颜竹村自苏来，抄示《申报》，确传十二月京中初五之事，变生仓猝，时事日非，幸已闻继承有主，中外臣民，当于痛切之余，共源爱戴。"这距同治帝之死不到二十天，柳兆薰通过友人获知这一重大新闻。三天后，他又通过友人交谈、信件和《汇报》新闻予以证实："下午砺生自紫溪回来，确知大行皇帝初五戌刻龙驭上宾，豆症。变历七日，新天子恩诏已颁，年号未悉，……接范甫札，抄录《汇报》，大略相同。新岁□贺繁文均可删停矣。"② 同治帝去世的新闻，通过报纸新闻与人际交往网络，使身处乡下的柳兆薰能够较快地知悉。

此后，面对朝廷各种消息和传闻，柳兆薰亦通过《申报》继续关注。如

---

① 徐载平、徐瑞芳：《清末四十年〈申报〉史料》，新华出版社1988年版，第91页。
② 柳兆薰：《柳兆薰日记》，苏州博物馆编：《苏州博物馆藏近现代名人日记稿本丛刊》卷11，文物出版社2018年影印本，第179、189页。柳兆薰为柳亚子的曾祖父，吴江芦墟胜溪人，长期在吴江生活，擅长诗文，在当地颇有声名。

他在光绪元年（1875）一月二十一日载："传说京洛事都不实。惟正法内侍两人，醇邸告病且退藩，则已见《申报》。"三月六日，他又记载："传闻嘉顺皇后二月二十日大丧，已见《申报》，志烈可悲。"他还对各种传闻进行辨识。如三月二十日载："传说上洋电线，报上又有西北讹言，此事以不实，……大行后哀诏闻今日开读。"两天后，他与友人凌相轩长谈，因凌相轩"见过《申报》"，证实了之前的传闻，对于同治帝死后的变故，他感叹："讹言似非无因，运乎势乎，不可长治乎，令人骇甚。"①

从柳兆薰早期的报刊阅读生涯看，他读报的次数并不多，但《申报》报道的新闻开阔了他的视野，增长了他的见识。如光绪二年（1876）闰五月三日，他看《申报》并记载："四川学政张之洞奏川省考试弊窦奇怪，百出不测，竟有闻所未闻者，拟设法禁止。"对此，他颇有感触，认为是"时政云最新者"。当月十七日，他又阅《申报》，"论中外事，令人太息"。六天后，他再次读《申报》，"知江西大水灾，自前月二十日起至今月朔日，房坍人淹，不可数计"。他读后感叹："天灾流行，为之悚惧。吴民何幸，得免此厄与〔欤〕。"②作为吴江当地的大地主，他对天灾颇为恐惧，《申报》为他的阅读生活增加了不少新的内容，尽管他在日记中简要记载，但足以证实早期《申报》已在乡村社会传播和阅读。报刊新闻不同于乡村社会的各种闲谈和琐闻，使他阅读新闻本身也成为值得关注的"事件"。

19世纪70年代，《申报》已流转至江苏常州乡下，这从常州绅士庄宝澍的日记中可以得到印证。尽管这位落魄的儒生饱读经典，以诗词自遣，但在光绪四年（1878）的日记中，却有读《申报》的记录。作者虽然没有表明其获取《申报》的途径，但他在家中读报却是事实。当年十一月二十三日，他全文抄录当月十八日《申报》中《吟碧仙史许翰香六十新婚和寿序》一文。③

---

① 柳兆薰：《柳兆薰日记》，苏州博物馆编：《苏州博物馆藏近现代名人日记稿本丛刊》卷11，文物出版社2018年影印本，第193、201、203页。

② 柳兆薰：《柳兆薰日记》，苏州博物馆编：《苏州博物馆藏近现代名人日记稿本丛刊》卷11，文物出版社2018年影印本，第276、278、279页。

③ 庄宝澍：《庄宝澍日记》，叶舟点校，常州图书馆编：《晚清常州名贤日记四种》，凤凰出版社2013年版，第237页。

从日记记载的日期可以看出，他读到的是五天前的《申报》，说明《申报》从上海传递至常州乡下，并不算迟缓。他全文抄录此文需要花费不少时间，表明他对其内容颇有兴趣。对于传统文人而言，抄书已经习惯，而抄报则是一种新的书写方式。从报纸上获得文学知识，说明这位读书人对报刊有了新的认知。四个月后，他又一次抄录"三月望后上谕"，对官方新闻产生了兴趣，并评述道："整纲肃纪，王威算斯，境外各官纷纷调动，北宁军事贻误者或军前正法，或交部治罪。军机处自恭邸以次均得严谴，然犹未即一一宣示，严厉之中仍示宽大，仁恩固渌，身受者具有良知，可能激发万一否？"① 最后一句切中要害，作者对时局的关注可见一斑。当年七月八日，他读到《申报》所载"长门海口福州将军穆大败法夷"，阅后感叹："人心向善，入耳有喜。"② 这体现出他"位卑未敢忘忧国"的情怀。

　　原籍浙江会稽（今绍兴）的乡绅王继香，长期随父母定居宁波，他不仅在光绪初年阅览《申报》，而且还给申报馆投稿，为我们了解早期《申报》与读者互动提供了新的线索。王继香出生于1860年，光绪十五年（1889）才登进士第。虽久居乡下，但他在光绪二年（1876）便有机会阅读报刊，如七月十二日记载："晚阅报"；第二天又记载："上午改申报馆各稿，凡八九条。午略饮。方致函《申报》。而□至正述昨日县署有多人扰闹。……"③ 这说明他读的是《申报》，而他一次修改稿件八九条，当天寄给申报馆，且其内容与当地社会新闻有关。这表明他是《申报》的投稿者，希望通过写稿而成为《申报》的作者。尽管他在日记中并没有交代其稿件是否被《申报》采纳，但作为一名积极备考的举人，在绍兴的乡下，读报后积极给申报馆投稿，与《申报》的编辑建立联系，这位真实投稿者的写作和投稿的经历表明，报刊传媒对他的日常生活和写作方式产生了影响。

---

① 庄宝澍：《庄宝澍日记》，叶舟点校，常州图书馆编：《晚清常州名贤日记四种》，凤凰出版社2013年版，第276页。
② 庄宝澍：《庄宝澍日记》，叶舟点校，常州图书馆编：《晚清常州名贤日记四种》，凤凰出版社2013年版，第301页。
③ 王继香：《王子献先生日记不分卷（一）》，国家图书馆编：《国家图书馆藏抄稿本日记选编》第45册，国家图书馆出版社2015年影印本，第272页。

当然，在早期《申报》的投稿队伍中，上海口岸文人是重要群体。如安徽来安的孙点于光绪三年（1877）在上海生活，与《申报》编辑钱昕伯往来密切。是年十二月一日，他"至申报馆，晤钱昕伯。交去近事几条"。① 这是孙点当面向钱昕伯交稿，以他们之间的私交，发表自然不成问题。但在浙江绍兴的乡下，王继香的读报和投稿经历表明，《申报》对异地读者的作品发表有着一定的吸引力。

从早期《申报》的广告看，它主要面向上海和江南的城市发行。但通过全国各地的信局，在一些重要城市也有《申报》销售。比如南昌作为省会城市，至少在光绪二年（1876）就有《申报》传阅。是年闰五月，21 岁的文廷式，从广州返回南昌，"为亡母灵柩卜地营葬事"，"又忧慨时事，博览算学及化学、天文、军事、海防之书"。② 十月后，文廷式在日记中多次记载阅读《申报》的经历。如十月十九日看"《申报》六张"。十一月一日看"《申报》二张"。十一月二十四日看"《申报》五纸"。十一月二十九日，"得《申报》七张，有数快事，一英宫保起用乌鲁木齐都统，一新疆已将次一律肃清，一俄罗斯与英吉利仍构兵端"。他选择记载这几则新闻，展现了他读报之际的喜悦之情。十二月十三日，他又看"《申报》三纸"。③ 尽管文廷式并没有交代《申报》的来源，但彼时南昌已有《申报》代销处，购阅并不困难。他多次记载读《申报》的事实，表明他是从南昌当地获得《申报》的，这至少说明，早期《申报》的读者不限于高级官绅。如文廷式此类的年轻秀才在1876年的读报经历，对探究《申报》阅读地理和读者类型颇有价值。

（六）士绅读报与社会互动：以"丁戊奇荒"报道为例

早期《申报》虽为外商控制，但其主要编撰人员均为华人，尤其是何桂笙、钱昕伯、黄协埙、蔡尔康等人，与江浙籍文人有着密切交往。他们的社

---

① 孙点：《梦梅华馆日记》，周德明、黄显功主编：《上海图书馆藏稿钞本日记丛刊》第 55 册，国家图书馆出版社、上海科学技术文献出版社 2017 年影印本，第 53 页。影印本标题为《梦海华馆日记》，根据日记内容核对，应为《梦梅华馆日记》。
② 《文廷式年表稿》，汪叔子编：《文廷式集》下册，中华书局 1993 年版，第 1485 页。
③ 文廷式：《丙子日记》，汪叔子编：《文廷式集》下册，中华书局 1993 年版，第 1073、1076、1082、1084、1088 页。

会网络与新闻视野，也在一定程度上影响读者的阅读取向。早期《申报》的赈灾报道，是其扩大社会关注度和阅读面的重要举措。以光绪元年（1875）至光绪四年（1878）的"丁戊奇荒"为例，这场灾害波及山西、直隶、陕西、河南、山东等省，造成1 000余万人饿死，另有2 000余万灾民逃荒到外地。面对这场罕见的灾荒，《申报》予以高度关注，对灾情和救灾活动展开全面报道。自1875年开始，关于灾荒的报道多达数百篇，引起社会各界的广泛响应。如著名绅商经元善从报上获悉河南奇灾，恻隐之心不禁怦怦而动，与友人李麟策及上海果育堂首董瞿世仁商议，决定募捐救济豫灾，开办义赈。①

参与赈灾的绅商，充分利用《申报》的社会影响力，不断在该报发表劝赈言论。仅经元善一人于1878年上半年的义赈中，在《申报》上发表劝赈的论说15篇。② 尤其是围绕江浙士绅开展的义赈活动，成为《申报》报道的重要议题。在经元善、谢家福、严佑之、郑观应、李金镛等著名绅商的领导下，以上海为中心的赈灾活动向全国各地延伸。而《申报》在推动募捐活动中的作用，也被赈灾团体所认知。围绕着赈灾活动的报道，社会各方借助《申报》形成了强大的合力，通过各种方式对灾民进行赈济，这在以前的救灾史上是比较少见的现象。许多士绅通过《申报》了解灾情和赈灾进展，而《申报》的赈灾劝捐评论和引导性报道，开辟了民间赈济的新渠道，体现了报刊传媒的强大影响力。

通过赈灾活动，许多士绅成为《申报》的热心读者。以谢家福的义赈活动为例，在"丁戊奇荒"中，他看到慕惟廉、倪惟思、李提摩太在山东赈灾，"深惧敌国沽恩，异端藉肆"，"窃恐民心外属，异教横恣"。③ 他在光绪三年

---

① 虞和平：《前言》，见经元善著，虞和平编：《经元善集》，华中师范大学出版社2011年版，第2页。
② 经元善著，虞和平编：《经元善集》，华中师范大学出版社2011年版，第3—13、276—284页。《申报》上发表这15篇文章分别是：《豫省来书劝赈启》，1878年1月11日；《襄赈河南劝捐续启》，1878年2月26日；《豫赈记事》，1878年3月14日；《劝赈豫饥》，1878年3月15日；《乞赈秦饥》，1878年3月22日；《豫赈类记》，1878年3月28日；《拟办河南保婴劝捐启》，1878年4月9日；《设筒劝助晋豫赈捐启》，1878年5月8日；《复甬江沈竹亭劝赈书》，1878年5月25日；《急劝四省赈捐说》，1878年5月27日；《省费劝赈说》，1878年5月31日；《劝省席费以助赈说》，1878年6月3日；《祸福倚伏说》，1878年6月3日；《开办秦赈》，1878年6月12日；《送两弟远行临别赠言》，1878年6月22日。
③ 谢家福著，苏州博物馆编：《谢家福日记（外一种）》，文物出版社2013年版，第75页。

(1877)的山东义赈活动中,充分利用《申报》的传播渠道,刊登各种评论、条规、告白、账目、文告、书信等,在社会上广泛发动各界人士进行捐助活动,并随报分送捐册,有利于读者进一步了解灾情。他结合《申报》的相关内容,与赈灾群体的数十名成员书信往来,商谈具体问题和方案。可以说,《申报》已成为赈灾信息的重要传播源。在谢家福的书信和日记中,提及《申报》赈灾问题达数十次。他在联合袁敬孙、潘伟如、黄梅先、金少愚等人发起义赈的过程中,多次引用《申报》新闻原文进行协调沟通,利用《申报》进行社会动员和灾情发布。这说明谢家福的义赈组织虽然主要分布在江浙和上海等地,但他们通过阅读《申报》而互通信息,从而跨越时空对许多具体问题进行详细讨论。如袁敬孙在信中问及"来示灾况,何以与《申报》不符",谢家福回应道:"各就所闻,自然不符。"之后,袁敬孙在信中多次引用《申报》报道,与谢家福核对。如信中提出:"《申报》云:饥民糊口有资,是以停派,与来示'迟一日多死几人'不侔,何也?"另信中又提出:"《申报》云:'英国教士分赈益都',与来信'益都百姓不受洋人之赈'之说不符。"对于好友的疑虑,谢家福据实以答。他回应道:"我闻如是,不解《申报》何以有此说。四五成、五六成约笔误。"① 从两人的书信往来可以看出,袁敬孙对《申报》上有关山东赈灾报道的内容极为关注,阅读颇为细致。由于许多消息经过各种渠道传播,《申报》上的有关内容可能与事实不符,作为读者和义赈参与者的袁敬孙,对报刊内容的解读,由于时空差异而产生信息疑虑,而谢家福在"现场"的解答则更为可信。他们围绕着《申报》所产生的阅读期待,通过相互之间的书信进行解答。这在早期《申报》传播史上是一个值得关注的现象。

由经元善、谢家福等人领导的协赈公所等赈灾团体,不断在全国各地建立分支机构,如上海协赈公所的赈灾代收处除设在上海之外,还先后分设于国内许多城市以及海外的旧金山、横滨、长崎等21处,实际上是影响及于海外的全国性民间赈灾机构。② 协赈公所每月将收支的各笔捐款刊登在《申报》

---

① 谢家福著,苏州博物馆编:《谢家福日记(外一种)》,文物出版社2013年版,第116、127页。
② 朱英:《经元善与晚清慈善公益事业的发展》,《华中师范大学学报》(人文社会科学版)2001年第1期。

上，使社会各界能够及时、透明地了解救灾进展，从而获得社会的高度评价。这在客观上推动了《申报》在赈灾团体中的传播，不但苏州、南京、宁波、杭州等江浙地区的士绅可以读到《申报》，福州、九江、汉口、烟台、旧金山、横滨、长崎等地的赈捐代收处也有机会获得《申报》上的赈灾消息。一些捐助者也由此有机会阅读《申报》，从而对报刊传媒有了新的认知。

二、19世纪70年代其他报刊的发行与阅读

19世纪70年代，上海、香港还出版了一些中文报刊，如创刊于1874年6月16日的《汇报》，由容闳创办，邝日照主持报务，其广告称："每日在本处送报，倘有遗漏者，祈向送报人买阅。"① 另外，该报也与《申报》一样，在出版之初，便在上海闹市的洋货店、烟店、杂货店开设了多处代售点。但由于《汇报》的论说受到官方的非议，之后改组，虽然两度更改报名，但出版一年多便停刊了。1874年，《教会新报》改为《万国公报》，关于改名初期《万国公报》的阅读状况，学界鲜有提及。这份宗教报刊的真实读者到底何在，需要有具体史料加以证实。光绪二年（1876）三月七日，在江南制造局翻译馆校勘书籍的萧穆，在日记中记载了收阅《万国公报》的情况："照台为在洋人林乐知处取到《万国公报》，自去年七月杪起至今日，凡十本。此报每年五十本，只英洋乙元。"② 萧穆一次收到十本《万国公报》，且表明这份刊物的价格不贵，其后，他在日记中也有阅览这份刊物的记录。这说明他是一位真实的读者，他之所以没有留下阅读心得，与他之前读《申报》一样，仅记载"已读"，对内容很少评论。但恰恰是这些乏味的"流水账"，为我们提供了阅读的证据。

1876年创办的《新报》，由上海道台冯焌光控制，具有洋务派的背景，其新闻来源颇为广泛，正如其广告所言：

---

① 《本局告白》，《汇报》1874年7月9日，第1页。
② 萧穆：《敬孚日记》，周德明、黄显功主编：《上海图书馆藏稿钞本日记丛刊》第32册，国家图书馆出版社、上海科学技术文献出版社2017年影印本，第32页。

　　　　本馆只于京省各报，则求速而且详，于西字诸报，则求译而无误。时事则查访的实，货价则探听确实。凡闾阎琐闻，无不随事逐一备登，务令阅者足不出户庭，披光明如指掌。并于报中时事，每日译成西国文字数则，系于华文之后。既以便西士之省览，亦以便我中国之博学之士日渐观摩。以期中外一家，同轨同文之盛。①

可见，《新报》试图别出心裁，广泛搜罗各类新闻，尤其重视转载《京报》新闻，并将紧要新闻译成英文供外国人阅读，使读者足不出户而知天下事。而《新报》的官方背景也有利于其报道时政新闻。因此，一些官员比较关注。李鸿章、刘坤一、郭嵩焘等人就多次阅读《新报》。光绪五年（1879）四月二十二日，刘坤一写信给上海道台刘瑞芬（字芝田）说："屡承雅谊，寄示尊处另刻新闻纸，俾广见闻。嗣后抑求饬局按月颁发来粤，并将《西国近事汇编》见惠一通，庶几略识洋情，维持时局，是所盼祈。"② 这说明，刘坤一已看到当时的《新报》，并希望寄送上海制造总局编译的《西国近事汇编》，其目的是通过上海报刊来了解洋务，观察时局。郭嵩焘在出使英法期间，就曾阅读由上海文报局寄来的《新报》。他在光绪三年（1877）九月三日的日记中记道："上海新报载《七历纪时考》一则，言历正者七家。一曰中历，以即位为元，以夏时为历。二曰西历，以耶稣降生为元……"③ 曾纪泽在出使欧洲期间，多次阅读从上海寄来的《新报》，仅光绪五年（1879）记载阅读《新报》近20次，而且一般是与《申报》一起阅读，很少对报纸内容发表见解的他，曾对《新报》内容加以评论，如八月十日记道："《新报》又论中国刑罚过严，语涉侮辱，阅之愤懑。"④

《新报》发行数年后，在北方亦有传阅，一些官员通过各种途径阅读到

---

① 《本馆告白》，《新报》1876年11月23日，第1页。
② 刘坤一著，中国科学院历史研究所第三所工具书组校点：《刘坤一遗集》（第5册），中华书局1959年版，第2458、2459页。
③ 郭嵩焘著，湖南人民出版社古籍编辑室校点：《郭嵩焘日记》（第3卷），湖南人民出版社1982年版，第303页。
④ 曾纪泽著，刘志惠点校辑注：《曾纪泽日记》（第2册），岳麓书社1998年版，第913页。

《新报》。光绪六年（1880）二月，因丁母忧而回唐山丰润的张佩纶，就能收到唐山送来的《新报》。他对外国新闻尤为关注，当月十三日，他在日记中记道："唐山送《新报》至，灯下阅之。择其与俄事有关系者录数则。"其中第一则便是外洋电报所云："俄国近又有人聚众同谋，欲用棉花火药毁王宫，事随泄，人亦就获。"① 因为乡下消息闭塞，这位"好论天下事"的清流人物对外洋新闻尤为关注，他在乡下的读报记载，体现出其对新闻的高度敏感。但是，如张佩纶这样经常读《新报》的开明官员毕竟较为少见。在与商业化的《申报》竞争中，《新报》处于明显劣势。正如英国人寿尔所言："'Sing Pao'是在官方支援下出版的，是《申报》的一种对手。不过，也许因为中国人对该报用官方观点论叙的题材没有兴趣的缘故，这报的订户并不如《申报》之多。"②

值得注意的是，尽管当时已有报刊广告描述了报刊在上海、苏州等地的发行状况，但是，关于私人订阅报刊的记载并不多见。在1879年，江苏清河（今淮阴）士子王锡麒在应顺天试的途中，途经上海，与友人荔泉至美华书馆，又亲至《新报》报馆，"订《西国近事报》一分，《新报》一分，托荔泉按月汇寄"。③ 这说明王锡麒的家乡清河应该设有信局，并能通过邮寄方式为订户传送报刊。报刊的消费地理由于士人的流动而得以延展，此次旅行为王锡麒打开了通向报刊世界的通道，如果他不到报馆参观，也许就丧失了订阅报纸的机会。这也说明当时报刊的代销处很难向乡村社会渗透，乡村社会的读者很难订阅，读报纸仍然是较为稀奇的事情。

19世纪70年代，国人办报活动对报刊阅读有着极为重要的推广作用。王韬于1874年所创办的《循环日报》，以政论著称，虽然立足香港，但主要面向内地，它还向外埠读者提供"装订本"，即"每礼拜日将前六日之新闻积累连续，另行刊印装订一本"，这是为了"外埠客商便于翻阅，且邮寄

---

① 张佩纶著，谢海林整理：《张佩纶日记》（上），凤凰出版社2015年版，第39页。
② 寿尔：《田凫号航行记》，中国史学会主编：《洋务运动》（第8册），上海人民出版社1961年版，第417页。
③ 王锡麒：《北行日记》，上海人民出版社编：《清代日记汇抄》，上海人民出版社1982年版，第333页。

也较容易耳"。① 该报刊登大量的"羊城新闻",说明它与广东社会有着紧密的联系。其广告称:"在国内各省会市政及别府州县并外国诸埠,凡华人驻足之处,皆有华人代理销售业务。"② 薛福成在日记中最早记录阅读《循环日报》,是在光绪五年(1879)二月二日,他摘录了该报的评论:"西商以英人心计为最工,足迹遍天下,而其高视阔步不足服人。"薛福成对此段评论颇有感触,亦表达了他对英商的不满。而在当年七月初四日,他又记载《循环日报》有关冯子材的报道:"冯军门子材出关以来,正月间派员至宜广、太原两府交界之来愵祖地方,劝散逆党,李逆养子李来桂以六百人降。"③ 薛福成在日记中多次记载该报的中外新闻,表明这家报纸已成为他了解时政的重要信息来源。然而,香港报刊在内地的传递存在着不少困难,早期《循环日报》的阅读记录还较为少见。

小　结

中国现代报刊是作为"新知"进入人们视野的。"这不仅是说报刊可以起到'新知'的作用,更重要的是,它本身就是一种'新知',属于东渐的'西学'。传教士以报刊传送西洋'知识',企图填补'夷夏'的沟壑,同时也为中国人引介了现代报刊。"④ 然而,由于中国士人有"志于道"的传统,强调道德伦理和"知行合一",历来重"道"轻"器",对技术文明较为排斥。无论从传播技术、传媒制度还是文化观念的角度上看,移植于西方的新式报刊,在中国的传播遇到了种种困难。但是,宗教报刊却试图突破僵化体制的樊篱,竭力为读者打开认识西方世界的窗口。早期宗教报刊如何进入口岸城市,如何引发读者的关注并激发他们的阅读想象,如何发挥它的影响力,

---

① 《本局告白》,《循环日报》1874年2月11日,第3页。转引自卓南生:《中国近代报业发展史》,中国社会科学出版社2002年版,第195页。
② 《循环日报》1874年5月20日。转引自刘圣宜:《近代广州社会与文化》,广东高等教育出版社2004年版,第108页。
③ 薛福成著,蔡少卿整理:《薛福成日记》(上),吉林文史出版社2004年版,第247、275页。
④ 黄旦:《媒介就是知识:中国现代报刊思想的源起》,《学术月刊》2015年第12期,第139页。

对于我们认识宗教报刊的价值与作用，无疑具有重要意义。

从媒体形态上看，19世纪80年代之前，书—刊—报的演变是一个较为缓慢的过程。新闻史研究中报刊不分的传统，虽然表明了两者之间的模糊性，却难以从源头上探讨"刊"与"报"的关系。甲午之前，"洋报""新报"是一个宽泛的概念，其中，宗教刊物所占比重最高。宗教刊物是"册"，体现了"书"的形态；报纸是"纸"，摆脱了"书"的限制。宗教刊物大多发行周期在半个月以上，而报纸的发行周期一般在七天之内。宗教刊物以传播神理和科学知识为主，而报纸则以传播新闻和商贸信息为主。因此，早期的"刊"与"报"存在较大的区别。

从媒介社会史的角度看，19世纪80年代之前，宗教报刊虽然数量较多，但其影响力却不如后来的《申报》等商业报纸。从《察世俗》《东西洋考》到早期的《万国公报》，宗教刊物的读者数量都较为有限，但这些刊物的思想价值值得高度重视，它打破了中国传统思想"道出于一"的格局，为中国读者提供了另类的思想资源，它的内容与中国早期现代化思想有着直接的关联。无论是魏源、徐继畬还是后来的口岸文人，他们读宗教刊物所获得的西方知识，在一定程度上改变了晚清社会的知识类型，尽管西方观念还普遍地受到传统士大夫的抵制，但宗教刊物对史地和科学知识传播的强化，迎合了开明官绅"睁眼看世界"的需要。因此，"刊"的启蒙意义重于神学价值。

现代意义上的报纸源于宗教刊物，在知识类型上却区别于宗教刊物。报纸提高了新闻报道的比例，让更多的读者了解到新近发生的事情。早期的报纸新闻尽管"辗转抄袭"，却能让读者有"周知天下"的观感。显然，宗教刊物注重立体世界的理论灌输，而早期报纸则注重平面世界的消息传递，两者在信息类型上有着较大区别。传教士希望两者并重，一边出刊，一边办报，希图读者既能获得有关西方文明的理解型知识，又能获取有关现实世界的知晓型知识。因此，我们探讨早期报刊阅读史，应该考察报人、读者与社会的多元关系，尤其要关注读者的思想世界。

鸦片战争之前，西方传教士在"人际传播"转向"文字播道"的过程中，将"刊"作为宗教布道的重要载体和工具，企图将基督教教义通过刊物对读者进行"言说"。但是，无论是皇帝及其官僚集团，还是底层社会的民众，对于宗教刊物的"说教"并无好感。传教士通过对中国"书"的嫁接、儒学理论的融合和免费赠阅，希望有效促进发行与阅读，但是西方的知识谱系很难获得中国读者的认可。尽管有梁发此类的雇佣者不遗余力地宣传和推广，但早期宗教报刊与中国社会之间的隔膜难以打破。传教士虽然作为"行走的媒介"在一定程度上影响了中国人的西方观，但他们所创办的刊物却难以走进民众的日常生活。在鸦片战争之前，我们很少发现中国人的读"刊"记录。读书人沉醉于他们的经典世界，通过熟读经典获得功名是他们追求的根本目标。而最高统治者和权力精英沉醉于"天朝大国"的主体意识中，对"蛮夷"们的传教活动带有明显的敌意，对传教士的"异端邪说"更是不屑一顾。这一时期的宗教刊物对宗教的过度诠释，消解了作为"新闻纸"的信息价值。尽管传教士也有对西方科技的简要介绍，但其内容无法吸引读书人的眼球。早期宗教刊物通过文字布道改变中国人观念的努力，并没有达到预想的效果。

从阅读史的角度看，由于史料的限制，我们无法对这些报刊的具体阅读状况进行"深描"，只能通过零散的史料来窥探其传播与阅读的"断面"。尽管早期宗教报刊的读者数量较为有限，但其文化价值和思想图谱值得高度重视，它的内容与中国早期现代化思想有着直接关联。以魏源、徐继畬、梁廷枏为代表的思想先驱，敏感地察觉到《东西洋考》等宗教刊物的思想价值和启蒙作用，他们在搜罗"西书"、介绍"世界知识"的过程中，对宗教刊物着力解剖，析出其符合"西学"标准的思想资源，并通过与其他"西书"的互引互证，建构有别于"中学"的"知识仓库"。尽管这些宗教刊物的"嫁接"方式不太规范，但通过先驱人物的大力推广，宗教刊物的一些论述已转化为"开眼看世界"的思想资源，并对"现代性"的探求起着一定导向作用。

鸦片战争后，宗教刊物的空间转向，为其生存与扩张带来了一些机遇，香港和五口通商城市，打破了广州垄断贸易的优势。而外国人在口岸城市所取得的特权，有利于传教士在这些城市大力扩展他们的社会网络。尤其是上海租界所形成的"国中之国",极大地改变了宗教刊物的传媒生态。大量外国人对传教士办报活动的支持,直接表现为提供捐助和订阅宗教刊物,并鼓励他们的中国佣人阅读宗教刊物。受上海租界的吸引,不少传教士纷纷迁往上海,形成了新的传教中心。同时,上海商业的繁荣也吸引了大量"落拓文人",他们在科举考试的角逐中难以取得高级功名,便期待到上海谋求生计,从而形成了"口岸文人"群体。而宗教刊物对华人编辑的需求,为一些文人提供了谋生机会,王韬等人在墨海书馆编辑《六合丛谈》便是明证。这些早期进入西方传媒业的编辑和印刷工人,由于地缘、亲缘等方面的关系,与口岸文人有着密切交往,从而有可能为口岸文人提供他们所编辑的宗教报刊。而居住或者游历上海的士人,则通过与外国传教士和口岸文人的社交网络有机会阅读新式报刊,郭嵩焘和陈其元这样的开明官员能够较早接触宗教刊物,与他们对"洋务"的兴趣有着直接的关系。尤其是曾任曾国藩幕僚的周腾虎、赵烈文、薛福成等人,在咸同年间便养成了披阅"新闻纸"的习惯,说明当时的某些高级幕僚已将读报刊作为了解国内外动态的重要手段。后来担任驻外使节的曾纪泽、张德彝、李凤苞等人,是同光年间阅读外报的重要人物。[①]而如林乐知、傅兰雅之类的传教士游走在报馆、书局、学校与洋务派企业之间,为他们广泛接触当时的洋务派精英和上海口岸文人提供了极大的便利。之后,宗教刊物的内容转向,与这些传教士对中国认识的改变有着直接关联。如《上海新报》之类的商业性报纸,以刊登各类商业广告为主要内容,与早期宗教刊物已有明显区别。即便是《格致汇编》《中国教会新报》此类的宗教刊物,也迎合洋务运动的需要而大量介绍"格致之学",宗教内容的逐步淡化,是传教士对口岸城市阅读需求所做出的必要调整。而传教士以墨海书馆等宗教出版机构为中介所形成的中西文人交往网络,对早期宗教报刊阅读空间的打造和报刊阅读群体的构建,起到了极为重要的作用。

---

① 张德彝在《随使法日记》中记载了他在同治九年、十年赴法期间的见闻,其中关于普法战争的新闻,主要来自法国"新闻纸"的报道。李凤苞于光绪四年出使德国,他在《使德日记》中多次记载阅读"新报"的内容,并与德国报人有深入交往。同光年间的出洋大臣多有阅读外报的经历,这是一个值得关注的群体现象。

尽管创办于 1865 年的广州《中外新闻七日录》号称读者有万人之众，但当时的报纸销数仍然十分有限。报刊阅读地理受到政治、经济和交通条件等方面的制约，异地的读书人与报刊相遇的机会非常难得。然而，外报对新闻、科技报道的重视，却使某些读者接触到较为前卫的新闻和科技知识，从而对他们的价值观念产生了一定程度的影响。比如蔡尔康、钱昕伯、蒋芷湘、何桂笙等早期报人，正是由于到上海谋生，有机会较早接触到新式报刊，才对西学有相对公允的评价。

《申报》的创办打破了宗教报刊的垄断局面，作为商业性报纸，《申报》以可读性作为市场卖点，其新闻的广博性、丰富性远胜于一般宗教性报刊。尽管《申报》创办之初的两年发行量不高，但它很快吸引了官绅和口岸文人的关注，尤其是它乐于刊登竹枝词等文艺性内容，为口岸文人提供了"显声扬名"的舞台，如袁祖志这样颇有时名的文人便在《申报》上发表了大量竹枝词，袁祖志后来在《新报》《新闻报》的编报生涯，也与他早期的投稿与读报活动有着一定的关联。而《申报》转载《京报》的大量上谕、奏折和科举考试信息，更是吸引了官绅的目光。同光之际的"清流"官员围绕着《申报》大发议论，使报刊与政治的关系更为密切。而张之洞、刘坤一、李鸿章等地方大员则利用《申报》推动他们的洋务主张，并运用官场人脉进一步扩大他们的政治影响。权力精英关注商业性报纸，对晚清报刊阅读起着一定的导向作用。尤其是高级官员利用他们的政治资源，通过订阅《申报》以广见闻，扩展了报刊阅读网络，促进了报刊资源的共享，如吴汝纶、郑孝胥、黎庶昌、张荫桓等人均因担任幕僚而较早接触到《申报》。由于洋务派对外交的重视，使《申报》能够走出国内，成为一些驻外使节案头必读之报。郭嵩焘、曾纪泽、薛福成等早期驻外使节在日记中记载的读报记录，表明这些外交大臣通过阅读《申报》而得知时政要闻。

值得注意的是，早期《申报》在上海和江浙一带传播较广，并在士人之间形成了一个规模较大的阅读网络，产生了阅读上的"涟漪效应"。《申报》刊登的各类"来稿"，表明不少士人对报刊媒介的功能和作用有一定认知，通过写稿，他们有机会读报。口岸文人还由于职业流动有机会接触《申报》，萧穆在江南制造局编译馆屡看《申报》，说明他是一位长期读者。苏州乡绅柳兆薰多次借阅《申报》并加以抄录，表明《申报》通过其发行系统和人际传播网络，触及乡村士绅的阅读世界。常州士人庄宝澍多次全文抄录《申报》，进一步说明报刊对乡绅资讯获取方式的改变。此类零散的记载，见证了早期《申报》读者的阅读实践，通过文本之间的"链接"，形成具有丰富内容的意义网络，尽管这个网络还不够稠密，但它足以证明早期《申报》存在一个初具规模的读者群体。

第二章

1880年至甲午前后的报刊阅读

第一节　19世纪80年代的报刊发行与阅读

19世纪80年代，报刊业有了较快的发展，《申报》在士林中的影响不断扩大。《沪报》《述报》《广报》《时报》等商业性报刊的发行，促进了报刊文化深入都市社会。《万国公报》《益闻录》《甬报》《格致汇编》等宗教报刊在注重格致之学传播的同时，加大了新闻报道的篇幅，改进了印刷质量，报刊、报人、读者与社会之间的联系更为紧密，报刊文化由都市社会进一步渗透到城镇社会，发行范围和阅读地理进一步拓展。

一、19世纪80年代的宗教报刊与读者阅读

尽管学术界通常认为甲午战争对知识分子的影响极为深远，但在19世纪80年代，尤其是中法战争前后，一些报刊对时局的分析和对西学的介绍，也对当时的读者产生了较大的触动。如曾任《蒙学报》主编的叶瀚出生于1863年，在中法战争期间，福建水师"一战而烬"，他通过读报了解时政，并决心改变"素习"，学习西学，主张变法革新。他在日记中记道："生阅报，愤甚。知欲中国富强，非变法不可。欲变法，非由学士大夫改其素习，学习世界语言，娴科学，精制造不可。……生乃发愤自期，欲外游以求师友，冀徐达其本旨。"① 虽然叶瀚没有指出具体的报纸名称，但是读报活动对他产生的影响却较为深刻。

《格致汇编》等宗教刊物大力介绍西学，为读者扩展了新的西学学习渠道。乙酉年（1885），已被革职的周星诒购到《化学卫生论》一书，他在正月初七的日记中记道："《化学卫生论》向在《格致汇编》中零星见之，今汇订成册另出，疑为全帙，而仍只上册，不知何以不全译也。原书为英吉利人真司□撰，罗以司为补缺正误，近傅兰雅译授格致馆生，始于己卯，讫于壬午，仅得三之一耳。"② 傅兰雅翻译《化学卫生论》是在1879年至1882年间，并在《格致汇编》上刊出，周星诒回忆曾读过《化学卫生论》的部分内容，也应该在此期间。彼时，周星诒尚在福建建宁知府任上，他对《格致汇编》的记忆如此深刻，说明他当时阅读该刊是颇为细致的。

1874年，《教会新报》改名为《万国公报》之后，该报在林乐知的主持下，增加了京报全录、督抚辕门抄等中国时政的内容。为了进一步扩大影响，吸引华人读者的关注，林乐知加大了征文的力度。除单纯的基督教教义外，还涉及通商、西学、富国要策、中国文化、缠足、禁烟等内容。这些征文构成了《万国公报》稿件的重要来源，也是《万国公报》不断深入中国社会并扩展其影响的直接表现。如李提摩太的《拟题乞文告白》于1880年8月7日登载在《万国公报》上。这次征文资金的提供者为赫德，目的在于鼓励中国学生阅读有关西方文明和宗教的书籍，对象为山西省参加科举考试的士人。奖金等级分别为白银20两（第一名）、10两（第二名）、5两（第三名）。征文告白登出以后，陆续收到应征文章100余篇。经过评审，山西平阳府附生席子直为第一名。其获奖征文登载于《万国公报》601、602、603、604、605、606卷中，后附有艾约瑟的评论。③ 这表明，通过有奖征文，不少应征的作者由此与《万国公报》结缘，进而产生阅读兴趣，进行跨越时空的"对话"。

---

① 叶瀚：《块余生自纪》，《中国文化研究集刊》第5辑，复旦大学出版社1987年版，第478页。
② 周星诒：《客闽日札》，周星誉、周星诒著，刘蔷整理：《鸥堂日记·窳櫎日记》，河北教育出版社2001年版，第66页。
③ 杨代春：《略论〈万国公报〉的征文》，《西南交通大学学报》（社会科学版）2001年第3期。

《万国公报》从第497期开始,加大了对中国时事的评论。关注中国时政的传教士花之安,将其名作《自西徂东》交由《万国公报》连载,从1879年10月开始在上海《万国公报》连载到全文结束,时间长达5年,意在帮助中国人认识到社会危机。他特地指出阅读现代报纸的意义:"今香港及各省教会已设有新报馆,但未盛行遍于穷乡僻壤之区耳。中国诚能广传新报于民间,不徒以邸抄见阅于官署,斯民瘼上通,君恩下沛,永无太息愁苦之声,又奚必如郑侠之进流民图始达上聪,以抒万民之疾。"① 但是,此类振聋发聩的呼吁并没有得到传统士大夫的广泛响应,仅有少数热衷西学的士绅对《万国公报》感兴趣。如曾纪泽于光绪四年(1878)十一月一日记载"看《万里(国)公报》",彼时,他在赴任驻英法大臣的轮船途中,偶尔一阅,并无具体的阅读感想。在船上,他还阅读《申报》等报刊。抵达巴黎之后,光绪五年(1879)一月十日,他"看《中外新报》《万国公报》"。② 这些中文报刊由上海文报局邮寄,但他往往简约记载"已阅"。又如康有为在1883年"购《万国公报》,大攻西学书,声、光、化、电、重学及各国史志、诸人游记皆涉焉。"③ 1883年《万国公报》首次停刊后,之后六年间其旧刊仍然在社会上传播,吸引某些读者的关注。如1887年广学会成立后,在瑞安的孙衣言"向上海广学会订阅《万国公报》"。④ 但当时自费购阅的读者仍然很少,正如一位传教士所言:"林乐知先生的报刊(指《万国公报》)……几乎都是教徒购买的……没有异教徒的购买者。"⑤ 此说有些夸张,但也说明它难以吸引一

---

① 李天纲编校:《万国公报文选》,中西书局2012年版,第91页。
② 曾纪泽著,刘志惠点校辑注:《曾纪泽日记》(中册),岳麓书社1998年版,第812、835页。曾纪泽在轮船上所阅的《万国公报》,可能是他从上海启程时带上船的。这表明他是早期《万国公报》的读者。朱维铮曾指出:"在光绪初年不信基督教的政府官员和民间士人中间,还没有公开承认阅引用《万国公报》的例证。"(朱维铮:《导言》,见李天纲编校:《万国公报文选》,中西书局2012年版,第4页。)曾纪泽阅读《万国公报》的记载表明,他作为真实的读者,是一个例证。因此,朱维铮的结论可能有失偏颇。
③ 康有为:《康有为自编年谱》,中国史学会主编:《戊戌变法》(4),上海人民出版社、上海书店出版社2000年版,116页。
④ 孙延钊撰,徐和雍、周立人整理:《孙衣言、孙诒让父子年谱》,上海社会科学院出版社2003年版,第233页。
⑤ 转引自杨代春:《〈万国公报〉与晚清中西文化交流》,湖南人民出版社2002年版,第36页。

第二章　1880年至甲午前后的报刊阅读

般民众的关注。

对于《万国公报》的销路不畅,一位北京读者认为:"《公报》以辞达者颇多,以形肖者甚少。"尽管读书人能够看懂,而初识文字者和妇女等却不解其意。因此,他建议:"嗣后再印《公报》,无论何事何物,每本印图一二。庶不致有碍篇幅,俾雅俗共赏,人人乐观。"① 但是,这一提议似乎没有被采纳,1883年7月,《万国公报》在出版至750卷后便停刊了。可见,当时的华人读者对宗教报刊的阅读仍然兴致不高。

19世纪80年代,除了上海之外,广州、厦门、宁波等口岸城市也相继创设了一些中文报刊,但是这些口岸城市的报刊数量有限,流布不广。1881年创办的《甬报》对当时中国报刊的发行与阅读状况进行了全面的评价:

> 窃自中国之有新闻纸已十数年于兹矣。惜中国风气初开,未能尽人知其利益,销售甚滞。故有开而未成者,如《中西闻见录》《汇报》《益报》等馆。是有开成而卖报不多者,如《循环日报》《新报》《万国公报》等馆。是其开成而卖报至多者,莫如《申报》一馆,然每日所卖之数,今甫能逾万耳。查泰西各国风气,一省之中,新闻纸馆开至百数十家,卖之报日至数十万张。今中国声明文物之邦,举十八省之地,不过报馆数家,固由人未尽知其利益,风气难开。亦由开报者不能日新月盛,使人尽知其利益。②

《甬报》对中国报界现状的描述,可谓入木三分。在1881年前后,中国的报刊事业并没有取得长足进步,一些中文报刊旋起旋落,当时仅有数家中文报纸,而《申报》一家独大的局面没有改变。对于报纸不能发达的原因,《甬报》归因于报馆不多和读者不知阅读的好处,并进而评价道:"中国人之视新闻纸,非曰谰语谤书,即曰街谈巷议,流布不能至广者,职此之故。"③ 论者

---

① 一知子切祷:《观报直言》,《万国公报》第594卷,1880年6月19日,见《万国公报》第16册,上海书店出版社2014年版,第479页。
② 《本馆谨启》,《甬报》第1卷,光绪七年(1881)正月,第1页。
③ 《新闻纸论》,《甬报》第1卷,光绪七年(1881)正月,第3页。

认为中国对报纸功能和作用认识的偏差，是报纸流布不广的根本原因。而读者为何不愿读报，也与报纸内容的偏狭有着直接的关系。

19世纪80年代，宗教报刊比较注重开拓发行渠道，增设发行网点，以吸引更多的读者。如《甬报》创办之始，就声称："外埠如上海、镇江、南京、芜湖、九江、汉口、宜昌、重庆、牛庄、烟台、北京、天津、杭州、湖州、常州、温州、台湾淡水、厦门、福州、汕头、广州、琼州、北海等处，均有寄卖。此外各埠有欲寄卖者，均函致宁波北岸钰记钱庄内甬报馆，开明台衔、住址，照数奉寄。"① 可见，该报的发行网络已通达全国重要城市和交通较为便利的通商口岸。

对于读者的需求，传教士在办报过程中也有一定程度的了解，并调整报刊的内容和版式设置，如《花图新报》在创办之际，就广告云："举凡新闻轶事、天文地理、格致化学等合于真道者，靡勿登之，以公同好。间有辞意不达者，绘图以形之，以期人人同归正道。"② 其姊妹刊物《小孩月报》不仅文字浅易，适合儿童阅读，而且印刷精美，"专刻精细花图，与西国所刻无二"。③ 与文字报道相比，图片新闻"以图说事"，形象生动，能够满足读者的视觉审美需求。宗教报刊运用大量精美图片进行科技与时政新闻的传播，能增进其观赏性与趣味性。

二、19世纪80年代广州、天津的商业报刊与读者阅读

19世纪80年代，广州、天津创办了一些商业报刊，在形式和内容上也有较大改观。如1884年创办的广州《述报》，采用石印技术，工艺先进，刻工相当精细，为读者呈现了版面上的美感，具有很强的视觉冲击力。该报基本上每期都有一幅图片，内容涉及政治、军事、社会生活等各方面，如《基隆大捷图说》一文云："本月初十、十一两日，法人又在基隆开仗，船失三艘，计受中国十一炮。三船均遭伤损，故即退出口外，法兵被击死者十余名，我

---

① 《本馆告白》，《甬报》第4卷，光绪七年（1881）四月，第1页。
② 《本书院告白》，《花图新报》1880年第2卷，台湾学生书局1966年影印本，第22页。
③ 《小孩月报》，《花图新报》1880年第2卷，台湾学生书局1966年影印本，第24页。

兵仅亡一名。"① 为了更好地表现这次胜利的意义，在文章的上方，以半个版面的篇幅配以《基隆再捷》图，三艘装备精良的法国兵船正在溃逃，战船上面悬挂着法国国旗，船上却冒出浓烟，显得不堪一击，给读者以兴奋和鼓舞。而在一篇《五代同堂图说》的新闻中，描写了广州西关有一位109岁的老人，"算花甲之筹，几臻两度……其长子则已八十有奇，而孙亦六十矣"。② 为了渲染这位老寿星的生日场景，特请画师绘制《五代同堂》图，画中建筑华美，宾客云集，众子孙后代竞相向老寿星拜寿，场面极为壮观，表现了社会新闻的趣味性。《述报》还刊登西方国家教堂、山川、铁路、城堡、桥梁、戏院等方面的图画，描绘非常精细，以大量篇幅介绍异域风情和西方科技的新成就，颇能增强读者的观感和记忆。

创刊于1886年的天津《时报》，则非常注重发行，规定："每纸取大钱十文，所有送报人均优给工食，不准加价，并于城厢内外专托铺户悬有寄卖《时报》招牌，以便诸君就近购阅。"③《时报》注重发行时效和读者反响。对于天气原因所导致的报刊发行延误和缺失，《时报》特地进行说明："本馆抄报前因天水雨淫，地水河涨，以至驿程阻水，猝非力所能为计所及施。京津之间，轮蹄绝迹者累日，迨月之二十二日……加以设法变通。嗣后当无断续，至所缺抄报，亦经陆续补登。"④ 这一声明力图消除读者的误解，加强与读者的联系和沟通。由于深受洋务运动的影响，《时报》注重翻译和刊登外洋新闻，并力图在全国各地设立代销处，扩大在读者中的影响。该报宣称："凡省会……海外如朝鲜……尚有店铺公所、提塘报馆，愿为本馆经销《时报》者，望在本埠觅一保家，来馆订定，即当按日如数将报寄上。"⑤ 可见，该报已推向各省会城市和海外市场，表明它要进一步寻求更广泛的关注，获得更多读者的青睐。

① 《基隆再捷图说》，《述报》卷6，第91页。
② 《五代同堂图说》，《述报》卷6，第83页。
③ 《时报》1886年9月20日，第1页。
④ 《本馆告白》，《时报》1886年9月20日，第1页。
⑤ 《广招外埠经理售报人启》，《时报》1887年12月10日，第1页。

值得注意的是，在天津本土的读者中，很少留下阅读《时报》的记录。而士人道经天津参加科举考试，在天津期间，却有机会"偶遇"《时报》，"流动"创造阅读机缘，这是晚清报刊阅读史上值得注意的现象。光绪十二年（1886），松江府娄县（今上海松江）举人张锡恭参加礼部试，乘船至天津，五月一日，他作家书，"午后偕谱桐散步至紫竹林，乃楚宇也。阅《时报》"。第二天，"往拜李中堂，周观察、金观察"。① 六月，他在京参考礼部试，之后返家，长期任私塾先生，以馆课为业，谈经史，习算法，研经学。张锡恭虽长期在松江生活，他留存的日记始于1882年，止于1899年，却极少有读报记录。而他在天津与友人散步时，偶阅《时报》，虽是不经意的记载，却表明他是《时报》阅读史上一位真实的读者。与张锡恭类似，途经天津的文廷式，也有机会读到《时报》，光绪十四年（1888）正月二十五日，他读《时报》并记载"云南地震，死万人"的新闻。② 文廷式夜宿紫竹林之"佛照楼"，在天津停留的时间不长，却在旅途中读到当地报纸，这也说明在天津寻获《时报》并不特别困难。光绪十五年（1889），担任李鸿章幕僚的张佩纶在天津也有机会阅读《时报》。他在六月十七日记道："《时报》中有盘谷氏者，拟余为陆立夫、何根云，评之曰：'误国殃民，伤天害理。'夫误国何敢辞？下六字则非其罪也。此盖不逞之徒造言泄忿，其意以要人多阅《时报》，借此倾之耳，可笑可鄙。余岂畏要人哉！"③ 这位曾经好议朝政的"清流"，因中法战争而革职充军新疆，饱受诟病，在看到《时报》对自己的议论后，大为愤懑，他将《时报》对自己的非议视为"扩大销路"之策，虽有些主观臆测，但也反映出《时报》以言论获得读者关注的用意。

19世纪80年代，广州、天津等口岸城市所创办的中文报刊，在一定程度上都属于"地方性媒介"，尽管它们力图在全国乃至海外发行，但其读者对象

---

① 张锡恭：《张征君日记》（1882—1889），上海图书馆稿本（善本，编号：826695—712），光绪十二年（1886）五月一日，五月二日。张锡恭这次偶然阅读《时报》的记录，在报刊史上具有重要意义，他证实了《时报》在当年五月一日已经出版，而目前流行的《时报》创办于光绪十二年（1886）十一月的说法显然是错误的。
② 文廷式著，汪叔子编：《文廷式集》下册，中华书局1993年版，第1116页。
③ 张佩纶著，谢海林整理：《张佩纶日记》（上），凤凰出版社2015年版，第217—218页。

主要为本地士绅。由于资金、人力、地域等方面的原因，这些报刊存续的时间不长，如《述报》创办一年多就停刊了，《广报》与《时报》也持续不到六年，这些商业性报刊尽管力图扩大全国各地的影响，都比较注重时政新闻的报道，但除了一些地方新闻之外，多转载《京报》和《申报》的新闻。另外，这些报刊较少刊登文艺方面的内容，难以吸引文人骚客的关注，加上其言论不如《申报》犀利，很难成为全国性的大报。当时的文人日记也很少记录阅读这些报刊的心得。以《广报》为例，它在1886年创办之后，有关其阅读的个案较少。康有为作为当地读者，在当年三月十一日的日记中记载："《广报》说天津运使买挖泥船二只，为浚黄河用，价十四万五千。日本水师船共有四十五艘，内战船廿五艘，练船、储军械粮食船七艘，水雷十三艘。今岁已借法款六百余万云。近在德国五里图船厂定铁甲两艘，装霍斯盖斯机器炮七尊、克鲁伯炮二尊，水雷炮五尊。又海军电云，曾侯在英购洋枪二尊。高丽相为沈舜泽、谢缔。日本新公使为暨田三郎。"① 此后，康有为的日记中则很少出现阅读《广报》的记录。

  尽管我们难以统计《时报》《广报》等报刊的发行量，但是，就其影响力而言，它们与《申报》有着明显差距。然而，在甲午中日战争之前，广州、天津等地的报刊对当地社会的影响日益深刻。由于《时报》《广报》等报刊注重刊登地方新闻，尤其关注社会新闻，由此形成了"地方文化空间"，这些"家乡的印刷日志"② 对地方文人产生较为强烈的吸引力，《广报》将广东新闻列为新闻的重要内容，置于论说之后，占到新闻版面的一半以上。特别是广州社会新闻的报道较为频繁，使读者能够及时了解"身边的故事"。为了增强阅读的时效性，《广报》规定："本局所出报章，凡本城地方，向例皆即日派到，以供快览。如即日未有报送到者，即是派报人之误。"③ 本城读者可以看到当天的日报，这在当时已非常难得。

---

  ① 康有为著，张荣华整理：《康有为日记（1886—1889年）》，《近代史资料》总119号，中国社会科学出版社2009年版，第33页。
  ② [美]沃尔特·李普曼：《公众舆论》，阎克文、江红译，上海人民出版社2007年版，第238页。
  ③ 《广报》1887年11月25日，第1页。

《广报》的采编人员多来自广州本地，他们对自己生活的城市有深刻的感受，这与鸦片战争前的报刊通过间接途径获取新闻有着很大不同。《广报》注意从不同角度报道本地新闻，如1887年11月18日的本地新闻主要有《再出逆子》《渡夫寻衅》《少妇被拐》《焚舟续闻》《招领归骸》等；又如，1887年12月2日的本地新闻主要有《羊城天气》《路旁诞子》《轮船失事》《失火即熄》《严缉盗匪》《过客何辜》《鱼毒毙命》《时症志闻》《战舰进口》《少尼私产》等。本地新闻取材十分广泛，既有本地重大社会新闻，又有日常生活中的奇闻趣事，特别是有关色情、抢劫、盗窃、赌博、灾害等方面的报道，在行文上以短小精悍见长，颇有趣味。如《抢案述闻》报道："昨初七日辰（晨）七点余钟，太平门内大新街和宁里之利生祥玉器店，突被三人呼门入内。藉店伙疏防之际，抢去钱物而逃，追捕莫及。经地保禀报南海县署，由捕厅前往复勘明白，勒缉在案矣。"① 此类新闻，言简意赅，且能够体现突发新闻事件的特色，对本地读者有很强的吸引力。可见，地方性报刊在反映本地社会动态方面具有不可替代的优势，而本地读者更愿意阅读"周遭的故事"。《广报》对一些突发新闻进行连续报道，往往标以"昨报""再接某某来信云"之类的开篇语，表明此类新闻与当地人之间的紧密联系。尽管我们无法估计当地的读者数量，但是这些报纸已在当地颇具影响，成为集中展示地方社会变迁的媒介。

值得注意的是，19世纪80年代，大量广东人出国务工，尤其在东南亚、美国和秘鲁等地的粤籍华工数量甚多。《广报》在海外广东华人华侨聚集的城市设立代销处。其外埠派报处包括："星架坡（新加坡）南兴隆杂货行；安南海防广新源号；金山大埠华洋新报馆；小吕宋甲必丹陈最良……"② 海外的销售点占到外埠发行网点的四分之一。光绪十二年（1886），担任美国、西班牙、秘鲁三国公使的张荫桓，在九月二十九日第一次看到了来自家乡广东的《广报》，他在日记中记载了该报的一则新闻："番禺人郭见福忤逆不孝，乃父

---

① 《抢案述闻》，《广报》1887年11月25日，第1页。
② 《外埠派报处》，《广报》1887年11月16日，第1页。

送县惩治，郭固贾于香港者也，控于港官，贻文英领事查询。番禺令驳之曰：郭见福在中国为叛民，在郭氏为逆子，自应惩治，律师不谙中国律例，妄行干涉，殊出情理之外云。"对于涉外法律的管辖权，身为公使的张荫桓颇有见解，他写道：

> 香港毗近省垣，粤人每于此营生，以其不抽税厘，遂多获利。因而寄家于港间，生子女须赴港官报册，港官乃据为英民，偶犯中国之法，辄倚港官为脱身计，此风由来已久矣。若如番禺令之词严义正，不激不随，港官不能不颢之也。泰西各国间有他国人寄生者，却不能引为彼国之籍，其自愿入籍者听之。法国律例则无论人民寄生何国，仍不得脱法籍者入他籍。①

张荫桓系广东南海佛山镇人，1886年，他在美国阅读《广报》，显然对家乡情形较为关注。而他特地对香港法律治权进行探讨，并赞同番禺县令以出生地作为管辖权的做法，这在当时中国涉外法律尚未形成的情况下，是颇有见地的。而张荫桓此后虽然也在日记中记载阅读《广报》之事，却一笔带过。他对广东一般地方新闻并没有详加披露，这似乎与他倾向于记载国内外要闻有关。

三、19世纪80年代的《申报》传播空间、阅读地理与读者反响

19世纪80年代，《申报》仍然维持着一报独大的局面。与早期依托本地店铺发行不同，经过七八年的发展，《申报》的发行网点已向全国重要城市扩展，如该报1882年7月1日的广告称：

> 外埠售报处：北京前门外廊房头条胡同申昌号；保定全泰盛信局；天津紫竹林旧广东堂子间壁沈竹君；烟台敬业书院；南京金陵门东边营林

---

① 张荫桓著，任青、马忠文整理：《张荫桓日记》，上海书店出版社2004年版，第70页。

宅内李佑之；武昌粮道街夏德兴杂货店；汉口江汉关道署前申昌；九江铨昌祥、全昌仁信局；安庆马家厂何氏试馆郑宅、又小南门内罗春台；扬州府新城内六条巷刘修之、又湾子街协顺料货店巷兴隆、又兴隆巷北巷刘承恩三处报房；江西省城罗春台乾昌泰、盛恒源、铨昌祥信局；苏州阊门城内都亭桥河沿街铜锡店内黄星斋、观前察院场西申昌号；杭州城中三元坊申昌号；福州城外南台福利洋行；宁波江北岸李甡记号内；温州府前街广祥茂号；香港中环街循环日报馆；广东省城双门底文选楼；广西省城内胡万昌信局；四川重庆府胡万昌信局；湖南长沙府胡万昌信局。其余外埠者皆由各信局以及京报房代售《申报》。①

从这些具体的售报处名称可以看出，《申报》的发行网络不仅延伸到京津、香港和许多省会城市，其他如温州、扬州、安庆、九江、烟台等交通较为便利的中等城市也有其发行网点。1885 年，《申报》在常熟、嘉定此类的小城市都开设了代售处，其广告称："本馆刻在常熟城内慧日寺南首开设申昌分铺，专售《申报》及申报馆《点石斋》二处铅板、石印书籍等类；嘉定则托西门外吴合泰号经理，诸君子如欲阅报购书，请移玉（步）惠临该二处可也。"②这说明《申报》所开设的"申昌号"，已形成规模效应，其在中小城市的扩张，有利于《申报》发行网络的延伸。

除了在"申昌号"之类的店铺发行外，一些书院、报馆、书楼也成为《申报》的代销机构，而全国各地许多"信局"都有《申报》代售，其发行渠道较为广泛，这与当时邮递系统的发展也有直接关系。如家住苏州的包天笑，就在回忆录中记载童年阅读《申报》的往事：

我对于报纸的知识，为时极早，八九岁的时候，已经对它有兴趣。其时我们家里，已经定了一份上海的《申报》，《申报》在苏州，也没有

---

① 《外埠售报处》，《申报》1882 年 7 月 1 日，第 1 页。
② 《常熟嘉定分售书籍〈申报〉告白》，《申报》1885 年 4 月 27 日，第 1 页。

什么分馆、代派处之类，可是我们怎样看到《申报》呢？乃是向信局里定的，那个时候，中国还没有开办邮政，要寄信只有向信局里寄。……

而且苏州看到上海的《申报》，并不迟慢，昨天上午所出的报，今天下午三四点钟，苏州已可看到了。①

1876年出生的包天笑，记载他八九岁时已经阅读《申报》，而且是通过私人订阅的，这说明在19世纪80年代初期，外埠读者已有私人订报的习惯。而报纸作为信息消费品，时效性较强，报纸发行者只有将产品尽快送至读者手中，才能达到有效消费之目的。19世纪80年代之后，随着洋务运动的发展，一些地区的交通和邮递设施有了一定改善，尤其是一些口岸城市之间相继开通轮船，往返航班较为便利，外埠读者读《申报》的几率大大增加。一些销售处专门雇人送报，可以更快捷地为读者服务。如南京的读者在1888年也可以看到隔天的《申报》，由于南京的申昌书画室"雇人分送，格外加捷，本日报纸隔日可到，可谓神速之至"。②这说明当地的销售处特别注重报刊传递的时效性，通过专人分送上门，使读者能够先睹为快，从而拉近了与《申报》的距离，新闻的时间价值得以提升。

随着发行网络的扩展，《申报》的辐射力和影响力不断增强。正如该报的一则评论云："向之书馆学生、店铺小伙，一遇闲暇则相率以嬉，自有华文日报以来，得暇即看日报，其初亦格格不相入，渐而久焉，亦多有融会贯通者，令之握管作一札，居然通矣。而且宜古而复宜今，于时事得失、人情险夷渐有所获。"③尽管此说有些夸张，但也说明当时的读者群体已延伸至"店铺小伙"此类的下层民众，读报成为通商都会的一道文化景观。

（一）《申报》在上海的传播与阅读

1881年9月19日，与《申报》诸多报人有着密切交往的诗人李芋仙

---

① 包天笑：《钏影楼回忆录》，中国大百科全书出版社2009年版，第106—107页。
② 《金陵添设送报人》，《申报》1888年4月7日，第1页。
③ 《中国宜开洋人报馆说》，《申报》1884年9月12日，第1页。

（别号钝榜状元），发表了一首关于读报杂感的诗：

莫轻一幅新闻纸，中外情形备见之。已似雷声随地奋，还如电线普天驰。绸缪阴雨持高议，游戏神通附小诗。最忆客星王遯窟，岭南相见定何时。①

这首名为《阅〈申报〉〈新报〉因柬雾里看花客、高昌寒食生、仓山旧主兼怀弢园老民》的诗，既是一封读者来信，又是作者与《申报》《新报》报馆诸位报人交往的回忆。其中"雾里看花客"是钱昕伯的别号，"高昌寒食生"是何桂笙的别号，"仓山旧主"是袁祖志的别号，"弢园老民"便是王韬。李芋仙通过发表这首诗，赞赏《申报》在传递新闻、评论时政、游戏娱乐、诗词唱和等方面的重要作用，体现出沪上文人骚客对《申报》的高度关注和情感寄托。而上海一位老戏迷，对《申报》的花榜报道颇为留意。他在光绪七年（1881）闰七月五日的日记中称："今日《申报》，有沪北花榜殿撰为花桂福，榜眼为张佩芝，并探花为谢月珍，共得天罡之数，品评虽未之当，然尚不十分离奇，惜顾桂生未得列入榜中，大约评花者未之见也。"② 这表明，《申报》对沪上文人的人际交往和日常生活有一定影响。

杨葆光为江苏娄县人（今上海松江），是同光年间上海有一定影响的文人。他的日记中有较多订阅《申报》的记载，证实他是该报的一名忠实读者。他于光绪六年（1880）一月二十日记载："支《申报》钱百十。"三月五日又记："支《申报》本日止找钱二百九十。"这表明杨葆光已自费订阅《申报》，并在"出纳"一栏中详细记载。由于一般读者很少记载订阅《申报》的支出，杨葆光的报刊消费记录颇具经济价值。从1880年开始，他在日记中对所付《申报》报费都详加披露，如光绪十一年（1885）十二月三十日，他"支

---

① 钝榜状元：《阅申报、新报因柬雾里看花客、高昌寒食生、仓山旧主兼怀弢园老民》，《申报》1881年9月19日，第3版。

② 无名氏：《绛芸馆日记》，上海人民出版社编：《清代日记汇抄》，上海人民出版社1982年版，第320页。

少伯申报洋三元"。① 光绪十二年（1886）一月二十七日，"支本年《申报》钱二千七百"。十一月二十九日，"支《申报》钱五十六"。光绪十四年（1888）八月二十四日，"支《申报》钱九百卅"。十月十日，"支《申报》等洋一元"。尽管1887年他没有订报的支出记载，但他在当年七月初三日记载："散之交二月廿四《申报》，而本月以前俱全。"这说明他当年仍然在读《申报》。光绪十五年（1889），他虽然很少提及《申报》，但在七月二十三日，他"送居垣《申报》五"。② 从杨葆光阅读《申报》的记录看，他对官员升迁、科考结果比较关注。如光绪八年（1882）十月三日，他阅《申报》，"知孟平中北榜"。十月四日，他读《申报》，"闻梅先凶耗。知铸江南榜高魁，王廷材亦获隽"。③ 另外，杨葆光与《申报》的编辑人员亦有来往。如他曾在光绪六年（1880）正月二十一日，"致澹翁，《申报》孔姓、伯齐、韵溪、竹屏诗函"。④ 从这些记载可以看出，杨葆光是《申报》的长期订户，他虽然直接记载的新闻较少，但在他的消费支出中，报刊费已成为一个开支项目。这表明他对报刊消费较为重视，读报纸已成为日常生活的重要内容。

举人出身的姚福奎虽为江苏常熟人，但他曾长期担任松江府娄县学教谕，兼署松江府学教授、华亭县学教谕。他留存的光绪五年（1879）至光绪十九年（1893）间的日记中，主要记载其科试、督课、交游、读书、写作与日常生活等方面的内容。姚福奎虽长期在松江（今上海）生活，却没有订阅《申报》，他在日记中第一次记载读《申报》的日期是光绪六年（1880）四月二十一日，是日，他"阅长班借来《申报》，会元吴树棻，山东历城人；常熟杨崇伊、庞鸿书，昭文曾云章"。姚福奎所见《申报》，是通过"长班"这位"第三者"借来的，他特地记载当年会试结果，说明他对科考新闻特别关注。五月九日早晨，他"向思泉处借阅《申报》"，读后择要记载："一甲一名黄

---

① 杨葆光著，严文儒等校点：《订顽日程》（第2册），上海古籍出版社2010年版，第1040、1051、1621页。

② 杨葆光著，严文儒等校点：《订顽日程》（第3册），上海古籍出版社2010年版，第1630、1714、1917、1933、1782、2004页。

③ 杨葆光著，严文儒等校点：《订顽日程》（第2册），上海古籍出版社2010年版，第1310、1311页。

④ 杨葆光著，严文儒等校点：《订顽日程》（第2册），上海古籍出版社2010年版，第1040页。

思永，江苏江宁人；二名曹诒孙，湖南茶陵人；三名谭鑫振，湖南衡山人；传胪戴彬元，顺天宁河人。吾邑庞鸿书二甲第二，杨崇伊四十八，昭文曾云章三甲一百五十五；吾邑散馆者庞鸿文、翁彬孙俱留馆，管辰熙以知县用，惜哉。"① 这里，他再次强调了《申报》的来历，并继续关注当年殿试的结果。此后，他在日记中至少记载了向三位友人借阅《申报》，包括思泉、衡翁、子砚等人，另外，达泉、健生等人多次与他谈及《申报》，讨论具体的新闻内容。这说明在他的周围，已形成一个《申报》阅读群，他们之间通过借阅、传阅与聚谈，形成了一个小规模的阅读网络。

姚福奎作为底层官员，无法及时阅读邸报，但《申报》弥补了邸报的"空缺"，《申报》的"恭录上谕"栏目，是邸报内容的转载，为普通读者提供了官场、科场动态。从姚福奎读《申报》的记载看，他主要对官场和科考新闻感兴趣，很少记述其他新闻。如光绪六年（1880）五月十九日，他访友人衡翁，得阅《申报》后记载："吾邑庞鸿书、杨崇伊、华亭顾莲俱入词林，松江补殿试夏衔得内阁中书，昭文曾云章得知县。"邑人的升迁，通过他的记载，隐喻了他"与有荣焉"的心理。十月十七日，他记载了《申报》一则有关嘉定县署遭火灾的新闻："上房尽成灰烬，幸印信抢出，大、二堂及其帐房均无恙，烧死一病婢。"嘉定离娄县不远，此则新闻颇能拉近他与事件的"距离"。光绪七年（1881）三月二十日，他"从子砚处借阅《申报》"，并记载上月二十九日的上谕："湖南衡州府知府员缺着翁曾桂补授，钦此。"② 这些官场新闻多与他所熟悉的人事有关，引起他的关注和联想。

值得一提的是，有关慈安太后去世的消息，经三月十八日《申报》转载的"上谕""遗诏"，姚福奎在两天后便读到这一"讣闻"，引发他的极大关注。他先"恭录上谕"，其中提及慈安太后"不意初十日病势陡重，痰涌气塞，遂至大渐，遽于戌时仙驭升遐"，"所有大丧礼仪，着派惇亲王奕誴、恭

---

① 姚福奎著，杨珂整理：《姚星五日记》，凤凰出版社2022年版。第57、58页。值得注意的是，1893年，姚星五任常州府教授后，多次到步瀛茶楼看《申报》。说明此茶楼订有《申报》，免费供茶客阅览。这是常州已有公共读报场所的明证。（同上书，447页）

② 姚福奎著，杨珂整理：《姚星五日记》，凤凰出版社2022年版。第59—60、74、95页。

亲王奕䜣……敬谨管理。一切应行事宜,并着详稽旧典,悉心核议,随时具奏"。接着,他又"恭录遗诏"。诏曰:"……其丧服酌遵旧典,皇帝持服二十七日而除,大祀固不可疏,群祀亦不可辍。"他全文抄录这两则新闻,并未置评,或为表达"哀思"。四月六日,他阅《申报》后,得知朝廷正式颁布慈安太后的尊谥,称曰"孝贞慈安裕庆和敬仪天祚圣显皇后",他又"恭录上谕"。① 此类太后去世的讣闻,形式呆板,内容枯燥,但颇有政治意涵和仪式化象征,他抄而不议,通过在日记中的"移录",有"立此存考"之意。

之后数年,姚福奎读《申报》后记载最多的还是科场新闻。如光绪八年(1882)九月三十日,友人达泉过访,"谈及邑中中式者更有杨同登系府学",他便予以回应:"前阅《申报》误刻张。"这说明《申报》在转载中式名录中存在错误。光绪九年(1883)四月十五日,他访友人子研(砚),得阅《申报》,结合会试名录重点综述他感兴趣的内容:"会试我邑中叶士荃;嘉定秦氏兄弟中其二,名绶章、夔颺,可称竞爽;去年南元汪凤藻联捷,镇江府学训导和卿(亮钧)少君;祁寿麐,籍贯注江苏,未知是浩泉郎君改名否。"② 作为县学教谕,他对家乡和地方科考成绩自然极为留意,尤其兄弟登第、邑人上榜的消息,颇值一记。

与杨葆光、姚福奎曾经出仕不一样,萧穆则是在沪上谋生的口岸文人,他长期在江南制造局翻译馆校雠书刊,早在1873年就开始阅读《申报》。至1880年,萧穆已在上海定居近9年,他经常出入租界,交往甚广,几乎每年都有阅读《申报》的记录,说明他已是《申报》的资深读者。戊子年(1888),萧穆对当年的江南、顺天乡试予以特别关注。他在九月二十五日记载:"见《申报》廿二日所载江南、顺天题名录。江南乡试吾邑中式第一名姚

---

① 姚福奎著,杨珂整理:《姚星五日记》,凤凰出版社2022年版,第95、96、98页。
② 姚福奎著,杨珂整理:《姚星五日记》,凤凰出版社2022年版,第175、203页。需要指出的是,姚福奎是《益闻录》的早期读者,有关《益闻录》的阅读,在晚清士人日记中极少记载。但姚福奎在光绪九年(1883)十二月二十四日的日记中写道:"灯下阅《益闻录》。"当日,他谈及该报有关当地人物的一则趣闻:"吾邑杨书城封君小世兄□甫茂才就婚合肥,挈眷回常邑中(并无其事),文武官员均往接官亭坐船贺喜(不知是否成官员),营中兵介排队入城,锦上添花,如是如是。可见申报半属海枣之谈。"(同上书,第236页)这则新闻,显然是道听途说,未加考证。而姚福奎作为见证者,对新闻内容加以辨伪,并指出沪上报刊存在虚假报道的问题。

永概,第二十一名杨洛鑑,第三十四名杨寅揆,第九十七名陈时彦,第一百一十名孙万城,第一百三十名叶祥麟。安庆府学吾邑中式而相好中式者有:第十五名吴肇嘉,第二十六名赵元益,尤为可喜。其他尚有相好相知及世交者十余人云。顺天乡试吾邑中式者有:第□名马昌紫、第□名王兰凡二人。"① 作为桐城学派后期的重要人物,萧穆特别提及当年江南乡试解元姚永概,因他是姚鼐之孙,当年乡试夺魁,他不仅认为姚永概为"里党争光",同时也为桐城学派的未来感到振奋。是科,他的同事和好友赵元益获隽,赵元益的表弟江标获中第七名,其他不少同乡和相好者亦中榜。此则新闻,萧穆不惜笔墨加以摘录并大发感慨,说明科举新闻对他有着特别的吸引力。

19 世纪 80 年代,一些官绅在上海的旅行或者公务活动中,通过各种途径接触到向往已久的《申报》。这种偶然读报的经历,对他们有着特别的意义。一些官绅往往在日记中记载读《申报》的经历。如叶昌炽在光绪庚辰年(1880)二月初五日到达上海后,初八日,通过阅读《申报》广告,得知"有拍卖宋元本书籍者,在义泰洋行",这对酷爱购书的他而言,无疑是一个大好机会,遂"偕同人往观"。之后,他多次阅读《申报》。光绪十年(1884)八月十九日,他读《申报》后记载:"扬名泉漕帅有奉旨授闽之信。"② 戊子年(1888),他阅《申报》,"知苏州得雪"。③ 他虽未交代这些《申报》的来历,但偶尔的读报活动仍然成为值得书写的内容。

士人的空间"移动"创造了阅读的机会,刘光第也因道经上海而与《申报》结缘。光绪九年(1883),时年 24 岁的刘光第在进士及第后,春风得意,告假归省,途经上海,除了在书肆购书外,还通过"上街换银",了解银价情况,而要得知具体兑换比例,"须看《申报》本日所报行价"。④ 他通过阅读

---

① 萧穆:《敬孚日记》,周德明、黄显功主编:《上海图书馆藏稿钞本日记丛刊》第 36 册,国家图书馆出版社、上海科学技术文献出版社 2017 年影印本,第 14、15 页。
② 叶昌炽:《缘督庐日记》(第 2 册),江苏古籍出版社 2002 年影印本,第 643、950 页。
③ 叶昌炽:《缘督庐日记》(第 3 册),江苏古籍出版社 2002 年影印本,第 1406 页。
④ 刘光第著,《刘光第集》编辑组编:《刘光第集》,中华书局 1986 年版,第 83 页。刘光第在上海短暂停留,对《申报》刊登的每日银价行情有所了解,另外,他在购书时,发现书单定价"大抵多虚少实",他感叹道:不到上海,是生人大恨事,然不到上海,又是学人大幸事。(同上书,第 84 页)

第二章 1880年至甲午前后的报刊阅读

《申报》得知银价行情。与刘光第有类似经历的文廷式,在光绪十二年(1886)应礼部试南归广州途中,于五月七日在上海造访了申报馆,"晤钱昕伯秀才"。① 六月十九日,他阅《申报》并记载:"知诸王大臣吁请暂缓撤帘,不允。圣德母仪,无待韩琦之请,可以高轶古人。"② 1888年,他第二次到上海,仍然探访钱昕伯等友人,并阅《申报》,"言黄河春水已发,中牟以下岌岌可危,心甚忧之"。③ 可见,这些途经上海的文人雅士,将购书看报作为其沪上活动的重要内容,而他们在旅途中接触到的《申报》,尽管没有改变他们的阅读习惯,却让他们有机会了解到新式传媒的样貌,并在他们的游历中增添了一项全新的文化消费记录。

中法战争后,不少士绅加入到阅读《申报》的行列之中。而《申报》所刊登的科考中式名录,有利于读者及时获知亲友、门生和同乡的科第信息。光绪十二年(1886),浙江瑞安的退职官员孙锵鸣初到上海,主讲龙门书院,四月十四日,他见到会榜电传全录,在日记中记载:"胡小玉、丁黎生俱中,涵侄又复报罢,为之气闷。然吾郡连两科各中两名,地气渐转,可喜也。""涵侄"即为孙诒让,是年,孙诒让"六试礼部不第",他深为失落,但他又以温州士人中榜为荣。六月二十三日,他读《申报》,"见拔贡初场全录,十四日揭晓,炜儿在浙江二等十七名。院内江锡珍亦江苏二等。温人杨冠士亦二等。"得知自己的儿子、门人和同乡成绩俱佳,他自然要特加记录。七月十五日,他还读《沪报》,"见朝考录用邸抄。浙江一等七名,用京官三名,知县四名。二等六名以前用京官四名,知县二名,七名以下则教职佐杂"。④ 几次阅报记录,孙锵鸣都重点关注本地士子的科考成绩,通过报纸拉近与"故乡"的距离,引发阅读上的"遐思"。

---

① 文廷式:《南旋日记》,赵铁寒编:《文芸阁(廷式)先生全集》,《近代中国史料丛刊续编》第14辑之131册,台湾文海出版社1975年影印本,第328页。
② 文廷式:《旋乡日记》,汪叔子编:《文廷式集》下册,中华书局1993年版,第1102页。
③ 文廷式:《湘行日记》,赵铁寒编:《文芸阁(廷式)先生全集》,《近代中国史料丛刊续编》第14辑之131册,文海出版社1975年影印本,第343页。
④ 孙锵鸣:《丙戌沪游日记》,《温州市图书馆藏日记稿钞本丛刊》第4册,中华书局2017年影印本,第1965、1976、1979页。丙戌(1886)春,孙锵鸣的侄儿孙诒让"六试礼部不第"。(孙延钊撰,徐和雍、周立人整理:《孙衣言、孙诒让父子年谱》,上海社会科学院出版社2003年版,第219页。)

《申报》凭借上海的地缘优势，新闻报道涉及国内外政要和文化名人，尤其对来华活动的一些外国名人和政要，《申报》颇为关注。如日本汉学家冈千仞于1884年来华游历，他与王韬有着长期交往，并在上海结识了诸多社会名流。当年12月19日，冈千仞有机会来到申报馆，拜访钱昕伯与何桂笙，他在日记中记道："昕伯、桂笙出接，示余昨日日报，直叙余在紫诠坐所问答，为一篇时事策者，此篇一朝传播中外，无不说余名姓，言之不可不慎。如斯，则余不吐负心之言，观者亦莫为异。"① 冈千仞对《申报》报道的影响尽管有些夸张的成分，但也从一个侧面反映了他与王韬（紫诠）在国际视野方面的差异。

（二）浙江士人的阅读《申报》活动

浙江毗邻上海，是《申报》推广发行的重点区域。1880年，《申报》在杭州、宁波、温州等地设立了销售处，方便当地士绅订阅。曾任两广盐运使的何兆瀛于1880年去职后，定居杭州，他长期订阅《申报》。他对《申报》有关科场和官场动态报道较为关注。光绪八年（1882）九月十七日，他阅览《申报》所列顺天乡试题名，当日在日记中记载："知大外孙硕臣得隽，老怀为之欣慰。惜大女不及见，不免略增感唱耳。同乡大约只此一人，可谓寥寥矣。"得知自己的外孙中举，他自然喜出望外。两天后，他见江南乡试题名录并记载："上江两邑得六人，六合得二人，尚不十分减色。"各地中举名单，是地方士人非常关注的大事，何兆瀛虽客居杭州，但对家乡南京的中式人数颇为留意。光绪九年（1883）四月二十九日，他又通过《申报》关注殿试结果："今年大魁为顺天陈冕"，并评论道："其父曾官山东知县，南山一案，亲救难民数万人，此德在生民之报也。况其文刻墨卷中，即以文论，亦光明俊伟，玉节金和，为不愧科名者也。"但对于第二名寿耆，他疑虑："岂又一满

---

① ［日］冈千仞：《观光纪游》，《近代中国史料丛刊》第62辑第613册，台湾文海出版社1991年影印本，第227页。冈千仞此次来华，结识了大量官绅。他在广东期间，与文廷式相见甚欢。1900年，文廷式东游日本，拜访冈千仞，并在日记中记载："十七年前广东旧友也，颓然老矣。"（文廷式：《东游日记》，赵铁寒编：《文芸阁（廷式）先生全集》，《近代中国史料丛刊续编》第14辑之131册，台湾文海出版社1975年影印本，第382页。）

人问鼎耶？绍兴寿为大族，但未识此君是浙人否耳？"①

随着杭州电报局的设立，电报在传播科举信息方面更为快捷。戊子年（1888）九月二十三日，江南乡试放榜，彼时，何兆瀛虽已79岁，因其孙何荫梠参加是科乡试，他特别关注。他通过电报新闻获知江南榜的名单，并在日记中写道："梠孙又不遇，命也。江宁得十人，不为少。"②是科，姚永概高中解元，榜中不乏秀异之士，但何兆瀛受孙儿乡试失利的影响，对榜单似乎无意评论。

何兆瀛出身显赫，其父何汝霖曾任军机大臣，位极人臣，他曾长期随其父在京城生活。后来又长期担任两广盐运使，在官场也拥有丰富的人脉资源，他晚年虽在杭州赋闲，却对《申报》刊登有关官员的病危和亡故新闻颇为留意。如甲申（1884）四月五日，他读《申报》得知："恭邸病剧"，并感叹："此恐非佳兆，伤哉。"③光绪十三年（1887）七月二十七日，他读《申报》得知"孙文起卒于家"，他对此人心存芥蒂，指出："其人相太急促，疑其不享大年。……孰谓相法不可凭乎？"十月十五日，他对《申报》所报道醇亲王病况颇为留意，记道："醇邸病不见起色，现已召西医诊治，此必内地之医不能奏效，故变而请及洋人，但恐未必得力耳。"之外，对于《申报》报道的社会新闻，如有故旧牵涉，他也因事及人。如当年七月二十八日记载："震生家日前被保甲拿赌一事，外间先有头帖子，今见《申报》已列入，吾为少霞兄一哭。"④此类社会新闻经《申报》报道，由当事人的人际网络产生阅读上的"联想"作用，这显然与传统社会中友朋间的"听闻"传播方式大不一样。

何兆瀛的儿子何承禧在中法战争期间看报较多，但之后数年，在日记中所载读报记录较少，且很少评论时政。如光绪十二年（1886）正月十二日记

---

① 何兆瀛：《何兆瀛日记》，周德明、黄显功主编：《上海图书馆藏稿钞本日记丛刊》第16册，国家图书馆出版社、上海科学技术文献出版社2017年影印本，第26、27、171页。
② 何兆瀛：《何兆瀛日记》，周德明、黄显功主编：《上海图书馆藏稿钞本日记丛刊》第18册，国家图书馆出版社、上海科学技术文献出版社2017年影印本，第392页。
③ 何兆瀛：《何兆瀛日记》，周德明、黄显功主编：《上海图书馆藏稿钞本日记丛刊》第16册，国家图书馆出版社、上海科学技术文献出版社2017年影印本，第392页。
④ 何兆瀛：《何兆瀛日记》，周德明、黄显功主编：《上海图书馆藏稿钞本日记丛刊》第18册，国家图书馆出版社、上海科学技术文献出版社2017年影印本，第142、190、143页。

载:"《申报》《沪报》俱于今日送来。从正月初六日起,并补送年内至十二月二十八日者。翻阅一过,聊用遣兴,未有新闻。"① 此类记载,大致表明何家订阅了这两年的《申报》,但由于春节期间,报纸送递较为迟缓。另外,对于电报新闻,他也偶有记载。如光绪十四年(1888)九月二十三日载:"清晨,出门到电报局,见江南榜已译出,粘门壁上,阅一过,知柑儿未获隽,能无闷损,诸弟侄及相知亲友亦皆康了一叹,乃回。"② 是日,其父何兆瀛也在日记中记载何荫枏参加江南乡试失利的消息,且都是通过电报局的张榜获知。父子俩都通过电报新闻急切了解科考消息,颇有深意。

而在浙江温州,1887 年,孙诒让"经常订阅上海《申报》"。③ 与孙诒让往来密切的邑人张棡则在 1888 年正月二十四日的日记中,就有"看《申报》"的记录。是年,他九次记载"看《申报》"。且在六月五日的日记中记载《申报》有关朝廷派出乡试正副考官的新闻:"五月初一,上谕,云南正考官着庞鸿文去,副考官着黄桂清去。钦此。……贵州正考官着蒯光典去,副考官着赵亮熙去。钦此。"此外,还记载广东、广西、福建、四川、湖南、甘肃等地正副考官的姓名、出身及籍贯。至甲午之前,张棡每年都有阅读《申报》的记录,彼时,他早已获得生员资格,虽以馆课为业,但参加科考是他最重要的目标。《申报》上刊登的乡试信息和各类闱墨,他颇为关注。光绪十七年(1891)五月二十日,他看《申报》电传新闻:"五月初一日上谕,

---

① 何承禧:《介夫日记》,周德明、黄显功主编:《上海图书馆藏稿钞本日记丛刊》第 67 册,国家图书馆出版社、上海科学技术文献出版社 2017 年影印本,第 249 页。

② 何承禧:《介夫日记》,周德明、黄显功主编:《上海图书馆藏稿钞本日记丛刊》第 68 册,国家图书馆出版社、上海科学技术文献出版社 2017 年影印本,第 279 页。关于 1888 年的江南乡试,不少人通过各种媒介了解到乡试题目和放榜消息。如江苏吴县(今苏州)人钱国祥通过电报获知"头场题"。他在光绪十四年(1888)八月十四日的日记中记载:"得江南头场题之电。"(钱国祥:《后东游日记》,周德明、黄显功主编:《上海图书馆藏稿钞本日记丛刊》第 43 册,国家图书馆出版社、上海科学技术文献出版社 2017 年影印本,第 116 页。)江苏东台生员吉城参加了此次乡试,他经常阅读《申报》,消息较为灵通。十月四日,他收到当年的江浙闱墨两本,对同科头名姚永概、二名刘棠灏及王标、汪济的墨卷均有评价,指出:"《江墨》元作平平,亚首刘棠灏文可谓无愧,至如王标'为电',汪济'既景乃冈',皆能于千百万军中独树一帜。"[吉城著,吉家林整理:《吉城日记》(上),凤凰出版社 2018 年版,第 52 页。]

③ 孙延钊撰,徐和雍、周立人整理:《孙衣言、孙诒让父子年谱》,上海社会科学院出版社 2003 年版,第 233 页。

云南正考官戴鸿慈，副考官王嘉善。贵州正考官丁仁长，副考官劳肇光。"① 尽管记载具体的新闻内容不多，但《申报》已为这位乡绅打开了外部世界的一扇窗口。

19世纪80年代，《申报》对中国灾荒的报道，引发浙江士人的关注。陈炽在《报馆》一文中提到："比年各省水旱偏灾，重赖日报风行，有以感化善心，集捐巨款，明效大验，已如斯矣。"② 这大体反映了《申报》中灾荒与赈灾报道的重要作用。如在1880年的直隶水灾报道中，经元善的来信、来函就刊登在《申报》上，尤其是《录经君莲珊述北直水利书》一文，提出"不办河工，放赈是无底之壑，久而久之，难以图存"。③ 其治河代赈法，得到《申报》的高度评价，认为是"一劳永逸之谋"。④ 以工代赈的提法，获得了谢家福等人的赞赏。谢家福在与经元善、严佑之、袁敬孙、金岩人、应敏斋等的书信往来中，多次讨论"以工代赈"的具体问题。在写给袁敬孙的信中，他提出"水利一日不修，赈务一日不竣"，并要求袁佑之放缓赈款，否则，"《申报》上亦少极形极状说话"。⑤ 在谢家福看来，《申报》的赈灾报道对于整个救灾活动有着直接影响，因此，他对《申报》的劝捐文章颇为重视。在写给金岩人的信中，他坦承："《申报》所刊，及福历次所陈南中踊跃之说，实皆福藉此激励南中语，并非实有其事也。"⑥ 此类善意的"谎言"，成为吸引读者关注的"卖点"。《申报》为了扩大影响，对劝捐论说也乐于刊载，并与赈灾团体建立了较为密切的关系。仅谢家福的《直赈函钞》中，提及《申报》所刊赈灾报道达十余次。《申报》的相关报道已成为义赈团体及其成员观察舆情和开展活动的重要依据。

（三）痴迷官场：杜凤治的《申报》新闻抄录活动（1880—1882）

杜凤治（1814—1883），浙江绍兴人，举人，同治五年（1866）到广东任

---

① 张枫著，张钧孙点校：《张枫日记》第1册，中华书局2019年版，第9、36、163页。
② 陈炽著，赵树贵、曾丽雅编：《陈炽集》，中华书局1997年版，第106页。
③ 《录经君莲珊述北直水利书》，《申报》1880年6月11日，第3页。
④ 《阅经君莲珊述北直水利书后》，《申报》1880年6月14日，第1页。
⑤ 谢家福著，苏州博物馆编：《谢家福书信集》，文物出版社2015年版，第30页。
⑥ 谢家福著，苏州博物馆编：《谢家福书信集》，文物出版社2015年版，第47页。

广宁县知县，此后又在四会、南海、罗定、佛冈等地任地方官，光绪六年（1880）因老病辞官。① 杜凤治的日记始于他到广宁就任的 1866 年，终于 1882 年。其中 1877 年至 1880 年残缺，除了个别月份外，其他年份基本按日记载，内容涉及征输、科考、听讼、缉捕、应酬以及日常生活等，长达 400 万字，具有很高的史料价值。

杜凤治对官场新闻颇为留意，他就任广宁知县不久，便留心阅读《京报》，对上谕、奏折特别留意，关注朝政大事和官场动态，尤其是对官场遇缺、开缺、空缺、递补、调补、病退、休致、升职、降职等消息，他进行了极为细致的阅读，并经常在日记中予以抄录或摘录。如他在同治八年（1869）九月三十日载："京报：山西巡抚李宗羲奏，遵查藩司胡大任饮酒自娱，遇事健忘，因循废弛，不胜藩司之任。奉旨休致，其缺以湖北藩司何璟调补，即赴新任，不必来京。"② 作为地方长官，他可以经常阅读《京报》，此类官方消息并不稀缺。但他每收阅《京报》后，都会择要抄录，有时一天竟抄录数千字，可谓兴致盎然。这与不少官员在日记中简单提及《京报》内容大不相同。这一癖好，一直贯穿于他在广东任职的 14 年。

与一般内地官员不同，杜凤治因公务接触不少洋商和涉外事务，也有机会阅读"新闻纸"，如他在同治十一年（1872）七月十五日记载："近日热极，据新闻纸言，广东未有此大热者，寒暑针上至九十度，香港寒暑针上至八十五度半已热不可耐，洋官有避暑迁至山顶者，且洋人竟有热死者。又言京中更热，驻京洋人多迁居登州避暑。"③ 彼时，《申报》已经出版，但在广东市场难觅踪影，这份新闻纸的名称，杜凤治并没有介绍，但其中对香港、广东气温的介绍，应是香港出版的中文报纸。而杜凤治对这一新式媒介并没有引起更多的关注，更没有抄录其他新闻。之后，他也曾提及收阅新闻纸的情况，但很少涉及新闻内容。而他对《京报》、省抄、红单上有关官场动态一直保持着强烈的抄录兴趣。如同治十一年（1872）七月二十八日，他收到红单并记载：

---

① 杜凤治著，邱捷点注：《杜凤治日记》第 1 册，广东人民出版社 2021 年版，"前言"第 1 页。
② 杜凤治著，邱捷点注：《杜凤治日记》第 3 册，广东人民出版社 2021 年版，第 1170 页。
③ 杜凤治著，邱捷点注：《杜凤治日记》第 5 册，广东人民出版社 2021 年版，第 2540 页。

"孙稼亭署新兴已挂牌，盼已久矣。"① 此类红单，与省抄、辕门抄等官方消息，是他打探广东地方官场动态的重要媒介。在罗定期间，他通过在省城安排"听事"，由两位探子经常寄送他们所获知的各种官场消息。从中可以看出，杜凤治对传统的官方资讯渠道非常倚重，但对"新闻纸"的价值却长期忽略。

  杜凤治对有关同治皇帝去世消息的记载，表明他对现代报刊仍然较为隔膜。同治十三年（1874）十二月五日，同治患天花去世，此乃"国变"，一般人难以及时了解。但《申报》在十二月十三日便刊出这一重大新闻，江南一带的士人通过《申报》的辗转抄传，便有不少人在当月月底得知消息。如远在吴江乡下的柳兆薰，便在当月二十二日得知消息。而时任罗定知州的杜凤治在十二月二十八日才收到听事施高、潘升来信，信中提及："惟密探英领事信只言皇上因出天花圣体违和，近日颇觉沉重，而外间传言则以为有非常变矣。且云初六日事。"显然，此类传言难以证实，杜凤治尚未得到官方的正式消息。至第二年一月五日，他还在抄录头年《京报》十一月廿二至三十日的上谕："本年恭遇慈禧端佑康颐皇太后四旬万寿，业将中外大员老亲优加赏赉。"至一月十三日，他记载："省中听事施高、潘升于十二月廿六，正月初五、初七等日有信与门上，并抄示遗诏及新上谕二道，又续寄上谕一本。骇悉皇上天花已愈，于十一月廿八日复变，症甚剧，至十二月初五日酉时龙驭上宾，圣寿十有九岁，哀哉痛哉！"② 彼时，距同治帝去世已有 38 天，当天，他抄录《京报》，才确认这一变故。之后，他仍然关注《京报》。而在光绪三年（1877）十月二日，他又提及新闻纸，在日记中写道："昨阅署中寄来新闻纸，将予密谕属内各乡村弭盗御盗长示作为羊城新闻刻入，羊城新闻只此一条，约有二三千字，半板悉满。"③ 他提及的新闻纸很可能是香港出版的中文

---

  ① 杜凤治著，邱捷点注：《杜凤治日记》第 5 册，广东人民出版社 2021 年版，第 2569 页。
  ② 杜凤治著，邱捷点注：《杜凤治日记》第 7 册，广东人民出版社 2021 年版，第 3702、3803、3809 页。
  ③ 杜凤治著，邱捷点注：《杜凤治日记》第 9 册，广东人民出版社 2021 年版，第 4912 页。该书注释原文为《申报》1877 年 11 月 7 日以《除暴安良告示》为题进行刊登。经与邱捷教授讨论，注释有误，应该是 11 月 17 日的《申报》，该文第一段称："南海县正堂杜为密谕事，照得粤东盗案广府各县为多，而南海尤甚。……"（《除暴安良告示》，《申报》1877 年 11 月 17 日，第 3 页。）当日的《申报》并无《羊城新闻》栏目，而农历十月二日为公历 11 月 14 日，彼时《申报》尚未刊登此文。原注释有误，杜凤治所见并非《申报》，应为香港出版的报刊。从日记有关新闻纸的描述看，杜凤治在 1880 年之前并未读过《申报》。

报纸。从他初到广东至1880年离任,他虽然有机会阅读新闻纸,但他长期注重抄录《京报》和省抄、红单,对新闻纸的价值还缺乏应有的认知。尤其是已在江浙广为传播的《申报》,尚未进入他的阅读视野。

光绪六年(1880)九月一日,杜凤治因老病退职,启程回老家绍兴。十一月一日,他道经江西玉山县,遣仆人钟福见昔日同僚、前东莞知县张子鸿,张子鸿对钟福言:"我现于上海《申报》上看见齐世熙道台、冒澄、刘维桢均参矣,何运使亦开缺。"当日,杜凤治拜访张子鸿,"并将《申报》带归行"。这是杜凤治首次提及和阅读《申报》,他在日记中抄录该报转载的上谕:"张树声奏运司不能胜任请开缺另简等语,两广盐运使何兆瀛着开缺送部引见。钦此。"① 何兆瀛长期担任两广盐运使,杜凤治应该与之相识。他特地抄录这则上谕,颇有为昔日上司"作记"之意。他在归乡途中"邂逅"《申报》,从而与之结缘,延续他的官场新闻抄录活动。返回绍兴后,杜凤治便订阅《申报》,之后两年,《申报》成为他了解官场动态的主要信息来源。

退职后的杜凤治虽已老迈,但对官场消息有着强烈的兴趣。由于不能收阅《京报》,他只能通过《申报》转载的《京报》新闻,保持他对官场新闻的抄写习惯。作为读者,他"有着自己独特的实践网络与阅读规则"。② 他对《申报》上刊登的各种上谕特别关注,其他内容几乎不提,表面看,他经常阅读《申报》,颇为时尚,其实是由于不能订阅《京报》,转而将《申报》作为"替代品"。在他看来,《申报》是《京报》的翻版,或者说是"复制"的《京报》,这与《申报》作为商业报纸的定位有着显著区别,也反映出不同身份的读者对报刊的认知和利用有着较大差异。

杜凤治在最后两年的《申报》阅读中,抄录了大量上谕,这些转自《京报》的上谕,内容较为广泛,但官场动态尤其是官员任免的消息所占比重极高。当然,他的抄录活动具有明显的"新闻过滤"动机,他根据自己感兴趣

---

① 杜凤治著,邱捷点注:《杜凤治日记》第10册,广东人民出版社2021年版,第5079、5080页。何兆瀛被去职后,定居杭州,上海图书馆所存的《何兆瀛日记》稿本,始于同治三年(1864),终于光绪十六年(1890)。其中对广东官场有大量记载。

② [法]罗杰·夏蒂埃:《书籍的秩序——14至18世纪的书写文化与社会》,吴泓缈、张璐译,商务印书馆2013年版,第89—90页。

的话题，一日抄数报，或数日抄数报。抄录上谕成为他最后两年日记中的重要内容，也成为他的一种生活情趣。他抄录的官场新闻，大致可以分为三类。一是当朝显贵的职务变动和相关动态。比如大学士、督抚的任免，他对李鸿章、张之洞、左宗棠等人的动向尤为关注。二是广东官场动态和官员的任免。他曾在广东为官14年，深耕广东官场，对昔日同僚的任免尤感兴趣。三是涉及皇室或其他重大时政要闻，以及一些官场故旧的新闻。

  杜凤治退仕前是正五品加从四品衔的知州，但他对大学士、六部尚书和地方督抚等重要官员的任免特别关注。这些高官的职务变动似乎牵动他的神经，引发他的抄写欲望，他阅读《申报》上相关消息后，往往会重点加以抄录。如光绪七年（1881）二月十三日，他在日记中写道："去冬至今京外用人行政略见于外洋《申报》，谨志之。"这说明他作为退职官员已不能收阅《京报》，而"用人"两字揭示了他抄录《申报》的用意。之后，他抄录数则人事变动的消息，如："太子少保、山西巡抚、一等威毅伯曾国荃已督办军务，兹奉旨：曾国荃着补授陕甘总督。"他进而解释："既放总督未有不兼者也，是否兼钦差大臣、督办军务，记不明矣。"另外，他还抄录载龄乞休，李鸿藻、卫荣光等人升职的消息，以及"天下八总督"的姓名和头衔。满纸皆与"用人"相关。五月二十六日，他阅《申报》后记载江苏巡抚变动的消息："江苏巡抚吴子健（元炳），丁母忧，漕督黎，名培敬，补苏抚；东抚周福皆（恒祺），调补漕督……"七月二日，他抄录上谕："宝鋆申饬，万青藜撤去掌院学士，程祖诰休致。"七月十二日，他读《申报》所载上谕并抄录："李鸿藻着以兵部尚书协办大学士。钦此。"十一月十一日，他阅《申报》十月十四日所载上谕，抄录六部尚书职务变动的新闻："灵桂（吏尚，协办）。着补授大学士。文煜（刑尚）。着补协办大学士。广寿（兵尚）。着调补吏部尚书。……"① 此类重要官员的任免消息，他抄之不疲。几乎每月的日记中都有记载。另外，有关各地乡试正副主考官的任命，乡试、会试中式名录，各地

---

① 杜凤治著，邱捷点注：《杜凤治日记》第10册，广东人民出版社2021年版，第5183、5184、5253、5267、5271、5339页。

学政的更换和任命，三年一次"京察"的结果等方面的"上谕"，杜凤治都注意抄录。这些被"移入"日记中的新闻文本，除了隐喻其他嗜好之外，也表明他的抄写具有选择性记忆和"移情"的目的。

杜凤治对李鸿章的动向颇为关注，在阅读《申报》转载有关李鸿章的上谕之后，他往往予以抄录。如他在光绪七年（1881）三月十五日阅览《申报》有关刘锡鸿参奏李鸿章后，被朝廷驳斥一事。他认为刘锡鸿所奏为"可嗤可愕之事"，有为李鸿章辩诬之意。他抄录道："通政使司参议刘锡鸿（广东番禺人，举人），奏疆臣不堪倚任，胪款参劾各折片，披揽所奏各节，殊堪诧异。各省大吏如有办事乖方或不胜任者，有言责诸臣自应据实参奏。李鸿章久任封圻，资深倚畀，其平日办事原不能一无过失，朝廷随时训诫，亦未尝稍有宽假。……至谓其跋扈不臣，俨然帝制，敢以荒诞不经之词登诸奏牍，肆意倾陷，尤属谬妄糊涂。朝廷于驭下听言，一秉至公，似此信口污蔑，不可不予以惩处。……"字里行间流露了他对刘锡鸿肆意妄言的不满。光绪八年（1882）三月八日，他记载《申报》二月二日上谕，抄录有关李鸿章因母病请假的新闻："李鸿章奏母病日久未愈，请赏假省视一折，披览所奏，情词恳切，……李鸿章着赏假一个月前往湖北省亲，假满迅即回任，并赏伊母人参八两，俾资调理。直隶总督着张树声署理，兼办理通商事务大臣。"十天后，他又读《申报》三月九日上谕，抄录李鸿章丁母忧的新闻："大学士直隶总督李鸿章现丁母忧，本应听其终制以遂孝思。……李鸿章着以大学士署理直隶总督，俟穿孝百日后即行回任。际此时势多艰，该督当以国事为重，勉抑孝思，力图报称，即以慰伊母教忠之志，有厚望焉。"① 这些上谕本是程式化的公文，一般读者读后不会特别留意。但杜凤治不惜笔墨多次抄录有关李鸿章的新闻，通过不同抄录文本的"链接"，说明他对这位洋务派领袖颇为关注，透露出他对李鸿章的维护和爱戴之意。

另外，他还抄录了彭玉麟、刘坤一、琦善、左宗棠、曾国荃、曾纪泽等政要有关的上谕和奏折，对这些要员的动向和政绩颇感兴趣，通过抄录表达他的立场和态度。如光绪七年（1881）八月六日，他抄录《申报》中有关彭

---

① 杜凤治著，邱捷点注：《杜凤治日记》第 10 册，广东人民出版社 2021 年版，第 5198、5432、5443 页。

玉麟参赵继元奏折:"查两江军需总局,原系总督札委,局员会同司道主持,自赵继元入局,恃以庶常散馆捐升道员出身,又系李鸿章之妻兄,卖弄聪明,妄以知兵自许,由是局员、营员派往修筑者皆惟赵继元之言是听。……臣恐刘坤一为其所误,力言其人不可用,刘坤一札调出局,改派总理营务,亦可谓优待之矣,而赵继元敢于公庭大众向督臣力争,仍要帮理局务。本不知兵,亦无远识,嗜好复深,徒恃势揽权,妄自尊大。……"在他看来,赵继元罪有应得,但他对刘坤一深感不满,他评论道:"刘坤一之懦弱无能,纸上如绘。奉旨晋京陛见,即来京另候简用,牌子恐一蹶不振矣。彭公强项,折中数语亦全绘出。"之后,他多次抄录有关刘坤一的"上谕",并加以讥讽。由此可见,这些"上谕"是引发他臧否人物的资讯,他的抄录活动具有明显的个人偏好。比如他对安徽巡抚裕禄奏参处死革职提督李世忠一事,在抄录《申报》上谕之后,颇有感叹。久历官场的他,窥探其中蹊跷。他写道:"予读圣谕,李世忠所犯尚非重大情节,其罢官后挟制官长,凌蔑人民,罪之重大于此者想必不鲜,何前贷其死而今竟戕其生耶?吾料李世忠现日犯法必有重大情节未便宣之公牍,特借殴辱贡生吴廷鉴等一事轻轻将一罪大恶极之李世忠除灭。裕中丞惨淡经营,去此大憝,用心亦良苦矣,疆臣真不易为也。为疆臣而不刚断果决,胸无独见,一味畏惧,轻信人言如刘坤一者,吾早料不克终事矣。"他借裕禄处决李世忠之事,在赞赏裕禄高妙的同时,又不忘对刘坤一大加嘲讽,颇有借题发挥之意。而对于已故的权臣琦善,他也甚为厌恶。十一月二十四日,他抄录《申报》十一月初四日有关琦善是否设专祠的上谕:"前据杨昌濬奏,原任陕甘总督琦善,莅任三载,整顿地方,……请在甘肃省城设立专祠,以顺舆情,……兹据翰林院侍读学士陈宝琛奏,琦善贻误国事,厥咎甚重。……是琦善在甘有罪无功,不宜祠祀,请收回成命等语。所奏甚属允当,所有琦善设立专祠之处,着即撤销。"他对陈宝琛大加褒扬,指出:"琦善为官任性妄为,一无是处,陈学士此奏大快人意。"[①] 通过抄录,

---

① 杜凤治著,邱捷点注:《杜凤治日记》第10册,广东人民出版社2021年版,第5309—5310、5343、5348页。

作为读者的他，在对事件进行"回放"的过程中，将抄写文本本身视为"事件"，表达自己的价值判断和真实想法。在抄录的过程中，他拉近了与当事人之间的距离，并借机进行"独白"，在品评中获得主体存在感。

杜凤治在广东为官 14 年，对于广东官场方面的上谕和奏折颇为关注，在读报后屡加抄录。光绪七年（1881）七月二十七日，他读数日前《申报》并抄录："粤督抚奏保绅士理学品望前山西知县朱次琦、典籍衔举人陈澧二名，奉旨赏加五品卿衔。"朱次琦、陈澧为广东学界名人，他对两人得到保举，颇为欣喜。十月二十日，他看《申报》后抄录上谕，内容涉及广州知府佘培轩被开缺一事："广东督抚张、裕奏准调广州府知府佘培轩因病未经到任，今虽销假，查看该员精神步履一时难膺烦剧，请开缺另补等补等语。佘培轩着开缺另补，广州府拣员调补，所遗员缺着萧韶补授。钦此。"他抄录后揭其原委并评论："佘松原经裕泽生中丞兼署总督奏调广州府知府，迨佘来省，张振轩制军不知何故与之有隙，不肯令赴新任。藩台姚彦士以事下不去，从中设法，令佘暂请病假，庶乎好看，其实佘并无病也，兹竟因请病假而就以病为由奏令开缺另补，何其冤也。官场如此，官尚可为乎！"作为知情人，杜凤治对这则上谕进行了"注释"，较为真实地反映了官场中的种种阴险狡诈。第二年一月十九日，他又抄录《申报》中有关广东官场上谕："广督张树声、东抚裕宽特参庸劣各员请分别降补革职一折，广东补用知府周琦性耽逸乐，办事不慎，着以同知降补，仍留广东补用。……"① 这从侧面反映督抚大员在任免地方官员方面起到关键作用，而他虽身在绍兴，通过抄录新闻了解广东官场尤其是昔日同僚的动向，颇能引发种种心理和情感上的"回响"。

杜凤治具有浓厚的帝王崇拜和封建礼教思想，乙榜举人出身的他，能跻身官场，官至知州，颇为不易，自然牢记"皇恩浩荡"。平时举凡涉及清朝历代皇帝、皇后忌辰，他都在日记开头予以记载。光绪七年（1881）三月，慈安皇太后去世，《申报》予以多次报道，并转载数份"上谕"，杜凤治在阅读

---

① 杜凤治著，邱捷点注：《杜凤治日记》第 10 册，广东人民出版社 2021 年版，第 5280、5325、5389 页。

《申报》后,对慈安丧仪和谥号的相关上谕详加抄录。如四月四日,他录上谕:"恭理丧仪王大臣照例穿孝百日外,亲王衔多罗惠郡王奕详、郡王衔多罗贝勒载澂……军机大臣左宗棠、李鸿藻、景廉、王文韶、总管内务府大臣广寿、志和、师曾、广顺,……亦着穿孝百日,其余王大臣官员均着穿孝二十七日释服焚毁。钦此。"① 此类繁琐的丧制并无多少新意,但杜凤治似乎颇为留意,通过抄录"带入"某种仪式感。

  杜凤治虽然官位不高,但他交往较广,结识不少官场人物。每当读到故旧升迁或者亡故的"上谕"时,往往触景生情,有感而发。如光绪七年(1881)七月二十七日,他阅《申报》并抄录程仪洛署理扬州知府的"上谕"后,便在日记中写道:"即予二次在南时伊来粤提饷之少年也。(绍城人,年亦近四十。)"第二年一月十五日,他读十二月二十六日《申报》并抄录吏部侍郎钱湘吟去世的新闻,感叹:"癸卯同年又少一个矣。"五月二十九日,他读五月二十一日《申报》并抄录:"湖南正、副考官叶大焯、杨文莹去。"他颇为欣喜地写道:"叶恂予甲辰年侄,曾到粤东为乃兄穆如了交代事,与之往来商事,服阙晋京,已升翰林学士,渠戊辰翰林也。"② 这些故旧的消息,使他能够通过《申报》跨越"时空",产生联想,通过抄录拉近与当事人之间的情感距离,为自己寂寥的退休生活增添几分荣光。

  从杜凤治抄录《申报》的过程可以看出,作为读者的他对报刊内容具有明显的选择性。虽然《申报》刊登各种评论、地方新闻、社会新闻、文艺作品和广告等方面的内容,而转载《京报》仅是《申报》的一种惯例,且所占篇幅比重不高,但杜凤治对各种上谕有着特别的兴趣,将抄录上谕作为自己读报后的一项重要任务。在他看来,《申报》的其他内容与他并无多少关联,《申报》类似于邸报,只有官场消息才能引发他的注意。作为一位久历州县官场的垂暮老人,他不惜笔墨照录各种上谕,不仅表达了他对朝政和官场的关注,也在抄录中展示了他的性情和爱好,表达他的立场和观点,喻示着他对官场的眷

---

① 杜凤治著,邱捷点注:《杜凤治日记》第10册,广东人民出版社2021年版,第5214页。
② 杜凤治著,邱捷点注:《杜凤治日记》第10册,广东人民出版社2021年版,第5280、5385、5497页。

恋。从这个角度看，他所认知的《申报》，仅仅是传播官场消息的媒介而已。

（四）江苏士人的《申报》阅读

19世纪80年代，江苏苏州、南京等地的官员通过各种途径阅读《申报》。1881年至1882年，担任江苏学政的黄体芳就曾阅读《申报》，并就"提复之法"与《申报》进行论辩。① 结合中法战争的进展与影响，许多官员、学者加入阅读《申报》的行列之中。而在这些读者中，清流人物和《申报》之间的互动最为直接，在政坛和学界都掀起阵阵风浪。② 而《申报》所刊登的科场试题、中式名录和官员任命消息，更是联系官员、学者和社会公众的重要资讯。如光绪十四年（1888）九月三十日，缪荃孙阅《申报》，"知迪光中正榜，硕逸中副榜，均可喜"。③ 同年，杨颐担任江苏学政，赴缪荃孙的家乡巡考，他给缪荃孙的回信说："前阅《申报》，得悉记名大喜，正欲泐函奉贺。"④

《申报》在苏州的发行较早，光绪初年，就有士绅在阅读《申报》。光绪九年（1883），苏州童生陆宗篯时年19岁，他在私塾授课，同时积极准备参加县试，为获取生员的功名而努力。他与高太痴、杨葆光等人往来密切，饮酒作诗，相互唱和。看报也成为他日常生活的一部分。当年二月二十日，他"览《申报》，写出自述诗七绝二首"。三月三日，他看《申报》，"见浣花馆主小杜诗，笔甚艳，惟《赠翠兰词史两绝》为冠军。令人读之清兴顿发"。三月九日，他读《申报》，"见奇事不少，即散作多多，中间惟有餐秀词人为冠军，其有灯谜之类，看之亦为不可"。三月十八日，他"灯下看《申报》"。三月二十二日，他读《申报》后记载："有太守衙内奇文一段，甚属可笑。"⑤《申报》上刊登的诗词，成为他阅读的重点，而有关新闻方面的内容，他在日

---

① 据俞天舒所撰《黄体芳先生年谱》记载：光绪八年正月，黄体芳撰《剀切晓谕院试并答〈申报〉》。按：光绪七年十二月二十四日，《申报》刊登一篇批评"提复之法"文章，黄氏阅后认为是信口讥评，显系童试被黜之家布散流言，希图泄忿，《申报》受其嘱托，为之推波助澜，事关文风士习，不得不撰文为之详悉。（黄体芳撰，俞天舒编：《黄体芳集》，上海社会科学院出版社2004年版，第399页。）
② 王维江：《"清流"与〈申报〉》，《近代史研究》2007年第6期，第76页。
③ 缪荃孙著，张廷银、朱玉麒主编：《缪荃孙全集·日记1》，凤凰出版社2014年版，第38页。
④ 《艺风堂友朋书札》（上），顾廷龙校阅，上海古籍出版社1980年版，第10页。
⑤ 陆宗篯：《补过日新·癸未春季》，《苏州博物馆藏近现代名人日记稿本丛刊》卷29，文物出版社2018年影印本，第53、58—59、66、69页。

记中很少记载。另外，他还阅读《沪报》，当年四月二日的日记载："有蒋培甫来，言及《沪报》太痴《怀人诗》已刻好。太痴闻之，竟忽忽（匆匆）取了《沪报》至茶馆中，余读之，固刻意经营，非落落者所能及。"① 这反映高太痴对其作品的发表颇为兴奋，为报纸写稿成为他的精神寄托。两年后，高太痴到上海担任《申报》助理编辑，自此长期混迹上海报界。

苏州吴江县盛泽镇的王伟桢也是《申报》的读者，王伟桢在自"洪杨之乱"平定后从浙江迁居苏州，王伟桢号仙根，晚年别号修仙居士，被恩赏举人出身，他诗书俱佳，经营有方，轻财好施，热衷公益，在苏州颇有名望。他留存的日记始于1878年，但在1884年前，他很少有读报记录。中法战争期间，他多次阅读《申报》，密切关注战事动态和时政要闻。此外，他对《申报》刊登的科举新闻颇为留意。如乙酉年（1885）二月二十四日，他读《申报》得知："浙江刘文宗于十六日因病去缺。吾禾科试要缓至夏初新学宪接办矣。"王伟桢祖籍浙江秀水县，他的儿子也要回浙江原籍参加乡试，他在日记中特地记载这则新闻，表明他对浙江科举考试较为关注。三天后，他又记载："前《申报》载十六病故不确，何谬妄若是？"② 王伟桢虽虚惊一场，但《申报》竟刊登浙江学政去世的"假新闻"，他颇为不怿。第二年七月八日，他对《申报》所载拔贡朝考复试单颇为留意，特记载江浙拔贡的成绩："浙江一等七人，二等十三人；江苏一等八人，二等十二人。嘉府用三人。……"③ 在有限的读报记录中，王伟桢对科举新闻特别留意，这不仅与他对儿辈的殷切期待有关，也表明他对"科名"有着浓厚兴趣。

王伟桢的好友姚觐元为浙江归安人，曾官至广东布政使，光绪八年（1882）罢官后，长期侨居苏州，与王伟桢经常切磋书画。彼时，苏州已有不少士绅阅读《申报》，但他的日记中，有关阅读邸报的记载较多，读《申报》

---

① 陆宗篯：《补过日新·癸未夏季》，《苏州博物馆藏近现代名人日记稿本丛刊》卷29，文物出版社2018年影印本，第81—82页。
② 王伟桢：《潜园日记》（乙酉元旦，第18册），《修闲居士日记》（1878—1898），复旦大学图书馆稿本（善本，编号：3649），光绪十一年（1885）二月二十四日，二十七日。
③ 王伟桢：《潜园日记》（丙戌三月朔，第20册），《修闲居士日记》（1878—1898），复旦大学图书馆稿本（善本，编号：3649），丙戌年（1886）七月八日。

的记录仅有两次。光绪十四年（1888）十月二日，他"阅《申报》有感"。至于为何而感，有何内容，他只字未提。光绪十六年（1890）六月十八日，他阅《申报》，有电传新闻称："豹丞于十三日卒官"，他读后"亦可伤已"。①好友去世，自然令他伤感，但《申报》上还有很多新闻，他略而不记。此类偶尔的读报活动，对他的阅读习惯和资讯获取并没有产生多大的影响。

在吴江乡下，乡绅柳兆薰也关注科举新闻。早在1874年他就曾从好友袁憩棠处借阅《申报》。至光绪十二年（1886），他在日记中又多次记载了阅读《申报》的情况。如当年四月二十一日，他到苏州一游，第二天便在日记中记载："今日始见《申报》会榜，会元刘培北，直隶人。"五天后又记道："芸九翁亲到，始由电报廿四日酉刻到苏，状元贵州广顺赵以炯，榜眼邹福保，探花金坛冯煦，传胪湖南清泉彭述，可称捷。"② 彼时，通过报刊新闻与电传新闻，读者可以较为快捷地获知科考消息。

在常州，庄鼎臣于1879年多次阅读《申报》，尤其在中法战争期间，他大量抄录《申报》上的战事新闻。常州的庄宝澍则于1878年开始阅读《申报》，虽然所记读报的次数不多，但他断断续续的记载，表明《申报》可以通过各种途径在当地传播。《申报》刊登的新闻，为他评论时政提供了素材。如他在光绪十二年（1886）一月三十日的日记中记道："午后接少山书，复书所闻海防捐局，苏省有十五撤办之说，转限未定。去年冬月《申报》有转两月限之说，却指闽、浙言，岂金阊不踵其例耶。事急矣！"③作为一名乡绅，他对江苏是否撤办"海防捐局"非常关注，这项措施事关百姓福祉，他在评述中特地引用之前所阅《申报》的新闻，表示对此问题颇为焦虑。可见，《申报》的报道为他提供了"例证"，他为之感到不平。

光绪十年（1884），闲居通州乡下的张謇也能看到《申报》。九月十四日，他在日记中记载："《申报》述振轩宫保以初七日殁于粤东军次，知己凋

---

① 姚觐元著，董婧宸、董岑仕整理：《姚觐元日记》，凤凰出版社2022年版，第395、426页。
② 柳兆薰：《柳兆薰日记》，苏州博物馆编：《苏州博物馆藏近现代名人日记稿本丛刊》卷12，文物出版社2018年影印本，第344、345页。
③ 庄宝澍：《庄宝澍日记》，叶舟点校，常州图书馆编：《晚清常州名贤日记四种》，凤凰出版社2013年版，第352页。

零，可为伤惋已！"① 对于张树声（振轩）去世的消息，张謇在一周之后便知悉，可见《申报》在江苏通州的传递并不迟缓。张謇还通过读《申报》得知官员任免的消息，如光绪十四年（1888）三月五日的日记记道："因《申报》知桐城被荐开缺归道员，奉旨吏议。"② 彼时，张謇积极准备应试，偶尔读报，所记新闻甚少。但他曾长期担任淮军将领吴长庆幕僚，通过与友朋书信往来了解不少官场动态。

在江苏宝应县，因丁母忧而客居县城安宜镇的方濬师，在中法战争期间就通过电文、报刊及书信与外界建立了广泛联系。他的日记中有大量抄录的书信内容，信件中所提及的《申报》新闻，成为他们阅读过程中的"事件"。如光绪十二年（1886）七月一日，他接到其子方臻喜六月廿七日复信，方臻喜在信中告知："大伯父送来廿三日《申报》，内有拔贡朝考单，子坚、仲仁均未取，林介仁列二等第七名，宝应想已知道。"这是他通过书信的二次传播，得知《申报》有关朝考的新闻。七月六日，他阅读《申报》并记载："闻得内廷现派锡尚书（珍），孙侍郎（毓汶）出京查办事件。……日内星使将抵天津，随带司员闻有方芝塘侍御等语。"因芝塘为其六兄，这则新闻他予以特别关注。七月八日，他抄录其二弟静峰于六月二十九日自南京来信，信中提及方静峰于六月二十八日阅《申报》得知："棣如朝考取二等十名。"七月九日，他又抄录"仁甫弟"七月七日来信，方仁甫在信中告知："昨阅《申报》，芝六兄有随钦使南下之信，不知可到，查办何事也。拔贡场吾郡闻取三人，尚不寂寞。复试无信，不知林甥能得一花县否耳。"通过他抄录的信件可知，他的儿子、弟弟均在近日阅读《申报》，对朝考结果和其六兄南下公干较为关注。他们在南京、宝应等地阅读的《申报》，内容一样，但存在时间

---

① 张謇著，曹从坡、杨桐主编：《张謇全集》（第6卷，《日记》），江苏古籍出版社1984年版，第235页。振轩宫保即当时的两广总督张树声，光绪十年（1884）法军侵略越南，张树声派军入越南抗击法军，为防法军入侵，他派兵在越南谅山、高平等省择要驻守，主张公开支持刘永福的黑旗军和越南军民抗法。但朝廷战和不定，淮军在北宁战败后，张树声自请解除总督职务，专门治军。不久受革职留任处分，仍办理广东防务，期间亲住黄埔行营，勘察地形，训练队伍。1884年11月在广州去世。

② 张謇著，曹从坡、杨桐主编：《张謇全集》（第6卷，《日记》），江苏古籍出版社1984年版，第284页。

上的差异，通过信中的讨论，《申报》拉近了他们与新闻事件的距离，这些共同关注的话题，使他们的阅读文本得到了意义上的延伸。而方濬师曾任肇阳罗道道员，对官场自然比较关注。八月二十四日，他阅《申报》转载当月十七日上谕："潘谟卿（骏酉，岭西道）放山东盐运使。"① 此类新闻，虽然枯燥，但对身处官场的方濬师而言，在抄录的过程中自然别有一番滋味。

在江苏东台县，通过信局寄递，一些文人也有机会阅读《申报》。出生于1867 年的吉城，由于其二兄吉均在镇江开设"吉盈丰"商号，与吉城经常保持书信联系，并随信邮寄《申报》，通过吉均的推介和寄送，吉诚经常收到《申报》。尽管寄送时间有些迟缓，但在东台这样的小县城，吉城却能"集中"阅读多份《申报》。一般而言，"一报多读"现象，多发生于在同一地域的亲友之间。而《申报》通过镇江此类的"中等城市"向下流通，由"城"向"镇"传播。吉均在订阅《申报》之后，不定期寄给其弟，促使《申报》穿越时空，培育更多的读者。在吉城的报刊阅读生涯中，其二兄的推介起到关键作用。

吉城的日记始于光绪十三年（1887）六月，彼时，吉城21 岁，但他在14 岁已获得生员资格，曾二次赴南京参加江南乡试，在东台当地有些名气。尽管他一心追求科名，但对于二兄寄来的《申报》，他甚为留意，在日记中多次加以记载。当年九月二十二日，他"晚接二兄信，又《申报》一纸"，"内记郑州决口拨帑银助工事，又招股印《九朝东华录》"。十月十三日，他又收到其二兄寄来的《申报》，"首载东台程孝子事"。十一月一日，他"接二兄来笺，并《申报》数条"。十二月十五日，他收到其二兄来信，"又《申报》数纸"。十二月二十八日，他在自家开设的"吉泰和"店内阅读《申报》，摘录该报所载格致书院考题为："水旱灾荒平日如何预备、临时如何补救论。"②

光绪十四年（1888），他读《申报》的次数大增。三月二十五日，他读《申报》新闻后记载："镇江本月十二日地震之信是实，并非一处然也。"他

---

① 方濬师：《安宜日记》，周德明、黄显功主编：《上海图书馆藏稿钞本日记丛刊》第28 册，国家图书馆出版社、上海科学技术文献出版社2017 年影印本，第4、20、30、36、154 页。

② 吉城著，吉家林整理：《吉城日记》（上），凤凰出版社2018 年版，第6、9、11、14、16 页。

第二章　1880年至甲午前后的报刊阅读　

通过报刊新闻来证实书信消息，对《申报》的报道较为信任。三月二十八日，他"阅《申报》数十条"。虽未标明何事，但说明他对报刊新闻较为留意。六月六日，他接二兄信"并《申报》《日札》等"，七月十四日，他"阅初五、六两日《申报》"。这证实他收到的是八天前的《申报》，虽为"旧闻"，但报纸从上海经镇江再至东台，八天后能与吉城"见面"，已颇为不易。九月十八日，他收到其二兄信并附"《申报》四纸"，他阅后记载乡试新闻："广东、广西、湖北、河南四省榜已发。湖北元毛荫桐、广西元毛荫蕃，名字颇复相似。"十月一日，他一早便接到镇江方面的来信，"又附《申报》数纸"。十月二十七日，他接阅"十八、十九两日《申报》《顺天墨》一本"。十二月十六日，他"闻《申报》有恩科之说"。① 当年，吉城第三次奔赴南京参加江南乡试，虽未中举，但补为廪膳生员，《申报》上有关科举考试的试题和相关新闻仍然是他关注的重点。

光绪十五年（1889），吉城仍然苦读诗书，准备应试。其二兄陆续从镇江寄回《申报》，二月六日，他阅"二十七、八两日报"，三月十六日，他读当月八日《申报》，"载会试考官：李鸿藻、潘祖荫、廖寿恒、昆冈"。九月十四日，他接阅《申报》后，特地记载："总理衙门覆奏遵筹铁路折稿，颇详晰"。他关注修建铁路的新闻，视野较之前开阔。十月二十九日，他阅《申报》，"载上谕一道，各省藩、臬，准其专奏"。十一月九日，他"见初三日《申报》载求志书院全题。"② 求志书院通过《申报》刊登试题，吸引士子应考，吉城对试题予以关注，后来又参加求志书院的课考，这得益于《申报》所刊登的消息。

1890年至1893年，吉城所收阅其二兄寄来的《申报》的次数较少，他仍然醉心于科考，尤其是他的同窗好友夏寅官于光绪十六年（1890）中殿试二甲第六十三名进士之后，他读其"闱撰"，认为"高华沉实，通体无一懈笔，杏花消息应在斯人"。四月四日，他"见三月二十日报，江苏中额二十六"。

---

① 吉城著，吉家林整理：《吉城日记》（上），凤凰出版社2018年版，第27、36、40、44、48、51、57、67页。

② 吉城著，吉家林整理：《吉城日记》（上），凤凰出版社2018年版，第71、78、84、89、90页。

四月九日,他"接二兄来信并初四日《申报》",① 这说明他已能看到五天前出版的《申报》。在此四年间,吉城又两次至南京应乡试而不售,但阅读《申报》仍然是他日记中的重要内容。

19世纪80年代,江苏荆溪(今宜兴)也有士人传阅《申报》。江苏松江府廪生姚之烜,曾任荆溪县学训导,与当地士人有着较为广泛的交往,如他的友人庄衡、徐介在当地颇有声望。庄衡去世后,"各司寅外,地方绅士送者甚多"。他在日记中多次记载与庄衡交往的细节,并经常从庄衡处借阅《申报》。从庚辰年(1880)六月开始,他经常阅读《申报》,当月十九日至三十日,他有九天在读《申报》。如六月十九日记载:"二月《申报》阅竟。"二十日,"□字致衡翁,换三、四两月《申报》来阅之"。二十九日,"衡翁送六月内《申报》至,嘱即看"。三十日,"看《申报》五纸"。得益于庄衡的慷慨借阅,短短十余天,姚之烜得以纵览四个多月的《申报》,可谓大开眼界。第二年五月,庄衡去世,姚之烜失去了借阅报刊的机会。闰七月十二日,他"遣人以《申报》费一洋送李含芳"。② 这说明他开始订阅《申报》。显然,前期的借阅对他后来的自费订阅,有着直接影响。姚之烜借阅《申报》的经历也进一步说明,在报纸资源较为稀缺的县城乃至乡下,士人之间通过借阅网络,可以极大地提高报纸的阅读率。此类"一报多读"的现象,颇值得关注。

(五)《申报》等上海报刊在其他地区和海外的传播与阅读

19世纪80年代,随着《申报》发行范围的扩张,除了江浙沪地区之外,其他地方也拥有不少《申报》读者。以北京为例。一些京官也阅读《申报》,如翁同龢在光绪十五年(1889)八月三十日记道:"见《申报》廿六日上谕,祈年殿被灾。"③虽然是偶尔读报,但以翁同龢"帝师"的身份,他并没有通过阅读《京报》了解这一事件,他特地记载《申报》的上谕,说明他对《申

---

① 吉城著,吉家林整理:《吉城日记》(上),凤凰出版社2018年版,第119、120页。
② 姚之烜:《姚之烜日记》,见周德明、黄显功主编:《上海图书馆藏稿钞本日记丛刊》第85册,国家图书馆出版社、上海科学技术文献出版社2017年影印本,第427、377、379、437页。
③ 翁同龢著,翁万戈编,翁以钧校订:《翁同龢日记》(第5卷),中西书局2012年版,第2350页。

第二章 1880年至甲午前后的报刊阅读

报》的报道颇为重视。又如翰林院编修朱一新在1883年前便对《申报》上的新闻比较关注。他在《复楼芸皋大令》的信中就提到:"嗣于《申报》中得委署之信,未审以何日赴任?"① 1883年,法军强占越南,觊觎广西、云南,朱一新对法军侵略动态颇为关注,通过阅读《申报》上《法事风传》之类的新闻,② 上疏朝廷,力主解除边境危机。尽管如朱一新之类的读报官员并不多见,但《申报》提供的时政新闻,为一些官员认识世界大局和分析国内危机提供了实证材料。

而在1880年之后,天津紫竹林已有《申报》销售处,洋务派官员薛福成在1875年之后的十年,一直在天津、保定任直隶总督李鸿章幕僚。1881年之后,他更多地记载《申报》有关教育、财经、匪乱、官员任免等方面的内容,如当年四月至五月间,薛福成三次阅读《申报》,所记内容涉及较广:

> 光绪七年四月廿六日记　《申报》云:粤东创设西学馆,现已勘定在番禺县属黄埔村对面之长洲。二月望日盖厂兴工,周围基址约二十余亩,建楼二座,回廊六十间,小房六十间,估价一万六千余两。
>
> 五月初四日记　《申报》云:浙省杭、湖两府,近有台州客匪滋事,其为首者系属王姓……
>
> 五月十六日记　《申报》云:闽省前购福胜、建胜两炮船,价银三十二万两,船身极窄,乃至小之蚊子船也。③

作为长期阅读《申报》的老读者,薛福成对《申报》新闻颇为关注,并经常抄录相关新闻和评论。报刊是他平时研判时局的重要资源,也是他为李鸿章提供决策建议的重要依据。

与薛福成同为李鸿章幕僚的郑孝胥,也在天津有机会读到《申报》。光绪

---

① 朱一新:《佩弦斋杂存》卷上,第34页。朱一新:《拙盦丛稿》,《近代中国史料丛刊》第28辑之272册,台湾文海出版社1968年影印本,第1634页。
② 参见《法事风传》,《申报》1883年8月15日,第1页。
③ 薛福成著,蔡少卿整理:《薛福成日记》(上),吉林文史出版社2004年版,第355、357、359页。

十一年（1885）六月九日，他在日记中第一次提及《申报》，并记道："传言岑彦卿已杀刘义，屠其部。"① 郑孝胥用"传言"表达了对此则新闻真实性的怀疑，事实上，这的确是一则虚假新闻，岑毓英（字彦卿）为云贵总督，刘义即刘永福，两人虽在抗法战争中有矛盾，但刘永福得到了张之洞的大力支持，岑毓英在没有得到朝廷授命的情况下，是不可能杀掉抗法功臣刘永福的。从这则"传言"亦可看出，郑孝胥读时政新闻是颇为细致的。另外，天津士子严修在光绪六年（1880）六月十一日便阅读《申报》，并记载"边有捷音"。② 此后，严修有多次阅读《申报》的记载。

《申报》的发行网络还延伸至成都这样的内地城市。从光绪四年（1878）开始，经学家王闿运出任成都尊经书院山长长达八年之久，在成都期间，这位习惯于读邸报的湖南学者，开始接触新式传媒。他在光绪六年（1880）六月十六日的日记中写道："见洋报，湖南庶常选三人。"他所提及的"洋报"，很可能就是《申报》。光绪八年（1882）十月三日，他在日记中写道："看《申报》，陈三立、皮六云同中式。"尽管当时的报纸有其他重要新闻，但他因与陈三立、皮锡瑞（字麓云，六云）有旧，对他俩获中举人有庆贺之意。这位湖南著名学者虽远在四川，却通过读报纸获得故旧的消息，这显然是现代传媒所提供的"机缘"。而潜心于经学的他，之后也有数次阅读《申报》的记录，内容大多与官员故旧有关。如他在光绪九年（1883）十月六日的日记中记道："芥帆送《申报》来，乃知孙公符已免官待罪。"③ 但从总体上看，他阅读《申报》的次数较为有限，且记载颇为简略。

1884年，任山东学政汪鸣銮幕僚的江标，随从汪鸣銮在山东各府州县巡考，作为藏书家，他对新版各类图书颇为关注。当年农历十月二日，他在日记中载："见《申报》，知上海新北门外法租界马路东首还读楼《郡斋读书志》三元，仿宋《毛诗要义》四元，《中州金石记》一元。"显然，江标阅读的是一则《申

---

① 郑孝胥著，中国国家博物馆编，劳祖德整理：《郑孝胥日记》（第1册），中华书局1993年版，第62页。
② 严修著，陈鑫整理：《严修日记1876—1894》（上），天津古籍出版社2015年版，第41页。
③ 王闿运著，吴容甫点校：《湘绮楼日记》第2卷，岳麓书社1997年影印本，第924—925、1149、1263页。

报》广告，他没有如一般读者那样记载新闻，而是留意图书出版广告，与其收藏图书的嗜好颇有关系。光绪十一年（1885）二月二十六日，他"灯下阅《申报》"，记载"格致书院专售各处所著各种格致书籍图画、器具材料，有书单及器料价目送人，在上海三马路《申报》馆西首"。当日，江标还记载上海新北门内穿心街文艺斋出售"《西俗杂志》，洋一角"。这说明江标对"西书"也颇为关注，他的日记中多次谈及西学，与他所涉猎的"西书"颇有关系。江标不仅阅读《申报》，还通过与该报编辑黄协埙、蔡尔康等人的私人交往网络，经常给《申报》写稿。如光绪十一年（1885）十二月三日，"灯下略理《申报》，拟作论也。"① 其少年所作《绮怀诗》《禁烟私议》以及《清经世文编五集》所录署名江标的《格致源流说》《富强策》均登载于《申报》。② 在随汪鸣銮至广东之后，他仍然可以阅读《申报》，光绪十二年（1886）九月二十五日，他"见《申报》有梦畹诗，为得余书言纫秋事也"。③ 黄协埙号梦畹，他通过《申报》与江标隔空交流，并得到江标的关注，颇有兴味。

在山东东昌府，光绪十四年（1888），楼汝同署理下河通判，勤于政事，但他偶尔也有机会阅读《申报》。如他在光绪十五年（1889）二月二日记载："灯下阅《申报》十余纸。"三月十日下午，他"访余端伯于电报局，端伯以上海同文书局石印《皇朝经世文编》一部来售，其价悉捐以放赈，余正缺此书，遂付价携书以归。计价银十二两"。④ 这说明东昌当地已有电报局，上海出版的书籍也有销售。而楼汝同在日记中阅读的《申报》虽未交代出处，但他一次阅十余份，说明当时有人订阅了该报。

值得注意的是，在安徽桐城西乡挂甲山，癸未年（1883）十月二十九日，17岁的新科秀才姚永概在潜心攻读经史之际，却有机会"阅《申报》"。⑤ 尽管在他这一年的日记中，《申报》仅出现过一次，且他并没有抄录该报的任何

---

① 江标著，黄政整理：《江标日记》（上），凤凰出版社2019年版，第56、91、148页。
② 江标著，黄政整理：《江标日记》（上），凤凰出版社2019年版，《前言》第4页。
③ 江标著，黄政整理：《江标日记》（上），凤凰出版社2019年版，第194页。
④ 楼汝同：《惜分阴轩日记》，冯立昇主编：《清华大学图书馆藏稿钞本日记丛刊》第4册，第96、115页。
⑤ 姚永概著，沈寂等标点：《慎宜轩日记》上册，黄山书社2010年版，第145页。

内容，但在 1883 年的安徽桐城的乡下，《申报》的出现却值得关注。这张报纸很可能是"辗转相传"，流布于姚家，但它进入乡村社会的事实，说明《申报》的影响日益广泛。

在早期《申报》阅读史上，东北地区很少涉及，早期《申报》很少在东北发行，东北人阅读《申报》自然非常困难。但是，我们不能忽视书信夹寄报刊这一传播渠道。光绪六年（1880），顾肇熙任吉林分巡道，兼藩臬两司之职，为官清廉，在官五年，课崇文书院，颇有政声。他虽在边远的吉林为官，但通过他的交往网络，尤其与好友王念劬、沈子卿的书信往来，获知不少近闻。王念劬还随信寄送《申报》，使远在吉林的顾肇熙除了阅读邸报之外，能够通过《申报》了解时政、扩展新闻视野。他在光绪八年（1882）七月二日记载："《申报》六月初七日云，五月初四日，江西藩司牌示，南康县沈恩华据报病故，该县即饬以正任都昌县何庆朝调署。"南康县令沈恩华去世一个月之后，《申报》才刊登新官调置的消息，而顾肇熙读到这则不起眼的新闻已是近两个月之后，消息的传递虽然比较迟缓，但通过《申报》，他能够知道老友去世的噩耗，大为伤感，他感叹："忆与伟卿同年津门送别不过三年，遂成千古，亦未知其得子否？"[①] 之后，他多次收阅王念劬寄来的书信和《申报》。如当年七月二十八日，他"接沈子卿、王念劬书并《申报》，七月初八日发"。[②] 他特别标注信件寄收的日期，说明他收到的《申报》较为迟缓，但即便是一些"旧闻"，对身处吉林的他而言，《申报》提供了一个"新闻世界"，是吉林当地难得一见的新媒介。

因《申报》刊登的时政要闻较为及时，广州、天津的一些报刊也经常引用和转载。中法战争期间，《述报》的一位读者看到转载的《申报》"求和"言论之后，大为不满，指出："前者该报备论战机及法人恫愒情形，今则该报极陈和议，甚至危言耸要，吾不识其居心为何也。"[③] 此类读者来信，从一个

[①] 顾肇熙：《吉林日记》，《上海图书馆藏稿钞本日记丛刊》第 53 册，国家图书馆出版社、上海科学技术文献出版社 2017 年影印本，第 239、240 页。

[②] 顾肇熙：《吉林日记》，《上海图书馆藏稿钞本日记丛刊》第 53 册，国家图书馆出版社、上海科学技术文献出版社 2017 年影印本，第 247 页。

[③] 《驳〈申报〉言和书附》，《述报》卷 6，第 33 页。

第二章 1880年至甲午前后的报刊阅读

侧面说明《申报》的评论对当时报界的影响。

值得注意的是,一些驻外使臣也在海外阅读《申报》。如邵友濂、曾纪泽、张荫桓等驻外使臣,留心时政,注意订阅报刊。光绪五年(1879),邵友濂以参赞署理驻俄钦差大臣,一月二十一日,他便见到国内报纸,并记载:"孔琪庭来,以(上海来者)《新报》《申报》见示。"他在日记中多次记载收阅报刊的情况。光绪六年(1880)正月九日记载:"孔琪庭送新、申报来,阅新闻纸知俄宫地窖大雷猝发,御林兵被伤数十名,亦系匪徒谋害国君之计,噫,其君危矣。"此处的新闻纸可能是俄国报纸,但他在使馆经常阅读《申报》《新报》。当年三月二十一日,他便夜阅《申报》,"知幼兰舅报丁内艰"。四月六日,他记载:"孔琪庭处换新、申报各一卷。"① 这说明,使馆随员孔琪庭负责送达国内寄递的《申报》《新报》,邵友濂通过阅读这些报刊,了解国内时政和亲友近闻,而诸如孔琪庭之类的随员也有机会阅读国内报刊。

作为公使的张荫桓,到美国不久,便开始收到上海寄来的《申报》。光绪十二年(1886)七月二十二日,他对奏折格式分析道:"'出自逾格鸿慈'之语,'逾格'二字未抬写",并非是严重的错误,并进而引证:"近日《申报》刊晋抚刚子良一疏亦然,鄙见暗合,为之稍安。"② 这位驻外使臣平时注意通过《申报》《邸报》了解国内时政动态,尤其一些官场故旧所上奏折,他阅读颇为详细。如光绪十四年(1888)十一月十日,他读《申报》并记载:"刊黎庶昌疏请建复少时文社会课折子,顷准,抄咨谢疏,有'轻议祠祀,镌秩三级'之语,或即此事,部章綦严,可畏也。"③ 在公务繁忙之余,他有时"阅《申报》至一点钟就枕,竟夕不寐"。对于《申报》刊登的一些时政新闻,他还予以点评,如《申报》报道"津沽火车碰撞事",他在光绪十五年(1889)四月九日的日记中指出:"火车所经行断无不设电线之理,两车相候既逾时,自应电询,岂有径行直达者,此司车之谬也。比日谈时务者,每欲

---

① 邵友濂著,《邵友濂日记》,周德明、黄显功主编:《上海图书馆藏稿钞本日记丛刊》第43册,国家图书馆出版社,上海科学技术文献出版社,2017年影印本,第445、484、501—502、503—504、520页。
② 张荫桓著,任青、马忠文整理:《张荫桓日记》,上海书店出版社2004年版,第51页。
③ 张荫桓著,任青、马忠文整理:《张荫桓日记》,上海书店出版社2004年版,第346—347页。

仿西法而不肯鞭辟入里,睹胪濛之妍,捻缨求似,可为慨叹。"① 他通过事故而深入剖析国内"仿西法"而不得要领的原因,可谓入木三分,这显然与他在美国的识见有着一定关联。

除了《申报》之外,上海出版的其他报刊也通过各种途径传播至外地。1887年,在广州南海准备应乡试的康有为,便有机会阅读上海出版的《新报》《格致汇编》。当年五月五日,他读《新报》,"载美南省有木十六种,高一万英尺,短者五千英尺,坚实而长,可谓异木"。五月二十二日,他"看《格致汇编》第二年第九卷"。② 尽管此类读报的记载较少,但足以证实康有为作为外地读者的身份。

另外,《字林沪报》虽不如《申报》有名,但也有一些官员阅读。如该报1883年12月的一则新闻称:"十四日报登某佐杂衙门之门丁肆虐一节,昨闻某二尹阅报后,查明其事,立将该门丁遣去,不准逗遛。"③ 这表明,该报的新闻刊出后,被"某二尹"所关注,进而采取行动,避免事态扩大,又通过新闻"追踪",为他们获得"秉公办事"的美誉。此类报道,虽有报刊美饰的成分,但从侧面反映了地方官员对涉及官方的负面新闻较为关注。

尽管《申报》发行最广、影响最大,但也有读者认为《沪报》比《申报》更有特色。如宗源瀚在中法战争后丁父忧,之后数年在上元县(今南京市区)老家赋闲,他在光绪十三年(1887)六月二十一日的日记中记载:"上海《字林西报》馆有曰《沪报》者,华字,日报,西人主之,而执笔者华人。于《邸报》之外,恒记都中时事,不似《申报》一味扬西抑中也。所记时事之不见《邸抄》者,如闻四月初二日载,掌山西道监察御史屠仁守,于四月初十日递封奏计列六条,曰:储库款,罢土木,节游观,杜幸门,开言路,勤典学。"显然,宗源瀚对《申报》的印象不佳,对《沪报》颇为赞赏。话虽如此,他当天同时阅读了《申报》《沪报》,并扼要记录《申报》新闻:

---

① 张荫桓著,任青、马忠文整理:《张荫桓日记》,上海书店出版社2004年版,第174、386页。
② 康有为著,张荣华整理:《康有为日记(1886—1889年)》,《近代史资料》总119号,中国社会科学出版社2009年版,第36、37页。
③ 《阅报究惩》,《字林沪报》1883年12月22日,第3页。

"船弁将运用机器之法教习内廷太监暨当差人等",又记载《沪报》新闻:"惇邸上疏谏止南海工程及借洋款各事,恳切详明"。① 之后他多次阅读《申报》《沪报》,对修铁路、重洋务、学西法屡屡表示反对,现代报刊传媒并没有改变他的守旧观念。

(六)《申报》中法战争报道与读者的阅读反响

自1882年起,有关法国与越南战争、中法战争的新闻充斥着《申报》的版面。对中法战争及其影响的研究,学界多从新闻报道的文本进行具体分析,很少从传播效果的角度探讨新闻如何影响读者的心理,以及读者对战局的认知和评论。尽管我们无法从统计角度分析具体有多少读者阅读了《申报》和其他报刊的相关报道,且甲申之变的影响也无法与十年后的甲午海战相提并论。但是,通过士人的日记,我们可以从一些个案中发现战事新闻的阅读记录。这些读者所处的阅读空间、时间虽有不同,但他们是历史上真实存在的读者,而非"隐含读者(implied reader)"。② 通过他们的读报记录,可以从不同侧面了解到这场战争对士人所产生的影响,也能证实《申报》在传播重要新闻事件方面的地位和作用。

值得注意的是,《申报》早在1882年就有法越战争的报道,光绪八年(1882)三月二十五日,在湖北武昌准备参加科举考试的恽毓鼎,通过阅读《申报》了解法越战争,并分析:"法国大兴师攻越南,有灭此朝食之势。然越南为广西藩蔽,使法国并而有之,非中国之利也。"③ 显然,他对战局可能殃及中国的分析有一定预见性。之后的两年,法越战争、中法战争成为《申报》报道的重要议题,一些官绅通过各种途径阅读《申报》,了解战局变化。

---

① 宗源瀚著,曹天晓整理:《宗源瀚日记(外二种)》,凤凰出版社2020年版,第15、16页。
② 戴联斌:《从书籍史到阅读史:阅读史研究的理论与方法》,新星出版社2017年版,第19页。有关中法战争的新闻传播与阅读,我们主要以日记材料来考察读者的阅读经历。但某些读者并没有具体记载新闻来源,如宋栩在光绪十一年(1885)五月二日记载:"孤拔,法酋之狡者,马江之战,闻已死矣。然犹隐匿不报,盖欲借酋之声威以挟制中朝之将帅耳。乃于前月二十七日,和议甫定,即报该酋二十九殒命,真欺人之语。否则,何相乃若此,岂酋以敢战为才,甫闻和而气愤以死耶"[宋栩:《约言》(松存日记1885—1898),上海图书馆稿本(善本,编号:T29363—66),光绪十一年(1885)五月二日。]宋栩的这番话,表明他对中法战争有着较为全面的了解,但他是通过《申报》还是邸报获知新闻的,则无从考证。
③ 恽毓鼎著,史晓风整理:《恽毓鼎澄斋日记》(第1册),浙江古籍出版社2005年版,第3页。

如在河北滦州任幕僚的庄鼎臣,于光绪十年(1884)一月二十九日读到《申报》后,当日记载:"有法人攻克越南之宣泰城,刘永福已退至北宁。又谓宣泰旋又经刘军恢复,语多两歧。想该馆亦难得确信也。"这表明庄鼎臣对这则新闻阅读颇为认真,对其真实性感到怀疑。六月二十四日,他全文抄录了《申报》所载《刘提督永福复法酋书》,并指出其文"词严义正"。七月二日,他又全文抄录《申报》所登《总署照会》一文,对于这份外交声明,他评论道:"阅之知我中国与法人孰曲孰直,不辨自明矣。"九月一日,他阅《申报》,"载有张幼帅、何钦宪及福建潘太史参劾张幼帅各折,皆邸报中所未见者,合而观之,则马江之事瞭如指掌"。① 当日,他全文抄录这三份奏折。显然,在他看来,中法战争事关国家命运,是正在发生的重大事件,他费力抄录,不仅是留存史料,还通过评论表达了自身的立场,体现出强烈的爱国情怀。

在上海,1873 年就寄身江南制造局翻译馆的萧穆,已有多年阅读《申报》的经历,但他一般仅在日记中记载"阅《申报》久之"之类的文字,很少记录具体的新闻事件。中法战争后,他于甲申年(1884)六月八日特地记载:"又日阅《申报》,知上海于前月廿外,因中法事,人心颇惶。"② 尽管萧穆惜墨如金,但"人心颇惶"四字描述了战事对上海民众产生的巨大心理冲击。同在上海的姚福奎虽然很少记载时政要闻,但他读到中法战争的消息后,特地在日记中择要记录。光绪十年(1884)七月七日,他阅近日《申报》后记载:"法兵在福州已开仗,华兵败,吴淞口亦吃紧。中营驻扎南门外豆腐浜,(此路直通吴淞。)城中亦办防堵,人心皇皇。"③ 这大约是他对新闻的综述,彼时,战事影响已波及上海,身处其中的姚福奎通过读报略知一二,但此后一段时间,他可能没有机会借阅报纸,对后续报道没有关注。

在苏州,叶昌炽在甲申年(1884)仍在正谊书院学习,他与潘子静、费

---

① 庄鼎臣:《庄鼎臣日记》,叶舟点校,常州图书馆编:《晚清常州名贤日记四种》,凤凰出版社 2013 年版,第 182、195、196、202 页。
② 萧穆:《敬孚日记》,周德明、黄显功主编:《上海图书馆藏稿钞本日记丛刊》第 34 册,国家图书馆出版社、上海科学技术文献出版社 2017 年影印本,第 344 页。
③ 姚福奎著,杨珂整理:《姚星五日记》,凤凰出版社 2022 年版,第 263 页。

第二章 1880年至甲午前后的报刊阅读

屺怀等人来往密切,并勤于校勘古籍,阅读经史范围颇广。当年六月二十一日,他记载了中法战争的新闻:"又谒华舅,知基隆又有捷音。及阅《申报》,益得其详。法夷于十五日六下钟,以兵轮五艘进攻基隆,至午刻基隆炮台一座全行轰毁,三座亦打损,我兵遂弃不守。幸刘省帅先于炮台后新筑炮台一座,随即扼守,法人登岸四百名,携炮四尊,经省帅派队旁抄,杀毙法人百余名,生擒一名,夺获炮械衣帽等物。"这则"基隆大捷"的新闻被《申报》《沪报》《述报》等报大加渲染,刘铭传一战成名,叶昌炽对新闻内容的描述,也表达了他较为乐观的心态。第二天薄暮,他阅《沪报》并记载:"我朝将致□□□(哀的美)敦书与法使,索赔兵费五千万佛郎,久未知确否。"对于《沪报》这则新闻,叶昌炽表示怀疑。二十七日,他收到好友费屺怀书信,"知总署因基隆一事移文各国公使,诘责法酋,如前桀骜,即行决战。又闻法人已发兵万首途"。他进而判断:"果尔则利在速战,待其厚集兵力,图之不易矣。"三十日,他又阅友人书信,"知电局有信,战事已成,危哉岌岌矣"。这表明电报新闻通过书信的二次传播,得以扩散。之后,法军在福州马江结集,突袭南洋水师。至七月五日,叶昌炽夜得电信,得知福建凶耗:"法酋并未授首,我师大败,兵轮炮艇几至全军覆没,船政局亦被轰毁,法人已占据马尾,张幼帅退驻鼓山,法人只坏船三艘。"得知败讯后,他"为之怒眥欲裂,书生偾事,自取之咎,诚不足惜,其如国事何?"七月六日,费屺怀来信并附电报消息,告知最新战况:"法人攻破马尾后既以师船四艘进攻长门,为穆将军轰沉二艘,闽安营轰沉一艘。"他读后稍为宽慰。七月十二日,他阅《申报》,"知闽江炮台为法人一律轰毁,法船并不登岸,衔尾出口又将顾之他矣。而电局报则谓长门叠获胜仗,法船粮尽自退"。报纸提供的信息歧异,真假难辨,令他颇为费解。至七月二十一日,他阅《申报》并记载:"左侯相有督办闽师之论。"① 左宗棠督师福建,他并未予以评论。之后,他很少通过《申报》来了解中法战争的进展。叶昌炽通过书信、报纸、电报等三种媒介展

---

① 叶昌炽著,王立民校点:《缘督庐日记》(第1册),吉林文史出版社2011年版,第401、403、404、405、406页。

开对战事新闻的追踪、阅读和评论。彼时，他尚是苏州的普通士人，并未拥有多少政治资源和特殊的资讯通道，但是，这些报刊新闻、电文成为他日常生活记载的内容，中法战争引发他对国家危难的担忧，表明当时的印刷媒介和电子媒介已在苏州社会有着较为深入的影响。

叶昌炽与邻居王伟桢关系密切，感情深厚。王伟桢在中法战争期间的阅读经历，证实了当时报刊对士人的新闻感知有着深刻影响。中法战争期间，他对时政颇为关注。甲申年（1884）二月二十日，他在自己的药店遇到好友盛佑卿，"谈及越南之北宁为法人所夺，招商局来信是确。上海法人均升旗称贺云云。"对此消息，他在当天的日记中加以分析："此信予先得之《申报》。□未必的确，如佑卿言，已有证据，何华兵之能用若是，刘□守越南称为黑旗年余，法人见而生畏，中华兵守北宁……而中华败绩。岂胜仗均在后欤？"①在王伟桢看来，舆论一直对法越战争持乐观态度，对于北宁失守的传闻，他综合《申报》的报道，根据盛佑卿的转述，大致判断消息可靠。针对越南前线的败局，清政府对涉事官员进行处罚。三月二十二日，他"继至梦仙弟处见《申报》"，《申报》在当月二十日录中旬上谕，他阅后记载："军机大臣自恭亲王以下尽退出，另进礼亲王等五人。法越一事从未见之邸抄。今悉见明文，以北宁之败，唐、徐二中丞革职拿问，委员押解进京，一总兵一副将即于军前正法。"他进而评论："委（萎）靡之习为之一新，是日前一快事也。"②朝廷已经"追责"，他颇感欣慰。

中法正式开战后，通过电报新闻的传递，苏州当地士人获知前线新闻的速度更为快捷。七月四日，王伟桢从友人柯庭口中得知，福建传来电报新闻："今日中法开仗，中朝大胜。法水师提督孤拔死焉。"他闻之大快，但对消息真实性表示怀疑。七月五日下午，他读《申报》，果然内容与之前大不相同。他记道："华军败绩，击沉扬武兵舰一艘，水师船七只。船政局

---

① 王伟桢：《潜园日记》（甲申二月，第16册），《修闲居士日记》（1878—1898），复旦大学图书馆稿本（善本，编号：3649），甲申年（1884）二月二十日。
② 王伟桢：《潜园日记》（甲申二月，第16册），《修闲居士日记》（1878—1898），复旦大学图书馆稿本（善本，编号：3649），甲申年（1884）三月二十二日。

亦轰毁，不言法国所伤。"得知败绩，他颇为失落地写道："是吾军一败至此，为之叹息不能已。"傍晚，他接阅电报，"言吾军击沉铁甲兵轮一，水师小轮船五。将士尽死，无一登岸。船政局逼近不能守"。通过新闻"互证"，败局被进一步探明。但是各种不利消息不断传来。七月六日，传闻又称："长门之战传说不一。大约我国总不利，伤船伤兵不少。"七月七日，他又得知："法人马尾胜后复攻长门，不胜。闻即退出。孤拔或云战死，或云病亡，或云病死。未有的确消息。张佩纶殉节是不确。"① 从王伟桢对前线新闻的资讯渠道看，他能够通过电报、报纸、书信和友人交谈等方式获得大量消息，但他对各种传闻并不盲从，在所有的消息来源中，他认为《申报》所载新闻较为可靠。

在常州，庄宝澍早在1878年便阅览《申报》并抄录之，但从他的日记看，他的读报记录并不多，偶尔还从朋友处借阅。在中法战争期间，他并没有太多的渠道打探战事新闻。但在光绪十年（1884）七月八日，他阅《申报》并记载："长门海口福州将军穆大败法夷，未知确否？人心向善，入耳有喜。"②此次对中法战事新闻的了解，令他格外欣喜。但之后他并没有相关新闻的记载。这说明，在常州乡下，《申报》的传阅并非"常规化"，偶尔一次从报上看到好消息，只是片言只语，且报纸又经常刊登各种传言，许多"清军获胜"的消息不久就被证伪，庄宝澍这次读到的新闻，也是一个假消息。

在杭州，1884年，年迈的何兆瀛已拥有较为丰富的报刊阅读经历。但他在日记中很少记载所阅新闻的具体内容。中法战争爆发后，他通过《申报》了解战事进展，不惜笔墨进行记载和评论。如甲申年（1884）八月九日载："《申报》述及基隆又被法人踞住，刘省三能否再夺回，杨石泉到后，此是第一要著，如何下手，煞费经营矣。"显然，他是从战略高度研判基隆的得失。而对于《申报》的报道，他并非盲从，在九月十二日的日记中他进一步表达

---

① 王伟桢：《潜园日记》（甲申二月，第17册），《修闲居士日记》（1878—1898），复旦大学图书馆稿本（善本，编号：3649），甲申年（1884）七月四日、五日、六日、七日。

② 庄宝澍：《庄宝澍日记》，叶舟点校，常州图书馆编：《晚清常州名贤日记四种》，凤凰出版社2013年版，第301页。

了对时局的忧虑:"福建又数日无消息,鸡笼果否夺回?淡水是否守住?法人是否棘手?此皆是申报馆虚虚实实之词,究竟莫衷一是。"由于前方传来的消息并不确切,他感叹:"此等烦闷,亦不在苦雨连阴之下。"① 他虽已退隐多年,但其字里行间仍体现强烈的爱国情愫。

何兆瀛的儿子何承禧长期随侍左右,他自幼接受严格的古文训练,学养深厚,书法、诗词俱佳,借助于何家显赫的家势,他与杭州社会名流交往密切,在官场中亦有不少好友,消息颇为灵通。中法战争爆发后,他有机会通过聚谈、电报、报纸、书信获知战事消息。如光绪十年(1884)三月六日,他便通过友人王夔石所传电报新闻,得知中法在越南交战近况:"越南之北宁地方经我兵克复,而法夷又陷越南之太原。"三月二十一日下午,友人榖宣带来电报,他读电文得知,恭亲王等枢臣退出内阁,"法国越南拘衅,北宁失守"。从而证实了之前的传闻。至四月六日,他开始阅读《申报》,"述及法夷有兵船到旅顺"。战事逼近中国本土,他读后感叹:"此事如何措置得宜,□□□□搔首问诸天矣。"之后他与友人多次聚谈时局,对中法和议亦有所闻。但局势进一步恶化,各种消息真假难辨。七月四日,他在日记中记载:"闻法夷在闽省开战,电报谓我胜法败,而传闻又有击沉法船九只,我处师船亦被击沉八只之说,尚无确耗。"显然,何承禧对电报新闻较为关注。三天后,他"未闻电信",但书信传播的新闻引起他的注意:"有闽人得家书,谓法夷穷蹙,姑俟后文。"七月十日,他接获福建方面的电报得知:"我军又有胜仗,法夷所剩两船已开出海口,又来五船。闻有俄人在内。"他强调,这些新闻内容,"《申报》已述及。俄人有船来保护法夷之在中国者。此说如确,大是棘手"。② 对于俄罗斯出面干预,他颇为担忧。

中法战局诡异多变。七月十二日,他读《申报》并记载:"闽江一带炮台尽被法夷轰毁,阅之愤懑。果尔,闽事尚可为乎?"当日,电报局送来本月初

---

① 何兆瀛:《何兆瀛日记》,周德明、黄显功主编:《上海图书馆藏稿钞本日记丛刊》第17册,国家图书馆出版社、上海科学技术文献出版社2017年影印本,第29、43页。
② 何承禧:《介夫日记》,周德明、黄显功主编:《上海图书馆藏稿钞本日记丛刊》第66册,国家图书馆出版社、上海科学技术文献出版社2017年影印本,第481、489、498、551、554、555、556页。

七日谕旨,"历数两年来法夷夺踞越南,侵扰中国地界,遇事失信,妄逞干戈各事。今各省督抚尽力挞伐"。至八月一日,他到上海游历,对《申报》更为关注,当日,他经过《申报》馆,"闻知今日《申报》未到,乃因刷印不及,须明日补送也",足见他急于读报的心情。八月四日,《申报》又刊登中法战事:"述及法夷各情形,仍是疑信参半。惟传闻该夷有陆军在福州岸上,向来外夷讲水战不谙陆战,如有陆军,必是招募内地之土匪游勇游民,是添一隐患,更觉防不胜防矣。"八月十九日午后,他又通过友人信函得到电文内容:"鸡笼及台北俱失守。"他读后猜测:"想刘铭传、曹立忠俱可无恙。当设法攻复,彼族于陆战究非所长,我军或可操胜算。"马尾战役后,福建籍官员对张佩纶、何如璋极为不满,集体参劾。九月七日,何承禧看到《申报》的相关报道:"闽籍京官、编修潘炳年等四十员公揭奏参张佩纶、何如璋玩寇(寇)弃师、偾军辱国、图谋罔上、怯战潜逃一折。事事踏实,句句森严。……朝廷何以处置,姑俟后闻。"但基隆方面传来好消息,九月二十三日,他读《申报》,得知我军收复基隆,他详述原委:"缘法夷在彼役使越人开挖煤矿,劳苦无所得食,遂向我军投诚,因一战而驱之去。果尔,亦复差强人意。"之后,《申报》又有和议的报道,"闻公议将以台湾口岸付之法夷,听其收关税二十年。年得卅五万计,统得七百万,届限再还中国"。他读后颇为不满,指出:"不居赔偿之名,而有赔偿之实。不与现银,直同割地,令人愤懑。"不久,福建士绅进一步追责张佩纶,九月三十日,他看《申报》后记载:"又闽省举贡生监耆老在省中正谊书院公议具禀,在新督前呈告张佩纶之丧师辱国。……姑看大吏所说如何耳。"① 舆论汹涌,以清议出名的张佩纶在劫难逃。

何承禧现存的日记起于 1879 年,终于 1891 年,期间每日一记,几乎没有间断。尽管在 1884 年年底后他也有零散的读报记录,但在 1884 年农历三月之后的半年间,中法战局成为他关注的焦点,也是日记中着重记载的核心内容。除了通过书信、电报、报纸等媒介了解战局之外,他经常与友人聚谈,

---

① 何承禧:《介夫日记》,周德明、黄显功主编:《上海图书馆藏稿钞本日记丛刊》第 66 册,国家图书馆出版社、上海科学技术文献出版社 2017 年影印本,第 556、575、577、586、599、608、612 页。

讨论时局，在日记中表达自己的焦虑、忧患之情。从他记载的内容看，《申报》新闻仍然是他认为较为可靠的资讯来源，尤其是一些重要战役内容的报道，他着重采纳《申报》的新闻稿，但他又不盲从报纸新闻，往往与电报新闻、友人书信和官场传闻一起综合考察，从不同侧面记述战局变化和社会各方反响。

在杭州，普通士绅也可能通过报刊和电文了解时政要闻。如副贡生楼汝同就对中法战事颇为关注，光绪十年（1884）三月二十二日午后，他与友人志鸿聊天，"谭及接阅电报，有本月十三日所禀，懿旨，政府五大臣均获重谴。云南、广西两巡抚均褫职拿问，皆因法越交涉事，闻懿旨有千数百字长，惜未之见"。是日下午，"《申报》来，此事尚未登载"，他迫切期待读到原文，第二天，他往电报局索阅懿旨，"适局员张君既耕外出，各处电报均锁于房内"。第二年，他报捐通判，三月一日，他至清江，"先至电报局，发杭州电报，用洋二元八角"。这说明清江电报所已经向普通民众开放业务，但电报费颇为昂贵。第二天的日记记载："饭后至对门老店徘徊片刻，即前岁所住屋，店主人出《申报》阅看，知法事已有和议。相约三月初一日起，两边停战。未知确否。"① 这说明，楼汝同平时所读《申报》次数不多，但通过友人对电报新闻的二次传播，他对中法战争和国内政局略有所闻。而在旅途中偶阅《申报》，使他能够了解战局近况。但他对"停战"之说，并非确信。显然，这次读报活动是旅店老板给予的机会，而彼时旅馆老板所订的《申报》能向旅客展阅，已具有公共阅读的某些性质。

在浙江嘉兴，拔贡沈景修平时很少记载报刊新闻，但他从上海友人的来信中得知中法战争的消息。他在光绪十年（1884）八月二十三日记载："得公若信，云基隆失守，已被夷踞。而淡水亦有失守之耗。好友蕴梅恐难免于寇难，才人福薄，可为一叹。又闻台湾地方我军所埋水雷，皆被起去，以资敌用，真堪痛哭。"② 沈景修对信中内容的揭示，既对台湾战事非常关注，又担

---

① 楼汝同：《惜分阴轩日记》，冯立昇主编：《清华大学图书馆藏稿钞本日记丛刊》第 2 册，国家图书馆出版社 2018 年版，第 247、399、400 页。

② 沈景修：《蒙庐日记》，复旦大学图书馆稿本（善本，编号：2981），光绪十年（1884）八月二十三日。

忧好友的安危。九月二日,他有机会阅读《沪报》并得知:"法人基隆、淡水两次失利之后,似无能为矣。"得知这一好消息后,他心情为之好转,感叹:"前为蕴梅耽忧者,安知非塞翁失马耶。"① 相对于友人的传闻,沈景修更相信报纸新闻的真实性。十月十四日,友人坚白来谈,"闻刘省帅生擒孤拔,不知确否?"② 显然,他对中法战争期间的各种传闻感到疑虑。

1884年,在江浙一带的某些县城,信息并不闭塞。是年,曾任肇阳罗道道员的方濬师因丁母忧,客居宝应县城,他久历官场,通过庞大的交往网络,与电报、报刊媒介有着直接或间接的接触,并由此与外部世界建立广泛的联系。中法战争爆发后,闰五月八日,他照录友人许乐泉寄来电文:"本月初四日,奉上谕,前直隶提督刘铭传着赏给巡抚衔,督办台湾事务。"显然,这则四天前的官场新闻,对他而言,并不迟缓。另外,宝应县附近的清江浦设有电报所,六月二十二日,他的友人朱序东送来二十清江浦电报,这份电报报道了基隆战局的最新进展:"十五日午刻,鸡笼炮台失守,营无恙,法兵上岸四百人,由营包抄,杀死法兵百人,得炮四尊云云。"通过电报,他对千里之外的台湾前线战况有一定了解。电报消息不断传来,他在六月二十五日的日记记载:"金陵于六月二十日接到刘爵帅电信,六月十五卯刻,法船五打基隆炮台,午刻被毁。"马尾海战后,他对福建战事颇为关注。七月初七日,他又记载上海电报局所接福建前线电音:"法人约八点钟开仗,法国不候,先一点钟先行开炮,猛击坏我大轮一条,小轮雷船五条均毁,将士皆死,无一登岸。"当日,他还记载福州局所发电报内容:"初五晚,长门接仗,法船被将军轰沉,法人二艘被闽安营轰沉一艘。"至七月十三日,友人胡云台告知:"中法交仗,自初三至初八,炮台均为法人轰毁。"③ 在方濬师的"甲申记事"中,电报新闻是他了解中法战争最为重要的资讯来源,尽管各种电文辗转至宝应县时有些迟缓,但是,电报作为当时传播最快的媒介,为他提供了别样

---

① 沈景修:《蒙庐日记》,复旦大学图书馆稿本(善本,编号:2981),光绪十年(1884)九月二日。
② 沈景修:《蒙庐日记》,复旦大学图书馆稿本(善本,编号:2981),光绪十年(1884)九月二日。
③ 方濬师:《安宜日记》,周德明、黄显功主编:《上海图书馆藏稿钞本日记丛刊》第27册,国家图书馆出版社、上海科学技术文献出版社2017年影印本,第10、100、106、124、125、132页。

的媒介景观和战事消息。在1884年，一位丁母忧的前道员，在宝应县城频繁地阅读电文来了解中法战局，而非邸报，更不是新式报刊，说明电报新闻的传播已具有一定影响。

对于边远地区而言，在中法战争期间，一些地方官员通过阅读邸报了解时局，现代报刊很难进入他们的阅读视野。但是，通过书信和邮递渠道，报刊新闻也能突破地理空间的限制，为某些官员提供"意外"的新闻。如担任吉林分巡道道员的顾肇熙，于光绪十年（1884）六月二十九日，收到友人王念劬寄来的书信和《申报》，并记载："有法人已陷台湾、鸡笼之说。"半个月后，他又记载："上谕一道，知法人索兵费，攻占鸡笼炮台并毁马尾厂，特揭其罪状，布告天下。"①作为一名地方大员，他自然有机会阅读邸抄，但《申报》的报道则为他提供了更为丰富的资讯来源。在信息较为闭塞的吉林，顾肇熙偶尔阅读《申报》并记载中法战事，本身就是一个"事件"，是中法战争新闻传播中值得关注的现象。

四、《点石斋画报》与读者阅读

《申报》馆利用其庞大的发行网络，运用其引进的新式石印技术，于1884年创设《点石斋画报》，并在《申报》上广为宣传。其广告称："本馆新创画报，特请善画名手，选择新闻中可惊可喜之事，绘制成图。……谅购阅诸君自能有目共赏。"②《点石斋画报》为适应"贩夫牧竖"之类下层民众的阅读需要而创办的，创办者相信"天下容有不能读日报之人，天下无有不喜阅画报之人"。③因此，其内容浅显易懂，"俾乐观新闻者有以考证其事。而茗余酒后，展卷玩赏，亦足以增色舞眉飞之乐"。④而对于画报的启蒙功能，《申报》有评论云：

---

① 顾肇熙：《吉林日记》，周德明、黄显功主编：《上海图书馆藏稿钞本日记丛刊》第53册，国家图书馆出版社、上海科学技术文献出版社2017年影印本，第394、397页。
② 《画报出售》，《申报》1884年5月13日，第1版。
③ 点石斋主人：《画报招登告白启》，《点石斋画报》第83号，1886年7月。
④ 尊闻阁主人：《点石斋画报缘启》，《点石斋画报》第1号，1884年5月8日。

> 画报之可以畅销者，因无论识字、不识字之人皆得增其识见，扩其心胸也。不特士夫宜阅，商贾亦何不可阅；不特乡愚宜阅，妇女亦何不可阅。而余则谓：最宜于小儿。盖小儿在怀抱之时，已喜看山塘之画张。所以一入新年，则家家粘壁，以为小儿玩具之一端，其意亦不过欲开其智识也。……现今画报盛行，宜家置一编，塾置一册，……则此时所识之画，即将来所读之书也。其事先了然于胸，则读书时更为有味。而况忠孝节义之事，激其志气，正其心术，不尤为启蒙之要哉！①

可见，画报以图解新闻的方式进行视觉传播。它开启了图文并茂因而可能雅俗共赏的"画报"体式，这既是传播新知的大好途径，又是体现平民趣味的绝妙场所，"画报"之兼及"新闻"与"美术"，既追求逼真，也包含美感。② 有竹枝词吟咏道："一事新闻一页图，双钩精细费工夫。丹青确有传神笔，中外情形着手摹。"③ 以画记事，体现出图画新闻有别于文字报道之处。在照片没有引入报刊之前，画师用画笔描述新闻，通过场景与想象为读者提供了视觉上的享受。

尽管上海曾有《小孩月报》《寰瀛画报》《画图新报》等画报出版，但这些画报印行不广，影响不大。而《点石斋画报》在14年间共出版528期，具有强劲的生命力。伴随着上海都市商业化、移居者的消费导向，以及印刷资本主义等社会形态而来的日益增加的阅读大众，正好配合了这个画报出版的时代。④ 它甫一发行，就"三五日间全行售罄"。⑤《点石斋画报》除了广泛采用《申报》的新闻之外，还"取各馆新闻事迹之颖异者，或新出一器，乍见一物，皆为绘图缀说，以征阅者之信"。⑥ 可见，《点石斋画报》的图说新闻，

---

① 《论画报可以启蒙》，《申报》1895年8月29日，第1版。
② 陈平原：《新闻与石印——〈点石斋画报〉之成立》，《开放时代》2000年第7期，第61页。
③ 辰桥：《申江百咏》，顾炳权编著：《上海洋场竹枝词》，上海书店出版社1996年版，第82页。
④ 叶汉明：《〈点石斋画报〉与文化史研究》，《南开学报》（哲学社会科学版）2011年第2期，第117—118页。
⑤ 《第二号画报出售》，《申报》1884年5月17日，第1版。
⑥ 尊闻阁主人：《点石斋画报缘启》，《点石斋画报》第1号，1884年5月8日。

是对报纸新闻的再加工，融新闻内容于图画之中，通过图像表达时事新闻和社会生活，它的雅俗共赏的魅力正显其兼具精致文化与大众文化的特性，其新旧、中西、传统与现代混杂的内容也是处于世纪之交的转型期的中国文化写照。① 这样的通俗画报，使读者摆脱了"抽象阅读"的枯燥，能够在"图象审美"的过程中，获得愉悦和知识，而它在市井的流行，至少表明了如上海这样的商业都会，在阅读方面存在着"文化下移"的趋向。在邻近上海的苏州，于《点石斋画报》创办后的三四年间，便有读者读到该报。如包天笑便对《点石斋画报》记忆深刻，他说：

> 我在十二三岁的时候，上海出有一种石印的《点石斋画报》，我最喜欢看了。本来儿童最喜欢看画，而这个画报，即是成人也喜欢看的。每逢出版，寄到苏州来时，我宁可省下了点心钱，必须去购买一册，……虽然那些画师也没有什么博识，可是在画上也可以得着一点常识。因为上海那个地方是开风气之先的，外国的什么新发明、新事物，都是先传到上海。譬如像轮船、火车，内地人当时都没有见过的，有它一编在手，可以领略了。风土、习俗，各处有什么不同的，也有了一个印象。其时，外国已经有了气球了，画报上也画了出来。②

尽管包天笑的阅读仅是个案，却反映了《点石斋画报》的内容与风格。因为有"图画"，它便吸引了儿童和成人等不同年龄层次的读者，又由于广泛刊登新事物、新发明，可以使读者增长见识，加上它描绘各地风土人情，则极大地提高了阅读的趣味性、知识性。读者阅读画报，既满足了解时政、学习西学的需要，又能在"图解"中达到启蒙与审美的目的，这是一般"新闻纸"难以达到的效果。即便是曾纪泽这样见多识广的外交使节，从英国归京

---

① 叶汉明：《〈点石斋画报〉与文化史研究》，《南开学报》（哲学社会科学版）2011年第2期，第112页。
② 包天笑：《钏影楼回忆录》，中国大百科全书出版社2009年版，第114页。

履新不久,于光绪十二年(1886)十二月二日,也专门"阅《点石斋丛画》"。① 光绪十三年(1887)五月二十八日,杨葆光也收到朋友子眉交来的"《画报》百十七号"。② 从他长期订阅《申报》的习惯看,此画报应为《点石斋画报》。光绪二十四年(1898)九月二十日,王乃誉读到数年前的《点石斋画报》,感叹:"吴友如人物极古今之能事,斯人告逝后,无继起……惜其妙手灵心,一朝而绝,可为永叹。"③ 王乃誉书画造诣颇深,他对吴友如的评价,也反映了吴友如在《点石斋画报》的地位。关于《点石斋画报》的影响,正如鲁迅在回忆中所云:"这画报的势力,当时是很大的,流行各省,算是要知道'时务'——这名称在那时就如现在之所谓'新学'——的人们的耳目。"④

五、乡绅的资讯获取与《申报》新闻传播:以《咸丰同治光绪兵事日记》为例

江苏如皋南临长江,毗邻南通、靖江、海安等地,离上海不到二百公里,相对于内地,其交通较为便利。但自"洪杨之乱"起,江浙一带兵事不断,如皋亦未能幸免。对于战乱,时人虽记忆深刻,但亲历者的史料并不多见。而自称"如皋白蒲人"的一位佚名士人,从咸丰六年(1856)开始记载历次战乱,坚持四十余年而不辍,撰就《咸丰同治光绪兵事日记》六卷,为了解江浙一带的战乱状况、民俗人情、日常生活留下了弥足珍贵的资料。这位佚名的作者,与如皋官场有着密切联系,根据其日记对如皋衙门事务的记载,他可能在县衙担任过小吏或经常出入县衙。⑤ 作者见闻颇广,在光绪七年(1881)之前,对兵事的记录多来自"闻说""听闻"。如咸丰七年(1857)

---

① 曾纪泽著,刘志惠点校辑注:《曾纪泽日记》(下册),岳麓书社1998年版,第1551页。
② 杨葆光著,严文儒等校点:《订顽日程》(第3册),上海古籍出版社2010年版,第1772页。
③ 王乃誉著,海宁市史志办编:《王乃誉日记》第2册,中华书局2014年影印本,第976页。
④ 鲁迅:《鲁迅全集》第4卷,人民文学出版社2005年版,第300页。
⑤ 如同治二年(1863)十二月二十五日的日记记载:"衙署内人甚忙,为二十七日立春之故也。"[佚名:《咸丰同治光绪兵事日记》(抄本),桑兵主编:《五编清代稿钞本》第201册,广东人民出版社2013年版,第297页。]作者在日记中经常描述如皋县城的民俗风情和日常见闻,对县衙内情况也较为熟悉,大体可以推断其与当地官场的关系,以及他在县城交往的范围。

六月二十八日载:"闻得南京大势甚好,镇江、瓜洲亦然,洪秀全气死,杨秀清杀死系火并。"八月二十七日载:"闻得天长失扬州,人人惊惶。"九月七日又载:"闻南京已克复,未知的实否,一路情形,甚不好看。"如皋距南京虽不遥远,但在战乱之际,洪杨之争和战局的真相,很难通过可靠渠道传播,作者显然通过道听途说获知各种消息。对于此类听闻,作者往往加上"未知的实""未知确否""不知真假"之词,表示怀疑。如咸丰九年(1859)二月二十一日记载:"闻得六合县已退出,红巾大败,南京城内缺粮,究属不知真假。"[1] 这也说明作者的活动范围非常有限,常年在小县城生活,对外部世界的变化所知甚少。

如皋离上海虽然不远,但他始终没有机会游览。同治元年(1862)十二月十六日,他的朋友桂山从上海归来,对他说:"上海热闹无过此极,夷人共有十二国之多,海内甚不安静。"至光绪十五年(1889)三月二十七日,他仍然"闻上海热闹之极","实令人骇目,不可不去也"。[2] 彼时,上海已成为东方都会,但这位乡绅仍然足迹不出如皋。因此,对于同治十二年(1873)轰动一时的杨乃武小白菜案,虽然《申报》连篇累牍地进行报道,但他在日记中说:"闻说浙江杨乃武事,已杀,此事实奇异。"[3] 杨乃武1914年才去世,显然这是一则假消息,也说明他无法直接阅读报刊,尚未与现代通讯网络建立直接联系。

这一状况在光绪初年有了转机。光绪二年(1876)十月八日,他在日记中记载:"《申报》云,已放聘使大臣,定于十七日起身,郭松涛(嵩焘)正使,外三四人副使。"从他对郭嵩焘名字的误写推测,他未必看过《申报》,但至少表明这则新闻出自《申报》,这与他以前的"听闻"大不一样,报纸新闻已进入他的资讯范围。之后,他数年间并未提及《申报》新闻,说明他

---

[1] 佚名:《咸丰同治光绪兵事日记》,桑兵主编:《五编清代稿钞本》第201册,广东人民出版社2013年版,第89、90、92、98页。

[2] 佚名:《咸丰同治光绪兵事日记》,桑兵主编:《五编清代稿钞本》第201册,广东人民出版社2013年版,第256、534页。

[3] 佚名:《咸丰同治光绪兵事日记》,桑兵主编:《五编清代稿钞本》第201册,广东人民出版社2013年版,第473页。

不太可能订阅《申报》。至光绪七年（1881）九月五日，他的日记中又一次出现了《申报》，他记载该报的一则新闻："浙江台州反贼杀官名黄金满闹事，刻下聚集各路兵，水陆并进。"他进而判断"大约不能成事"，认为"俱是地方官不好，本地地保滋事，以致如此"。显然，他对《申报》上的消息深信不疑，不用"听闻"，而是特地指出"《申报》说"，这说明他对现代报刊传媒颇为信任，尽管他并没有说明获取《申报》新闻的途径，但彼时他是在"记新闻"，而非"听闻"，报刊为他提供了新的资讯来源。之后，他在日记中还将"听闻"与《申报》新闻加以对比。如光绪十年（1884）中法战争期间，他对战事颇为关注，五月五日，他在日记中记载："闻法国已求和，大约是换军机大臣，要决战心怯，是以求和。"对于这一说法是否靠谱，他便引用报刊新闻加以证实，"据《申报》云：已有条约数条，定于十六日立约。"显然，作者是根据《申报》对"听闻"加以证实，而不再以"未知确否"悬疑。当日，他还记载另外一则新闻："左宗棠进京作相"，并指出："此话亦是《申报》说。"这说明他引用《申报》新闻已非常"放心"，无须质疑真伪。光绪十一年（1885）十一月十三日，他记载："天上星四边流散，据云星流如织，不知主何吉凶。"他"闻《申报》登载已有二十一日"，但《申报》上"未下断语"。这则《申报》新闻，他可能也是从他人处"听闻"。当年八月十日，他又记载："《申报》云：裴大中、罗绶章均革职。"①他虽然证实这则新闻是《申报》所言，但他是否读过《申报》仍然存疑。

从总体上看，这位如皋乡绅提及报刊新闻的次数不多，说明他获取《申报》资讯的机会颇为难得。他的日记中首次提及《申报》是1876年，其时，《申报》已发行4年之久。但是，在离上海并不太远的如皋，订阅《申报》尚有不少困难。但在"听闻"与"报载"之间，报刊作为新式传媒给这位热衷记录"兵事"的作者留下了深刻印象。这在当时的乡绅生活中是极为难得的"景观"。翻阅晚清士绅日记，在1876年之前有读报记录者并不多见，即便是

---

① 佚名：《咸丰同治光绪兵事日记》，桑兵主编：《五编清代稿钞本》第201册，广东人民出版社2013年版，第483、499、513、524、540页。

一些当朝显贵，也很少在甲午之前阅读报刊。尽管我们无法了解作者是通过何种方式获取《申报》资讯，但从其长期在如皋小城生活的记录看，他获知的《申报》消息应该来自本地，这说明该报可能已在如皋传播，留心时政新闻的乡绅才有机会与现代传媒"相遇"。这位乡绅在谈及《申报》之后的抄录活动，作为他"兵事记录"的组成部分，丰富了他的史料来源，充实着他的"知识仓库"。甲午之前，报刊作为一种新型的知识和新闻资源，提高了他的观察时政和了解时局的能力，为他的新闻记录提供了新的养料。虽然在鸦片战争前，林则徐就在广州组织士人抄录报刊。但在光绪初年，如皋之类的小县城还非常闭塞，《申报》的传播使这位乡绅有机会了解报刊新闻，与其他"听闻"有了较大的区别。报刊充实了他的新闻记录，也异于他的古典阅读方式。虽然我们无法肯定他是否阅读《申报》，但通过《申报》的辗转传播，带来了新消息、新知识、新体验，这是内地一般乡绅难以企及的传抄经历。

第二节 甲午时局、新闻呈现与读者阅读

王德威认为，五四其实是晚清以来中国现代性追求的收煞——极匆促而窄化的收煞，而非开端。没有晚清，何来五四？① 甲午海战作为晚清社会的标志性事件，也因此被学界称为"过渡时代"的起点。而以甲午海战为标志，中国进入"过渡社会"之后，其主要变化有二：一是报纸杂志、新式学校及学会等制度性传播媒介的大量涌现，一是新的社群媒体——知识阶层的出现。② 然而，在甲午之前的数十年间，新式报刊已在中国传播数十年，却一直没有发挥出应有的影响。而甲午一战，却成为知识分子主动利用报刊的"转捩"。李仁渊认为新式传播工具在1895年以后的政治化是最主要的关键。③ 可

---

① 王德威：《没有现代，怎样文学？》，台北城邦文化事业股份有限公司1998年版，第38页。
② 张灏：《中国近代思想史的转型时代》，《二十一世纪》总第52期，1999年4月，第29—39页。
③ 李仁渊：《晚清的新式传播媒体与知识分子：以报刊出版为中心的讨论》，台北稻乡出版社2005年版，第103页。

见，报刊传媒作为"过渡社会"呈现的"思想纸""政治纸"，乃是推动现代性的重要动力。甲午时期，报刊作为"思想资源"与"概念工具"的作用，随着时局阽危所面临的严重困境，逐步受到了读书人的关注，而报刊的价值与功用也在剧烈的社会动荡中体现出来。

由于甲午海战的标志性意义，在过往的研究中，报刊成为论者阐述清末社会思潮的基本史料来源。尽管张灏、罗志田、王德威、潘光哲、李仁渊等学者都从不同角度阐释了新式媒体对知识分子所产生的深刻影响，但在已有的研究中，知识分子与读者的关系是模糊的，尤其对报刊读者的主体研究极为少见。而甲午时期，报刊的传布并不广泛，读者数量也非常有限。因此，对于这一时期的报刊阅读，很少有人关注。而恰恰是之后流行的一些反映甲午海战的书籍，如《中日战史》《中东战记本末》等，为更多的读书人所了解。如王闿运在光绪二十二年（1896）九月十六日的日记中写道："看《中日战纪》，全无心肝人所作也。"① 然而，从新闻文本本身的角度看，甲午海战如何被报刊报道，如何经由各种途径被读者阅读并逐步认知，报刊营造的舆论如何影响到读者对时局的研判，这些"历史的想象"是否可以通过读者这一主体来进行"还原"，或者说，我们能否通过部分读者的读报记录来反映报刊在这一事件中所起到的媒介作用，从而在读者的亲身描述中来回溯事件的进程。基于此，我们通过研究甲午时期一些士绅的日记、回忆录和抄报纪录，至少可以部分地呈现甲午海战的一些新闻细节，体现出报刊传媒在塑造新闻场域的同时，拉近了读者与历史事件的时空距离，反映出波谲云诡的时局对读者思想世界的影响，从而为我们理解甲午海战为何作为"过渡社会"的肇始提供一些新的线索。

一、甲午之前报刊发行、传播与阅读

19世纪90年代初，中国知识分子的整体面貌已经有了很大改观，尤其是随着新式教育的发展，教会学堂的富商-贵族化趋向及其毕业生在就业、升学

---

① 王闿运著，吴容甫点校：《湘绮楼日记》第4册，岳麓书社1997年影印本，第2117页。

等方面的竞争优势，对士群产生进一步刺激，特别是教会学生投考官办学堂时具有优越条件。① 1877 年有 6 000 人进入教会学校学习，到 1890 年上升到 16 836 人。② 各类新式学堂学生以学习西学为要务，极大地推动了士林风气的转变，许多士绅也在新思潮的影响下关注时局的变化，而阅读报刊则是"增智识、广见闻"最有效的手段之一。甲午前后，国难当头，开明官绅和新式知识分子迫切需要从报纸上知悉时政。1894 年，陈炽在撰写《庸书》时，便对报纸的作用颇为重视，他指出："今报纸之流行广矣，华人知日报之益多矣，一转移间，则诸利皆兴，而诸弊皆去。集思益广，四民之智识宏开，殚见博闻，万里之形声不隔，高掌远蹠，明目达聪，修益地之图，补职方之志，此亦大一统之先声嚆矢也，而顾可忽视乎哉！"③ 而当时出版的日报具有快速传递新闻的优势，读《申报》《新闻报》等日报成为许多读者日常生活之必需。如杨葆光从 1880 年开始订阅《申报》，甲午之后，又订阅《申报》《万国公报》《时务报》《算学报》等报刊。维新前后，他对《申报》颇为关注，在日记中多次提及《申报》报费的支出数目，④ 这说明他是《申报》的忠实订户。

对于读报的益处，《新闻报》创办后的第二天，就在其评论中指出：

> 本报所布，无美不备，无善不收。日出一纸，以集思广益之盛。……要之，集万国之事，成万国之言，以万国之言助万人之益。将见为上阅报可尽操纵之妙，为下阅报可得风气之先。文人阅报益在多闻；商家阅报益在善贾；农工阅报益及操作。一报而万益备，一阅而万益开焉。虽然本馆非敢自夸，其能立言也，不过假本报之新闻述本报之新说，

---

① 桑兵：《晚清学堂学生与社会变迁》，广西师范大学出版社 2007 年版，第 35 页。
② ［美］费正清：《剑桥中国晚清史》上册，中国社会科学院历史研究所编译室译，中国社会科学出版社 1985 年版，第 637 页。
③ 陈炽著，赵树贵、曾丽雅编：《陈炽集》，中华书局 1997 年版，第 106—107 页。
④ 如光绪二十三年（1897）二月六日，支《申报》钱三百五十；三月十日，支《申报》钱三百；十月四日，支《申报》洋三角；十一月三十日，支《申报》洋三角；十二月二十三日，支《申报》钱二角。杨葆光著，严文儒等校点：《订顽日程》（第 4 册），上海古籍出版社 2010 年版，第 2884、2896、2917、2924、2932 页。

第二章　1880年至甲午前后的报刊阅读

愿以报中益言与阅报诸君子共证之者可耳。①

《新闻报》所论,与其广开销路的经营策略有关。彼时,《申报》已立足报界21年,《新闻报》要放眼世界,为士农工商服务,让各类读者从中受益,这显然是一种理想主义的情怀。

关于当时报纸对官绅的影响,时任《时报》主笔的李提摩太颇有感触,他说:"关于中国改革的许多课题,我写了一些文章。……我还发表了一些社论,讲述日本是如何进行快速改革的。为此,一些来自日本的参观者到报社向我表示感谢。不同地区的中国学者,在读过我的社论后,同样表现出极大的兴趣。张之洞从武汉发来电报,要我把报纸直接寄给他。"② 李提摩太所言,说明报纸在引导舆论方面的功效较为明显。彼时,中国已面临内政外交的困局,知识分子对时局颇为关注,报纸提供的各种新闻和评论已深刻地影响到读者的观念世界。但是,从总体上看,甲午时期报刊的专业水准尚不高,新闻真实性颇受质疑,实业家穆藕初回忆甲午年时说:"是年中日战争起,时报纸寥寥,传闻又多不实,连篇累牍,无非铺张扬厉之辞。嗣后得知我国大败,接受城下之盟,而心中之痛苦,大有难以言语形容者。"③ 这大体反映了当时报刊对战事报道的状况,由于缺乏前线记者的现场采访,许多传闻有误导读者的嫌疑。

不少读书人对报刊的关注,与甲午之前的时局变动有一定关系,也与报刊发行范围的扩张有很大关系。光绪十七年(1891),在瑞安乡下任塾师的张棡就开始记录从报纸中获得的新闻。如他在五月二十日记载:"看《申报》电传,五月一日又上谕:云南正考官戴鸿慈,副考官王嘉善。贵州正考官丁仁长,副考官劳肇光。""报中又详言:近日各处匪徒闹事,焚毁夷人教堂。湖北之武穴、安徽之芜湖,又有安庆、镇江、南京、丹阳、九江等处。"④ 时年

---

① 《论阅报之益》,《新闻报》1893年2月18日,第1版。
② [英]李提摩太:《亲历晚清四十五年——李提摩太在华回忆录》,李宪堂、侯林莉译,天津人民出版社、人民出版社2011年版,第197页。
③ 穆藕初:《穆藕初自述》,安徽文艺出版社2013年版,第9—10页。
④ 张棡著,张钧孙点校:《张棡日记》第1册,中华书局2019年版,第163页。

31岁的张棡被瑞安著名学者孙诒让、孙诒泽兄弟聘为诒善祠塾塾师,是年,他在日记中多次记载"看《申报》"。光绪十九年(1893),福建长乐的高凤谦不仅参加上海格致书院的课艺考试,阐发他的西学见解,而且有机会阅读《申报》。九月二十一日,他阅《申报》并记载:"上海织布局失火,自晨达夜,悉为灰烬,直(值)百五十万金,火之作也,求援于保险局,西人坐视不捄,殆利吾之灾也。"①同年,任海门镇军赵永铭幕僚的符璋,则已是《申报》的订户。一月九日,他"又付乙元与杨某,属由信局带《申报》"。五月五日,他"付赵哨弁处《申报》洋乙元"。第二年,符璋仍订阅该报,如十一月九日记载:"付福顺泰店《申报》洋乙元。"这说明他委托别人或信局订阅《申报》,每次付款一元,可能是定期订阅。而他阅读《申报》,侧重于关注官场和科举动态。如光绪二十年(1894)十二月九日,他阅《申报》后记载:"浙抚放寥穀士方伯,而以浙藩调豫藩,亦奇矣哉。"第二年九月八日,他阅报,"见初一日懿旨,启用恭邸"。十天后,他又读《申报》,"知何见石比部中北闱副榜第六名"。②这些例子说明,甲午之前,一些士绅通过各种途径能够接触到新式报刊,尽管他们对新闻的记载还较为简略,但新闻的"抵达",改变了他们传统的阅读方式,打开了一个"新世界"。

甲午前后,商业性报纸的发行在区域上有很大差异,不同地区士人的阅报机会也有很大区别。在江浙一带,《申报》《新闻报》的发行颇有起色,苏州、杭州、南京等大城市可以在这些报纸出版的第二天即可看到。身处苏州的包天笑回忆在他十四五岁时,看报"竟成为日常的功课","这时上海除《申报》以外,《新闻报》也出版了,苏州看报的人,也渐渐多起来了,他们在苏州都设了代理处,不必由信局派了"。③而浙江绍兴江桥的升昌钱庄,在

---

① 高凤谦:《懋斋日记》,上海图书馆稿本(善本,编号:T26625),光绪十九年(1893)九月二十日。
② 符璋著,陈光熙点校:《符璋日记》上册,中华书局2018年版,第3、25、117、57、105、109页。
③ 包天笑:《钏影楼回忆录》,中国大百科全书出版社2009年版,第108页。包天笑的回忆可能有误,这时苏州可能看到《新闻报》,时间应该在1893年之后,而他刚十四五岁,按照他出生于1876年的时间推算,当时还在1891年以前。

甲午海战前便订有《申报》，甲午年（1894）七月六日，当地乡绅陈庆均在日记中写道："又至江桥升昌钱庄阅《申报》，知六月廿六日中国同日本之战，日本大败，闻之欣喜无已。"① 但在内地，一般士人尚很难有机会接触并阅读报刊。

《申报》的传阅，可以通过友朋之间的书信得以佐证。如外交家黎庶昌担任驻日本国大臣任满回国后，于1891年被任命为四川川东道员，这一消息刊登在《申报》上。他的好友萧穆通过阅读《申报》得知这一消息，便写信给黎庶昌说："初五日阅《申报》所载二日电报，知有上谕，补授四川川东道，深为欣慰。"② 萧穆从报纸获得好友履新的消息，又将这一新闻通过信件向对方道贺，使书信本身也具有"新闻信"的性质，这是甲午之前读者读报活动中值得关注的现象。

甲午之前的《字林沪报》虽不能与《申报》相提并论，但该报在非新闻性的文艺作品发表方面，仍然有一定的市场，尤其是蔡尔康担任主笔后，增出《花团锦簇楼诗稿》一页，随报赠送，颇受文人骚客欢迎。如江标在1888年中举之前，与《字林沪报》的蔡尔康、李平书、苏绍柄（稼秋）来往密切，每至上海，均与他们宴饮交谈，平时书信往返亦多。江标还是该报的资深读者和作者，在日记中多次记载为该报作论的情形。如光绪十一年（1885）十月四日，他"灯下拟《沪报》论一首"。二十三、二十四日，"寄稼秋书并论二首"。十一月二十六日，"午后作沪论"。③ 彼时，江标在苏州乡下居住，多次为《字林沪报》写稿，表明这份报纸对他有着一定的影响。

甲午之前，驻外使节和随行人员有更多的机会阅读国内外报刊。如崔国因于1889年出使美国、日斯巴尼亚（今西班牙）、秘鲁，他关注国际国内局势，对报刊资讯颇为重视，平时注意阅览中外报刊，并对时局进行研判，如光绪十五年（1889）十月十九日日记载："美国新闻载俄国撒马儿罕已造竣，

---

① 陈庆均著，邓政阳整理：《陈庆均日记》（上），凤凰出版社2023年版，第24页。
② 萧穆：《与黎莼斋》，黎铎、龙先绪点校：《黎庶昌全集》第1册，上海古籍出版社2015年版，第733页。
③ 江标著，黄政整理：《江标日记》（上），凤凰出版社2019年版，第136、138、147页。

里海以东火车来往便利，此地至中国塔什干只五百八十中里，亦已兴工添造。"显然，他摘录这条新闻是有目的的，俄国新修铁路可能会对中国形成潜在的威胁。光绪十六年（1890）闰二月十五日，他记载俄国报纸有关中国海防的报道："中国海防大非以前，旅顺一口建炮台十一座，陆可为直隶之屏藩，水可为铁舰停泊，其余可遥护高丽，盖由旅顺到高丽之济物浦仅二百五十英里也。其次则大沽扼北河而固京畿，江防亦渐兴筑炮台兵船日益云。"他读后评论："地球各国均愿邻国之弱而不愿邻国之强，以弱则易就范，强则难争利便也。俄与我邻，乃常越界而占我北边之荒地，盖因其地多金矿而垂涎也。我稍一布置而彼矍然惊焉，此其志可知矣。"俄国觊觎中国已久，中国海防稍有动作，便横遭指责和质疑，作为驻外使臣，崔国因注重西方媒体的中国报道，对其险恶用心加以揭露，颇具国际视野。又如闰二月十九日，他摘录伦敦报纸新闻："英国求于西藏通商，中国已允且立约矣。"他在日记中加上按语："西藏与缅甸毗连，而实通蜀之地，殷富颇似江浙，由其土产之丰也。现已开口通商矣。……若由缅甸、西藏陆路以达，则英独得之利也，宜其亟求立约也。"对于英国抢占西藏通商利权，他的分析颇具预见性。三月十八日，他摘录英报报道："亚洲各矿，西人不能尽知，然中国、日本之多矿产，则固人人知之。中国泥于风水者，论开矿则群非之，今稍去故见，中国果以西法开采煤铁，则足以行销天下并夺回西国市利矣。"显然，国人对开矿颇有偏见，但兴办矿业则为富国之策，他自然积极推动。九月二十三日，他摘录报纸所载新闻："威海卫为辽沈之咽喉，闻已与旅顺口、大连湾均筑炮台，驻重兵，惟金州地方寥阔，海口平夷。"对于巩固海防，他颇有感想，指出："外洋各国留心武备，善于侦探中国，如慎固封守，无隙可乘，亦可以消其侵凌之志，不战而屈人，伐谋于先事也。"① 彼时，日本尚未有在黄海开战的具体行动，但作为驻外使节，崔国因注意搜集国外报刊的报道，关注海防和国家安全，与国内保守官员沉醉"天朝大国"的幻觉相比，崔国因在国防、

---

① 崔国因：《出使美日秘日记·一》，李德龙、俞冰主编：《历代日记丛钞》第128册，学苑出版社2006年版，第46、207、208、210、232、385页。

外交和工商业等方面的独到见解，颇有"先见之明"。

与崔国因热衷于阅读外报不同，在日本东京担任使馆书记官的郑孝胥对国内报刊较为关注。光绪十七年（1891）九月三十日，他读《申报》得知当年福建乡试放榜情况："闽榜解首陈君耀，长汀人。数至四十三名，郑孝柽。"① 曾经在九年前高中福建乡试解元的郑孝胥得知自己的弟弟成为举人，自然喜不自禁。显然，《申报》刊登的科举放榜信息是吸引读书人阅读的重要内容。1891年至1894年，郑孝胥通过读《申报》《沪报》，了解"顺天大水""理事访赌""浙江场弊""许庚身卒""苏松太道放鲁伯阳""江西会匪蠢动""（张）季直登第"等新闻事件。②

甲午之前出使德俄等国的许景澄，不仅经常组织翻译俄文报刊供国内参考，还通过上海寄来的"洋报"获知国内新闻。他在致友人的信中，对《申报》有关"美员（翻译）已折回，其人是否北洋托通使所募"③ 一事，向友人进行核实。《申报》对时政新闻的报道，使远在他国的出使人员也能了解国内时局，从而在新闻时空上实现了一定程度的延展。

甲午之前，《申报》作为全国性大报的地位已经确立，不仅在上海社会已声名远播，在官绅中也颇有影响，且其辐射范围不断扩大。19世纪八九十年代，随着江浙一带商人与文人大量迁往上海，旅沪的江浙人逐步在上海移民中取得主导地位，上海是江浙人心目中乡缘、血缘、人缘延伸的都市空间，他们自然也将上海的文化传播到江浙地区。作为存在了二十多年的商业性大报，《申报》对于周边地区的影响不能简单以发行量进行推算。《申报》的阅读，亦不能单纯地以士绅的消遣为唯一旨趣。进而言之，《申报》作为报刊文化的象征价值，通过二十多年的推广与传播，其在上海及江浙文化圈的影响较为深入，尤其是一些乡绅的读报活动颇值得关注。

---

① 郑孝胥著，中国国家博物馆编，劳祖德整理：《郑孝胥日记》（第1册），中华书局1993年版，第245页。
② 郑孝胥著，中国国家博物馆编，劳祖德整理：《郑孝胥日记》（第1册），中华书局1993年版，第365、374、381、391、399、411页。
③ 许景澄：《致谢子方大令》，《许文肃公书札》（卷2），上海陆征祥1918年至1920年铅印本，第13页。

在江苏吴江乡下，乡绅柳兆薰早在1874年便有借阅《申报》的记录。至光绪十四年（1888），他的儿子柳慕曾已长期订阅《申报》，灯下读《申报》已成为柳慕曾的生活习惯，并在他的阅读生活中占有重要地位。仅八、九两月就有十八天"灯下看《申报》"的记载。从他收阅报纸的时间上看，他可以读到两天前的《申报》，有时送报较晚，但一般不会迟于十天，灯下读报是他一天中值得记录的大事，一般在当天日记开始便加以强调。日记虽然简约，读报俨然成为一种日常仪式，展示了他的阅读习惯和精神追求，体现出这位乡绅与报刊社会有着紧密的联系。如八月八日，"灯下看初三《申报》"。九日，"灯下看初六日《申报》"。二十一日，"灯下看初十一二日《申报》"。柳慕曾对《申报》上的灾荒、匪乱新闻颇为关注。如八月二十二日，他"灯下看十三、四、五日《申报》"，并记载："奉省于六月中霖雨兼司山水陡然发，被灾甚重，近查灾户共有三十余万人口。江西萍乡县与湖南醴陵县毗连之处，有武功山，近有哥老会匪聚集，四出劫掠，肆意驿骚，附近各州县人心惶惶，迁徙一空，未□能即日平定否？"他进而评论："盗贼窃发，灾歉频仍，犯人之扰，其能已乎？"之后，他多次阅览《申报》。至九月十六日，他"灯下看初六、七、八、九日《申报》"，又记载甘肃等地灾荒新闻："甘肃兰州、平凉、西宁、固原三府一州暨新疆疏勒州各属，夏秋之间，因雨雹山水成灾。苏属常邑暨常属金、阴、江、宜、荆四（五）邑皆患旱灾，镇郡各属因亢旱成灾，从、阳两邑尤重，已于本月初五日奉截留江北河运漕米五万石赈济镇属各灾区之旨。"直至年底，读报成为他日记中的重要内容。至第二年三月开始，他又经常阅读《申报》，直到甲午年（1894）六月二十五日记载："灯下看廿三日《申报》，十三《京报》，看《易知录》廿一页。"① 是日，作者的日记亦结束。这表明，《申报》作为作者的"身边纸"，深刻影响其阅读生活。

作为《申报》的老读者，苏州绅士王伟桢在中法战争期间便经常阅读报刊，了解时政要闻。但在1885年之后的两年，他很少记载阅报经历。至戊子年

---

① 柳慕曾：《柳慕曾日记》，《苏州博物馆藏近现代名人日记稿本丛刊》卷21，文物出版社2018年影印本，第6、7、12、13、21、162页。

(1888)，王伟桢之子王祖锡正积极准备参加浙江乡试，他对报刊刊登的新闻颇为留意。八月初，他陪同祖锡至杭州参加乡试，至八月二十八日，他在旅舍收到"正祥盛"信局送来的《申报》，抄录了当年广东、湖南乡试题目。① 当年祖锡乡试落选，优贡考试也仅列备取第16名，失去了参加朝考的机会，王伟桢得知消息后颇为不怿。之后数年，王伟桢偶阅《申报》，如庚寅年（1890）六月十八日，他阅《申报》并记载："天津通州自五月廿八至六月初，烈风盛雨，河水暴涨，堤岸决口，人民淹毙，房屋坍塌者，不计其数。"② 甲午（1894）四月十一日，他读《申报》，对"翰詹大考"的新闻特加记载："点涉升降各员，计一等六人，编修文廷式，升侍读学士；秦绶章、陈宝忠，侍讲学士升用；戴鸿慈、陈兆文，庶子升用；王懿荣，侍读升用。二等七十七人。……三等五十一名。……四等二人。"③ 尽管他摘录新闻的次数很少，这些偶尔的记忆，则与他对新闻选择的"偏好"有关。

甲午之前，《申报》在乡村社会也拥有忠实的读者。作家周作人在《报纸的盛衰》一文中，就谈到他的大舅父是前清的秀才，抽鸦片成瘾。每天要中午才起身，平常吃茶吃饭也还是在帐子里边。④ 然而，一位看起来如此慵懒和颓废的乡下秀才，却有着长年阅读《申报》的习惯，周作人回忆道：

> 我住在那里是甲午的前一年，他已经看着了。其时还没有邮政，他又住在乡下，订阅上海报是极其麻烦的，大概先由报馆发给杭州的申昌派报处，分交民信局寄至城内，再托航船带下，很费手脚，自然所费时光也很不少。假如每五七日一寄，乡下所能看到的总是半个多月以前的报纸了。⑤

---

① 王伟桢：《游杭日记》（戊子七月廿七日，第24册），《修闲居士日记》（1878—1898），复旦大学图书馆稿本（善本，编号：3649），戊子年（1888）八月二十八日。
② 王伟桢：《衣德迁居》（己丑十一月朔，第26册），《修闲居士日记》（1878—1898），复旦大学图书馆稿本（善本，编号：3649），庚寅年（1890）六月十八日。
③ 王伟桢：《围炉日记》（癸巳十一月，第31册），《修闲居士日记》（1878—1898），复旦大学图书馆稿本（善本，编号：3649），甲午年（1894）四月十一日。
④ 周作人著，刘应争编选：《知堂小品》，陕西人民出版社1991年版，第542页。
⑤ 周作人著，刘应争编选：《知堂小品》，陕西人民出版社1991年版，第542—543页。

周作人的大舅父住在绍兴县孙端镇安桥头村，交通不便。但是，他却非常愿意看半个多月之前的《申报》，这对绍兴乡下的落第秀才而言，似乎难以理解。但是，甲午之前，江浙一带已明显受到洋务思潮的影响，对于读书人而言，"以前以为是中外流氓所办的报纸到了那时成为时务的入门书，凡是有志前进的都不可不看"。报纸成为区别新旧观念的象征，读报纸也意味着读者在触摸时代的脉搏。可见，在资讯相对发达的江浙地区，开明的读书人已经将报纸视为观察时局的窗口。正如周作人所言：

> 我在故乡曾见有人转展借去一两个月前的《申报》，志诚的阅读，虽然看不出什么道理，却总不敢菲薄，只怪自己不了解，有如我们看禅宗语录一般。不喜欢时务的人自然不是这样，他不但不肯硬着头皮去看这些满纸洋油气的新闻了，而且还要非议变法运动之无谓，可是他对于新闻的态度是远鬼神而敬之。他不要看新闻，却仍是信托它，凡是有什么事情，只要是已见于《申报》，那么这也就一定是不会假的了。①

显然，周作人所描述时人读报的情景，建构了一种报纸阅读的仪式场域，读者读报纸，带着渴求与虔诚，而报纸作为一种新时代的"标识物"，起到了"图腾"的作用。正如詹姆斯·凯瑞（James W. Carey）所言："从宗教仪式角度看，我们认为新闻变化不大，但本质上让人产生满足感；它功能不多，但得到了日常性的消费。"② 由于人们相信报纸的真实性，又将之视为一种"信托产品"。在这个层面上看，报纸便是一种"信用纸"，它是传递外部世界信息的忠实对象，通过它的传递，人们对新闻的真实性加以强化，并由此对时政新闻进行社会记忆和文化建构。

当然，并非所有读者都会在日记中发表对时局的看法。如中法战争时期对时局颇为关注的何承禧，在甲午前很少读报。光绪十七年（1891）二月二

---

① 周作人著，刘应争编选：《知堂小品》，陕西人民出版社1991年版，第543—544页。
② [美]詹姆斯·W. 凯瑞：《作为文化的传播》，丁未译，华夏出版社2005年版，第9页。

十日,他记载《申报》所刊王子清推升云南鹤庆州的新闻,指出:"名姓出身皆符,而籍贯浙江,其中必有舛错。以二十余年荫生得遇卓异,亦可推升,但其事若确,路途太远,是亦美中不足也。"① 此类官场新闻,对他而言,大约有猎奇的意味。又如久居上海的萧穆,早在 1873 年就阅览《申报》,他的好友薛福成出使英、法、意、比之后,他与之书信往来。如他在壬辰年(1892)正月三日日记载:"文报局送到薛叔耘星使去冬十一月廿日西洋来信。"与海外的联系自然会扩展他的视野。作为《申报》的长期读者,他注重整理旧报,留以备考。同时,他又阅读《沪报》,如当年三月十四日的日记载:"又前阅初十日《沪报》日中有岛条云,近来太阳中见有黑点,据天文家言,系主淫霖与飓风,为凶岁之兆,并测得最大黑点长有十万英里,宽有六万英里云。今补记,俟验。"此类天文现象,他特加记载,颇感新奇。虽然上海当地报刊内容丰富,但萧穆仍然很少摘录,而对于科考新闻,他甚为关注。四月十二日,他阅《申报》所载会试题名录,并记载:"乃十一发榜,吾邑中式一人,郑辅东。而相知者为慈溪林颐山,仁和汪康年,仪征刘显曾、沈文翰。"② 埋头于校勘和整理古籍的萧穆,虽长期坚持读报,却很少在日记中记载时政要闻,更遑论进行时事点评了。

而在甲午之前数年,《申报》已在江西玉山县传播和阅读,翁曾纯(1834—1895)的读报经历便是一个例证。翁曾纯出身名门,其祖父翁心存官至体仁阁大学士,父亲翁同爵官至湖北巡抚。翁曾纯于光绪十六年(1890)八月任江西广信督销局,任所在玉山县城。他与当地官绅有较多交往,尤与玉山县令孟子卿往来频繁。玉山较为偏僻,信息闭塞,但在光绪十七年(1891)十月二日,翁曾纯却有机会阅读《申报》。他在日记中记载:"今日阅《申报》得悉,江南题名录吾家获中两人,一翁炯孙,一翁顺孙。"其时,翁炯孙年方 20 岁,翁顺孙 25 岁,两人均为翁曾纯的堂侄。他阅后甚为兴奋,

---

① 何承禧:《介夫日记》,周德明、黄显功主编:《上海图书馆藏稿钞本日记丛刊》第 69 册,国家图书馆出版社、上海科学技术文献出版社 2017 年影印本,第 89 页。
② 萧穆:《敬孚日记》,周德明、黄显功主编:《上海图书馆藏稿钞本日记丛刊》第 37 册,国家图书馆出版社、上海科学技术文献出版社 2017 年影印本,第 4、26、36 页。

写道:"少年科第,取青紫如拾芥,此非祖功宗德,即系本人前生宿慧,否则乌得有如此容易耶。以视皓首穷经,困顿场屋者,难易真有天壤之别,不禁为之浩叹。"六天后,他又一次阅《申报》,抄录九月二十五日上谕:"有湖北巡抚翁某捐田赡族,伊子浙江候补知府翁曾纯等克承先志,建立义庄,赏给匾额一方,着该家属祗领。"此则新闻,与翁曾纯直接相关。他读后感慨:"虽时日稽迟,府君见背,不及目睹庄成,然幸已办妥。且天语褒嘉,不特一人荣幸,并为九族光宠。"① 由于《申报》的转载,使他能够在"上谕"发出后的第13天得以"恭阅",这对翁曾纯而言,颇值纪念,并引以为荣。然而,除了这两条与他自己相关的记录之外,翁曾纯对《申报》其他新闻并无记载。在其当年的日记中,亦无其他阅读《申报》的记录。这反映翁曾纯对《申报》的新闻具有明显的"选择性记忆"。

而某些低级官员虽然有机会接触现代传媒,但他们身处内地,对新思潮缺乏应有的认知,即便是阅读报刊,也以获知朝廷要闻和皇上起居状况为荣。如在湖北荆州,担任守堤职责的范寿枬,从甲申(1884)开始,十余年间每天在日记中记载长江堤岸水位情况。如当年六月一日记载:"水落八寸,高石矶一尺四寸。"六月二日又记载:"水落一尺,高石矶四寸。"除水文记录之外,他很少记载时政问题。光绪十四年(1888),荆州已开通电报业务,六月十七日,他"接三儿天津电报",但他很少了解电报新闻。至光绪十六年(1890),他开始阅读《申报》,并偶尔全文抄录朝廷谕旨和盛典。如三月七日,他全文抄录二月廿二日《申报》有关光绪帝二十岁生日庆典的新闻:"预于正月二十六日举行筵宴,光禄寺庀馔于太和殿中,宝座前设御宴一桌,……宝座丹阶下左右各设一席,为御前大臣席。……诸臣皆朝服。皇上于是日十一点钟自南海至内,由殿后升阶,进太和殿后,槅扇升宝座,诸臣行礼。……"如果说此类抄录具有"帝王崇拜"的情结的话,那么他对《申报》上《治疯狗咬奇法》的抄录,大约抱着"实用主义"和猎奇的心态。光

---

① 翁曾纯等著,王振伟整理:《翁曾纯日记 瀚如氏日记(外二种)》,凤凰出版社2021年版,第16、17页。

绪十七年（1891）八月三日，他抄录该文："此方乃苏州潘功肖先生遇异人传授，屡试屡验。倘得此方，以为秘法。图利不传。……咒语云，……再在泥地上写此符，念此咒。"此类所谓咒语治病的奇方，显然是骗人的把戏，且是四个月前《申报》刊出的"旧闻"，但他抄之不疲。光绪十八年（1892）二月五日，他抄录《申报》一月十九日一则皇上新年举行盛典的新闻，该文对仪式场景进行了全面细致的描述，他全文照录，颇为投入。三月十三日，他又抄录《申报》一月二十四日所载《富贵寿考》一文，文中描述了李鸿章七十大寿的盛况："皇上赐寿，……皇太后珍赏福寿字二方匾额……皇上珍赏福寿字楹联、金佛、如意、绸料。……"① 显然，范寿枬对宫廷和权贵的仪式场景有着强烈兴趣，对奇药异方颇为迷信。在甲午之前，国难当头，国内外重要新闻层出不穷，范寿枬的日记中却毫无记载。在他看来，他在日记中所抄录的所谓新闻，颇值纪念，而时政要闻，他反而置之不理。此类现象，反映出守旧小官僚的盲从、狭隘与陈腐。现代报刊虽然介入了他们的日常生活，却对他们的观念世界并没有起到"引导"作用。

二、 报刊地理、甲午时局与士绅的读报活动

甲午中日海战，使中华民族陷入"亡国灭种"的危机之中，也是中国社会进入"过渡社会"的重要标志。报刊对战局的报道，成为读者关注时局的重要资讯来源，尽管当时的读者大多为社会精英，但他们的读报记录却能反映战局变动以及对他们的深刻影响。由于报刊地理上的差异，当时的报刊读者主要集中在上海、天津、广州等口岸城市，以及浙江、福建等风气较为开通的地区，而内地乡村社会的一般民众尚不知报纸为何物。因此，读者所处的地理空间，与报刊的"可得性"有着直接关系，读书人向读报人身份的转变，仅在报纸触及的"地点"才有可能。

光绪十六年（1890）八九月间，任翰林院编修不久的江标，从上海出发

---

① 范寿枬：《廉让间居日记》，李德龙、俞冰主编：《历代日记丛钞》第115册，学苑出版社2006年版，第3、160、233—236、293—296、312—315、320—321页。

赴日本游历，乘轮船、火车，参观劝工场，拜访日本名流，纵论时事，对日本现代文明颇有观感，视野宏开。光绪十七年（1891）六月三十日，他在北京寓所剪阅《申报》并记载："不必论其他，即以日报一事观之，可知已。二十年前，日本尚无新闻片纸，而今且有二百家矣。""讲求西学以夺西商之利，环顾亚洲，非日本其谁属哉，非日本其谁属哉！"① 江标对日本新闻纸的发展特别留意，这与其长期以来对报刊的观察有一定关联。之后，江标与日本驻华使馆翻译中岛雄等人往来密切。至甲午海战爆发，江标先后拟作对日本与朝鲜之策上呈座师李鸿藻，② 江标对甲午海战的认知，与其对日本游历、交往与阅读网络有着一定关系。

1892 年考中进士的蔡元培，甲午年已在京担任翰林院编修，仕途顺畅。除饱读诗书外，他早已养成阅读新式报刊的习惯。其时北京阅报之风尚未流行。但留心时事的蔡元培，从当年九月开始，多次阅读沪报，并记载当时列强侵略中国的情形。如九月十三日，他阅九月二日沪报并记载："称俄报有论，纵（怂）恿英、法、俄大国割分中国之地，各据一隅。又有云，高丽关系俄国最大，其政事，俄国应代为整顿，他国不得与闻。"九月十七日，他记载沪报有关朝鲜战场新闻："四日沪报八月十八日鸭绿江之战，倭人第一队最大捷，坚船七艘沉其二。……五日沪报：倭军于一日派兵五千，从高丽东北海口登岸……"十月十四日，他记载沪报有关中日战争的新闻："九月二十八日，倭人以四万余人攻九连城，守者五千余人而已，两日破。闻初三日倭人攻克九连、凤皇两城。八日焚城，渡江而东，遂由海道力攻旅顺及大连湾，毁旅顺炮台三，据金州矣。"十月二十二日，他读沪报后记载："闻近日倭奴东扰威海卫矣。"③ 蔡元培所记沪上报纸内容，几乎都与当时中国时局有关，尤其关于中日战争动态的记载，反映了他对国难的忧患之情。他早年日记中记载所阅书籍大多为古典文献，如《三国志》《汉书》《南史》等，时至 1896

---

① 江标著，黄政整理：《江标日记》（下），凤凰出版社 2019 年版，第 440、441 页。
② 江标著，黄政整理：《江标日记》（上），凤凰出版社 2019 年版，前言第 2 页。
③ 蔡元培著，中国蔡元培研究会编：《蔡元培全集》（第 15 卷），浙江教育出版社 1998 年版，第 36—37、39、45、48 页。

年，蔡元培不仅通过读《新闻报》了解时政，还开始阅读《电学源流》《电学入门》《电学问答》《化学启蒙初阶》《分原》《中西纪事》等新学书籍，可见，时局的变化对他的阅读世界产生了深刻影响。

甲午海战震惊中外，各种传闻难以辨认，即便作为李鸿章最信任的僚属之一，担任北洋机器局总办的傅云龙，也难以获知战局的可靠资讯。其子傅范翔随侍身边，详细记载了光绪二十一年（1895）正月至三月间傅云龙的公务活动及甲午海战的情况。尽管傅云龙在京津官场人脉甚广，消息灵通，但正月十五日前，傅云龙、傅范翔在京过年，关于甲午海战的各种消息，却大多来源于"听闻"，傅范翔的日记中提到的"闻荣城去岁十二月廿五日失陷""闻东抚大胜倭贼""闻威海不守""闻烟台不守"[①] 等消息，均未注明出处，表明他对前方战事的传闻并非确信。正月十八日之后，傅云龙父子来北洋机器局办公，可以"阅合肥咨机器局密札"，还直接拜见了李鸿章，并被告知："廿三□开议，带随员十二，有马建忠及其季子李经芳（方）云云。"此类机密，傅云龙父子由于与李鸿章的私交方可获取。而在李鸿章赴日本议和之后，傅范翔对战局的了解仍然多源自"听闻"。一月二十日之后，傅范翔的日记中出现了"阅报"的记录，但对报刊记载的战时新闻却难得一见。其时，天津《直报》初办，但他很少有阅读该报的记录。对于李鸿章在日本被刺一事，各种传闻莫衷一是。傅范翔也被电文和各种"听闻"弄得一头雾水。三月一日，他通过读报得知："二十八日下午四点半钟，钦差、头等全权大臣李中堂会议回寓，被倭人用小手枪行刺，击伤腮颊，流血极多，铅子尚未取出。"报纸新闻是他对传闻进行比较的一种方式，第二天，他才确证"合肥身死是误传"。[②] 可见，傅云龙父子虽身处天津，消息来源广泛，但报刊的战时新闻并没有充分地进入他们的阅读视野。

甲午年，时年19岁的包天笑，却因为苏州邻近上海的地理优势，已经有了近十年的阅报经历，其时，他虽要参加科举考试，却对新式报章颇有兴味。他回忆：

[①] 傅范翔著，《傅范翔日记》，傅云龙著，傅训成整理：《傅云龙日记》，浙江古籍出版社2005年版，第325、326页。

[②] 傅范翔著，《傅范翔日记》，傅云龙著，傅训成整理：《傅云龙日记》，浙江古籍出版社2005年版，第331、335页。

那一年是甲午年吧，我国与日本为了朝鲜事件打仗，上海报纸上连日登载此事。向来中国的年青读书人是不问时事的，现在也在那里震动了。我常常去购买上海报来阅读，虽然只是零零碎碎，因此也略识时事，发为议论，自命新派。也知道外国有许多科学，如什么声、光、化、电之学，在中国书上叫做"格物"，一知半解，咫闻尺见，于是也说："中国要自强，必须研究科学。"①

在包天笑看来，甲午海战对他的阅读生涯有着深刻影响，尽管他还在"旧学"中谋求仕进，但是报刊给他带来新学的基本概念。以"新派"自况，说明报刊为他开启了通向"西学"的窗口。其时，包天笑作为求知欲极强的青年，虽然尚未完成由传统读书人向现代知识分子的身份转变，但他由阅读新闻而重视新学，表明两者之间有着内在的关联。

长期在苏州生活的王伟桢，早在1884年就有阅读《申报》的详细记载，甲午海战爆发之前的一个多月，他留意《申报》刊登的各省乡试题目，并详加抄录。他的儿辈也仍然热衷于参加科举考试。但至九月初，他对甲午海战新闻极为关注，在日记中大量抄录《申报》的相关新闻，并与友人讨论时局，对战事进展详加分析。如日本侵略朝鲜、恭亲王复掌大权、银根颇紧、旅顺失守、京城人心惊恐等新闻，虽多来自书信和友人交谈的内容，但是局势诡谲，他深以为忧。至十一月十六日，他读当月初十、十一日两天的《申报》，得知"宋军门麾下聂士成连获两胜，军声为之一振"。他认为获胜的关键是善于用人。他写道："前此非倭寇之厉害，实中朝所派非人，淮军将领非畏怯即通倭，以致处处溃逃，着着落后。大加整顿，去官先自天津之首相始。"显然，他对淮军和李鸿章极为不满，希望朝廷予以惩处。之后，他与杨绶卿、曹载安等人谈论时政，认为中日交战，"非日强中弱，实中国之无将，亦非无将，实调遣不得其人，不能激发其忠义之气。赏罚不明，用人不当，一若中朝，竟无办事之人，为可慨也"。②

---

① 包天笑：《钏影楼回忆录》，中国大百科全书出版社2009年版，第135页。
② 王伟桢：《望霓日记》（甲午八月朔，第32册）,《修闲居士日记》（1878—1898），复旦大学图书馆稿本（善本，编号：3649），甲午年（1894）年九月十五日、十二月九日。

乙未年（1895）春节后，中日开始议和，二月二十八日，他见《申报》所载"宰相和戎"的新闻，认为李鸿章"几比之于秦桧也"。三月二十五日，《申报》载议和新闻："日本派宰臣伊藤博文迎接拜会，傅相答之以礼。"他深感忧虑，写道："不知日内议得若何。日本蕞尔国乃猖獗若是，我兵动辄溃散，渠则节节进攻，所向披靡。我堂堂大国，将来何以敌欧西诸国，邦忧心靡也。"① 此番议论，表明他对清廷的腐败无能颇为不满，"国将不国"，作为士人，他虽以天下为己任，但败局如此，只能哀叹。至四月十四日，中日换约，舆论大哗。

《马关条约》签订之后，唐景崧在台湾成立"民主国"，王伟桢特别关注台湾局势。他在五月二十八日日记载："（唐景崧）总统不能支持，遂逃。台湾基隆尽失，《申报》言，其微服到沪赴南京见制台，此真不可解者也。"各种传闻不断传来，尤其传言刘永福大胜日军，但王伟桢认为这些消息不可靠。五月三十日，他又抄录《新闻报》相关新闻："刘大将军之胜倭也。有善得水性之勇三百人，可入水三昼夜，以水雷置倭兵舰底，舰动，水雷轰发，又有竹箭置毒药，人及身即死，是役也，伤倭舰四艘，人不计其数。"抄录之后，他又加以评论："确不确，未可知。或未始□无因耳。将不在勇而在谋，兵不在多而在精，信然。"② 闰五月四日，沪报继续报道台湾新闻："刘渊亭永福镇守台南，出奇制胜，竟出人意表者。"王伟桢仍然不敢肯定消息是否确切，但他读后仍感兴奋，当日抄录全文。闰五月七日，他读《新闻报》，记载"桦山氏之被擒"的新闻："桦山氏以三寸舌往说刘大将军，刘赫然震怒，饬麾下拘，亦囚诸幽室，随从人等挥之使出。倭人愿出银五十万取赎，刘不允，次以中日和约见还，则生还有日也。又载云，昨有访事友续函，某日有英人前往台南，躬访刘大将军节辕，缕述来意，谓愿一见颜色，非有他求。"此类报道，大有为刘永福歌功颂德之意，他继而全文照录。闰五月二十日，他总结道："连日《新闻报》无日不刻台南胜倭情形。"当天该报又载刘永福大捷的

---

① 王伟桢：《望霓日记》（甲午八月朔，第32册），乙未年（1895）二月二十八日、三月二十五日。
② 王伟桢：《望霓日记》（甲午八月朔，第32册），乙未年（1895）五月二十八日、五月三十日。

新闻,他"再抄录之",文中描述:"前月廿六,刘军门与倭交战,大获胜仗。杀死倭兵四千余人,烧毁倭兵舰七艘,倭受此大创,不见动静。"① 文中对刘永福设计打败倭寇情形,颇为夸张。这些具有煽情性质的新闻,王伟桢初感疑虑,但多闻之后,不再置疑,遂颇感兴趣,竟多日全文照录。笔端之下,体现他强烈的民族意识和家国情怀。

江苏武进人吴稚晖在光绪十八年(1892)就有阅读报刊的记录,是年七月九日,他在开往江阴的船上,阅当月一日的"上海新闻纸",并在日记中记载:"江宁门西梧桐树地方,于闰月十九之夜,有星自东北而西南,光熊熊,陨于该处,明日视之,一大石,中有孔,火灼其中,一昼夜乃灭。"此类异闻,成为他是日读报的重点。但在甲午海战之后,他对战事颇为关注。十月五日,他对之前所读的《沪报》和《申报》进行了对比和评论:"《沪报》所记,尚不尽子虚。惟平壤溃后,八月十六日以往,由义州自退九连城,之后遂无一卒在鸭绿江之南,乃该报忽明忽昧。至前月二十九之报,尚有义州华兵交战之事,胡说甚矣。该报一事必隔多日乃明,然胜于各报,其略可信。如《申报》尚有极论盛道为李相批掌,伪谬直可喷饭。"在吴稚晖看来,两家沪上报纸有关战事的虚假报道不少,令人困惑,相对而言,《沪报》稍胜于《申报》。但至十月二十八日,他读完本月二十日《沪报》之后,大为不满,他认为《沪报》"尚胡说乱道,以前亦虚多实少,全不及秋间详实。耳学虽亦有不实,大都可靠。"对于报纸虚假新闻的流布,他颇为担忧,感叹:"大局真不知如何。"② 吴稚晖对报刊虚假报道的揭露,颇值得关注。当时一般士人很难获取报纸资源,即便是关注时局的报刊读者,对沪上报刊新闻大多深信不疑,而吴稚晖拥有较多的资讯途径,尤其是通过与友人的聚谈,打探到官场消息,他通过对比和分析,对《申报》《沪报》的虚假报道大加批判,体现出不同凡响的质疑精神。

长期在南昌经训书院任教的皮锡瑞,甲午之前很少有机会读报,但他在

---

① 王伟桢:《退暑日记》(乙未闰五,第33册),乙未年(1895)闰五月四日、闰五月七日、闰五月二十日。
② 吴稚晖:《吴稚晖全集》[卷9 日记 书信 笔记(1)],九州出版社2013年版,第82、396、414页。

甲午年四五月间，曾抵达上海游历，上街购书报，他在四月二十八日见"新闻纸"，记载："散馆，颂年高列，赵止生亦在一等，俞伯钧二等第二名，洪毅夫亦前列，四人必留。"这说明他对翰林院庶吉士甄别考试的新闻颇感兴趣。他回到南昌后，在教学之余，对朝鲜战事较为关注，除了平日与友人"痛言时事"外，战事的发展引起了他读报的欲望。七月十二日，他在日记中记载《申报》新闻："海上战事，陆战多胜，海战互有胜败。济远兵舰与其浪泊舰交锋，彼不能支，下船旗乞降，有援兵乃引去。我师亦为彼击去船面，伤毙二十余人。"但二十八日他便记载"朝鲜亦不能保"，至九月四日他看《申报》新闻后写道："平壤失守，李相亦得处分，甚有讥讽之词。此人致寇负乘，固不足惜，将来大局可虑耳。"① 而在战败议和过程中，皮锡瑞始终关注《申报》的报道，光绪二十一年（1895）二月五日，他读《申报》后记道："丁汝昌在刘公岛以全军降倭，此后中国无一兵轮，倭日张、邵二人为乞降使，而十八子（李鸿章）又往乞降。"十四日，他读《申报》后关注议和进展："十八子廿八往旅顺，不知廷议若何。俛首乞和，则大事去矣。"二十三日，他通过《申报》了解到议和的最新消息："十八子已回天津，刻日出洋议和。"② 可以说，甲午战争极大地影响了皮锡瑞的阅读世界，他自此经常阅读《申报》，将国难的忧愤通过报刊新闻、友人议论与诗词感慨结合起来。甲午期间，他的日记明显异于前几年对"阅课卷""读典籍"的繁琐记载，对国家命运的忧虑使他不断通过读报关注新闻动态，时局剧变引发的读报活动，使他思想发生巨大转变。甲午之后，皮锡瑞对报刊的价值有了新的认识，除了经常阅读的《申报》之外，《时务报》《知新报》《湘报》《中外日报》等报刊常在他的日记中呈现，而他与黄遵宪、梁启超、谭嗣同等维新人士的密切往来，进一步促使他从书斋走向南学会的讲堂，在湖南维新思潮的传播中一度充当着舆论领袖的角色。

甲午中日战争前，郑孝胥在日本任外交官，但他经常阅读《沪报》《申

---

① 皮锡瑞：《师伏堂日记》（第 1 册），国家图书馆出版社 2009 年影印本，第 447、487、496、522 页。
② 皮锡瑞：《师伏堂日记》（第 2 册），国家图书馆出版社 2009 年影印本，第 13、17、21 页。

报》《新闻报》，甲午海战爆发前，他从日本归国后常与同僚和友人谈论时局，留心阅览报刊。九月六日，他记载俄国新闻纸消息："中日战事，俄国应先排解。又云：高丽关系俄国最为重大，高丽政事，俄国应代为整顿，他国不得与问。又有论中国不习西法，不治军政，文官要钱，武官惧死，岂可令其自立为国？宜由英、法、俄各大国分割其地，各据一隅云云。"俄国觊觎中国的野心，在新闻中已暴露无遗。九月二十三日，他阅《申报》《沪报》，得知"日本遣井上馨至高丽总理事务"。十月一日，他记载中日战事："《沪报》言：倭人佐藤率兵渡鸭绿江，由水谷镇而进。《沪报》言：倭人于旅顺口登陆，华军拒之，胜败未决。"很快，清军失败的消息不断传来。十月五日，他读到三天前的《申报》《沪报》，得知"九连城已失，旅顺亦告急"。① 之后旅顺等地相继失守，郑孝胥因在张之洞幕中可以获得大量战事和议和消息，对报刊新闻记载较少。

曾任驻日本参赞的王同愈也曾通过《新闻报》等报刊观察甲午时局，他在甲午年（1894）六月二十一日的日记中记载："华兵十九动身，雇英船四艘，商局四艘，云驻韩各国公使，皆有牵制倭人之势，元山、釜山、仁川、汉口（城），作为局外之地，不准屯兵、进兵、运粮云。"六月二十四日，他阅读"号外报"，得知："倭击沉我运兵船，操江轮被获，广乙至牙山，靖远折回津。"② 中日海战之前，双方在朝鲜的战争已引起王同愈的关注。

甲午海战还通过报刊影响到一些乡绅的精神世界。光绪二十一年（1895）三月六日，在浙江瑞安乡下的张㭎接到内弟周仲明从城内寄来的一束《申报》，得知李鸿章赴日本议和一事。他记道："李鸿章为全权大臣出使日本议和，甫抵日本二日，竟于公馆外被壮士小山用手铳击伤面部左颊，旋经日人医而得痊，约停战二十日议和。"而根据《申报》有关议和的相关报道，他当日记载："谓朝鲜及旅顺、威海卫等所失之地，均永归日人管辖，南省澎湖、台湾亦永归日人管辖，并赔日人兵费三百兆两，分作七年交清。"对于这样的

---

① 郑孝胥著，中国国家博物馆编，劳祖德整理：《郑孝胥日记》（第1册），中华书局1993年版，第439、443、444、445页。

② 王同愈：《栩缘日记》卷1，顾廷龙编：《王同愈集》，上海古籍出版社1998年版，第139—140页。甲午海战对王同愈的触动很大，第二年的三月，他开始读《盛世危言》，认为此书"深切时务，洞烛利弊，国家诚求富强，舍此奚择哉？"（《王同愈集》，第167页）

结果，这位儒生发出感叹："国本空虚极矣！为大臣者不能背城借一战为国刷耻，而始终以一和字为上策，如此割地求成，虽小国尚且耻之，况堂堂中华乎！……李合肥误国之罪，较之秦长卿（桧）殆有甚矣。"张棡对李鸿章所签卖国条约深感不满，认为李鸿章卖国求荣。是年，张棡收到周仲明寄来的《申报》，看完之后，又借与好友阅读。如八月三日日记载："张星阶兄来访，携去《申报》十四张。"① 此类"一报多读"的现象，表明《申报》的传阅可以为更多读者提供有关甲午海战的新闻。可见，诸如张棡之类的乡绅，在国难当头之际，热衷于从报纸上获取时局消息，并在思想上产生极大的震撼，对国家危局的担忧与对李鸿章签约的指责相交集。

尽管平阳县的刘店离温州城较远，但在1890年，这里的一位23岁的秀才刘绍宽已经开始订阅《申报》，1894年，刘绍宽已在乡下教读多年，但他交游较广，经常到城里了解各种信息。当年的大年初一，他阅黄源初的《东游日记》，记载："源初谓东人学会甚多，甚为有益，鄙意亦如此云。"这一年，他频繁地阅读《申报》，二月九日，他读《申报》后记载："两江总督刘岘庄帅开局自铸银圆。去年浙闱舞弊案周福清定谳，斩监候。瑞安周伯龙（珑）茂才随龚仰蘧星使（照瑗）出使义、比，现时以出使参赞随员为终南捷径也。南皮张香帅督两广，制造银圆，四开、八开者已流行于沪上。"二月十六日，他又记载："《申报》论市务，谓中国用银，以银为数。外洋用金磅，以先令为数。中商欲收购洋货，必须以银易先令，然后照先令作算，前此中银壹两易五先令，近不过易二先令有奇。"除了对金融问题感兴趣外，他的阅报记录中也不乏趣闻。他接下来写道："西人好酒，与华人嗜鸦片同。法人每年所饮之酒约有廿三牙兰，每牙兰计四大瓶，约共五斤之谱，然则一百一十五斤矣。"第二天，他又写道："报谓近日男子衣服大率取法优伶，女子衣服大率取法娼妓，可觇世风也。"②

三月，刘绍宽对《申报》的关注便偏向于军事新闻，彼时，甲午海战虽

---

① 张棡著，张钧孙点校：《张棡日记》第1册，中华书局2019年版，第203、233页。
② 刘绍宽著，方浦仁、陈盛奖整理：《刘绍宽日记》第1册，中华书局2018年版，第83、86、87、88页。

未爆发，但刘绍宽对海防问题颇为关注。至十月一日，他读报得知："天津某员采办军火，侵肥至二百馀万，以废坏无用之药弹、火枪滥行充数，枪炮厂尚留用倭人，总其事者毫无觉察。"虽然甲午的报道当时还很少见到，但军备中的贪腐新闻已隐喻了衰败的迹象。十一月一日，他阅报并记载："刘岘帅署直督，张香帅署两江总督。现我军由平壤退至义川，退至九连城，退至凤凰城，退至大高岭。"甲午战争的报道引起他的关注，之后，他对战局极为留意，抄录大量相关新闻。五天后，他读报后记录："十七日至廿二，倭已占据金州，船驶入大连湾，在口门安放水雷，以御华军攻入。"当月二十三日，他读报得知议和的新闻："倭人议和，索银四百兆圆，且谓已占之地归倭管辖，高丽国政中朝不复与闻。"第二天，报载"旅顺失守"。形势对中国极为不利，至第二年一月，"中日议和不成，张荫桓于十二日由山海关抵沪"。①

中国海军在甲午战争中的惨败，在朝野引发极大震动。远在温州平阳乡下的刘绍宽不仅关注报刊的有关报道，还常与师友相互讨论，评论时政。如光绪二十一年（1895）二月七日，他到平阳县城拜见其老师吴祁甫，吴祁甫对他说："日本之祸由李傅相，使海军及早整顿，必不溃裂至此。"吴的观点在当时颇有代表性，在许多士绅的议论中，李鸿章成为甲午败局的罪魁祸首。但和谈并无进展，形势对中方极为不利。当天，刘绍宽又看正月十二日至廿六日共半个月的《申报》，坏消息触目惊心，先是"山东荣成于客腊廿五日失守"。接着，又是更多的坏消息："刘公岛失守，定远铁甲船被倭人水雷轰沉，其馀北洋各兵船从口内驶出，不知何往。来远、威远亦被击坏。威海失守，丁禹廷军帅汝昌已尽节。"刘绍宽心绪极为恶劣，哀叹："三十年之功毁于一旦，此真可为痛哭流涕长太息者也。"②

败局无可挽回，主战派已无力回应，被迫议和便成为主流声音。消息传来，"廷旨授李傅相全权往日议和，以王文韶为北洋大臣、直隶总督"。对于战争损失，刘绍宽特抄录了一则新闻加以证实："自中日开战至光绪二十年十

---

① 刘绍宽著，方浦仁、陈盛奖整理：《刘绍宽日记》第 1 册，中华书局 2018 年版，第 103、104、105、108 页。

② 刘绍宽著，方浦仁、陈盛奖整理：《刘绍宽日记》第 1 册，中华书局 2018 年版，第 111、112 页。

二月初五日，被倭劫去军中各物值银七百卅一万贰千圆，计大炮六百零七尊，洋枪七千四百枝（支），炮弹百六十万一千七百四十一颗。"然而，这仅仅是战争本身的损失而已。随着山东文登、荣城、宁海等地进一步被日本侵占，中方在议和中的处境更为艰难。二月十四日，刘绍宽读报得知："倭以五款要挟中国：一、不还所踞之地，如金、复、海，盖诸处尚可商量，旅顺则竟思久假；二、索取兵费六万亿两；三、未还清之前，以台湾为质；四、交出前悬赏格拿办倭奸之人；五、政事与倭商酌。"但是，这仅仅是报纸的传言，日本在进一步图谋台湾等地，牛庄、营口等地又被日本占据。二十八日，"报载，李傅相与伊藤议后回署途中，被倭人小山放枪轰击，面部受伤，……澎湖已为倭人所得"。至四月二十八日，刘绍宽读报得知中日和约的最新消息："偿兵费二万万，割辽东、台湾与倭，计辽所失有七州县，本年缴费一万万，馀分六年带缴，五厘起息。"六月十九日，他抄录了中日议和后的一则台湾新闻："全台绅民欲立刘渊亭军门永福为民主国大总统，军门固却不受。"① 至此，刘绍宽关于甲午海战的阅报活动基本结束。尽管他很少发表自己的感想，但通过对战争过程的新闻抄录，比较全面地展示了这场战争的具体进展。作为一位居住在平阳乡下的儒生，他虽然以馆课为业，但内心对国家的前途和命运极为关注，体现出强烈的爱国情怀。

甲午年，浙江海宁的王乃誉开始报刊阅读。他在二月八日的日记中记"午前看报"一事。② 虽然没有点出具体看何报，但他在家里读报的记载，已表明报刊进入了他的"生活记录"。而安徽桐城的姚永概，早在1883年就读到《申报》，之后的十年几乎没有读报的记载，甲午年，他赴京参加最后一次会试后，在河北武邑县谋得教职。他对中日战局颇为关注。七月八日，他在日记中记载："前数日，闻叶军全覆，愤极，至终夕未眠。近又闻未覆，但廿七夜日人偷破一营，退驻公州。《申报》又载初五日我军又捷，究竟无真消

---

① 刘绍宽著，方浦仁、陈盛奖整理：《刘绍宽日记》第1册，中华书局2018年版，第112、113、116、119、123页。
② 王乃誉著，海宁市地方志办公室编：《王乃誉日记》（第1册），中华书局2014年影印本，第301页。

息。"这表明姚永概在河北武邑可以读到三天前的《申报》，《申报》已进入北方的城镇社会。同时，姚永概对《申报》关于战事的报道感到怀疑，对照平时的听闻进行分析，其洞察力极为难得。第二年三月四日，他在江苏通州（南通）"闻合肥在日本为刺客用枪击伤面颊"。但是，关于这则新闻，"《申报》则言已死，《新闻报》则言未死"。① 这再次印证了当时某些报刊新闻真伪难辨。

江苏东台县的秀才吉城，在甲午之前潜心攻读诗书，期待能够鱼跃龙门。而他通过阅读《申报》了解时政，平日在日记中记载阅某日报，以此表达报纸在他日常生活中的"存在"，但对具体新闻内容很少记载。对于科场新闻，他较为留意。如光绪十八年（1892）五月二十六日，他记载"《申报》有明年'春乡秋会'之说"。此类传闻虽不靠谱，但与他的科举仕途相关，他颇为重视。六月二十七日，他见《申报》并记载："有辨志文会案，陈培寿词章特等……"感叹"吾乡多英，令我增愧"。② 甲午年之前，他记载报刊新闻的次数较为有限。

至甲午年，吉城阅读《申报》《字林沪报》的次数大增，由于两报可能隔天或者数天后方能到达东台，他在私塾教学和读书之余，一般每次阅读其二兄寄来的一至四天左右的报纸。如正月十六日，"阅初五、六两报，纪内外臣工以万寿盛典，蒙赏赐者不一其人"；十七日，"阅初（七、八、九）三报"；十八日，"阅初（十、十一、十二）三报"；二十一日，"阅（十三、四）两报"；二十二日，"阅十五日报"。此后的两年多，他坚持不定期地阅读一天或数天的报刊，仅当年一月至三月，他有二十五天在读报，并将所阅报刊具体日期列于日记首行。对他而言，读报是当天的头等大事。每当接到数日的报刊，他会集中时间阅读，并作为一种日常仪式持续，这在当时的文人报刊阅读记录中是不多见的。从三月开始，他读报后选择记载新闻或加以评论。如三月二十一日，他记载"台湾省会改建于台北"。五月二十五日，他

---

① 姚永概著，沈寂等标点：《慎宜轩日记》上册，黄山书社2010年版，第583、608页。对于甲午战事，当时《申报》《新闻报》的报道多有失实，姚永概在乙未年（1895）六月六日的日记中记载一则传闻：云香帅（注：张之洞）见《新闻报》所载刘永福屡胜倭人事，密遣人至澎湖访之，竟为子虚乌有之谈，而中国方扬扬得意替相传述也，岂不可耻也乎。（同上书，第619页）

② 吉城著，吉家林整理：《吉城日记》（上），凤凰出版社2018年版，第210、215页。

第二章 1880年至甲午前后的报刊阅读

关注朝鲜战事记载："高丽乱耗闻已渐平。"六月五日，报纸则出现新闻反转："高丽乱未已。"此类矛盾消息令他殊为不解。至十月，他关注有关中日海战的新闻，但记载较为简略。如十月十五日，他读《申报》后记载："倭兵猛攻旅顺口。"十一月六日，他读七天前的报纸得知："有旅顺失守之耗。"十一月十一日，吉城的二兄寄来本月八、九日《沪报》，详细报道了旅顺失守情形。其中提及："某大员毁装私逃，以国家频年经营之要隘不啻输之于敌。"他愤然写道："凡有血气者莫不发指矣。"十二月一日，他读《申报》《沪报》得知："卫汝贵、叶志超、龚照屿皆拿问。"十二月十一日，他读报后写道："闻有和议矣。"① 尽管吉城对报纸新闻往往以几个字加以归纳，但能突出要点，抓住新闻的本质，且在日记中的开头加以强调。这些简约的文本，有着先后之间的逻辑联系，大致反映了甲午海战的重要节点。

光绪二十一年（1895），他对中日战争及和谈进展甚为关注，通过阅读《申报》《沪报》，他一次读二至四天的《申报》《沪报》，继续用"一句话新闻"概括重要事件。如一月七日记："山东登州有警"；十八日记："威海又有失去炮台之信"；二十二日记："威海消息甚恶"；二十九日记："威海刘公岛皆岌岌"；二月二十八日记："东边道张锡銮得一胜仗"；三月七日记："李傅相未死"；四月十七日记："'中日和约'已成，台湾及东三省皆须分割，偿兵费白银二万万两"。至此，他对甲午海战过程的重要新闻都予以高度概括，他所提炼的内容，大致可作为新闻标题，简明扼要，颇能突出重点。之后，他继续关注台湾新闻。五月十八日记："台湾见立为民主国，五月初二日公举唐景崧为总统"；二十二日记："台北危矣"；闰五月一日又记："台湾亦无好消息"。② 此类"一句话新闻"，在吉城的阅报日记中有着重要价值，他平时读报，如无要事，仅记载所读报纸日期，在中日战争期间，他所记录的重要事件大体可以勾勒出战局的动态。

---

① 吉城著，吉家林整理：《吉城日记》（上），凤凰出版社2018年版，第290、291、301、310、311、322、324、325、330、332页。

② 吉城著，吉家林整理：《吉城日记》（上），凤凰出版社2018年版，第337、338、339、340、345、349、354、355、356页。

时局的发展对吉城的内心有着极大的冲击。光绪二十一年（1895）六月二十七日，他在日记中记载了其二兄来信："规予云，好古遗今，非有用之才也。"他颇有感触，写道："噫，予之不闻箴戒也久矣。年来颇有金石之癖，读经、读史又时□为琐屑考据，名曰好古，实则无用耳。"对于兄长批评其"终身迷此不醒"，① 吉城并没有直接回应，但从其甲午前后的读书情况看，几乎都是经史著作，其"厚古薄今"的读书倾向非常明显。对于这位少年成名的秀才而言，"金榜题名"仍然是他孜孜以求的目标。尽管他通过读报关注时政，感受外部世界的巨变，但是，"新学"书籍很少进入他的阅读视野，报刊也没有引发他调整知识结构的努力。从这个层面上，甲午战争仅仅是过渡时代的开端，许多旧式文人一方面有机会接触到报刊新知，但另一方面又是旧学的拥趸。

三、抄报活动：《鸡林记事》与甲午时局的新闻呈现

与读者在日记中摘录报纸新闻不同，抄报则是对报刊新闻的持续性抄录，形成较为完整的文本，且很少夹杂抄录者个人的评论。与古代抄书人所形成的知识垄断不一样，抄报人是为了记录新闻并使之成为留存的文本，从而有利于新闻的"记忆"与二次传播。抄录者不遗余力地选择重要新闻进行汇编，一方面说明报刊本身较为稀缺，且不易流传，另一方面也说明抄录者对时政新闻有着极为浓厚的兴趣，希望在抄录中获得主体的价值和存在感。从早期宗教报刊的传播看，魏源、徐继畲、梁廷枏等人就有抄录报纸的习惯。随着商业报刊的发展，同光年间，已有读者对抄录报纸新闻颇感兴趣。与日记对新闻的简短记载不同，手抄新闻具有连续性，对于读者了解新闻事件的进程有着特殊的价值，如《鸡林记事》便是抄录者摘录的甲午海战新闻汇编。关于《鸡林记事》稿本的抄录者，桑兵主编的《七编清代稿钞本》标注为李傅相，即李鸿章，稿本首页标明"李傅相奏折手笔"，但稿本内容很少有李鸿章

---

① 吉城著，吉家林整理：《吉城日记》（上），凤凰出版社2018年版，第360页。另见吉城：《鲁学斋日记（外二种）》（第2册），国家图书馆出版社2010年影印本，第469页。整理本有个别错误，已据影印本校改。

第二章 1880 年至甲午前后的报刊阅读

的奏折，从抄录者的字迹、抄录日期和内容看，尤其是有关李鸿章在议和期间的新闻，如《傅相被刺》之类的报道，不太可能为李鸿章亲自抄录，因此，作者应为佚名。① 稿本所抄内容经过抄录者的整理加工，主要记录了 1894 年至 1896 年间，甲午战争前后发生的重大事件和时政新闻，尤其对李鸿章在中日战争与和谈中的经历进行了详细记载。六卷稿本并未按照时间顺序排列，每卷抄录的内容各有侧重。抄录者除了抄录报刊新闻之外，还选录一些电文、奏折、上谕、译稿，由此可进一步猜测抄录者可能为督抚衙门的幕僚或书吏之类杂佐人员。从抄录报刊的内容看，主要来自《申报》《新闻报》《中西日报》《博闻报》，还有部分"西报"和"香港报纸"，可见，抄录者能够详阅不少报刊，并对抄写内容有着明显的时政偏好。

围绕甲午海战前后的新闻，抄录者往往以四字为标题，有时简要摘录新闻要点，有时全文抄录。如乙未年（1895）八月二十九日"报"的一则新闻标题为《台帅降倭》，其文云："廿六日香港报纸云：廿三日接厦门来电云，闻日兵已夺据嘉义，复率大队往攻台南，并谓英领事弃本国兵船往见日官，代刘大帅往和云云。"之后又抄录另外一则《台战续电》新闻："港报接厦门电云：驻安平英领事波士，前日代刘帅与日人议和，日本水师提督打加禅乌与刘帅均经商允，和款亦已定夺。……"最后，还抄录《台南要耗》新闻云："香港《孖剌西报》又接廿七日厦门电音言：日军要刘军门接降，军门坚却

---

① 根据该稿本记录甲午中日战争的新闻来看，作者多处提及的李傅相就是李鸿章，作者抄录的稿本以"鸡林"名之，鸡林是古代新罗的别名，在晚清一般是指朝鲜及附近的国家和地区，从《鸡林记事》所记载的时政要闻看，主要抄录了日本侵略朝鲜战争和甲午海战前后的有关奏折、上谕、电文、报刊新闻等方面的内容。稿本首页标明"李傅相奏折手笔"（共六本），但内文中六卷的内容，很少提及李傅相本人的奏折，而是抄录了王文韶、张之洞、胡燏棻、陈炽等人的奏折，对兴办铁路、发展矿业、巩固海防、训练军队提出诸多建议，内容多与洋务运动有关。稿本记录了李傅相（李鸿章）在中日和谈中的诸多新闻，从每日抄录的新闻和抄录者的口吻看，忙于政务的李鸿章不太可能经常抄录各类报刊新闻与电文，尤其是对其和谈中涉及自己的各种新闻，亦不太可能以李傅相自称之。（佚名：《鸡林记事》卷五，桑兵主编：《七编清代稿钞本》第 307 册，广东人民出版社 2015 年版，第 143 页。）稿本字迹与李鸿章本人的字迹有很大不同。经书法家陈志平鉴别："李鸿章书法温润，稿本书法峭劲刻厉，似非出于李手。"而稿本中奏折所占比例不高，大多是时政要闻的汇编，且以某日"报"进行分类，涉及大量电文、报纸新闻。作为大学士、直隶总督，李鸿章不太可能花费如此精力抄录这些时间跨度较大的各类新闻。因此，可以断定，《鸡林记事》非李鸿章所抄录。

之。不久即行开仗。"① 在同一天抄录这三则新闻看，都与日军侵略台湾有关，文本内容不同，并出现新闻"反转"，但前后之间有关联。此类新闻言简意赅，反映出抄录者对新闻内容的总体把握能力比较全面。从时政要闻的编排看，抄录者是对某日或某几天收到的各类邸报、电文、报刊等方面的新闻进行整理归纳，择要抄录，新闻标题有时可能是抄录者所取。

　　甲午前后，一般州县衙门不太可能经常收到各种电报和报刊，抄录者能抄录如此多的新闻，说明他可能在督抚一级衙门就职，尤其是一些重大战事电报，如果不是督抚一级大员身边的幕僚和随从，很难获得如此详细的新闻资源。但抄录者在抄录报刊新闻时，除了几处标明出自《申报》《孖剌报》《中西日报》《博闻报》外，其他新闻很少标明具体报刊出处，有时很难辨别是电文还是报刊新闻。但抄录者集中记录甲午时局和台湾战事，重点抄录与战事相关的新闻。如乙未年（1895）九月六日抄录的便是一则《公逐日兵》的外交新闻："西报言，俄德法三国各派船偕同赴烟台，致哀的美敦书于日廷，限于月底将辽东、高丽退出云。"九月九日抄录的一则新闻为《台湾尽失》："西报云，打狗、安平等埠均为倭有。刘大将军支持危局以至今日者。……虽古之名将，处此恐亦计无所出。"② 从抄录的标题看，大多符合当时报刊新闻标题的"四字"风格，且大多与甲午前后的时局有关。从抄录时间看，主要集中于乙未年（1895），并按照中日海战的进程，记载了整个事件中的重要新闻。如正月五日抄录的新闻是：《捷音叠至》《击毁倭船》《辽阳军要》《回王效命》；正月六日记载的新闻有：《误触地雷》《倭犯登州》《军火将到》《西舰开行》。正月十一日抄录的新闻云："闻有日兵贰万五千在距威海卅五英里泳清湾登岸，沿岸炮火早被日船火炮轰毁。"正月二十日抄录的新闻标题为《威海失守》，其文云："十三日上海《申报》云，昨晚七点钟发来电云，'威海失守'四字。"抄录者特别注明新闻源自七天前的《申报》，但

---

①　佚名：《鸡林记事》卷2，桑兵主编：《七编清代稿钞本》第306册，广东人民出版社2015年版，第163、166、167页。

②　佚名：《鸡林记事》卷2，桑兵主编：《七编清代稿钞本》第306册，广东人民出版社2015年版，第179、181页。

"威海失守"意味着中国已彻底溃败,被迫开启和谈之门。同时,抄录者还关注"西报""倭报"的消息,如正月二十五日抄录"西报译登",其文云:"倘中倭不听俄国友睦之言相劝,则俄国必以干戈淇事,争取朝鲜云。"当月二十七日,又进一步抄录英俄调停议和的新闻:"倭人悉李傅相年迈,不宜远涉重洋。现择旅顺地方为聚议之区,英俄北京两使亦同去调处云。"① 之后,关于和谈的新闻便不断出现。显然,中日海战已牵涉到英俄等国,列强均虎视眈眈,图谋利益。

从当年二月至三月,抄录者对甲午战局和中日议和进程极为关注,几乎每日都摘录报刊相关新闻。如二月二日,抄录者抄录的内容为:"廷旨授李傅相为全权大臣,以云贵总督王夔名文韶为北洋大臣、直隶总督。"六日,抄录者先抄录"威海炮台均已失守、刘管带殉难、戴观察自尽"的新闻,又抄录"饮恨而死"的专题新闻,其文云:"当倭兵在荣城登岸时,丁军门即电请某僚,愿统率兵舰前往邀击,讵某僚回电不准出威海一步。并云若违节制,定参等语。"当天,抄录者还抄录《倭相复文》《苏州余话》的新闻。三月一日,又抄录西报云:"倭军已过辽河,欲前进攻,为宋军所击而退云。"三月二日,抄录者特别关注《傅相被刺》的新闻,并记载:"廿七日,李傅相由马关商议和款,回寓途次在轿内被倭匪徒高也马年廿一岁者,用六响连枪轰伤其面。"同日,他还摘录了日本《日日新闻》的消息:"丁禹廷在刘公岛缮致倭将咨函各一件。"二天后,又抄录《傅相无恙》的新闻云:"劳打电云,傅相被倭匪枪伤,由倭主简派医官调治,刻下医有起色。"但坏消息仍然不断,第二天,他抄录西报的报道:"各口严禁米粮出口,不能载至闽广两省,均为可忧。"② 显然,清廷在甲午一战的惨败,其后果已不堪设想。报纸不断报道各种不利消息,抄录者虽不做具体评论,但通过这些新闻的串联,已表明甲午海战爆发之后,清军兵败如山倒。

---

① 佚名:《鸡林记事》卷5,桑兵主编:《七编清代稿钞本》第307册,广东人民出版社2015年版,第3—7、12、39、48、52页。

② 佚名:《鸡林记事》卷5,桑兵主编:《七编清代稿钞本》第307册,广东人民出版社2015年版,第60、69—72、139、143—144、145、151、155页。

不仅如此，俄、德、法等国乘虚而入，从中攫取各种利益。在日本侵略中国台湾之际，进一步介入中日和谈。之后，抄录者抄录了中日战争的一些新闻和评论，如三月十五日抄录《中西日报》一则评论为《日本美路西报以日本比之法国攻俄论》，文中提及："近日倭人穷兵黩武，进犯朝鲜及中国沿边各处，在彼方以为莫之敢抗，而以吾观之，窃恐其复蹈法国拿破仑第一攻俄罗斯之覆辙也。"[①] 抄录者还抄录如《论中日军务》《日本兵制》等的评论，这些评论对日本战胜中国的内在原因进行了详细分析。另外，《鸡林记事》还抄录了不少朝鲜时政新闻，抄录者还对《防俄论》之类的论说也加以关注，说明其新闻视野较为广博，对国际局势颇为留意。当年十月之后，抄录者对战后时局颇为留意，抄录新闻内容颇为广泛。如《使俄改派》《韩乱不已》《闹姓招商》《铁路再商》《俄争高丽》《新抚交替》《租界绘图》《日使驻苏》《商约未定》《祝帅驻旅》《壁垒一新》《遣使余闻》《俄倭互防》《台乱继起》《新抚程期》《圣恩宽大》《加冠改期》《高王失计》《上相赴俄》《偿费传闻》《法商联合》《俄路招商》《日本使臣》《矿务续谈》《洋案又翻》《傅相到港》《香江杂记》《邮政拟设》《越迎傅相》等等，这些新闻来源于当时的报刊，大体每日一记，重点突出。可见，抄录者注重抄录国际新闻和重大时政新闻，对时事颇为留意。

之外，抄录者还抄写《中西日报》《博闻日报》的新闻，这两份报纸都出自广州，抄录者予以留意，也许与其工作和阅读经历有关。抄录者追录光绪八年（1882）张佩纶、李鸿章有关海军建设的二份奏折，并加上"按语"，说明这二份奏折"系从西报中译出"，抄录的目的是"以供众览"。并抄录《中西日报》转载港报的评论，认为李鸿章所经营的海军一触即溃。"是费十数载之经营，糜百千万之国帑，名则为中国国防，实则为日本修武备也。今和局虽定，而国事败坏一至于此，于此将咎谁归？"由此也可以看出，抄录者肯定不是李鸿章本人。之后，抄录者抄录闰五月十七日《中西日报》所载

---

① 佚名：《鸡林记事》卷6，桑兵主编：《七编清代稿钞本》第307册，广东人民出版社2015年版，第227页。

《论重设海军亟宜变通整顿》一文,闰五月二十六日所载《录台湾捷报书后》一文,闰五月二十八日所载《论俄人之心志》一文,六月三日所载《诒孤原书》一文。①这说明抄录者对《中西日报》的新闻评论颇为关注,不惜笔墨全文照录。

从总体上看,《鸡林记事》集中记录了甲午中日战争时期的重要时政新闻,其内容大多来自国内报刊,抄录者大多每日一记,虽多未标明新闻来自何种报刊,但通过新闻标题表明抄录的可靠性。抄录者意识到这些重要新闻的史料价值,通过详细抄录报刊新闻,形成甲午中日战争的史料汇编,抄录者对战局重要细节的抄写,具有证实事态发展历程的意图。尤其对一些重要新闻的前后连贯性抄录,对了解时局真相提供了较为可靠的资料。显然,抄录者对报刊新闻的阅读和摘录,体现了其留心时事的态度和眼光。这在报刊传布不广的甲午时期,是十分难得的。

小　　结

19世纪80年代之后,上海、广州、天津、宁波等口岸城市相继创办了一些新式报刊,报刊的发行网点也进一步扩大,读报刊的可能性进一步提高。如八九岁的包天笑就在苏州读到了《申报》,周星诒在福建乡下读到了《格致汇编》,康有为在广州有机会读到了《万国公报》,叶昌炽、刘光第、文廷式等高级文人则由于游历上海而有机会读到《申报》,而柳慕曾、庄宝澍、姚之烜、张枬、刘绍宽、姚永概、吉城等乡绅则能在江浙城乡通过读报而评论时政,尽管这些文人学士在日记中零星地记载了读报的内容与感受,但是,报纸作为新式传媒对他们的日常生活已产生了一定影响,读报纸、知时政,与阅读经史子集有着不同的价值和兴味。

中法战争前后,恽毓鼎、萧穆、叶昌炽、张謇、王伟桢、何承禧、庄鼎

---

① 佚名:《鸡林记事》卷3,桑兵主编:《七编清代稿钞本》第306册,广东人民出版社2015年版,第297—310、359—366、375—393、393—401、401—403页。

臣、沈景修等人的阅报记录中夹杂了对时局的看法，他们在不同时空中阅读新闻，记载中法战事的具体进展，进而发表评论，体现对国事的高度关注，这与传统士绅摘录邸报内容有着极大差异，报纸在建构读者观念系统方面的作用得以凸显。福建、台湾前线传来的新闻，往往真假难辨，但是，上海和江浙不少士人通过聚谈、书信得知的消息，往往与电报、报纸新闻进行对比。彼时，电报新闻已能在江浙城镇社会产生一定影响，而《申报》的读者群体也延伸至乡村社会。不同读者对中法战事新闻记录的内容各有侧重，但都反映出报纸新闻在各类消息中具有较高的可信度。读者围绕着中法战争所展开的阅读、抄录、联想和评论，形成了集体意义上的阅读景观，表明报刊对重大事件的新闻报道已在士林中产生了较为深刻的影响。尤其是通过书信夹寄、借阅、赠阅、传抄等方式，读者可以通过"一报多读"而获得报刊新闻，从而产生阅读的"涟漪效应"，形成更为广泛的阅读群体。

甲午海战震动朝野，触动国人灵魂。面临前所未有之"国难"，在"国将不国"的危局中，报刊为士林创造了新闻与言论网络。在士绅阶层向"知识人"转变的过程中，在古典与现代、保守与前卫、中学与西学之间，读书人面临着身份认同与价值取舍。而读书人能否接触新式报刊传媒，与际遇及时空相关，也与立场及观念相关。尽管对于大多数读者而言，读报并非"日常仪式"，难以在生活中产生持久影响，但是，报纸毕竟进入了一些读者的"生活世界"，通过报刊，他们与外部世界建立了"网络"，对时局、对"他者"充满着想象与关切，报刊拉近了他们与新闻事件的"距离"，让他们体验到新闻所产生的巨大影响，从而加深了对甲午海战的认知，对国家和民族的命运有着更为深切的忧患意识。从"满盘皆输"到"变法自强"的观念转变看，甲午海战在士林中所产生的巨大影响，通过报刊舆论与新闻场域也可观其端倪。从这个意义上说，甲午时期读者的读报活动，与政治危机、思想启蒙和社会变革运动密不可分。

相对而言，宗教刊物作为"书"的价值，受到《申报》等商业性报纸的冲击。而维新之前，《万国公报》在服务社会精英的过程中，注重人文与思想传播，则意味着它重视在观念和制度上改造社会精英。由此可见，从早期的

第二章 1880年至甲午前后的报刊阅读

《察世俗》到维新前的《万国公报》,宗教刊物的传播内容从宗教、科技向人文思想逐步转变,传播目的也从"下层启蒙"转向"上层改造"。甲午之前,报刊作为知识纸、思想纸的价值进一步彰显,成为新思想、新知识的重要来源。1892年,《万国公报》刊登了一篇《论看报有益》的文章,提出看报之法有三点:"第一,须看其有生命大道;再则,看其是非至理;三则,玩机艺,采风俗词章,则犹余事。"论者认为,报刊应是"理"与"学"的结合,"理"既包括基督教与儒学之理论,也涵括治国安邦与现实生活之理。因此,"一把玩而心机活泼,耳目为之一新,不较胜他书万万哉。""学"既与"巧机新法"相关,也与工艺技术与社会见闻有关,是书籍中难以见到的知识。由此可见,"一报而群经在内,其益可胜道哉!"① 宗教刊物所体现的"群经"之义,就是宗教与科学知识的结合。宗教报刊通过知识转型和观念变革,注重新闻、知识和思想的综合,体现其综合性杂志的特色,为读者了解时政和学习西学提供了新的途径。

从这个层面上看,甲午之前十余年宗教报刊的传播,可以看作中国读者对西学认知的社会化进程。尽管与后来的商业报刊相比,宗教报刊的传播有一定局限,但是,宗教报刊作为"思想纸"的优势明显,它将"西学"与"治术"结合起来,努力改造士人的思想世界,在"中西"知识体系的较量中,宗教报刊起着引领西学的重要作用,更多的读书人有机会通过报刊获取"西学"知识。宗教报刊与西学书籍虽然在内容上有相似之处,但其西学知识的类型化、出版的定期化和资讯的多元化,使读者获取西学知识和新闻资讯更为便捷。总之,甲午之前的十多年间,宗教报刊从宗教到科技与人文知识的传播转向,表明其在"西学东渐"过程中逐渐通过发行网络的扩展与阅读空间的渗透,为士绅社会提供了丰富的思想资源。因此,从思想启蒙的角度看,早期宗教刊物作为"思想纸"的价值毋庸置疑。

值得指出的是,在甲午战争之前,报纸的读者不仅包括高级官员和上海、

---

① 烟口通伸村:《看报有益》,《万国公报》第40卷,光绪十八年(1892)四月。见《万国公报》第29册,上海书店出版社2014年版,第347页。

广州等大城市的文人学士，在江浙一带的乡下，已有一些绅士和学者阅读报刊。而且，通过报刊发行网络的扩展，北京、河北、山东、云南、四川、湖北、江西等地已有不少报刊读者，即便是信息较为闭塞的东北地区，通过书信夹寄、借阅和士人的交往网络，也有读者在阅读《申报》之类的商业报刊。尽管我们无法统计各地的报刊读者的数量，但不少士人日记的记载揭示了一种"集体象征"：读报已是一种新的阅读方式和生活方式。这些日记之间虽无直接的联系，但其中的新闻作为阅读的"证据"，表明甲午之前《申报》等报刊已深入渗透到城镇社会乃至一些乡村地区。因此，对甲午前后城镇社会和乡村社会的报刊阅读网络，我们不能视而不见或一笔带过。尽管不少报刊有着诸多不足，不少新闻真假难辨，但是报刊已通过各种渠道进入士人的阅读视野，并对他们的日常生活和精神世界产生了一定的影响，这是不争的事实。

第三章

维新时期的报刊阅读与社会影响

甲午海战,往往被史家称为"过渡时代"的起点。梁启超曾言:"过渡时代者,希望之涌泉也,人间世所最难遇而可贵者也。有进步则有过渡,无过渡亦无进步。"① 在"过渡时代",对旧观念的批判和对新思想的渴求相互抵牾,正如丘为君所言:"近代中国启蒙运动的第一项重要特质,是对'新'的乌托邦式向往。作为启蒙运动世代的一种重要心态,'新'被启蒙世代视为'善'的象征,'旧'则被看成是万'恶'之源。"② 报刊作为社会启蒙的媒介,是"新"的象征,在其中扮演着核心角色。与之相对应的是,启蒙者的组织形式也完全不同。德国历史家里夏德·范迪尔门(R. van Dülmen)提出社会启蒙的三个重要媒介和机构:一是启蒙者建立了他们思想的团体,在一个受到保护的空间里讨论;二是他们创建了超越所有等级界线的非官方团体,有广泛的书信往来;三是一个早就建立起来的期刊业和不断扩大的文学市场,尽管有检查制度,但它仍然成为独立文化市场的一个重要因素。③ 甲午之后,尽管在报刊、学校和社团建设方面存在诸多问题,但报刊作为知识纸、思想

---

① 梁启超:《过渡时代论》,《清议报》第83期,1901年6月26日,第1页。
② 丘为君:《启蒙、理性与现代性:近代中国启蒙运动(1895—1925)》,台大出版中心2018年版,第7页。
③ [德]里夏德·范迪尔门:《欧洲近代生活:宗教、巫术、启蒙运动》,王亚平译,东方出版社2005年版,第251页。

纸的作用和影响，与甲午之前有着较大区别。报刊在读者思想世界所产生的回响，虽然千差万别，却已形成浩然之势，向社会广泛传播。

第一节 《时务报》的发行与"阅读共同体"的建构

甲午战争是中国报刊史发展的分水岭。报刊之性质，也有很大的差异。正如《上海强学会章程》所言："近来津沪各报，取便雅俗，语涉繁芜，官译新闻纸，外间未易购求。今之刊报，专录中国时务，兼译外洋新闻，凡于学术治术有关切要者，巨细登。"① 不仅如此，商业报刊与时务报刊的发行与阅读也有较大区别。1894 年以前，尽管在上海、香港、广州等地有一些商业性报刊，但发展颇受阻滞。梁启超甚至认为："以故报馆之兴数十年，而于全国社会无纤毫之影响。大抵以资本不足，阅一年数月而闭歇者十之七八，其余一二，亦若是则已耳。"② 此说虽有些偏激，但大体上可以看出甲午以前具有全国影响的报刊并不多见。姚公鹤指出："甲午以后，我国受国际间之打击，始有此进步耳。若甲午以前，则并此无之。世界报纸有制造时势之权能，我国报纸乃为时势所构成，两两相较，殊有愧色。"③ 可见，《时务报》乃时势所造，是国家危亡之际思想界要求维新救国的产物。正如梁启超所言："甲午挫后，《时务报》起，一时风靡海内，数月之间，销行至万余份，为中国有报以来所未有，举国趋之，如饮狂泉。"④ 这体现了《时务报》应时而出的舆论声势。尽管当时《申报》的发行量至少有数千份，但梁启超独提《时务报》在全国之影响，是由于在甲午之后，读者对时政的关注超过以前任何时期，而《时务报》开创了政论性报刊的新时代，它作为"舆论场"的吸引力是其他报纸难以企及的。胡适曾总结道："二十五年来，只有三个杂志可以代表三个时代，可以说是

---

① 《上海强学会章程》，《强学报》第 1 号，光绪二十一年（1895）十一月二十八日，第 5—6 页。
② 梁启超：《本馆第一百册祝辞并论报馆之责任及本馆之经历》，《清议报》第 100 期，1901 年 12 月 21 日，第 4 页。
③ 姚公鹤著，恽树钰校：《上海闲话》，商务印书馆 1927 年版，第 176 页。
④ 梁启超：《本馆第一百册祝辞并论报馆之责任及本馆之经历》，《清议报》第 100 期，1901 年 12 月 21 日，第 4 页。

创造了三个新时代。一是《时务报》，一是《新民丛报》，一是《新青年》，而《民报》与《甲寅》还算不上。"① 可见，《时务报》开启了报刊发展的新时代。

关于《时务报》的阅读，台湾学者潘光哲已有深入的研究。他认为，环绕着像《时务报》这样的传播媒介而引发的读者的喜恶乐怒，其实是思想观念体系/价值系统在公共场域里的趋同或冲突。② 与《申报》等商业报刊以大城市为发行重心不同，《时务报》依靠其广泛的人际网络和发行体系，触角已遍及偏远地区，包括云南、贵州、广西等非常闭塞的乡村，还有不少读者向时务报馆写信，交流读报心得和投诉报刊发行等方面的问题，其阅读反响、舆论导向、社会启蒙等方面的作用，远超过一般商业性报刊。

一、官方发行与"制度化阅读"

甲午之前，报刊读者大多为少数开明官绅和通商口岸的一些文人雅士，报纸在"思想界"的影响较为有限。甲午之后，随着"知识人社会"的崛起，尤其是大量新兴职业群体在口岸城市的壮大，读书人的身份发生了巨大改变。工商业的繁荣促进了市民社会的发展，进而推动了士林风气的转变。在开明之士鼓动、外强压力、地方洋务大员支持以及商民社会与西学相互促进的合力作用下，主张变通的一派占了上风。洋务新政推行，中外交往扩大，以及中西学地位的变动，使教会学堂得到发展的良机。③ 教会学堂培养了一大批新式知识分子，他们崇尚西学，主张变革，他们与口岸城市中从事文化活动的教师、记者、出版商等一起，形成了一个"知识人社会"，这一"知识人社会"居于国家（上层的国家权力）与社会（下层的市民社会）之间，其中的角色不再是传统士绅，而是现代知识分子，正是这些职业多元的现代知识分子，共同形成了一个知识生产、流通的文化交往网络。④

---

① 胡适：《致高一涵、陶孟和、张慰慈、沈性仁》（1923 年 10 月 9 日），季羡林主编：《胡适全集》第 23 卷，安徽教育出版社 2003 年版，第 415 页。
② 潘光哲：《〈时务报〉和它的读者》，《历史研究》2005 年第 5 期。
③ 桑兵：《晚清学堂学生与社会变迁》，广西师范大学出版社 2007 年版，第 31、33 页。
④ 许纪霖等著：《近代中国知识分子的公共交往（1895—1949）》，上海人民出版社 2008 年版，第 7 页。

尽管《时务报》具有官方背景，受到张之洞等地方大员的鼎力支持，但是，在口岸城市和一些省会城市，尤其是上海、天津等西式教育较为发达的城市，《时务报》仍然以新式知识分子为主要阅读对象。在以往的研究中，学界往往从《时务报》的交往网络观察读者对象，这无疑具有一定的局限性。与此前传教士报刊阅读情况不同的是，《时务报》开创了"制度化"阅读的新局面，它得到了诸多地方督抚的强力支持，地方大员以官方文件命令各级书院、官学、官府订阅，从而在制度上保证了该报能够进入地方社会并广泛传播。

尽管《时务报》利用汪康年深厚的人脉关系建立了强大的发行网络，官方的推动亦功不可没。如湖广总督张之洞就曾命令湖北各级地方官府和学校订阅《时务报》，规定："所有湖北全省文武大小各衙门，文职至各州县各学止，武职至实缺都司止，每衙门俱行按期寄送一本。各局各书院各学堂分别多寡分送，共计二百八十八分。"① 浙江巡抚廖寿丰先期"特购《时务报》全分"，发给地方官员披阅，之后，他要求地方官府"按期购阅"，并命令地方官为各地书院订购一份，"俾肄业诸生得资探讨"。② 湖南巡抚陈宝箴要求"每州府县各先发二分，如有书院较多，不敷分派之处，仍仰该府州县详请补发"。③ 浙江巡抚廖寿丰的幕僚吴品珩写信给汪康年说："《时务报》，居停亦极思通行各府州县，以仿鄂省办法，筹费维艰，先购送一季与各府县，令就近各自行继购"。其目的是要求浙江各府县加以购买，他还透露："札已交刷，共计一百卅四分。上月中旬特札防军局向贵馆购到送院，以备随札发出。"因此，有了巡抚大人的命令，"《时务报》想必畅行，未审按期可销几千本？"④ 其他如两江总督刘坤一、直隶布政使陈启泰、江苏学政龙湛霖、安徽巡抚邓

---

① 张之洞：《鄂督张饬行全省官销〈时务报〉札》，《时务报》第6册，1896年9月18日，第9页。本书所引《时务报》，见《强学报·时务报》，中华书局1991年影印本。
② 廖寿丰：《浙抚廖分派各府县〈时务报〉札》，《时务报》第18册，1897年2月22日，第11页。
③ 陈宝箴：《湘抚陈购〈时务报〉发给全省各书院札》，《时务报》第25册，1897年5月2日，第7页。
④ 《吴品珩函（2）》，上海图书馆编：《汪康年师友书札》（1），上海古籍出版社1986年版，第343页。

第三章 维新时期的报刊阅读与社会影响

华熙、江西布政使翁曾桂、四川学政吴庆坻等地方大员，都曾颁布命令，要求各府州县加以购阅。即便是偏远的贵州，由于贵州学政严修的大力倡导，并亲自修改"《通饬各学劝谕诸生购阅〈时务报〉札》原稿",① 从而在制度上保证了官方发行渠道的畅通。可见，地方督抚对《时务报》进入府县一级发行网络起着关键作用。尤其是在江浙、两湖督抚的影响下，许多地方官员纷纷购阅，为《时务报》培育府县一级的地方性阅读群体起着极为重要的作用。诚如宋恕对友人刘绍宽提及《时务报》时所言："初次出报，即震动海内，京员亦多称许。语闻之香帅，香帅恐汪以前嫌之故，将来或为所诋，首先发札倡助，通饬两湖阅报。《时务报》之名，遂益以掀动天下，一时督抚皆踵为札饬销报。"② 据统计，在《时务报》刊行的两年里，目前已知有十七处官方出面，以行政命令的方式布置官购该报。③ 对于官方的大力支持，《时务报》不仅没有忌讳，反而利用"告白"多次表达了谢意。如第17期的《本馆告白》云：

> 本馆草创半岁，迭承中外大府、各省同志提倡保护，顷助款至一万三千余金，派报至七千余分。非借诸公大力，何以及此。将以明岁力图推广并加整顿，惜才力绵薄，惧弗克任耳，伏望海内君子更有以导之，辱承扶掖，铭感实深，事关公义，未敢言谢。④

此前，尽管《申报》已在口岸城市和部分省会城市拥有较多的读者，但是，它很难在县一级发行市场行销。由于有官方的强力推动，《时务报》直接进入各级学堂和书院，使偏远地区的士子有机会接触到新式传媒，这在报刊阅读史上是一次重大转折。

---

① 严修：《蟫香馆使黔日记》(2)，沈云龙主编：《近代中国史料丛刊》第20辑之198册，台湾文海出版社1966年影印本，第722页。严修在丁酉（1897）八月二十日的日记中记载此事，他的幕僚"澄兄"草拟了这份文件，"李孝廉拟就澄兄商改奏草，复易两纸，因自书之"。这说明他对《时务报》的发行颇为重视。
② 刘绍宽著，方浦仁、陈盛奖整理：《刘绍宽日记》第1册，中华书局2018年版，第207页。
③ 廖梅：《汪康年：从民权论到文化保守主义》，上海古籍出版社2001年版，第67页。
④ 《本馆谢启》，《时务报》第17册，1897年1月13日，"本馆告白"第1页。

从"制度化阅读"的层面上看,当时的各级学堂和书院学生是《时务报》的最大读者群体。《时务报》对学堂和学会非常重视,将之视为开风气的重要目标。承诺学堂、学会只要愿意阅读《时务报》,"本馆便可送报一分,以备传观"。① 与个人订阅不同,学堂和书院订购《时务报》,目的是让所有学生都有机会读报。一份报纸到达某所书院,就成为公共读物,所有学生都必须按照院方的要求,轮流观阅。如当时著名的岳麓书院就规定:"购《时务报》六分,每二斋共阅一分,由管书斋长随时派人分送,每斋自第一号起,尽一日之力,或翻阅抄誊,或略观大意,各从其便。次日递交第二号,以次至末,再递交第二斋第一号,复以次阅毕。(若斋房多少悬殊,由斋长酌量分派。)仍缴归管书斋长收存,备来岁住院士子依次领阅之用。"② 河南彰卫怀道道员不但命令"各县购备,发给各书院传观",还具体规定各书院阅读《时务报》的方式:"由斋长向监院具领,分给住院诸生轮看,阅毕,仍由斋长收齐,呈缴监院存储,毋许擦损散失,以备来岁住院士子领阅。"③ 浙江求是书院更是制定了"阅报章程",规定"所有旬报,礼拜一归第一号房间阅,礼拜二归第二号,轮至第七号止。下次旬报再由第七号逆数至第一号止。"④ 可以说,各地书院制定的轮流阅报制度,将《时务报》视为知识读物而具有普及教育的功能,看《时务报》是一项重要的学习任务,被不少书院士子视为"目前不可不看之书"。通过阅读《时务报》,可以"开广见闻,启发志意"。⑤ 因此,有识之士将《时务报》视为必读之"书",区别于当时的商业报纸。由于《时务报》"议论切要,采择谨严",以议论时局、促进维新为目的,这

---

① 《本馆告白》,《时务报》第17册,1897年1月13日,"本馆告白"第2页。
② 王先谦:《岳麓院长王益梧祭酒购〈时务报〉发给诸生公阅手谕》,《时务报》第18册,1897年2月22日,第11页。
③ 《河南彰卫怀道岑观察谕河朔书院、致用精舍肄业诸生阅〈时务报〉示》,《时务报》第47册,1897年12月4日,第10页。
④ 《阅报章程》,《集成报》第9册,1897年7月24日,第10页。担任求是书院总理的陆懋勋,在1897年求是书院将开之际,写信给汪康年说:"《时务报》前有凡开学堂处皆送一分不收资之例,今求是书院将开,理应乞送一分。"[《陆懋勋函(19)》,上海图书馆编:《汪康年师友书札》(3),上海古籍出版社1987年版,第2153页。]由此可见,求是书院学生是有可能看到《时务报》的。
⑤ 王先谦:《岳麓院长王益梧祭酒购〈时务报〉发给诸生公阅手谕》,《时务报》第18册,1897年2月22日,第11页。

显然有别于一般报纸的新闻报道。开明官员将《时务报》视为考察时务、学习新学、开发民智的书，一方面要求学子认真精读，体悟其意，另一方面又表明它不属于传统的书，它的内容涉及"一切舟车制造之源流，兵农工商之政要"，①需要结合现实问题进行思考和践履。因此，官方倡导的读《时务报》活动，具有"仪式化"的作用。而如果按照官方的订阅要求，即便以每县一份的数量计算，仅湖南湖北两省至少有数千人有机会阅读《时务报》，这显然是一般商业性报刊难以企及的。

从读者的身份看，除了大量的学堂和书院学生之外，各级地方官员和士绅是该报的重要读者。由于张之洞、刘坤一、廖寿丰、邓华熙、陈宝箴等地方督抚都曾专行公文命令地方官员订阅，所以，"各州县之官见抚宪有此举动，或迎合上意，亦从而看报，书院诸生又或从而增买"。②所谓上规下随，地方官员在引发《时务报》阅读方面起着一定的导向作用。如张之洞在任湖广总督时，聘陈庆年在两湖书院授课。陈庆年于教学之余，对《时务报》颇感兴趣，他在日记中也多有记载。如他在光绪二十三年（1897）五月八日记载："灯下阅《时务报》，载户部奏请裁汰冗兵折。"其原因是"先筹赔款为急务，各省兵勇，但取足为镇抚之用而止"。对于户部的做法，他"读之令人愤闷"。光绪二十四年（1898）三月十三日，他与汪康年谈论《时务报》，"知今年销数较上年为少"。对于当时闹得纷纷扬扬的内部纷争，他在日记中披露说："旧主笔梁卓如久在湘中时务学堂为教习之事，不甚作文，近以穰卿添郑苏庵为总主笔，卓如遂与寻衅，恐自此殆将决裂。"③此后，陈庆年在日记中多次记载"阅《时务报》"以及该报的纷争，对康、梁颇为抱怨，可能是受到张之洞态度的影响。而经学家皮锡瑞长期在南昌经训书院任教，较早接受维新变法思想，他在看到《时务报》之后，便直抒胸臆，在日记中写道："阅《时务报》，其议论较《申报》殊胜。主笔梁启超，新会人，云即康有为

---

① 廖寿丰：《浙抚廖分派各府县〈时务报〉札》，《时务报》第 18 册，1897 年 2 月 22 日，第 11 页。
② 《邹代钧函（41）》，上海图书馆编：《汪康年师友书札》（3），上海古籍出版社 1987 年版，第 2692 页。
③ 陈庆年：《横山乡人日记》，庄建平主编：《近代史资料文库》（第 1 卷），上海书店出版社 2009 年版，第 240、263 页。

弟子。论变法，谓中国与前不同，不值泰西各国，犹可不变。今变亦变，不变亦变，将有人代变矣。"①

值得注意的是，当时上海著名的圣约翰书院院长、传教士卜舫济对《时务报》非常关注，不但自己经常阅读，还规劝该校学生定期传阅。他在写给汪康年的信中，除了对其文章大加赞赏之外，还特地指出："前月间以贵馆例，每书院得送阅一分，已由敝西席徐、胡两君致函领受。"这说明《时务报》的免费赠阅范围包括了教会学校。卜舫济还告知："惟院中生徒实繁，传观不逮。"所以，他决心"遵贵报全年例购取二分，从兹沾溉士林"。②从管理体制上看，教会书院与官方并无多少联系，传教士主要以自己筹措的资金办学，但是，由于教会书院招收中国学生，以西式教育为主，传教士对《时务报》学习西学的主张赞赏有加，因此，他们鼓励学生阅读该报。这从一个侧面表明了该报对教会学堂所产生的影响。

二、发行网络、人脉资源与阅读群体的扩展

除了官方的发行通道能够保证各级书院和学堂学生能够经常阅读《时务报》之外，《时务报》还采用代理发行、私人推荐和邮局邮寄等方式，尽可能地在读书人当中推广阅读。汪康年利用其广泛的人脉资源，在全国各地建立代销点，委托亲朋好友千方百计扩大发行。据统计，《时务报》在海内外至少有202个派报处，而以江苏省47个最多，江浙两省合计便超过全部的三分之一。③如在南京任钟山书院山长的缪荃孙不仅是《时务报》的忠实读者，还由于与汪康年私交甚笃，为其在南京代销《时务报》。光绪二十二年（1896）七月五日，在《时务报》发行四天后，缪荃孙便在南京收到第一期，并代为分销，第二天，他"分《时务报》四十分与积余，十分与礼卿，廿分与聚卿，十六送各典（追回三分），十分与苏盦，自留一分，夔生一分，仲我一分，可

---

① 皮锡瑞：《师伏堂日记》（第3册），国家图书馆出版社2009年版，第249页。
② 《卜舫济函（1）》，上海图书馆编：《汪康年师友书札》（1），上海古籍出版社1986年版，第4页。
③ 李仁渊：《晚清的新式传播媒体与知识分子：以报刊出版为中心的讨论》，台北稻乡出版社2005年版，第129页。

园一分,吴彬藩一分"。七月十四日,他收到第二期《时务报》,"分送徐四十、刘三十分"。十一月十六日,他"算《时务报》帐(账)",十二月八日,"售金翰如《时务报》十四册。十五日,与汪穰卿结帐(账),找十七元四角五分,一年《时务报》报价清缴"。从这些记录看,缪荃孙为《时务报》的销售劳心费力,颇为尽责。缪荃孙 1897 年的日记中,经常记载收到某期《时务报》、"《时务报》来"之类的记录,也常有"发时务报馆信"的记载。缪荃孙还记载收到和补收到的《时务报》期数,如三月二日,接"《时务报》第廿二期"。三月三日,"发时务报馆信"。三月二十九日,"接汪穰卿信,寄补报"。四月二日,"接《时务报》廿四期"。① 尤其是报馆寄来的收票、账单,可进一步证明缪荃孙为该报在南京的发行颇为投入。

与汪康年有旧谊的黄绍箕不仅关注《时务报》的开办经费、章程等问题,还设法代为销售,并利用自己的影响,"发信与台州友人,托其劝人看报"。② 陈虬则利用其创办的利济学堂作为《时务报》的代销处,在温州推广发行。1898 年 2 月 10 日,他写信给汪康年说:"贵报七十分,去岁实销三十五分,而报资颇多未收,俟齐即缴。"③ 汪康年的另一位友人陶在宽,对《时务报》的发行也颇费心力,他在信中说:"穰翁属寄《时务报》十四包,共计二万二千四百本。每到码头,弟即坐于包上,无论昼夜,船开方敢举步。沿途照看,到宜昌面交怡和渝杜文翁点清数目,见其放于高处,始觉放心。文翁办事亦结实可靠。渠云,乡场前,此报必须赶到。得成都电,已收到矣。"④ 不仅如此,他"每遇亲朋,力劝其看《时务报》"。⑤ 可见,这些代销者将发行《时务报》作为自己的职责,努力推销,为《时务报》在全国各地的传播奠定了基础。

---

① 缪荃孙著,张廷银、朱玉麒主编:《缪荃孙全集·日记》(第 1 册),凤凰出版社 2014 年版,第 422、423、441、445、446、457、461 页。
② 《黄绍箕函(11)》,上海图书馆编:《汪康年师友书札》(3),上海古籍出版社 1987 年版,第 2306 页。
③ 陈虬:《致汪康年书(4)》,胡珠生编:《陈虬集》,中华书局 2015 年版,第 435 页。
④ 《陶在宽函(5)》,上海图书馆编:《汪康年师友书札》(2),上海古籍出版社 1986 年版,第 2093 页。
⑤ 《陶在宽函(3)》,上海图书馆编:《汪康年师友书札》(2),上海古籍出版社 1986 年版,第 2092 页。

《时务报》的阅读,首先得益于汪康年和梁启超两位核心人物所产生的巨大影响力,汪康年曾长期在张之洞幕府工作,深受张的赏识,并得到不少江浙文人的关注和支持。日本间谍宗方小太郎曾称赞汪康年为"一代高士"。① 而梁启超则是维新派的核心人物,背后有康有为等维新派中坚人物的鼎力支持,尤其是黄遵宪对其赞赏有加。② 孙宝瑄认为"梁卓如以《时务报》震天下,使士夫议论一变,卓如之功"。③ 这表明梁启超在开明士绅当中有着巨大感召力。《时务报》初期发行的高涨,就是利用了官僚集团、地方士绅、新兴知识群体等方面力量的推动。从这个层面看,《时务报》的阅读,也具有一定层次性,读者从自己的角度对该报作出的价值评判,自然是"各有所取",各有心得。

郑孝胥由于与汪康年、梁启超、李一琴等时务报人相稔,经常与他们宴饮。郑孝胥曾多次造访时务报馆,与汪康年、梁启超、李一琴等人谈论时政,并就某些问题展开讨论。如1897年9月3日,李一琴与郑孝胥讨论梁启超的奢俭论,郑孝胥不同意梁启超"奢胜于俭"的说法,认为"梁知其一,盖未知其二也"。由于郑孝胥与时务报馆的数位报人私交甚笃,他订阅《时务报》便在情理之中。1898年2月23日,他到时务报馆看望李一琴,"交报费三元"。当然,时务报馆有新报出版,也不忘送给郑孝胥,如当年5月8日,郑孝胥在日记中载:"时务日报送报三张,仿日本报式。"④ 而后来汪康年创办《中外日报》,郑孝胥亦有订阅。这说明报人的私交网络对报刊发行有一定的促进作用。

江浙一带由于离上海较近,邮递系统较为发达,订阅《时务报》也较为便利。丙申年(1896)九月十日,在江苏扬州任教的姚永概便开始阅读《时

---

① [日]宗方小太郎:《宗方小太郎日记(未刊稿)》上卷,甘慧杰译,上海人民出版社2016年版,第185页。

② 黄遵宪对梁启超的才华极为赞佩,《时务报》刊出第一期后,1896年8月10日,他在写给好友朱之榛的信中称赞梁启超"博识通才,并世无双"。(黄遵宪:《致朱之榛》,陈铮编:《中国近代思想家文库·黄遵宪卷》,中国人民大学出版社2014年版,第146页。)黄遵宪也对好友陈三立赞赏梁启超,陈三立在写给汪康年的信中回应道:"公度(注:黄遵宪)书言梁卓兄乃旷世奇才,今窥一斑,益为神往矣。"[陈三立:《致汪康年》,郑逸梅、陈左高主编:《中国近代文学大系》(第9集·第24卷·书信日记集1),上海书店出版社1993年版,第123页。]

③ 孙宝瑄:《忘山庐日记》上册,上海古籍出版社1984年版,第220页。

④ 郑孝胥著,中国国家博物馆编,劳祖德整理:《郑孝胥日记》第2册,中华书局1993年版,第616、644、654页。

务报》，他读后评价："七月新出报也，甚好。可与《公报》参看。"当月十二、十四、十七、十八、十九、二十四日，他先后阅读该报六次。十月，他阅《时务报》三次。① 这说明他对《时务报》有着浓厚的兴趣。又如在苏州居住的沈钧儒，于1896年开始研习"变法图强"的新学及时事，阅读郑观应著《盛世危言》、薛福成著《筹洋刍议》及《时务报》等书刊。② 不仅杭州、苏州、扬州等大城市可以看到《时务报》，在一些风气较为开通的乡下，民众也有机会阅览。如江苏常州的吕思勉，在甲午海战时，年仅十岁，便开始接触报刊，1897年，他"始读梁先生所编之《时务报》"。③

浙江瑞安文风鼎盛，以孙诒让、黄绍箕、宋恕、陈黻宸、陈虬等地方名流为代表的思想家，对于地方文化与社会启蒙的影响非常巨大。他们较早接触西学，思想开放，与汪康年、梁启超等报人往来密切。《时务报》创办之后，他们纷纷购阅，并发表维新言论。如《时务报》创办之后，秋冬之间，孙诒让"向上海强学分会订阅《时务报旬刊》"。④ 宋恕不仅是《时务报》的忠实读者，还利用各种机会大力宣传《时务报》，如1897年3月17日，他在《自强报》公启中称："今天下竞言自强矣，自强之源在学校、议院、报馆。夫学校、议院，权不在士；报馆则士与有责焉。乃者，沪滨冠绅创开时务报馆，洛阳纸贵，风行禹域。然而不胫之走，但及名城，僻左之区，获睹尚鲜。"⑤《时务报》第一期出版后，黄绍箕便很快读完，他写信给汪康年说："第一次报敬捧读，至美至美，大喜大喜。此间官场有数处，弟可劝看，不审已托人否？第一、二次报余存必多，请封寄二十份，使之见景生情，或可应弦赴节。"⑥ 显然，黄绍箕有意为《时务报》作义务宣传，并利用自身的影响设法扩大该报的发行与阅读网络。这在很大程度上影响了温州地方士绅的阅读风向，尤其是与

---

① 姚永概著，沈寂等标点：《慎宜轩日记》上册，黄山书社2010年版，第661—664页。
② 沈人骅编著：《沈钧儒年谱》，群言出版社2013年版，第18页。
③ 吕思勉：《吕思勉全集》第26册，上海古籍出版社2015年版，第164页。
④ 孙延钊撰，徐和雍、周立人整理：《孙衣言、孙诒让父子年谱》，上海社会科学院出版社2003年版，第279页。
⑤ 宋恕著，胡珠生编：《宋恕集》上册，中华书局1993年版，第260页。
⑥ 黄绍箕：《黄绍箕致汪康年（9）》，俞天舒辑：《黄绍箕集》，政协瑞安市文史资料委员会1998年版，第133页。

这些名流有过交往的士绅，通过各种途径接触到了时务报刊。

与孙诒让、宋恕等名士有着密切交往的刘绍宽，虽然偏居平阳乡下，但他在光绪二十二年（1896）九月九日第一次读到《时务报》后，大加赞赏，认为该报"远在中国诸报之上"。此后刘绍宽多次与宋恕讨论时政问题，由于宋恕见多识广，对西学、新政颇有见解，影响了刘绍宽对维新变法的认知。刘绍宽在阅读《时务报》的同时，对该报的人事和经营情况也颇为关注。如光绪二十四年（1898）四月二十日，他在日记中记载了宋恕谈及该报的内争："梁卓如、黄公度与汪穰卿近亦不和，黄公度大有勒令穰卿出馆之意。张香帅现开报馆，招聘主笔，专攻康党，以重礼罗致章枚叔，枚叔大与不合，诟詈而回。"六月八日，他抄录报上刊登的一则上谕："将《时务报》改为官报，派康有为督办其事。所出之报，随时呈进。其天津、上海、湖北、广东等处报馆，凡有报单，均著（着）该督抚咨送都察院及大学堂各一分。择其有关时务者，由大学堂一律呈览。"① 这则上谕决定了《时务报》的结局，刘绍宽在抄录时可能不知道报馆的内争进一步加剧，而汪康年与"康党"之间的决裂，导致了《时务报》的解体。

瑞安人项申甫曾就学当地名儒孙衣言创办的诒善祠塾，光绪十五年（1889）中举人，光绪二十年（1894）登进士第，任户部主事，以候补知府分发江西。维新时期，他归乡专事教育。从光绪二十二年（1896）九月开始，他多次阅读《时务报》《沪报》等报刊，如九月十五日记载："是日阅《时务报》，中有《西书提要》《除蝇虫法》《救生新法》《武员议用钢弹》《太平洋电线》《磁石变动与地震相关》《桑皮制棉》《天津设立中西学堂章程》《英人论机器不宜进中国》《俄国亲王巡视铁路》《行军电线》《古巴军情》《日工学校》《英人论俄》"，他择要抄录了《时务报》第7、8两期的主要篇目，但他在抄录中对个别篇目有改动。如第7期的《武官论炮弹》，他写为《武员议用钢弹》。十月七日，他阅《时务报》第10期梁启超所著《古议院考》一文并记载："强国以议院为本，议院以学校为本。"他读后评论："此言真得其

---

① 刘绍宽著，方浦仁、陈盛奖整理：《刘绍宽日记》第1册，中华书局2018年版，第155、196、202页。

要,亦可见议院在今日之万不可□矣。"他对议院制度的赞赏,可谓别开生面。十月十三日,他阅头天出版的第11期《时务报》,特地摘录该报所载路透社新闻:"美已举麦荆来为总统。"他进而解释:"沪报作麦根来。前报第九册论民权,谓以君权与国相敌,则力孤;民权与国相敌,则力厚。"他感叹:"此言确中今日之病。"这进一步加深了他对西方民主制度的了解。十一月二十七日,他读第15册《时务报》中所载《重译富国策》一文,他认为严复重译的《富国策》文笔极佳,并指出:"据此知取译西书,其文词之拖沓晦涩,非尽由于中西文法之异,实译手之有高低耳。观于彼徐文清之《几何原本》,李壬叔之手译各书,尤信。"他对译者文笔的认知和评论,说明他已具备一定的西学知识储备。丁酉年(1897)一月二十至二十八日,他阅《时务报》18册并记载:"见有海底照相及水底做工事,此于海军大有关系。□西国考场舞弊,皆中国取优为者,可见,凡事一涉考试,必有弊端,各国皆然,不分中西也。"① 此类简要评论,表明他在读报时分,经常结合现实问题进行思考。

曾充当著名学者孙诒让私塾塾师的张㭎,在浙江瑞安的乡下也有机会通过阅读《时务报》而了解中外时局。光绪二十二年(1896)七月二十七日,《时务报》创办不久,他便寄信给瑞安城里的好友项申甫,委托其购买《时务报》。八月十三日,他"抵城即过项君申甫处,取来《时务报》四册"。九月二十三日,张㭎还记载所买书籍:"《海国图志》大板一部三十二本,四元;《盛世危言》五册,《洋务实学》二册,《茶香室今经说》六册,共一元。"第二年四月四日,他从其内兄林骏处收到"《时务报》二册"。② 此后,林骏多次送来《时务报》,他在日记中多次记载阅读《时务报》的情形。可见,这位远在乡下的私塾先生已对维新思想和西学心向往之,且通过《时务报》拓宽自己的学习渠道。这从一个侧面表明了《时务报》对乡村知识分子所产生的影响。另外,张㭎还订阅了《申报》《新闻报》,与《时务报》相互参阅,丰富自己的知识仓库。

张㭎的内兄林骏,也曾担任过孙诒让家的塾师,并受教于孙家兄弟。他

---

① 项申甫:《项申甫日记》,温州市图书馆编:《温州市图书馆藏日记稿钞本丛刊》第4册,中华书局2017年影印本,第2212、2218、2221、2235、2248页。
② 张㭎著,张钧孙点校:《张㭎日记》第1册,中华书局2019年版,第297、303、338页。

与宋恕、陈黻宸亦有颇多交往。林骏的日记始于光绪二十三年（1897），当年二月十五日，便有阅读《时务报》的记录。之后，林骏对《时务报》极为关注，每次收阅该报，均在日记中详加披露。其具体收阅情况如表3-1所示。

表3-1　林骏收阅《时务报》情况表①

日　　期	阅读或收到《时务报》册数	出　　处
光绪二十三年（1897）二月七日	在馆阅《时务报》第十八册。	林骏著，沈洪保整理：《林骏日记》（上），中华书局2018年版，第5页。（以下仅注页码）
二月十五日	在书斋阅《时务报》第十九册。	第8页
三月十二日	挑灯阅《时务报》第二十一册。	第12页
三月十四日	在馆阅《时务报》第二十二册。	第12页
四月八日	阅《时务报》第二十二册。	第16页
四月十五日	在馆，阅《时务报》第二十六册。	第17页
四月二十五日	阅《时务报》中《盛世元音》。	第18页
五月七日	阅《时务报》第二十七册。	第20页
七月一日	阅《时务报》第三十三册。	第27页
十二月十一日	阅《时务报》第四十八册以排闷。	第59页
十二月二十六日	阅《时务报》第五十册，中载德人占据胶州，俄人占据旅顺，英人占据舟山数则。噫！天下汹汹，兵争构衅，岌岌乎殆哉！瓜分之势，其已成矣。彼躬秉麾旄者，虚縻禄奉，不顾国是，只饱私囊，为肥家之计，……近又国帑虚耗，民力凋疲，当此叔季，曷忍目睹？况我瓯滨海，西人当冲，燕幕栖踪，有飘摇之惧，吾不知明春突来骚扰，其将作何防御耶？终宵把卷，拍案不胜大呼。	第62—63页

---

① 林骏著，温州市图书馆编，沈洪保整理：《林骏日记》（上），中华书局2018年版，第8—379页。

第三章　维新时期的报刊阅读与社会影响

续　表

日　　期	阅读或收到《时务报》册数	出　　处
光绪二十四年（1898）二月十九日	灯右阅《时务报》第五十二册。	第 73 页
二月二十六日	赴馆阅《时务报》第五十三册。	第 75 页
四月十五日	坐舟中看《时务报》第六十一册。	第 98 页
五月六日	在斋中阅《时务报》第六十二册。	第 102 页
五月十五日	在馆阅《时务报》第六十三册。	第 108 页
五月十九日	在馆阅《时务报》第六十四册。	第 108 页
五月二十日	在馆阅《时务报》第六十四册。	第 108 页
六月六日	终日在馆，阅《时务报》中"变法通议"诸论。	第 111 页
六月十六日	终日在馆，阅《时务报》第六十六册。	第 113 页
六月二十九日	阅《时务报》第六十六册。	第 115 页
七月二日	回馆阅《时务报》第六十七册。	第 115 页
七月五日	宵，阅《时务报》第六十八册。	第 116 页
七月七日	复阅《时务报》第六十八册。	第 116 页
光绪二十五年（1899）七月十六日	阅旧岁《时务》各报。	第 179 页
光绪二十七年（1901）十一月十一日	回馆阅《时务报》。	第 352 页
光绪二十八年（1902）二月十一日	在馆阅《时务报》首、二、三册。	第 379 页
光绪二十八年（1902）二月十二日	宵，阅《时务报》第四、五册。	第 379 页

从林骏的阅读记录看,他第一次接触的《时务报》已是第 18 期,之后,他并不能完整地阅读各期的刊物。这大约与当地信局的邮递条件有关。与一些读者详细抄写《时务报》的具体内容不一样,林骏对该报的感受,更多地体现在阅读过程中,除了偶尔对德人抢占胶州一事发表评论之外,他只是忠实地记录自己收阅该报的情况。这对了解林骏如何受到该报影响颇有难度,但另一方面证实了这位乡绅的读报习惯。值得注意的是,林骏在 1902 年才看到《时务报》的前五册,这表明他对该报有着持续的阅读热情,同时也说明《时务报》在乡村的发行通道受到较大制约。即便是交通较为便利的温州,如林骏此类交游广泛的乡绅都很难完整地读完《时务报》。

《时务报》在浙江广为流布。如浙江海宁由于离沪、杭较近,消息较为灵通。王国维之父王乃誉自四十岁之后,虽然以开杂货店谋生,却潜心研究书画,"喜谈经世之学"。① 1894 年,他便有"午前看报"的记载,② 光绪二十二年(1896)正月初九,他"五更看《盛世危言》"。③《时务报》发行后不久,王国维便经常阅读,并将《时务报》带给其父王乃誉看。王乃誉在光绪二十二年(1896)九月五日记载:"静儿持《时务报》第一、第三册,上海新设,七月初一开馆,总理为汪穰卿(壬辰进士),执笔新会梁启超,所陈通变议,颇洽时政,诚此时之要务。"王乃誉迫不及待地浏览,"三更起,两册大略已审"。当年十二月,王乃誉抄录《时务报》第 16 册《盛京卿(宣怀)自强大计举要胪陈折(附片二件)》一文,并部分摘录梁启超《论学校五》一文。第二年十月十四日,王国维又带回《时务报》,王乃誉当日记载:"静儿携借到《时务报》四十五、六两册,烧烛观之。"并评论道:"甚谓中朝不能骤更新法,一切杂乱无章,恐迟延不达,则世界早变,奈何!"三天后,他回忆前一日读到《时务报》的内容:"有中国译日本书论甚佳,又兴女

---

① 王国维:《先太学君行状》,王乃誉著,海宁市史志办编:《王乃誉日记》第 1 册,中华书局 2014 年影印本,第 2 页。
② 王乃誉著,海宁市史志办编:《王乃誉日记》第 1 册,中华书局 2014 年影印本,第 301 页。
③ 王乃誉著,海宁市史志办编:《王乃誉日记》第 1 册,中华书局 2014 年影印本,第 609 页。

第三章 维新时期的报刊阅读与社会影响

学会于沪"。① 可见,王国维在 1898 年 2 月至《时务报》任书记②之前,就已经对该报较为熟悉,并让其父有机会接触到这份当时极为新潮的刊物。王国维在《时务报》任职时,也常常在给其父的信中提及报社的情况。光绪二十四年(1898)六月十日,王乃誉接信得知"康有为督办此报,将改为官报",并感叹"大局又为变"。九月一日至四日,王乃誉数日都在阅读《时务报》旧报,如九月三日,看《时务报》第四十一、二、三册,九月四日,抄录《中外日报》"谭嗣同《在狱咏》"。③ 可见,王乃誉通过王国维的引介而接触《时务报》,因此对西学新政颇为关注。《时务报》打开了他通往"新世界"的门径,对他的思想世界有着深刻的影响。

1898 年年初,已被革去福建建宁知府 14 年之久的周星诒,已是 65 岁的老翁,闲居浙江山阴(今绍兴)乡下,他在日记中详细记载了阅读《时务报》的篇目和内容。二月十四日,他在读到《时务报》第 51 期有关新疆巡抚陶模的奏折后,感慨道:"条陈利弊,洞如观火,识高言切,经世伟文,不为激论,实为济时。"④ 二月二十二日,他读到第 53 期有关山西巡抚"请开晋边蒙地"的奏折,也大为赞赏,认为"是较近日内外诸臣筹饷,但图节流,不筹开源者,高出万倍矣"。而他对闽人高凤谦发表的《释彝》一文,却不以为然,指出:"大抵为康、梁辈扬波助澜,尊奉西人而已。然亦先儒旧说,与所

---

① 王乃誉著,海宁市史志办编:《王乃誉日记》第 2 册,中华书局 2014 年影印本,第 707、754—755、790、791 页。
② 王国维有机会到《时务报》任职,是由于同学许默斋原任时务报馆书记,以事返家,请王国维代为之。但王国维在《时务报》工作时,收入甚微,生活清苦。他在 1898 年 4 月 13 日致许默斋的信中说:"阁下(在时务报馆薪水)係每月二十元,弟则每月十二元,弟当时唯唯,惟念阁下与弟所办之事固属不殊……弟所办事除删东文,校报外尚须写信,或代作文及复核书记,现在除读东文三点钟外,几无暇晷,于学问丝毫无益,而所入不及一写字人。"(《王国维全集·书信》,中华书局 1984 年版,第 4—5 页)王国维对每月 12 元的收入极为不满,但在《时务报》谋生是他人生的重要经历。
③ 王乃誉著,海宁市史志办编:《王乃誉日记》第 2 册,中华书局 2014 年影印本,第 927、986 页。
④ 周星诒:《橘船录》,见周星誉、周星诒著,刘蔷整理:《鸥堂日记·窳櫎日记》,河北教育出版社 2001 年版,第 75 页。周星诒所读《新疆巡抚陶复奏陈自强大计折》,文中对时弊进行了深入剖析,并提出"欲求富强,必以崇节俭,广教化,恤农商。而欲新政治,必以变士习,减中额,汰内外冗官为先"。(《时务报》第 51 册,1898 年 2 月 11 日。)这些观念都是当时维新派所着力倡导的,但在周星诒看来,切中时弊。

谓发明政法，切近事情之例未称也，选行之诚无谓矣。"① 三月二十五日，他读到第 57 册的《时务报》后，对该报质量也颇有微词："自梁卓如孝廉就楚聘，译者张姓（应为李姓，即李维格）亦偕之往，论说及翻译西报与附录咸简率不足观。报例首载论说，今改以卷尾，选录诸文列之卷首，已数次矣。帙尾附录信隆租船案，去年已据会审案译刻，今年又译英文重刻，已属叠床架屋，今又改刻上海商会及法国博物会章程，皆不关中华时务紧要，似无谓，可缓也。"② 这位革职官员，虽然对梁启超离开《时务报》的原因判断有误，但他对该报质量下降的抱怨是符合事实的。尽管他在日记中对康、梁等维新派人物有颇多不满，但读《时务报》的兴趣仍然很浓。

而曾任过知县的杨葆光，则利用久居上海的地利之便，自费订阅了《时务报》《万国公报》《申报》等报刊，他在日记中详细记载了所付《时务报》报费和收到报纸的时间，如光绪二十三年（1897）一月二十六日记："十二月

---

① 周星诒：《橘船录》，周星誉、周星诒著，刘蔷整理：《鸥堂日记·窳橅日记》，河北教育出版社 2001 年版，第 76 页。

② 周星诒：《橘船录》，周星誉、周星诒著，刘蔷整理：《鸥堂日记·窳橅日记》，河北教育出版社 2001 年版，第 81 页。显然，周星诒并不清楚梁启超离开《时务报》的真正原因。梁启超与汪康年的冲突，在《时务报》创刊数月后就已经较为激烈，自《时务报》第 43 期后，汪康年、梁启超的矛盾已经公开化，梁启超已很少在《时务报》发表文章。1897 年 10 月 31 日，郑孝胥的日记记载："夜，汪穰卿、梁卓如邀饮时务报馆，座客为盛太常、康长素、经联三（元善，浙人，现为电报沪局）、何眉生及余。卓如称有事，不至。"（郑孝胥著，中国国家博物馆编，劳祖德整理：《郑孝胥日记》第 2 册，中华书局 1993 年版，第 626 页。）其言外之意，梁启超不愿与汪康年同席宴饮。1897 年 11 月，梁启超应湖南时务学堂之聘，负气出走，直到 1898 年 3 月 3 日，第 53 期的《时务报》才刊登了一则《告白》称："本馆仍延梁卓如为正主笔。惟梁君刻兼膺湖南时务学堂总教习之任，故现在总主笔一席特请闽县郑苏龛先生（孝胥）办理，其梁君寄来之文，仍随时登报。"但是，郑孝胥并没有到任，王国维在写给许默斋的信中说："主笔之位久悬，外来文字绝少佳者，郑太夷（孝胥）亦因无佳文不肯操选政。"（《王国维全集·书信》，中华书局 1984 年版，第 8 页。）这又表明了当时《时务报》质量下降的事实。其主要原因是，在第 55 期之后，根本不见梁启超的文章。而周星诒对张姓译者的说法也有误。其实，与梁启超一起离开《时务报》而去时务学堂的是李维格（字一琴）。1897 年 11 月，李维格与梁启超来到长沙，李任时务学堂的西文总教习，梁任中文总教习。他在湖南还参加了南学会，担任《湘报》董事和西文翻译，在《湘报》上刊登了大量译文。李维格于 1897 年 4 月底被《时务报》聘为英文翻译，通过翻译西方报纸文章倡导西学和变法，他大约在《时务报》工作不到 7 个月。郑孝胥在 1897 年 9 月 19 日的日记载："湖南时务学堂欲强邀李一琴为教习。"（《郑孝胥日记》第 2 册，第 619 页）这说明李一琴在 9 月间已被时务学堂"强邀"。杨树达曾为时务学堂的学生，他回忆："堂中中文总教习为新会梁任公先生（启超），西文总教习为吴县李峄琴先生（维格）。"（杨树达：《积微翁回忆录·积微居诗文钞》，上海古籍出版社 1986 年版，第 5 页。）这进一步证明了李维格当时的身份。

《万国公报》、《时务报》止十八册";二月八日记:"汪溥泉交《时务报》三巨册。……支《时务》洋四元";二月二十六日记:"《时务报》第廿一";三月十日记:"《时务报》第廿二";三月十六日记:"《时务报》第廿三"。① 光绪二十四年(1898),他继续订阅《时务报》,并于闰二月十八日"支《时务报》洋五元"。② 杨葆光对《时务报》收阅日期的详细记载,表明他能够经常阅读新式报刊,也说明在上海本地,该报的收发较为及时。他将读报作为一种"日常生活的仪式",每次的记载也具有象征意义。值得注意的是,杨葆光不仅经常阅读《时务报》《申报》《万国公报》《算学报》等报刊,还要求儿辈学习西学知识,并为其子购买了大量西学书籍。

维新时期,湖北风气亦大开,《时务报》在湖北的发行也颇见起色,尤其是张之洞在《时务报》创办之初鼎力支持,饬令湖北各地学堂、书院订阅,使不少官员和士子有机会观览。在《时务报》出版半个月之后,在武昌武备学堂任职的姚锡光就在午后"阅《时务报》"。③ 之后两个月,他多次阅读《时务报》。曾担任过知县的著名学者谭献,在1897年主讲湖北经心书院期间,经常阅读《时务报》,他在日记中记道:

> 三月十五日,重检《时务报》所载《盛世元音》及重译《富国策》,此皆有实有用者。
> 四月二十八日,阅《时务报》廿七号,有宗室寿富一书,甚沉痛。
> 六月二十日,阅《时务报》卅二期,麦撰《尊侠论》,闳峻精妙,无瑕不僩。④

丁酉年(1897)六月,姚浚昌任湖北竹山县令,其子姚永概随侍左右。

---

① 杨葆光著,严文儒等校点:《订顽日程》(第4册),上海古籍出版社2010年版,第2882、2885、2891、2896、2897页。
② 杨葆光著,严文儒等校点:《订顽日程》(第4册),上海古籍出版社2010年版,第2964页。
③ 姚锡光等著,王凡、任叔子整理:《姚锡光江鄂日记(外二种)》,中华书局2010年版,第151页。
④ 谭献著,范旭仑、牟晓朋整理:《谭献日记》,中华书局2013年版,第325、326、327页。

姚永概在当年七月便开始阅读《时务报》，此后的两个月，他又多次阅读该报。① 姚永概从三月开始随父赴任，途中阅读各种书籍，但并未提及《时务报》，其在竹山所读报纸，在当地订阅或借阅的可能性较大。湖北的一些乡绅亦有机会读到该报。如许宝蘅应汉川县令之邀，从戊戌年（1898）四月开始，在一个偏远的河口小村任书记官。公务之余，他经常阅读《时务报》《申报》《汉报》等多种报刊。如六月七日，他读到《时务报》附译之《长生术》一文后，便评论道："其事惝恍离奇，疑非人间所有，与中国《封神传》《西游记》等小说相似，恐亦何礼之游戏笔墨，不必实有其事也。"② 可见，时年23岁的许宝蘅读报极为投入，对小说内容敢于质疑，并提出自己的见解。

在安徽芜湖，一向关注新学的徽宁池太广道道员袁昶，对《时务报》颇为重视。他在丙申年（1896）九月的日记中，列出《示儿辈中材以下课程》："必读书，除《四书》《九经》《三传》《史》《汉》《文选》外。……日力之馀，恭阅邸钞及《时务报》。"丁酉（1897）九月，他阅《时务报》，对主笔梁启超大加赞赏："真方今旷代逸才也"。③

戊戌六君子之一的刘光第，在北京阅读了《时务报》之后，颇有收获。他在写给重庆乡下的族弟刘庆堂的信中，多次提醒对方要认真阅读《时务报》。在光绪二十三年（1897）三月十五日的信尾，他特别嘱咐："《时务报》川省重庆必已有了，可再问之，此必当可读之书也。"④ 刘光第将《时务报》列为"必读之书"，而非报纸，并非笔误，而是强调该报内容具有"经典阅读"的意义，从中可以看出刘光第对《时务报》的推崇。他在光绪二十四年（1898）正月二十日的信中再次强调："《时务报》早到重庆，不知尊处在阅看否？现在《渝报》办开，谅已得睹，然不如《时务报》详备，看报大长学

---

① 姚永概著，沈寂等标点：《慎宜轩日记》上册，黄山书社2010年版，第693、695、697页。
② 许宝蘅著，许恪儒整理：《许宝蘅日记》（第1册），中华书局2010年版，第29页。
③ 袁昶著，孙之梅整理：《袁昶日记》（下），凤凰出版社2018年版，第1212—1213、1263页。
④ 刘光第：《自京师与自流井刘安怀堂手札》（第52函），《刘光第集》编辑组编：《刘光第集》，中华书局1986年版，第273页。

识,切不可省报费而不看也。"① 显然,在刘光第上次提出要其族弟看《时务报》之后,并没有得到对方的回应,此次信中已明确告知,在当地是可以购买《时务报》的,而且即使对方已看到《渝报》,但不能顾此失彼,《时务报》远胜《渝报》,不要为了节省报费而不读它,其文字中透出刘光第的急迫之情和直率之意,这位维新人士通过《时务报》影响族人的用心可见一斑。

《时务报》在重庆有固定的发行网点,在重庆致用书院讲学的江瀚,与汪康年书信往来颇为频繁,为《时务报》在重庆的发行颇费心力,同时,他又是《时务报》的忠实读者。如他在光绪二十三年(1897)二月八日的日记中写道:"文伯孝廉索《时务报》。"② 同样,在成都长期担任教谕的张朝墉也曾阅读《时务报》,如光绪二十四年(1898)四月十八日,他"阅《时务报》五十七册"。③ 虽简单提及,却表明了他作为成都读者的真实存在。

维新运动已使湖南风气大开。远在湘潭乡下的杨度,师从名儒王闿运研习"帝王之术",也有机会阅读到风靡一时的《时务报》。丁酉年(1897)五月二十一日,他在日记中记载《时务报》有关税制改革的内容:"清欲改百五关税为百十,公法自主,俄德法许之,而阻于英。盖俄债一千六百万磅,英则关货十居其八也。"杨度是维新运动的热心支持者,曾在1895年参与过"公车上书"。戊戌年(1898),他虽在乡下问学,却不忘关注时政,十月二十日,他道经武昌,二十四日在日记记载:"数日专寻书肆,买洋务书数十种,将以为赋料也,终未得备。"④ 虽未满足心愿,但他对时务书刊的渴求展露无遗。从他的日记中看,尽管他偶然阅读《时务报》,但读报之后颇有感慨。显然,《时务报》进一步开阔他的见闻和西学认知。

值得注意的是,在更为偏远的湖南新化乡下,读书人也通过各种途径有机会获得《时务报》。如出生于1860年的谭人凤,是同盟会的活动分子,从

---

① 刘光第:《自京师与自流井刘安怀堂手札》(第54函),《刘光第集》编辑组编:《刘光第集》,中华书局1986年版,第281—282页。
② 江瀚著,郑园整理:《江瀚日记》,凤凰出版社2017年版,第47页。
③ 张朝墉:《张朝墉日记》,王建朗、马忠文主编:《近代史研究所藏稿钞本日记丛刊》第28册,国家图书馆出版社2020年影印本,第34页。
④ 杨度著,杨念群点校:《杨度日记(1896—1900)》,新华出版社2001年版,第45、116页。

1895年开始,他在家乡新化八都石鼓塘湾任义学教师,偶遇同乡邹价人,他回忆道:"谈论皆古今中外大事,瞠目无所对,心甚恶焉。丙申年(1896),聘为村内教习,余亦师事之,思想因之一变。丁酉、戊戌、己亥(1897、1898、1899)三年,购阅《时务报》《新民丛报》(应为《清议报》),感触愈多。"① 这位乡下的教书先生后来走上民主革命的道路,与其在乡下读《时务报》所引发的思想变化有着一定的关系。

尽管贵州地处偏远,交通极为不便,但学政严修不仅借助政治资源推广《时务报》,并且身体力行,长期坚持阅读《时务报》。丙申年(1896)八月二十一日,严修便收到"时务(报)三本"。彼时,距《时务报》第1册出版约五十天。严修是维新运动的积极拥护者,不但坚持学洋文、看算书,他的友人雷玉峰与时务报馆主人"极相善",他对新学人物如贵州遵义人黎汝谦也颇为关注。丁酉(1897)正月十四日,在安顺巡考时,他暇余"看《时务报》及《京报》"。二月四日,他收到友人段少卿信,"附定《时务报》银十两"。二月十一日,他收到"《时务报》四本"。二月二十七日,他"看《时务报》十八号"。三月八日,他写信给友人绍光,商议"《时务报》以书局作代派处"。三月十五日,他"到南书院散《时务报》"。从严修收到报纸与阅读的频率看,这段时期他对《时务报》特别关注,对该报在贵州的发行与传播颇费心力。当年三月二十九日,他的友人熊尚恒"借去《算法须知》一本,《时务报》三本助书院"。② 这表明严修所订的《时务报》在贵州当地仍然是"稀缺品",友人借阅到的报纸在当地书院传播,具有"一报多读"的功效。

《时务报》在北方的传播,除了张元济等人由于与汪康年、梁启超的私交而在京代为发行之外,③ 天津、河北等地的一些开明士绅,也通过多种途径订

---

① 谭人凤:《谭人凤自述》,人民出版社2011年版,第3—4页。
② 严修:《蟫香馆使黔日记》(2),沈云龙主编:《近代中国史料丛刊》第20辑之198册,台湾文海出版社1966年影印本,第574、589、644、656、662、667、669、673页。
③ 张元济为《时务报》在北京的销售出力甚多,这在他与汪康年的多次信件交流中得到充分体现。关于此问题的研究,见孙慧敏:《翰林从商——张元济的资源与实践(1892—1926)》,《思与言》,第43卷第3期,2005年9月,第15—52页。

第三章 维新时期的报刊阅读与社会影响

阅《时务报》。严复与夏曾佑等人在创办《国闻报》之前，就与梁启超、汪康年有密切往来。严复在《〈时务报〉各告白书后》一文中称："自乙未东事驰严，而中土有识，争自磨厉，士大夫昌言时政得失，不少忌讳，盖自《时务报》始也。"① 这表明严复对《时务报》的言论高度肯定。在写给梁启超的信中，严复进一步表达了阅读该报的感受："《时务报》已出七帙，中间述作率皆采富响闳，譬如扶桑朝旭，气象万千，人间阴曀，不得不散，遒人木铎之义，正如此耳。风行海内，良非偶然。"② 虽有溢美之词，但他对《时务报》所取得的成就是颇为欣喜的。

河北保定的莲池书院，在吴汝纶多年的经营下，已成为桐城学派和新式书报的传播中心，吴汝纶长期订阅大量报刊，对《时务报》亦颇为关注。他在日记中还考证《时务报》新闻的真伪问题："《时务报》中有宗室寿富与八旗陈说时局启，未知果有此人，抑报馆假托为之也。若有其人，则宗室中之景星鸣凤，国家宜破格待之矣。启在《时务报》二十七册中。"③ 在吴汝纶的影响下，不少吴门弟子也热衷于阅读时务报刊。如贺涛是吴汝纶的得意门生，尽管故城县很难订阅到新式报刊，但贺涛与吴汝纶父子的私交，为《时务报》在故城县的流布创造了条件。而贺涛长期执教冀州的信都书院，也成为《时务报》传阅的一个重要据点。丙申（1896）农历十一月二日，贺涛之子贺葆真在信都书院便读到该报，并特地指出："《时务报》出自上海，十日一册，以七月一日始。吴先生自保定代书院订购一分，先寄来三册。"他称赞"此报款式既精，载记尤善"。这位吴先生便是吴汝纶之子吴闿生，系贺葆真的老师。可见，吴闿生在保定的活动和社会圈子，为信都书院的士子提供了与《时务报》"相遇"的机会。而贺涛作为书院主讲，对新式报刊的导向性阅读有直接作用，他本人失明之后，"不阅报章，尤为苦之"。贺葆真便为其父读《时务报》，"每日读报数页"。④

---

① 严复：《〈时务报〉各告白书后》，王栻主编：《严复集》第 3 册，中华书局 1986 年版，第 492—493 页。
② 严复：《与梁启超书（1）》，王栻主编：《严复集》第 2 册，中华书局 1986 年版，第 513—514 页。
③ 吴汝纶著，施培毅、徐寿凯校点：《吴汝纶全集》第 4 卷，黄山书社 2002 年版，第 414 页。
④ 贺葆真著，徐雁平整理：《贺葆真日记》，凤凰出版社 2014 年版，第 35、48 页。

由此可见，甲午战争之后数年，中国虽未完成"士绅社会"向"知识人社会"的过渡，但是西学和变革维新思想逐渐深入读书人的脑海。无论是督抚大员还是偏远乡村的书生，阅读《时务报》所构建的"思想图景"却有诸多相似。按照安德森（Benedict Anderson）的说法，报纸这个概念本身就意味着，即使是"世界性的事件"，也都会折射到一个方言读者群的特定的想象之中。① 《时务报》为读书人打开一扇窗口，诸多读者从全国各地寄来信件，大谈《时务报》的诸多好处，俨然是思想界的及时雨。正如读者丁其忱所言："《时务报》详载中外时事，使阅者耸动心目，上以当执政者之晨钟，下以扩士君子之闻见，法至善，意甚盛也。"② 另外一位叫朱采的读者也由衷感叹："读贵馆撰述，内郁忠爱，外包众有，深切著明，发聋振聩，较之贾生痛哭，殆相髣髴。"③ 在北京为官的姚大荣，是《时务报》的忠实读者，他声称："自丙申之秋，得读《时务报》，深悉诸君子忧时苦心，宏开风气，极为钦佩。次第读至五十册，鸿篇巨制，足以感发志意者固多，而尤以大箸之《知耻知惧》《以爱力转国运》诸篇，为最难得。"④ 诸如此类的"阅读印象"，在汪康年收到的读者来信中随处可见。除了赞誉之外，围绕着《时务报》的内容，读者在阅报之后发表诸多感想，并通过信件与主办者进行多方互动，形成了一个强大的舆论场。

值得注意的是，随着《时务报》在全国各地的广泛传播，其阅读对象从士绅阶层扩展到商人阶层，如吴樵便描述《时务报》在汉口传阅的情况："生意人看者颇有，惟讥文字多不可解耳。"⑤ 裘廷梁对无锡当地的《时务报》读者进行了估计，他说："能阅《时务报》者，士约二百分之九，商约四五千分之一，农、工绝焉。推之沿海各行省，度不甚相远。"⑥ 尽管商人读报的比例

---

① ［美］本尼迪克特·安德森：《想象的公共体：民族主义的起源与散布》，吴叡人译，上海人民出版社2011年版，第60页。
② 《丁其忱函（1）》《汪康年师友书札》（1），上海古籍出版社1986年版，第1页。
③ 《朱采函》，上海图书馆编：《汪康年师友书札》（1），上海古籍出版社1986年版，第220页。
④ 《姚大荣函》，上海图书馆编：《汪康年师友书札》（2），上海古籍出版社1986年版，第1234页。
⑤ 《吴樵函（21）》，上海图书馆编：《汪康年师友书札》（1），上海古籍出版社1986年版，第504页。
⑥ 《裘廷梁函（2）》，上海图书馆编：《汪康年师友书札》（3），上海古籍出版社1987年版，第2625页。

远不及士绅，但它已经延伸至商业社会，对四民之末的商人有着一定的吸引力。邹代钧甚至建议汪康年在每册卷尾列"货物价值表"，[①] 以便吸引商人的目光。尽管《时务报》并没有根据商人的阅读需求而改变栏目设置，但它的触角伸入到商人阶层之后，无疑对商人的"观念世界"产生一定的影响。

由于交通条件和发行网络的问题，《时务报》的读者常为不能及时收阅报纸而困扰，在读者写给该报经理汪康年的书信中，有相当部分是反映报纸缺失、遗漏和延误之类的意见。如远在重庆的江瀚就曾向汪康年抱怨："贵馆《时务报》，敝处只接到第二十七册，两月以来竟成绝响，纷纷来索，愧无以应，宜筹速法。"[②] 此类"投诉"虽与报纸内容关系不大，却说明读者对读报的强烈期待，也在一定程度上说明读者十分向往没有读到的报纸，对未知的内容充满着阅读想象。

三、互动与互进：阅读共同体的形成

与一般商业性报刊的泛阅读不同，《时务报》的许多读者将该报视为"经典之作"，每期都认真研读，并发表自己的阅读感想，通过书信表达对报刊内容的看法，编者、读者与作者围绕着《时务报》的具体文本展开阅读、评论和互动，建构"阅读共同体"。尽管许多读者与汪康年、梁启超未曾谋面，但《时务报》作为读者阅读的载体和文本，向读者广泛传播着维新变革的观念。正如包天笑所言：

> 这时候，关于文学上，有一事足以震动全国青年学子的，是梁启超的《时务报》在上海出版了。这好像是开了一个大炮，惊醒了许多人的梦。那时中国还没有所谓定期刊物的杂志，《时务报》可算是开了破天荒，尤其像我们那样的青年，曾喜欢读梁启超那样通畅的文章。……一班青年学子，对于《时务报》上一言一词，都奉为圭臬。[③]

[①] 《邹代钧函（23）》，上海图书馆编：《汪康年师友书札》（3），上海古籍出版社1987年版，第2659页。
[②] 《江瀚函（3）》，上海图书馆编：《汪康年师友书札》（1），上海古籍出版社1986年版，第262页。
[③] 包天笑：《钏影楼回忆录》，中国大百科全书出版社2009年版，第150页。

因此，许多读者视该报为精神家园，通过书信表达对读报内容的看法，并对报纸的印刷、发行、排版、题材、评论等方面的问题提出自己的看法和建议。通过书信往来，读者与编者、作者实现了立体式的互动，并进一步加深了彼此的沟通和了解。

在汪康年所收到的读者来信中，有相当部分是读者读报的感想。如四川达县的吴樵，参与了《时务报》的创办与发行，十分关注每期报纸的内容。他形容自己初读该报的兴奋之情："狂舞万状，自始至终，庄诵万遍。"但对"三四处误者"① 也加以指出。他对《时务报》的办刊方针尤为关注，如他转述张之洞的态度："南皮阅第五册（不记是此册否？）报，有讥南京自强军语及称满洲为彼族，颇不怿。"他认为梁启超对此问题认识不足，"樵知必力阻之"。② 显然，吴樵对《时务报》的言论有着敏锐的观察，并希望梁启超不要与张之洞等政要发生观念上的冲突。

读者对于《时务报》的具体内容所引发的感想，体现出新思想对他们观念上的深刻影响。如《时务报》曾刊登过征婚广告，福建闽侯的开明女子林宗素便大胆回应，质问："南清志士某君者，伊何人耶？胡为并姓氏而隐之耶？某果为支那之伟人耶？吾不得而知之，抑亦不过口谈维新之庸人耶？吾亦不得而知之。伏波有言，当今之世，不特君择臣，臣亦择君。南清志士，既悬高格而求文明者为之妻，吾二万万女人若果无一足副南清之求，则亦已矣。"③ 林宗素的大胆质问，表明了她对征婚人故隐其名的不满，也从一个侧面说明了《时务报》拥有女性读者，这在以前的报刊读者中还鲜有记载。

《时务报》通过设置一些重要社会议题来影响读者。如梁启超在《时务报》上发表改革自强方面的文章，湖南学者皮锡瑞读后进行了深入思考，他认为："梁卓如痛言中国变法，止知讲求船只枪炮，徒为西人利，不知讲求学校、科举、官制，西人无所利于此，故不以此劝变法。其实此乃根本所在，

---

① 《吴樵函（25）》，上海图书馆编：《汪康年师友书札》（1），上海古籍出版社1986年版，第500页。
② 《吴樵函（28）》，上海图书馆编：《汪康年师友书札》（1），上海古籍出版社1986年版，第518页。
③ 《林宗素函》，上海图书馆编：《汪康年师友书札》（2），上海古籍出版社1986年版，第1157页。

第三章 维新时期的报刊阅读与社会影响

可谓探源之论。"① 又如张之洞倡导"戒缠足会",海内外读者广为响应,当梁启超代写的章程刊出之后,一些读者便来信加以评点。如洪述祖认为:"所论禁缠足一会,甚惬鄙怀。"② 浙江文人邵章一方面认为"不缠足会章程,甚得我心",但也指出不足:"惟未议及装饰,稍有遗憾。"他进而提出自己的见解:"今既不缠足矣,则宜沿古妇人衣必曳地之制,骤尚西式,骇俗不取。"③ 另一位叫王舟瑶的读者认为"缠足之戒,极为善举",但从长远看,"亟宜劝立女学堂"。④ 可见,针对不缠足运动,读者通过阅读《时务报》,不仅开阔了眼界、增长了见识,也对某些具体问题提出自己的独到见解,这就为《时务报》提供了建言献策的通道。

许多读者将《时务报》视为日常阅读的重要对象,十分关注《时务报》的品质和发展方向,对报纸出现的具体问题提出批评和建议。如针对是否刊登"上谕"的问题,读者就对此有自己的见解。王舟瑶在来信中提出:"不知各处购尊报者,不必皆购他报,俱以未见上谕为歉,以后似宜补录。"⑤ 地图学家邹代钧参与了《时务报》的创办,与汪康年经常有书信往来,他也认为《时务报》应考虑贫寒之士的阅读需求,转录"上谕"以广见闻。他对汪康年说:"缘寒素不能遍阅各种报,仅购《时务报》阅之,而无上谕,甚视为缺典。窃计上谕已见他报,原可不录,惟为销路起见,仍以录入为妥,祈酌之。"⑥ 显然,这一建议考虑了当时报刊传布不广的现实,尤其是兼顾了边远地区读者的阅读诉求。

值得注意的是,一些读者还摘抄《时务报》转载的官方新闻,如沈曾植认为:"总理衙门可抄者皆寡要,要则不敢抄","《时务报》所载国闻,自邸抄外,皆南皮尚书向各省督抚署搜辑,非得之都中也。"⑦ 这说明该报的时政

---

① 皮锡瑞:《师伏堂日记》(第2册),国家图书馆出版社2009年影印本,第457—458页。
② 《洪述祖函》,上海图书馆:《汪康年师友书札》(2),上海古籍出版社1986年版,第1283页。
③ 《邵章函(2)》,上海图书编:《汪康年师友书札》(2),上海古籍出版社1986年版,第1220页。
④ 《王舟瑶函(2)》,上海图书馆编:《汪康年师友书札》(1),上海古籍出版社1986年版,第56页。
⑤ 《王舟瑶函(2)》,上海图书馆编:《汪康年师友书札》(1),上海古籍出版社1986年版,第56页。
⑥ 《邹代钧函(56)》,上海图书馆编:《汪康年师友书札》(3),上海古籍出版社1987年版,第2731页。
⑦ 蔡元培著,王世儒编:《蔡元培日记》(上册),北京大学出版社2010年版,第60页。

要闻并非一般邸抄所能比拟,新闻来源的广泛性得到了读者的肯定。

也有读者就《时务报》刊登的具体内容提出质疑。如著名学者缪荃孙提出:"贵报将情理不符之事慢登。如传闻叔志之类,亦知其假,何不去之。少采无稽之言,则报自然增重。"而对于该报转载的虚假新闻,他则语气严厉地指出:"十二日报又说制军乞休,为有此事?制军阅之,恐不能不查也。"① 读者从报纸内容本身出发提出自己的见解,其目的是期待主事者重视读者的感受,不断对内容加以改进和提高。如担任过知县的唐受桐就对梁启超的文章提出了自己的看法:"梁卓如诸论,亦嫌其过于富赡,大类应博学宏词科,意反为词所掩。"对于该报的批评风格,他也指出:"似不可过讥时政,惟于我国及各国事据实书之,不加褒贬,使阅者自见。"② 此议颇有遵循新闻客观性之意,对办报者颇有启迪。此外,他还对该报报头提出建议:"时务报三字忽草,忽隶,忽以双钩,类于轻戏。宜欲作小字标于第一行,下注年、月、日,第二行即列报中目录如旧式,以昭敬事。"③ 而同为报人的夏曾佑对后期的《时务报》颇有微词,他在信中提到该报第 53 期至 57 期,"所收外文甚不佳",并建议"此等文宜从割爱"。他还忠告:"若频登此,易滋口实。盖旬报与日报异,而贵旬报与他旬报又异。贵旬报今日正当疑谤之交,又与平日之贵旬报异,天下所属耳目,不可不慎也。"④ 此类建议表明了读者对《时务报》的殷切期待和良苦用心。

许多读者视《时务报》为圭臬,阅后加以收藏。一些细心的读者发现报纸的用纸有所变化,遂写信给报馆反映情况,希望引起重视。如一位"留心时事人"在阅读第 40 期报纸后,发现"面页忽改用栗色机器纸"。他认为:"此纸质极粗劣,一经潮湿,极易腐朽,如污秽之说部,则可用之,馀均断不

---

① 《缪荃孙函(17)》,上海图书馆编:《汪康年师友书札》(3),上海古籍出版社 1987 年版,第 3061 页。
② 《唐受桐函(2)》,上海图书馆编:《汪康年师友书札》(2),上海古籍出版社 1986 年版,第 1304 页。
③ 《唐受桐函(4)》,上海图书馆编:《汪康年师友书札》(2),上海古籍出版社 1986 年版,第 1306 页。
④ 《夏曾佑函(22)》,上海图书馆编:《汪康年师友书札》(2),上海古籍出版社 1986 年版,第 1333 页。

可用，远不如本国纸之坚洁。"为了引起报馆的重视，这位细心的读者进行了调查，并指出："再查贵馆派寄各处之报，往往受潮，竟有全本霉烂不可翻阅者。即如此次派到鄙人之第四十册，全本尽潮，书面纸又落色，洁白连史纸不知变成何等颜色矣。"① 可见，读者对报纸用纸问题的重视，一方面要维护自身的阅读利益，另一方面则希望主事者要有社会责任感，不要因贪图便宜而有损报馆形象。

《时务报》作为维新时期影响最大的报纸，两年间发行69期，在全国范围内广为流传，且后来多次重印出版，并按年份装订成册发行，许多未及时购阅的读者，便通过购买重印装订本阅读。如皮锡瑞从江西返回湖南长沙期间，便在当地"以二元半买得整年《时务报》一册"。② 小说家刘鹗在光绪二十八年（1902）正月初六日，读"《时务报》数篇"。③ 学者徐兆玮于光绪三十一年（1905）正月，"读《时务报》一册，含第1至3号"，三月，"读《时务报》八册，含第4至27号"。④ 四川井研县的熊克武在1904年留学日本前，在家乡念私塾。他回忆："我的老师吴蜀筹是研究历史的，吴老师又常从省外游宦的亲友处得到《革命军》《时务报》以及庚子、辛丑的和约条款这类书刊。我很爱看，也略知列强要灭中国，清廷丧权辱国和民族危机的大势，更激发了我的民族义愤和爱国热情。"⑤ 皮锡瑞、刘鹗、徐兆玮、熊克武等人所看的《时务报》，有可能是之后的翻印本。河北宣化县阅报所1905年订阅的《时务报》,⑥ 则肯定是重印本。可见，《时务报》的装订本和重印本价格更为便宜，且利于读者集中阅读，这就进一步扩大该报的阅读范围。据闾小波统计，实际售出的《时务报》当在一百万册左右，受众的总数在一百万以

---

① 《留心时事人函》，上海图书馆编：《汪康年师友书札》（4），上海古籍出版社1989年版，第3691页。
② 皮锡瑞：《师伏堂日记》（第3册），国家图书馆出版社2009年影印本，第16页。
③ 刘鹗著，刘德隆编：《抱残守缺斋日记》，中西书局2018年影印本，第6页。
④ 徐兆玮著，李向东、包岐峰、苏醒等标点：《徐兆玮日记》（1），黄山书社2013年版，第465、484页。
⑤ 熊克武：《辛亥前我参加的四川几次武装起义》，《辛亥革命回忆录》第3集，文史资料出版社1962年版，第1页。
⑥ 《宣化县呈送阅报研究所暨附设半日学堂章程请折》，《教育杂志》（天津）1905年第11期，第12页。

上当是可能的。① 而廖梅将《时务报》前五十册在全国各省的销量进行了初步统计，排列前几名的是：① 江苏（177 843 份）；② 直隶（74 403 份）；③ 湖北（52 577 份）；④ 湖南（48 430 份）；⑤ 浙江（44 289 份）；⑥ 广东（39 721 份）；⑦ 四川（29 775 份）；⑧ 安徽（26 148 份）。② 上述八个地区的总发行量就达到 49 万份，但廖梅的统计未必全面，以广州地区的《时务报》销售为例，据汪叔子统计，从光绪二十二年（1896）七月至光绪二十三年（1897）十二月，共销售新出报 88 654 册，缩印报 3 600 册，旧年报 2 010 册，合计 94 264 册。③ 汪叔子统计的最后时期，也恰恰是《时务报》第 50 册发行的日期，与廖梅的统计范围完全一样，但汪叔子所统计的广州地区销售《时务报》的数量远高于廖梅统计的广东地区销量。可以肯定的是，江浙、广东地区阅报风气较浓，地域文化较为发达，《时务报》对当地社会的影响也较为明显。尽管我们对《时务报》的阅读人数难以准确统计，但通过其发行网络、发行数量和读者来信，可以看出，该报已经从商业都市渗透到贵州、广西、福建、陕西等边远地区，使许多穷乡僻壤的读书人通过"制度化通道"或"偶然性接触"，有机会读到这份书页式刊物。另外，通过亲友之间借阅、赠阅和书信夹寄等方式，以及借助阅报社的公共阅读，《时务报》的传阅范围更为广泛。

《时务报》积极传播新思想、新事物、新知识，为读者营造了一个令人激动而充满想象的阅读世界。即便是那些醉心科举的传统士人，也由于策试内容的变化，对《时务报》刮目相看。如孙诒让所言："阅报之人……而闻有科举变法之说，假此揣摩为场屋裏挟之册者，十之七八。"④ 孙诒让虽然谈及瑞安的情况，但是科考士子对《时务报》的关切，表明了《时务报》对国家意识形态与人才选拔制度的影响。之后几年，一些士人为参加科考，往往会选读一些时务书报。如江宁（南京）人何荫枏于光绪二十八年（1902）五月十

---

① 闾小波：《中国早期现代化中的传播媒介》，上海三联书店 1995 年版，第 89、181 页。
② 廖梅：《汪康年：从民权论到文化保守主义》，上海古籍出版社 2001 年版，第 77 页。
③ 汪叔子：《维新思潮的涌涨——以〈时务报〉在广州地区的销售为例》，《学术研究》2004 年第 4 期，第 108 页。
④ 《孙诒让函（2）》，上海图书馆编：《汪康年师友书札》（2），上海古籍出版社 1986 年版，第 1472 页。

三日,"奉差到沪,为选购新刊时务政治各种书籍,以备秋闱,供主试分校之翻览"。① 又如山西举人刘大鹏 1903 年到开封参加会试,他在日记中感叹:"时务等书,汗牛充栋,凡应试者均在书肆购买,故书商高抬其价,此皆名利之心。"② 这大体上可以看出科举考试对时务策论的重视。在南京参加乡试的陈独秀,就曾深受梁启超和《时务报》言论的影响,对八股文深恶痛绝,而对《时务报》的文章爱不释手,"始恍然于域外之政教学术,粲然可观,茅塞顿开,觉昨非而今是"。③ 吕思勉早年对《时务报》印象颇深,他回忆:"读《时务报》者,虽或持反对之论,究以赞成者居多,即反对者,亦咸知有改革之说矣。"④ 即便在民国时期,也有读者关注昔日的《时务报》,如"反孔斗士"吴虞在 1933 年 1 月 14 日记载:"捡《西国近事汇编》《时务报》。"⑤ 其时,吴虞任教于四川大学,他翻看昔日所购之《时务报》,颇有怀旧之意。由此可见,《时务报》以思想启蒙为主要目的,它所形成的舆论场域,对于心忧天下的读书人而言,起到了精神导向的作用,并进而改变了许多读书人的阅读习惯和价值取向,极大地影响了读书人的思想世界,读者对《时务报》的阅读体验内化成一种日常的仪式,在"过渡社会"中形成"变法图强"的共识,这种共同追求使《时务报》与读者之间形成一个"阅读共同体",这显然是一般商业性报刊难以企及的。

总之,甲午战争不仅是中国进入"过渡时代"的标志,也是中国报刊阅读的重要转折。由于士绅社会被一场海战打破了"天朝大国"的想象,"国将不国"促使许多官绅在彷徨、痛苦与反思中寻求新的精神资源,而传统的"经典世界"虽可以陶冶情操,却对救国救民并无多少实际用途。于是,识时务、求变通便成为许多开明官绅的共识。从这个意义上看,《时务报》才真正

---

① 何荫柟:《鉏月馆日记》,周德明、黄显功主编:《上海图书馆藏稿钞本日记丛刊》第 80 册,国家图书馆出版社、上海科学技术出版社 2017 年影印本,第 559 页。
② 刘大鹏著,乔志强点校:《退想斋日记》,山西人民出版社 1990 年版,第 121 页。
③ 陈独秀:《驳康有为致总统总理书》,《新青年》1916 年第 2 卷第 2 号。
④ 《追论五十年来之报章杂志》,《正言报》1941 年 9 月 21 日,转引自吕思勉:《吕思勉自述》,安徽文艺出版社 2013 年版,第 93 页。
⑤ 吴虞著,中国革命博物馆整理:《吴虞日记》下册,四川人民出版社 1986 年版,第 678 页。

开启了官绅报刊阅读的新时代。维新时期的新式传媒，激发了开明士绅"去塞求通"的热情，通过整合官方资源和开发报人的人际网络，《时务报》以其深刻而犀利的言论赢得了广泛的社会声誉，不少边远地区的士绅也通过阅读《时务报》而从此向往"变法"的成功。但是，尽管《时务报》宣称最高的发行量达到了一万四千册，在交通与资讯并不发达的清末社会，要激发绝大多数官绅阅读新式报刊的热情仍然较为困难，维新报刊经由并不发达的邮传系统进入乡村社会的难度较大，许多读书人仍然沉醉于四书五经而期待在科场一举成名，许多边远地区的士绅仍然不知道报刊为何物。维新报刊所依赖的官方政治资源是暂时和有限度的，随着"帝党集团"的败退，维新报刊亦相继被关闭。而那些热衷于读报的开明士绅和新式知识分子，也面临着新的阅读选择，是继续回归"经典"的世界中，还是根据时局变化进一步选择新的报刊，这不仅影响着个体阅读的价值取向，于整个社会而言，新的阅读革命是否来临，对国家与民族的命运都有着一定的影响。

第二节　维新时期商业报刊的传播与读者阅读

维新时期，《时务报》一纸风云，声名鹊起，在思想界引发广泛反响。长期以来，学界对维新时期的时务报刊颇为关注，研究成果较多。从社会变革和思想传播的角度看，时务报刊的确开启了一个新时代。但从资讯获取的角度看，时务报刊多为旬刊、半月刊或月刊，以传播西学与维新变法主张为宗旨，新闻报道较为滞后且内容偏少，这些时务报刊作为"知识纸""思想纸"的价值是无可替代的，但是从"新闻纸"的角度看，维新时期新闻报道的主体仍然是以《申报》《新闻报》等为代表的商业性报刊。而从发行范围和读者群体的角度看，商业性报刊尽管没有官方支持的发行管道，但它们在上海和江浙一带的影响日益扩大，甚至由都市社会、城镇社会扩张至乡村社会，读者范围也较为广泛。因此，探讨维新前后的中国报刊阅读问题，尤其是读者对时政新闻的阅读与思考，需要对商业报刊的阅读进行深入考察。尽管由于史料的限制，有关读者读报的记录大多来自精英阶层的日记和回忆录，这些阅读材料是读者读报留下的"痕迹"和"事实"。正如戴联斌所言:"阅读史应该研究历史上真实发生过的阅读行为,而不是设想可能发生或应该发生的阅读行为。"① 从这个层面上看,关于维新时期新闻传播的状况,需要通过读者读报的具体活动来加以考察。而商业性报刊在新闻生产、传播方面具有明显优势,读者藉由读报活动而对新闻产生的回响,并非单纯地拥护或反对维新变法的观念陈述,由于读者的身份、立场与利益等方面的差异,他们对新闻文本的阅读与解释自然会有较大差异。因此,尽管有限的阅报材料难以印证当时读报群体的总体面貌,我们却能从他们的读报记录中探寻报刊对他们精神世界的影响。

一、维新前后报刊的发行与影响

维新时期,上海作为中国报业中心的地位进一步稳固。《申报》《沪报》《新闻报》形成三足鼎立之势,尤其是《新闻报》在创刊两年之内,发行量达到5 000份。② 初创时期的《新闻报》注重营销和推广,通过提前出报、加快发行,甚至是迎合读者心理而捏造虚假新闻等策略,迅速克服后进之劣势,跻身并站稳上海报业市场。③ 《新闻报》注重商业策划,立足于上海、苏州、杭州、无锡、扬州、常州、镇江等商业城市,将发行网点建立在城市的商业中心,因此又有"柜台报"之称。以1893年4月的发行网点为例,该报共在全国主要商业城市设立43个"售报处",其中大部分销售网点设在城市繁华地带,如天津紫竹林、镇江天主街、芜湖西门百家铺大街、九江招商局码头洋街、扬州左卫街、江西洗马池正街、南京三山街、汉口花楼后街、苏州阊门吊桥堍、杭州官轮船局内、福建省城内南大街、保定府内大街……广东濠畔街。④

《新闻报》立足于江浙,面向商业城市进行商业推广,每期广告内容占到一半以上,可见其商业谋利之目的。在维新时期,"普通的状况,看《申报》的多为官绅,《新闻报》则为商界"。但具体情形也会有差异。如王乃誉在光

---

① 戴联斌:《从书籍史到阅读史:阅读史研究理论与方法》,新星出版社2017年版,第19页。
② [美]白瑞华:《中国报纸(1800—1912)》,王海译,暨南大学出版社2011年版,第81页。
③ 杨朕宇:《〈新闻报〉广告与近代上海休闲生活的建构(1927—1937)》,复旦大学2009年博士学位论文,第28页。
④ 《外埠售报处》,《新闻报》1893年4月30日,第1页。

绪二十三年（1897）十月十六日读到《新闻报》有关上海女学会成立的报道，第二天便在日记中记载："中西女士到者二百余人，外国各女士皆资助□成，将见女学大兴矣。"① 光绪二十四年（1898）六月十四日，则通过阅读《申报》"初八日上谕"，② 印证王国维在信中所言《时务报》将改为官报的消息。王乃誉既是学者，又是商人，他兼读《申报》《新闻报》《时务报》《农学报》等报刊，记载新闻的内容颇为广泛。又如著名学者俞樾在1900年写给弟子的信中，就提及从《新闻报》上获知其弟子擢升内阁学士的消息，"为之狂喜"。③ 而《申报》为了取悦官绅，"于是撰述记载，渐渐偏重于文字的修饰"。④ 尽管商业性报纸的风格有所不同，但是，其新闻报道质量仍然有待提升。正如当时一位叫四益斋主人的读者在写给汪康年的信中所言："缘中国之事，《沪报》《申报》《广报》《汉报》等类，闻见无异。外报既多，犹之《万国公报》，犹之《格致新编》，可以留心时务耳。"⑤ 其言下之意，当时的商业报刊，新闻内容雷同之处较多，各报之间辗转抄袭的现象也较为常见。

随着《申报》《字林沪报》等商业报刊的影响不断扩大，如何引导读者读报的问题，已成为报刊的一个重要议题。早在1890年，《字林沪报》的一则评论便对读报的益处从五个方面进行论述，其文云：

> 仆谓报馆为当世急务，阅之者，其益有五……君子观其微即能知天下事矣，此知时务者之益一。……惟有报纸，则如披风俗之书，何去何

---

① 王乃誉著，海宁市史志办编：《王乃誉日记》（第2册），中华书局2014年影印本，第791页。中国女学堂的成立情况，《申报》《新闻报》均有新闻予以报道。《新闻报》于1897年12月7日报道云："昨日中国女学会假座张园安恺第大会中西女客，到者一百二十二人，先将学堂章程翻译洋文，遍送西国诸女客阅看……直至掌灯以后，始各席散，中西女客皆兴辞而归。"王乃誉所阅女学成立新闻，大约便是此则报道。对于女学堂成立情形，经元善撰《女学集议初编》予以详细披露。（《经元善集》，华中师范大学出版社2011年版，第155—198页。）
② 王乃誉著，海宁市史志办编：《王乃誉日记》第2册，中华书局2014年影印本，第927页。
③ 俞樾著，张燕婴整理：《俞樾函札辑证》（下），凤凰出版社2014年版，第490页。根据张燕婴考证，此信写于光绪二十六年（1900）十月二十六日。
④ 胡道静：《上海的日报》，《胡道静文集·上海历史研究》，上海人民出版社2011年版，第185页。
⑤ 《四益斋主人函》，上海图书馆编：《汪康年师友书札》（4），上海古籍出版社1989年版，第3682页。

从，自无误蹈。此欲羁旅者之益二。……物植之丰歉，市面之盛衰，朗若列眉，逐日详报，以是为的，胜于与子贡、陶朱论贾矣。此有志商务之益三。……人有善事则美词以赞之，人有慝德则婉词以谏之。苟为自好之人，未有不求誉而畏毁者。则为善之志或因此而愈奋，为恶之念或因此而稍除。此欲全名誉之益四。……报纸则搜罗甚广，月异日新，凡宇宙之奇闻，朝野之轶事，俱能穷形尽相，录于报中，日手一篇，胜于读齐谐多矣。此有广于见闻之益五。①

甲午中日战争前后，全国各地读书人对时政新闻颇为关注，日报的时效性优势也日益明显。1891 年，《申报》的一则评论谈到当时报纸的现状时指出："日报之设始于泰西，至各口通商始流传至中国……嗣是而上海，而汉口，而宁波，而广州，而天津，报馆如林，后先继起，而议论渐求宏富，事迹争尚夫新奇。各省风行，几如布帛粟菽之不可一日缺。"此说虽有夸张之嫌，但在甲午前后，日报已在通商口岸广为传布却是不争的事实。针对当时一些人不关注报纸的现状，有人提出了强烈的批评，认为一些人"惟是资为谈助，藉遣睡魔，往往视同小说、闲书，不甚措意"。② 其言下之意，不少读者对报纸的新闻价值缺乏认知。

甲午之后，振兴日报成为不少开明士绅的共识，维新志士吴樵在 1896 年写给汪康年的信中，表述了在汉口创办《汉报》的目的："与《时务》表里。《时务》，士夫之报；此报，商贾之报也。凡《时务》所及者，皆不复，而又用英商字样，有《时务报》所不能言者，此报能言之。"③ 可见，吴樵将《汉报》定为"商贾之报"，是日报所能发挥的长处。湖广总督张之洞虽倡办《时务报》，但也阅看《汉报》上的新闻，湖北学政王同愈也曾阅读《汉报》。④ 而

---

① 《论阅报有益》，《字林沪报》1890 年 3 月 11 日，第 6 版。
② 《劝人勿入讼庭以免名登日报说》，《申报》1891 年 7 月 5 日，第 1 版。
③ 《吴樵函（27）》，上海图书馆编：《汪康年师友书札》（1），上海古籍出版社 1986 年版，第 517 页。
④ 王同愈在光绪二十五年（1899）八月十四日的日记中称："《汉报》载：京中大臣名谏阻内禅之说，众中无一满人云。"（王同愈：《栩缘日记》卷 2，顾廷龙编：《王同愈集》，上海古籍出版社 1998 年版，第 322 页。）

当时一般政论性报刊多为旬刊或者半月刊，出版周期较长，新闻报道也较为滞后。因此，维新前后出现的许多日报，重视新闻时效性和商业信息的传播。这在一定程度上满足了读者的多元阅读需求。

但是，甲午前后，不少士大夫虽忧国忧民，阅报之风仍未盛行。正如《申报》的一则评论所言："所惜者，中国之报究未广行，就现在所出之各报，而以四百兆人数计之，则阅报者恐不及千分之一。"这一论述关注到阅读率问题，显然，作者并没有经过市场调查而得出的结论并不可靠，但它意在说明当时报刊阅读率的低下。其时，《时务报》等政论性报刊还未创办，读报之风尚不普遍。然而，作者认为："人之愚智，由于见闻之广狭，游历之浅深。"所以，"乡间之人""城镇之人""通都大邑之人"之间差距甚大，见闻不同，而智识相距甚远。在作者看来，"欲足不出门而能知天下之事者，其惟多阅日报乎？"至于读日报的好处，作者认为，"一曰增广见闻，一曰通知时务，一曰便利商贾，一曰攸关教化"。① 读报纸的意义已昭然若揭。

对于报刊种类有限、发行不多、阅读不广的事实，吴恒炜在《知新报缘起》一文中进行了深入分析，他指出：

> 中国人数号称四百兆，非谓不庶矣。出报之处，乃不逾三十，分报之类，多不逾四十，销报之数不逾十万，阅报之人，不逾百万。顺天为首善之区，而阅报者寡其人；……河洛为中原之壤，而传报者窘其步。且旬月之内，从而折阅者有焉；期年之间，从而中止者有焉。且其中十余种为教报，阅外国报者，仅百十耳。比而较之，直百万倍之二五千人之一，譬犹诸天之微尘，沧海之一滴耳。其去欧美诸邦何霄壤也？且求足以寓目者不可多观也。我安得不为人弱哉！智者知其然矣。②

尽管吴恒炜所列举的数字带有一定的主观臆测，但他特别强调了阅读现代报

---

① 《论阅报有大益于人》，《申报》1895年6月12日，第1版。
② 吴恒炜：《知新报缘起》，《知新报》第3期，1897年2月22日，第2页。另见来新夏主编：《清代经世文选编》下册，黄山书社1999年版，第1801页。

刊与开民化智、国家富强的关系，是否读报已成为衡量社会文明程度的重要标志。与之相似，1898年，《益闻录》与《格致汇编》合并为《格致益闻汇报》之后，在序言中特别强调报刊阅读的意义，其称：

> 中国四万万人，男女各得其半，男子通文者以百中一人计之，亦得二百万人。将此辈遗弃不教，可不惜哉。然教之何如，曰：不可以学校教，可以报章教。一纸遥传，无地不逮。入城市、登公堂、进村塾、遍山陬、达草野，以一切西学，由浅入深，图画附说，登诸报牒，俾人人阅之，审而会之。数年之后，中国粗知西学者不下二百万人。如是而风气遍开，人才迭出，国富兵强，民康物阜，可操券待也。①

七天之后，该报第三期又刊登了一篇评论，从四个方面谈到办报和读报的好处："有报章，则清议难欺，有所顾忌，一益也。……自有报章，得闻绪论，高瞻远瞩，胸次日开，觉寥廓垓埏，泱泱乎未有止也，二益也。……一有报章，渐明至理，虚心接物，何至有中西之别，民教之争哉，三益也。……苟有报章以化之，无论为君为士为农为商贾，皆得日求奥理，以立富强之基，四益也。"总之，作者认为"报愈多者，益愈广"。对于《汇报》的办报宗旨，作者指出："无非导人有益，果能广搜遍阅，由其浅入其深，将见人才日出，新智日增。拙者以通，愚者以慧，逆者以顺，顿者以强。不独善中国，虽善天下，可也"。②

对于如何振兴日报，时人也有不少评论。有人从"报格"的角度，强调报刊要在"敢言"和"守正"上寻求突破，体现其办报旨趣和社会价值：

> 中国则事多粉饰，报馆中惟是颂扬官长，以博欢心。其或官长办事不公，日报略加讥讽，则向之饶舌，刺刺不休，直使执笔之人箝口结实

---

① 《〈汇报〉序》，《格致益闻汇报》第1号，1898年8月17日。见《汇报》第1册，广东教育出版社2012年影印本，第5—6页。
② 《论阅报之益》，《格致益闻汇报》第3号，1898年8月24日。见《汇报》第1册，广东教育出版社2012年影印本，第35—36页。

（舌），是非曲直无所发，即明虽有报章之例矣。……今苟欲振兴日报，使中国人咸知日报之有益，无人不奉为指南。第一要在敢言，……其次在守正。①

尽管报馆要真正做到不趋炎附势甚为不易，但在维新思潮中，思想界对报刊言论提出了更高的要求，如何适应社会的需求，尤其是满足"政治改革"的需求，是报刊面临的现实挑战。

在维新时期，洋务派官员对报刊也有了新的认知。1896年，一度罢官赋闲的李鸿章被朝廷重新起用，他访问了俄、德、英、法、美等八国，对西方报刊有了新的认识。他在写给吴汝纶的信中说："前在柏林，……各国接待情形及沿途行止，西报逐日记载，至为详尽，译布中夏者，不过十之二三。西人好名，所至之处，辄有报馆人执笔相随，朝夕不离，有如监史，即一言一笑之细，亦纤悉无遗，投老远行，供人描画，一何可笑。至其立国政教，近人纂述中，郭、曾、薛三《日记》所言，颇得涯略。此行辙迹所经，视数君为广，而时日则太促，然详咨博考，已觉所见过于所闻，其扼要处实在上下一心，故能齐心合作，无事不举，积富为强。"② 西方报刊对于他的报道，固然让他引以为豪，而他对于西方报刊与工业文明的理解，也比之前大有进步。

据李提摩太统计，1895年，全国各地先后创办了21种日报，"现存每日所出之报则《循环日报》《华字日报》《中外新报》《维新日报》各出香港，《广报》出广东，《申报》《沪报》出上海，《时报》出天津"。③ 尽管这一统计会有遗漏，如《新闻报》就不在其列，但总体上看，甲午前后的日报数量不多。日报的地理分布也影响到读者的阅读，如香港出版的几种报纸，主要在粤港一带发行，内地读者难得一见，而《申报》《新闻报》《沪报》的主要发行网络则集中在上海和江浙一带。其时，内地许多城镇尚未设立邮局，报

---

① 佚名：《中国振兴日报论》，来新夏主编：《清代经世文选编》下册，黄山书社1999年版，第1817页。

② 李鸿章：《复莲池书院山长吴》，顾廷龙、戴逸主编：《李鸿章全集·信函八》（第36册），安徽教育出版社2008年版，第109页。

③ ［英］李提摩太：《中国各报馆始末》，《时事新论》卷1，转引自《渝报》，光绪二十三年（1897）十月上旬，第5页。这一统计显然有错漏，其时，《广报》已经停刊，而《新闻报》等未统计在内。

第三章 维新时期的报刊阅读与社会影响

纸主要通过商铺和信局转送，读者购阅甚为不便。与维新时期《时务报》等政论性报刊具有官方发行背景不同，商业性报纸的发行主要依靠私人订阅。尽管有人呼吁"各书院肄业诸生，均需将日报留心观览，以扩见闻"，①却鲜有地方大员响应。由于缺乏行政力量的直接推动，商业性报刊的集体性阅读难以实现。戈公振在谈到甲午前国人自办报纸情况时也认为："惜国人尚不知阅报为何事，未为社会所见重耳。"②但在维新时期，随着时务报刊阅读风气的盛行，报刊的影响不断扩大。如《汇报》发行不到两个月，其第15期的广告就称："本报自创设以来，承诸君子青睐，日见广行，遂致初出数号，业已售尽。而近日索全报者，无以为应，良用歉然。今定俟有余闲，即将初起数号重排重印，以满诸君之望。"③广告中虽然没有说出该报的具体发行量，但它"首登西学，次登时事"，是普及西学知识的重要报刊，显然受到了知识界的关注。其办报宗旨为"开风气而便寒儒，非为谋利起见"，因此，"虽绘形刻图，翻译排印，经费不赀"，但报价甚廉，"周年取值仅一千五百文"。④在"中体西用"的舆论环境下，《汇报》改变了传统宗教报刊的办报思路，与《万国公报》一样，在思想界的影响日益广泛。

值得注意的是，私人赠阅是促进报刊发行与传播的重要手段。维新时期，随着邮政传递网络的扩展，不少在上海等口岸城市生活的官绅和工商界人士，往往通过书信附寄报纸的方式，为他们在外地的亲友寄送报纸。《庄通百日记》《无逸窝日记》中就有大量收寄书信和报纸的记载。《子和日记》中有一条不显眼的记载，也表明了报刊通过都市社会向城乡社会传播的途径。光绪二十四年（1898）三月十七日，日记主人"寄（余）慎斋书并附《游戏报》"。⑤此类附寄报纸的方式，在维新时期士人的交往中，已有不少记载。

---

① 《报章有益》，《集成报》第3册，光绪二十三年（1897）四月二十五日，第24页。
② 戈公振：《中国报学史》，台湾学生书局1976年版，第145页。
③ 《本馆告白》，《格致益闻汇报》第15号，1898年10月5日。见《汇报》第1册，广东教育出版社2012年影印本，第233页。
④ 《本馆告白》，《格致益闻汇报》第16号，1898年10月8日。见《汇报》第1册，广东教育出版社2012年影印本，第249页。
⑤ 佚名：《子和日记》，上海图书馆稿本（编号：530241—43），光绪二十四年（1898）三月十七日。

二、维新时期商业报刊的时政报道与读者阅读

维新时期,许多士绅相继接触新学,经常阅读《时务报》等报刊。同时,他们又通过阅读各类商业报纸了解时局。比如张之洞就通过阅读报纸得知湖南开设汽轮航班的消息,他进而写信给湖南巡抚陈宝箴说:"昨见《汉报》,湘省绅士有请行湘、鄂小轮之禀,尊处已批准举办,不审确否?亦不悉已咨译署否?"① 而姚锡光、陈庆年两人都为湖广总督张之洞的幕僚,张之洞在湖北创办新式学堂,委任姚锡光为武备学堂总稽察,陈庆年为两湖书院讲席,由于两所学堂和书院直接得到张之洞的大力支持,订阅了不少新式报刊,如《申报》《时务报》《农学报》等,这使两人均有机会读到新式报刊。姚锡光在光绪二十二年(1896)三月八日至八月八日间,读《申报》三十次,由于白天公务繁忙,他一般是在饭后、晚间"阅《申报》"。② 但他基本不记录《申报》的具体内容,将读报作为一种"日常的消遣"。而陈庆年对《申报》的引述,往往与百日维新期间的"上谕"结合在一起,如他在戊戌年(1898)的几次记载如下:

> 五月十九日,阅《申报》,本月十二日上谕:生童岁科试,着各省学政即行一并改为策论,……朝廷举行经济科分特举、岁举二项。
>
> 六月初二日,阅《申报》,五月十七日上谕:各省士民,若有新书及以新法制成新器,足资民用者,奖赏给照准其专利。能独力创建学堂,开辟地利,兴造枪炮各厂,照军功例给予特赏。
>
> 六月十三日,阅《申报》,前月二十九日上谕:以上海《时务报》改为官办,从御史宋伯鲁之请也。
>
> 七月初九日,阅《申报》,载孙家鼐奏复筹办大学堂折,共八条。……③

---

① 张之洞:《致陈右铭》[光绪二十二年(1896)十二月二十八日],苑书义、孙华峰、李秉新主编:《张之洞全集·书札四》第12册,河北人民出版社1998年版,第10240页。

② 姚锡光著,王凡、任叔子整理:《姚锡光江鄂日记(外二种)》,中华书局2010年版,第92—160页。

③ 陈庆年:《横山乡人日记》,庄建平主编:《近代史资料文库》(第1卷),上海书店出版社2009年版,第271、272、275页。

第三章 维新时期的报刊阅读与社会影响

陈庆年自诩为张之洞的弟子，对康梁颇有成见，但他对百日维新期间的一些举措十分关注，这显然是《申报》的及时报道，使他在两湖书院中能够了解时政要闻，获知维新变法的具体举措。

而在江浙一带，士绅们除了读报之外，还可以通过电报和"圈子文化"获得时政新闻。如光绪二十一年（1895），居住在通州（南通）乡下的张謇与外界联系颇多，十月十日，他得到好友梁鼎芬（字星海）发来的一份电报，电文云："现与中弢、长素诸君子在沪开强学会，讲中国自强之学，刊布公启，必欲得大名公办此事，以雪国耻，望速复。"① 张謇与翁同龢、张之洞等显贵私交甚笃，又跟康梁等维新派人士过从甚密，对时局了解较多，虽然在1895年很少有读报的记载，但日记中经常有"得某友朋讯"的记载，且通过电报与外界保持密切联系，这说明他对外界资讯非常重视。

苏州报刊市场一向较为发达。在维新时期，寓居苏州的外地士人也通过各种途径阅读新式报刊，如原籍四川的宋枬，曾长期在南京、北京为官，在维新时期，他已闲居苏州多年。他对百日维新失败后康有为被通缉一事颇有感慨，戊戌年（1898）九月十一日，他在日记中写道：

> 《申报》有议康有为之逆迹一事，事后论成败，不足取也。自七月余作新册时，已知康之狂悖，故席中已言之。有议者当谓康逆现居要津，人皆附之，切不可议及。余应曰：韩昌黎上佛骨表，明知势不可挽而必作此者，虽当时见仆后，世贤之所以得圣人之憾。余亦明知康之势大，不可犯，……不久必变，故不附也，而友人反以为非。惜余此策未上，而议已停，康已败，非事后定言也。余将此策存于世，千百世下，必有知我者。即后有能依此策行之，必能强国，非为目前一时说法。故志。②

宋枬的这段议论，是因阅《申报》有关批判康有为的言论而起，他从《申

---

① 张謇：《张謇全集》（第6卷，《日记》），江苏古籍出版社1994年版，第374页。
② 宋枬：《约言》[《松存日记》（1885—1898）]，上海图书馆稿本（编号：T29363—66），戊戌年（1898）九月十一日。

报》的"后见之明"谈起，认为此类言论并不高明，进而话锋一转，谈及自己对康有为早已不满，已有"先见之明"，并认为自己所献之策，必将彪炳史册。此类借报刊作为"引线"的自我标榜，是宋枏仇视维新变革心态的体现。两天后，他读《蜀学报》，进一步伸张他的观点。他写道：

> 中有寿州王荣懋论蜀事，颇详，笔情亦畅，惜知其然而未知其所以然，亦今世之杰才也。但今世论用国事者，各省人才倍出，各行所见，不无可采之处，皆在皮毛说法。究不能于安国治世之理，通未说明，盖未知天下之大势耳。如人之有病而不能用何药以治之。大抵皆闻如康逆等人奏言，于国家大病未当不言之鉴，鉴而于治世之方，终是茫然，所以用之必败。①

在宋枏看来，《蜀学报》刊登王荣懋的言论，乃是隔靴搔痒，其主要原因是受到康有为思想的影响，对治世救国并无助益。其言外之意，要全面清除"康逆"的影响，去除其"异端邪说"，而他的一套治国理论，在与维新派的对比中应该派上用场。

苏州的一些城镇和乡村，也有报刊发行。如苏州昆山乡绅余鸿钧为私塾馆师，兼行中医。他平时注意浏览报章，对时政问题颇为关注。他在己亥（1899）四月二十八日的日记中写道："近阅《汇报》，德国窥伺山东，意国逼索三门，光蛋哥老会窜伏无常，腹背受敌，内外不安。"针对内忧外患，他提出了解决之道："余有一简捷之法，停罢铁路诸役工作，移此巨费，先备兵饷，大招光蛋哥老会，练成劲旅，抵御外夷，若败，不过借夷之手而为吾诛锄匪类，若胜，则以此为御寇之师戍守边疆，是为一举两得，何封疆大吏无有计及此者。"余鸿钧自以为这是锦囊妙计，但事实上，一年后清廷利用义和团抗击八国联军的失败，恰恰表明这一办法并不高明。而对于中国饱受列强

---

① 宋枏：《约言》[《松存日记》（1885—1898）]，上海图书馆稿本（编号：T29363—66），光绪二十四年（1898）九月十三日。

侵略，他在庚子年（1900）进行了一番评论："列观报章，中国受制于外夷，割地觊觎至于此极。夫理有循环，数有剥复。古昔圣贤指称洋人辄曰蛮貊，或云夷狄，作字象形竟以虫兽比拟外夷，吾中华之卑视各国数千百年矣。今日之外强中弱，殆亦理数之循环剥复欤？"① 此论虽然偏颇，但他看到了古人对外国人的偏见，值得反思。

在江苏常州，蒙古正黄旗人有泰在 1895 至 1898 年间任常州府知府，对官场动态和地方事务颇为关注，在日记中记载府试、祭祀、物价、政事、酬应等。于公务之余，有泰也浏览一些现代报刊，了解时政和社会新闻。如光绪二十三年（1897）五月二十七日，他读《苏报》并记载："十八日南京大风雨炊（吹）许时，竟将藩署、文庙、贡院旗牌照壁损坏，江船亦有失事，未知确否？奇事也。"两天后，他雨前去接江苏学政，见"沿河已有斛水者"，证实"《苏报》所载十八日南京有暴雨一说"。此类新闻，他在日记中记载，更多是出于好奇。而光绪二十四年（1898）七月二十四日，他阅日报，记载维新期间颇为轰动的新闻："礼部各堂（表弟溥仲路在内为右堂）因司员条陈未经奏明，奉旨均行革职，主事王曛以四品京堂候补并加三品衔。"他读后评论："乃天威震怒，皆系断自宸衷，想中外蒙蔽之风可稍息也。"光绪皇帝一次罢免礼部六堂官，意在推行维新变法，此事引发朝野震动，远在常州的有泰，不仅关注其表弟被免职，更对官员"蒙蔽之风"表示不满。但百日维新于八月六日宣告失败，很快，不好的消息便通过报纸传来。八月十二日，他记载："《中外日报》中有圣躬病势甚重，群臣失措，并工部主事康有为革职严拿治罪等语。"他读报后，大为惊惶，评论道："实令人心志忑，未审的确否？果尔则京师不知如何乱法，真不堪设想也。"九月七日，他在日记中透露了自己的心境："近多日总觉心神难定，不知如何，或朝政更新又复旧以致之耶，殊不可解。"维新变法失败，他对恢复旧制感到迷惑。但至十月五日，他在府署总结连日阅报后的新闻时，语气大变："有董军（董福祥）。驻在直隶

---

① 余鸿钧：《余鸿钧日记》，《苏州博物馆藏近现代名人日记稿本丛刊》卷 22，文物出版社 2018 年影印本，第 120—121、217 页。

各图，均以为非是。然则董军为各国所畏，已可概见。此时若不由其挟制，似未尝不有转机。又有论重用旗人为不是，然叛逆如康党，在旗人竟无一名，想此中立说，难免仍有康党在内鼓舌，实可恨恨。"此番记载，从原来支持光绪罢免庸官，到赞赏董福祥重用旗人，对康有为横加指责，他反"康党"的立场非常明确。显然，他要站在"执政者"的立场说话。当年十月，有泰被端郡王载漪奏请回京，二十三日，他读《新闻报》及差信，记载自己被提拔后常州知府任命的谕旨："江苏常州知府员缺，著德元补授，钦此。"他对继任者颇为关注，特地查阅其来历："查德元有二，一系内阁侍读，一系太仆寺员外。想必是内阁，太仆寺放外任者，罕见也。"① 当月，有泰奉调回京，充任虎神营右军统领。从有泰的读报记录看，作为一名知府，他更多关注朝廷动向和官场动态，对于维新时期的社会思潮，他读报后并无多大兴趣予以记载和评论。

在江苏泰州，当地名士吴嵩泰在戊戌年已届花甲，似乎对新学新政没有多大兴趣。而他在1899年的日记中虽有一些阅读《申报》的记录，却大多与他的儿子吴同甲（字棣轩）有关。吴同甲受学于其外祖父刘熙载，少年成名，19岁即中进士，之后在翰林院任职。是年，久经历练的吴同甲已37岁，但仕途似乎不太顺畅。当年二三月间，吴嵩泰多次读《申报》，得知京官出缺消息，对其子晋升颇有期待。三月二十五日，他在日记中写道："连日盼棣儿补缺喜音。连出二缺，自二月中旬至三月三日，皆见《申报》，现已历二旬多日，不解何故，尚未奏补。本日局送二十一、二十二两天《申报》附张，三月十一日朱祖谋谢侍讲学士恩，亦系自詹事府衙门升授者。"彼时，吴同甲亦在詹事府就职，其同僚朱祖谋已升任侍讲学士，而吴同甲虽有升职传闻而未落实，作为父亲，吴嵩泰自然在家里焦虑不安。三月三十日，他读二十五日出版的《申报》，得知"张享嘉补授春坊右中允"，他阅后心情更为急迫。至四月五日，终于等来了好消息。是日，"得棣儿补缺喜报，系上月二十五日奏

---

① 有泰著，康欣平整理：《有泰日记》（上），凤凰出版社2018年版，第92、151、154、158、163、165页。

补左赞善。"得知这一喜报后,他自然为之快慰,之后对报刊没有那么急于索阅。四月二十三日,他阅《申报》后,记载一则地方官场的新闻:"刘岘帅甄别钟山、尊经、文正三书院,委即用县诸员阅卷,竟敢舞弊,为院中诸生公禀。岘帅复调阅三书院课卷,竟如诸生所控。岘帅怒极,严批牌示,记四大令大过。……"他对两江总督刘坤一的严厉处罚颇为赞赏,闲来抄录,以资谈助。至六月十四日,他阅本月初十日《申报》,终于得到了吴同甲升职的正式报道:"硃笔吴同甲补授右春坊右中允。"之后,友人来道贺,他自然喜不自禁。七月一日,他阅《申报》后有记载晚辈升官的消息:"徐花农年侄由翰林院侍读转补右春坊右庶子。"① 徐琪(字花农)与吴同甲为同榜进士,吴嵩泰与之相识,得知其调职,亦在日记中加以披露。一份《申报》被吴嵩泰视为打探官场消息的"官报",其他方面的新闻,他几乎略而不记。从这个角度看,读者作为"盗猎者",各有所取,他们对报刊新闻的选择性记载颇有意味。

浙江温州一带阅报风气较为浓厚,早在甲午以前,不少士绅的日记中便有订阅新式报刊的记录。如孙诒让早在1887年就订阅了《申报》,1894年,他"向上海订阅《新闻报》"。② 维新时期,不少乡绅除了阅读时务报刊之外,也关注《申报》《新闻报》之类的商业报刊。如维新时期坚持阅读《时务报》的浙江温州乡绅林骏,在乡下能读到《申报》《新闻报》《昌言报》等报刊,通过读报活动,他继续关注维新政局,并发表自己的见解。光绪二十四年(1898)九月八日,他阅《申报》,得知维新变法被慈禧太后强力反对:"谓祖宗旧制不可遽改,复黜策论,以时文应试。"他感叹:"噫!今夏之间,曾奉圣谕,以策论取士,未阅数月,而令其复旧,朝令夕改,反复无常,凡属官僚行政且犹不可,况为一国之君主乎?古人有言曰:'牝鸡司晨,惟家之索。'吾不知后来之患,其将作何底止耶?深为扼腕,欲诉无从。"一位乡下穷秀才在日记中直接批判最高统治者,表现出其对阻碍变法的"圣意"

---

① 吴嵩泰:《犁叟日记》,上海图书馆稿本(编号:506193),光绪二十五年(1899)三月二十五日、三月三十日、四月五日、四月二十三日、六月十四日、七月一日。
② 孙延钊撰,徐和雍、周立人整理:《孙衣言、孙诒让父子年谱》,上海社会科学院出版社2003年版,第262页。

有着强烈不满。此后,他多次阅读《申报》,还节录"谭、林两京卿《狱中寄恨诗》",① 对维新志士表达了自己的敬意。

除了阅读《申报》之外,他还经常浏览《新闻报》,并结合时局发表自己的见解。现将他在光绪二十五年(1899)阅读《新闻报》的记录列表如下(表3-2):

表3-2 光绪二十五年(1899)林骏阅读《新闻报》记录

日 期	阅 报 记 录	出 处
正月二十五日	阅《新闻报》。	林骏著,沈洪保整理:《林骏日记》(上),中华书局2018年版,第153页
二月八日	在馆阅《新闻报》,浙江学政唐春卿宗师,以丁内艰,即日卸篆回籍,奉谕旨,遣兵部右侍郎文治接任。前辈先生云:前戊戌,浙省学政屡放屡换,计共六人。	第155页
五月十九日	阅《新闻报》,中记及前月廿二日,闽省厦门天雨沾人衣,殷殷作胭脂色。古史策纪"天雨血",殆即是欤?噫!上天示变,此地将罹兵刃之灾矣。	第170页
八月十二日	阅《新闻报》。	第184页
十一月二十六日	阅《新闻报》数纸,中言遂溪县李平书大令(止庵先生昔年掌教申江龙门书院所得之士)。素得民心,颇有古循吏之风。今法人占据□州岛,与大令积有违言,士人恨法愈深,躯众与战,法屡败北,幸官军驰至弹压,未至酿成巨祸。……若李大令者,爱君牧民,仁慈刚毅,当今之世,其气节不可多得。倘我朝直省诸大吏尽如其人,夫何虑敌人之觊觎,又何患民志之不坚乎!	第210页
十二月二十五日	阅《新闻报》。	第224页

维新时期,项申甫在温州倡办新式学堂,关注地方文教事业的发展,除了经常阅读《时务报》外,他还浏览上海出版的《沪报》。光绪二十二年

---

① 林骏著,温州市图书馆编,沈洪保整理:《林骏日记》(上),中华书局2018年版,第125、129页。

第三章　维新时期的报刊阅读与社会影响

（1896）九月六日，他读《沪报》并记载："述长崎岛事，迟延不办，可见中国之因循。又有论英美催中国拒俄事，以朝鲜与俄人私约，俄将占据朝之某岛故也。又述苏游观之盛。……"此三则新闻并无关联，但涉及时政要闻和社会新闻，足见其颇有选择记录之意。十月二十三日，他又读《沪报》并记载："某□生驳奥博公天文论""此言不足为据"。丁酉（1897）一月二十至二十八日，他再阅《沪报》，"知西班牙之属地名古巴事起，去岁忽生内变，西班牙国家力不能制，□地近美，美国从中唆使，而英法等国则欲出□助"。①从中可以看出，他对国际新闻也较为留意。

与林骏、项申甫相似，居住在温州平阳县刘店的刘绍宽，在维新时期也热衷于阅报各类报刊，除了《时务报》《湘报》《湘学报》《万国公报》等报刊之外，《申报》是他了解时政的重要资讯来源。光绪二十四年（1898）八月二十三日，他阅《申报》得知："康有为奉旨密拿，已获其弟康广仁，候讯明正法。张荫桓下狱查抄。梁启超被缉，脱逃。"作为维新派的支持者，他对戊戌政变的结局颇为关注，经常与师友探讨变法的得失。他节录其师吴祁甫的观点："康党所言如裁冗员之类，亦多可行，今一概废斥，仍是门户意见。"他对维新派的遭遇颇为同情，之后又坚持阅读梁启超创办的《清议报》，同时，他密切关注时局的变化。对于《申报》的言论，如对"贪吏罚缴赃款，以充军饷"一事，他节录了该报的评论："大学士只俸银百八十两，俸米百八十斛，各院部侍郎及各省总督只百五十两，京官加俸米百五十斛。至养廉银一项，自雍正二年加给，行之既久，……今日大小京官仰给于外吏之别敬、炭敬、冰敬，外省之道与府悉恃下属之陋规以资挹注。……苟皆以科罪，则京、外大小官员无一得免。"② 此则评论道出了官场制度性腐败的根源。

维新前后，商业性报纸的消遣功能和新闻价值不断增强，集报也成为某些读者的爱好，有人就收集了《申报》全份，"至始至今，并不缺少"，③ 托

---

① 项申甫：《项申甫日记》，温州市图书馆编：《温州市图书馆藏日记稿钞本丛刊》第 4 册，中华书局 2017 年影印本，第 2193—2194、2225、2246 页。
② 刘绍宽著，方浦仁、陈盛奖整理：《刘绍宽日记》第 1 册，中华书局 2018 年版，第 222—223、225、258 页。
③ 《代售申报全分广告》，《中外日报》1899 年 1 月 14 日，第 1 版。

《中外日报》馆代售。一些文人骚客将读报作为了解外部世界的重要方式,并选择性获取对自己有用的消息。著名学者谭献在维新时期就十分关注报刊新闻,除了经常读《时务报》之外,也注意参阅《申报》上的新闻。光绪二十三年(1897)八月十三日,他读《申报》得知著名词人叶衍生(字南雪)去世的消息,喟然曰:"此十年来未识面之老友,固逆知彼此暮年,相距迢遥,无相见期也。"① 又如钱塘(杭州)人汪大钧虽然热衷于维新,自己在1898年创办《工商日报》,后来又与汪康年办《时务日报》,1897年,他写信给汪康年说:"请寄《申》《沪》等报一份(只须一分稍佳者),广东《博闻报》一份。又《飞影阁丛画》或《画报》,请从头购一份寄下,为消遣地。"② 而在江苏无锡的钱基博,虽然跟着伯父、父亲、哥哥在私塾读书,但是戊戌政变之后,阅读《申报》成为他课余的"作业",他回忆:"我父亲要我知道一些时务,定(订)《申报》一份,每日晚上,督我自己用朱笔点报上论说一篇,作余课。"③ 读者对报纸的价值各有认知,也各取所需。

当然,读者对报刊的诉求是多元的,如在重庆东川书院任山长的江瀚,于光绪二十一年(1895)四月二十一日记载:"阅《申报》,刘松生军门薨矣。中倭和议尚无确闻也。"彼时,《马关条约》已签订近一个月,江瀚读到的可能是一个月前的《申报》,他仍对中日和谈结果茫然无知。五月二十七日他再次阅《申报》并记载:"四月散馆,张子馥、范玉宾、黄楚枏并以知县即用。"④ 在他看来,当天读报,获知几位故旧的任职消息,特别重要。又如一位叫程桂馨的读者,则通过阅读《申报》了解彩票信息,并委托汪康年办理彩票事宜,他在信中提及:"昨阅《申报》,始知美吕失和,迄今尚未开彩,特以告白声明,属将此票赶紧赴沪照换英八月分票,以七月初四日为止。兹

---

① 谭献著,范旭仑、牟晓朋整理:《谭献日记》,中华书局2013年版,第327页。叶衍兰为清代词坛"粤东三家"之一,晚年定居广州,主讲于越华书院,一些史料记载他死于1898年,但谭献的日记中转引《申报》的新闻,应该是可信的,也就是说,叶衍兰应于1897年去世。
② 《汪大钧函(5)》,上海图书馆编:《汪康年师友书札》(1),上海古籍出版社1986年版,第597页。
③ 钱基博:《钱基博自述》,安徽文艺出版社2013年版,第12页。
④ 江瀚著,郑园整理:《江瀚日记》,凤凰出版社2017年版,第14、17页。

第三章　维新时期的报刊阅读与社会影响

将原票寄呈，务祈饬纪代往棋盘街协安号兑换新票，附入下期报章一并寄下，千万勿却，是所切祷。"① 这位读者十分关注吕宋彩票的预期收益，而《申报》的其他内容对他却无关痛痒。

《申报》刊登的时政新闻，会引发读者的种种遐想。光绪二十四年（1898）五月，关于翁同龢被突然免职的消息经《申报》刊登后，在士绅中引起较大轰动。除了刘坤一、王文韶等当朝大臣极为惊讶之外，远在湖北汉川县任小吏的许宝蘅，在五月七日有机会读到《申报》新闻："恭邸薨逝，常熟相国获严谴去国。夔石制军入赞枢密，寿山制军任北洋。"他读后感叹："朝政又将一变，转弱为强，拭目待之。"② 当然，对于这一震动朝野的大事，作为《申报》读者的翁同龢并非刻意封闭自己。四月二十七日被"开缺回籍"③ 的翁同龢，在回到家乡常熟之后，每天忙于交朋会友，品书赏画，似乎不再过问政治。但是，他一反常态地认真读报，对《申报》《新闻报》的报道尤为关注。从当年五月至七月，他在读《申报》后多次记载时政要闻，如五月三十日记："法兵强占四明公所"；六月十八日记："康有为奉旨到上海办官报"；七月十一日记："广西贼未平，安勇败至梧州。山东黄河决口，淹甘余州县。"④ 所载虽极为简约，却反映出这位曾经权倾一时的革职官僚仍然不

---

① 《程桂馨函（2）》，上海图书馆编：《汪康年师友书札》（4），上海古籍出版社1989年版，第3479页。
② 许宝蘅著，许恪儒整理：《许宝蘅日记》（第1册），中华书局2010年版，第26页。
③ 翁同龢著，翁万戈编，翁以钧校订：《翁同龢日记》（第7卷），中西书局2012年版，第3183页。翁同龢在维新变法仅4天后被突然免职，关于该问题的讨论由来已久，其中近40年来的相关论著有：吴相湘的《翁同龢戊戌罢官原因》（《晚清宫廷与人物》第1集，台北传记文学出版社1970年版，第81—90页）；谢俊美的《关于翁同龢开缺革职的三件史料》（《近代史研究》1993年第3期）；戴逸的《戊戌变法时翁同龢罢官原由辨析》、俞炳坤的《翁同龢罢官缘由考析》、侯宜杰的《略论翁同龢开缺原因》（上述三篇文章均收入常熟市人民政府、中国史学会编：《甲午战争与翁同龢》，中国人民大学出版社1995年版），以及舒文的《翁同龢开缺原因新探》（《清华大学学报》1998年第1期）、杨天石的《翁同龢罢官问题考察》（《近代史研究》2005年第3期），等等。学界有以下几种说法，一是与翁同龢举荐康有为有关；二是开罪了刚毅、奕䜣等满族权贵；三是"见恶于西太后"，等等。翁同龢的开缺，引起《申报》《新闻报》《万国公报》等报刊的高度关注，在当时具有重大政治影响。如张謇在光绪二十年（1898）十月二十二日的日记中记道："虞山被革职，永不叙用之命，英日人亦讶之。"[《张謇全集》（第6卷，《日记》），江苏古籍出版社1994年版，第416页。] 而刘坤一、王文韶等大臣对翁同龢被突然免职亦深表不满。翁同龢赋闲常熟终老，甚为烦闷，往往以书画自遣。
④ 翁同龢著，翁万戈编，翁以钧校订：《翁同龢日记》（第7卷），中西书局2012年版，第3192、3195—3196、3200页。

忘国家大事，虽然对仕途已无奢望，但闲来读报却是他了解新闻的重要渠道。

然而，针对《新闻报》对自己的种种"诬陷"，翁同龢读后心情极为沉郁，大为不满，极力进行反驳。其时他虽沦为一介平民，但是，一旦他发现自己名节受损，便体现出传统士大夫那种"不为苟全"的愤慨。九月四日，他第一次反驳《新闻报》的报道，指出："《新闻报》等本皆荒谬，今日所刊康逆语，谓余论荐尤奇，想我拒绝，欲计倾我耶。"显然，翁同龢对媒体将他与康有为联系在一起感到冤屈，在他看来，康有为的"托古改制"，违背祖宗之法，他显然要与之切割。十月二十四日，他写道："以《新闻报》传廿一日严旨，臣种种罪状，革职永不叙用。并交地方官严加管束，不准滋生事端等因。伏读感涕已。"对于这一处罚，他已是感激涕零。十一月十六日，他对近来《新闻报》的相关评论耿耿于怀，在日记中愤然写道："前数日，《新闻报》妄谈余事，今又云住鸥峰，干卿甚事而评点不已耶。"① 他在日记中称康为"逆党"，希望与之切割，而报刊似乎有意将他与"康党"联系在一起，使他倍感焦虑和烦闷。

翁同龢在第二年十一月二十一日看了《新闻报》刊登关于捉拿康、梁二逆的新闻后，对于报纸报道康有为得益于他的极力推荐，并有"其才百倍于臣之语"，极为不满，指出：

> 窃念康逆进身之日已微臣去国之后，且屡陈此人居心叵测，不敢与往来，上索其书至再至三，卒传旨由张荫桓转索，送至军机处，同僚公封递上，不知书中所言何如也。厥后臣若在列，必不任此逆猖狂至此，而转因此获罪，惟有自艾而已。②

翁同龢的此番解释是在康梁变法失败一年多之后，意在表明自己无辜受到牵连，并假设他如果在位，会对康有为严加究治。他之所以屡次为举荐康有为一事"正名"，就是要彰显他的"忠臣"身份。他认为《申报》《新闻报》无中生有，

---

① 翁同龢著，翁万戈编，翁以钧校订：《翁同龢日记》（第7卷），中西书局2012年版，第3215、3226、3229页。

② 翁同龢著，翁万戈编，翁以钧校订：《翁同龢日记》（第7卷），中西书局2012年版，第3292页。

第三章　维新时期的报刊阅读与社会影响

极为可恨，之后数次提及。如十二月九日记载："是日《申报》又有妄论。"十五日记载："晚，之廉由城来省，抵暮去，云《新闻报》又妄论及余，可恨。"第二天，他"始见十三日《新闻报》妄论"。① 可见，他对朝廷的加重处罚并没有在文字上表达不满，而一旦发现报刊的"妄议"，则努力辩解并大加责难。

同样为革职官员，在戊戌年（1898）春天，已赋闲多年的周星诒，在浙江山阴的家中多次阅读《申报》，对重要新闻详加解读，并提出颇为犀利的观点。如三月七日，他阅十九至二十九日的《申报》并记载："俄索租旅顺、大连湾九十九年，倭亦有租威海之请，并胶州湾为之倡也。"对于领土被分割，他愤然写道："虎狼环视，合而辱我，忧殊不细也。"三月十二日，他对《申报》上刊登"户部议饬各直省筹办赁屋"一事极为不满，感叹道："近凡言利小人，条陈厉商病民之奏，部臣无不议行，不顾国体，不恤民艰，专务剥削，商民一任贻讥。"闰三月初五日，他接连看了二月二十日至二十九日共九天的《申报》，对法国租借广州湾，俄国租借旅顺、大连等侵略行径极为愤慨，他评论道："强敌恃势，动以《哀的迈敦书》虚言恫喝，我则俯首贴耳，惟命是从，当国诸公，将秦长卿之不如，吁可痛也！"② 虽然不在其位，但周星诒仍然心忧国家安危，读《申报》所激发的愤懑和忧伤也跃然纸上。

文廷式在1896年就因支持维新运动而被革职，此前在京城为官期间尚能阅读《申报》等报刊，但被罢官回到江西萍乡老家后，却很难获取报刊。他在写给好友于式枚的信中提及："弟出京后，身心泰然。平生不计毁誉事，既为逐臣，尤不当与闻朝政，故《邸抄》中事，非得《申报》《汉报》，未尝一观。八九月中寓萍乡，则如居深山，与世复隔矣。"③ 对于文廷式而言，偏远的萍乡老家交通不便，邮路不畅，地理空间阻隔了他对报章的阅读需求。

---

① 翁同龢著，翁万戈编，翁以钧校订：《翁同龢日记》（第7卷），中西书局2012年版，第3295、3296页。
② 周星诒：《橘船录》，周星誉、周星诒著，刘蔷整理：《鸥堂日记·窳櫎日记》，河北教育出版社2001年版，第78、79、81页。
③ 文廷式：《致于式枚书（46）》，汪叔子编：《文廷式集》（下册），中华书局1993年版，第1221页。

戊戌变法失败后，文廷式仍然被朝廷密电访拿，不得不设法出走日本，在东游日本的旅途中，尽管处境险恶，他仍然关注时政。如光绪二十五年（1899）十二月十三日，他抵达汉口，"寓《汉报》馆。阅各报，始知山东乱事已蔓及直隶。又闻法人要索各款，殆不可从；四川又有连陷四城之说；意大利事虽不遽起，亦未敉平。"国事蜩螗，内外交困，他"百忧攒心，四郊多垒，夜不成寐，但玩月色"。十八日，他抵达上海，准备东渡日本，在上海逗留期间，他多次阅览报刊，关注恩主光绪皇帝的安危。二十四日，他阅报，得知朝廷"将聚集百僚"，"知国必有大政矣"。二十五日，"午间《中外日报》馆传单，已为穆宗立嗣。"二十七日，"阅报，知寓沪绅商及耶苏教会有电至译署，请上仍亲政"。二十九日，"午间得京电：皇太后懿旨饬部检查万寿典礼，以皇上明年六月二十六日为三旬万寿庆辰故也。"他得知这一消息后甚慰，写道："薄海臣民当可稍慰，数日以来汹汹之甚，或冀少息乎？"① 此段议论，揭橥了文廷式对光绪皇帝的忠诚和爱戴。

"戊戌六君子"之一的谭嗣同对维新思潮有重要影响，而他在家乡浏阳筹划算学馆时，就注重新式报刊的教育作用。他在《兴算学议》一文中指出："而尤要者，除购读译出诸西书外，宜广阅各种新闻纸，如《申报》《沪报》《汉报》《万国公报》之属，公置数分，凡谕旨、告示、奏疏与各省时事、外国政事与论说之可见施行者，与中外之民情嗜好，均令生徒分类摘抄。"② 谭嗣同在写给妻子的信中，也叮嘱她留意新式报刊："寄上《女学报》及女学堂书共一包，此后，如欲看《女学报》，可开出卖报之处，请唐次丞托人去买。唐如不能，可径托大兄设法在上海购买也（或函托秦生弟更好）。"③ 信中提及的唐次丞便是谭嗣同好友唐才常的弟弟。唐才常是湖南维新运动的代表人物，他与谭嗣同并称"浏阳二杰"，曾与谭嗣同一起创办算学馆，推广新学。他也通过书信寄报刊给其弟唐次丞。例如，在1895年6月21日的信中，他告

---

① 文廷式：《东游日记》，汪叔子编：《文廷式集》下册，中华书局1993年版，第1156、1158、1159页。
② 谭嗣同：《上欧阳中鹄书（1）》（1895年6—7月），汤仁泽编：《中国近代思想家文库·谭嗣同卷》，中国人民大学出版社2014年版，第353、354页。
③ 谭嗣同：《致李闰书（3）》（1898年8月27日），汤仁泽编：《中国近代思想家文库·谭嗣同卷》，中国人民大学出版社2014年版，第433页。

知唐次丞："《时事报》寄淞兄函内。"① 1900 年 7 月 25 日，他又告知其弟："前草一函，并《苏报》《中外日报》一束，谅已入览。"② 寥寥数语，表明他对唐次丞收阅报刊情况颇为留意。

在湖北鄂城（武昌）乡下接受私塾教育的朱峙三，在甲午战争爆发时，年仅 9 岁，尚识字不多，但他所处的鄂城信息闭塞，至 1895 年时，朱峙三尚不知报纸为何物。1898 年，对于"戊戌六君子"事件，朱峙三也是在农历九月十八日从私塾中听说，并特地表明"此系来客所告此"。直到 1900 年，14 岁的朱峙三才知道父亲好友，鄂城城南的张季馥订有《申报》，而自己的塾师程松年就馆省城正卫署，从武昌寄回《新闻报》，"或剪报纸，或转抄地方消息附之"。朱峙三阅读《申报》也从此年开始。所载两条新闻，一条为"德国统帅瓦德西得京妓赛金花，甚昵之"，另一条为"宫内御膳每日二百余两，由岑春煊办理，皇帝喜食黄芽菜，太后喜食面筋"，③ 此类新闻颇有猎奇之意。但他对时局却关注不多。

在较为闭塞的安徽庐州，知府陈文騄平时多读邸报，在日记中抄录各类上谕。但在八国联军侵华过程中，他开始关注《申报》上的新闻。庚子年（1900）十月十八日，他阅《申报》，"知联军已袭宣化"，进而判断："此为回銮必经之地，经洋兵一至，两宫更不回銮矣。"四天后，他"闻和议已成"，虽然听说《申报》上"载有十三条纲领"，但"尚未得寓目"。第二天，他收到《申报》，"阅和议纲领十三条"。④ 作为地方官员，他对和议条款未作任何评论。但此事被他写入日记，说明《申报》对这一重大事件的披露已对他产生了一定影响。

作为维新派重要人物的夏曾佑，曾是《时务报》《国闻报》的创办者之一，但他在 1899 年担任安徽祁门知县时，写信给汪康年说："此处绝无闻见，

---

① 唐才常：《致唐次丞书（6）》，中华书局编辑部编，刘泱泱审订：《唐才常集》（增订本），中华书局 2013 年版，第 548 页。

② 唐才常：《致唐次丞书（8）》，中华书局编辑部编，刘泱泱审订：《唐才常集》（增订本），中华书局 2013 年版，第 549 页。

③ 朱峙三著，胡香生辑录，严昌洪编：《朱峙三日记（1893—1919）》，华中师范大学出版社 2011 年版，第 45、56、69、70 页。

④ 陈文騄：《陈仲英日记》，李德龙、俞冰主编：《历代日记丛钞》第 144 册，学苑出版社 2006 年版，第 338、350、351 页。

《申报》亦不可得。外间虽有天崩地坼之事，亦不知也。"① 知县尚难以读报，当时落后省份的乡绅更难觅报纸的踪影。如山西乡绅刘大鹏于1894年中举人后，长期在晋中乡下生活，对甲午海战这样的大事也无从得到确切的消息。迟至十月十四日，他还懵懵懂懂地记载："有人从省来信，军务吃紧。"十月二十日，他又记道："有人从徐沟来，言：徐沟每日过兵，自西南面来，向东北去。马队、步队滔滔不绝，谓是到京师听用。"其时，中日军队在辽东半岛一带激战正酣，而刘大鹏却茫然不知，直到十二月二十三日，他才在省城得知是辽东调兵，"闻军务吃紧，官军屡打败仗，劲军甚少"。② 而刘大鹏第一次阅报的经历是在1896年9月读邸报，记载辽东盛京一带水灾一事。可见，这位有着举人头衔的乡绅，由于没有报刊可读，对国内时局的了解较为滞后。

总体而言，西部地区的报刊发行较为困难，读书人难有机会接触到报刊。如姚文倬在1895年写给汪康年的信中谈到："《公车上书》此间由广帮中寄来一本，其第二条西巡之说，即本之洋将戈登，曾于十馀年前见诸《申报》。"可见，这位浙江籍的官员很早就读到《申报》了，但是他在担任云南学政后，身为地方大员，却难有机会读到报纸，他抱怨道："和战之事，所云《万国公报》之言最详，此间并无此报，无从得悉。通省城阅申、汉报者，仅两三家。弟初到时，并无从购，且因匆匆出棚，无暇计及。顷甫托票号购阅《申报》。自去冬十月以前之事，均不能悉，其陋如此，其苦可知。"③ 姚文倬所言昆明的情况尚且如此，而云南乡下的闭塞情况则可想而知。

第三节 维新时期湖南的学会、报刊与读者阅读

列斐伏尔（Henri Lefebvre）指出：如果未曾生产一个合适的空间，那么

---

① 《夏曾佑函（44）》，上海图书馆编：《汪康年师友书札》（2），上海古籍出版社1986年版，第1352页。
② 刘大鹏著，乔志强点校：《退想斋日记》，山西人民出版社1990年版，第35、36、37页。
③ 《姚文倬函（1）》，上海图书馆编：《汪康年师友书札》（2），上海古籍出版社1986年版，第1236页。

第三章 维新时期的报刊阅读与社会影响

"改变生活方式""改变社会"等都是空话。① 这也就是说，无论是意识形态还是思想文化都需要"在地化"，没有"地方"，就没有思想生成的基础。而地方具有物质、功能和意义三重属性，其中地方意义包含象征意义、思想感受和行为价值等，地方具有特殊的身份和特性。② "地方空间"是社会组织和个人具体的"所在"。正如卡斯特（Manuel Casstells）所言，事实上，绝大多数的人，不论是在先进或传统社会都生活在地方里，并且感知他们的空间是以地方为基础的空间。地方乃是一个其形式、功能和意义都自我包容于物理邻近性之界线内的地域（locale）。③ 从这个层面上看，探讨维新时期的社会思潮，就不仅仅以《时务报》为中心来分析其在全国的影响，而应该从"地方"的角度，进一步研究各地的维新派如何因应新思潮而进行"集体表达"，并如何促进学会、学堂、报刊传媒的一体化发展，使维新思潮与"地方性知识"有机结合，引发士林的广泛阅读和关注，从而促进维新变法活动的"在地化"，建构地方文化的"意义之网"。因此，"地方"是个体、社群与社会建立联系的纽带。从这个角度看，探究全国各地尤其是湖南的维新活动，既需要以"他者"的眼光进行"深描"，又必须结合地方学会、学校与报刊阅读的具体情境，探讨维新思潮在地方社会的传播与影响。

一、维新时期湖南的学会、学校与读报风气

维新时期，学会是团结士绅的重要组织，也是报刊赖以生存的凭藉之所。如《时务报》利用强学会的余款而设，④ 表明了它与维新派有着直接关联。维新时期，全国各地学会将设立报刊作为其重要的工作内容，许多学会附设报刊以鼓吹新政，提高学会在地方社会的影响力。如南学会得到了陈宝箴、

---

① ［法］亨利·列斐伏尔：《空间：社会产物与使用价值》，薛毅主编：《西方都市文化研究读本》（第3卷），广西师范大学出版社2008年版，第24页。
② Relph E. *Place and Blamelessness*, London, Pion, 1976, pp. 25-30.
③ ［美］曼纽尔·卡斯特：《网络社会的崛起》，夏铸九等译，社会科学文献出版社2006年版，第394页。
④ 《国闻报》刊登署名黄遵宪的广告称："启者，丙申五月，……创《时务报》于上海，因强学会余款开办，遵宪并首捐千金为倡。"（《上海时务报馆告白》，《国闻报》第261号，1898年8月21日。）

黄遵宪、徐仁铸等地方大员的鼎力支持，又有梁启超、谭嗣同、唐才常等维新人士的积极推动，加上延请湖南著名学者皮锡瑞任会长，① 湖南士风为之丕变。1898年2月21日，南学会第一次正式开会，"官绅士民，集者三百余人，堂上设讲，座下排横桌，听讲者环坐焉。……士大夫周旋问答，言笑晏晏。"② 南学会的主要活动，尤其是皮锡瑞、谭嗣同、黄遵宪、邹代钧等人的讲演，都在《湘报》刊布，而《湘学报》由湖南学政江标等人发起，属于官办刊物，无筹措资金之虞。作为附设于南学会的报纸，《湘学报》首先要确保会员能够及时阅读，这是"组织化传播"的重要特征。因为不接受其他社会人员的捐款，《湘学报》可以完全按照南学会的意图办报，其发行也得益于南学会的推动。

作为南学会的主要支持者，湖南巡抚陈宝箴首先要求省内士绅广为阅读。《湘学报》甫一创办，他便饬令："兹《湘学新报》之设，悉本此议，且为湘中承学有得之言，于本省人士，启发尤为亲切。定章每月刊发三册……为此，札仰该县于奉到后，先自捐廉赴省订购，每次或数十册，或十余册，分交书院肄业各生及城乡向学士子，一体披阅。并劝绅富自行购买分送。俾乡寒畯，皆得通晓当世之务，以为他日建树之资。所费无多，为益甚大。"③ 而湖广总督张之洞则要求湖北全省书院生徒阅读《湘学报》，他认为《湘学报》"考核精详，确有实用，其一有裨士林，其一有关民生，均为方今切要学术治术，自宜广为传布。除省城两湖书院发给五本，经心书院发给二本，本部堂衙门暨抚学院司道荆州将军衙门各一本。由善后局付给报资。……所属各州县，将以上两报一体购阅，《湘学报》并应发给书院诸生阅看"。④ 可见，书院与

---

① 皮锡瑞于1897年9月离赣回湘，在长沙居留，与黄遵宪、梁启超、熊希龄等人往来频繁。他在光绪二十四年（1898）正月初二的日记中记道："公度、卓如云学会将开，必须留我在此讲学，湖南官绅同志，事必有成；江西风气难开，一人何能为力。"当月十三日，他又记道："公度必欲挽留，并留我。云右帅不允，……其意甚殷。"[皮锡瑞:《师伏堂日记》（第3册），国家图书馆出版社2009年影印本，第2、7—8页。]在黄遵宪等人的挽留下，皮锡瑞积极参与南学会的活动，其在南学会的讲学产生了较大影响。

② 《开讲盛仪》，《湘报》第1号，1898年3月7日，第1页。

③ 陈宝箴:《湖南抚院陈饬各州县订购〈湘学新报〉札》，《湘学报》第5册，光绪二十三年（1897）五月一日。《湘学报》第1册，见湖南师范大学出版社2010年影印本，第183—184页。

④ 张之洞:《两湖督院张咨会湘学院通饬湖北各道府州县购阅〈湘学报〉公牍》，《湘学报》第15册，光绪二十三年（1897）八月十一日。《湘学报》第1册，见湖南师范大学出版社2010年影印本，第199—201页。

第三章 维新时期的报刊阅读与社会影响

学堂是报刊发行的重要对象,晚清湖南书院、学堂较为发达,尤其是时务学堂创办之后,极为重视西学教育,其功课中西学以"各国文字为主,兼算学、格致、操演、步武、西史、天文、舆地之粗浅者",要求学生"豫储远大之器,必使兼通中外"。① 时务学堂积极传播新学,参与维新运动。南学会成立后,每次举办演讲,都有大量时务学堂的学生前来听讲,并积极参与南学会的"问答",探讨新学和时政热点,从而使学校与学会之间在教学、社会实践方面有着紧密的联系。南学会"会友"有三种方式——"议事会友""讲会会友""通信会友",② 将有志于维新者联合起来,极大地推动了维新思想的组织化传播。这也是湖南维新报刊能够在本地社会产生巨大影响的重要原因。

南学会的熊希龄等人为了"补《时务》《知新》《湘学》之不逮",③ 于1898年3月7日创办了湖南近代第一家日报,熊希龄在写给汪康年的信中说:"《湘报》风声全省皆知,望我出报甚切,乞速办就机器寄湘,别事尚可缓,此事务乞拨冗代办也。"④ 熊希龄对《湘报》寄予厚望,希望该报"专以开风气、拓见闻为主"。⑤ 正如后来文廷式在为《湘报汇编》作序时所言:

>《湘报》者,创自长沙,起于戊戌。垣宿当躔之日,而明德作镇之年。俊侣骈生,畸人朋出,联袂云合,楮墨斯腾。标题已确,是南国之良金;惢记遥传,应西人(江)之天马。英才既集,宏论方多,清议之风,斯为称盛!
>
>……每诵斯文,至于雪涕。嗟乎!谁与独处,悲生雒浦之衾;岂其无人,泪堕山阳之笛?悼往者之不作,感来日之大难。故知落叶自陨,

---

① 《湘抚陈招考新设时务学堂学生示》,《时务报》第43册,1897年10月26日,第10页。
② 《南学会总会章程》,《湘报》第35号,1898年4月15日,第3—4页。
③ 《湘报叙》,《湘报》第1号,1898年3月7日,第1页。
④ 熊希龄:《熊希龄集》(1),湖南人民出版社2008年版,第74页。《湘报》创办之际,在南学会讲学的皮锡瑞是重要的见证者。他在当年一月二十四日的日记中记道:"又观秉三所办湘报馆,活字机器皆备,请戴宣乔主政,二月初即出报,属人撰文,每日一纸,不易也。"[皮锡瑞:《师伏堂日记》(影印本,第3册),国家图书馆出版社2009年版,第20页。]
⑤ 《湘报馆章程》,《湘报》第27号,1898年4月6日,第3页。

无假于疾风；相思不断，且同于春水。①

《湘报》发行后，"无论官绅士商，均送报半月，不取报资，半月以后，有愿阅者，请知会送报人，挂号注明姓名居址，以便逐日送报"。② 不久，"各府风行，湖南热力因为之一动……唤醒吾民，功德无量"。③ 读者张翼云读《湘报》之后，"呜咽声嘶，流涕被面"。④《湘学报》《湘报》在湖南各地的流传，对维新思潮的"在地化"起着极为重要的作用。谭嗣同不无自豪地宣称："湘中风气果开，自《湘学》出报，读者咸仰湘才若在天上矣。"⑤ 在谭嗣同看来，《湘学报》已成为湖南维新运动的象征，展示了湖南维新人士的学养和风格。

谭嗣同在《〈湘报〉后叙》中指出："夫言新于今日，其惟吾湘乎？"湖南维新运动的广泛开展，得益于开明官员和地方士绅的推动。谭嗣同认为："假民自新之权以新吾民者，厥有三要，一曰创学堂，改书院……二曰学会……三曰报纸"。报纸可以跨越时空，可以使"不得观者观，不得听者听"。⑥《湘学报》与《湘报》出版三个月后便发行至 6 000 份，并很快在湖南各地广为传阅。以长沙为例，"销《湘学报》前数百分，销《时务报》又千余分"。而当时的南京"销《时务报》仅及二百分"。所以，谭嗣同感叹道："盖风气之通塞，文化之启闭，其差数亦如此矣"。⑦

报纸销量是检视社会开放程度的重要标志。湖南在维新之前，鲜有报纸发行，而《湘学报》与《湘报》立足于湖南市场，注重以新学启发本地士子，两份报纸对本地新学动态也颇为关注。尤其是《湘报》出版之后，对南学会和湖南学界、政界的报道较为深入，如南学会演讲、南学会问答，以及

---

① 文廷式著，汪叔子编：《文廷式集》上册，中华书局1993年版，第152页。
② 《本报告白》，《湘报》第1号，1898年3月7日，第1页。
③ 《衡州士绅开设俚语报馆禀并批》，《湘报》第141号，1898年8月30日，第2页。
④ 张翼云：《书唐才常时文流毒中国论后》，《湘报》第95号，1898年6月26日，第1页。
⑤ 谭嗣同著，蔡尚思、方行编：《谭嗣同全集》（下册），中华书局1981年版，第472页。
⑥ 《〈湘报〉后叙》（下），《湘报》第11号，1898年3月18日，第1页。
⑦ 谭嗣同著，蔡尚思、方行编：《谭嗣同全集》（上册），中华书局1981年版，第262页。

湖南各地学会、学堂的动态等等，记载颇详。又如时务学堂入学考试试题，各班学生名单等详细情况，以及时务学堂学生参加南学会问答的活动，《湘报》都加以刊登，可见该报对这所湖南维新时期"样板"学校的关注。而时务学堂的学生也是该报的重要读者和撰稿群体，据统计，时务学堂有10名学生在《湘报》上发表了17篇重要文章。① 这在当时的维新报刊中是极为少见的现象，时务学堂的学生与南学会、《湘学报》《湘报》保持的密切关系，说明了进步学生已崛起成为一股重要的社会力量，在接受新学、传播新知方面已走在社会前列。

《湘报》不但为湖南官绅与学生所关注，它还充分发挥报馆的人脉网络和中介作用，广泛联系社会各界人士。其章程第五条规定：

> 本馆拟广求博学通达者，立为报友，造册注明姓字籍贯居址，按日送报，不取报资。如以所著论议及访求确实新闻新事函知本馆，酌核照登者，每届年终计算所寄之文多寡，准于本报余利项下抽提两成作为花红，分寄各报友以为酬劳之资。②

值得注意的是，在《湘报》之前，很少有报刊将读者称为"报友"，"报友"意味着办报人与读者之间存在情谊，而非冰冷的买卖关系，这显然将读者的定位为"报纸共同体"的重要组成部分，并希望"博学通达"的报友为报纸发展充分贡献才智。《湘报》按照章程选择"报友"，如第48期就刊登熊崇煦、易蕭、刘颂虞、罗棠、毕永年、洪文治、杨槧等12人为报友，"照章自闰月朔日起送报一年，不取报资"。③ 衡南人杨槧则在《湘报》第14期上发表了《论阅报之有益》一文，兼具读者和作者的身份。这说明《湘报》比较

---

① 《在〈湘报〉上撰稿的时务学堂学生和重要论著题名》，见陈谷嘉、邓洪波编：《中国书院史资料》（下），浙江人民出版社1997年版，第2395—2396页。该文统计的时务学堂发表重要文章的学生有：黄颂銮（4篇）、蔡艮寅（2篇）、辜天祐（2篇）、张伯良（1篇）、郑宝坤（1篇）、曹典球（3篇）、向左周（1篇）、谢功肃（1篇）、贺嵩寿（1篇）、向振翔（1篇）。
② 《湘报馆章程》，《湘报》第27号，1898年4月6日，第3页。
③ 《报友题名》，《湘报》第48号，1898年4月30日，第4页。

重视与读者的沟通。

为了进一步扩大报纸的资讯来源，《湘报》还注重发挥送报人收集和采写新闻的作用，在章程中制定了一系列奖惩措施：

> 送报人遇有本城新闻新事，探听确实者，立即报知本馆主笔处核定。可否照登，由主笔转告账房，给一凭条，注明某人所报之事，量其难易，分别一二三等，归月底结算，发给赏号。如有讹报，希图奖赏者，除扣赏外，罚钱三倍。①

不仅如此，针对湖南地处偏远、各地购阅报纸较为困难的现状，《湘报》力求使其发行延伸至偏远乡村，为下层民众提供精神食粮。其章程第九条规定：

> 本报与学堂、学会联为一气。凡各府州县穷乡僻壤不能购报者，应请各府州县分学会会友查明市镇村落，总汇地名，函知本馆酌计每处捐报数分，由省城总学会设法寄至各府州县分学会会友，转交居乡会友，择地张贴墙壁。如官府告示及劝善格言之法，俾众一览咸知，以示同仁之道。②

这一规定进一步表明了《湘报》与南学会的依存关系，南学会作为湖南维新时期的地方团体，具有明显的"公共性"。对于南学会的性质，梁启超认为它"尤为全省新政之命脉，虽名为学会，实兼地方议会之规模"，其目的是要"激发保教爱国之热心，养成地方自治之气力"。③ 为了推动《湘报》阅读的地方化，南学会利用了它在全省各地分会的优势，将《湘报》在偏远乡村发行作为分会会员的重要职责，并通过在乡村"贴报"的方式，确保乡村民众能够广泛地阅读《湘报》。显然，《湘报》推出这一重大的"惠民"举措，打

---

① 《湘报馆章程》（续登），《湘报》第28号，1898年4月7日，第3页。
② 《湘报馆章程》，《湘报》第27号，1898年4月6日，第3页。
③ 梁启超：《湖南广东情形》，《戊戌政变记》，中华书局1954年版，第137—138页。

破了传统的精英读报方式，使那些地处偏远的民众能够"去塞求通"，这在当时的维新报刊中是难得一见的。①

李抱一评价《湘报》在当时的影响："在世虽数月，而声光灿然，言湘政者莫不稽焉。"② 欧榘甲也对《湘报》给予极高的评价，他指出："昔者谭烈士嗣同，唐烈士才常，开湘报于长沙，日日发论湖南之当自立，如萨摩长门之于日本，慷慨激昂，全湘风动。湘人以军功闻天下，号强悍，至是知外事，知爱国，有国家思想焉。是为中国省报言自立者之始。"③ 1898 年 9 月 16 日创办的《菁华报》在章程中称"陈右帅所设《湘报》，极为雅驯"。④ 这说明，尽管《湘报》仅发行数月，但它已深入湖南民间社会，对维新时期湖南新学的传播起到重要作用。

二、南学会的公共读报活动与湖南维新报刊的影响

南学会以讲学、集会、研讨、阅读为重要内容，甫一创设，就对公共阅读问题十分关注，专门"设藏书楼一区，广度图书"。⑤《南学会申订章程》明确规定："本学会所藏书籍，准人领取阅书凭单，入内浏览。……自本月十五日起，愿阅报者，照单领凭择观。"⑥ 其时，南学会订有 26 种报刊，共计 89 份，所订各报及份数列表如下：

---

① 李孝悌认为，甲午之战以后，新式报刊大量出现，但这些报刊的对象是受过教育的知识分子，所以文字与沟通的问题就不必有什么特别考虑。但到义和团运动以后，为了开启一般无知"愚夫愚妇"的智慧，白话报纸大量出现。（李孝悌：《清末的下层社会启蒙运动》，河北教育出版社 2001 年版，第 17 页。）这一说法似乎有所偏颇，从《湘报》的章程看，该报非常注重下层民众的阅读，通过"贴报"的方式确保报纸能够进入穷乡僻壤，从而让初识文字的乡下人有机会阅读新式报刊。尽管《湘报》从创办到停刊仅存在 7 个月，但其章程对下层民众阅读需求的关顾，却值得我们关注。

② 李抱一：《长沙报纸史略》，庄建平主编：《近代史资料文库》（第 9 卷），上海书店出版社 2009 年版，第 247 页。

③ 太平洋客：《新广东》，张枬、王忍之编：《辛亥革命前十年间时论选集》（第 1 卷上册），生活·读书·新知三联书店 1960 年版，第 288 页。

④《本馆刊报章程》，《菁华报》第 1 册，1898 年 9 月 16 日，第 3 页。

⑤《湘学开会记》，《国闻报》1898 年 6 月 2 日，第 1 页。

⑥《南学会申订章程》，《湘报》第 75 号，1898 年 6 月 1 日，第 2 页。

表 3-3 南学会所订报刊及份数①

报刊名称	份数	报刊名称	份数	报刊名称	份数
时务报	10	申报	2	广智报	1
万国公报	1	新闻报	1	知新报	10
苏报	1	国闻报	5	格致新报	5
大公报	1	求是报	1	汉报	2
农学报	5	维新日报	1	岭学报	1
奇闻报	1	沪报	1	博闻报	1
循环日报	1	环球报	1	实学报	1
湘报	10	蒙学报	5	湘学新报	10
香港华字报	1	译书公会报	10		

这份名单基本上囊括了当时内地和香港发行的主要报刊。南学会根据报刊的性质决定所订报刊的数量，如维新报刊《时务报》《知新报》《湘报》《湘学报》等各备 10 份，《申报》《沪报》等商业性报纸则仅备一份。由此可见，南学会所开辟的阅览室，将订阅的国内外主要中文报刊作为公共读物提供给民众阅读，这与单个读者的私人阅读有着很大差异。读者来到南学会的阅览室，需要办理借阅手续方可入内，并需要遵守阅读规则，由于有许多读者的"在场"，读报纸就具有共同的场域感，读者在读报时分可以感受到公共阅读的诸多好处，如读者通过阅读不同种类的报纸，对各报的内容与形态有着直观的比较和借鉴，

---

① 《南学会申订章程》，《湘报》第 75 号，1898 年 6 月 1 日，第 2 页。尽管当时全国各地涌现了不少学会，但是，一些学会在章程中并没有具体规定读报方面的内容，一些学会订购书籍供会员阅读，并制订了相关的书籍管理和阅读规定，如苏学会就规定："每逢五逢十为发书之期，以五日为一限期，多阅者每期发书两本，少者一本。上期取去，下期缴换；会友欲看何书须先向管书处挂号，以先后为序，不得争执。本会发有取书印折，逢发书之期，持折取书，第一期发书几本，第二期收回前期之书，再发第几本。"(《试办苏学会简明章程》，《实学报》第 3 册，1897 年 9 月 17 日。) 苏学会对读书极为重视，尽管它毗邻上海，却没有见到"读报"的具体规定，可见，当时的一些学会对"公共读报"活动尚没有引起足够重视。

不同的思想与观念随着报纸的"流动"而不断变化。对于平时难有机会接触报纸的读者而言，阅览室打开了通往外部世界的窗口，而那些经常来阅览室读报的读者，每次读报的时分又成为一种仪式，读报纸成为一种精神享受和文化信仰，报纸的"公共展示"为阅读的集体化、规范化、仪式化创造了条件。此前，虽然强学会也有公共集会活动，却很少将大众报刊提供给普通民众阅览。从这个层面上看，南学会开创了近代报刊公共阅读的新空间，进一步融合了读者、学会与报刊的关系。一些读者在读报之后又能有机会参与南学会的讲演和问答，他们在报纸上获得的知识和产生的疑问，通过学会的公共集会得以传播和解答，从而使"公共阅读"转向于"公共讨论"。尽管我们难以统计当时读者的具体数量，但是，这批早期进入公共阅览室的读者，无疑对"博览群报"有着切身感受，由于读报所形成的"阅读文化圈"可以进一步开阔读者视野，让读者从个人空间走向公共空间，这就使阅读的意义得到了延伸。

由于《湘学报》分门别类，"将群章甫缝掖之儒，讲求中西有用之学，争自濯磨。以明教养，以图富强，以存遗种，以维宙合"，① 从而声名鹊起，在全国产生了较大影响。著名学者谭献在读完《湘学报》第一册之后，便认为该报"以史学、掌故学、舆地学、算学、商学、交涉学为六条目，序例标揭，意言平实，非《时务报》矫徇鄙倍之比"。② 谭献此说虽值得商榷，但在一定层面反映了《湘学报》的确很有特色。同时，《湘学报》也在省外广为发行，在京城任文渊阁校理的王同愈，于丁酉年（1897）七月初六日"阅建霞所创《湘学新报》三卷"，③ 说明该报在北京已有发行管道。而三十多年后，在北京师大教书的钱玄同，于1936年2月1日购得"《湘学报类编》十二册"，④ 这说明《湘学报》多年后仍然在旧书市场中流通。

---

① 《湘学新报例言》，《湘学新报》第 1 册，1897 年 4 月 22 日。见《湘学报》第 1 册，湖南师范大学出版社 2010 年影印本，第 8 页。
② 谭献著，范旭仑、牟晓朋整理：《谭献日记》，中华书局 2013 年版，第 325 页。
③ 王同愈：《栩缘日记》卷 1，顾廷龙编：《王同愈集》，上海古籍出版社 1998 年版，第 250 页。江标，字建霞，为《湘学报》创办者。
④ 钱玄同著，阎彤、王燕芝等整理：《钱玄同日记》（整理本 下册），北京大学出版社 2014 年版，第 1175 页。

《湘报》也通过各种途径传播，影响不断扩大。湖南名儒王闿运曾数次阅读《湘报》，他在光绪二十四年（1898）五月七日的日记中写道："看《湘报》一月，有一分府官，正黄公度同里人，云保卫不成，臬请开缺，抚台慰留；抚亦被劾，朝廷慰留，爱惜人才如此。"① 之前喜读邸报的王闿运，特地表明他已看了一个月的《湘报》，这对潜心于经学的他而言，已是别开生面。而柏文蔚在维新时期组织邑人成立"阅书报社"，他居住在安徽寿县的乡下，也有机会读到《湘学报》。他回忆道："梁启超在湖南创立'南学会'，出版之《湘报》，印刷亦同《申报》，吾人皆视为金科玉律。"② 其时，中国的乡村社会很少有报刊出现，而在1896年获得秀才功名的柏文蔚，对"洋务"已有所了解，并通过在家乡创建"书报社"以广见闻。《湘学报》能传入安徽偏僻的乡下，对柏文蔚思想观念的影响是毋庸置疑的。

值得注意的是，许多《时务报》的读者也通过各种途径阅读《湘学报》。如杭州的藏书家邵章在写给汪康年的信中提及："《湘学报》适在友人处见之，极佳，请寄五分。"③不久，他便询问："《湘学报》到否？能否寄下五十分。"④之后，他又在信中回应："连日收到《湘学报》三十分，一到即行分馨，尚有索者。望再寄我二十分，至要。"⑤ 可见当地读者对该报的阅读兴趣较高，作为代销商，他自然请求汪康年"请再寄二十分，勿延"。⑥ 而经常阅读《时务报》的丘宪、陈庆年等人也订阅《湘学报》，丘宪特地来信告知汪康年："《湘学报》乞仍代寄罗子敬处为祈。"⑦ 陈庆年则"订《湘学报》一年，值钱八百八十文"。⑧ 张元济还将订阅的《湘学报》供商务印书馆的同仁阅读。

---

① 王闿运著，吴容甫点校：《湘绮楼日记》（4），岳麓书社1997年影印本，第2154页。
② 柏文蔚：《柏文蔚自述》，人民日报出版社2011年版，第8页。柏文蔚所言梁启超创办"南学会"，是对该会的创办不甚了解。其实，梁启超仅仅是参与筹办，南学会的主要发起者为谭嗣同、熊希龄、唐才常等人，并得到湖南巡抚陈宝箴和署湖南按察使黄遵宪的大力支持。
③ 《邵章函（2）》，上海图书馆编：《汪康年师友书札》（2），上海古籍出版社1986年版，第1220页。
④ 《邵章函（3）》，上海图书馆编：《汪康年师友书札》（2），上海古籍出版社1986年版，第1221页。
⑤ 《邵章函（6）》，上海图书馆编：《汪康年师友书札》（2），上海古籍出版社1986年版，第1222页。
⑥ 《邵章函（7）》，上海图书馆编：《汪康年师友书札》（2），上海古籍出版社1986年版，第1222页。
⑦ 《丘宪函》，上海图书馆编：《汪康年师友书札》（1），上海古籍出版社1986年版，第199页。
⑧ 陈庆年：《横山乡人日记》，庄建平主编：《近代史资料文库》第1卷，上海书店出版社2009年版，第241页。

缪荃孙虽然代理《时务报》等报刊的发行，却很难有机会在南京购阅《湘报》，但由于与谭嗣同私交甚厚，有机会向他借阅。光绪二十三年（1897）五月一日，他"读《湘学新报》，即还谭复生"。①

在浙江温州，平阳县生员刘绍宽于光绪二十三年（1897）九月二十七日，夜阅《湘学报》。认为"《湘（学）报》言西人建学育才，符契《周官》"。② 长期订阅《时务报》的温州生员林骏，于光绪二十四年（1898）五月二十三日，"代芃弟汇订《湘学新报》，共六门"。③ 在安徽芜湖，道员袁昶于丁酉（1897）五月阅《湘学报》，认为该报"议论极为平实明通，有胜于《时务报》，因摘录之"。④ 这些例子说明《湘学报》传播范围较广，读者类型多样。

同样，《湘报》也受到外地读者的关注。如刘绍宽于光绪二十四年（1898）七月十五日读《湘报》上易鼐所著《中国宜以弱为强说》，并摘录要点："一、改法以同法。二、通教以绵教。三、屈尊以保尊。四、合种以留种。"⑤ 又如长期代理《时务报》发行的费麟生，曾转告汪康年："可否乞代转告《湘报》分局，请其先寄十分或廿分至敝处，自十六册起至现在所出之册止。半月以后如悉售去，即可迳告分局添寄。如销数不满十分，仍将原报带呈分局。"⑥ 读者作棨则写信给汪康年说："初九接《湘报》第九册，廿一又接《湘报》第十、十一两册，惟中无函字，想见执事贤劳，管城子亦疲于奔命也。"另外，他还要求，"务请转函湘局，自第一至第八册补齐寄下"。⑦ 可见，《湘报》在外省读者中也产生了一定影响。

---

① 缪荃孙著，张廷银、朱玉麒主编：《缪荃孙全集·日记》（第1册），凤凰出版社2014年版，第465页。
② 刘绍宽著，方浦仁、陈盛奖整理：《刘绍宽日记》第1册，中华书局2018年版，第170页。
③ 林骏著，温州市图书馆编，沈洪保整理：《林骏日记》（上），中华书局2018年版，第109页。芃弟即孙季芃，是林骏在私塾所教学生。
④ 袁昶著，孙之梅整理：《袁昶日记》（下），凤凰出版社2018年版，第1242页。
⑤ 刘绍宽著，方浦仁、陈盛奖整理：《刘绍宽日记》第1册，中华书局2018年版，第214页。
⑥ 《费麟生函》，上海图书馆编：《汪康年师友书札》（4），上海古籍出版社1989年版，第3481页。
⑦ 《作棨函（6）》，上海图书馆编：《汪康年师友书札》（4），上海古籍出版社1989年版，第3695页。

第四节 维新时期其他报刊的传播与阅读

《时务报》开创了政论性报刊的新时代，维新时期，它不仅引领舆论、推动维新变革，还作为新式报刊的标杆，为报刊业发展注入了强大动力。正如陆费逵所言："我国杂志之出版，肇始于《时务报》，梁任公实主持之。其后《清议》《新民》《国风》《庸言》相继而起，皆风靡一时。"① 在《时务报》的影响下，杭州、天津、澳门、广州、长沙、重庆、南昌、武昌、桂林等地相继创办了一系列维新报刊，如《国闻报》《知新报》《蒙学报》《农学报》《湘学报》《集成报》《博闻报》《岭学报》等，这些报刊或受到汪、梁之启发，或得到《时务报》报馆的支持与帮助。而《时务报》的传播模式又随其散布被地方中下层的开明人士所仿效，流传全国，成为分散各地的士人表达思想、发挥影响力的新工具。② 据不完全统计，从1895年至1898年，全国出版发行的中文报刊有120种左右，其中约80%是中国人自办的。以资产阶级维新派以及与它有联系力量创办的报刊，数量最多，影响最大。③ 这些新式报刊以推动维新运动为己任，以各种学会和团体为依托，以新式知识分子为中坚，推动报刊、学会与学校三位一体的全面发展，而报馆在其中起着引领社会思潮的先导作用。宋恕在《〈自强报〉公启》一文中提出："今天下竞言自强矣，自强之源在学校、议院、报馆，夫学校、议院，权不在士；报馆则士与有责焉。"④ 宋恕认为办学校、开报馆、读报刊是士人可以较为主动和便捷的"自强途径"，阅报是现代文明的重要标志。他"盛称日本学校、政治之善"，"言彼国车夫马夫亦胜于中国之王公大臣，缘皆能阅报也"。⑤ 梁启超也

---

① 陆费逵:《宣言书》,《大中华》第1卷第1期,1915年1月20日,第1页。
② 李仁渊:《晚清的新式传播媒体与知识分子：以报刊出版为中心的讨论》,台北稻乡出版社2005年版,第141、145页。
③ 方汉奇主编:《中国新闻事业通史》,中国人民大学出版社1992年版,第364页。
④ 宋恕:《〈自强报〉公启》,胡珠生主编:《宋恕集》,中华书局1993年版,第260页。
⑤ 刘绍宽著,方浦仁、陈盛奖整理:《刘绍宽日记》第1册,中华书局2018年版,第204页。这段话是刘绍宽于光绪二十四年（1898）六月二十六日拜访宋恕时,宋恕所言。

认为,学会固然重要,但是"其数甚微"。因此,"度欲开会,非有报馆不可。报纸之议论,既渍于人心,则风气之成或不远矣"。① 而报馆与学校则互为表里,相互依托,在促进文化传承与民族复兴方面均不可或缺。《利济学堂报》的一篇时评对二者之间的关系作了深入探讨:

> 盖学堂者,报馆之心腹也;报馆者,学堂之咽喉也。有学堂而无报馆,则诸学之径途,仅能课诸学堂以内之人,必不能课诸学堂以外之人。是自域其量也,是自钥其门也。是涨力无出也,是吸力未广也。此非创立学堂之神恉也。有报馆而无学堂,则报章中之所报,仅能以报学外之事,必不能以报学中之事。是犹川无源也,是犹林无本也,是犹人无筋络以贯通也,是犹物无杂质以化合也。此非开报馆之实效也,不过翻译西报供人玩观而已,于天下仍无裨也。故我二者须相辅而行,方能持久。有报馆以为学堂之康衢,则学堂必大;有学堂以为报馆之起址,则报馆必永。二者联为一气,而黄种不难长存矣。
>
> ……是故以学堂供报馆之日录,以报馆树学堂之风声。二者相须,如景附形,如声赴音,并驰联辔,敬业乐群。则以学翼教,以教辅政,神明之胄,庶有瘳乎。②

在维新时期,报馆、学校、学会三者之间相互融通,以"合群""乐群"为目的,共同促进新政、时政、西学的传播。诚如梁启超所言:"国群曰议院,商群曰公司,士群曰学会。而议院、公司其识论业艺罔不由学。故学会者,又二者之母也。学校振之于上,学会成之于下。"③ 学会是实现"合群""乐群"的前提,是维新活动赖以实现的组织基础。尽管在维新时期各地成立了不少学会,但与学校、报刊之间尚不成比例。故此,有评论认为:"凡士农

---

① 丁文江、赵丰田编:《梁启超年谱长编》,上海人民出版社1983年版,第68页。
② 陈明:《论学堂报馆须相辅而行》,《利济学堂报》,光绪二十三年(1897)第2期,第4—5页。
③ 梁启超:《论学校十三 变法通议三之十三 学会》,《时务报》第10册,1898年11月14日,第1页。

商贾，当各设学会，不成则官长劝之，殷富助之；成则上之大吏达之，朝廷以嘉其功以励其志。由是而不拘耕作艺术，皆跟风效法，自相濯磨，不及十年，当斐然可观。富强之效，如操左券矣。"① 在论者看来，学会是推动社会进步的重要公共组织，只有学会日渐发达，开民智、求富强方有基础。

因此，有组织的团体是推动报刊阅读的重要力量。一些开明官绅与学生结合在一起，他们以学会团结同志，以报刊制造舆论，以学校培育人才。有的学会自办报刊，如上海务农会办《农学报》，新学会办《新学报》，算学会办《算学报》，译书公会办《译书公会报》、蒙学会办《蒙学报》，广西圣学会办《广仁报》，等等，② 报纸成为推动学会发展的重要力量，正如托克维尔所言："报纸使他们结合起来，但为了使结合不散，他们继续需要报纸。"③ 报纸成为连接学校、学会的重要纽带，在制造和传播舆论方面起到了重要作用。

值得注意的是，士人的交往网络对新式报刊的阅读有着重要影响。维新时期，孙诒让虽偏居浙江瑞安，但他与全国各地的维新派人士有着广泛的联系，并通过私人赠阅或订阅的方式，收阅大量维新报刊。除了《时务报》之外，仅在1897年，年谱中记录他收阅的报刊有："上海友人寄赠蒙学会创刊发行之《蒙学报》；杭州友人寄赠新出之《经世报》；湖南长沙友人寄赠新出之《湘报》及南学会发刊之《湘学新报》。诒让向天津订阅《国闻报》及《国闻汇报》，向澳门订阅《知新报》，向上海订阅《实学报》及《译书公会报》。"戊戌变法失败后，梁启超亡命日本，"旋以所办《清议报》旬刊横滨寄赠"。④

---

① 《设学会以端国本说》，《汇报》第53号，1899年2月25日。见《汇报》第2册，广东教育出版社2012年影印本，第205页。

② 汤志钧：《戊戌时期的学会和报刊》，台湾商务印书馆1993年版，"前言"第2页。维新时期许多报刊都与学会有直接或者间接的关系，但是，关于当时学会的数量，学界存在不同的看法，梁启超、胡思政、张玉法、汤志钧、闵杰等人都做过统计，数字存在较大差距。如张玉法统计，"除分会外，主要学会凡63"。（张玉法：《清季的立宪团体》，"中央研究院"近代史研究所编印，1985年再版，第199—206页。）闵杰统计有72家，并将学会分为政治性团体、学术性团体、改良社会风俗性团体、教育性团体，等等。（刘志琴主编：《近代中国社会文化变迁录》，浙江人民出版社1998年版，第107页。）有些学会虽然倡导新学，却并没有创办报刊，因此，学会与报刊固然联系颇多，却不能笼统地将报刊附属于学会。

③ ［法］托克维尔：《论美国的民主》（下卷），董果良译，商务印书馆1989年版，第699页。

④ 孙延钊撰，徐和雍、周立人整理：《孙衣言、孙诒让父子年谱》，上海社会科学院出版社2003年版，第284、288页。

作为经学大师和著名教育家,孙诒让对维新派有着巨大影响,各地维新派人士主动赠阅新出版的报刊,使孙诒让能够在瑞安小城纵观维新时局。

随着西学在各类学校的推广,学生的阅读风气丕变。1896年,在江阴南菁书院和常州致用精舍就读的蒋维乔,开始接触西学,勤于学习西文和西学课程,并于课外阅读大量西学书刊。他在日记中开列了近一年阅读的书刊:"自去岁(1896)九月至今岁六月,读《通鉴》一百二十卷,《庸庵文编》四卷,续编二卷,外编四卷,日记六卷,《筹防录》四卷,《刍议》一卷,《治平策》一卷,共廿二卷外。凡读《方舆纪要》十二卷,《时事新论》两卷,《中东战纪》八卷,《西国学校》一卷,《曾惠敏公日记》二卷,《金轺筹笔》四卷,《日本国志》四十卷,都二百一十八卷。其余泛滥所及,《时务报》五十册,《万国公报》十二册,《农学》十六册。"可见,过去一年出版的《时务报》《万国公报》《农学报》,他阅读颇多。另外,他深受老师王翰乡的影响,注重学习英语。他在光绪二十四年(1898)三月二十一日的日记中记载:"晚上王翰乡来谈,至二鼓而返。此人阅历英伦十年,曾充薛、刘两星使随员。习于语言文字,并通天文之学。余有志洋文已数年矣。顾不得其间。今见斯人,不觉恨晚,拟往师之。"二天后,他"至王君处习西文。既习西文,不阅中籍,以期专精"。此时的蒋维乔已对西学有了全新的认识,之后,他涉猎的书报范围更为广阔。己亥年(1899),他因病读书才及两月,所读书报包括:"凡《方舆》六卷,《公报》三册,《汇报》二十八号,《阅微草堂笔记》一部,其余日报则无日不阅,亦不及页数耳。"① 彼时,他无日不阅报,时务报刊在他的日常阅读中占有重要地位。

当然,《时务报》作为维新时期的翘楚,引领着新式报刊的发展方向。正如蔡元培所言:"我国人思想之稚,观于言论,实事之间,已可概见。丁戊之际,有《时务报》,始欲以言论转移思想,抉摘弊习,有摧陷廓清之功;其后有《知新报》,参以学理;有《湘学报》,参之以掌故。嗣是人心为之一变。"② 而维新时期的报刊阅读,也是在《时务报》的影响下,由通商大邑向边远地区逐步扩张。

---

① 蒋维乔:《蒋维乔日记》第1册,中华书局2014年影印本,第52、59、107—108页。
② 蔡元培:《创办〈外交报〉叙例》,高平叔编:《蔡元培全集》(第1卷),中华书局1984年版,第137页。

一、《知新报》的"依附性阅读"与延展

《知新报》创刊于 1897 年 2 月 22 日，是维新时期在华南地区影响较大的报刊。该报深受《时务报》的影响，在版式、用纸、价格等方面都模仿《时务报》。梁启超对《知新报》的发展进行了规划，提出三条："一、多译格致各书各报以续《格致汇编》；二、多载京师各省近事为《时务报》所不敢言者；三、报末附译本年之列国岁计政要，其格式一依《时务报》。"① 因此，它在内容上与《时务报》有所分工，正如杭州知府林启在谕札中所言："去年澳门创《知新报》，皆由西文译出，……现《时务报》、《农学报》、译书公会各报，已蒙抚藩宪札饬购阅。若兼采此报，互证参观，于论政论学，更有裨益。为此，特札该州县，将《知新报》各购阅，其城乡书院，另行筹款多购，以供诸生流（浏）览。"② 可见，《知新报》重视译介西学，以开通智识为要务。但是，由于澳门与内地联系尚不紧密，交通不便，消息传递迟缓。该报除了在澳门和广东设立代售点外，在其他地区多依赖《时务报》的发行网络。正如梁启超所言："《广时务报》……惟将来销数，仍借《时务报》为之代理，但使能得三千份，即可支持。……近日报务日兴，吾道不孤，真强人意。惟广东督抚于'洋务'二字，深恶痛绝，不能畅行于粤耳。"③ 可见，梁启超对这份报纸寄予了很大期待，希望依托《时务报》的发行渠道，打破《知新报》在广东发行受阻的不利局面。《时务报》也多次为《知新报》进行广告营销，设法推广销路。其广告称：

> 澳门新开《知新报》，托本馆代派，顷已寄到，随同本报第二十期分送。现因寄到之报无多，故湘、鄂两省暂行缓寄，俟续有到者即当转寄。其向未阅本报者，即概不派送，以稍示限制。此后诸君如欲阅《知新报》者，请向各代派本报处挂号，或迳函告澳门该报馆及上海本馆。④

---

① 《梁启超函（20）》，上海图书馆编：《汪康年师友书札》（2），上海古籍出版社 1986 年版，第 1846 页。
② 林启：《杭州府林太守饬属购阅知新报札》，《知新报》第 48 册，光绪二十四年（1898）三月十一日，第 6 页。
③ 丁文江、赵丰田编：《梁启超年谱长编》，上海人民出版社 1983 年版，第 68—69 页。
④ 《本馆告白》，《时务报》第 20 册，1897 年 5 月 31 日，"本馆告白"第 1 页。

第三章　维新时期的报刊阅读与社会影响

这则广告明确地告知读者，《知新报》是由《时务报》代理发行，那些已订阅《时务报》的读者具有优先阅读的权利；那些没有订购《时务报》的读者，如果想阅读《知新报》，仍需通过《时务报》的发行网点订阅。如在南京的缪荃孙，与汪康年私交甚笃，在《知新报》创办不久便代为销售。在光绪二十三年（1897）三四月间，他在日记中多次记载收到《知新报》的记录，如三月二十五日，接八、九期《知新报》；四月二日，接《知新报》收票十；四月九日，接《知新报》十、十一、十二、十三期；四月十日，接《知新报》补四、五、六、七、八、九期。① 由于缪荃孙的代销，南京读者便有机会购阅《知新报》。

然而，大多数风闻《知新报》之名者，却不能一睹为快。如该报在上海大同书局设立分馆，但在农历1898年8月间，"失去报章数十箱"，"八月以后之报，未有寄来沪上"。② 迟至第二年，该报才在《游戏报》设立分销处。又如在北京的汪大燮就写信询问汪康年："《知新报》何以不销到京来？何处可购？其价若何？"③ 北京尚不能直接购买，其他偏远地区的士子要读到《知新报》，谈何容易。如执掌河北保定莲池书院的吴汝纶，在维新时期已是资深的报刊读者，但他在日记中最早提及《知新报》是在1898年，他记载："《知新报》载，《西柏灵益歌报》论中国赋云：光绪十八年，上海关税务司秋季清单，共收税银一百十六万一千七百六十九两。"④ 之后的日记中，他对该报较少提及。

福建的高凤谦曾长期代销《时务报》，他因《知新报》在福建发行不畅与汪康年商讨，他说："《知新报》望附贵报分送，而仍须取回，派报者以索报为艰，不敢分送，不如多印数千册，无庸取回。所费不过二百元。而流传之速，必有既受其益者，即阅报之人多此一册，亦得转送他人，未始无补。"⑤

---

① 缪荃孙著，张廷银、朱玉麒主编：《缪荃孙全集·日记》（第1册），凤凰出版社2014年版，第460、461、462页。
② 《澳门知新报分售处》，《游戏报》1899年5月29日，第5版。
③ 《汪大燮函（81）》，上海图书馆编：《汪康年师友书札》（1），上海古籍出版社1986年版，第763页。
④ 吴汝纶著，施培毅、徐寿凯校点：《吴汝纶日记》第4卷，黄山书社2002年版，第414页。
⑤ 《高凤谦函（7）》，上海图书馆编：《汪康年师友书札》（2），上海古籍出版社1986年版，第1619页。

高凤谦的言辞之间充满了对《知新报》的呵护。他认为，如果免费阅读，派报人取回报纸十分繁琐，因此，他希望该报以后扩大发行。之后，他又提出："凤谦于何、康二君无素，不欲造次，贵报既与相通，如以鄙言为是，请以己意告之。"① 由于发行的问题，《知新报》在福建的传播并不通畅。高凤谦在信中告知汪康年："《知新报》闽中阅者颇少，论说、译件均不如贵报。足下既与相通，似宜略为整顿。"②

对于高凤谦的说法，初读《知新报》的孙宝瑄则表达了截然不同的观点，他在光绪二十三年（1897）二月二十七日看完该报后，特地评价道："览《知新报》，粤东所出，论笔固佳，选译亦精，尤胜《时务报》。"③ 以孙宝瑄与汪康年、梁启超的私交，他如此抬高《知新报》，是发自内心的赞扬。而一位日本人柴田荣七在写给梁启超的信中，除了推荐自己翻译的文章外，对《知新报》也评价颇高："自获读大报（《知新报》）以来，将半载矣，方今海内外争读大报者，一时远近传钞，奚止洛阳纸贵。"但是，他又对该报的评论提出了自己的看法："大报所论时政积弊，固已痛快淋漓，然在外部人视之，终嫌忌讳太多，似未能切中病源之本。"④ 可见，读者的阅读偏好对报纸的评价有着直接影响。

由于各种条件的制约，即便有机会阅读到《知新报》的读者，也会有较大的时空差异。身在湖南的谭嗣同与汪康年相稔，在《知新报》刚出版之际，便嘱托汪康年"《广时务报》亦希寄"，⑤ 所以，他很快就在南京看到了《知新报》。他在写给汪康年的信中说："收到寄来《知新报》四五、六七、八九三本。原说即在缪小翁处领取，尊处不必再寄，故有两册，缪已送来，兹又

---

① 《高凤谦函（7）》，上海图书馆编：《汪康年师友书札》（2），上海古籍出版社1986年版，第1620页。何、康两君指的是主持《知新报》日常事务的何穗田和康广仁。
② 《高凤谦函（9）》，上海图书馆编：《汪康年师友书札》（2），上海古籍出版社1986年版，第1621页。
③ 孙宝瑄：《忘山庐日记》（上），上海古籍出版社1983年版，第84页。
④ 《日人狂论》，《知新报》第34册，光绪二十三年（1897）九月二十一日，第9页。这位日本读者翻译了《时事新报》上的一篇文章，为日人所写。内容为："论贵国王之春使俄草所附条陈八章，于每章后加以跋语。"该译稿寄给梁启超之后，便与信件一同发表在第34册的《知新报》上。
⑤ 《谭嗣同函（4）》，上海图书馆编：《汪康年师友书札》（4），上海古籍出版社1989年版，第3239页。

重复。若缪仍代办《知新报》事,尊处即不必寄。"① 这封写于1897年4月25日的信,表明谭嗣同能够比较及时地看到《知新报》,且可以通过两个渠道获得该报。当年4月23日,在南京的郑孝胥也看到了《知新报》,他在日记中写道:"《知新报》言余辞参赞,兼及梁卓如,以为难能。"② 郑孝胥看到《知新报》对自己的报道,尤其是当时盛传他将出任《时务报》主笔一事,自然在日记中有意辩白。与维新士人过从密切的皮锡瑞也较早看到《知新报》,他在南昌任教期间就有订阅。1897年11月,他在湖南长沙能看到江西寄来的《知新报》。1898年5月,受到湖南顽固派王先谦等人排挤后,他回到南昌,继续在经训书院任教,又有机会读到《知新报》。8月18日,他在读到该报后记道:"康工部五上书,今所施行者皆在内"。第二天,他又阅《知新报》数册,并指出:"《伪经考》言《尚书》止于二十八篇,与予意略同。"③ 皮锡瑞此时因南学会的讲演而名闻天下,已是一个典型的维新人士,虽在书院授课,却已通过各种途径阅读时务报刊。但是,一般读书人却难有机会读到《知新报》。如在浙江瑞安乡下的张棡,虽然很早就读到《申报》《新闻报》《时务报》,但是他在日记中第一次记载《知新报》,是在1900年年底。尽管《知新报》迟至1901年1月才停刊,但其发行范围和影响力远不及《时务报》。

二、《国闻报》的发行与阅读

与《时务报》有着紧密联系的《国闻报》,试图在北方展开维新舆论的传播。《国闻报》创立于1897年10月26日,"馆主是王修植,主笔为严复,总编辑乃夏曾佑。即使当时不立名目,但实际分工如此"。④《国闻报》虽然在创刊初期确定了"以通外情为要务"的办报方针,但后来非常注重重大政治事件的报道,它利用地处京畿一带消息灵通的优势,不断增强新闻报道的

---

① 谭嗣同著,蔡尚思、方行编:《谭嗣同全集》(下册),中华书局1981年版,第499页。
② 郑孝胥著,中国国家博物馆编,劳祖德整理:《郑孝胥日记》(2),中华书局1993年版,第597页。在南京期间,郑孝胥、缪荃孙、谭嗣同、蒯礼卿等人往来密切,他们均与汪康年相稔,是《时务报》《知新报》较早的一批读者。
③ 皮锡瑞:《师伏堂日记》(第3册),国家图书馆出版社2009年影印本,第275、276页。
④ 姚福申:《天津〈国闻报〉若干史实辨析》,《新闻研究资料》1990年第3期,第143页。

分量，其官场新闻颇受关注。如汪康年的堂兄汪大燮在北京为官，他在写给汪康年的信中说："《国闻报》廿三、四间所论，其测量颇准也。合肥（李鸿章）之商务两广，皆为此事，有此一事，则馀事皆不暇矣。合肥闻初九出都，大约在申度岁。"① 汪大燮从读者角度对该报的新闻准确性进行了评价，也从一个侧面表明了该报对京城新闻报道的及时和快捷。梁启超也在读完该报后感叹道："《国闻报》好极矣，虽别出，亦必不能赶上也。"② 李伯元在写给友人的信中，也对《国闻报》评价颇高，他说："海内外日报诸家，足以令人服善者，惟天津《国闻报》为最。"③

由于严复、夏曾佑、王修植等人都与《时务报》有着密切联系，其编排、发行等方面的事务往往通过汪康年等人加以沟通，并以此遥相呼应，共同推动维新报刊的发展。馆主王修植曾多次写信给汪康年，陈述《国闻报》发行的情况，在创办之初，他就说："《国闻日报》现在每天销一千五百张。本津五百张、北京二百张、俄商一百五十张、外埠七百馀张。"④ 这说明初期的《国闻报》主要在京津一带发行。随侍光绪皇帝的史官恽毓鼎，于光绪二十四年（1898）七月三日，就曾"阅《国闻报》"。⑤ 同年，在北京任总理衙门章京的郑孝胥，因与严复交往颇多，也曾阅读《国闻报》。九月六日，他在日记中记载："日来《国闻报》指斥朝政，略无忌惮，意在挑衅。彼必有以恃之者，惟幼陵当益危耳。"⑥ 报人英敛之在光绪二十五年（1899）则对《国闻报》的重要新闻加以抄录，如他在三月九日，"灯下阅《国闻报》，有林旭《狱中诗》二绝云"；三月十二日又记道："昨《国闻报》有杨深秀三律，中阙数句，记下一律云。"⑦ 可

---

① 《汪大燮函（117）》，上海图书馆编：《汪康年师友书札》（1），上海古籍出版社1986年版，第812页。
② 《梁启超函（28）》，上海图书馆编：《汪康年师友书札》（2），上海古籍出版社1986年版，第1852页。
③ 李伯元：《致邱菽园》，王学钧辑：《李伯元全集·李伯元诗文集》，江苏古籍出版社1997年版，第144页。
④ 《王修植函（7）》，《汪康年师友书札》（1），上海古籍出版社1986年版，第81页。
⑤ 恽毓鼎著，史晓风整理：《恽毓鼎澄斋日记》（第1册），浙江古籍出版社2004年版，第165页。
⑥ 郑孝胥著，中国国家博物馆编：劳祖德整理：《郑孝胥日记》第2册，中华书局1993年版，第691页。
⑦ 英华：《英敛之先生日记遗稿》，郑逸梅、陈左高主编：《中国近代文学大系》（第9集·第24卷·书信日记集2），上海书店出版社1993年版，第611、612页。

见,在天津生活的英敛之对《国闻报》颇为关注,且阅读甚为细致。

但是,初期的千余份销量对于报馆的经营是不利的。因此,王修植希望得到汪康年的资金支持,他在信中提出:"《国闻日报》将来销路不患不广,而独虑馆中母财不足,开销太大,深恐难以持久。若能支持至明年春夏,则亦日起有功也。不知兄能为一臂之助否?"他又向汪康年请求:"以后能否附在贵馆,由贵馆派人每日分送,每张定价十文,外加邮费每张二文,报价以八折计算,将二成作为分报人工食,能否照办?至东南各埠,能由贵馆经售处一并代销为妙。其包封由津总寄上海,至上海再由贵馆分寄各埠,能如此,则《国闻》受施多多矣。"① 与《时务报》相比,《国闻报》至少在南方的销路遇到了问题,由于该报在南方很少设立"寄售处",且没有广泛的人脉资源,南方读者相对偏少。基于此,王修植想利用汪康年和张之洞的私交推广发行,他探问道:"《国闻报》南皮既以为然,能否耸恿之,略仿《时务》《知新》之例,通饬各属士商看报否?"② 由此可见,《国闻报》一直希望通过汪康年及其人际网络打开在南方的销路。而南方各省订阅该报者仍然不见起色,这与当时的交通与邮递系统不发达有着很大关系,也与南方各省相继创办地方性报刊有关。

对于王修植的请求,汪康年设法加以满足,利用其发行网络推销《国闻报》,一些读者也通过《时务报》馆订阅《国闻报》。如一位叫丘震的读者转告汪康年:"兹有友人欲定《通学汇编》一分,《国闻报》一分,请按月派送敝寓,价值亦由弟在申算缴,并请一二两册补全,不胜感激之至。"③ 这说明时务报馆已经代为销售《国闻报》,后来《时务报》改为《昌言报》,与《国闻报》仍然有密切关系。如夏曾佑在此期间到上海会晤其表兄汪康年,他在光绪二十四年(1898)十月一日的日记中记载:"晨,抵上海,寓泰安八十五号,访穰卿、叔醒,小饮……是晚移《昌言报》馆。"④ 虽未言及报事,但是两家报馆的关系由此可见一斑。而且,《昌言报》仍然继续代理《国闻报》,

---

① 《王修植函(7)》,上海图书馆编:《汪康年师友书札》(1),上海古籍出版社1986年版,第82页。
② 《王修植函(7)》,上海图书馆编:《汪康年师友书札》(1),上海古籍出版社1986年版,第82—83页。
③ 《丘震函(2)》,上海图书馆编:《汪康年师友书札》(1),上海古籍出版社1986年版,第198页。
④ 夏曾佑著,杨琥编:《夏曾佑集》(下),上海古籍出版社2011年版,第713页。

如长期在江西九江代理《时务报》的汪德年，写信给汪颂毂说："阅日报知《昌言报》馆有《国闻报》寄售，嘱兄函请照寄一分来江，并问有无他项报章，如《清议报》《谈瀛报》《循环日报》《亚东日报》《闽报》等报，均托吾弟各订一分。"① 由此可见，当时一些读者是通过其他报纸的二次传播，得知《时务报》《昌言报》报馆可以代理销售《国闻报》的。这份在京畿一带颇有影响的报纸，南方读者想要及时地读到它，还颇费周折。如光绪二十五年（1899），蔡元培在家乡绍兴任中西学堂监督，六月五日，蔡元培"阅二、三、四月《国闻报》"。② 一天浏览三个月的报纸，说明他当时很难正常收到该报，只有在空闲时集中阅读。绍兴的情况如此，而内地偏远的乡下，订阅的难度就更加可想而知了。

三、维新时期一些地域性、专业性报刊的发行与阅读

维新时期，全国各地学会林立，报刊种类繁多，如时政类、科技类、文摘类、专业类报刊等等。各地学会因地制宜，有针对性创办适合自身特色的报刊，如蒙学会创办的《蒙学报》、务农会创办的《农学报》，译书公会创办的《译书公会报》，新学会创办的《新学报》，女学会创办的《女学报》，工商学会创办的《工商学报》，蜀学会创办的《蜀学报》，圣学会创办的《广仁报》，等等。一些志趣相投的官绅，往往利用松散的组织和社会网络筹资办报，如胡道南、童学琦于光绪二十三年（1897）在杭州创办《经世报》，聘章太炎、陈虬、宋恕等为撰述，委托蔡元培在北京代为推销。七月二十九日，蔡元培收到"《经世报》百册"，并评价道："其中惟章炳麟（枚叔）所作，有理有故，若陈虬（志三）、宋恕（燕生），驳矣。"十月十五日，又收到"《经世报》第七、八、九，各五十册。"③ 陈黻宸和陈虬还在瑞安的利济学堂创办《利济学

---

① 《汪德年函（6）》，上海图书馆编：《汪康年师友书札》（4），上海古籍出版社1989年版，第3876页。

② 蔡元培著，中国蔡元培研究会编：《蔡元培全集》第15卷，浙江教育出版社1998年版，第225页。

③ 蔡元培著，中国蔡元培研究会编：《蔡元培全集》第15卷，浙江教育出版社1998年版，第137、149页。

堂报》，倡导新学，并希图利用《时务报》的发行网络进行推销。① 尽管许多报刊存在的时间很短，且影响不广，但是维新时期的报刊总数相当可观。除了一些通商口岸之外，江西、四川、贵州、广西等偏远地区也相继创办了一些报刊，地方性报刊的崛起，有利于报刊阅读的空间扩张和地域性阅读群体的发展。如蜀学会创办《蜀学报》之后，要求"入会者以阅报为首务"。② 开办三个月之后，该报便声称："本馆自开报以来，逐渐推广，现在销售几及二千份，纸张务极坚洁，刊印格外精审，购者源源而来，仍有应接不暇之势。"③ 这说明其在四川学界具有一定影响。

与《时务报》这样具有全国性影响的大报相比，许多地方性报刊发行范围有限，但它对当地社会却有着极为重要的价值。如《渝报》在筹备之初，江瀚、宋育仁便筹划章程，江瀚在光绪二十三年（1897）二月十日的日记中记载："兹并芸子检讨《渝报》章程送潘阅之。"这表明宋芸子（宋育仁）、江瀚、潘季约在《渝报》的创办中起着重要作用。江瀚于六月四日写信给汪康年，"托购字模。适李老耀来，遂以银四百金交渠汇沪"。七月十一日，他又寄信汪康年，"并银六百两"。④ 这一千两银子，为《渝报》所需的印刷设备款，江瀚为筹办《渝报》，对汪康年颇为倚重。曾出使欧洲的宋育仁，对四川地方报刊价值的认识颇有代表意义，他对汪康年说："蜀报诚不如《时务报》之美，但西南仅此发端，拟祈鼎力为助，以广边隅风气。可否贵报一律行蜀者，交《渝报》馆代售？在省寄省，则人皆一取两得。庶初开之铺，不为老招牌所压，俟叠行后再易新章，如蒙许可，即望赐覆为颂。"⑤ 宋育仁认为，《时务报》固然很好，但是本地报刊的发展更需要扶持。因此，《渝报》在创办之际，便利用本

---

① 陈虬于1897年5月15日致信汪康年说："敝《学堂报》已出四册，近郡都甚风行，初本参用活字，现全改木刻。拟下节后四出远售，当呈大教，彼时还望大力广销。"（陈虬：《致汪康年书（一）》，胡珠生编：《陈虬集》，中华书局2015年版，第433页。）

② 《蜀学会章程》，《蜀学报》第1册，光绪二十四年（1898）三月十五日，第3页。

③ 《本馆告白》，《蜀学报》第9册，光绪二十四年（1898）六月十五日，"告白"第1页。

④ 江瀚著，郑园整理：《江瀚日记》，凤凰出版社2017年版，第48、60、63页。江瀚日记所载汇款记录，在其书信中得到印证。他在信中写道："上月寄来纹银四百两，兹又汇来银六百两，共纹银一千两整，不敷之数，俟字模、印机到渝，即行措缴。"［《江瀚函（3）》，《汪康年师友书札》（1），上海古籍出版社1986年版，第262页。］

⑤ 《宋育仁函（1）》，《汪康年师友书札》（1），上海古籍出版社1986年版，第543页。

地资源，号召当地官绅捐款，且将捐款和阅报结合在一起。其章程规定：

> 捐助百两以上者，每年送阅报五分；五十两以上者，每年送阅报三分；三十两者，每年送阅报一分。均无报费。……
>
> 各府州县各就其地，托一友人采访要件，按月函知，并托代为售报，不必加以访事名目，亦勿庸议给薪水，但按期送报一分，以搭酬劳。……
>
> 阅报费先交银十两者，送报五年；先交洋银十元者，送报三年；先交银三两者，送报一年；先阅后交银者每年银三两六钱，闰月照加，折购者每册九分。
>
> 先阅后交费者，本城送满一月，外境送满三月，皆须收费，始行续送，以示限断。①

章程将社会捐助、读者先期订阅与来稿予以特殊的优惠，将赠送报纸作为回馈社会的重要手段，从而推动该报在当地广为流布。这在地处偏远的重庆具有一定的营销效果，对重庆阅报风气的培育也有一定的推动作用。

《渝报》在四川地区发行较广，但由于文理较深，难以在下层社会传播。光绪二十四年（1898），该报主编潘季约发行《通俗渝报》，此事引起在成都任教谕的张朝墉的关注。他在四月六日的日记中记载：

> 渝报馆潘季约主持，近因《渝报》卷帙繁多，文理深厚，阅者畏难而止。季约用邵炳南活字机器刷《通俗渝报》，日一纸。首录广训直解，次各省新闻，次东省新闻，次外国近事，次农学新法，次工艺新法，次商务浅言，次西学浅言，自三月二十八日开报……阅之，文理固属浅显，而其中似少精义酝酿，不免咀嚼少味。季约书云，只一日可销五千纸，便可赚钱，开报将经月，不知一日究可销若干，容当书以询之。②

---

① 《渝报章程十五条》，《渝报》第 1 册，1897 年 10 月。见姜亚沙等编：《晚清珍稀期刊汇编》第 19 册，全国图书馆文献缩微复制中心 2009 年版，第 44—45 页。

② 张朝墉：《张朝墉日记》，王建朗、马忠文主编：《近代史研究所藏稿钞本日记丛刊》第 28 册，国家图书馆出版社 2020 年版，第 26—27 页。

第三章 维新时期的报刊阅读与社会影响

与《渝报》追求在本地发展不同，《实学报》在 1897 年 8 月出版之际，主事者就十分重视该报在全国的影响力，认为"今欲一言而拚赤县，是惟报章"。章太炎在《〈实学报〉叙》对外国大报的读者数量进行了估计，他说："大坂之报一日而籀读者十五万人，《泰晤士报》一日而籀读者三十余万人。"他认为："以中国拟之，则不可倍蓗计已，抑以报章比于书藏、学会，则犹有轩轾焉。"①因此，《实学报》以"讲求学问，考核名实为主义"，"博采通论，广译各报，内以上承三圣之绪，外以周知四国之为"。② 这份具有学术性、时论性风格的报纸，尽管也介绍新知，但对旧学念念不忘。江苏学政龙湛霖在《实学报叙》中便提出："斯报者，正宜昉吴中学人购求而研习之，使晓然于中学之当，崇实而毋骛虚，其旁求西学之长者，亦不至袭其流弊也。"③ 该报对民主、变法颇有微词，加上文字古雅，一般粗通文字者难以读懂。但该报也通过捐资送书报活动扩大在读者中的影响，规定："凡捐至百元以上者，按期送报，所刻书籍均赠一部；捐五十元以上者，送报一年；捐三十元者，送报半年。"对于预交报费的读者，"先交报费十两者，送报五年；交十元（者）送三年；交四元者送一年"。④ 捐资与送报活动的目的是扩大报纸的发行量和影响力。但上海报馆林立，加上《实学报》观念保守，其劝捐效果远不如《时务报》。

由于王仁俊反对"素王改制"，与康、梁政见不合，其观念颇受张之洞的关注，所以，张之洞拟将《实学报》改为《正学报》，张之洞的幕僚陈庆年在 1898 年 3 月 18 日的日记中记载："过官报局，晤朱强甫，报稿久呈南皮师，尚未发出。王干臣《实学报》改名《正学报》，亦归南皮师出报，尚无付印之日也。"⑤ 尽管由于种种原因，《正学报》并没有正式出版，但《实学报》对"康党"的反对态度，在一定程度上使维新派读者失去了阅读兴趣。张元济就对此颇有感慨，他在劝慰汪康年时说："近见《实学报》《经世报》皆有显与《时务

---

① 章炳麟：《〈实学报〉叙》，《实学报》第 1 册，1897 年 8 月 28 日。
② 王仁俊：《〈实学报〉启》，《实学报》第 1 册，1897 年 8 月 28 日。
③ 龙湛霖：《〈实学报〉叙》，《实学报》第 4 册，1897 年 9 月 26 日。
④ 王仁俊：《〈实学报〉启》，《实学报》第 1 册，1897 年 8 月 28 日。
⑤ 陈庆年：《横山乡人日记》，庄建平主编：《近代史资料文库》第 1 卷，上海书店出版社 2009 年版，第 262 页。

报》为敌之意。此皆例有之阻力，执事幸勿为所动也。《经世报》言多粗鲁，姑勿论。而《实学报》则最足以动守旧者之听，且足以夺貌新者之心，济料其声势必将日大。然一二十年后民智大开，又必不辩而自屈，则又何必沾沾于目前之是非。其以天地日月例夫妇，仍不过八股之学。"① 张元济的态度，在一定程度上反映了维新人士对《实学报》的不满。

维新前后，由于各地学会的旨趣有一定差异，一些学会倾向于按照其组织特征创办报刊，如务农会认为"农学为富国之本"。而创设务农会的目的就是要"采用西法，兴天地自然之利，植国家富强之原"。② 而《农学报》"近师日本，以考其通变之所由，远撼欧墨（美），以得其立法所自，追三古之实学，保天府之腴壤"。其目的是希望"其诸务本之君子，或有乐于是欤！"③ 显然，《农学报》的办刊目的是为了推广农业科技知识，提升农业现代化水平。但是，由于该报翻译了大量西方农业科技文章，具有一定的专业水准，一般初识文字的农民未必能够读懂，何况，依据当时的发行条件和传播手段，这份农业报刊很难在农村出现。我们无法全面评价该报对推动农业现代化的作用，但可以肯定，它的读者对象并非农民，而是新学之士。

《农学报》的发行得到一些地方大员的支持。据顾森书的日记记载，光绪二十三年（1897）八月二十四日，安徽巡抚邓华熙就交给顾森书"《农学报》两册"，并要求订阅此报，"通发各属，令民择要仿行"。④ 而那些平时比较注重阅读《时务报》《知新报》等维新报刊的读者，往往通过《时务报》的发行网络和人脉资源接触到这份专业性刊物。如早期的《时务报》读者姚永概在戊戌年（1898）十一月十八、十九日，"阅《农学报》"。⑤ 又如张元济写信给汪康年说："《农学报》京中尚能销售，都人士多以为然，谓为实学，亦可喜也。"⑥

---

① 《张元济函（24）》，上海图书馆编：《汪康年师友书札》（2），上海古籍出版社1986年版，第1713页。
② 《务农会章》，《知新报》第13册，光绪二十三年（1897）三月二十一日，第4页。
③ 梁启超：《〈农学报〉序》，《时务报》第23册，1897年4月12日，第5页。
④ 顾森书：《顾森书日记》（第3册），国家图书馆出版社2015年影印本，第217页。
⑤ 姚永概著，沈寂等标点：《慎宜轩日记》下册，黄山书社2010年版，第738页。
⑥ 《张元济函（18）》，上海图书馆编：《汪康年师友书札》（2），上海古籍出版社1986年版，第1705页。

没过多久,他又在信中提及:"《农学报》此间均已付值。兄处代付之赀,请取还。"① 这就表明,京师的知识分子首先将《农学报》视为维新报刊,贴上"实学"而非"农学"的标签,读者读《农学报》,未必要用之于农业实践,而是想了解农业科技与社会动态。

一些《时务报》的读者纷纷写信给汪康年,要求寄《农学报》或者发表自己的见解,如谭嗣同提出:"《农学报》出时,务乞允寄。"② 而《时务报》的代销人恽宝善也对《农学报》的发行颇为热心,他在信中说:"《农学报》十分收到,已分送各大宪,并请议照《时务报》札发各省,外道府州县如有章程,当电请飞速运报前来也。本会弟亦拟列名,未知可否?"③ 陶在宽也对《农学报》的行销充满信心,他在四川告知汪康年:"属寄《农学报》八册,同乡杜文翁照数送来,当即托夔府转运委员转递滋帅及幼老处。弟于七月十五趁专差之便,寄赠三分,早已接到,皆云《农学报》必能持久,川中亦可通行。"④ 读者叶意深在写给汪康年的信中发表了他的读报感想:"《农学报》已阅至第三册,体例悉协,所载马湘伯观察条议,至为精当。诸家指驳似少体会。"⑤ 这些例子说明,不少人对《农学报》感兴趣,一睹为快。

《农学报》发行范围较广,一些城镇甚至乡村地区的士人也有机会阅读。河北冀州的信都书院由于教师吴闿生的推荐和代为订阅,生徒也能在光绪二十三年(1897)读到《农学报》。如贺葆真就在八月十五日第一次读到该报,并"摘其十一二耳"。⑥ 浙江海宁的王乃誉则在光绪二十四年(1898)十一月六日,"录农报要言"。第二年八月十一日,他记载:"首言革植菊法于《农报》中。"⑦

---

① 《张元济函(20)》,上海图书馆编:《汪康年师友书札》(2),上海古籍出版社1986年版,第1708页。
② 谭嗣同著,蔡尚思、方行编:《谭嗣同全集》(下),中华书局1981年版,第494页。
③ 《恽宝善函》,上海图书馆编:《汪康年师友书札》(3),上海古籍出版社1987年版,第2194页。
④ 《陶在宽函(5)》,上海图书馆编:《汪康年师友书札》(2),上海古籍出版社1986年版,第2093页。
⑤ 《叶意深函(2)》,上海图书馆编:《汪康年师友书札》(3),上海古籍出版社1987年版,第2447页。
⑥ 贺葆真著,徐雁平整理:《贺葆真日记》,凤凰出版社2014年版,第39页。
⑦ 王乃誉著,海宁市史志办编:《王乃誉日记》(第2册),中华书局2014年影印本,第1007、1090页。

江苏东台的吉城也在光绪二十五年（1899）正月初三日，从朋友虎臣处借到"《农学报》数册"，"阅一过"。① 这说明《农学报》的传播范围较为广泛。

而在南京的缪荃孙由于与《农学报》的创办人罗振玉、蒋伯斧有私交，在《农学报》创立之际，便设法代为销售。光绪二十三年（1897）五月十四日，缪荃孙便"接《农务（学）报》第二期并蒋伯斧、罗叔蕴信"。之后，他在日记多次提及"接《农学报》"。光绪二十四年（1898）二月二十八日，"接《农学报》"，② 光绪二十五年（1899）正月九日，他"还《农学报》六十册与报馆，辞今年派报"。③ 这表明缪荃孙一直在代销《农学报》。

光绪二十三年（1897），在北京任翰林院编修的蔡元培也代为销售《农学报》。他在五月二十一日的日记中记道："农学会寄来报二十册（第二册），答问第五叶皆脱去，厕以博议第五；其第一期《农学报》第二叶亦有数册误作博议第二。"如此细微的更正，表明蔡元培对所收到的报纸已经作了认真校核。当月三十日，他收到第三期的报纸，评价甚高："姚志梁《请开北方利源总公司禀》、广西史中丞谕、谭嗣同《浏阳土产表》，皆佳。风气大开，名论迭出，自强之基，肇于是矣。谭叙文笔尤古雅。"至六月二日，他又"得蒋伯斧书，寄来《农学报》八十分，凡百四十册"。④ 之后的一年多，蔡元培在日记中多次记载《农学报》每期收阅的情况，这说明他对《农学报》的发行颇为尽力，阅读也较为持久。

担任湖北学政的王同愈也曾在公务之余阅读《农学报》。如光绪二十三年（1897）七月二十二日，他"向（陈）杏孙借阅《农学会报》"。二十三日，他"阅《农学会报》"。⑤ 同年，在武昌两湖书院任教的陈庆年也于六月十七

---

① 吉城著，吉家林整理：《吉城日记》（上），凤凰出版社2018年版，第446页。
② 缪荃孙著，张廷银、朱玉麒主编：《缪荃孙全集·日记》（第1册），凤凰出版社2014年版，第467、505页。
③ 缪荃孙著，张廷银、朱玉麒主编：《缪荃孙全集·日记》（第2册），凤凰出版社2014年版，第6页。
④ 蔡元培著，中国蔡元培研究会编：《蔡元培全集》第15卷，浙江教育出版社1998年版，第132、133、134页。蒋伯斧即《农学报》的两位创办者之一蒋黼，蒋黼一次给蔡元培寄来140册报纸，在书信中应该会提及委托蔡元培代为推销之事。
⑤ 王同愈：《栩缘日记》卷2，顾廷龙编：《王同愈集》，上海古籍出版社1998年版，第252页。

日"定《农学报》一年,价洋三元"。不仅如此,他还与两湖书院的同人罗海田对《农学报》内容详加讨论,他引用罗海田所言:"梁卓如以粤人谈粤事,其作《农学报序》,顾谓荒而不治之地,所在皆是,与江南并论。文人之言,其不可信如是。"罗海田认为梁启超是"文人之言",语多不屑,大约与他作为张之洞幕僚身份有关。罗海田还认为《农学报》所翻译的"治莱菔虫法"颇有科学根据,"故欲兴农学,宜博求之老农,不当唯西是求也"。① 这两位读者对《农学报》的认知,显然已超越了农学的范围,他们对该报一些文章和作者的讨论表现出较为浓厚的意识形态色彩。

在四川成都,一向关注时务报刊的张朝墉对《农学报》颇为偏爱,多次认真研读。他在光绪二十三年(1897)十一月五日的日记中记载:"阅《农学报》,沪上新出《农学报》,每月二册,自四月起,今到八册,其中讨论农田水利树艺牧畜,兼收古今中外良法,最为切实有用。"他进而将推广农学知识,发展农业作为治国之策和富强之本。他指出:"西人之讲矿学费巨而事难,非有大力不办,不若农学一门,中国各乡各邑随处皆可举行,所言机器化学即一时无力从事,先取寻常浅近土法可行者行之,佢不难奏效。……安得留心时务之地方官各饬所属购致,各省省府厅州县乡村之书院、义塾讲求讨论,提倡农学,捡报中浅近易行之事,试其一二,一国如是,天下如是,中国富强之本在是,□岂待它症哉。"②张朝墉如此推崇《农学报》,是从"现代农业"的角度上进行联想的。他认为"农学"意义重大,《农学报》的阅读推广和社会实践可以起到"富农强国"的作用。

1897年,叶瀚、汪康年等人在上海创设蒙学公会,以启蒙教育为重要目的,并创设《蒙学报》。蒙学公会在章程中首先提出:"蒙养者,天下人才之根柢也,根本不正,萌芽奚遂?"因此,设立蒙学公会的根本目的是"务欲童幼男女,均沾教化为主"。通过"会、报、书、学"四种途径达到目的,而

---

① 陈庆年:《横山乡人日记》,庄建平主编:《近代史资料文库》第1卷,上海书店出版社2009年版,第241、244页。
② 张朝墉:《张朝墉日记》,王建朗、马忠文主编:《近代史研究所藏稿钞本日记丛刊》第27册,国家图书馆出版社2020年版,第407—409页。

"书报开风气之源",设立《蒙学报》便是为"蒙养说法"。《蒙学报简章》根据年龄将蒙养对象分为四界:"自五岁至七岁为一界;自八岁至十二岁为一界;自十三岁至十八岁为一界;十八以上又为一界。"针对读者年龄的差异,《蒙学报》分为两大纲,"一为母仪训育之法,一为师教通便之法"。① 可见,该报主要是为儿童启蒙教育而设,以此作为培养新式人才的重要途径。由于汪康年同时兼任《蒙学报》和《时务报》经理,许多与《时务报》有联系的读者,也会关注《蒙学报》的情况。如孙甲铭就向他的表兄询问:"浩吾、清漪诸君所立《蒙学报》销路若何?"② 其关切之情溢于言表。

《蒙学报》通过在上海、北京、广东、江西、湖南、重庆、福建、陕西等地设立的四十多个销售网点,向全国各地读者介绍蒙学知识。张元济就曾推广《蒙学报》,并就该报代销一事向汪康年提出中肯建议。③ 值得注意的是,《蒙学报》的许多读者都是有一定学养的官绅,他们读此类启蒙性质的报刊,主要是开阔眼界和获取蒙养教育的新理念。如蔡元培在1898、1899年就多次收阅《蒙学报》。④ 由于《蒙学报》在温州"学记馆"销售,在瑞安乡下教书的张棡有机会看到该报,他在日记中写道:"下午,同鉴翁到李漱梅处谈肇平垟做路事,漱翁出所买上洋《蒙学报》第八册与阅,予略翻一过,颇有可开童智处,而艰深处亦尚有之。"⑤ 张棡虽然是粗看了第八册的《蒙学报》,但他对该报的评价却颇为公允。读者黄中慧对《蒙学报》赞赏有加,特地捐款

---

① 《蒙学公会公启》,《时务报》第42册,1897年10月16日,"蒙学公会公启"第1—2页。
② 《孙甲铭函(1)》,上海图书馆编:《汪康年师友札记》(4),上海古籍出版社1989年版,第3580页。
③ 张元济在信中说:"现在张小义约其友冯公度、饶梅君,设总报局于琉璃厂土地祠内,已于二月廿日开局。杨叔峤固已交出报帐,弟亦只可交去。现在寄本年所出各报,均已交付该局。《蒙学报》亦一并交去,张君为人弟不甚熟,然其乡评素佳,亦能办事,惟其骤设一局,恐所人二成支撑不住。弟所虑者此耳。渠既已开办,则亦只可设法维持之,缘既有此举,将来又复分散,必致阅报者无所适从。转恐有碍大局,何以维持之,则惟有将各报归并该局,助以各项新书,庶足使其成立该局。果能立定,则于报事亦有益。惟银钱事弟不敢保其必无贻误,缘与其人素不往还。然其乡人素无贬词,曾刚甫尤为浃洽,想尚不致有误,然尊处必须派一人来此订定一切,或将各处散售之报设法归并。中西大药房今年报暂不送去,专候尊函办理。"[《张元济函(33)》,上海图书馆编:《汪康年师友札记》(2),上海古籍出版社1986年版,1731页。]
④ 蔡元培著,王世儒编:《蔡元培日记》(上),北京大学出版社2010年版,第90、91、102页。
⑤ 张棡著,张钧孙点校:《张棡日记》第1册,中华书局2019年版,第392页。

予以支持,他告知汪康年:"迳寄《蒙学报》馆并《蒙学报》捐款十元,不日当已到申。"对于自己捐款太少,他解释道:"此报立愿甚宏,用心良苦,展诵之余,感敬无极。本拟多攽经费,以广流传,奈旅囊奇窘异常,每月所入万难敷衍(腰中常空空一文不名),而一切公中应用之物,例由公款开支,今皆须我辈解囊,而慧又不得不顾全大局,暗中赔累,每每不赀,以致不缠足会捐款迄今尚未付清。"① 这位读者对《蒙学报》的殷殷之意跃然纸上。

总体上看,这些依托于学会创设的维新报刊,注重在地域性、专业性方面突出自身特色。尽管它们的发行量和影响力远不如《时务报》,但这些报刊内容各有侧重,读者对象也有一定差异,起到相互补充、相互促进的作用。它们在整体上形成"时务报系",对维新思想的传播和社会启蒙教育起到了重要作用。

四、19世纪末《万国公报》发行与读者反响②

诚如朱维铮所言:"晚清在华的西方人士所主办的中文报刊,曾对中国的学术和政治的实际运动发生过重要影响的,首先要数在上海出版的《万国公报》。"③ 有关《万国公报》的发行研究,已是成果丰硕,高论迭出。然而,仅从发行与传播范围的角度分析《万国公报》的影响,尚不能说明其作为"知识仓库"是如何被读者阅读、接受并产生观念上的影响的。也就是说,研究《万国公报》的社会影响,势必要研究"谁在读,读了什么"的问题。在《万国公报》及其前身《教会新报》在中国近四十年的办刊与传播过程中,它将"西学知识"传播至读者的头脑之中,能够使读者"不出户庭而周知中外之事变,得以筹划于机先,弥缝于事后"。④ 显然,如果没有读者的阅读,

---

① 《黄中慧函(9)》,上海图书馆编:《汪康年师友书札》(3),上海古籍出版社1987年版,第2270页。
② 关于《万国公报》的发行问题,杨代春所著《〈万国公报〉与晚清中西文化交流》(湖南人民出版社2002年版)、王林所著《西学与变法——〈万国公报〉研究》(齐鲁书社2004年版)、赵晓兰、吴潮所著《传教士中文报刊史》(复旦大学出版社2011年版),都有较为详细的研究,这里主要讨论维新时期《万国公报》的阅读问题。
③ 朱维铮:《导言》,李天纲编校:《万国公报文选》,中西书局2012年版,"导言"第1页。
④ 沈毓桂:《兴复〈万国公报〉序》,《万国公报》1889年复刊第1卷,1889年2月。见《万国公报》第23册,上海书店出版社2014年版,第6—7页。

作为文本的刊物是无法直接产生影响的。因此，通过读者的现身说法，他们何时何地接触到这份刊物，并如何对具体文本进行评论、对比并产生观念上的冲击，不仅对进一步探究《万国公报》的阅读史本身具有重要意义，而且可以深入分析读者群体接受西学"知识仓库"的影响。然而，长期以来，有关《万国公报》的阅读研究，之所以没有引起足够重视，其中一个重要原因就是研究者很难找到历史上真实的读者，即便偶尔找到零散的阅读史料，也不足以证明其整体上的影响。比如《万国公报》有不少征文，肯定是针对读者的。但读者的文章在该报刊出，只是表明投稿者看过该报，却无法得知他们在何时何地进行读报活动。因此，要系统研究《万国公报》阅读史，显然是非常困难的。但是，晚清士人日记中一些阅读《万国公报》的零散记载，如果从史料之间勾连的角度进行合理的解释，有可能"窥斑见豹"，大致反映出《万国公报》对部分读者所产生的影响，从而通过分析读者之间的"阅读关联性"，进一步探讨其消费地理、阅读空间与知识谱系。

1889年，复刊后的《万国公报》关注中国时局，传播西艺西政，注重发行。其广告称："诸公欲阅报者，或函至上海墨海书局，或就各省传福音牧师处代买，均随其便。"① 广学会成立后，注重推广《万国公报》，"在上海设立一个发行中心，并在十八省省会和主要城市，以及其他商业中心，如香港、横滨、新加坡、槟榔屿、巴达维亚等地，尽量设立一些代销机构"。② 该刊在大力宣扬西学的同时，也对中国时政展开评论，并将读者对象定位为官员和知识分子。一位叫四益斋主人的读者颇有感慨地说："缘中国之事，《沪报》《申报》《广报》《汉报》等类，闻见无异，外报既多，犹之《万国公报》，犹之《格致新编》，可以留心时务报耳。"③ 李提摩太评价甲午前后的报刊时，特别指出："《万国公报》《中西教会报》每报必有数篇皆西国博学之士所著，……此

---

① 《告白》，《万国公报》1889年复刊第1册，1889年2月。见《万国公报》第23册，上海书店出版社2014年版，第13页。
② 《同文书会组织章程》，《出版史料》1988年第2期。
③ 《四益斋主人函》，上海图书馆编：《汪康年师友书札》（4），上海古籍出版社1989年版，第3682页。

报不但论教务,亦且论古今各国兴衰之故,并西国学校之事及格物杂学。"① 基于此,他对《万国公报》的读者对象进行了定位,他指出:

县级和县级以上的主要文官 2 289 人,营级和营级以上的主要武官 1 987 人,府视学及其以上的教育官吏 1 760 人,大学堂教习约 2 000 人,派驻各省城的高级候补官员和顾问及协助人员 2 000 人,经科举考试获得秀才以上头衔的文人姑且以 60 万计算,以其中百分之五为重点,计 3 000 人,经过挑选的官吏与文人家庭的妇女儿童,以百分之十计算,计 4 000 人,以上共计 44 036 人。这个数字,从整个中国看,平均每县只有 30 人,但是,影响了这四万多人,就等于影响了整个中国。②

显然,《万国公报》将自身定位为"高级报纸",不期待乡野村夫能够读懂它,其传播策略就是通过精英读报来提高其影响力。在专制国家,下层民众在国家大事上根本没有发言权,更谈不上基本的政治参与。《万国公报》对政治精英和高级知识分子的关注,也与它寻求改良与变法维新的观念相一致。它并没有像《时务报》那样依靠官方命令进行强制性阅读,读者购阅是出于对时政和西学的关注。虽然许多开明官绅已对它充满喜悦之情,而当时的"学生社会"却没有养成"集体性阅读"的习惯,因此,从当时的社会影响看,它在士林中的推广程度尚不如《时务报》。

但是,《万国公报》关注维新前后中国社会的思想动态,与维新报刊相互呼应,进一步激发了知识分子的阅读热情。正如李提摩太所言:"1894 年,《万国公报》的发行量比以前翻了一番,对它的需求是如此巨大,以至于在一个月之内,就必须重印。林乐知博士关于战事的文章深受欢迎,被看作是中国唯一值得信任的报道。中国上海招商局的管理者们把他们的定数增加了一倍,并把我们的一些出版物分送给北京的高级官员,住在上海的一位翰林定

---

① [英]李提摩太:《中国各报馆始末》,杨光辉等编:《中国近代报刊发展概况》,新华出版社 1986 年版,第 2 页。
② 《同文书会年报》第 4 号,1891 年,《出版史料》1988 年第 3、4 期合刊。

期把三十份《万国公报》寄给他在北京的翰林朋友们。"① 李提摩太的这段话表明，甲午年是《万国公报》阅读的重要拐点，由于中国读者对时局尤为关注，《万国公报》提供的时政评论往往比《新闻报》《申报》的相关报道更具思想性，许多知识分子重视该报的主要原因，是迫切需要了解中日战争的缘由。而中国在战争中的完败，又给《万国公报》提供了全面传播西学的机会，国内舆论对洋务派官员大加指责之后，便对"西政"产生强烈的期待。19世纪后期，《万国公报》对中国知识分子的影响，对中国社会的影响，是其他任何一种中文期刊所不能比拟的。《万国公报》开始时印数为 1 000 份，1894 年 4 000 份，1897 年 5 000 份，1898 年最多，达 38 400 份，为当时各种刊物之首。②

《万国公报》自1889年复刊之后，其目的就是"激励目前中国兴起的改革思想以及应付此种思想的需要而提供知识和意见"。③ 甲午之前，读者阅读《万国公报》的私人记录尚不多见。1884 年至 1889 年，时任两广总督的张之洞"偶尔阅读这个杂志"，他的幕僚及其友人"都是这个杂志的订户"。④ 甲午之后，风气为之一变。开明士绅对清廷甚为失望，对国家与民族前途深以为忧，不少士绅希图找到变法图强之路。在此背景下，《万国公报》结合中国时局进行"议题设置"，颇能引发读者的关注。读者对《万国公报》的阅读，与他们内心对"西学"与"维新"思潮的认知有着直接的关联。所谓"读何报，知何人"，《万国公报》迎合了维新思潮的需要，通过进一步加大对西方科学、民主、富强理念的传播，对读者进行思想启蒙，从而建构有别于"儒学"的另类"知识仓库"。因此，不少读者将《万国公报》奉为圭臬，视为甘露。他们对《万国公报》的阅读，在很大程度上是接触到"另一个世界"，从而在内心有着强烈的震撼。

甲午海战之后，上至光绪皇帝，下至士绅，许多关注国势时局的读书人

---

① [英]李提摩太：《亲历晚清四十五年——李提摩太在华回忆录》，李宪堂、侯林莉译，天津人民出版社、人民出版社2011年版，第214页。
② 熊月之：《西学东渐与晚清社会（修订版）》，中国人民大学出版社2011年版，第324—325页。
③ 《同文书会年报》第2号，1889年，《出版史料》1988年第2期。
④ 《同文书会年报》第2号，1889年，《出版史料》1988年第2期。

将《万国公报》视为案头必备读物。维新派的代表人物康有为、梁启超、谭嗣同、唐才常都深受《万国公报》的影响。正如该报 1896 年的一则广告所言:"本馆自延请名流专办笔札以来,从每月一千本逐渐加增,今已几盈四千本。且购阅者大都达官贵介,名士富绅,故京师及各直省阀阅高门、清华别业,案头多置此一编,其销路之广,则更远至美澳二洲。"① 一些传教士对《万国公报》在中国官绅中的传播充满信心,广学会年报就称:"《万国公报》是总理衙门经常订阅的,醇亲王生前也经常阅读。高级官吏们也经常就刊物所讨论的问题发表意见。"② 高级官员的阅读符合《万国公报》影响中国政治人物的意图。

维新前后,《万国公报》经由各种管道在全国各地广为传布,尤其是各类学校、教会、社团在其中充当着重要的中介作用,其读者对象较为广泛。不少中下级官员和一般士绅,在维新时期也有机会读到《万国公报》,如上海的杨葆光在 1896 年就阅读《万国公报》,当年农历二月二十六日,他"借与思齐《万国公报》二本"。四月七日,"取三月分《万国公报》"。1897 年,他仍然订阅《万国公报》,他在农历一月二十六日收到"十二月《万国公报》",农历二月七日收到"正月《万国公报》"。③ 在江苏扬州安定书院执教的姚永概,得知他的朋友何仲雨订有《万国公报》,于乙未年(1895)八月十七日,"借六七月二册来,余亦拟看之",并且认为该报"每年费鹰钱一枚余,而所载甚实,较之申沪新闻各报均详确也"。第二天,他"夕看《公报》"。丙申(1896)四月二十四日,他"阅《公报》,使人愧愤欲死"。④ 六、七、九月,他又多次阅读《万国公报》。⑤ 从日记来看,当年的《万国公报》应为他自己订阅。

各地读者对《万国公报》的阅读和思考,反映了其发行范围和阅读地理

---

① 《请登告白》,《万国公报》第 94 册,光绪二十二年(1896)十月。见《万国公报》第 38 册,上海书店出版社 2014 年版,第 387 页。
② 《同文书会年报》第 4 号,1891 年,《出版史料》1988 年第 3、4 期合刊。
③ 杨葆光著,严文儒等校点:《订顽日程》(第 4 册),上海古籍出版社 2010 年版,第 2832、2843、2882、2885 页。
④ 姚永概著,沈寂等标点:《慎宜轩日记》上册,黄山书社 2010 年版,第 626、649 页。
⑤ 姚永概著,沈寂等标点:《慎宜轩日记》上册,黄山书社 2010 年版,第 655、657、661 页。

的扩展。如在湖北武昌筹办武备学堂的姚锡光，于光绪二十二年（1896）四月十三日，"借本年三个月《万国公报》。归阅，见其议论，讥刺中国万状，直不以中国为国，令人愤懑欲绝"。① 此后的几个月，他还数次阅读该报。同年，任湖南学政的江标于九月七日，"见《万国公报》'三湘喜报'一则"，"云余命题课士，古今并治，广学会书籍购者络绎，有通权达变之誉"。读到该报对自己的赞誉之后，江标油然生喜，并表达了对湖南士人的期待："惟愿湘人以后不以俗学相扞格，不以鄙陋之心待人，公求新学，为国家雪无穷之耻，则余之愿也。"② 河北冀州信都书院的贺葆真，在光绪二十三年（1897）一月二十五日记载："自去年又阅上海教会所出《万国公报》，月出一册。"③ 福建的高凤谦对《万国公报》的言论颇有心得，他指出："《万国公报》刺讥时政，或甚于强学会，而长官不敢过问，则以主持馆事出于西人。申沪各报，讬名西人，职是故耳。"④

在浙江山阴（今绍兴）闲居的革职官员周星诒，则设法借阅《万国公报》，如在戊戌年（1898）三月二十二日，"看去冬十二月《万国公报》中载朝鲜建号大韩，改元建武"。三月二十六日，他又从朋友孙子宜处借阅当年正月的《万国公报》，"所载德据胶澳四、五、六等三记，洎四哀私议，以广公见论"。对西方列强割据中国领土，他极为愤怒。四月二十四日，他读到丙申年（1896）七月《万国公报》上"美人李佳白《明教相安论》，中人普定姚大荣《迁都评议》"。五月十一日，他从朋友马君处借到庚寅年（1890）的《万国公报》十册，"中缺五、六两月为恨，内《东游记略》皆蒙古朝西人由今俄罗斯陆行以入中土程记，颇足补证《元秘史》，其他亦多裨见闻"。⑤ 这

---

① 姚锡光等著，王凡、任叔子整理：《姚锡光江鄂日记（外二种）》，中华书局2010年版，第108页。
② 江标著，黄政整理：《江标日记》（下），凤凰出版社2019年版，第685页。
③ 贺葆真著，徐雁平整理：《贺葆真日记》，凤凰出版社2014年版，第36页。对于宗教报刊，贺葆真并非一味盲从，比如1898年他读到《中西教会报》时，就认为"此报殊无足观，僻居故城，聊以广见闻"。（《贺葆真日记》，第51页）
④ 《高凤谦函（2）》，上海图书馆编：《汪康年师友书札》（2），上海古籍出版社1986年版，第1610页。
⑤ 周星诒：《橘船录》，刘蔷整理：《鸥堂日记·窥橛日记》，河北教育出版社2001年版，第79、80、88、91页。

位潦倒的退仕官员,虽然已远离官场达14年,但对《万国公报》心向往之,在读报的过程中往往颇有感想,并在日记中抒发自己的见解。

戊戌变法之后,蔡元培返回家乡绍兴,在绍兴中西学堂任教时曾多次阅读《万国公报》。如他在光绪二十五年(1899)正月一日的日记中记载:"阅《万国公报》第百二十册,广学会第十一届年报、纪略记会政。"离开中西学堂后,他也偶阅该报。如光绪二十六年(1900)八月十八日,他阅"《万国公报》一百三十七册,译斯宾塞《自由篇》第二章'体合'"。①

维新时期,《万国公报》结合中国时局进行"议题设置",颇能引发读者的联想。一位叫徐寿昌的读者对《万国公报》与《时务报》的言论进行了比较,他说:"观《万国公报》光绪二十三年正月、二月两卷,指斥东抚之交,不少忌讳,可知今日之祸,匪伊朝夕矣。仆物色当代人材,如贵报馆所登论说,慷慨陈词,欲呼寐者而使之觉知,清议所存,吾中国之尚有人在也。"②而孙宝瑄在光绪二十三年(1897)读《万国公报》甚为仔细,他于三月二十六日读到该报"电传欧洲战事",感慨良多,并赋诗一首云:"心伤大地莽贪机,拓宇夷山未觉非。龙战四洲江海立,鼠糜万甲髑髅飞。天心何日驱蛊贼,民政由来起贱微。安得大人腾九五,尽伸平等一戎衣。"③ 四月八日,他还在到杭州的船上读该报的一篇《游美洲安达斯山记》;五月十二日,他又对该报一篇有关"法国人有欲立均富会"的新闻发表评论。④ 从这些读者对《万国公报》的具体评论可以看出,他们对该报的内容有着深入研究,并结合时局发表自己的感想。

尽管《万国公报》在维新时期行销甚广,但由于它的精英阅读策略,直到1899年,其在全国的发行点仅35个,远少于《时务报》鼎盛时期多达二百余个发行点的数量。如姚文倬在《时务报》初办之际,从昆明写信给汪康年说:"和战之事,所云《万国公报》之言最详,此间并无此报,无

---

① 蔡元培著,中国蔡元培研究会编:《蔡元培全集》第15卷,浙江教育出版社1998年版,第207、272页。
② 《徐寿昌函》,《汪康年师友书札》(4),上海古籍出版社1989年版,第3591页。
③ 孙宝瑄:《忘山庐日记》(上),上海古籍出版社1983年版,第94页。
④ 孙宝瑄:《忘山庐日记》(上),上海古籍出版社1983年版,第97、104页。

从得悉。"① 而在浙江平阳县乡下的刘绍宽，维新时期广泛阅读各种报刊，他于光绪二十五年（1899）一月二十六日读到《万国公报》，并摘录其中的内容："《养蒙正轨》云：由性生者，身体所发之力也，一也；思虑，二也；能分别善恶，三也。一切学问必要出其自己见识，此为实在根本。凡学由自己悟出者，较之他人指授，尤为明澈。若心虽明，而口不能道，则所知之理，仍未详尽。"② 彼时，广泛涉猎西书的刘绍宽，对此段话颇有感触。而张棡居住在瑞安汀州里，距刘绍宽家仅数公里。他虽然在1888年便开始接触报刊，但他第一次看到《万国公报》，是在光绪二十六年（1900）八月二十九日。他说："是报每月一册，每册计卅叶，起于光绪十五年，届今已十有一年矣。"第二天，他读《万国公报》后，"录林乐知《剿匪安华论》于右"。③ 比起他在1896年读到的《时务报》，这位乡绅读到《万国公报》已经很晚了，这在一定层面上反映了《万国公报》在乡村知识分子中间的传播较为迟缓。

  1904年之后，《万国公报》的销路下滑较为明显。1905年全年为27 622份，1907年为22 300份。④ 以南京为例，1905年1月的统计显示，当时《申报》销售450份，《中外日报》销售240份，而《万国公报》仅销售5份。⑤ 但是，《万国公报》在1907年7月停刊后，其后续影响仍然非常巨大。一些读者非常期待阅读该刊，乃至一些旧刊亦受到读者的欢迎。如《通学报》为了推广发行，便通过售卖《万国公报》的旧刊，免费送阅新出的《通学报》。其1908年第3期的"余录"称："鄙人前劝林君乐知之《万国公报》，刻虽停刊，外省函购者仍纷至沓来，媚外之性□，可概见矣。兹有《万国公报》发售，每册一角半，送《通学报》一册，不取分文。"⑥ 这段文字，从一个侧面反映了《万国公报》对读者的深刻影响。

---

① 《姚文倬函（1）》，上海图书馆编：《汪康年师友书札》（2），上海古籍出版社1986年版，第1236页。
② 刘绍宽著，方浦仁、陈盛奖整理：《刘绍宽日记》第1册，中华书局2018年版，第235页。
③ 张棡著，张钧孙点校：《张棡日记》第2册，中华书局2019年版，第538页。
④ 杨代春：《〈万国公报〉与晚清中西文化交流》，湖南人民出版社2002年版，第58、59页。
⑤ 《宁垣各种报纸销数表》，《警钟日报》1905年1月18日，第2版。
⑥ 《敬告阅报诸君》，《通学报》1908年第3期，第89页。

与一般的商业报刊不同,《万国公报》对读者的影响更多体现在思想层面。因此,如果从"思想纸"的角度看待《万国公报》,其发行量虽然与《申报》《新闻报》有很大差距,但《万国公报》强调其在社会精英层面的阅读与影响,旨在通过高级文人的阅读推动社会变革,从而体现出它不同于一般宗教刊物的特色。《万国公报》对西方文明和社会制度的全面介绍,构建了不同于中国传统学术的西方知识仓库。尤其是甲午之后,它与维新思潮相互映照,激发广大读者对比现实政治,参照西方制度,寻求维新变革,体现出思想上的强大渗透力。从这个层面看,读者阅读《万国公报》的过程,是在接受西方文明的精神洗礼。如果说甲午海战是清末过渡社会的开端,那么,《万国公报》则在清末社会的思想启蒙中起到了重要作用,并激发开明士绅走向维新变革的新途。其影响不仅体现在读者阅读的过程,更表现为它对读者思想的改造。

小　　结

由于维新时期的一些报刊创办时间较短,且部分报刊已失传。对这一时期的报刊进行全面研究非常困难。本章仅选择了部分代表性的报刊进行探讨,但是,这种个案式的研究有一定局限,很难从总体上呈现维新报刊阅读的样貌。因此,有必要对这一时期读者阅报活动进行系统梳理,总结一些规律和特色。

甲午之战作为晚清社会的"拐点"问题已在学界引起诸多讨论,战争对整个社会所引发的巨大震撼超过常人想象。沮丧、愤怒、激动的复杂心情,纠缠着相当多关心中国命运的士人,[①] 痛陈积弊、力举改革的主张受到广泛关注。读书人在紧张和焦虑之中对民族和国家的命运进行了多样化的反思,并需要新的思想资源来缓解内心的焦虑。关于新学与旧学之间的争执,由于一场战争的失败显得更为急迫,在对传统加以普遍质疑和反思的同时,运用新式报刊传播西学已成为许多新式知识分子保家卫国的践履方式。不少苦于无法获取新知的传统士人也在求变求通,他们需要借助于新式传媒观察时局变动和学习西

---

① 葛兆光:《中国思想史》(第2卷),复旦大学出版社2001年版,第535页。

方文明。从知识发生学的角度看，时务报刊已为读者提供了关于西学和变革方面的"思想资源"，成为甲午之后士绅社会向知识人社会过渡的重要标识。

从报刊地理分布看，维新前后至少有一半以上的报刊集中在上海一地。上海租界相对自由的活动空间，数十年来外报在上海累积的各种资源优势，新兴职业群体和大量文人的聚集，维新人士在上海的组织化聚结，有利于维新报刊的创办与发行。在维新时期，地方知识群体层面存在着江浙、湖湘和岭南三大重要势力，但是，上海作为国际商业都会的条件是其他地区所不能具备的。因此，大量岭南知识分子也纷纷来到上海，在维新报系中寻找新的职业。而《时务报》作为维新报刊的灵魂，体现了它与一般商业报刊截然不同的资本运作和发行模式。该报与张之洞等地方大员的密切关系，能够确保它在创办之初便能大张旗鼓地渗透到官僚系统之中，大量开明官绅的捐款使其财力足以应付日常开销，而张之洞、陈宝箴、廖寿丰等督抚饬令地方官员与学生读报，则开辟了不同于商业报刊的发行渠道，从而引发了其他维新报刊对《时务报》发行体系的依赖。当然，汪康年运用他广泛的人脉资源在全国各地建立的 202 家代理点，更加确立了《时务报》在全国的影响。显然，这两点优势是甲午之前一般商业性报刊难以企及的。

以《时务报》为代表的维新报刊，对晚清变革和社会启蒙起着极为重要的作用。从载体形态上看，《时务报》《知新报》等是定期出版的"刊"，维新派很少出版"日报"，这与两者的性质有着直接关系。"刊"主要提供"思想资源"，以论说和西学译介为主；"报"则主要提供"新闻资源"，以报道时政新闻和传播商业信息为主。对于维新派而言，重"刊"轻"报"，主要因为维新运动是一场针对"变法"的思想解放运动，"刊"能更好地体现"言论"和"启蒙"的作用。因此，就社会影响而言，维新时期，"刊"重于"报"是毋庸置疑的。

《时务报》作为维新报刊的灵魂，其发行系统深入到边远地区，成为广受读者欢迎的全国性大报。通过"官费订报"活动，《时务报》深入官府、书院与学堂，提升了制度化阅读的水平。通过报人与文人的社交网络，《时务报》在读书人中间产生了共振，他们的阅读趣味由"古典"走向"现代"。读者对《时务报》的阅读体验内化成一种日常的仪式，在"过渡社会"中形成"变法图强"

的共识，这种共同追求使《时务报》在广大读者之间形成了"阅读共同体"。

甲午之前，传教士也注重发挥刊物说理、授道、传学的作用，却没有获得应有的传播效果，其原因甚为复杂。但有几点是值得关注的，一是宗教刊物的内容与读者的阅读需求有明显的差异；二是宗教刊物很难获得官方资源，缺乏制度支持和广泛的发行网络；三是宗教刊物缺乏强大的团体和社交网络。因此，尽管宗教刊物的启蒙意图非常明显，但在甲午之前，这类媒体对士绅社会的整体影响还十分有限，甲午之后，依托于广学会的《万国公报》在思想界有重要影响。从内容供给的角度看，它在引介西学、引发社会变革方面起到了启蒙的作用。《万国公报》对读者的影响也更多地体现在思想层面，它强调在社会精英阶层中的传播与阅读，其文本阅读具有丰富的政治、学术与文化内涵。通过一些读者的文本阐释，可以进一步探讨其消费地理、阅读空间与知识谱系，以及与维新思潮之间的密切关联。

总体上看，甲午战争极大地破坏了清廷的统治基础，士绅社会对"国家"和"朝廷"认知的分野，意味着清政府面临着巨大的统治危机。因此，制约报刊发展的制度环境大为改观。在士绅阶层的强力推动下，维新报刊成为思想启蒙的重要工具，并成为启蒙运动的媒介景观。"启蒙运动是一个自我反省的年代，一个怀着强烈道德的和公共的责任作出主观决定的年代"。[①] 而维新人士显然充当着启蒙运动的先锋，将新式报刊、社会舆论和变法运动有机地结合起来，体现出读书人的社会担当和文化自觉。

与之前一些宗教报刊的说服式传播不一样，维新时期报刊传媒的发展具有新的特征。报刊大多依赖于学会，而学会与学堂、书院又紧密结合，因此，维新刊物以社会组织为依托，利用各类社团广泛的政治、文化和经济资本进行运作。维新报刊的发行更是依赖了各类学会、学堂的公共资源，并通过各种人脉关系将发行网络延伸到边远地区，使一般读书人有机会接受维新思想的洗礼，这显然是之前宗教报刊所无法做到的。因此，甲午之后，中国社会

---

① ［德］里夏德·范迪尔门：《欧洲近代生活：宗教、巫术、启蒙运动》，王亚平译，东方出版社2005年版，第251页。

的启蒙得益于维新刊物的广泛传播和阅读。

　　从读者读报可得性的层面看，主要是考察读者获得报纸的可能性。在甲午之前，报刊发行主要集中在通商口岸和省会城市，中小城市和乡村的士绅很难有机会购阅。甲午之后，报人借助于官方的力量将报刊发行渠道推广至州县，中下层官员和学堂、书院的学生可以有机会阅读报刊。而维新报刊还通过扩大发行拓展消费市场。如包天笑那样在苏州能够看到隔天报纸的情况，就是报刊向地方社会渗透的例证。在维新时期，杭州、无锡、南京、宁波等地的报纸代销点进一步增多，上海邻近地区的报纸发行量有了很大增长，即便是较为偏远的温州，也有报刊销售网点，在温州乡下的张棡能够在《时务报》创刊的二十六天后便托人购买，并于八月十三日得到四册《时务报》。①这实在让人充满着惊奇。显然，维新时期，江浙一带的报刊发行网络使许多读书人有机会读到不少新式报刊，对于那些熟读经典的传统士绅而言，无疑是别样的"阅读体验"。这种别开生面的读报经历，四川、广西、贵州、陕西的一些读者都深有体会，他们除了对《时务报》大加赞赏之外，对有机会读报的欣慰也溢于言表。1897年，在湖北两湖书院教书的陈庆年，在湖北经心书院教书的谭献，对《时务报》《湘学报》《农学报》的一些篇目加以议论。同年，在湖南湘潭乡下的杨度，读到《时务报》后所记载的长篇感想，便体现了新式传媒带来的思想震撼力。从一些士绅日记中的读报记录看，阅读维新报刊已成为一种生活方式。如孙宝瑄在1897年多次读《时务报》和《知新报》，②感触颇深。1898年，在北京居住的常稷笙，除了阅读《申报》之外，还购买了多种时务书报，农历七月二十三日，他所存的报刊包括：《万国公报》十九本，《时务报》《知新报》四十四本，《农学报》八本，《蒙学

---

①《时务报》创刊于光绪二十二年（1896）七月一日，而七月二十七日，张棡写信给他的朋友项崧（字申甫）购买，从信中可知，项崧当时在瑞安城里代销《时务报》，八月十三日，张棡从乡下乘船到瑞安，"抵城即过项申甫处，取来《时务报》四册"。（张棡著，张钧孙点校：《张棡日记》第1册，中华书局2019年版，第297—298页。）

② 孙宝瑄在光绪二十三年（1897）二月二十四日读完《知新报》后，认为"尤胜《时务报》"[《忘山庐日记》（上册），上海古籍出版社1983年版，第84页]，可知他已对两报进行了对比。由于孙宝瑄1896年的日记缺失，无法确切知道他是何时接触到《时务报》的，但从这一记载看，他对两份报纸的风格和内容的认识，表明他是较早同时读到这两份报纸的读者之一。

第三章　维新时期的报刊阅读与社会影响

报》十本。① 而刘光第在北京读《时务报》，谭嗣同、唐才常、熊希龄在湖南读《时务报》，张之洞在武昌对《时务报》《湘学报》的指示，② 都表明当时的维新派和洋务派人士对新式报刊的关注。

与甲午以前中文报刊的阅读主要集中于少数官员与口岸文人不同，维新报刊通过它较为多元的发行系统渗透到州县以后，报刊阅读便从通商口岸延伸到城镇乃至乡村。而读者群体也由"都市之人"扩展到"城镇之人"及"乡村之人"。尽管上海、广州、天津这样的通商口岸仍然是报纸发行的重要区域，且是报纸读者较为集中的地方。但是，一些交通较为便利的中小城市也会有新式报刊的传布，尤其是东南沿海、长江、珠江沿岸的港口城市，由于航运系统的发达而有利于报刊的寄送。维新期间，一些地方官员推行的"官费订报"活动，也进一步将报纸推广到县城之类的"镇"，对于这些中小城镇而言，报刊作为新式传媒开拓了舆论与文化空间，报刊将"城镇之人""乡村之人"与外部世界连接起来，除了足不出户而知天下事之外，维新时政与西学知识冲击了他们的思维方式，进而在"传统"与"现代性"之间彷徨与选择。正是由于维新思潮的冲击，在一些报刊传播较为活跃的地区，出现了"士绅社会"向"知识人社会"的过渡，一些中小城市的读书人通过报纸感知到社会思潮的脉动，逐步改变他们的阅读方式与思维模式。许多熟读经典的传统士人，在看到维新报刊之后，对"圣贤之书"产生了怀疑，在时局危殆的阅读背景下，他们的阅读兴味开始从"古典"走向"现代"，③ 泛起层

---

① 常穉笙:《寄斋日记》，李德龙、俞冰主编:《历代日记丛钞》第136册，学苑出版社2006年版，第495页。

② 张之洞以"中体西用"来倡导改革，而梁启超则借"素王改制"，大力倡导西学，从《时务报》创办后的第五期起，张之洞对梁启超发表的数篇文章甚为不满，尤其是梁启超的《变法通议·论学校一》，语涉张之洞所倡办的洋务新政，张之洞扬言"明年善后局不看此报。"[《汪康年师友书札》（1），第518页] 1898年5月，张之洞看到《湘学报》有涉及"素王改制"，便写信给陈宝箴，对《湘学报》的言论进行干预，从这些举措看，张之洞是经常阅看《时务报》等维新报刊的，并期待一些维新报刊"为我所用"，由于与维新派政见不一，因此，他试图创办《正学报》，以倡导他的办报主张。

③ 高凤谦写给汪康年的信最有代表意义，他说:"七月二十八日得读贵报，始以喜，继则戚，终乃豁然，不匝时而余心三变，不知先生何以我之深也。凤谦生二十又八年矣，六岁就傅，读圣贤之书十余年，以为治国之道，无有外此者。及出而观当世之政，则大悖先王之所为，心窃惑焉。"[《高凤谦函（1）》，《汪康年师友书札》（2），第1608页] 读《时务报》可以达到"余心三变"的效果，而高凤谦对"圣贤书"的质疑，表达了他从"古典阅读世界"转向于"现代阅读世界"的期待。

层涟漪，呈现多重风华。

维新时期，"学生社会"的力量尚未壮大，但在报刊阅读方面充当着重要角色。其时，旧学尚未解体，但科举改革之风已深入人心。在学堂、书院就读的学生对社会风向较为敏感，一些地方督抚要求学堂、书院订报的饬令，及时地满足了"学生社会"的阅读需求。岳麓书院、求是书院等书院的"阅报章程"表明，当时在学生斋舍推广的"轮流读报"制度，规范了学生读报的程序和进度，极大提高了报纸的阅读效率，而学生读报与评报的结合，进一步提高了报纸阅读的深度和广度，学生在宿舍或者教室对报纸内容所进行的讨论，具有"公共领域"的某些性质。在这个具有相对自由的话语空间，学生之间的交流会极大提升他们新思想的认知。维新时期，湖南时务学堂的一些学生在《湘报》发表评论，表明他们已经将报纸视为延伸自己思想的载体，读报与投稿的结合是知识接受与传播的互动，报纸作为"知识纸""思想纸"的作用进一步彰显。

维新时期创办的各种学会是维新人士重塑主体性意识的重要标志。许多开明官绅的加入，又使一些舆论领袖找到了推广新思潮的舞台。维新团体办报首先保证了会员的阅读率，各地学会利用报纸表达立场、弘扬学术、传播新知、团结同志，使维新报刊具有社会整合的作用。对读书人而言，加入学会不仅可以找到归属感，而且能够在组织中获得许多学习和交流的机会。尽管我们无法统计有多少学会成员在读报纸，但学会对会员读报的关照是毋庸置疑的。南学会开辟的书报阅览室，表明它已经非常注重报刊的普及，并较早地创造出"公共读报空间"，读者在阅览室读报，具有"集体在场"的体验，读报纸不仅可以获得新闻和知识，而且因"集体阅读"更具有仪式感。

由于大部分维新报刊采用书页式装订，且多为旬刊、半月刊，其新闻时效性不强，却有利于言论与译介栏目的发展。这些具有政论性质的期刊，经过编辑和作者的深度思考和加工，往往切中时弊、论述周密、观点新颖。由于书信来往的频繁，读者与作者可以进行思想上的对话，年轻的梁启超被读者称之为"卓老"，足见其论说之深邃。而汪康年与数百名读者的书信交往，大多涉及对报刊内容的评点，以及读者"初试牛刀"的投稿热情。维新报刊的许多评论和译本,经常以连载的方式刊出,为读者制造了阅读悬念,读者在读完一期报刊之后,对下期内容的阅读想象便融入其日常生活世界。许多读者由于不能及时读报而急切地写信向报馆询问,表明读者已将报刊视为精神世界的依恋对象。显然,这是甲午之前一般商业性报纸难以达到的阅读效果。

  从报刊阅读地理的角度看,维新时期,商业报刊的发行主要集中于江浙、湖南、广东、福建、湖北等思想较为活跃、经济相对发达的地区。而陕西、贵州、广西、四川等地,尽管也有一些发行网点,但读者数量仍然十分有限。从整体上看,当时报刊的阅读率仍然偏低。光绪二十三年(1897)三月三日,梁启超在写给康有为的信中,论及了办报与阅报情况,他说:"中国阅报之人未能增,而报馆已增数倍,是乌可行之势矣。"① 此说虽有偏颇,却一定程度上表明了报刊发行与阅读之间的矛盾,商业报刊的发行管道有限,仍难进入乡村社会和边远地区,读报人对报刊阅读有着强烈需求,但报刊的有效供给严重不足,在维新时期,"乡下之人"仍然难有机会读报,如何让更多的下层民众读报,并没有引起维新人士的普遍关注。少数政治精英和知识精英对报刊的偏爱,也很难在底层社会引发强烈的回响。读报人固然对时局有所了解,商业报刊也注重新闻与评论的传播效果,但是,报刊读者的总量仍然有限,报刊在编织社交、文化网络方面的作用尚未得到充分展示,而守旧官僚对报刊"恐有以废其覆也,则深恶而痛忌之"。② 维新失败后的禁报令,进一步阻碍了新式传媒的发展,如何强化报刊的新闻价值和启蒙作用,理应成为当时社会的一个重要议题。然而,精英读者对新闻文本的阐释,大多停留在日记的记忆中,报刊作为大众读物的作用尚未得到充分的发挥。

---

  ① 梁启超:《致康有为书》,丁文江、赵丰田编:《梁启超年谱长编》,上海人民出版社1983年版,第79页。
  ② 《论阅报者今昔程度之比较》,《申报》1906年2月5日,第2版。

第四章

20 世纪初报刊发行与读者阅读

庚子事变之后的十年，中国报刊业得到了较为快速的发展，报刊的类型更为丰富，各类政论性报刊、商业报刊和白话报刊数量大为增长，报刊印刷技术、编辑水平和版面设计都有显著进步。在清末纷乱的时局中，报刊更为深刻地"介入"政治、经济、文化和社会生活，尤其是在社会变革和思想启蒙过程中发挥了更为重要的作用。而随着科举的衰落和废除，"知识人社会"的进一步崛起，在除旧布新的过程中，读者的阅读更是幽微复杂。这就需要我们结合具体的报刊、读者阅读个案进行深入分析，又必须结合具体的社会情境进行"集体阐释"。

第一节 报刊的大众化与发行网络的延伸

一、报刊的多元化、大众化态势

戊戌政变之后，清廷严拿维新人士，对报刊之禁锢尤为严厉，认为报刊"煽惑人心"，"主笔等亦多不安本分者，兹特严行禁止。其主笔与报界有关系者，务获严惩"。以上海为中心的诸多报馆为躲避查禁，纷纷潜入租界。清廷的禁令如一纸具文，毫无效果，"各报纸依然进行如前"。① 而内地督抚对维

---

① 《报纸与政府》，《时报》1909 年 9 月 30 日，第 2 版。

新报刊颇为恐惧，纷纷饬令禁阅报刊，如湖广总督张之洞、四川总督锡良、两江总督魏光焘等，都下令禁阅新书新报，但效果甚微。1900年，张之洞在致江苏巡抚鹿传霖的信中便谈及海外维新报刊的影响："康党专欲与鄙人为难，屡有逆书径来投地，必欲甘心于鄙人。康党所开之日本《清议报》、新加坡《天南新报》、澳门《知新报》三种，猖獗已极，专以诋毁慈圣及鄙人为事。总之，今日沿江沿海，无人敢昌言声罪撄康之锋者。（即私议亦不敢诋斥，不赞者即算好人，其赞者尚不少。）昌言攻讨者，独鄙人耳。然此等情形，恐在廷诸公未必知也。"① 这虽然在谈维新报刊对他个人的攻击，但这些报刊在沿江沿海地区的广泛传播，表明"康党"在制造舆论方面颇有威力。

由于维新之后清廷腐败堕落愈加明显，民众对清政府极度失望，传统士绅和新式知识分子都对国家的前途命运担忧。正如戈公振所言："全国优秀之士恐罹党锢之危，群不出仕，放言高论于民间，隐培革命之种子，复努力探讨康梁之主张，究其所以失败之原因，其结果惟使汉人恍然自觉，知清之不足与言改革耳。"② 而康梁败走日本，继续高举保皇变法的旗号，先后以《清议报》和《新民丛报》为舆论阵地，大力倡导西学，开发民智，注重译介西方哲学、政治学之经典，其爱国、民主、改良的理念对许多青年学子的影响颇为深刻。报刊"实开风气之关键"，③ 其作为"思想纸""政治纸"的功能和作用被不断放大。维新时期的一些报刊虽然被禁闭或停办，但是，以《时务报》为代表的政论性报刊培育和团结了大量的知识精英，报人由"落拓文人"逐步转变为"新闻达人"，办报纸已成为许多有识之士梦寐以求的职志。诚如戈公振所言：

在野之有识者，知政治有待改革，而又无柄可操，则不得不藉报纸以发抒其意见，亦势也。当时之执笔者，念国家之阽危，懔然有栋折榱

---

① 张之洞：《致鹿滋轩》，苑书义、孙华峰、李秉新主编：《张之洞全集·书札四》第12册，河北人民出版社1998年版，第10235页。
② 戈公振：《中国报学史》，台湾学生书局1976年版，第227—228页。
③ 《示谕阅报》，《顺天时报》1902年10月4日。

崩之惧。其忧伤之情，自然流露于字里行间。故其感人也最深，而发生影响也亦最速。其可得而称者，一为报纸以捐款而创办，非以谋利而目的；一为报纸有鲜明之主张，能聚精会神以赴之。①

戈氏的总结，表达了当时报人办报的动机与特色。在国家面临分崩离析的危难之际，读书人已经从维新报刊中获取了极大的精神力量，而面对清廷对维新人士的镇压，康梁等人将维新舆论阵地移至日本，维新派在海外相继创办30余家报刊，大力鼓吹保皇立宪。而其发行对象则立足国内，从而激发了读书人的办报与读报热情。正如江西萍乡县令顾家相所言：

前数年，《时务报》风行海内，有汇刊成册者，旧岁方拟改为官报，旋以政变中止。又因天津等处报馆，议论滋多，致奉饬禁。然遵照停止者仅中国人所开数处而已。其通商码头报馆，托名洋人，售卖如故。足见风气已开，势难遏抑。今日欲广见闻，非阅报章不可，讵可因噎废食耶？②

维新之后，上海作为中国报业中心的地位进一步加强。1903年5月6日，《苏报》在头版刊登《上海报界》的广告，统计当时上海有各类报刊23种。③《苏报》为扩大发行，吸引读者关注，在字体、排版、栏目等方面进行改革："自农历五月初六日起，将发论精当，时绝要处夹印二号字样，以发明该报之特色，而冀速感阅之者神经。又于明日起，将学界风潮一门首隶于论说之下，并添舆论商榷一种，凡诸君子以有关于学界、政界各条，愿以己见藉该报公诸天下者，报当恪守报馆发表舆论之天职，与诸君子从长商榷。"④ 而《中外

---

① 戈公振：《中国报学史》，台湾学生书局1976年版，第235页。
② 《江西萍乡县顾大令家相课士略说》，《知新报》第98号，光绪二十五年（1899）八月一日，第3页。
③ 《上海报界》，《苏报》1903年5月6日，第1页。在该报5月至7月的头版，都刊有这一广告，5月30日开始，增加了《群智白话报》，总共为24种。
④ 庄文亚：《无逸窝日记》（1899—1907），上海图书馆稿本（编号：66580—614），癸卯年（1903）五月八日。

日报》等报刊，乘时崛起，精神形式，力求更新，以促世人注意。① 其发行广告称："《中外日报》论议最精，消息最灵，译稿最详，访稿最多，小说最有趣味，欲知中国内政外交及官场民间一切情事者，不可不阅。"② 显然，《中外日报》标榜的五个"最"，表现了当时政论性日报与维新时期的期刊有着明显的不同，日报需要满足不同层次读者的多元阅读需求，既注重评论、新闻，又要有译稿、小说，体现思想性、知识性、时效性与趣味性的统一。正如梁启超所言："报馆有两大天职，一曰对于政府而为其监督者，二曰对于国民而为其向导者是也。"③ 因此，在国难当头之际，报馆的牟利功能则往往不被报人所提及，即便是启蒙性质的《时事画报》，也指出："中国生死存亡问题，决于今日而已。"④ 有报纸干脆提出"意不在牟利"的口号。⑤

在时局岌危的背景下，报刊的功能被更多有识之士所认知，"一般爱国之士，新学大家，以为报纸可唤醒民众，可代表舆论，救国初步，惟此是赖，于是群起而办报焉。自是报馆林立，报纸日见其多"。⑥ 而报刊的"新旧"之争，也对读者阵营的划分起到了重要作用。有评论称："沪滨各报宗旨□殊，大抵后起者主新，初开者尚旧。……然华人脑筋固旧多而新少……据鄂中友人来函述及，近年该省官幕两途仍多喜旧报，至新报销路能敌旧报十之六七……中国沿江沿海各省大数阅报者不过万人而已。而此万人中又新旧各据，习非胜是之说，遂深入于人心。"⑦ 这大体上反映出当时读者阅读的新旧偏好。而报刊根据读者的偏好，通过"征文启事"，为读者提供发表的机会，并以重酬悬赏。如《小说月报》的《征文通告》云："中选者当分四等酬谢，甲等每千字酬银五元，乙等每千字酬银四元，丙等每千字酬银三元，丁等每千字酬银二元。"⑧ 如此优厚的稿费，自然激发读者的投稿热情。

---

① 胡道静：《胡道静文集·上海历史研究》，上海人民出版社2011年版，第185页。
② 《大公报》1905年5月19日，附张第1版。
③ 中国之新民（梁启超）：《敬告我同业诸君》，《新民丛报》第17号，1902年10月2日，第1页。
④ 《〈时事画报〉缘起》，《时事画报》1905年第1期，第31页。
⑤ 《发行章程》，《砭群丛报》1909年第1期。
⑥ 刘墨籍：《报纸史之我闻》，黄天鹏编：《新闻学刊全集》，光华书局1930年版，第278页。
⑦ 《阅报分党》，《汉报》1900年2月17日，第2版。
⑧ 《征文通告》，《小说月报》1910年第1期。

在报刊言论日趋激烈的背景下，传统商业报刊如《申报》《新闻报》受到政论性报刊的冲击。如何利用报纸影响社会，便是许多报人孜孜以求的目的。正如《警钟日报》的一则评论所言："个人之思想，以言论表之；社会之思想，以报表之。有一种社会，各有其表之报，社会有若干阶级，而报之阶级亦随之矣。"① 这表明，报纸与社会阶级的阅读需求相关，报纸的社会分层意识也较为明确。正因为如此，维新之后，随着民族资本主义的发展，新式学堂的广泛设立，社会界别的概念日益突出。"界"成为划分社群的重要标识，如政界、军界、警界、商界、学界等，《浙江潮》更是提出"政治界、哲理界、文艺界"的说法。② 维新之后各种学会、团体的兴起，进一步加强了社会界别的认知。梁启超在《过渡时代论》一文中就提出"界"在身份区别中的意义。他说："凡国民所贵乎过渡者，不徒在能去所厌离之旧界而已，而更在能达所希望之新界焉。"③ 以孙中山为首的革命党人，就是要通过创办《中国日报》《民报》等革命报刊区别于改良派，体现出民主革命派的立场，通过与"保皇党"划分"界限"，彰显同盟会的革命思想。而清末读书人的社会流动性较为明显，"省界"成为读书人力量形成的最初标志，集中体现在所办刊物上。④ 清末留日学生创办的《浙江潮》《江苏》《云南》《河南》《湖北学生界》等刊物便具有明显的"省界"意识。

由于报纸有着明显的"界别"与"阶级"意识，不同性质之间的报纸就难免发生争执，发生"报战"就不可避免。正如《说报战》一文所言："报战者，异性社会相战之代表也。大抵旧社会以保守习惯为主义，新社会以改良习惯为主义。其主义相冲突而不能不战，则报战随之而起。观报战之胜负，而各种社会势力之消长可知矣。"⑤ 即便是一些商业性报刊，也由于观念差异而受到其他报纸的抨击。如日俄战争时期，《申报》观念守旧，"于是各报遂

---

① 《说报战》，《警钟日报》1904年3月16日，第1版。
② 公猛：《浙江文明之概观》，《浙江潮》1903年第1期。
③ 梁启超：《过渡时代论》，《清议报》第83号，1901年6月26日，"本馆论说"第4页。
④ 章清：《学术与社会——近代中国"社会重心"的转移与读书人新的角色》，上海人民出版社2012年版，第13页。
⑤ 《说报战》，《警钟日报》1904年3月16日，第1版。

群起而攻之。虽《游戏》《采风》之流，亦相与扬波而濡沫焉"。① 当然，《游戏报》之类的消闲性报纸，虽然也会发表对时政的看法，但它作为上海社会"有闲阶级"的消遣读物，却代表了清末小报的发展方向。老报人孙玉声对李伯元在发展小报方面的贡献尤为赞赏，他说："沪上报馆只有《申报》《新闻报》《字林沪报》等寥寥三四家，李乃独辟蹊径，创《游戏报》于大新街之惠秀里，风气所趋，各小报纷纷蔚起。"② 这一时期小报的特色，一方面反映了文人士大夫对于官场嬉笑怒骂的另类批判，一方面也反映了传统文人在浮华的十里洋场吟风弄月的文士风雅。③ 而小报立足于都市社会的消遣之风，很快便在广州、北京等城市流行开来，如1905年创办的《游艺报》《天趣报》，就是当时广州有名的娱乐性小报。而"有闲阶级"是推动小报发展的重要力量，后来的一些色情小报，更是体现了都市畸形消费发展的面貌。即便如此，小报对官场的讥讽也表达了意识形态的取向。因此，报刊的发展正如白瑞华（Roswell Sessoms Britton）所总结的那样：

> 在20世纪的第一个年代，革命党人的报刊进行着波澜壮阔的斗争，以朝气蓬勃的姿态崛起于中国报坛，政府报刊（即官报）在此面前萎缩了。独立的商业报刊伴随着新观点和新思想的出现取得了长足的进步，并反过来促进新观点和新思想的传播。旧报刊在竞争中作出了一定的调整和革新，取得了进步，发行量有所增加。新刊物开辟了更加广泛的报道领域，发行范围扩展到中国内陆。旨在营利的出版商充分利用维新派和革命派编辑以及官报经理人的办报经验，打开新的报道领域。④

白瑞华所言的新报刊与旧报刊，也从是否"革命"的角度对报纸进行了划分。而从报刊形态上看，当时有日报、周报、旬报等类型；从发行量和影响力区

---

① 《说报战》，《警钟日报》1904年3月16日，第1版。
② 孙家振：《退醒庐笔记》（下卷），上海书店出版社1997年版，第81页。
③ 洪煜：《近代上海小报与市民文化研究（1897—1937）》，上海书店出版社2007年版，第57页。
④ ［美］白瑞华：《中国报纸（1800—1912）》，王海译，暨南大学出版社2011年版，第126页。

别，有大报、小报之说；从行业上看，可分为农业报、医学报、科技报、教育报、工商报、政法报等各类专业性质的报刊；从文字阅读程度上看，有白话报、画报、文言报等类型。从报刊分布的区域看，已从都市社会拓展到城镇社会。如1901年夏天，浙江上虞县士绅"拟于县中设一选报之所，萃各报之所长，具于一纸"。① 另外，一些有识之士还呼吁中国应多设外文报刊。如陈潜就提出中国应该多设立英文报刊，他指出：

> 每年由政府津贴若干，以筹对付之策。除每日刊行外，遇星期择优装印成册，寄往欧美各国。综其利益，约有数端，请略言如下：
> 一遇内政外交重大问题，自行宣布并随时驳正西报谣言也。……
> 一于泰西文学格致新法新理，详加采择，嘉惠研究西学之士也。……
> 一广登告白以推广商务，挽回利权也。……
> 一多延留学欧美各国之士为访员，藉以周知彼之政治风俗之内容也。……②

总体而言，20世纪初，报刊业已是千姿百态、种类繁多。报纸之重要性，已被提升到"社会之代言人，国家之警钟声"的高度。③《大公报》在1905年发表的《报界最近调查表》认为："欲觇一国程度高下，先观其国民程度之高下，而国民程度之高下，则以报纸之多寡为正比例。"报纸数量的多少已成为衡量国家现代性的重要指标。该报调查当时全国报纸的数量，"除本报不计外，得二百六十八种"。其中北京26种，上海114种，天津12种，广东21种，香港15种，海外新加坡4种、旧金山8种、檀香山4种、东京13种、横滨5种。但是，"虽有已停者占其半数"。究其原因，"报纸虽多而销路多不见

---

① 经元善：《拟设上虞选报馆启》，虞和平编：《经元善集》，华中师范大学出版社2011年版，第305页。
② 陈潜：《中国宜多设英字报说》，《环球中国学生报》1907年第4期，第17页。
③ 又星：《报界与政界之关系》，《振华五日大事记》1907年第1册，"论说"第2页。

发达，经办者不堪赔累，每多功废半途，亦可哀矣"。① 而报费难收，也是导致报社经营困难的重要原因，梁启超对此深有感触，他在谈到《国风报》的发行时，便与其弟梁启勋抱怨："《国风报》现销四千内外，然收款甚难，衣食之困仍不减于昔，惟负债四千已还其半，稍苏息耳。"② 而清末一些文人办报也往往虎头蛇尾，如北京有份《今日请看报》，"仅印四期，即行停工"。③ 这也从另一个侧面反映了清末办报的门槛较低，一些办报者对报纸的认知尚不深刻。

尽管如此，20世纪初，报刊业总体上得到了较快发展。1894年，当时中国的报刊情况，"除京报外，自始至今共有七十六种"。④ 1902年，《大公报》创办之后，对上海报界便产生影响。如小说家刘鹗在壬寅年（1902）五月十七日接到友人信函后，"知《大公报》出而《新闻报》飞涨，亦一奇也"。⑤ 1905年之后，随着革命形势的高涨，各类革命报刊的数量更是迅猛增长。1905年至1911年，全国共创办报刊933种，其中上海214种，华南124种，江南102种，湖广65种，西南53种，华北168种，西北15种，东北50种。⑥ 对于当时报刊的快速发展，梁启超感慨道："今国中报馆之发达，一日千里。即以京师论，已逾百家。回想十八年前《中外公报》（应为《中外纪闻》）沿门乞阅时代，殆如隔世，崇论闳议，家喻户晓，岂复鄙人所能望其肩背。"⑦ 而对于革命报刊的作用，有评论认为："自《苏报》失败，《民呼》《民吁》前覆后起，鼎革之交，言论大昌，海上报纸如云，有清逊国，实文字先驱之

---

① 《报界最近调查表》，《大公报》1905年5月11日，第2—3版。对海内外报刊具体数量的统计，见该报5月11日至18日连续刊出的报道。
② 梁启超：《致梁启勋》（1910年5月28日），汤志钧、汤仁泽编注：《梁启超家书 南长街54号梁氏函札》，中国人民大学出版社2016年版，第389页。
③ 《今日请看报之停办》，《警钟日报》1904年3月14日，第4版。
④ ［英］李提摩太：《中国各报馆始末》，杨光辉等编：《中国近代报刊发展概况》，新华出版社1986年版，第1页。
⑤ 刘鹗著，刘德隆编：《抱残守缺斋日记》，中西书局2018年版，第72页。
⑥ 李仁渊：《晚清的新式传播媒体与知识分子：以报刊出版为中心的讨论》，台北稻乡出版社2005年版，第262页。
⑦ 梁启超：《鄙人对于言论界之过去及将来》，《庸言》1912年第1期，第4—5页。

功也。"① 上述观点，大体上反映了清末民初中国报刊进入多元化、大众化时代的状况。

二、报刊发行网络与辐射范围的拓展

关于报纸的开办与发行的关系，梁启超在写给康有为的信中，针对维新时期广西报刊业的状况进行了较为深入的分析，他说：

> 一馆之股，非万金不办，销数非三千不能支持。桂中风气未开，阅报者哪得此数？且自来日报无不亏本者，专恃告白为之弥缝。桂中商务未兴，商家皆蹈常习故之招牌，陈陈相因之货物，无藉于登告白。此途一塞，日报无能开之理。若犹用，旬报日报也，则彼中稍留心者固已阅《时务》《知新》二报矣。新开之报，未必能逾此二种，其谁阅之？若欲寄至外省，则《知新报》尚有不支，何有于桂？且即使报中之文字议论远轶夫二种之上，而亦不能行。②

梁启超是从办报的成本、发行量与读者阅读的关系论述了创设报刊的可能性。依据他的推算，一般人对办报应望而却步。但是，维新之后，中国报刊如雨后春笋，蔚为可观。从盈利的角度看，很多报刊很难达到预想的目标，但是，对于许多热心办报者而言，他们对获取资助、抒发观点、显声扬名有着强烈期待，而对报纸经营问题没有认真规划。正如白瑞华所言："很多报刊满足的是出版商而非公众的愿望。公开宣传报刊在各种资助下出版，资助的目的五花八门：从理想主义的经世致用到纯粹的纷争和敲诈工具，或者只是作为某俱乐部和社团的'门面'，甚至诸如演员、败北军阀、失意政客等为表达个人意愿。中国的很多报刊都是赔本赚吆喝的，而派系和政客私人报刊占其

---

① 陈伯熙编著：《上海轶事大观》，上海书店出版社2000年版，第270页。
② 梁启超：《致康有为书》，光绪二十三年（1897）三月三日。丁文江、赵丰田编：《梁启超年谱长编》，上海人民出版社1983年版，第79页。

中的大成。"① 白瑞华所描述中国报刊的私人化、党派化倾向，反映了清末乃至民初报人成分的复杂性。许多报纸旋起旋灭，大多出于办报者的率性行为和缺乏后续的资金赞助。一些报人在回忆录中也谈到了类似情况，如包天笑进入《时报》馆之前，在私塾馆课并学习外文之余，已经在苏州组织励学会，创办木刻杂志《励学译编》。他回忆道：

> 这个《励学译编》，也是集资办的，最初几期，居然能销到七八百份，除了苏州本地以及附近各县外，也有内地写信来购取的。我们也寄到上海各杂志社与他们交换，最奇者是日本有一两家图书馆向我索取，我们慷慨地送给它了。……
>
> 这个木刻杂志，大概也出了一年吧？销数也逐渐减缩了，大家兴致也阑珊了，就此休刊完事。②

可是，"过了一二年"，③包天笑看到当时白话报较为流行，尤其是受到《杭州白话报》的影响，便在表兄尤子青的赞助下，办起《苏州白话报》来，除了尤子青偶尔帮忙之外，他一人兼任编辑、校对和发行，体现了个人办报的风格。但这份白话报办得有声有色，按照包天笑的说法，真是"麻雀虽小，五脏俱全"，"关于社会的事，特别注重，如戒烟、放脚、破除迷信、讲求卫生等等，有时还编一点有趣而使人猛醒的故事，或编几支山歌，令妇女孩童们都喜欢看"。④ 包天笑的早期办报经历，使他意识到上海才是今后新闻事业发展的新天地，而来自日本和上海的报刊也对他的新闻观念产生了深刻影响。显然，秀才出身的包天笑能够在二十七八岁时体验办报的激情，增进了他对报刊媒体的认识。

---

① [美]白瑞华：《中国报纸（1800—1912）》，王海译，暨南大学出版社2011年版，第133—134页。
② 包天笑：《钏影楼回忆录》，中国大百科全书出版社2009年版，第167页。
③ 包天笑的记忆可能有误，《励学译编》创办于1901年4月3日，而《苏州白话报》创办于1901年10月，因此，两报之间办刊时间间隔没有超过一年。
④ 包天笑：《钏影楼回忆录》，中国大百科全书出版社2009年版，第169页。

20世纪初，一些新式知识分子不仅喜欢读新式报刊，主动给报刊投稿，还通过各种途径设法办报。如1901年夏，经元善等绅董在家乡浙江上虞县创办《选报》，旬出一册，专销本邑四乡。① 陈黻宸于1902年9月在上海创办《新世界学报》，他告知同乡好友宋恕："敝报开销已二千份，后日谅能支持。"② 陈独秀在安庆虽然"只承担过一期《励学译编》代销处的工作"，③ 但是，这份当时不算知名的杂志却对他的思想转变产生了深刻影响。1904年，26岁的他便创办《安徽俗话报》，该报"以通俗文字，作革命宣传，激发人心"。④ 而尚在中国公学就读的胡适，则于1908年开始编辑《竞业旬报》，他回忆当时的情景："从第二十四期到第三十八期，我做了不少的文字，有时候全期的文字，从论说到时闻，差不多都是我做的。"⑤ 而广东新会的陈垣，1905年在广州义育学堂教书期间，参与创办《时事画报》并负责文字工作，并以"谦益"等笔名撰写大量反清文章。⑥ 同样有反清情结的邹鲁，在陈炯明的支持下，于1911年创立《可报》。时年26岁的邹鲁，对办报异常热情，他回忆道："《可报》虽然出版，但是经费短绌，常常缺这样，缺那样，都要我设法弥补。文章不够，更须自己动笔。"⑦ 可见，这些热血青年将办报视为实现自己抱负的重要方式，敢言敢为，以一人或数人之力，便大张旗鼓地出版发行。虽然这些报刊存在时间长则一两年，短则如《可报》不到两个星期便被当局封禁，但热血青年的办报举动，相比维新期间梁启超所言"非万金不办，销数非三千不能支持"，已不可同日而语。20世纪最初十年所创办的报刊，保守估计在一千种以上，虽然大部分报刊存续时间不长，但报刊在全国各地如雨后春笋般发展，却是不争的事实。

与上述报刊大多局限于某一区域发行不同，早在维新时期就声名鹊起的

---

① 经元善：《拟设上虞选报馆启》，虞和平编：《经元善集》，华中师范大学出版社2011年版，第306页。
② 陈黻宸：《致宋燕生书第一》，陈德溥编：《陈黻宸集》下册，中华书局1995年版，第1018页。
③ 唐宝林：《陈独秀全传》，社会科学文献出版社2013年版，第29页。
④ 转引自郅玉汝编著：《陈独秀年谱》，香港龙门书店1974年版，第11—12页。
⑤ 胡适：《四十自述》，海天出版社1992年版，第66页。
⑥ 刘乃和等著：《陈垣年谱配图长编》，辽海出版社2000年版，第35页。
⑦ 邹鲁：《邹鲁回忆录》，东方出版社2010年版，第27页。

梁启超，在流亡日本之后，初办《清议报》不久，其发行就取得不错的成绩。而对于《新民丛报》的发行，他更是充满信心。他在写给康有为的信中说："《新民丛报》今年必可以全还清借款，明年以后若能坚持，可为吾党一生力军（指款项言），但弟子一人任之，若有事他往，则立溃耳。现在销场之旺，真不可思议，每月增一千，现已近五千矣。似比前之《时务》，尚有过之无不及也。"① 梁启超对《新民丛报》发行量之所以满怀信心，是因为这份当时最有影响的大报，已通过各种发行途径进入中国内地，其刊登的广告称："本报开办四年，久为士大夫所称许，故销售至一万四千余份，现第四年第一期报已到，定阅者争先恐后，此诚民智进步之征也。阅报诸君，务请从速挂号是幸。"② 可见，如《新民丛报》此类的大报，发行量是比较可观的。同样，《大公报》开始发行时，日印 3 800 份，三个月后，增至 5 000 份，成为当时华北地区一份引人注目的大报。③ 而《时报》初办之际，虽然在上海一时难与《申报》《新闻报》竞争，但是不到一年，《时报》在上海已成为发行量第二的大报。梁启超在 1905 年 4 月 25 日写给其弟梁启勋的信中便对《时报》《商报》的发行颇为兴奋，他说：

  《时报》一日千里，最为快意，现每日总添数十份，现已实销至七千二百余份，在上海为第二把交椅矣。（《新闻报》第一。）《中外》前此六千余，今跌至三千余。豚子恨我辈入骨髓，（治外法权即驳中外也。）日日谋所以相倾陷者，但求无隙为彼所持耳。德国领事最可恶，其心殆，欲尽封禁我国报馆，而尤切齿于《时报》。江督周馥亦恨《时报》入骨。（因骂之。）而《新闻报》亦妒我。《新闻报》者，福开森为东家，一则妒我之进步，二则因铁路档案恨我。故《时报》今亦在四面楚歌中，惟步步谨慎而已。《时报》之无龙象告白者，乃大喜事，弟未知耶？前此初开无告白，故

---

① 梁启超：《与夫子大人书》，丁文江、赵丰田编：《梁启超年谱长编》，上海人民出版社 1983 年版，第 272 页。
② 《第四年〈新民丛报〉已到》，《申报》1906 年 3 月 25 日，第 1 版。
③ 方汉奇等著：《〈大公报〉百年史》，中国人民大学出版社 2004 年版，第 11 页。

不得不以自己的塞纸,今则告白充斥辐辏,私家的反无地可容矣。《商报》亦大起色,在香港已占第一家之位置矣。年来此两事总算成功也。①

不久之后,《时报》在苏州销路颇为发达,城市和乡镇,共约有三千份,为上海各报之冠。② 1908年,张之洞创办的《湖北官报》,创刊号发行2万份。③《新闻报》在1909年每天平均发行量达到14 486份。④ 仅就上述报刊的发行量而言,已表明当时的一些大报的销售有很大的增加。

维新之后,各类官报不断涌现,如《北洋官报》《南洋官报》《湖北官报》《山西官报》《湖北商务报》等,1901—1911年,由各省督抚奏请创办的官报共有21种。⑤ 一些官报还免费送给外地官府,如《湖北官报》向不收取报费,每月咨送来粤一百本。⑥ 官报成为官方控制舆论的重要工具。由于有官方的鼎力支持,官报的发行渠道较为畅通。如1899年,《湖北商务报》甫一创办,湖广总督张之洞便饬令湖北各道府州县一体购阅,"大州县购二十分,中等州县购十分,小州县购五分"。按照这一规定,"通共各大缺州县报四百四十本,中缺州县报一百七十本,小缺州县报一百四十五本"。⑦ 不仅如此,张之洞还利用他的私人网络,写信给江苏巡抚鹿传霖,请求他在江苏推销《湖北商务报》,张之洞在信中说:

> 商务为富国第一义,内保利权,外筹抵制,居今更不容缓。……《商报》一端为开明风气之权舆,湖北全省,已经一体派阅。半岁以来,官绅商民,辗转传观,研究颇殷,风会渐启。苏省物产沃衍,财力殷富,口岸早开,……兹专奉《商务报》十四期,每期三百五十三份,十四箱,

---

① 梁启超:《致梁启勋》,汤志钧、汤仁泽编注:《梁启超家书 南长街54号梁氏函札》,中国人民大学出版社2016年版,第378页。
② 包天笑:《钏影楼回忆录》,中国大百科全书出版社2009年版,第368页。
③ [美]白瑞华:《中国报纸(1800—1912)》,王海译,暨南大学出版社2011年版,第113页。
④ 转引自王敏:《上海报人社会生活(1872—1949)》,上海辞书出版社2008年版,第319页。
⑤ 张小莉:《清末"新政"时期文化政策》,人民出版社2010年版,第255页。
⑥ 《提倡阅报》,《四川官报》1906年第12期,第56页。
⑦ 《湖广督张派阅〈湖北商务报〉札》,《湖北商务报》第3册,1899年5月20日。

共四千九百四十二册,并附上拟派章程一通,尚祈查核量行,一律派购,可否?按年由局先垫付报费寄鄂,更由各属解局归款,定为恒规,以归简易。俾苏民蒙利导之休,鄂馆受维持之盛,为一省裕民阜物,为中国塞漏开源,皆出自左右宏赐矣。其有各属官绅商民考究论列之词,均可照报后地址,随时寄馆,采择登报,庶各省商情无虞隔阂,商务得以流通。①

与之类似,1902 年《晋报》创办之后,山西洋务局司道要求下属,"无论实缺、候补,每员认看一分"。②该省黎城县"蒙颁发此报三十分"。该县县令不仅遵照办理,还特出告示,劝民购阅。认为偏远地区的"留心时事者","偶向别处借观,不能自留,以资参考,亦多不便"。因此,县衙官吏科便负责为民众自费订阅,"尔等如愿阅此报者,即自赴本县官吏科报名,填入簿内,禀由本县转达报馆"。③尽管《晋报》内容枯燥,观点陈旧,但是地方官为了确保政绩,以官方资源鼎力支持,其销量自然可观。

地方大员对《外交报》之类具有官方背景的报刊也颇为重视,由于《外交报》关注国际时政,内容广博,号称"风行海内,冠绝一时",④对开拓读者的国际视野颇有裨益,颇受京官和督抚大员的关注。如管学大臣就对《外交报》颇为重视,饬令"各学堂一律购阅,以广见闻"。⑤又如直隶总督、北洋大臣袁世凯对该报评价甚高:"不特于课吏造士有裨,于办交涉亦大有便益。"进而命令:"布政司通行直属各地方官并保定各局所、津海关道分移天津各局所学校转行各学堂,一体购阅,以资参考。"⑥两广总督岑春煊也认为:"上海编行之《外交报》一种,多译西报及公法、条约、蓝皮书,采择既甚精

---

① 张之洞:《致鹿滋轩》,苑书义、孙华峰、李秉新主编:《张之洞全集·书札四》第 12 册,河北人民出版社 1998 年版,第 10229—10230 页。
② 《山西洋务局司道遵议派员至日本游历并阅看时务书报章程》,《政艺通报》1902 年 8 月 4 日。
③ 《黎城县晓谕阖邑阅看〈晋报〉告示》,《顺天时报》1902 年 10 月 4 日。
④ 《咨行阅报》,《新闻报》1903 年 5 月 15 日,第 2 版。
⑤ 《咨行阅报》,《新闻报》1903 年 5 月 15 日,第 2 版。
⑥ 《札饬阅报》,《新闻报》1903 年 9 月 7 日,第 2 版。

详，持论亦得其要。各道府州县尤宜采购披览。不惟于外交增长识力，兼可博通时务政事，亦复有裨益。"① 为了推广《外交报》，河南巡抚陈夔龙饬令："查河南九府四直隶州七厅九十六县所有各中小学堂均应一体购阅，以期广开识见。……每年应购报章计三百三十六分。"② 湖南巡抚赵尔巽结合本省情况指出："湘省商埠既开，铁轨将接，民交涉情事日以滋繁"，而《外交报》"洞察外情，讨论政策，于交涉多所裨益"，因此，他要求"洋务局通饬府厅州县各购一分，以备查考"。③

除了地方大员，一些关心国际时局的开明知识分子也热衷于为该报的发行出力献策，如蔡元培经常为该报撰译稿件。在该报出版前二天，他在杭州写信给在上海崇实石印书局任职的大哥蔡元纷说："《外交报》出后，请先寄一百份来，弟寓在贯巷口李博士桥下，有翰林院蔡门条，径寄此处亦可，或从大方伯养正书塾转递。"④ 显然，这一百份报纸是该报的创刊号，蔡元培希望在杭州为该报打开销路，扩大影响。

《北洋官报》在创办之初，便非常重视发行工作，将各府州县的新增订阅数，在头版显著位置刊出，如第59期的头版刊登了《各属州县添购官报清单》：

枣强县添七十分；遵化州添二十分；临榆县添二十八分；景州添二十四分；巨鹿县添十二分；邯郸县添十分；广平县添五分；青县添二分；乐亭县添十分；无极县添四分；饶阳县添二分；吴桥县添十分；安平县添四分；沧州添二分；宁晋县添十分；大城县添三分；永年县添十分；抚宁县添三分；临城县添一分。⑤

可见，《北洋官报》的发行得益于地方官员的强力推动。另外，该报依托天津

---

① 《提倡阅报》，《四川官报》1906年第12期，第56页。
② 《批饬阅报》，《新闻报》1904年1月1日，第2版。
③ 《批饬阅报》，《新闻报》1903年7月11日，第3版。
④ 蔡元培：《致蔡元纷函》，高平叔、王世儒编注：《蔡元培书信集》（上），浙江教育出版社2000年版，第37页。
⑤ 《各属州县添购官报清单》，《北洋官报》1903年第59册，第1页。

邮政总局发行，邮资较为优惠。1904年2月16日之前，该报隔日出版，每次平均寄发2 173份，每次估计邮资为6.19元，每月平均寄发32 600份。1904年2月16日至1905年10月31日期间，该报为每日出版，每次平均寄发3 091份，每次估计邮资为7.225元，每月平均寄发92 730份。① 为了扩大发行，该报发动乡村士绅和蒙养学堂订阅，达到深入民间社会的目的。该报1904年总第366期的一则谕令称：

> 北洋官报局据枣强县张令来牍，以额派加派并先后续购官报共一百零五分，均经随时谕饬县境各村正副绅董，劝谕购阅。该绅民等亦深知所费无几，获益甚大。年余以来，风气大开，争先购阅，故销数较他县为多。……除前已购阅官报村庄不派外，所有未购村庄及各蒙养学堂查照单开数目。每保几村，村正副几人共同购阅，或数人合购一分，互相传观，均无不可。间有穷乡僻壤，实无读书识字之人，即由就近蒙养学堂设法演说，因势利导。②

由于有官方资源可以凭藉，全国各地的官报，均有官方指定购阅的特点。如《晋报》创办之后，山西巡抚就令谕广为订阅，指出："疏通风气以开民智为先，讲求时务以阅报章为要。"③ "足见阅报一事，为牖民弭患之源，尤晋人医痼馈贫之要用。各地方官果知以国计民生为重者，必能多方劝谕，广销报章"。④ 为了鼓励各地官员大力推广，还制订了切实的奖励措施，规定："各州县能劝阅绅商先缴报价在三十分以上者，记功一次；五十分以上者，记大功一次；一百分以上者，记大功二次。……如公私学堂暨殷实绅民、商铺或力量较充，或集资较易，尽可剀切开导，令其多阅，以开民智而免沮格。"⑤

---

① 《天津邮政总局寄发〈北洋官报〉统计表》（申玛思签发1905年12月7日），仇润喜主编：《天津邮政史料》第2辑上，北京航空学院出版社1989年版，第299页。
② 《劝谕阅报》，《北洋官报》1904年总第366期，第3页。
③ 《令谕阅报》，《新闻报》1903年4月9日，第2版。
④ 《阅报示谕续录》，《新闻报》1903年4月11日，第2版。
⑤ 《再续阅报示谕》，《新闻报》1903年4月13日，第2版。

又如山东的《济南官报》，"开办以来，阅报者均谓无可观览。然由上宪饬派各属购阅，按时缴费，以故颇能销售"。① 可见，此类官报的发行量和阅读率之间存在着明显的反差。另外，一些官报还代理其他地区的报刊销售。如《北洋官报》就代销《汉口日报》，并刊登《汉口日报》的推销广告："专载湘鄂川陕新闻，议论明通，采访精确。每月大钱三百文，报格最上，价值最廉，欲知长江上游消息者，不可不家置一编也。"② 当然，为了表达对地方公共事务的重视，地方大员在劝阅官报的同时，对一些宗旨纯正、启发民智的报刊也加以推广。如两广总督陶模就饬令：

> 查《湖北商务报》系湖广总督、部堂张奏设，讲求商学，最为详备。又上海续出《蒙学报》，词意浅显，图绘精良，以及《农学报》《工艺报》《工艺丛书》皆能探教养之本源，阐中西之蕴奥。事必征实，功期有用，诚广为购取，勤加研习。……本部堂业经饬令省城报馆另派一人专司寄报、收费等事，各该道府厅州县务即筹备常年报费，按期向购。并劝所属地方书院、学塾、绅士、商民，一体购阅。③

然而，官方利用行政资源强制发行官报的做法，并不能从根本上达到畅销的目的。如对于武昌知府梁鼎芬强制属下官员订阅《湖北学报》一事，《新民丛报》便评论云：

> 湖北近出一《湖北学报》，闻有卒业学生某君为之主笔，而武昌府知府梁鼎芬总办其事。……扫自由之谬论，作官样之文章，可想而知也。报出，销路不畅，费用无着，乃遍饬属中之州县及诸局，令其认销。勒令善后局销二百分，牙厘局销百五十分，其余诸局无不勒其各销若干，且遣人劝谕候补诸员，谓有能多销此报者，行将委以优差。然如此干涉

---

① 《饬派阅报》，《大公报》1903年10月28日，第4版。
② 《本局代售〈汉口日报〉》，《北洋官报》1903年第60册，封面页。
③ 《札劝阅报》，《北京新闻汇报》，辛丑年（1901）六月十三日，第11—12页。

主义，武昌府赫赫之势力，止能行之湖北，外此非其所及，则报仍未必畅销也。

吾闻西人有刊卖告白者，其告白颇长。谓阅此颇费日（目）力，当少有报酬以偿其损失，乃每一告白缀以五仙。梁鼎芬果欲此报畅行，则何不仿此妙法。①

值得注意的是，当时的一些报人已经注意到报刊内容的多寡与读者阅读的关系，并对报刊发行的时效性也颇为关注。《通学报》的一则评论对报刊版面、发行与读者阅读的关系进行了深入探讨，其文云：

新闻报卷页各有定数，大概有增无减。因报纸贵于流传，日传日广。报纸专司记载，日载日多，方足餍阅者之心目。况乎报馆之利益，全视告白之多寡。……中国报界本在幼稚时代，历久不变者有之，改良长进者有之，减少短缩者亦有之。论减少，则有改十二页为八页者，有改十二页为十页者。论短缩，有改月报为季报或为两月报者，有改半月报为月报者。……殊不知页数减少，显以表明其告白生意之清隐，以日露其内容记载之寡，阅报之人数必与其报纸俱减矣。若时期之延长，尤为阅报者不谅。向一月中阅一册者，忽迟至两月而阅一册。苟遇出版逾期，或隔两三月始阅一册矣。谁愿阅之乎？……论经济，则阅报者为撰报者之衣食之母；论报纸，则撰报者为阅报者著述之仆。必先有以餍阅者之欲，而后可以取阅者资。商家宾主朝三幕四，可无往而肆其骗；报界宾主数一数二，谁能久阅而不餍哉。……故泰西有谚曰：得利之报，有增无减；失利之报，有停无减。②

显然，作者强调了报纸"内容为王"的观点。尤其是将报人视为读者的"仆

---

① 《阅报之干涉主义》，《新民丛报》1903 年第 28 期，第 64 页。
② 韬光：《论报纸有增无减》，《通学报》1908 年第 78 册，第 192—193 页。

人"的提法，体现了当时的报人对于报刊发行市场已非常关注。

清末十年报刊数量与发行量的增加，还与当时邮政条件的改善有着直接关系。维新之前，报刊发行主要依赖于信局和各类代销处，读者很难直接从报馆订阅报纸。而信局和代销处一般都需提取报价的二成作为回扣，这在《时务报》《知新报》等报刊的发行广告中都有"明码标价"。但是，"信局是民间邮政机构，其所展拓者，仅在获利之路班，而于入不敷出之路，既不稍加留意"。① 加上信局投递网络不畅通，报纸缺失现象时有发生，订户很难及时收到报纸。《时务报》在江西南昌的代销人汪立元便指出信局售报的不足，他说："信局售报，只能通行于民间，至于大小衙门，非其自向局中购报，局中不能一一代为派送，若是则销路究嫌不广。"至于专人代销，他以自身经历说道："惟寄报处必须择一土著永无迁移者，方能持久。弟等同志类多东西奔走，浮家无定，是以难得其人。若由弟经手，固属甚愿，但弟既不能长在省城，其至熟之处时常通信者，即弟他出，亦仍可由弟代寄。"② 可见，传统的报刊邮递方式均有诸多不足，且劳神费力，效率低下。梁启超描述维新时期的报刊发行状况时，便感叹："外国之能行多报，道路通也，邮政便也。今中国此事未变，即《时务报》销行各省运寄已不甚易易。《知新报》则正月廿五之报，至今尚未寄至上海，再由上海寄至各省，距出报时已数月，其谁欲观之？使欲行桂报也，恐必至今岁出报而明岁始能阅也。"③ 因此，梁启超认为"风气不开，阅报人少；道路未通，传布为难"。④ 交通不便是阻碍报刊发行的重要原因。

现代邮政的发展对报刊流通与发行有着直接的推动作用。大清邮政局于1896年设立后，各地邮政投递机构逐步发展。大清邮政局制度严密，效率较高。同时，采取禁止轮船、铁路收运民信局邮件，提高民信局交运包裹收费

---

① 谢彬：《中国邮电航空史》，上海中华书局1928年版，第18页。
② 《汪立元函（5）》，上海图书馆编：《汪康年师友书札》（1），上海古籍出版社1986年版，第1024页。
③ 梁启超：《致康有为书》[光绪二十三年（1897）三月三日]，丁文江、赵丰田编：《梁启超年谱长编》，上海人民出版社1983年版，第79页。
④ 梁启超：《本馆第一百册祝辞并论报馆之责任及本馆之经历》，《清议报》第100期，1901年12月21日，第5页。

标准等办法；1902年又将国内平信邮资由四分降到一分。民信局不能与之竞争，渐次停歇。① 上海及江浙一带交通较为便捷，邮政发展较为迅速。1900年，在苏州开办东来书庄的包天笑，就经常与留学日本的朋友通信，他说："苏州设立了日本邮便局，我们常托他们邮寄书报，在文化交通上，较为便利。"② 1903年，在南京水师学堂读书的周作人，便收到鲁迅通过邮局寄来的信件和《浙江潮》《清议报》《新民丛报》等报刊。③ 光绪三十一年（1905），北京、天津及上海间开办快递事务。光绪三十二年（1906），距京四十里以内市镇乡村均有信箱信柜或邮政代办所。较为偏远的陕西，在1905年，邮政事务日益繁盛，邮线扩至本省各大城镇，并直达甘肃抚署。④ 邮局开办之初，受到了各地信局的强烈抵制，但是，新开的邮局注意与信局进行业务代理，信局从中得到不少好处，便开始支持邮局的发展。例如广州地区的邮局，1902年，从11个城镇的9个邮局及23个邮政代办所增加到88个城镇的21个邮局及165个邮政代办所；1903年，又增加了32个城镇和乡村，其所处理的邮包达2万件。1907年8月开始利用粤汉铁路第一段运送邮件，1908年开设了112个邮政代办机构，邮递物品从1290万件增加到1820万件。⑤ 江苏常熟于1902年设立邮局后，"颇为商民信用，今虽遵从新章，每封两分，而递寄之数依旧不减，匀计月约三千至四千，而包裹亦日有多起。"⑥ 1907年，河南有邮局171处，"各大市镇均可通邮"。⑦ 1910年，全国邮路里程已从三十万一千里增至三十五万二千里。⑧ 由此可见，随着清末邮政事业的发展，信件和包裹传递模式发生了巨大变革，尤其值得注意的是，官办邮局于1897年给予报纸特殊邮资优惠价格，为报刊提供了比原来的私人邮政便宜、独立的发行通道，

---

① 许涤新、吴承明主编：《旧民主主义革命时期的中国资本主义》（《中国资本主义发展史》第2卷），人民出版社1990年版，第622页。
② 包天笑：《钏影楼回忆录》，中国大百科全书出版社2009年版，第161页。
③ 张菊香、张铁荣编著：《周作人年谱》，天津人民出版社2000年版，第51—52页。
④ 谢彬：《中国邮电航空史》，上海中华书局1928年版，第58、63页。
⑤ 《粤海关十年报告（3）（1902—1911）》，《近代广州口岸经济社会概况——粤海关报告汇集》，暨南大学出版社1995年版，第970页。
⑥ 《邮局发达》，《警钟日报》1904年11月7日，第3版。
⑦ 仇润喜主编：《天津邮政史料》第2辑上，北京航空学院出版社1989年版，第64页。
⑧ 仇润喜主编：《天津邮政史料》第2辑下，北京航空学院出版社1989年版，第701页。

进一步促进了报业集中化发展及其发行和服务的便利。①

当然,在邮政局初设之时,报刊邮递的迟滞问题仍然突出。如时任淮扬兵备道的沈瑜庆就向汪康年抱怨不能及时收到报纸,他在信中说:"今日已廿七,仅阅到廿一之报,廿二赔款问答之报章,尚未得寓目。清江日日有小轮来往,近日河水甚涨,亦无搁浅之事,镇江到清江仅一对时,不应稽延如此。望公设法告邮政局整顿,此后必须按日径寄,此事与报馆邮政生意,皆有关系者也。"②另外一位读者叶尔恺也谈到邮局递送迟缓之事,他对汪康年说:"所寄各报陆续收到。惟邮局沿途怠滞,不能如他处之速耳。"③读者将矛头直指邮政局,显然表明他们订阅的报纸是通过邮政局递送的,而邮局没有按照规定时间送报,对于急于了解时政大事的读者而言,他们要求报馆应给予高度重视。

1905年,《大公报》由于刊登"不购美货"言论而被"禁阅在案",后来经商务总会王贤宾等人运作,天津南段巡警局才发布告示云:"本局查近日《大公报》所载,并无过激情事,除据情转详奉准外,合即出示晓谕,一体知悉。《大公报》业经解禁,仰即照常购阅可也。"④ 1908年12月,《大公报》又因当局禁止邮递,对读者造成较大负面影响,为此,报馆特地撰文予以解释:

> 实因邮局奉有警宪公文,不准寄递。既而忽传准寄,及至将报送局,又被退回。如此往返,竟至数次。且报上所贴邮票,既经邮局盖印,旌(旋)又退回,盖戳邮票,竟失效力。此尤各国稀有之事,凡此诸端,皆我中国办事过于勤奋,未得要领之故。本馆数日之中,将报送去取回,搬进撤出,势将熟烂,目的虽未得,而职务亦云尽矣。此对于阅报诸君,或可告无罪者。诸君不谙此中情形,交相见责,亦所难免。兹幸于初六

---

① [美]白瑞华:《中国报纸(1800—1912)》,王海译,暨南大学出版社2011年版,第91页。
② 《沈瑜庆函(2)》,上海图书馆编:《汪康年师友书札》(1),上海古籍出版社1986年版,第1149页。
③ 《叶尔恺函(21)》,上海图书馆编:《汪康年师友书札》(3),上海古籍出版社1987年版,第2480页。
④ 《解禁阅报》,《广益丛报》1905年第93—94期合刊,第87—88页。

日晚间，忽又蒙恩准寄。各埠之报，一一如数送局。本馆断不敢不守信义，尤不敢妄施戏侮，幸乞垂谅，特此诉陈。①

造成《大公报》延滞的直接原因是警察当局的禁止邮递，这一方面说明当局的报律甚严，另一方面表明邮递系统对报刊发行有着直接影响。由于邮局递送要比信局快，且价格优惠，所以，如叶尔恺这样的读者仍然希望邮寄书报，他在信中提及："其书籍如邮寄不甚费，亦乞与报章并寄。前函所请掉换之书，事如可行，即恳另易《浙江潮》《游学译编》之类，望酌行之。"② 可见，通过邮政传递书报，已成为新的潮流。

  清末，随着一些大城市开通铁路，报刊邮递的时间大为缩短。"向来由京至开封、西安、兰州，须搭轮船经过上海、长江以达大陆。本年（1904）借重铁路，其至开封仅两日半，至西安不过十天，至兰州不过二十一日。由京至太原，前数年总需半月，近则不过七天"。③ 又如1910年由上海、贵阳转寄信件所需之时间，由三十日减至十八日。④ 铁路运输报刊，不仅节省了时间，也有效地降低了报刊邮递费用，直接推动了报刊的发行与传播。

三、各地报刊销量与读者阅读的延伸

  报纸的印量是报馆产品的生产数，而销量则是读者购买报纸的总数，从这个层面上看，报馆是生产者，读者就是消费者。在生产者与消费者之间，需要市场作为中介，因此，报纸销售对于报馆与读者都非常重要。由于缺乏具体的统计，我们很难对清末各家报纸的总发行量进行估算，在很多情况下，报馆一般会夸大发行量以提高知名度和竞争力。如《民呼日报》在发行前十日，就在上海各报刊登广告，声称："本报虽未出版，而预定者已及数千份。"⑤ 所谓数

---

① 《阅报诸君台鉴》，《大公报》1908年12月30日，第1版。
② 《叶尔恺函（21）》，上海图书馆编：《汪康年师友书札》（3），上海古籍出版社1987年版，第2480页。
③ 仇润喜主编：《天津邮政史料》第2辑下，北京航空学院出版社1989年版，第541页。
④ 仇润喜主编：《天津邮政史料》第2辑下，北京航空学院出版社1989年版，第707页。
⑤ 《民呼日报特别广告》，冯自由：《革命逸史》（第3集），中华书局1981年版，第302页。

千份，本身就是一个模糊的数字。因此，对于各报宣称的发行量，一般需要打些折扣。而报纸的销售数往往要少于发行数，如《时务报》号称最高发行量达到一万四千份，但汪康年经常收到各地代销处退回的大包报纸，这种情况在清末是比较常见的。随着清末邮政系统的逐步建立，报纸的发行得以改善，读者通过邮局订报的比例逐步增多，报纸发行的实际到达率也有较大提高，报纸种类和总体销量增长较快。但是，由于缺乏全面的统计调查，我们只能通过一些地区的报刊发行资料进行初步探讨。

北京虽为全国政治文化中心，但在1904年《京话日报》创办之前，北京报纸的销量很不理想，正如彭翼仲所言：

> 近几年来，中国出版的报，大约也有百余种，不算月报，单算日报，就有三四十种，但都在南几省和南洋各岛。邮政局寄来，很不容易。在京寄卖的这几种，如上海的《中外日报》《新闻报》《申报》《时报》，天津《大公报》《日日新闻报》和本京的《顺天时报》，统共算起来，也到不了十种，并且各种报的销数，均平扯算，也过不了两千张。论北京城的人，至少也有一百万，一百人中有一个人看，也应该销一万张，为什么连二千张也销不了呢？①

彭翼仲所言当时北京每天销报不过二千，是大体的估算，而北京报纸销路不畅却是事实。1904年，一位在北京客居的读书人对当地报刊市场进行了生动的描述。他说：

> 昔余尝客京师，使栈伙买日报不能，百变其名以晓之，终不知报纸为何物。次日，有买新闻纸者来，口呼洋报。余意日报急不可得，或东西报纸亦可消遣，因呼而购之，则天津、上海各华字报也。彼中盖无论

---

① 彭翼仲：《作〈京话日报〉的意思》，《京话日报》第1号，1904年8月16日，第1版。

何报,皆呼为洋报。其民智之可怜如此,政府之观天下殆亦同此眼光。①

这一状况在《京话日报》创办之后就得到很大改观。1905年,该报出版一年后,进一步降低价格,每张铜元一枚,颇有销路。其广告称:"本报开办了一年,自从今春以来,销路慢慢地推广,现在已销到七千来张。在北京办报,总算是很不容易的了,所以能够如此的缘故,第一价钱便宜,第二文理浅近。"② 尤其是该报通过抵制美货和提倡国民捐的宣传之后,声名大振,销路更是达到一万份以上。梁漱溟回忆当时的情景说:"报纸的发达,确是可惊,不看报底北京人,几乎家家看报,而且发展到四乡了。"③ 这说明,1905年之后,由于《京话日报》的销量大增,北京读报的风气已经大为改观。1909年,有竹枝词描述当时北京报业的状况:"报纸于今最有功,能教民智渐开通。眼前报馆如林立,不见'中央'有'大同'。"④ 这说明北京报业已较为繁荣。当年《爱国报》日发行量已突破一万份,有竹枝词赞曰:"'爱国'诸君组织成,总教报界放光明。一千余号万余份,独树龙旗耀京城。"⑤ 1911年前后,景梅九在北京筹办《国风日报》时,对当时北京白话报刊颇有感触,他说:"这时候《北京话报》(应为《京话日报》)已出版数年,虽创办人彭翼仲因触忌,发配新疆,此种话报,已深印入人脑髓。继起的白话报,也有几家,因浅近易解,风行一时。"⑥

辛亥革命前几年,广东地区的革命报刊发展迅速,1907年,仅广州地区

---

① 《康党与洋报》,《警钟日报》1904年5月3日,第1—2版。
② 《放纸加价》,《京话日报》第342号,1905年7月31日,第1版。梁漱溟回忆《京话日报》的销量时说:"初创时,每天只销1 000份,一年后增至7 000份,最后销到一万份。"(梁漱溟:《记彭翼仲先生》,全国政协文史资料研究委员会编:《文史资料选辑》第4辑,中华书局1960年版,第108页。)这与广告所称一年后的销量是一致的。
③ 梁漱溟:《我的努力与反省》,漓江出版社1987年版,第18页。
④ 忧患生:《京华百二竹枝词》,雷梦水、潘超、孙忠铨、钟山编:《中华竹枝词》(1),北京古籍出版社1997年版,第270页。
⑤ 忧患生:《京华百二竹枝词》,雷梦水、潘超、孙忠铨、钟山编:《中华竹枝词》(1),北京古籍出版社1997年版,第270页。
⑥ 景梅九:《罪案》,刘萍、李学通主编:《辛亥革命资料选编》第1卷下册,社会科学文献出版社2012年版,第495页。

就有 14 种报纸。① 但是，广东报纸的整体销量并不令人满意。1908 年，广州《半星期报》的主编莫梓羚就对广东报刊销售的状况进行了述评：

> 报纸为国民之暮鼓晨钟，凡具耳目者，应无人不日手一报纸，以当游历参观所不及，使社会巨细如在目前。果尔，以广东三千余万之众，应有日消（销）一万份报纸之报馆三千家，讵统广东全省，凡日报、旬报、月报、无定期之杂志，不满三十家，而每家之所谓畅销者，仍不及万份。即合上海、香港及外界报纸之入广东流域者，亦不满三万份。摊匀计之，约二百人中仅有阅报纸者一人。呜呼，庾岭以南不啻一盲国也，不啻一聋邦也！虽然我广东人非真盲且聋也，惟不阅报纸，于中外时事，一无所闻；于新旧学说，绝少研究。虽日居高楼大厦，日走通衢大道，犹面壁而立也，又安得不长在黑暗哉！毋怪乎官贼交迫，东西侵凌，而一般不痛不痒之民，仍酣鼾睡也。②

论者显然对当时广东报刊销量深感不满，但广东当时已是报刊业较为发达的地区，按照日销报三万份计算，广州地区的销售又占较大比例。1907 年的广州《振华五日大事记》介绍了当时广州报刊发行情况："吾见乎粤省区区一府之地，则有所谓官报，有所谓学报，有所谓商报，有所谓画报十余家。其报纸之出版也，日以万余计焉。"③ 说明广州报刊在本地发行与销售中占有较高比重。值得注意的是，广州报界同业组织注重保护自身利益，防止代派者和订户拖欠报款，并集体决议："凡购报代派之工人，如有拖欠尾数逾十分之一者，即公同扭解地方官押追。阅报诸君亦请岁晚清数，如有少欠，由派报人开列门牌、公司、名号，公同登报。"④ 报界同业组织对报刊发行和报费的高

---

① 《粤海关十年报告（3）（1902—1911）》，《近代广州口岸经济社会概况》，暨南大学出版社 1995 年版，第 990 页。
② 梓羚：《说中流以下阅报之简捷法》，《半星期报》1908 年第 2 期，第 1 页。
③ 《报界与政界之关系》，《振华五日大事记》1907 年第 2 册，第 3 页。
④ 《报界同业广告》，《广州总商会报》1907 年 2 月 18 日，第 1 页。

度重视，有利于从整体上促进地方报刊的发展。

维新之前，江西的报刊销路并不理想，维新之后，由于"近年风气渐开，大海风潮灌输于内地者，多藉报纸之力"。但是，对于江西读者而言，"足以感入文明于脑筋者，惟数学报耳。其各日报不过记载时事"。江西报刊销售的大增，是由于"《苏报》改章，注意于学界，其价值亦与各学报并立，消（销）数亦为之骤增"。① 1903年5月，《苏报》统计当时各报在江西销数如下：

> 《新民丛报》，二百五十分，较去年增三分之一；《新小说》四十分，欲定阅者在新民销数之上；《译书汇编》一百二十分；《浙江潮》八十分；《女学报》四十分；《苏报》二百分，较去年增四分之三；《中外日报》二百八十分；《新闻报》七十分。②

这份调查统计当时江西全省的报纸销数为1 080份，其统计的全面性和准确性值得怀疑，早在光绪初年，《申报》已经在九江一带销售，至1903年，竟然没有统计《申报》的销量，这至少说明当时的统计不完整。另外，由于是《苏报》对自身的报道，其销数也值得怀疑，但总体上反映了当时江西报刊销售水平较低，与上海、广东地区相比，有较大差距。

湖北在维新时期就风气大开，诸如《汉报》《湖北商务报》销路颇广。20世纪初期，湖北报刊销售量有明显增加。仅以武汉为例，根据《警钟日报》1904年12月1日的报道，该地销售报纸的数量如下：

> 《中外日报》，500份；《申报》，300份；《新闻报》，300份；《同文沪报》，200份；《时报》，300份；《警钟》，300份；《汉报》，300份；《武汉小报》，20份；《外交报》，50份；《政艺通报》，70份；《浙江

---

① 《来函述江西报界发达之现状》，《苏报》1903年5月30日，第2页。
② 《来函述江西报界发达之现状》，《苏报》1903年5月30日，第2页。

潮》，40份；《江苏》，30份；《政法学报》，30份；《汉声》，20份；《东方杂志》，80份；《中国白话报》，80份；《安徽俗话报》，20份；《新白》，10份；《新小说》，30份；《新民丛报》，50份；《新新小说》，10份。①

当时武汉市场已有21种报纸销售，在总计2740份销量中，上海出版的几份大报所占比重较高，而留日学生创办的报刊在市面上大多可以购买，但销量不高。维新之后，湖北本地报刊也有较大发展。如1900年《汉报》从日本人手中收归国人自办后，"颇称实录，月销八千余份"，但梁鼎芬改为官办后，因言论受制，"月只销二千份"，遂由官方摊派，"大县月三十分（份）"。②此类官报的摊派，尽管可以提高发行量，但有效阅读率并不理想。

江浙一带由于毗邻上海，报刊市场相对发达，维新前后，士绅读报已不鲜见。至20世纪初，杭州、苏州、南京、扬州、常州等地报纸的销量已较为可观。即便是上海出版的一些发行量并不大的报刊，在苏杭等地也有销售。如1902年4月，远在陕西的沈钧儒写信给苏州的妻子，特地嘱咐："上海有女学报，望阁下购阅之。一年大约亦花不了多钱，而可以增许多见解。"③可见，当时的《女学报》已可在苏州购买。1904年，扬州地区的报刊销售已较为可观，据《时报》统计，江苏扬州部分报刊销数如下：《新民丛报》30份，《申报》700份，《中外日报》250份，《新闻报》100份。④而地方"褊小"的上虞县，由该县经元善等绅董创办《选报》，该报在章程中规定："凡一姓有三十家，派合族阅报一册，……族有百家派两册；二百家，派三册；三百家，派四册；递增至十册而止。凡城乡大店铺，每家派阅一册。"按照这一设想，这份以"开智"为目的的文摘报，"每旬派售三千六百八十册……统年十二万九百六十册"。⑤此类通

---

① 《武汉报纸销数调查》，《警钟日报》1904年12月1日，第3—4版。原报标注农历甲辰年十月二十五日，1904年11月31日，误，应为1904年12月1日。
② 《报馆堕落（汉口）》，《警钟日报》1904年7月13日，第2版。
③ 沈钧儒：《君子至爱——沈钧儒家书》，群言出版社2012年版，第10页。
④ 《扬州新闻杂志销数表》，《时报》第35号，1904年7月16日，第2张第6版。
⑤ 经元善：《拟设上虞选报馆启》，虞和平编：《经元善集》，华中师范大学出版社2011年版，第306、307页。

过"派售"的小报,注重宗族力量在报刊发行中的作用,体现出其由城镇扩张至乡村社会的营销策略,也表明该报对村镇的"集体阅读"与"轮流阅读"颇为重视。

上海报刊对苏杭的辐射十分明显。如杭州城内 1903 年的报纸销数,除了"上海日本新出各种杂志日报,设立未久,尚未畅行",不加统计外,几种主要的报纸销数,如表 4-1 所列:

表 4-1 杭城报纸销数表①

报 名	销 数	所 销 处
中外日报	约五百张	官场、商家、学堂、住民皆备
苏报	约五十张	学堂为多
新闻报	约二百三四十张	官场、商家、学堂、住民皆备
申报	约五百数十张	官场、商家为多
杭州白话报	约七八百份	普通住民
新民丛报	约二百份	学堂学生为多
译书汇编（现改名法学报）	约二百五十份	学堂学生为多

初步统计,几家主要报纸在杭州的日销量在 2 500 份以上,但是,仅过了一年多,1904 年 12 月 10 日,《警钟日报》统计的杭州市场主要报刊销量为:"《中外日报》,约五百张;《新闻报》,约三百份;《申报》,约六百份;《时报》,三百余份;《警钟》,二百余份;《杭州白话报》,约一千份;《新民丛报》,约二百份。"② 仅这几种主要报刊的销量就达到 3 100 份以上。以 1903 年为例,杭州报纸销量要高于北京,且从读者对象看,官场、商家、学堂、住民等各类机构和人员均有购报的需求,《申报》《新闻报》等商业报刊以官

---

① 《杭城报纸销数表》,《浙江潮》1903 年第 3 期。
② 《杭城报纸销数之调查》,《警钟日报》1904 年 12 月 10 日,第 2 版。

绅、商人订阅较多,《新民丛报》《译书汇编》《苏报》等新式报刊以学堂学生订阅为主,而《杭州白话报》之类的通俗报刊则以普通居民为订阅对象,说明普通百姓对大众报纸已不再陌生。

江苏扬州的报刊市场,在维新时期并不发达,在进入20世纪之后,"经有志之士提倡,其进步稍有可观"。《国民日日报》在1903年对扬州报业市场进行了调查,兹列表如下(表4-2):

表4-2 扬州报界之调查①

报　名	销　售　处	销　量	销售对象
新闻报	报房	一百余份	官场、商贾、学堂
同文沪报	报房	三十余份	官场、商贾
游戏报	报房	十余份	官场、商贾
中外日报	华瀛公社、报房、乾昌局	三百六十余份	官场、学士
国民日日报	陈宅、政学会社	四十份	学士、学堂
繁华报	报房	五份	商人
申报	报房	三百余份	商及绅官
新民丛报	政学会社、华瀛公社	三十份	学士、学堂
江苏	华瀛公社、开通书报社	十余份	学士、学堂
游学译编	上海转寄	五份	学士、学堂
湖北学生界	政学会社、华瀛公社、开通	二十份	学士、学堂
大陆报	政学会(社)、华瀛公社、开通	八十余份	学士、学堂
浙江潮	华瀛公社、开通	三十份	学士、学堂
政法学报	华瀛公社、政学会(社)	四十三份	学士、学堂
外交报	华瀛公社、开通	十份	学士、学堂

---

① 《扬州报界之调查》,《国民日日报》1903年9月30日,第3—4版。

续　表

报　名	销　售　处	销　量	销售对象
新小说	华瀛公社	五份	学士、学堂
选报	华瀛公社	二十份	学士、学堂
新世界学报	华瀛公社	十份	学士、学堂
经世文潮	华瀛公社	十份	学士、学堂

根据以上统计，1903年，扬州的报刊日销量至少在1 120份以上，这份统计大体搜罗了当时扬州市场上能够看到的报纸19种，但鉴于扬州报刊市场初兴，有如此销路已属不易，尤其是当时日本出版的留学生报刊，在扬州多能看到，而这些报刊的订户几乎都是新式学堂与文人学士，扬州一带受新风气之影响亦可见一斑。

与扬州相比，南京作为江苏省会城市，资讯较为发达，在维新时期已是《时务报》《知新报》等报刊的重要销售地区。至1905年，南京的报刊销售已较为可观，《警钟日报》于1905年1月18日刊登了南京的报刊销数（表4-3）：

表4-3　宁垣各种报纸销数表①

报　名	销　数	销售对象
中外日报	二百四十份	官商
同文沪报	三十份	官商
汉口日报	十份	官商
警钟日报	四十份	新学界
北洋官报	十份	官
南洋官报	九千份	官

---

① 《宁垣各种报纸销数表》，《警钟日报》1905年1月18日，第2版。

续　表

报　　名	销　　数	销售对象
大公报	十五份	官商
新闻报	一百二十份	官商
时报	一百八十份	官商及学堂
申报	四百五十份	官商
汇报	五份	学堂
万国公报	五份	学堂
新民丛报	二十份	新学界
新小说报	五份	新学界
政法学报	五份	新学界
扬子江丛报	五份	新学界
外交报	二十份	官商及学界
杭州白话报	十份	学堂
福建白话报	五份	学堂
安徽白话报	四十份	学堂
江苏杂志	十份	学堂

这份调查表统计南京报刊的日销数达到 10 225 份，较为可观。但是，仅《南洋官报》就达到 9 000 份，但该报的销售对象为官场，带有行政摊派的性质，其发行范围应该不限于南京当地的各级官衙，有可能包括江苏全省官场的销量，而且其真实的阅读率也值得怀疑。这也表明当时地方督抚已经注意到各类报刊对社会舆论的影响，注重运用官报加强对地方社会的控制。而在其余 1 225 份报刊销售量中，上海的几份大报仍然占有明显的优势，一些留学生报刊虽有销售，且受到新式学堂学生的欢迎，但销量并不大。在南京这样的省会城市，官场和商界读者群体仍然占到很大比例。

值得注意的是，江浙一带的一些府县，由于文风鼎盛，在清末维新思潮的影响下，报纸销路也逐见起色。如江苏镇江府由于水陆交通便利，文化较为发达，在1904年年底，当时统计有17种报刊销售，其具体的销数如下：

《中外日报》，八十份；《同文沪报》，五份；《警钟报》，二十份；《时报》，六十份；《申报》，二百份；《新闻报》，一百份；《天津日日新闻》，三份；《大公报》，二份；《新民丛报》，十份；《新小说》，五份；《安徽俗话》，十份；《中国白话报》，十份；《扬子江丛报》，六十份；《政艺通报》，四份；《东方杂志》，二份；《江苏》，六份；《大陆》，一份。①

合计日销售各类报刊578份，而《申报》《新闻报》的销量占到一半多，说明商业报刊在当地颇受欢迎，其总销售量虽然与南京、杭州之类的省会城市无法相比，但在府州一级已算较高水准。而浙江衢州府由于相对偏僻，在1905年年初，虽已有《申报》《中外日报》《新闻报》《新民丛报》《警钟日报》等17种报刊销售，除了《中外日报》和《新闻报》销量超过10份之外，其他报刊每天仅销售数份，根据《警钟日报》1905年1月2日的统计，该地共销售报刊78份。② 这一销量与一些交通较为便利、风气较为开通的县相比，仍有较大差距。如与苏州、上海毗邻的常熟，在1903年"行销各报亦正可观，加《新民丛报》销数十份，其他各杂志亦各十余份"。至于其他各种日报的销数，主要有："《新闻报》，二百五十张；《中外日报》，四十张；《国民日日报》，四十张；《申报》，三十张；《同文沪报》，五张。"③ 仅销售日报就达365份，加上各种旬刊、月刊，其报刊日销数至少在400份以上，而报纸的订阅者多为官绅、学堂和商家，说明常熟的社会精英对报纸已较为重视。

泰兴县的情况也较为类似，根据《警钟日报》1904年10月21日的统计，该县报刊市场共有27种报刊销售，日销售总量为393份，其中《申报》销

---

① 《镇江报纸销路调查表》，《警钟日报》1904年12月8日，第3版。
② 《报纸销数表（衢州）》，《警钟日报》1905年1月2日，第3版。
③ 《常熟报纸销数》，《国民日日报》1903年9月22日，第3版。

150 份,《新闻报》销 50 份。① 商业报刊的读者主要为商人和士绅,留学生报刊、白话报刊的订户则以学堂、学社及学会为主,这在一定程度上反映了当地社会阶层的读报偏好。

离上海、杭州较近的海盐县,1903 年的报刊销售也大有起色。其销数如下(表 4-4):

表 4-4 海盐报纸之销数

杂 志	销 数	日 报	销 数
新民丛报	三十份	中外日报	三十份
浙江潮	八份	同文沪报	六份
湖北学生界	一份	新闻报	七份
游学译编	二份	申报	一份
新世界学报	三份	繁华报	二份
科学世界	一份	笑林报	一份
外交报	三份	国民日日报	未详
女学报	二份		
白话报	四份		
新小说	五份		
绣像小说	三份		

其中"杂志皆销于读书社会及学堂中,日报除《中外日报》《新闻报》外,亦皆销于读书社会为多"。② 尽管海盐县报刊日销售总数只有一百余份,但有 18 种报刊销售,这说明海盐报业市场的种类较为丰富,读者订阅的选择面较广。

---

① 《报纸销数调查》,《警钟日报》1904 年 10 月 21 日,第 2—3 版。
② 《海盐报纸之销数》,《浙江潮》第 7 期,1903 年 7 月 20 日。

值得注意的是，埭溪是湖州的一个镇，"境地较僻，风气难开"，但是在1904年春天，报刊销售发生了极大转机，该镇成立了人演书社，"蔡绿农身任总理之职，专办新书新报，借与人阅。下半载又有摆渡船之设，于是埭溪报界几至无种不有"。1904年12月12日，该镇共有29种报纸销售，除了《湖州白话报》销售21份之外，其余各种报刊的销量都在三份之内，总共为61份。① 虽然销量不大，但在一个偏远的小镇，由于有了人演书社这一公共传播机构，报纸经由组织化传播深入基层社会，普通民众接触报刊的机会大增，报刊文化的下移对当地阅读风气自然有直接影响。

以上选择当时报刊销售较为发达的地区进行了论述。这些统计数字由《浙江潮》《警钟日报》等报刊进行调查后得出，其统计年份主要集中在1903年至1905年，由于缺乏调查对象、调查方式、调查工具的具体介绍，这些统计数字不一定准确，但是这些数据可以从总体上反映各地报刊销售的水平。虽然不同地区的销售量由于调查时间的差异难以作细致的对比，但通过报刊发行种类和销售量的变化，大致可以看出各地报刊的普及程度和发展水平。从总体上看，中国报刊销售的重心集中在江浙、两湖、广东等经济、文化较为发达的地区。从报纸销售类型上看，《申报》《新闻报》《中外日报》在各地的销售量较大，所占比例较高。尤其是《申报》在大部分地区的发行量排名中，往往名列第一，而且主要的读者群体为官绅和商人，说明传统大报的影响力仍然较强。老报人徐铸成在回忆录中提到：

> 别的地方我不清楚，在我幼年的江南穷乡僻壤，都是把《申报》和报纸当作同义语的。比如，新媳妇要回娘家，会叫他的男人："这些东西不好带，拿张《申报》纸来包包。"窗子破了，或者墙壁漏了气，老公公也会支使小孙儿："拿张《申报》纸来糊糊。"虽然捡出的可能是《新闻报》，或者是别的报纸。②

---

① 《报刊之切实调查》，《警钟日报》1904年12月12日，第3版。
② 徐铸成：《报海旧闻》（修订版），生活·读书·新知三联书店2010年版，第8页。

这表明《申报》在清末民初时已进入江南乡村社会，并具有极为广泛的影响。而《新民丛报》等留学生报刊虽然在各地都有销售，但销量并不大，读者多为学堂学生。然而，其对思想界产生的影响亦不能单独从销量加以判断，对于学生社会而言，留学生报刊所提供的思想资源和文化理念是一般商业性报刊所无法比拟的。而一些地方性报刊如白话报的销售，则体现了地域文化的认同性，在外地的销量不大。其他一些新兴的革命派报刊、文艺性报刊与地方社会风气有着一定的关系，但已引起了读者的注意，尤其是革命派报刊的销量增加较为迅速。

就全国而言，由于邮政与交通条件的改善，尤其是火车、轮船等现代交通工具的逐步推广，报刊发行与销售较维新时期已有很大起色，一些偏远省份不仅创办了地方性报刊，而且由于邮政网点的增多，也可以订阅上海等地出版的日报。如四川成都地区的报刊发行状况在清末十余年有了较大改观，1909 年，傅崇矩在其《成都通览》一书中对清末成都报界进行了总结：

> 成都向无报章，只有各州县驻省之京报、辕门抄而已。自戊戌年富顺宋芸子先生创办《渝报》，《渝报》立未久，尊经书院改立《蜀学报》。马君子波创售《时务报》，始见《国闻报》《时务报》等类，戊戌均绝灭无存。庚子后，图书局傅樵村始同苏君星舫创立《算学报》，辛丑傅樵村立《启蒙通俗报》，并代派京沪各报。二酉山房、算学书局、安定书屋诸处继之，中外各报始畅行。若成都发行之报，只学务公所之学报、官报书局之官报、《成都日报》三种而已。官报性质为行政机关，系宛平陆天池先生所创立，钱叔楚先生继以《成都日报》，桐城方和斋提学复出《教育官报》，皆派发各州县分阅。官办之报，性质与民报不同，然均不可偏废也。近来阅报之风气，渐次开矣。①

至于成都地区售报所，傅崇矩统计有开智书社等十处，一般市民购阅较为方

---

① 傅崇矩编：《成都通览》上册，成都时代出版社 2006 年版，第 356—357 页。

便。而当时成都可以订购的报刊包括《顺天时报》《香港商报》《四川官报》《成都日报》《中外日报》《上海时报》《学部学报》《政治官报》《商部官报》《神州日报》《中央日报》《舆论日报》《时事画报》《竞业旬报》《广益丛报》《四川教育学报》《教育官报》《通俗日报》《通俗画报》等 21 种。① 其中可能遗漏了《申报》《新闻报》等大报。

总之，清末，报纸已逐步进入城镇甚至部分农村地区，城镇之人购阅报刊已不太困难，而一些乡下读书人也可通过各种途径阅读新式报刊。比如在安徽泾县榔桥镇溪头村，22 岁的胡朴安在庚子年（1900）仍然潜心攻读经史典籍，准备参加科举考试。是年八月四日，他看《中外日报》两纸，评论道："此报语不甚□，盖为洋人者也。名为安百姓之心，其激百姓之怒矣。"② 从此后的日记看，当年他并未订阅这份报纸，但他偶尔在乡村的读报活动，也表明《中外日报》已在附近的乡村传阅。又如湖南泸溪县虽然地处偏远，"交通闭塞，无报可看"。但 1906 年 10 月，在日本早稻田大学读书的黄尊三，订阅了《时报》，他"将看过之报，寄送胡子宜、王笃生"。③ 通过黄尊三在日本的赠阅，远在泸溪乡下的两位好友便有机会接触到新式报刊传媒。因此，探究 20 世纪初期的报刊阅读问题，就不能局限于"都市之人"或者"社会精英"，尤其是清末社会转型极为剧烈，新兴社会群体不断涌现，社会流动性不断加强，社会意识形态的交锋日趋激烈，从而对报刊阅读的深度和广度产生深刻影响。正如《苏报》的调查所言："如官场阅报，或阅各处新闻，以资谈助，或探他省行政，有所仿循；如商家阅报，亦为新闻行情起见；如文士中阅报，不能一体视之，有阅报以新文字以资抄袭，仍无实受其惠，其果能实行者，实不可多得。"④ 但从传统的士绅社会向知识人社会过渡的过程中，士绅与新式知识分子仍然是报刊阅读的主体，尤其是随着清末学堂的广泛设立，学堂学生逐步成为新式报刊的重要阅读群体，而传统士绅的阅读世界也随着

---

① 傅崇矩编：《成都通览》上册，成都时代出版社 2006 年版，第 357 页。
② 胡朴安：《朴学斋日记》（1899—1947），复旦大学图书馆稿本（善本，编号：4019），庚子年（1900）八月四日。
③ 黄尊三著，谭徐锋整理：《黄尊三日记》（上），凤凰出版社 2019 年版，第 58 页。
④ 《来函述江西报界发达之现状》，《苏报》1903 年 5 月 30 日，第 2 页。

报刊思想的发展而呈现出新的特征。因此，当时社会通常会将界别划分很细。① 社会各界都有可能接触到报刊，但是，由于农工界识字率普遍较低，商界的阅报活动很少留下可资研究的记录，而传统士绅和新式知识分子留下不少有关读报的材料，则为我们进一步认识报刊传媒的作用和影响提供了"历史见证"。

第二节　士绅的报刊阅读与观念世界

维新之后，尤其是庚子事变之后，中国的"过渡社会"形态更为明显，清政府在西方列强面前表现出的懦弱无能和在镇压维新人士时表现出的凶悍形成强烈反差，康梁所倡导的"君主立宪"一方面由于成立"保皇会"得到了一些官绅的支持，另一方面却引起了新兴知识阶层的质疑和不满。许多激进的知识分子已经对清政府的统治合法性提出了挑战，对于国家、民族、国民的认知也发生了极大改变，对清政府进行"改良"还是"革命"的争论已经成为20世纪初中国社会的矛盾焦点。维新之后，报刊日益政治化的倾向，使报刊往往贴上"改良"或"革命"的标签，"改良派"和"革命派"的对立也体现在报刊舆论阵地的划分上。随着1902年开始改书院为学堂和1905年废除科举制度，士绅社会面临着解体的危机，读书人通过参加科举考试而获取政治资源的梦想化为泡影，他们获取政治资本的途径由于制度设置的改变而困难重重。然而，在科举废除之前，大量拥有功名的开明士绅却对自身的地位优势满怀信心，他们即便接触新式传媒，也在日常生活中对经典保持着"仪式性阅读"的习惯，而新式学堂偏向于西方新式教育内容，四书五经已无用武之地。科举考试这一国家层面的人才选拔制度的消失，断送了许多

---

① 清末社会界别问题是一个特别值得关注的现象，当时的一些报刊广告甚至用花界、卫生界、美食界等称呼各种人群，而"报界"则亦表明报刊从业人员已经逐步壮大成为一个社会群体，清末兴起的报界同业团体，就是报人寻求"共治"和协作的尝试。社会"各界"划分并无统一的规定，且根据新兴社会群体的不断出现而冠以新的界别。界别的区分显然具有亚文化的意义，一些新兴社会阶层可以从"界"中寻找归属感并产生相似的文化标识，界别之间的冲突也成为社会矛盾的重要体现。

士子的黄粱美梦，士绅社会的分化不可避免。既得利益群体，尤其是高中级官吏阶层和"保皇派"，自然对排满行为极为不满，而那些"革命派"和希图通过新式教育获得更多机会的普通读书人，则对推翻清政府并建立新的政权充满向往。20世纪初，士绅、读书人、知识分子之间存在着交织、差异和矛盾。即使在士绅阶层中间，由于经历、观点和利益等方面的因素，内部分歧也难以弥合。从这个角度看，阅读即是政治，因此，有必要对这一阶段的报刊阅读史进行综合而系统的研究。由于报刊的政治化与阅读的意识形态倾向，我们先对士绅阶层的阅读进行初步分析，探讨他们在变革时代对报刊认知的历程。

应该说，维新之后到科举废除这七八年时间，是辛亥革命爆发前社会力量分化、整合、积蓄的时期。从总体上看，士绅阶层仍然保持着极为强大的力量，其内部尽管有少数人士通过留学、创办工商企业而转变身份，但是大多数仍然拥有精英阶层的诸多特殊利益和身份上的优越感。同时士绅阶层内部在政治、经济和文化资源方面存在着巨大差异。这一阶层对自身的体认，与他们的生活方式及价值取向有关，而他们对报刊传媒的态度，也能折射出对时局和社会的认识。

关于这一时期士绅社会的报刊阅读，是一个极为复杂的问题。我们在此讨论的士绅主要指进入仕途的官员和获得科举功名但没有职位的绅士两类人员。一般意义上的绅士则包括官员和各类有功名的人，如张仲礼认为："绅士的地位是通过取得功名、学品、学衔和官职而获得的，凡属于上述身份自然成为绅士集团成员。"① 而费孝通则认为："绅士可能是退休官员或者官员的亲属，或者是受过简单教育的地主。"② 从清末社会的实际看，张仲礼对绅士的定义较符合实际情况，尤其是同光年间，清政府大力推行捐纳制度，通过这种"异途"获得功名的读书人大量增加。"由于'正途'和'异途'绅士

---

① 张仲礼：《中国绅士：关于其在19世纪中国社会中作用的研究》，李荣昌译，上海社会科学院出版社1991年版，第1页。对于绅士的定义，存在着一定差异，比如，有些读书人虽然没有功名，但由于具有一定的学术影响而受到官方的重视，也有可能跻身绅士之列。因此，考察绅士的身份，可能更多地需要从政治、经济、文化资本等综合因素考虑。

② 费孝通：《中国绅士》，惠海鸣译，中国社会科学出版社2006年版，第11页。

人数猛增，19世纪末绅士本身及其家庭成员的总人数增加至700万以上，增长幅度超过34%，在总人口中绅士及其家庭成员所占比例从1.2%增加至1.9%。……上层绅士中有半数是'异途'出身。……绅士构成的变化，影响了绅士作为社会领袖的素质。"① 士绅结构和人员的变化，势必影响到这一阶层的阅读、品位和价值观。为了集中论述，我们通常将士绅分为"官""绅"两类。从报刊阅读的角度看，清末士绅人数的增加，从总体上有利于报刊向社会精英渗透。但是，由于士绅们在接受、阅读和思考新式报刊传媒方面存在着较大的差异，尤其是清末下层绅士尚未广泛接触新式报刊，且下层绅士有关读报的史料较为少见，在这里，我们对士绅阅读报刊的态度、观念和价值观等方面进行分类讨论。

一、传统士绅获取新闻资讯的途径

从年龄阶段上看，20世纪初期的士绅，有少数是出生于道咸年间的老年士绅，大部分士绅则是出生于同光年间的中青年士绅。对于少数老年士绅而言，他们在青年时代很少有机会阅读新式报刊，或者对报刊的价值和作用缺乏认知。他们在中老年时期虽然有机会接触报刊，却很少关注报刊时政新闻。如曾任内阁总理大臣、军机大臣的那桐，出生于1856年，他自1890年开始记日记，止于1925年，然而，在他35年的日记中，多为官场酬酢和日常琐事，基本没有读报的记录。出生于1821年的著名学者俞樾著作等身，阅读范围极广，但他的论著中对报刊很少提及。其公开的手札中，仅在致毛昶熙的信中有"阅《新闻报》"的记载。② 1829年出生的李慈铭，虽然在1894年已经去世，但他长期在浙江绍兴生活，接触报刊的机会应该会有的。但是，纵观他数百万字的

---

① 张仲礼：《中国绅士：关于其在19世纪中国社会中作用的研究》，李荣昌译，上海社会科学院出版社1991年版，第154页。
② 俞樾：《致毛昶熙（4）》，见上海图书馆编：《俞曲园手札·曲园所留信札》上册，上海科学技术文献出版社2011年版，第27页。信中云："昨阅《新闻报》，有星使过浙一候。朝鲜使许子衡未届满，何忽改派？此使者名刘秉观，系外务部协理，世袭忠祖都尉官职，均可疑。"从新闻背景分析，这可能是俞樾暮年的书信。

《越缦堂日记》，鲜有阅读新式报刊的记录。① 然而，读邸报则是他的日常功课，尤其是上谕中的官员任免消息，成为他在日记中抄录的重要内容。

出生于1849年的叶昌炽，从1874年开始记日记，坚持47年之久。这位曾官至甘肃学政的大员，嗜好收藏古籍和金石，在维新前后对新式报刊并无多大兴趣。纵观其对日常生活的繁琐记录，只是偶尔提及《申报》，在其官宦生涯中，经常坚持仪式化阅读的，除了传统经典之外，就是邸报。即便在维新变法的那年，他也是多次通过"阅邸抄"了解变法的进程。如他在四月二十四日记道："阅邸抄，严旨变法。有云：老成忧国，以旧章必应墨守。"四月二十五日日记载："阅邸抄，徐子静年丈奏保人才，工部主事康有为，兵部主事张元济廿八日预召见。"四月二十八日又记道："阅邸抄，虞山师奉旨放归，朝局岌岌不可终日。"② 维新变法之后，他专注于《语石》一书的写作，更无心关注各种新式报刊了。纵观其1898年之后的日记，很少有阅读新式报刊的记录。

曾任云贵总督、北洋大臣、大学士的王文韶，从1867年开始记日记，除了有数年缺失外，坚持至1902年止。他每天记载的多是公务、应酬、会客、收发书信之类的事情。他记载的诸多官场动态，主要源自公务文案和各级官员的交谈，以及抄录邸报的一些上谕和奏章。如光绪二年（1876）六月二十九日日记载："阅邸抄，江西主考正文澄（满洲人），副刘恩溥（直隶人），浙江主考正潘斯濂（广东人），副王先谦（湖南人），湖北主考正叶大焯（福建人），副梅启熙（江西人），六月十二日放。"乡试为朝廷大事，官场对此颇为关注。当年九月三十日，他阅邸报，"何少鲁放闽督，潘晴轩升滇抚，林颖叔放晋藩，杜鹤田升滇藩，方子箴升蜀臬"。③ 至1884年，他已在日记中多

---

① 《越缦堂日记》被列为晚清四大日记之一，但是，它对新思潮的记载不多。正如鲁迅所言："《越缦堂日记》近来已极风行了，我看了却总觉得他每次要留给我一点很不舒服的东西。为什么呢？一是钞上谕。大概是受了何焯的故事的影响的，他提防有一天要蒙'御览'。二是许多墨涂。写了尚且涂去，该有许多不写的罢？三是早给人家看，钞，自以为一部著作了。我觉得从中看不见李慈铭的心，却时时看到一些做作，仿佛受了欺骗。翻翻一部小说，虽是很荒唐，浅陋，不合理，倒从来不起这样的感觉的。"（鲁迅：《鲁迅作品集·三闲集》，人民文学出版社1973年版，第28页。）
② 叶昌炽：《缘督庐日记》第5册，江苏古籍出版社2002年影印本，第2686、2687页。
③ 王文韶著，袁英光、胡逢祥整理：《王文韶日记》（上册），中华书局1989年版，第390、405页。

次记载"恭阅电报邸抄"。甲午中日战争后,他任直隶总督兼北洋大臣,每天经常收发10余件电报,如光绪二十一年(1895)一月二十六日,"接电七件发电十件"。① 但是,此类公务往来所使用的传播技术并没有促使他接触新式报刊。从他近三十年的日记中看,几乎没有阅读新式报刊的记录。维新之后,他作为中枢大臣如果愿意阅读报刊,是较为容易的,但是,报刊仍然没有进入他的日常生活。

19世纪80年代之后,长期担任两江总督的刘坤一,早在《申报》发行之初,他便开始留意报刊新闻,维新前后,他阅读报刊的记录反而较少。1898年4月4日,《新闻报》的一则新闻称:"本月初八,本报记《文汇西报》云:初四日,南京访事人来信,内称金陵逆伦一案,日来两江督宪刘岘庄制军因阅新闻,报中详载一切,当于前日札饬查办矣。"② 这表明刘坤一(岘庄)通过读报了解案情并及时查办案件。但是,在刘坤一的日记和文牍中,甲午之后,更多的是"电文"。此类情况,在张之洞等洋务派大臣的书信、奏章中,也颇为相似。张之洞也较早接触报刊,但进入20世纪,他的书信中则很少有读报记录,仅在1907年俞樾去世之后,他写信给其孙子俞阶青说:"前阅报纸,即闻令祖曲园大人噩耗,私衷惊悼,莫可名言。嗣奉讣音,并读留别诸诗,仰见襟怀洒落,道力坚深。"③ 显然,诸如刘坤一、张之洞之类的高级官员在公务往来中,多使用"电报",甚至一些重要奏折也使用电文,这说明高级官员对官方新闻的掌握具有明显的时空优势,他们通过"电报"在上下级之间进行公文传递,对于收发、阅读电报的人而言,电报内容具有较为明确的阅读指向。尽管如严修这样的低级京官,在光绪十三年(1887)能够收到来自天津亲友的电报,④ 但在一些偏远的府县,尚未开办电

---

① 王文韶著,袁英光、胡逢祥整理:《王文韶日记》(下册),中华书局1989年版,第641、873页。
② 《阅报记逆伦案发有感而言》,《新闻报》1898年4月4日,第1版。
③ 张之洞:《与俞阶青》,苑书义、孙华峰、李秉新主编:《张之洞全集·书札四》第12册,河北人民出版社1998年版,第10345、10346页。
④ 如光绪十三年(1887)七月十五日,严修在日记中记载,"接少南电报,言姑母病甚"。少南为严修的表兄,与严修来往较为密切。严修接到电报后,于七月十七日启程回津,七月十九日,"到宋宅姑母处"。严修著,陈鑫整理:《严修日记1876—1894》(上),天津古籍出版社2015年版,第451、454页。

报业务，中下级官员的公文传输受到极大制约。当时报刊所转载的各种上谕，大多来自《京报》和邸抄，而许多高级官员已通过"电报"获知。

维新前后，尽管时务报刊颇为盛行，但内地一些地方官员仍然难有机会阅读现代报刊。光绪年间诸多地方官员的日记，诸如《南行日记》《北行日记》《闽行日记》《使粤日记》《还京日记》等，未见阅读现代报刊的记载，虽然不能由此判断日记主人没有读报，至少说明他们对报刊尚无深刻认识。对于地方官员而言，邸抄仍然是他们最主要的官方信息来源。光绪初年开始记日记的范道生，曾在数县担任县令，在甲午之前，他基本上没有读报的记录。丙申年（1896）二月四日，他来到上海之后，住在"长发栈"，第二日，他在日记中记载："早，六侄买报回，知余于正月选授江西之铅山县矣。是月知县八缺。"① 彼时，范道生显然还没有接到正式的任命书，但报刊很快地透露了他的任职消息。然而，当他赴任铅山之后，在日记中从未有买报与读报的记载。这说明"地理空间"在一定程度上制约了地方官员的读报活动。

对于一般士绅而言，由于传播技术的限制，很难通过电报获取新闻，接触现代报刊的机会也非常有限。出生于1833年的王闿运，长期在书院担任教席，学问精深，以经学造诣名重一时。他的《湘绮楼日记》起于1869年，终于1916年，对日常生活的记载极为细致，但是这位沉醉于经学的大学者，主要通过人际交往获取外部信息。尽管在日记中记载了几次阅读《申报》的记录，但他摘录的短短几句，主要是故旧中式或官场变动之事，相对而言，他对邸报、京报上的消息更为重视，日记中有关阅邸报、京报的记录颇多。早在同治十一年（1872）五月二十八日，他记载："段培元来，见示京抄，知倪豹岑出守荆州，成俞卿得郧阳总兵，沈玉遂甘肃总兵，皆相识者。"② 对于时局，他很少通过读新式报刊加以观察。至光绪二十四年（1898）三月二十六日，他仍然"看京报"，得知"三月十五日犹从容议治河"，便判断"外间纷

---

① 范道生：《瞻岱轩日记》，桑兵主编：《清代稿钞本》第8册，广东人民出版社2007年版，第78页。
② 王闿运著，吴容甫点校：《湘绮楼日记》（1），岳麓书社1997年影印本，第323页。

纷传说，皆讹言也"。① 可见，这位潜心于考据的经学大师，虽关心国家大事，但很少通过阅读新式报刊了解时政新闻，之后十多年，尽管长沙等地购报已较为方便，他的日记中仍很少出现读"洋报"的记录。

而一些士绅虽曾长期在京沪津杭等大都市生活，却在日记中很少记载报刊新闻。如出身官宦世家的何荫柟长期在杭州生活，他的日记始于1877年，终于1912年，他的祖父何兆瀛、父亲何承禧在中法战争期间留下大量读报记录，家里长期订阅《申报》。但他很少记载读报活动，这大约与他的选择性记忆有关。他到沪上游玩，则偶尔记载读报活动，如光绪二十三年（1897）三月六日，他读报并记载："小车加价捐一事，可以暂时平息，此关道调停其间，久之如何，则未可知。"② 光绪三十二年（1906）十月一日，他读九月二十七日《申报》，"载松江青浦县田大令春亭曾于春间倡捐经费，就衙署东廊开设戒烟社一所，用林文忠公原方配合丸药，每两月送戒三十人，逐日验票给药。开办以来，戒脱者已有多人"。③ 宣统三年（1911）闰六月廿六日，他与友人阅报后，"闲话上海《时报》有滑稽测字一段，竟以盛宣怀三字，反复比喻，为妙为肖。祸兮福倚，福兮祸伏，舆论大可畏矣！"④ 尽管报纸新闻可记者甚多，但何荫柟似乎很少关注时政新闻。对于一些士人而言，在"可读"与"可写"之间存在着巨大差异。

另一位士绅何宗逊虽游历上海，后来长期游幕北京，却很少关注报刊新闻。何宗逊1862年出生于安徽黟县，光绪十五年（1889），以优贡的身份赴京参加朝考，获第一。六月十二日，他在京拜见其师翁同龢，翁氏告知他上谕已下，"蒙恩钦用知县"。之后于光绪二十三年（1897）应顺天府乡试，四月七日，他道经上海，十二日，"至海天春吃番菜"，十三日，"至同文书局，

---

① 王闿运著，吴容甫点校：《湘绮楼日记》（4），岳麓书社1997年影印本，第2210页。
② 何荫柟：《鉏月馆日记》，周德明、黄显功主编：《上海图书馆藏稿钞本日记丛刊》第78册，国家图书馆出版社、上海科学技术文献出版社2017年影印本，第258页。
③ 何荫柟：《鉏月馆日记》，周德明、黄显功主编：《上海图书馆藏稿钞本日记丛刊》第83册，国家图书馆出版社、上海科学技术文献出版社2017年影印本，第66页。
④ 何荫柟：《鉏月馆日记》，周德明、黄显功主编：《上海图书馆藏稿钞本日记丛刊》第85册，国家图书馆出版社、上海科学技术文献出版社2017年影印本，第157页。

购《三希（堂）法帖》一部、《海国大政记》及《盛世危言》各一套"。他在上海逗留二十天，既然有机会吃西餐、购新书、游公园、看马戏，如他稍为留心的话，购阅《申报》《新闻报》《时务报》等报刊并不困难。但是，他对报刊新闻似乎并不关注。1900年，他入直隶提督马玉昆幕府，总理文案兼营务处，接触不少京城高官和社会名流。之后二年多，他经常处理各种电文、禀稿、书信，并通过阅读邸报、电文了解官场动态，但在日记中几乎没有提及报刊传媒。光绪二十九年（1903）十二月八日，他在日记中第一次记载了现代报刊。是日，"赵周人持《新民丛报》见视，梁启超手笔也。议论多不纯正，而词锋峭厉，实为中外各报之冠"。[①] 按理，何宗逊对《新民丛报》有如此高的评价，会设法找来阅读。但他之后的日记中，并无阅读报刊新闻的记载。他偏爱抄录上谕，阅读邸报仍然是他日常生活的重要内容。

　　从报刊的"可得性"角度看，清末士人获得报刊的途径较多。但不少士人在清末的日记中很少提及报刊，遑论系统的读报记录了。如徐际元的《徐善伯先生日记》（1903—1914）基本上没有读报的内容。邹嘉来的《怡若日记》（1908—1911）也很少有读报记载。苏州的潘祖年为名门之后，其祖父潘世恩官至武英殿大学士，为苏州望族。苏州报刊市场较为发达，以潘祖年的地位和实力，购阅报刊自然不是问题。但其《拙速日记》（1901—1924）亦难觅报刊新闻的踪影。而曾在《时务报》任译笔的李维格，后又担任湖南时务学堂的教习，见闻甚广，但他在维新之后的《思无邪堂日记》（1901—1905）中，竟然很少提及报刊。清末士人流存的日记数量较多，但从报刊阅读史的角度看，记载读报活动的日记比例较低。而一些士人偶尔也记载读报活动，但他们采取的是记"流水账"的形式，很少讨论新闻。一位佚名的士人在其《知奋斋日记》中，也有数次阅报记录。光绪三十二年（1906）农历四月四日，他记载："晚阅报。"七月二十四日，他下午阅报，"载□立宪折，内宣布六条"。[②] 显然，此类记载，语焉不详，难以从文本本身进行深入讨论。阅读

[①] 何宗逊著，韩宁平、夏亚平整理：《何宗逊日记》（上），凤凰出版社2019年版，第14、51、437页。
[②] 佚名：《知奋斋日记》（1905—1906），上海图书馆稿本（编号：T48150），光绪三十二年（1906）四月四日，七月二十四日。

史所强调的真实读者，是那些留下了阅读记录的读者，而不少士人不一定在他们的日记中记载个体的阅读经历，那些没有读报内容的日记，就很难为我们提供读报的依据。

清末新政之后，一些士绅对新学和报刊仍持排斥态度。一位佚名的读书人在其《蜃皋斋日记》中，就表达了对所谓"开化者"的不满。他说："今之自命为开化者何等虏？彼盖以为脱离旧学之奴隶而日进于新学界之文明程度人也。然以予看之，彼虽不为旧学之奴而反为新学之奴隶也，虽不在周孔脚下盘旋反在康梁脚下盘旋。欲深反浅，欲高反卑，且居于卑而不自知其卑也。"他对旧学的坚守体现在日常的阅读生活之中，尤其是对报人和新式报刊不以为然。如光绪三十年（1904）十月十七日，他对报纸所载张家口"中秋见雪"一事嘲讽道："报馆中人，其地理学舛误如此，尚嚣嚣然自命为新学，其新学亦可知矣。"五天之后，他引用友人聊天记录，"雉生云：日人呼中国报馆家为之'呜呼党'，又文桥自号曰'穷斯滥党'，盖取'穷斯滥也'句意"。这足见其对报人的轻蔑之意。由于他对报人和报刊颇为仇视，即便是偶尔读报，也颇有讥讽之意。如当年十一月五日，他读报后，"见晋省留学生书'忠肝义胆'，拂拂在纸上，令小胥录之以自怡"。① 其言外之意，就是对留学生的行为颇为不屑。因此，此类守旧之士对报刊的仇视和排斥是根深蒂固的。他们即便读报，也是以"新报旧读"的方式，以旧道德表达对新潮流的不满。

从上述所列举的晚清日记看，这些每天坚持记录日常活动的官绅，对新式报刊传媒漠不关心，现代报刊对他们的生活亦没有产生多少影响。他们习惯于传统的生活方式，通过写书信、读"邸报"和抄"上谕"对官场动态津津乐道，通过"会客"和"书信"建构人际网络和社交圈子，通过"经典""书画""棋艺""戏剧"表达日常爱好和审美情趣。即使是"维新变法"和"庚子事变"此类的重大事件，也不能改变他们对传统生活方式的坚守。他们对报纸较为冷漠，抗拒新思想，因此被认为是"守旧派"的中坚力量，这在

---

① 佚名：《蜃皋斋日记》，李德龙、俞冰主编：《历代日记丛钞》第155册，学苑出版社2006年版，第331、332、333、336、348页。

1903年的《苏报》案中表现得尤为明显。针对《苏报》反满舆论,商约大臣吕海寰、江苏巡抚恩寿、广西巡抚王之春、湖广总督端方都极为惊惧,一致要求严加惩办。可见,这些守旧的高级官僚对于有危清廷的言论是极为反对的。这些"体制内"的官绅之所以拒绝接触和阅读新式报刊,与他们的立场和利益有着直接的关联。即便是科举废除和清末立宪的推行,他们仍然不回应变革的潮流,对各种新观念、新技术、新思想置若罔闻,现代报刊很难进入他们的生活世界。

二、 新思潮与士绅读报的复杂心态

戊戌政变不仅对维新报刊产生了不利影响,一些"帝党"核心人物对报刊的态度也有所变化。如翁同龢在1898年被革职回常熟闲居之后,颇为烦闷,有时阅读《申报》《新闻报》,对报刊有关"妄议"他的新闻颇为不满,偶尔也记载一些与时政无关的事情,如光绪二十五年(1899)十一月四日记载:"苏州于前月廿九早,地微动,《申报》云,然吾乡人或知或不知。"第二年三月十八日记载:"《申报》云初十之八点钟苏州雷雨昼晦。"① 1901年之后,翁同龢的日记中已没有读报的记录。翁同龢被清廷贴上"永不叙用"的标签之后,还要被地方官"严加管束",已如惊弓之鸟,能在乡下苟延残喘已不容易,虽然他完全可以利用人际网络和常熟的邮政系统订阅各种报刊,但是暮年的翁同龢醉心于书画,闲来观摩各种碑帖,经常"终日写字",已对报刊资讯极为淡漠。

与翁同龢有着忘年交的状元张謇,则在戊戌变法之后远离官场,一心在南通谋划和筹建他的大生纱厂,走实业救国之路。1899年之后,他的日记仅记录了几次重大政治事件的报刊报道。一是慈禧太后谋废光绪帝,立溥儁为皇储,此事引起朝野议论,光绪二十五年(1899)十二月二十七日,张謇在日记中记道:"见《申报》《新闻报》《中外日报》,昨说果确,并有明正元旦

---

① 翁同龢著,翁万戈编,翁以钧校订:《翁同龢日记》(第7卷),中西书局2012年版,第3289、3312页。

内禅，改元'普庆'之说，亦有'宝庆'之说，海内人心益惶惶已。"另外一次是针对光绪、慈禧先后去世的消息，张謇接连三天看报，他对光绪突然去世深表怀疑。他在光绪三十四年（1908）十月二十二日写道："见报载：皇上二十一日酉刻大行，稍有知识者无不疑眩哀痛。八月各省保荐医生南来，固言上无病，日进方三四纸，进药三四碗。太后病，服药则不许人言也。立醇邸子溥仪为嗣，醇邸为监国摄政王。"① 这两次重大事件关乎国家的前途和命运，张謇通过读报得知详情并予以评论。但在1909年之后至辛亥革命爆发，张謇的日记鲜有读报记录。这一方面是由于他忙于实业和教育，另一方面也表明他对于当时的党派与政治争斗并无多大兴趣。

1844年出生的有泰，在维新时期担任常州知府，通过阅读《苏报》《中外日报》《新闻报》等报纸了解朝廷要闻和官场动态。1899年，有泰任虎神营右军统领，1900年，他担任鸿胪寺少卿，1902年12月2日被任命为驻藏大臣。在京期间，有泰的日记以记载公务、应酬为主，没有阅读报刊的记录。光绪二十九年（1903）五月二十三日，有泰在赴任途中，道经四川，他读到第五号《大陆报》，内载藏事难办一条："'驻藏大臣有梦琴都统，近将赴藏，适接裕大臣函称，藏地时有俄法弁兵游历，近更测绘地图，致藏民多生疑惧，虽经多方劝解，而彼来此往，兼有番苗教民聚杂其中，实难调和'云云。有大臣即面请枢密，指授机宜，以便起程，等语。"他读后大为不满，愤然指出："乃一片无稽之谈，不过吃洋饭者，代英国极感声听而已。"② 此则新闻因与自己相关，他详加记录和评论，有辨伪的目的。

有泰抵达拉萨后，在日记中对自己的公务活动和西藏社会事务记录颇详，也有机会接触到内地传来的新式书报。如他在光绪三十一年（1905）二月二十五日载："有洋板《东亚将来大势论》一本，借来一阅，系日本法学士持地六三郎原著，中国武陵赵必振译，意虽警惕彼国，然中土人观之，亦可猛然醒矣。"九月一日，他收到由直隶总督寄到的《湖北官报》，读后评价道：

---

① 张謇著，曹从坡、杨桐主编：《张謇全集》（第6卷，《日记》），江苏古籍出版社1994年版，第429、607页。张謇对光绪死因的怀疑，是当时较为流行的一种说法。
② 有泰著，康欣平整理：《有泰日记》（上），凤凰出版社2018年版，第353页。

"乃张湘〔香〕帅所送,甚好,颇可破乱党之肆无忌惮。"光绪三十二年(1906)三月五日,他阅览《成都日报》并记载:"翰林院掌院学士孙,代奏编修许邓起枢《条陈学务折》,其议论颇有识见,殊可佩服,其名四字颇奇,许邓似非复姓,即查搢绅,的系四字,号仲期,戊戌翰林,湖南湘乡人。"有泰通过查《搢绅录》,对报上的官员名字加以考证,满足了好奇心理。当年年底,有泰被弹劾去职。光绪三十四年(1908)三月,他被发配至张家口,十月二十八日,他在张家口读到《爱国报》,当日在日记中记载:"廿一二哀诰,哀诰均已恭读,竟觉昏迷,不知如何,则可将一切上谕敬谨摘录日记眉上。无可奈何,似看不清楚,略以恭记。"他虽戴罪在身,却对光绪皇帝和慈禧太后去世深感悲痛。之后,他偶尔有收阅报刊的记录。如宣统元年(1909)一月十三日记载:"阅报,新出浙江杭辛斋所著《农工杂志》一书,因令振勋至邮政局送给爱国报馆信一封,大洋三元,定全年十二册。"① 65 岁的有泰在去世的前一年,竟然在流放之地还订阅报纸,也算是不忘身外的世界,在凄苦中寻求寄托吧。

与有泰同年出生的吴汝纶,在维新时期早已退仕,以教书为乐。他热衷于西学,长期坚持抄录外报新闻,如《德七日报》《彼得堡时报》《太阳报》等等,读报后,他对国际政治、军事、科技等方面的问题都有较多评述。在辛丑年(1901),他阅读的报纸主要有《国民报》《胶州报》《苏报》等,八月十九日阅《胶州报》后评论道:"甚可观。"在当年十月二十二日,他见到《苏报》对刚去世不久的李鸿章轶事之报道,便特地记载:"公攻常州,尝著半臂驰马巡视营栅,过城外贼垒,谈笑指麾,若无所见。英将戈登骑从,深服公胆略……公亦喜以自负。谤公者多谓公有异志,盖棺论定,可免群疑矣。"这段话显然是有感而发,由于吴汝纶曾为李鸿章的幕僚,针对李鸿章身后的各种议论,吴汝纶借用《苏报》有关李鸿章的轶事来表达对昔日主人的评价,并于当月二十六日又抄录曾国藩对李鸿章克复常州的评价:"奇功伟

---

① 有泰著,康欣平整理:《有泰日记》(下),凤凰出版社 2018 年版,第 531、583、631、822、838 页。

烈，不独当世无双，即古人亦罕伦比。"其对李鸿章的推崇之意，通过新闻文本进行"拈借"。光绪二十八年（1902）他被推举为京师大学堂总教习之后，曾赴日本考察，并阅读《新民丛报》《游学译编》等报刊，他读《游学译编》后，对杨度所作叙例评价甚高，认为他是"新报家一高手也"。① 可见，晚年的吴汝纶思想仍然较为开放，善于吸纳新学，对新式报刊较为关注，对西学的引入和译介也较为重视。

1841年出生的顾森书，甲午之后一直任安徽巡抚幕僚，在1900年之前，他虽然偶尔阅读《农学报》等报刊，但对新式报刊的关注并不多。1901年是他读报生涯极为重要的一年。由于清王朝已经摇摇欲坠，在内忧外患的逼迫下，清政府开始实行"新政"，顾森书对"新政"的进展极为关注，大量阅读《苏报》《中外日报》《新闻报》《申报》等报刊，几乎每次读报后，都以"报登"的形式摘抄报刊各类评论和时政要闻。之后四年，他摘录报章文字在一千页以上，所载内容极为广泛，涉及朝廷政令、官员任免、督抚奏折、开矿修路、盐务漕运、屯田开荒、对外交涉、庚子赔款、海关税务、科举停废、书院改制、学堂兴办等方面的内容，记录了报刊刊登的各类重要新闻事件，可谓是清末报刊重要新闻的汇编，这在当时的士绅日记中是颇为罕见的。如光绪二十七年（1901）三月十二日记载："《中外（日）报》论用旧人行新政之谬。《苏报》登江督覆新政奏疏，内列十条，……《沪报》登程建勋等公禀请建书楼藏中外图籍，以便士人观览。"这些内容都与行新政有关，他一日总结三家报纸的精要论述，提炼主要观点，颇有心得。第二天他又摘录报纸所载李鸿章有关施行新政的对策："一、各省广设学堂，造就人才；一、各省多设报馆以广民智……"十四日，他抄录报纸所载地方督抚的新政举措："粤省赌规岁二百万，陶帅筹有抵质之项……袁帅议覆新政十条，……"② 此类报刊新闻的记载，在顾森书1901年之后的日记中随处可见，其内心对新政的热盼也流露笔端。

顾森书抄录报刊，对评论尤为关注。举凡涉及"新政"的论说，他都会

---

① 吴汝纶著，施培毅、徐寿凯校点：《吴汝纶全集》（4），黄山书社2002年版，第807、808—809、812、816页。

② 顾森书：《顾森书日记》（第4册），国家图书馆出版社2015年影印本，第55、56页。

摘抄，他抄录了《苏报》和《中外日报》的大量评论，而报章每天的重要新闻，他也择要列举。他每次抄录内容在数百字至数千字之间，可以说，抄录报刊已成为他日常生活的重要内容。以兴办学堂方面的内容为例，从光绪二十七年（1901）八月开始，他多次予以关注。如当年八月十三日，他抄录《苏报》论振兴学堂事宜："宜一编教科书，二定课程表，三立师范院。……"十一月二十九日，他记载《中外日报》的"学堂宜防流弊说"，以及《沪报》所载"州县宜增官分任"。十二月五日，他抄录报纸所登初一日上谕："切实举办京师大学堂，派张百熙为管学大臣，随时妥议具奏。……"十二月八日，他摘录《苏报》新闻："论学堂宜设政纲专科，分八门……"关于创办京师大学堂一事，顾森书也多次摘录报刊新闻，予以特别重视。如光绪二十八年（1902）一月二十二日，他摘录报纸所载《京师大学堂章程》："一预定办法，一宽筹经费，请二十余万两。一广购书籍仪器。一添建学舍。一附设译局。"[①]光绪二十九年（1903）闰五月六日他抄录初三日上谕："派张之洞会同张百熙、荣庆将大学堂章程一切事宜再行切实商订。……"[②] 由此可见，顾森书的抄报活动有着"求新求变"的意图。举凡"新政"举措和时政要闻，他都"抄而不误"。而对于社会新闻，他基本上"避而不载"。

1848 年出生的孙诒让，在维新时期已声名显赫，他热衷于阅读新式书报，倡导维新变法，与维新人物有着广泛联系。除了阅读《时务报》《知新报》《湘报》《蒙学报》等维新报刊之外，他还长期订阅《申报》《新闻报》等商业报刊。维新之后，他与梁启超、汪康年、蔡元培、宋恕等人保持着密切联系，并受赠和订阅大量报刊。如 1901 年，"梁卓如自日本寄赠《新民丛报》。孙诒让向上海订阅《教育世界》杂志，及商务印书馆出版之《外交报》，又订阅杭州《白话报》"。1902 年，"诒让向上海订阅顺德邓秋枚（实）主编之《政艺通报》半月刊"。1904 年，孙诒让"向上海商务印书馆订阅《东方杂志》"。1905 年，他"向上海国学保存会预订定阅《国粹学报》"。1906 年

[①] 顾森书：《顾森书日记》（第 4 册），国家图书馆出版社 2015 年影印本，第 236、354、359、363、396 页。

[②] 顾森书：《顾森书日记》（第 5 册），国家图书馆出版社 2015 年影印本，第 150 页。

春,他"致季芃书于东京,属为订购中国同盟会在日本发刊出版之《民报》,其后诒让尝采取报中所载白话宣传文字几篇,交高等小学堂油印,作为学生国语课教本,乡人见之者,皆惊异焉"。1907年,他"向上海国学保存会订阅《国粹丛编》","京报编行者汪穰卿康年,以其报自北京寄赠"。① 这些记载表明,晚年的孙诒让不仅潜心经学、热爱教育事业,其涉猎报刊之广,也是一般传统士绅难以企及的。

1853年出生的符璋,长期在台州、海门、广州一带任幕僚,曾短期任松阳知县,他嗜书如命,读书之多,当时温州推为第一。② 甲午之前,符璋在海门任幕僚时,就有订阅《申报》的习惯。惜甲午之后的十年,符璋的日记已遗失。至光绪三十年(1904)年初,符璋从处州府(治今丽水)松阳知县任上被解职,回温州闲居,但他与温州、永嘉等地官场、学界人物交游甚广。他关心时局,通过各种途径阅读新式书报。如二月七日,他的朋友从汉口来信,并附寄《新民丛报》两册,"即四册合订"。五月二十五日,他偶然阅读本月十二日《汇报》,特记载:"内有初八日上谕一道,以万寿庆典赦戊戌党人,所不赦者,康、梁、孙文三人而已。"六月十四日,他"偶借得《汇报》数纸",对当局"奉饬禁书十馀种"的新闻非常感兴趣,这些所谓"禁书",便是有"反清排满思想"的新书。他阅后特抄录书名于后:"《支那化成论》《支那革命运动》《新广东》《新湖南》《浙江潮》《并吞中国策》《中国自由书》《中国魂》《黄帝魂》《野蛮之精神》《廿世纪之怪》《帝国主义》《瓜分惨祸预言》《新民丛报》《热血》《谭庼丛书》《浏阳二杰集》《新小说》《广长舌》《最近之满洲》《新中支那活历史》。"两天后,他又"借阅《汇报》三四纸",认为该报"有'问答'一门,为刻下各报所无"。七月二十三日,他又借来《申报》及《时报》一阅,"知桂事糜烂,岑督上月西征"。他还从镇署多次借阅《时报》,对"上谕"提及的官员任命和官场动态颇为关注。同时,他也喜欢阅读《新小说》之类的杂志,认为"饮冰主人所著《新中国

---

① 孙延钊撰,徐和雍、周立人整理:《孙衣言、孙诒让父子年谱》,上海社会科学院出版社2003年版,第300、305、316、321、333、343、356页。
② 符璋著,陈光熙点校:《符璋日记》上册,中华书局2018年版,"前言"第5页。

未来记》小说第三回为古今奇文"。是年十二月,"镇江新出《商务报》",他亦关注。之后,他多次借阅《申报》,对1905年的《申报》改版,他颇有印象:"本年大改良,体例略如《中外日报》及《时报》,分上下两截。"① 从总体上看,符璋在去职后的一年间,通过阅读各类报刊了解大量时政新闻,并对新学有着浓厚兴趣,所谓"竟日阅报",是他酷爱读报的真实写照。

光绪三十一年(1905)二月,符璋抵达广州,受邀任广东水师提督李准幕僚,后来又任两广总督幕僚三年。在广东生活期间,符璋公务在身,但闲余喜逛书店,购阅各种书报,并对旧报亦感兴趣。至广州后不久的三月十日,他便"阅甲辰年《商报》竟日"。九天后,他逛旧书店,发现一种杂志,当日记载:"上海商务印书馆有一种报,月出一册,约二角零,汇辑各报之佳者,堪代抄掇。该馆与文明书局生意最旺,他皆不如。"显然,符璋看到的是《东方杂志》,三天后,他在日记中加以证实:"商务印书馆所出《东方杂志》,每月一册,价二角半,全年较便宜。"符璋初到广州,便有机会读到《东方杂志》,是因为"粤城双门底有商务分馆"。广州作为南方都会,与海门、温州等地相比,购阅书报自然要便捷许多。除了外地报刊,本地的"《羊城日报》纪此间省城事颇悉"。五天后,符璋又因公务抵达汕头,四月二日,他便"取来《岭东日报》及《鮀江公理报》一阅"。两天后,"以洋八角交刘号房买《公理报》"。他在汕头期间,便主要阅读这两种本地报刊。四月十九日,他阅《岭东日报》十五日上谕,并记载他感兴趣的当地官场动态:"两广文武被劾者二十九员,广东候补道李准以总兵记名署理水师提督。第七营右哨哨官把总周东海准假修墓,委补用千总庄家斌接充。"② 八月八日,符璋在惠州公差,暇余阅报,见到本月初四日停废科举的上谕,并记载于日记之中:

  自丙午科为始,所有乡、会试一律停止,各省岁科考试亦即停止。

---

① 符璋著,陈光熙点校:《符璋日记》上册,中华书局2018年版,第136、150、153、158、161、176、185页。
② 符璋著,陈光熙点校:《符璋日记》上册,中华书局2018年版,第194、196、197、199、203页。

以前之举、贡、生员,分别量予出路。及其余备各条,均著照所请办理云云。盖直督袁世凯所奏也。著学务大臣迅速颁发各种教科书,以定指归而宏造就。并责成各督、抚严饬府、厅、州、县赶紧于城乡各处遍设蒙小学堂。①

沿袭一千三百年的科举制度寿终正寝,这对读书人的影响无疑特别巨大。没有功名的符璋读后感想如何,无法猜测。其时,他已 52 岁,科举仕进已离他十分遥远。然而,近三十年的幕友生涯,已使他习惯于与各级官吏打交道,闲来读报,仍是他之所爱。他多次游历香港,对香港所出报刊亦颇为熟悉,他评论道:"香港出(除)《商报》一种为保皇党,余皆革命党。革命下手,先破坏,后建立,先激烈,后和平。"对京沪所出报刊他也有评论:"京城新出《中华报》,每月一册,攻讦时政。上海《花月报》《花世界报》《消闲报》《白话报》皆堪遣闷。"对于上海出版的《南方报》《国粹报》《预备立宪公会报》,广州出版的《国事报》,北京出版的《北京日报》等报刊,符璋也曾涉猎。但他对《申报》似乎更感兴趣,经常抄录该报的重要新闻。宣统元年(1909)六月他从广州回到温州,则关注《浙江日报》上的新闻,尤对立宪事务颇感兴趣。如七月二十四日记载:"本日《浙江日报》内有宪政馆议覆于式枚一折,须细阅。"符璋虽在官场游走,但他对上海出版的革命报刊《神州日报》《天铎报》《民立报》,立宪派出版的《国风报》均感兴趣。他认为"《天铎报》颇佳,可看"。宣统三年(1911)他署理瑞安知县后,对官场贪腐颇为不满,在读报后往往会摘录官场丑闻和外交危局。如当年二月十五日,他阅初十《民立报》,"云伊犁全境被俄人占踞,将军已逃,新疆巡抚有电至京云云"。二十三日,他阅《浙江公报》,"登吴藩卖缺卖差,由门丁居贵经手,事恐非无因。《中外报》登《京师百怪录》,外部侍郎曹汝霖以爱妾二人交欢二贝子,为美人计之最工者"。三月十六日,他阅初九、初十《民立报》,"登载英、法使臣电告政府,各国瓜分中国,即日以兵力实行。摄政王

---

① 符璋著,陈光熙点校:《符璋日记》上册,中华书局 2018 年版,第 219 页。

得报，叹泣而已。此事各报多登，独《申报》未登，奇哉！"① 官场腐败不堪，清廷内外交困。彼时，距离辛亥革命爆发仅半年之余。符璋虽在知县之位，但清廷的覆灭已在他的读报记录中找到某些迹象。

1856年出生的文廷式，1896年遭御史杨崇伊参劾，被革职驱逐出京。维新之后，他逃往日本，关注时务，热衷于宣扬"君民共主"，支持变法维新。光绪二十五年（1899）十二月十三日，他途经汉口，寓《汉报》馆，遍阅各报。"始知山东乱事已蔓及直隶。又闻法人要索多款，始不可从；四川又有连陷四城之说；意大利事虽不遽起，亦未敉平，百忧攒心。"此时的文廷式虽被朝廷通缉，但对内外交困的局势颇为担忧，"夜不成寐，但玩月色"。当月二十五日，他读到《中外日报》"已为穆宗立嗣"的新闻，② 更感到不安。在文廷式生命的最后几年，日记中看报的记载虽然不多，但他经常往返于萍乡、上海、南京、长沙之间，了解时政，忧国忧民。

但是，在京城中的一些中下级官员则对清末"新政"并无多大兴趣。如恽毓鼎在维新时期思想比较开明，对变法活动有着一定见解。虽然他在1882年就开始阅读《申报》，且在1898年读过《国闻报》，但在戊戌变法失败之后，他的日记中很少记载读报的内容。这一方面与他长期担任史官，在宫廷中随时听命有关；另一方面，他热衷于记载自己的宫廷见闻和日常生活，结交的人物大多思想守旧，且以朝廷官员为主，很少了解京外新闻舆论，即便是20世纪初《北洋官报》等各类官报盛行之后，他仍然对报纸置若罔闻。这与他在年轻时期读报纸发感慨有着截然不同的价值取向。如恽毓鼎之类的京官，无论从职业、观念还是需求上看，他们对接触新式报刊的意愿都不强烈，至于革命派的反清排满言论，已经触及他们的切身利益，更难进入他们的视线。

1857年出生的刘鹗，虽在科场很不得意，但凭借其父刘成忠与当朝显贵的关系，广泛结交社会贤达，并获得候补知府的资格。他与汪康年、狄楚青、沈荩等报人有着密切交往，经常与友人在上海一品香等餐馆聚谈，如清末有

---

① 符璋著，陈光熙点校：《符璋日记》上册，中华书局2018年版，第225、333、403、422、423、427页。

② 文廷式著，汪叔子编：《文廷式集》下册，中华书局1993年版，第1156、1158页。

名的摄影记者李少穆,与其关系密切。乙巳年(1905)一月二十七日,刘鹗"与李少穆约午刻一品香,饭后至大成公司"。六月二十三日,为了好友赵君(子衡)报馆入股事,"至《时报》馆候二狄"。七月二日,他又与赵子衡相约,"同往海天邨晤《申报》馆主笔也"。他曾掌控《天津日日新闻》,兼具报人的身份。这说明他在报界有着较为广泛的人脉资源。但是,在刘鹗晚年的日记中,读报的记载并不多见,仅在日俄战争期间,他于乙巳年(1905)四月二十八日读报得知:"俄舰第二队沉六只,获四只,第三队全军覆没。午后闻第四队已回西贡矣,喜甚。并知俄海军总司令已为日本所获,此真非常之辱也。"① 按照常理,刘鹗经常与报人接触,自己又有办报的经历,接触与阅读报刊的机会理应很多,但他日记中记载报刊新闻的内容却较少。

值得注意的是,一些远离官场的士绅对于报纸却有着特殊的感情。尤其是随着清末报刊的多元化发展,各种政论性、娱乐性和文艺性报刊纷纷面世。一些在维新前后已有读报习惯的士绅,在戊戌变法之后,读报的热情并没有消退,反而由于交往、视野和价值观等方面的原因,对新式报刊的阅读极为热衷。如孙宝瑄在维新时期就经常阅读《时务报》《知新报》《湘学报》,与维新人士交游甚广。《清议报》创办不久,孙宝瑄在光绪二十五年(1899)十二月二十六日就"自友人处假观"。光绪二十七年(1901)二月十三日,他记载《清议报》的评论,"《清议报》论既有云:支那古时动称以礼乐化民,其实乃抑塞人之志气,使俯首帖耳于民贼之下。是偏激之论也"。当年六月,其兄曾在信中告诫他:"不许再与好议论国事人往来",他承应"绝口不谈时事,萧然物外,交游甚稀。虽在沪,绝不干祸"。仅过了三个多月,他便对《新闻报》有关李鸿章的评论颇为不满,在日记中大发议论云:"夫上海主笔之人,大抵新党言变法者也。甲午之败,败于不蚤变法,法不变,人材不出,安有人用,与李公何涉?故既谈变法,即不能责公之用人不当;责公用人不当者,必其不主变法之人也。不意海上新党,主持公议,乃亦染顽固之积习,为是矛盾之辞,隔膜之语,真咄咄奇事!"过了一个多月后,他对《中外日

---

① 刘鹗著,刘德隆编:《抱残守缺斋日记》,中西书局 2018 年影印本,第 192、281、288、247 页。

报》辩护李鸿章的文章赞不绝口,在日记中写道:"见《中外报》(《中外日报》)载,美国某报馆论李文忠,与余所见不侔而合,即为白其联俄之苦衷也。美国人最能持公论,其心平,其识远。"① 孙宝瑄对李鸿章的褒扬,除了对其才能十分佩服之外,与李鸿章是其岳父李瀚章之弟有关。

  由此可见,孙宝瑄和同时代的一些士大夫,都是从旧向新转换时期的过渡人物。他们说不上是封建制度和封建思想的叛逆者,只是新的时代潮流的跟随者;他们不是革新的战士,只是对旧制度、旧思想时而"勇敢"、时而怯懦的反对者。② 这从孙宝瑄对《清议报》的评论中可以观其态度的"暧昧"。当他觉得《清议报》言论符合他的观点,便大加赞赏,如他读到梁启超在《清议报》第82、84期所发表的《十种德行相反相成义》一文时,便写道:"议论精辟,如我心中所欲言,足征其学识之进。"但他看到《清议报》赞同北京民众为八国联军送"万民伞"的行为时,便立即加以辩驳:"余以为不然。夫抚我则后,虐我则仇,古之常理,何足为耻。且当时力既屈矣,使犹不服,惟有尽受西人之屠而已。未闻不忍其为奴隶者,反忍其受锋刃也。"可见,作为一个传统士大夫,孙宝瑄对维新报刊的具体言论往往从自己的立场加以褒贬。这与他对《新民丛报》的态度如出一辙。光绪二十八年(1902)二月二十日,当他初读该报时,便大加赞赏道:"梁卓如改《清议报》为《新民丛报》,议论较前尤持平,盖年来学识之进步也。其《新民说》谓:国家之日就衰弱,由民德民智民力之未充,不得专责一二君相,可称至言。"梁启超为"君相"开脱,显然符合孙宝瑄为李鸿章辩护的意图,所以他认为梁说的是"至言"。但是过了大约四个月,孙宝瑄便借友人之口,对《新民丛报》加以贬低:"梁任公《新民丛报》,新理盈篇累幅,我国人读之耸目惊心,而自日人观之,皆唾馀也,其程度相去甚远。"而他对梁启超有关"德性"的新见解,颇为不满,他认为:"任父《新民报》(《新民丛报》)议论太多,其中失当者有之矣,如论道德所以利群,而无定理,谓:古代野蛮中,有以妇女公有为

---

  ① 孙宝瑄:《忘山庐日记》(上),上海古籍出版社1983年版,第298、320、372—373、420—421、438页。
  ② 李侃:《近代传统与思想文化》,文化艺术出版社1990年版,第202—203页。

道德，或以奴隶非人为道德，后世哲学家犹不敢谓非道德。"他直接加以反驳："此野蛮之习俗耳，何关于道德！若果系道德，今日何必改变之耶？"而对梁启超所介绍的"边沁"的学说，他也加以体悟，他说："今观《新民报》（《新民丛报》）十五号任父所叙乐利主义泰斗边沁之学说，亦以苦乐为善恶之标准。但其说与余小异。彼谓：使人增长其幸福者，谓之善；使人减障其幸福者，谓之恶。虽然，彼之所论者为一群而言，余则专为个人而言。夫减障一群之幸福，其发源由于个人逞纵乐之志；增长一群之幸福，其发源由于个人怀救苦之心。则边沁说，与余不俟而合也。"① 可见，在具体理论的认知上，孙宝瑄在读报后都会加以思考和辨析，说明他对新观念有着自己的价值判断。

　　1903年之后，孙宝瑄读报的种类更多，涉猎的内容也更为广泛。不但经常关注"西学"，谈论西方民主和主张开议院、设报馆、兴教育，与维新派的思想相呼应。同时，他经常阅读新出版的各类报刊。如在1903年，他阅读了《浙江潮》《新小说报》《大公报》《新民丛报》《时报》等多种报刊，他在日记中记道："岁终无事，看《小说报》自遣。"② 在1906年之后，孙宝瑄在邮传部充任庶务，混迹于官场，忙于各种应酬，思想日益消沉，对"立宪"活动大加赞赏，对革命党的活动横加指责。从他的读报内容亦可看出其思想变化的轨迹。在此后的三年间，他读报的频率大为下降，很少阅读革命党人所创办的报刊。而他对《京报》《顺天时报》《外交报》虽有提及，但所阅次数不多，如他偶读《京报》并记载："口北之马出于吾国者，每匹不过数十金。"但是，"一至日本，加之训练，转售吾国直数千金"。他便利用所学的经济学知识加以解释："生产之数，过于消费之数，乃谓之经济之消费；生产之数，不敌消费之数，则谓之不经济之消费。"而他对《时报》评价甚高，"其评断朝野之得失，极公而确"。③ 对于此前所津津乐道的议院制度，在丁未年（1907）五月二十二日读《时报》后，他颇有感慨：

---

　　① 孙宝瑄：《忘山庐日记》（上），上海古籍出版社1983年版，第496、494、492、549、561、572页。
　　② 孙宝瑄：《忘山庐日记》（上），上海古籍出版社1983年版，第812页。
　　③ 孙宝瑄：《忘山庐日记》（下），上海古籍出版社1983年版，第1007—1008、1033页。

第四章　20世纪初报刊发行与读者阅读

《时报》论各国议会，多采两院制度，盖皆成于自然之结果，非强之使然也。如英国当八百年前，即有贵族平民之竞争，两院成立，实基于此。独德国不然，亦以本国历史上之势态组织不同。今我国宪法始萌芽，将来若仿行议会，拟以一院为宜。何也？我国自皇家外，素无贵族贱族之分，故白衣可致公卿，而宰相蒙罪，下侪平民。如是，则又何必强分两院，使政界中多一重侵碍，而徒博崇效欧法之虚名无谓也。忘山曰，论颇近理，待余研考后决之。①

此段议论，与孙宝瑄平时的"立宪"观点极为接近，其"研考"只不过是借口而已。他对维护清王朝的统治不遗余力，对自身官禄的保全更为关注。因此，他便借《时报》的评论来表明自己的态度。他所谓的"立宪"，自然要排除平民的参与，保护官僚阶层的既得利益。所以，在清王朝处于崩溃的前夜，如孙宝瑄这样原来倾向维新的高级士绅，在面临自我"革命"之际，便无法割舍自身的利益，在思想上又回归到封建王朝的纲常伦理之中，大开历史倒车。如孙宝瑄之类的士绅，在清末官僚集团中应不在少数。

郑孝胥在清末官运亨通，他在思想观念上的转变与孙宝瑄较为类似。维新时期，郑孝胥与汪康年、梁启超、唐才常、谭嗣同等有过交往，并以章京的身份参与过戊戌变法，对维新运动颇为热衷，且经常阅读《时务报》《知新报》等报刊。但是变法失败之后，他便与维新派划清界限。1898年10月9日，他读报后，将慈禧禁报的"上谕"抄录于后，认为"报馆值禁，恐洋人必将干预"。此后，他相继担任广西边防大臣，安徽、广东按察使等职，对于新式报刊的态度发生较大转变，尤其对那些具有革命排满思想的报刊，他多持批判态度。而他在维新之后经常阅读的主要有《时报》《商报》《安雅报》《中外日报》等言论较为温和的报纸，对于《清议报》《新民丛报》及其他留学生报刊几乎不闻不问。对于维新派的言论，他在读报后往往加以驳斥，如他看到《中外日报》报道康有为"求救于英国书"等内容后，便认为"意主

---

① 孙宝瑄：《忘山庐日记》（下），上海古籍出版社1983年版，第1044页。

煽惑华民，然诸人误上深矣，今乃为止，岂为上计也"。① 从中可以看出，他与昔日曾拥护的维新派已划清界限。

当然，他一旦发现报纸上有褒扬自己的新闻，自然喜不自禁。在 1903 年 3 月 18 日的日记中，他对各报"言余奏调入川及奏留不准事"，颇为不满。而《苏报》报道云："川督保荐郑孝胥为四川督办矿路大臣，准其专折奏事，赏给卿衔。政府素恶郑之不善经营，遂降旨以道员发往四川差遣。……闻须援李征庸之例报效巨款，或可照准。"他"览之大喜"。而之后的一年，郑孝胥一改往日习惯，在日记中很少有阅读报刊的记录。直至 1904 年在广西任边防大臣时，他才开始阅读《商报》，记载的是好友张季直（张謇）被商部奏保，"奉旨赏加三品衔，充商务部头等顾问官"。之后，他对日俄战争的新闻颇为关注，6 月 12 日，他"阅《商报》"，得知"日本军以十三日攻取金州，死三千五百人，俄人败于海城"。广西龙州地处偏远，郑孝胥还通过其弟寄阅报刊，如 7 月 22 日，他收阅《繁华报》，"内有《郑苏龛》三则"。10 月 11 日，他看到《新闻报》上的新戏告白，认为其内容"抄予《函髻记》以付菊部者"。21 日，他读报后，得知"文芸阁卒于萍乡"。龙州邮路不便，上海出版的报纸，往往两个月都难以收到。他只好"借阅《粤报》，借看香港《中外新报》"。②

而他在 1905 年调任广东后，则偶阅广州当地的《安雅报》，当他看到自己"所上《三要》疏"③ 被《新闻报》刊登，颇为自得。值得一提的是，他在 1907 年 4 月 2 日的日记中，记载了他与《时报》《中外日报》的一桩笔墨官司：

《时报》《中外日报》因谤余借赈之议，大相攻击。高啸桐致书使余解之，乃作函与汪颂谷、狄楚青曰："报纸有担荷清议之责任，非报馆主

---

① 郑孝胥著，中国国家博物馆编，劳祖德整理：《郑孝胥日记》第 2 册，中华书局 1993 年版，第 689、698 页。
② 郑孝胥著，中国国家博物馆编，劳祖德整理：《郑孝胥日记》第 2 册，中华书局 1993 年版，第 868、939、944、950、960、970 页。
③ 郑孝胥著，中国国家博物馆编，劳祖德整理：《郑孝胥日记》第 2 册，中华书局 1993 年版，第 996 页。

人所得私也，若滥用报纸之权以快私愤，毋乃为贤者之过欤。公等因论事意见不合，宜以私函往复，不宜登报宣布，使天下轻议我辈之价值。胥虽寡识，犹欲自附于直谅之列，愿兄有以教之。"①

郑孝胥特地记载这封信的内容，意在表明对两家日报和主编的不满，并告诫报纸不要轻易议论他的行为，这与他在维新时期对报刊言论的支持已大不相同。一旦报刊涉及自己的利益，他便以高级官员的身份予以警告。而他发现报刊报道对自己有利的消息时，便不遗余力地抄录，在日记中加以披露。如1907年4月18日抄录《中外日报》新闻："政府将使郑苏盦练兵于奉天。"4月30日抄录《神州日报》新闻："邮传部函参以梁敦彦、于式枚、郑孝胥、杨文骏、周翼云请简。"② 郑孝胥屡屡抄录有关自己的新闻，颇有自我标榜之意。

1909年，郑孝胥对上海出版的《民呼日报》《神州日报》《民吁日报》亦有关注，如5月30日记："《民呼日报》出报才数日，昨已停止，今日又出。"10月4日又记："《民吁日报》于昨日出版。"③ 但他很少阅读这两种报纸。1910年，郑孝胥赴任锦瑗铁路督办，多阅读东北地区的报刊，如《奉天日报》《东三省日报》《盛京日报》等，对中俄铁路交涉、中美关系问题颇为关注，并多次抄录《盛京日报》相关新闻。

与郑孝胥长期在官场行走不同，蔡元培虽然在1892年考中进士，并入翰林院任庶吉士，但在戊戌变法之后，他便远离官场，热衷于创学社、设学堂、办报刊，并不断学习西方科技、文化、法律知识，视野开阔、思想前卫。1898年后，他在绍兴中西学堂等处任教，平时便阅读《汇报》《昌言报》《万国公报》《中外日报》等报刊，对时局较为关注。如唐才常在汉口被捕一事发生时，蔡元培在嵊县剡山书院任院长，从借阅的《中外日报》中得到消息，

---

① 郑孝胥著，中国国家博物馆编，劳祖德整理：《郑孝胥日记》第2册，中华书局1993年版，第1083页。
② 郑孝胥著，中国国家博物馆编，劳祖德整理：《郑孝胥日记》第2册，中华书局1993年版，第1085、1086页。
③ 郑孝胥著，中国国家博物馆编，劳祖德整理：《郑孝胥日记》第2册，中华书局1993年版，第1193、1210页。

并摘录事发情景："当往拿时,唐谓事既泄漏,有死而已,毋庸捆缚,同汝去耳。"对唐才常就义深表同情。1900年后,他对《译书汇编》《新民丛报》等报刊也较为关注,他读报较为细致,注重阐发新意。如对《万国公报》中刊登斯宾塞所著《自由论》的译文,他便提出质疑,认为"原文间有教中语,必非斯氏所言,略为删改"。① 1901年他参与创办《外交报》,为之作《叙例》,并对《外交报》的经营状况颇为关注。之后,他忙于筹建中国教育会,组织爱国学社,创办《俄事警闻》,并于1904年组织光复会,1905年加入同盟会,思想上向民主革命转变。这与那些在官场上高谈阔论的官员有着本质区别。

值得注意的是,清末上海、广州、天津等口岸城市工商、文教事业的发展,吸引了大量乡绅前往就业,从而推动了乡绅由乡村到口岸城市的社会流动。这些人在都市社会与现代传媒的相遇,在很大程度上改变了他们的观念世界。如著名报人英敛之早在1891年就给《益闻录》等报刊投稿,维新时期,他又给《知新报》写稿,已阅览时务报刊,但他养成经常读报的习惯还是在主编《大公报》期间。壬寅(1902)一月十日之后的十余天,他几乎每天"阅报",之后的数年日记中,阅报记录甚多。从他"灯下阅报""登楼阅报"的记载看,当时大公报馆订有多种报刊。如癸卯(1903)九月十日记载:"竟日阅戊戌年报纸,种种世故,线索显然。"② 这说明他还藏有一些旧报,其阅读范围颇为广泛。又如吕思勉的父亲誉千公,1899年在上海被盛宣怀聘为私塾先生,便有机会订阅新式报刊。他在当年农历二月十五日的日记中记道:"早间晤送报人,嘱送《政艺通报》《集成报》书。"③ 另外,他还借阅了《沪报》等报刊。显然,由于置身上海,这位曾任县学教谕的私塾先生,对时政新闻非常关注,通过阅读报刊增长见识,进而影响他对西学和新学的认知。

---

① 蔡元培著,王世儒编:《蔡元培日记》(上),北京大学出版社2010年版,第131、135页。
② 英敛之著,方豪录编:《英敛之先生日记遗稿》,沈云龙主编:《近代中国史料丛刊续编》第三辑,台湾文海出版社1974年影印本,第722页。
③ 《先考日记·己亥》,引自李永圻、张耕华:《吕思勉先生年谱长编》(上),上海古籍出版社2012年版,第48页。在这一年的日记中,誉千公多次提及《政艺报》或《政艺通报》,并在农历四月三日收到"第五期《政艺报》一册。"(同上书,第50页)这说明作者对该报的记忆是可信的。而目前有关《政艺通报》的创办时间,百度百科认为是光绪二十八年(1902)正月十五日,这与日记所载有很大差异。显然,誉千公的日记证明,至少在1899年,《政艺通报》已在上海发行。

维新时期，在重庆东川、致用书院任教的江瀚，积极接触时务书刊，在当地思想界颇为活跃。他一方面阅读《泰西新史揽要》之类的新学书籍，另一方面积极为汪康年代销《时务报》，与汪康年、黎庶昌、江标、宋育仁、陈三立等维新派人物有着密切往来，并积极参与《渝报》的创办。他通过《时务报》与重庆维新人士建立了广泛的联系。1897年11月，他受江标之邀，任长沙校经堂教习，与当地维新派人士亦有广泛交往。1898年1月23日，他"赴黄公度廉访席，同座湘绮、楚颂既袁叔瑜农部、张伯纯贰守、皮鹿门孝廉、梁卓如教习"。① 同席者皆为大家名流。同年2月，他抵达上海，与汪康年、蒋伯斧、罗振玉、邹代钧等维新派人物多次在"一品香"西餐馆聚谈。从重庆、长沙至上海，江瀚的生活环境发生了很大变化，其阅读报刊的范围也大不相同。在上海期间，他多次在日记中记载收阅和订阅报的经历，如：4月14日，"杨范甫过访，以《译书公会报》见诒"；5月12日，"云台送《集成报》来阅"；5月14日，"云台送《时务日报》来阅"；6月21日，"云台来言，垫付《农学报》费一事"。②

维新之后，江瀚阅读的报刊有《中外日报》《同文沪报》《新闻报》《政治官报》等。中年之后，江瀚对老友去世的新闻颇为关注。1900年1月3日，他阅《中外日报》后记载："江建霞于十月十九日在苏寓病故，亦可哀矣。"1901年4月10日，他看《中外日报》，"惊悉何眉孙于正月十一日忽然逝世，当作一笺告仲仁"。而当时报章上的时政要闻，他很少记录。1902年9月8日，他读《同文沪报》，"云上月东历三十号，邮船社会某丸由上海开行，遇飓风飘至朝鲜某岛，幸而无恙"。江瀚特地记载这一事故，是由于他的两个儿子江庸、江鹗恰恰搭乘此轮船赴日本留学，因此，他落笔的重心是："庸、鹗两男盖受惊不小矣"。③

江瀚长期从事教育工作，维新之后，他对教育问题仍然颇为关注。1902年11月10日，他读报后记载："泸州经纬学堂毫无成效，周孝怀束伏学生，

---

① 江瀚著，郑园整理：《江瀚日记》，凤凰出版社2017年版，第78页。
② 江瀚著，郑园整理：《江瀚日记》，凤凰出版社2017年版，第89、92、96页。
③ 江瀚著，郑园整理：《江瀚日记》，凤凰出版社2017年版，第128、139—140、189—190页。

几如地狱，范围教习，又如囚奴云云。"尽管当时已倡设新式学堂，科举考试已饱受诟病，但江瀚对科考新闻颇感兴趣，尤其是他读报获知自己的门生故旧中式之后，自然喜不自禁，在日记中加以披露。1903年5月14日，他通过读《新闻报》得知："易由甫得中进士，兹见会试全录，及门获选者有涪州萧湘、桂平赖瑾二生。"6月24日，他又读报获知："殿试题名门人黄承鄹二甲，赖献怀三甲，由甫亦三甲。"① 门人高中进士，作为昔日的老师，江瀚大书特书，感到无比荣耀。同时，他对官员任职也颇感兴趣。如当年11月13日，他读报得知："乐峰制府尚在沪，且有简放粤督之说。"12月16日，他阅《新闻报》后记道："樾村署盐茶道矣。"而对于《政治官报》报道自己被湖广总督陈夔龙保举一事，他在读报后颇为平静，表明自己"无心进取也"。② 庚子事变后，时局危殆，但江瀚的读报记录很少涉及时政要闻，却偏爱科举和官场新闻，这与他在维新时期创办新式报刊的雄心已大不相同。作为传统士绅，他的内心仍然对旧制度颇为依恋。

20世纪初，随着北京报刊业的发展，京城士绅接触报刊的机会大增。一些士绅则由于寓居京城而阅读现代报刊，了解时政。如江苏苏州吴县绅士王祖询，是光绪十七年（1891）优贡，次年朝考获一等第一名。他虽然在1899年记有《望云庐日记》，但至1905年7月前，他的日记中鲜有读报的记录。1905年7月之后，他两度赴京到吏部投供候差，携儿子王大森入京，使其进入湘学堂就读。寓居北京期间，他开始阅读报刊，对吏部选任官员的新闻特别关注。他读报得知"卢涵臣大令得湖南沅江"的新闻后，感到不可理解。他追问："例定单月选应补班，是班人少开选大花样，此项投供尚有其五，不知何由而卢与选。"对已读报纸他留心收藏，10月29日，他在日记中记载："命森儿检齐今岁报纸，按月装册，备暇时翻阅，篇首论说时事，大有关系，亦命其点句。"王祖询将报纸视为学习时政的读物，并要求其子通过标点加深对时文的认知，报纸在他们父子的日常生活中占有一席之地。第二年，他又

---

① 江瀚著，郑园整理：《江瀚日记》，凤凰出版社2017年版，第197、217、224页。
② 江瀚著，郑园整理：《江瀚日记》，凤凰出版社2017年版，第197、201、267页。

记载装订报纸之事，2月27日，他将所阅毕的《华字汇报》，"正月分付送报人携去装订成册"。3月8日，"《华字汇报》装成"。他在旅邸无事之时，"举其关系时事者编目册叶，似易了然"。4月13日，他在日记中提到："将各报所载论说之关系时事者朱笔标记，较易醒目。"在他看来，报纸即今日之书，装订编目之后，便可以按篇目检索，随时翻阅。不仅如此，他对报纸上的重要新闻还详加抄录。如3月12日，他阅《时报》，当日报纸"载有通州罪犯习艺所拟章"，便"酌录数则，以备采择"。① 这位在京城等候吏部任命的乡绅，将读报、集报、抄报等活动结合起来，使之成为日常生活的重要组成部分。

而远在德国柏林的驻德公使随员王承传，由于具有很好的德文功底，其日常阅读的是德文报刊。从1903年至1906年，王承传的读报记录以在中国国土上进行的日俄战争作为叙述的中心。1903年11月15日，他关注日俄战争的新闻："惊悉中俄队伍已在满洲境内开仗"，但他对德报的报道感到怀疑。第二天，他读报后，"知日俄战事尚不致有"。但没过多久，报刊上关于日俄开战的新闻便接踵而至。12月8日，他阅报得知："中俄将订条约保护东三省事"；24日，报纸称"中、韩队伍在高丽北境已交锋"。数月间，"洋报无日不载东亚之事，多谓俄日将失和，中韩坐失利"。彼时，王承传对日俄战事的关注已成为他读报的重要动力，对于战局的未来，他感到难以预料。他还注重收集新闻，并留存各报的剪报，"凡关中、日、俄三国情形者，均由各报剪下寄来，合计一年费一百马"。②

1904年2月之后，报纸关于日俄战事的新闻更为频繁。王承传对战争进展作了较为细致的记录和分析。2月11日，他记载："阅报知俄战仍不利，受伤被擒兵轮计已八九艘，日人所伤，谅甚小也。闻日人夜攻俄舰，系由威海卫前进，故甚得手。"第二天，他又得知："俄、日各有所伤，传言俄水师提督阵亡，不知确否。"至3月3日，他读报判断形势发生较大变化："日人已于海参崴近处登岸，将火车电线各有损坏，不知确否。"十天后，"日俄在大

---

① 王祖询等著，卢康华整理：《蟫庐日记（外五种）》，凤凰出版社2016年版，第49、48、67、70、80、71页。

② 王承传著，冯雷、王洪军整理：《王承传日记》，凤凰出版社2017年版，第11、14、16、23页。

通东沟久战，俄退去，日进，据之"。战局对俄国极为不利，日军步步进逼，俄军伤亡惨重。4月15日，有报道云："俄舰又伤失二艘，一水师提督及副手阵亡，俄廷甚悲痛。"2天后，他读报后得知："谓日俄之战，俄仍不得手，朝鲜王宫被焚，所有珍宝、文件均付一炬。"至7月20日，"日兵将进辽阳矣"。① 日军取得战局的控制权，俄军则节节败退。关于日俄战争的进展，包括后来日俄的议和新闻，王承传虽远在德国，却通过阅读报刊有着较为全面的了解。

日俄战争的直接受害国便是中国，但是腐朽的清政府却不敢声张，甘于屈辱而保持所谓的中立。1904年5月6日，王承传在日记中记载："洋报谓华人观日胜俄，大有乘机攻俄之意，故星使执之于某馆主笔，曰：'我政府于局外例始终遵守，万无二心。至于民间仇俄之意，政府当加意阻之，使不为乱也。'"5月15日，他记载，驻德公使荫昌针对"各报讹传"，按照北京外务部来电的指示，"向德国外交部确切声明'中国严守中立，始终坚持不改初旨'"。而懦弱的清政府则对所谓的友邦调停充满幻想。9月23日，王承传特记载这样一则新闻："北京满人将条陈政府，简拔钦差赴欧美各邦求助，俾日人归还东三省于旧主等语。"② 如此痴心妄想，足见清政府当局的愚昧无知。

除了关注日俄战争外，王承传对国内官场动态和涉外事件也颇为留意。如1905年1月3日，他读沪报得知："前广西巡抚王芍棠制军在沪被刺客万福华枪击未中，凶手已获，并攀出同谋十余人，均在会审公堂收押。"而关于上海市民的仇外情绪，王承传也通过外报获知一些新闻。如1905年12月18日，他记载："上海因近日会审公堂事，关道与各领事意见不合，沪民颇有欲动之势。又闻中国留学日本学生日来有纷纷内渡者，亦因与日人生嫌也。"第二天，他又记载："阅报知沪上各领事多调该水兵登岸防守，闻已毙华人二十余人，西人亦有受伤者，各国炮舰亦有陆续调往弹压者，想不致攘成大祸也。"不久这一事件得到解决，他在第三天的日记中称："阅洋报，知上海乱

---

① 王承传著，冯雷、王洪军整理：《王承传日记》，凤凰出版社2017年版，第23、26、27、32、47页。
② 王承传著，冯雷、王洪军整理：《王承传日记》，凤凰出版社2017年版，第34、36、55页。

事今日已平复。"第五天,他阅报得知:"两江总督周玉帅赴沪查办会审公堂启衅之由,兼安该地西人之心。"① 王承传持续关注这一涉外事件,与他作为外交人员的职业敏感不无关系。

随着清末电报事业的发展,一些从事电报工作的官绅,在资讯获取方面具有一定的便利条件。如孙宝琛因在电报局工作,他在1902年之后的日记中,经常使用电报与亲友联络,"电儿""电友人"成为他日记中的常用词。1902年至1905年间,他偶有读报记录,壬寅年(1902)九月五日的日记中记载:"得襄廷函,并借阅《中外报》。"甲辰年(1904)八月七日,他阅《中外日报》,"知无锡提米业、庙捐充学堂经费,聚众闹事"。此类记载很难反映他对时局的观察和态度。1906年后,他阅读报刊稍多,但所录新闻内容较为简约。如丙午年(1906)三月十六日,他阅报,"知河南确山民变,聚众千余人,西平、遂平一带,聚众七八千人,……不知究因何起事,鄂豫两省已派兵往剿矣"。八月十日,他阅报后记载:"有更改官制大纲。"丁未年(1907)五月十九日,他记载报纸新闻:"上海实行禁烟,限华界各烟馆于本月十二日一律闭歇。自初七起至初九三天已经闭歇百五十家。租界元、中秋一律关门。"他读后颇感欣慰,认为"此实中国第一件新鲜事也"。己酉年(1909)四月二日,他阅报后得知"邮部裁电局经费并停止各项杂款各折片",作为当事人,他读后甚不怿,感叹:"电差不能办矣。"② 从他数次读报的记录看,尽管他购阅报刊的机会很多,但他仍然喜欢阅读邸报,对官场动态更为关注。而作为办理电报的官员,他又对电报的使用颇为频繁。在旧与新之间,他似乎对报刊新闻并没有浓厚兴趣,摘录新闻亦偶尔为之,难以体现他的性情和风格。

应该看到,庚子事变之后,随着报刊发行范围的拓展,很多读书人有机会接触新式报刊,不少士人虽然在日记中较少提及阅读报刊的经历,但表明

---

① 王承传著,冯雷、王洪军整理:《王承传日记》,凤凰出版社2017年版,第69、125、126页。
② 孙宝琛:《孙宝琛日记》(1902—1932),上海图书馆稿本(善本,编号:T47017—41),壬寅年(1902)九月五日,甲辰年(1904)八月七日,丙午年(1906)三月十六日、八月十日,丁未年(1907)五月十九日,己酉年(1909)四月二日。

新式传媒已经"介入"到他们的日常生活，进而使他们实现由读书人向读报人的身份转变。如一位佚名的士人于壬寅年（1902）二月二十日阅读《新民丛报》。四月十三日，他午后收阅《新民丛报》第四期，并记载："阅其论说，令人豪气勃勃。"四月二十五日又载："原安《新民丛报》来还，借《清议报》第九十三册一本，看第七期《新民丛报》。"①这大致说明，他虽然直接记载阅读《新民丛报》的次数不多，但他可能订阅了这份杂志，包括之前留存的《清议报》，他的友人通过借阅也成为这两份杂志的读者。因此，我们应该注意报刊发行与借阅的关系，一份报纸达到订户的手中，通过其交往网络可以借给他的亲友，实现资源共享和"一报多读"。

可见，这些身份、经历和观念有着较大差异的绅士，在维新之后社会急剧变化的背景下，经历复杂，价值多元，心态各异。而他们是否读报，读何类报纸，读后态度如何，在一定程度上反映出他们的心路历程。这些生活在都市或城镇的士绅们，由于阅读时空的差异和社会情境的影响，他们读报的时间、地点、种类颇有差异，对新闻的选择和记忆大不相同，阅读感想和评论也各有侧重，各有所得。他们笔下的读报活动，从不同侧面反映出新旧交替过程的中西、多样、矛盾的复合性思维。从这个角度看，他们是"盗猎者"，在变革时代寻求自己的阅读规则和实践网络，通过报纸与外部世界建立联系，他们不仅在读报纸、读社会，也通过时代镜像折射自身的存在。

三、乡绅们的报刊阅读与社会心态

据张仲礼估计，太平天国后中国绅士的总数达到140万人，其中生员达到91万人，上层绅士总计20.4万人。②除了少部分绅士居住在城镇之外，大部分绅士可纳入"乡绅"的范畴。乡绅们居住在农村地区，由于地理、身份、社会交往等方面的原因，他们阅读的情境存在着较大差异。维新前后，一些

---

① 佚名：《懒懒生日记》（1902—1903），上海图书馆稿本（善本，编号：T29380—81），壬寅年（1902）二月二十日、四月十三日、四月二十五日。

② 参见张仲礼：《中国绅士：关于其在19世纪中国社会中作用的研究》，李荣昌译，上海社会科学院出版社1991年版，第122、108、145页。

退职的高级官员,如翁同龢之类的高官,仍然可以通过他们的社会网络和人脉资源阅读到新式报刊;而维新之后,诸如宋恕之类的乡绅,由于交游甚广,也有机会阅览各类报刊,如他在杭州求是书院任教期间,便多次借阅《新民丛报》。光绪二十八年(1902)二月二十九日,他"字还叔通第一册《新民丛报》,再借第二册来阅"。三月一日,他"晤介石、叔通,还《新民》第二册,复手借第三册来焉"。① 之后,他多次借阅《新民丛报》。而大部分偏远地区的低级乡绅们却难有机会订阅报刊,尤其在中西部较为偏远的农村,低级绅士阅报的史料还较为少见。20世纪初,随着报刊的大众化特别是地方性报刊的发展,一些城镇和乡村地区的乡绅也有机会读报刊。但是,乡绅的报刊阅读是一个极为复杂的社会现象。从阅读地理的角度看,中国乡村社会的媒介环境有着较大差异。20世纪初期,在江浙一带的不少乡村,报刊发行网络已较为稠密,乡绅读报已不足为奇。而在中西部的许多乡村,尚很难见到报刊的踪影。对于不同地理空间的乡绅而言,获取报刊的机会大不一样。即便有机会接触报刊,乡绅对报刊的认知也存在巨大差异。他们的社会情境、个人经历、社交网络、价值取向大不一样,对新闻文本的阐释更是见仁见智。在辽阔的乡村社会,从整体上描述乡绅的阅读史,显然存在巨大的困难。但作为个体,他们在特定时空的读报活动,则与时代风云紧密相连。他们在读报时分的所思、所记、所行,从不同角度折射报刊文化的社会影响,展示了报刊与他们复杂多元的关系。探究不同乡绅的个体读报史,能够丰富我们对报刊读者身份、性情和价值等方面的认知,并能够通过个案进行对比、联想,建立丰富的意义网络。这里,我们分别以徐兆玮、吉城、张棡、林骏、刘绍宽、黄沅(黄秉义)、朱鄂基、皮锡瑞、刘大鹏等九位乡绅为例,讨论他们在清末十余年的报刊阅读经历。

这九位乡绅生活在江苏、浙江、湖南、山西的乡村或城镇,他们都通过科举考试获得功名,但他们大多在私塾、书院和学校任教,很少有人入仕。

---

① 宋恕:《壬寅日记》,胡珠生编:《宋恕集》下册,中华书局1993年版,第948页。介石即陈黻宸,叔通即陈叔通,两人均系宋恕好友,陈黻宸当时任教于杭州府中学堂,陈叔通任教于杭州求是书院。

其中徐兆玮是进士出身，皮锡瑞和刘大鹏是举人出身，可以跻身高级乡绅之列。吉城虽在14岁便考取秀才，但之后六次赴江南乡试而不售。刘绍宽17岁获县试第一，30岁为拔贡。张棡为县学廪生并捐廪贡。林骏不及弱冠也获取秀才身份。黄沅则纳监入闱。朱鄂基在科举废除之后的1909年获得优贡的身份。他们6人都属于低级乡绅。从生卒年上看，徐兆玮出生于1867年，卒于1940年；吉城出生于1867年，卒于1928年；林骏出生于1862年，卒于1909年；刘绍宽出生于1867年，卒于1942年；张棡出生于1860年，卒于1942年；黄沅出生于1874年，卒年不详，但其日记止于1918年；朱鄂基出生于1880年，卒于1956年；皮锡瑞出生于1850年，卒于1906年；刘大鹏出生于1857年，卒于1942年。九人都长期生活在光绪年间，都是20世纪初的报刊读者。

他们虽在乡下长期生活，但所处的地理位置、社会环境和个人经历有很大差异。徐兆玮是江苏常熟人，1888年中举，次年成进士，他拥护维新变法，关注清末"新政"，积极参与兴办实业、创办学堂等运动，与其叔辈鬻青、翰青以及常熟东乡一批乡绅，多方联络，创办桂村小学校，在当时的常熟具有较大影响力。[1] 徐兆玮于1907年至1908年赴日本留学，系统学习法律知识，长期阅读西学书籍和各种报刊，因此，他是一名热衷于新学和"新政"的开明绅士。吉城为江苏东台人，受黄体芳、王先谦、丁立均等名儒的指教，学识渊博，他自21岁开始记载阅读《申报》等报刊的经历，是一位资深的报刊读者，且积极创办阅书报社，推动民众教育，在东台颇有影响。张棡虽然是位普通秀才，但是所居住的浙江瑞安却是文风鼎盛、思想较为开放的地区，他师从经学大师孙诒让，积极学习西学，长期在孙家私塾任教，后来又任瑞安中学教席，学问与见识自然不凡。林骏为张棡的内兄，系瑞安城关人，出身于书香门第，曾长期在名儒孙锵鸣家担任塾师，在当地颇有文名。刘绍宽为浙江平阳县人，拔贡出身，二十岁便开始教读生涯，曾考察日本教育，思

---

[1] 徐兆玮著，李向东、包岐峰、苏醒等标点：《徐兆玮日记》（1），黄山书社2013年版，"前言"第1页。

想开明，系浙南著名教育家，培养了姜立夫、苏步青等著名学者。黄沅祖籍湖北江夏，长期生活在浙江浙江临海县葭沚镇，据其履历称："自幼年伺奉家君在都，考取供事，方在十岁，格于事例，章册填十六岁，于光绪九年考取詹事府供事四十六名，旋于是年十一月，咨送国史馆当差。十年十二月，复送武英殿当差，是年十二月廿六日，邀臣工列传，书成，议叙列为一等，经部题覆以从九品双月三缺后选用。……十年四月初一日，恭修穆宗毅皇帝圣训，全书告竣，议叙列为一等，经部题覆准列为以本项应得之缺，归于双月升选二缺之后选用。……随于十二年行知临海县。……光绪二十年甲午科，赴省乡试，改名秉义，纳监入闱，不售。……二十八年壬寅，复行入闱，不售。"① 从黄沅的履历可以看出，他虽天资聪慧，但科场失意，靠纳监入闱，却没有取得举人的功名。但其父官至知县，家境也颇殷实。他在葭沚镇交游甚广，对地方事务也颇为热衷，是一名有一定影响力的乡绅。朱鄂基为浙江余姚人，他出身名门，其祖父、父亲都为进士出身，为余姚望族，家学渊源颇深。他接受了良好的家庭教育，又颇受新思潮的影响，是一位新旧兼容的世家子弟。皮锡瑞为湖南善化（今长沙）人，长期执掌湖南江西两地的数所书院，博览群书，创通大义，今文经学造诣很深，为清末著名经学大师。刘大鹏为山西太原县赤桥村人，甲午（1894）后，他曾在山西太谷县南席村票号商人武佑卿家塾中任塾师近20年，对山西地方文史研究颇深，成为著名的地方史学者。

总之，上述九人都长期在乡下生活，或教学著述，或研习学问，或参与公共事务，或交游各方人士。但由于生活环境和社交网络的差异，他们接触报刊的时间、数量、种类、态度与观念都各有特色，下面对他们在清末十余年的读报经历逐一进行分析。

（一）常熟乡绅徐兆玮的读报活动与求变思想

徐兆玮22岁高中进士，第二年便授翰林院编修，可谓春风得意。但是，

---

① 黄沅：《黄沅日记》，广东省立中山图书馆、中山大学图书馆编：《清代稿钞本》第22册，广东人民出版社2007年版，第298页。

他之后在仕途上却并不顺畅，1905 年之前，他长居常熟桂村，1905 年 5 月后，在京城编书处就职，1907 年，至日本留学，学习法律，辛亥革命前后，又回到常熟老家。总体而言，他在北京和日本留学的时间不长，桂村则是他长期生活的地方。从现存的日记看，他最初看报是 1899 年 4 月 11 日，记载《申报》上刊登黑米流传一事，此类黑米，米形与常米无异，用力碾碎，通体皆黑。"此米初见于无锡，继见于苏城瓦砾场中。掘下数尺，遍地皆是"。5 月 5 日，他读到《苏报》刊登《记在礼教》一文，并抄录于当日日记之中。其时，他虽未有订报的记录，但在桂村一带，获取报刊并非难事。当年 9 月 25 日，他会晤友人孙君培，孙便告知一场报刊上的笔墨官司："言近作书《刚钦使清赋折》，后登之《新闻报》，触怒沈翼孙大令，投书君培有'后会有期，志诸心版'之语，翼孙性褊急。君培近作联语嘲邑绅，刊入《游戏报》，所谓'常昭两邑尊，有如势利僧'者，几于妇孺能诵，善戏谑兮。"第二天，他又记载常熟县总书汤佑卿赖账一事："合署大哄，并取《新闻报》中所刊登君培书后有'佑卿已捐大八成县丞'语，持示孙大令，大令大恚。"这说明孙君培已是《新闻报》的投稿者，而该报已在常熟流传，一些当地新闻颇为民众所关注。当年 12 月 25 日，徐兆玮还谈及好友沈北山一折刊登于《国闻报》上，"刚子良国阅而大怒，谓出常熟所嗾也"。①这里的"常熟"，便指的是翁同龢。维新之后，徐兆玮能够在桂村乡下纵谈报刊趣事，与其读报经历不无关系。

1900 年，徐兆玮读报的次数大增，且多次抄录《申报》《国闻报》《新闻报》《中外日报》《苏报》《同文沪报》《汇报》《循环日报》上的新闻。从 6 月 5 日开始，他几乎每天读报，详细记载义和团运动和八国联军入侵的重要事件。如 6 月 5 日录《申报》所载"拳匪毁坏芦保铁路"，7 日记"丰台车站之火拟为土匪所纵"，6 月 13 日又记"拳匪又将黄村车站票房举火焚毁"。6 月 14 日，他记载《国闻报》新闻："东西洋聚泊大沽兵舰……共二十一艘。"15 日又记："初七日英国到灭雷舰一艘……合前到者共得二十四艘。"随着战局

---

① 徐兆玮著，李向东、包岐峰、苏醒等标点：《徐兆玮日记》（1），黄山书社 2013 年版，第 51、113、114、135 页。

的发展，徐兆玮将目光聚焦于报刊有关报道，在日记中全文抄录战时新闻。如 6 月 24 日，他抄录《申报》《国闻报》的三则新闻。28 日，他全文抄录《申报》所载"大沽交战情形"。7 月份之后，他还转录西报、西字报新闻，对报刊上各种电文、奏折、上谕等有关战局的动态报道尤为注重。对于两宫出京、联军侵京、镇压教民、派使求和、和约商签等事件记载或抄录甚详，对于《申报》所载"和议成后各省每年至少须额外筹银三千万两"的新闻，他感叹"可谓巨矣"。① 纵观徐兆玮 1900 年下半年的读报记录，抄录新闻已成为常态。他很少在日记中发表自己的见解，但对战局细节的关注足以体现其忧国忧民之心。

《辛丑条约》签订之后，徐兆玮关注报刊上有关实行新政的新闻。1901年 3 月 31 日，他抄录《申报》载李木斋星使条陈新政八事。② 但是，对于新政的具体效果，他深感失望。大加感叹：

> 自朝廷举行新政，天下皆引领以望。然部案毁矣，而书办之弄权如故；胥吏裁矣，而房科之纳贿如故；八股废矣，而诸生之咿唔如故；书院改矣，而山长之盘踞如故；捐纳停矣，而分局之招徕如故；学堂设矣，而有司之奉若具文如故。独一二书贾知新书之可以获利，汲汲思推陈出新，做一票好生意耳。变法之难如此，后之人毋轻言也。③

在徐兆玮看来，所谓新政徒有其表，而报刊舆论所倡导的变法活动收效甚微。他所处的常熟一地，"士大夫中除映南、孟朴、小川诸君外，有一可以谈变法乎？至于讲求新法，更无一人，皆是口头禅耳"。尽管他对变法成效颇感失落，但这位乡绅的思想却"与时俱进"。1902 年，他阅读《申报》《新闻报》的记录大为减少，而《新民丛报》《清议报》《大陆报》等政论报刊则进入他的阅读世界。他第一次读到《新民丛报》后，便认为该报"以议论而兼考据，

---

① 徐兆玮著，李向东、包岐峰、苏醒等标点：《徐兆玮日记》（1），黄山书社 2013 年版，第 166、169、170、171、177、240 页。
② 徐兆玮著，李向东、包岐峰、苏醒等标点：《徐兆玮日记》（1），黄山书社 2013 年版，第 282 页。
③ 徐兆玮著，李向东、包岐峰、苏醒等标点：《徐兆玮日记》（1），黄山书社 2013 年版，第 329 页。

即学报之权舆也"。而对于《大陆报》,他认为"虽不及《新民丛报》之博,而译笔雅驯,兼资泰西掌故,亦近时旬报之杰出者也"。①

1903年,徐兆玮订购了当年的《新民丛报》,还订阅了《农学报》。并借《国民日日报》一号至廿号。值得注意的是,1905年农历正月初一,他才开始阅读《时务报》"第一、二、三号",②但是,这一年他的读报活动发生重大转向,在他的日记中,留日学生报刊成为他阅读的主要类型。现根据其每月的阅报总结,将该年每月其阅读的主要报刊和数量列表如下(表4-5)。

表4-5 光绪三十一年(1905)徐兆玮阅读报刊记录③

农历月份	读报种类和数量
一月	《时务报》一册(一、二、三号)。《江苏》十册(共十二号)。《国闻汇编》一册(一、二、三、四、五号)。《浙江潮》四册(一、二、三、四号)。《新新小说一册》(一、二号)。《女子世界》一册。
二月	《游学译编》十二册(全)。《新新小说》二册(三、四号)。《浙江潮》六册(五至十号)。《绣像小说》二册(一、二期)。
三月	《女子世界》一册(十一号)。《二十世纪大舞台》二册(一、二期)。《绣像小说》十五册(三至十七期)。《时务报》八册,第四起,二十七止。《国粹学报》二册(一、二)。
四月	《绣像小说》十七册(十八起,三十四止)。《国粹学报》一册(三号)。《新小说》五册(一至五号)。
五月	三日阅《北京报》。
六月	十三日阅《北京报》。
七月	读《学报》甲编。
八月	《新新小说》二册(五、六)。《新小说》九册(六、七、八、九、十、十一、十二号,第二年一、二号)。

---

① 徐兆玮著,李向东、包岐峰、苏醒等标点:《徐兆玮日记》(1),黄山书社2013年版,第330、367、402页。

② 徐兆玮著,李向东、包岐峰、苏醒等标点:《徐兆玮日记》(1),黄山书社2013年版,第443、465页。

③ 徐兆玮著,李向东、包岐峰、苏醒等标点:《徐兆玮日记》(1),黄山书社2013年版,第465—576页。

续 表

农历月份	读报种类和数量
九月	《绣像小说》六册（三十五期起，四十期止）。
十月	《国粹学报》（四、五、六、七号）。
十一月	《国粹学报》三册（八、九、十号）。
十二月	十五日、二十日读《南方报》。二十日读《中华报》。十日至三十日，读壬寅《新民丛报》六册（一至六号）。

从徐兆玮全年的读报活动看，在四月二十六日抵达北京之前，他阅读留学生报刊颇多，之后，他的阅读重心转向于各类时政、新学书籍，读报的种类和数量大为减少。其时，他在常熟乡下获取留学生报刊颇为便利，并阅读了《时务报》的重印本。1906年，他阅读经史、西学、小说书籍颇多，也翻阅《新民丛报》《国粹学报》《新小说》等报刊，以农历五月为例，他读书一百零六卷，阅报十四册，阅小说书五十八卷，共四十一种。[1]他的阅读范围涉猎甚广，尤其是对时政、新学思想的关注，体现出其知识结构和思想观念的转变。

1907年10月，徐兆玮东渡日本学习法律，经常阅读《神州日报》《东方杂志》《中国新报》《民报》《复报》《云南》《国粹学报》《牖报》等报刊。在读完《中国新报》第四号后，他认为："《中国新报》固提倡开国会主义，为《新民丛报》之后劲，而与《民报》反对者也。"[2]但他并不囿于一家之言，而是兼及各派报刊，体现出开放包容的阅读心态。1908年5月，他回国后，在常熟老家力推新式教育和社会革新运动，并通过阅读《时报》了解时政要闻。11月至京，他暇余阅读《时报》《政治官报》《大陆报》。辛亥革命前夕，他在乡下阅读《时事报》《国风报》《民主报》《民立报》《法政杂志》《教育杂志》《小说月报》，对于革命报刊，他不但认真阅读，还加以对比分析。

纵观徐兆玮在清末十余年的读报经历，可以体察出其思想世界和"知识

---

[1] 徐兆玮著，李向东、包岐峰、苏醒等标点：《徐兆玮日记》（1），黄山书社2013年版，第674页。
[2] 徐兆玮著，李向东、包岐峰、苏醒等标点：《徐兆玮日记》（2），黄山书社2013年版，第824页。

仓库"的变化。早在 1894 年,他受到光绪皇帝的召见时,便回答"近稍习洋务书"。① 维新之后,他最初阅读《申报》《新闻报》《国闻报》了解时政,尤其在"庚子事变"中,他几乎每日抄录报刊新闻,体现士大夫忧国忧民的情怀。庚子事变之后,他热衷于新政和变革,对康梁维新思想颇为热衷,认真阅读《时务报》《清议报》《新民丛报》等维新报刊。同时,他大量阅读留学生报刊和其他进步报刊,尤其在日本留学之后,他关注《民报》《民立报》《神州日报》等革命派报刊,思想为之一变,倾向于民主革命。徐兆玮在 12 年间阅读各类报刊 40 种以上,涉及商业、农学、政法、小说、国学、新学、时政等报刊类型,跨越维新、保皇、革命不同报刊阵营,可谓异彩纷呈,视野宏阔。他与时俱进,因势利导,不囿于一家之言,在大变局中把握时代脉搏,积极学习西学新知,充分挖掘报刊的思想资源,努力求新求变,实现了从传统士绅到新型知识分子的转变。

(二) 东台乡绅吉城的读报活动与新闻评述

1900 年,东台乡绅吉城已 34 岁,虽值盛年,但他曾六次赴南京参加江南乡试,始终未获举人身份。之后,他绝意科考,以读书作文和教书育人为志业。他一方面苦读经史,勤于作文,与友朋经常诗词唱和;另一方面,他受新学思潮的影响,广泛结交文人雅士,发起建立东台的第一家图书馆,并组织能群书会,创建能群学堂,担任东台中学、庐州中学教员,开展新式教育,又在南京与蒯光典等人组建国文研究会,"从而走向创新求通变的为学之路与治学之道",②成为一名"新旧兼顾"的乡村知识分子。

维新前后,吉城的日记中很少出现读报的记载。至癸卯年(1903),他的阅读范围除了传统的经史典籍之外,如《瀛寰志略》之类的西书他也颇感兴趣。当年,他经常阅读《中外日报》,如二月八日,他读《中外日报》并记载:"有'科举中额递减三成'之说",他认为"将归重学堂也"。他对新式学校教育甚为期待,对组织社团亦颇为热衷。十二日日记载:"彻斋、伯声、

---

① 徐兆玮著,李向东、包岐峰、苏醒等标点:《徐兆玮日记》(1),黄山书社 2013 年版,第 4 页。
② 吉城著,吉家林整理:《吉城日记》(上),凤凰出版社 2019 年版,前言第 5 页。

禹言、桢甫拟集同人为'阅报之聚'。"当时，国内报刊对阅报社的报道还较少，此类阅报公所的倡议颇引起吉城的关注。二十日，他读《中外日报》，得知"泰州有'阅报公会'之举，与讱斋昨议不期而应"。他对此事颇为留意，说明他对公共读报活动有一定兴趣。至五月二十日，他的好友夏寅官（字虎臣）建议"合书报为一"，九月二十三日，讨论已久的"能群书会"终于成立，"书才七十余种，当徐图扩张"。① 发起者包括吉城等13人，这不仅是东台学术史上值得关注的大事，也体现出吉城等乡绅在推广"公共阅读"方面所取得的成就。

  吉城在日记中对读报活动记录较为简略，延续了他早期读《申报》《字林沪报》的习惯，他很少抄录报纸新闻的具体内容，如有必要，亦以一二句话概括或评论。如癸卯年（1903）九月四日，他阅读七月的《中外日报》，仅记"俄罗斯设东方总督"一事。十月八日记载："《日报》记东事甚炎"。九日，他读《大陆报》，认为"'原人篇'据地质以征时代，理想奇确"。十月二十二日，他收到《新民丛报》五册，"合前共十一册"，对该报具体内容没有任何评论。第二年一月二十九日，他在日记中仅记"看《外交报》"四字，可谓惜墨如金。二月三日，他读《中外日报》后记载："正月二十四日，日攻旅顺，俄人几不守。"对于震惊中外的日俄战争，他竟然以几个字来概括。至六月五日，他在日记中记载《中外日报》新闻："廷旨有撤淮关监督、江宁织造之谕"，此则新闻并非特别重要，大约与江苏地方社会有关，他才予以关注。至乙巳年（1905），吉城日记中记载读报的次数更少，而且所载与时政新闻并无多大关系。如十一月四日载："报纸所述'鹅郎草'，昨有人服之而效，大乐大乐。"这说明他对医药知识的验效颇感兴趣。十二月三日，他提及报上所载政务处奏议，有"学生冠服"一条。丙午（1906）七月十九日，久不记录读报活动的吉城，特别记载当月十五日《中外日报》上的一则上谕："十三日谕旨决意立宪，其大略先改官制，然后厘订法律，广兴教育，清理财政，整顿武备，普设巡警，以预备立宪。"他虽然对预备立宪没有评论，但从

---

① 吉城著，吉家林整理：《吉城日记》（下），凤凰出版社2019年版，第607、608、609、618、631页。

其筹办学会、热衷新式教育的经历看,他对预备立宪抱有很大兴趣。之后,吉城在日记中记载读报的次数较少,对时政新闻的评论更是难得一见。偶尔所记,亦有怀旧之意。如丁未年(1907)八月十四日记:"《时报》有'礼老随南皮入都之说'。"十月六日,他记载《中外日报》新闻云:"学部议覆,顾炎武、黄宗羲、王夫之从祀孔庙,初一日依议。"戊申年(1908)五月十六日,吉城读到了于右任所主办的《神州日报》,这本是一份具有革命反满风格的报纸,但吉城却摘录了一则上谕:"今朝廷保民绥边,锐意尚武,闻鼙思将,弥念前劳,咸、同以来勋臣子孙皆加恩录用。"①对于《神州日报》的革命言论,吉城充耳不闻,颇为吊诡。吉城从1887年开始记日记起,就有阅读《申报》的记录,是一名资深的报纸读者,且善于概括新闻,提炼观点。但在20世纪最初的十年,报刊类型繁多,东台的报刊市场也大有起色,面对波谲云诡的时局,吉城对报刊新闻记载反而较少,个中缘由,值得深思。

(三) 温州乡绅张棡的读报活动与新旧观念

1891年,张棡进入孙诒让兄弟家担任馆师,对他的阅报生涯有重要影响。由于孙诒让学术造诣很深,社交网络极为广泛,维新期间,孙诒让与张之洞、李鸿章、汪康年等人有书信往来,较早地接触到《时务报》等新式报刊。②而孙诒让长期在瑞安乡下居住,其言行和交往对弟子张棡会产生一定的影响。张棡在维新时期已广泛阅读《时务报》《申报》《蒙学报》等报刊。维新之后,他与黄绍第、宋恕、陈虬等温州名流亦有较多交往,这些浙东名士思想较为开放,对设议院、兴制造、奖工商、设学校、建铁路、开报馆等主张都较为赞赏,进而促使温州风气大开、学术兴盛。如张棡在庚子年(1900)八月二日在乡下听"留声机器",并描写道:"其人将机轮一转,机上安一喇叭,

---

① 吉城著,吉家林整理:《吉城日记》(下),凤凰出版社2019年版,第628、632、633、634、646、647、661、713、717、752、802、807、831页。

② 孙诒让对新式报刊极为关注,1896年,他便看到《时务报》,并写信给汪康年说:"及诵贵报,剀切精备,尤足振发蒙固。前年中东款议成时,公车上书,海内志士列名者七千余人,浙人无与者,窃以为吾乡之大辱,今得先生创斯局以惠海内,足一洒斯耻矣。承示近与卓如先生协理馆事,并所议办一切,更为慰忭。"[上海图书馆编:《汪康年师友书札》(2),上海古籍出版社1986年版,第1470页。]

忽其中音乐悠扬,生旦之音齐唱,工妙如生。"① 对于此类新式娱乐方式,当时内地一般城市尚难见到,更不用说边远农村了。可见,维新前后的所见所闻,为他进一步接触新式报刊提供了思想资源。

庚子年(1900),张棡就读过《申报》《万国公报》《新闻报》《中外日报》《知新报》《亚东时报》《同文沪报》《亚泉杂志》等多种报刊。张棡当年的读报活动深受留日同乡林文潜②的影响,林文潜从日本留学归来后,在瑞安城里居住,订有数种新式报刊,张棡所阅《中外日报》,就是从林文潜那里获取的。他对八国联军入侵的重大新闻颇为留意,八月十五日,他读七月二十一日的《新闻报》,记载:"外洋各国联军已破京城,端王、董福祥二人已挟皇太后、皇上于十七日先迁避陕西矣。"他读后感叹:"国已无君,对景伤怀,殊令草莽微臣,唏嘘欲绝矣。"八月二十六日,他读《中外日报》并评论道:"《日报》议论独主变法,深咎中朝守旧不能维新,大臣因循不能振作。"第二天,他节录《中外日报》一位名为"伤心人"的杭州读者来信云:"为今日计,在上者宜各奋起,一面议和,一面平匪,一面迎跸,三者并行,不特瓜分可免,中国可保。"此类议论,虽是纸上谈兵,但他读后,认为"颇具热肠"。之后,他多次抄录《中外日报》《万国公报》的新闻和评论,对议和问题尤其关注。如十月一日,他见《万国公报》上有《蒙尘私记》一文,并抄录其跋语。十月二十二日,他抄录《中外日报》所载《戊己间训政诸王大臣论略》一文,认为该文"颇有挹损之辞","亦为他日治国闻者稽考一朝公案焉"。十月二十七日,他抄录《中外日报》上所载《两江总督刘坤一奏两宫回銮(銮)京师折》,评论道:"极其痛切。"十一月十六日,他抄录该报《论北京死难诸臣》一文,第二天又抄录该报《论回銮之难》一文。十九日,

---

① 张棡著,张钧孙点校:《张棡日记》第 2 册,中华书局 2019 年版,第 522 页。
② 林文潜,字州髓,浙江瑞安人(?—1903),林文潜早年留学日本。曾翻译过《论邦国与人民之自助》,谭汝谦、小川博在《中国译日本书综合目录》中标明其出版日期为 1911 年前,出版地点为上海。原著者为英·斯迈尔,中村正直译,林文潜是从日文重译。他回国后大半活动于浙江,曾编《寄学速成法》,又与孙诒让创瑞安演说会,每月逢朔望在明伦堂演说时事政治、科学知识及其政兴革事宜,城乡各学堂师生及各界人士参加,听者常数百人。在光绪二十九年(1903)二月,与孙诒让共同组织瑞安师范研究会,会所设于飞云阁下。(刘晓峰:《书名的漂流》,《读书》2004 年第 10 期。)

他抄录该报的一则评论《原乱（上）》。二十二日，他抄录该报《论皇上复辟不复辟关系议和大局》一文。十二月三十日，他抄录该报《光绪庚子消夏记序》一文并评论："语语机锋，笔笔带刺。此所谓嬉笑怒骂之文，胜于整（正）襟坐谈者也。"① 这些新闻和评论，均与庚子事变有关。原文少则数百字，多则二千余字，张棡不辞劳苦，全文抄录，其抄录过程蕴含了对国难的悲愤和国运的忧虑。

辛丑年（1901），张棡对报刊有关议和的新闻较为留意。对于重要的新闻，他仍然予以全文抄录。如正月五日，他抄录《中外日报》庚子年十一月七日所载《论中国议和后之情形》一文。第二天他又抄录该报十月九日所载评论《论政府犹未悔祸》一文。此后数日，他多次抄录该报的新闻和评论。从抄录内容看，他看到的是两个月前的《中外日报》，但这些旧闻在他看来仍然颇具价值。当月十七日，他抄录《亚东时报》所载《论保救大清皇帝会》一文，并在文后予以评论："康、梁变法获祸，其是非曲直，明事势者类能言之。独其于加拿大设保皇会，尤荒谬可笑。"十九日，他抄录《亚东时报》所载《故杨锐就刑之前与其弟书》一文。此后，他又多次抄录《中外日报》上的新闻，对庚子事变后朝廷的动向颇为关注。他在看到《申报》上光绪所下的"罪己诏"之后，颇为兴奋地写道："令人读之眉飞色舞，有如此圣主，国势虽岌危，何患不再见中兴乎。"② 其对"王道"的期盼于此可见。是年，张棡还阅览《新闻报》《国民报》《同文沪报》《沪报》《蒙学报》《利济学堂报》，对会试停考、李鸿章去世等新闻颇为关注。

壬寅年（1902），张棡除了阅读《新闻报》《中外日报》之外，还阅读《清议报》《新民丛报》。三月七日，他在内兄林骏处看到《新民丛报》第一册、第二册，评论道："议论精警，识见透彻，洵中国近年来报界中巨擘。"癸卯年（1903）正月十九日，张棡从林文潜处第一次看到《新小说》，称赞

---

① 张棡著，张钧孙点校：《张棡日记》第2册，中华书局2019年版，第524、536、537、562、573、579、581、583、588、608页。

② 张棡著，张钧孙点校：《张棡日记》第2册，中华书局2019年版，第610、611、625、626、628页。

梁启超文笔甚好,"其《中国未来记》一种,尤有无穷新理,不得与寻常小说一例观也"。由于张棡接触的精英人士多为维新人士和留学生,他们的价值观对其阅读有着一定的启发作用。而他自己培养的学生岑崇基,也受其新思想的感染,舍弃科举而远赴日本留学。岑崇基在日本写信赞誉老师"思想进化,为颂为慰"。①

但是,从1906年至1911年,张棡在瑞安中学、温郡中学相继任教,日记中记载阅读报刊的内容明显减少,尤其是当时发展迅猛的革命报刊,他几乎没有阅读。他记载的读报记录,并无内在关联,如《中外日报》有关江西萍乡革命党作乱,②《时报》有关袁世凯被御史江春霖所参,《浙江日报》上登陈君介石所告项申甫意见书,③等等。按照常理,张棡在城里教书,其时瑞安的报刊邮递较为快捷,购买报刊应较为便利。这时的张棡,虽然凭借与孙诒让的私交被推荐至新式学堂任教,但他在瑞安中学期间却有诸多不快,尤其与学校总理项申甫矛盾较深,对项提出的"教课按日记分"极为不满,而针对1906年年底瑞安中学的学生集体退学事件,他更是深恶痛绝,他在日记中写道:"学堂风潮今日已数见不鲜,而瑞安此次开端,士习之坏,风俗之衰,不知伊于何底,有志兴学者将何策以善其后也。"④张棡的这段议论意味深长,他对国内学潮早有耳闻,当身边发生学潮时,却毫不犹豫地反对。作为深受儒家传统影响的乡绅,他不能容忍学生以下犯上,认为这种做法简直是破坏伦理纲常。对于学生退学他尚如此痛恨,至于革命党人图谋推翻现有制度,他如何能够接受?在他看来,虽然日子过得并不奢华,但是每年的薪资有数百元,加上家里每年卖"薯丝"所得数十元到百元不等,保持较为宽裕的生活水准是不成问题的。因此,在他的内心深处,不希望社会剧烈动荡,尤其不希望出现革命风潮。闲余,他将历年积累的各种报刊进行分类装订,如宣统元年(1909)二月十九日,他将《丛报》三、四年拆卸分类,第二

---

① 张棡著,张钧孙点校:《张棡日记》第2册,中华书局2019年版,第759、820、848页。
② 张棡著,张钧孙点校:《张棡日记》第2册,中华书局2019年版,第922页。
③ 张棡著,张钧孙点校:《张棡日记》第3册,中华书局2019年版,第1137、1158页。
④ 张棡著,张钧孙点校:《张棡日记》第2册,中华书局2019年版,第924页。

天，将《浙江潮》分类并入《丛报》中。一个月后，订完全部《新民丛报》，计六十六册。① 此外，他还分类装订《小说报》《国粹学报》等刊物，并编写目录，对他而言，闲读旧报刊是一种消遣怀旧的方式。

（四）温州乡绅林骏的读报经历与思想转变

林骏虽长期生活在瑞安乡下，但与孙锵鸣、孙诒让叔侄交往甚密，且与其妹夫张棡长期在孙家担任馆师，相互唱和，又与维新名士宋恕、陈黻宸私谊甚笃。其日记自1897年开始，阅报记录随处可见。清末十余年间，他读过的报刊主要有《时务报》《湘学报》《申报》《新闻报》《同文沪报》《时报》《中外日报》《清议报》《新民丛报》《蒙学报》《消闲报》《新世界学报》《国粹学报》等。在瑞安乡下，这位乡绅热衷于西学新知的阅读与思考，对新书新报颇为关注，读报成为他的日常生活方式，每收到新到报刊，必于日记中记载。林骏的日记中，收报与读报成为他生活的重要内容。报刊已融入他的精神世界，读报成为他的日常仪式，在他看来，记录每次收报与读报的过程，便是对自己的一种交代，也是对生活的一种责任。

维新之后，林骏对新思想仍然充满向往，彼时，《时务报》已停刊。但他通过阅读《新闻报》《中外日报》等日报观察时局的变动。光绪二十七年（1901）八月二十三日，他读到《新闻报》有关"时文改为策论及停止武科"的新闻后，颇为感慨，在日记中写道：

> 忆自戊戌创行新政，曾有改策论之谕，未几，新旧党兴，遂开大狱，旋复旧制，已隔四载。客夏，拳匪肇乱，联军入京，宫阙蹂躏，两宫西狩。俄则侵东三省矣，英则强据圆明园矣，沽口炮台险要坐失，皇城使馆界址广开，当此之时，国弱势危，外人虎视，我皇上怵目警心，思为奋兴，一洗陋习，……噫！八股取士，沿明旧法，以故为士者，只识词章，不能讲求政治，无怪家邦之孱弱如斯也。今日者舍旧图新，力行整顿，八股之改，武科之停，新政其权舆也。所愿上下同心，实事求是，

---

① 张棡著，张钧孙点校：《张棡日记》第3册，中华书局2019年版，第1152、1157页。

毋忘皇帝拳拳深情，不袭虚文之弊则幸已。①

林骏如此拥护新政，说明他对科举的积弊颇有认知。这在当时虽不算新颖的见解，但对一位身在乡下的生员而言，却需要一定的眼界和勇气。

这一年，林骏还订阅了《字林沪报》和《中外日报》，自六月开始，他多次收阅《字林沪报》。而他对《中外日报》似乎更感兴趣，从本年开始，直到光绪三十四年（1908）十月七日——最后一天日记中，记录了"福润局送来《日报》，九月廿六至十月初三止"。② 八年来，林骏坚持阅读《中外日报》，日记中记录阅读该报的次数多达百余次。林骏很少对该报新闻发表见解。但遇到他感兴趣的新闻或话题，便加以摘录。如光绪二十八年（1902）七月十九日记载："正和信局送到《中外日报》，披阅之下，知吾浙正考官朱益谦（艾卿）过东省境，中暑而逝。"③ 此类新闻大约与当地官场有关，林骏偶尔记之。而第二年五月二十五日，他读到该报有关中俄交涉的新闻，颇为不怿，记道："中俄两国交涉，其外者为俄国公使，其内者为华俄银行总办朴科第，凡遇事件先有朴君与内宫密议，再由公使与我国外务部相通。朴君所亲交者，惟李连英与之来往，不在京中，恐有事情漏泄，故常在雍和宫与白云观相晤，其紧要事件未由外务部奏闻之前，已先电告俄京。"对于李莲英的肆意妄为，他感叹："噫！以寺人而与外官相亲，更遇要事，先为相议私室，而后达闻朝廷，国家用此佞臣，其不亡不弱何待？昔寺人貂多鱼之漏，今之李贼岂有异乎？"之后不久，中俄签订密约，而草稿被沈荩获知后，投给英文《新闻西报》发表后，被国内报刊转载，舆论大哗。清廷恼羞成怒，将沈荩下狱问斩，制造了名闻一时的"沈荩案"，并波及多人。七月十日，林骏通过阅读《中外日报》获知此案的情况："沈荩谈革命，为庆宽、吴式钊所讦。庆、吴二人系沈之好友也。西后密旨一下，谓沈之罪本凌迟，因本日为皇帝万寿且所决不时，故嘱狱吏杖毙之也。其受刑之惨，不堪言状。又应选经济科之

---

① 林骏著，温州市图书馆编，沈洪保整理：《林骏日记》上册，中华书局2018年版，第311页。
② 林骏著，温州市图书馆编，沈洪保整理：《林骏日记》下册，中华书局2018年版，第840页。
③ 林骏著，温州市图书馆编，沈洪保整理：《林骏日记》上册，中华书局2018年版，第422页。

一等一名梁祖诒，二名杨度，均以新党被拿下狱。政府罗致过甚，开列新党计四十余人。"对于清廷的残酷镇压，林骏表达了强烈不满，他写道："噫！家国衰危，新旧水火，前车之失，惟汉与宋其可鉴乎？方今朝廷，君相苟安，坐蹈其失，吾知此后，不至于灭亡不止。"在另外一则新闻中，他也表达了类似不满。他记载："某某两宫保召见时，内廷尚在演戏，奏对毕，奉旨赏坐听戏。"时局危殆，他对两宫的不作为甚为失望，指出："噫！时局艰难，世事日棘，我君若臣，偷安岁月，不以朝政为急，窃恐大势已去，其何以堪？"① 林骏的言论如此大胆，将矛头直指"君相"，在思想上与前两年的"毋忘皇帝拳拳深情"之论已大相径庭。

针对1904年爆发的日俄战争，尤其是日俄双方在"锦州地方鏖战甚久"，他读到《中外日报》的报道后感到非常愤怒。喟叹："呜呼！两国相争，均以我国之地为战场，我邦政府执一中立之见，两全交谊。试问日胜，东三省其归之我乎？抑归之日乎？俄胜，东三省其归之我乎？抑归之俄乎？利害犹不自知，动曰免失和谊，吾不知计术所自出也。孟子曰：'人必自侮，而后人侮之。'西人轻视我国，固由自取也。及今不图，害必加甚。"② 林骏的评论虽载之于日记，却体现出开阔的国际视野和强烈的忧患意识，这在当时确是难得的见解。

除了经常阅读《中外日报》之外，林骏对于《清议报》也颇感兴趣。在日记中多次记载阅读该报的过程，以及收阅该报的情况（表4-6）。

表4-6 林骏收阅《清议报》记录

光绪二十七年（1901）七月十五日	阅《清议报》。	《林骏日记》上册，第256页
八月八日	阅《同文沪报》暨《清议报》。	第284页
十月十四日	夕，阅《清议报》。	第332页

---

① 林骏著，温州市图书馆编，沈洪保整理：《林骏日记》下册，中华书局2018年版，第485、503、539页。

② 林骏著，温州市图书馆编，沈洪保整理：《林骏日记》下册，中华书局2018年版，第553—554页。

续 表

十月十八日	在馆阅《清议报》。	第 346 页
十月十九日	在馆阅《清议报》竟日。	第 347 页
十一月十三日	往馆，看《清议报》。	第 352 页
光绪二十九年（1903）五月十三日	访叶耕经，为受周榴仙购《清议报全编》之托也。	《林骏日记》下册，第 482 页
五月十七日	访叶耕经，取来《清议报》共十一册，因受周榴仙之托，代为一购。宵，送书至其家。	第 483 页
闰五月十二日	遣仆往叶耕经处取来《清议报》共三份，计十五本，分一份送交周榴仙。	第 489 页
闰五月二十四日	阅《清议报》第一集。	第 492 页

在《清议报》停办之后，由于他的学生孙季芃在日本留学，为他寄来"《新民丛报》共二册"，他赞叹："此书体例甚精，洵四千年来未有之奇书也。"① 自 1902 年至 1907 年，他对《新民丛报》爱不释手，每次收阅该报后，均在日记中记载（表 4-7）。

表 4-7　林骏收阅《新民丛报》记录

光绪二十八年（1902）五月二十六日	季芃送来《新民丛报》第八册。	《林骏日记》上册，第 409 页
八月七日	在馆阅《新民丛报》。	第 428 页
十月一日	宵，阅《新民丛报》。	第 445 页
十月三日	在馆，阅《新民丛报》。	第 445 页
十月六日	在馆，阅《新民丛报》。	第 445 页
光绪二十九年（1903）二月六日	叶耕经来，代余购到本年《新民丛报》第廿五册，付交报费英银三圆。中恺孙君处，亦补来《丛报》第二十三册，计客岁《丛报》所缺者，惟第十六册耳。	《林骏日记》下册，第 465 页

---

① 林骏著，温州市图书馆编，沈洪保整理：《林骏日记》下册，中华书局 2018 年版，第 378 页。

续　表

五月二日	叶耕经送来《新民丛报》第二十八册。	第 480 页
闰五月一日	叶耕经遣其仲弟云村送来《新民丛报》第三十册。	第 486 页
六月四日	叶耕经送来《新民丛报》第三十一册。	第 496 页
六月十四日	接到孙君仲阎处旧年所缺《新民丛报》第十六册，赵璧之完，心为志（之）喜。	第 497 页
六月二十日	阅《新民丛报》。	第 498 页
七月六日	叶耕经送来《新民丛报》第三十二册。	第 502 页
七月十日	阅《新民丛报》。	第 503 页
七月二十八日	阅《新民丛报》。	第 509 页
八月四日	叶耕经送到《新民丛报》第三十三册，宵，阅《丛报》。	第 509 页
八月六日	宵，阅《新民丛报》。	第 510 页
九月二十五日	叶耕经送到《新民丛报》第三十五册。	第 519 页
十月二十三日	叶耕经送来《新民丛报》第三十六册。	第 523 页
光绪三十年一月一日	读《丛报》"论功名心"一节。	第 538 页
三月十七日	叶耕经送到《新民丛报》第四十、四十一合册。	第 559 页
六月一日	叶耕经送到《新民丛报》第四十四、五合册一本。	第 580 页
七月三日	叶耕经又送交第三年《丛报》第四十九、五十两册。	第 587 页
八月十八日	接到叶耕经本年《丛报》第三、四册。	第 598 页
九月十日	叶耕经送到《丛报》第五册，原第五十三册。	第 603 页
九月十七日	叶耕经送到《新民丛报》本年第六册。	第 605 页
十一月十二日	叶耕经送到《新民丛报》第六、七册。	第 618 页

第四章　20世纪初报刊发行与读者阅读

续　表

光绪三十一年一月十九日	叶耕经送到《新民丛报》原第六十册。	第 636 页
光绪三十二年一月二十八日	叶耕经送到第三年《新民丛报》第二十三册。	第 657 页
二月九日	叶耕经送来第三年《新民丛报》第二十四号。	第 658 页
四月二十二日	叶更今（耕经）递到第三年《新民丛报》本年第五册。	第 678 页
闰四月十三日	叶更今（耕经）送到《新民丛报》本年第六号。	第 682 页
光绪三十三年一月二十六日	叶更今（耕经）送到《新民丛报》第四年第十四号。	第 705 页
四月一日	叶更今（耕经）送来《新民丛报》第四年第十七、十八两册。	第 724 页

除了经常阅读《新民丛报》之外，林骏对学术性刊物也颇感兴趣，自1906年开始，他经常收阅其学生孙季芾送来的《国粹学报》，对爱国、保种观念较为认同。另外，他还阅读了同乡陈黻宸主编的《新世界学报》，广泛涉猎"世界知识"。林骏的日记至他去世前一年的十月止，他虽中年而逝，但其日记中保留了大量读报记录和较为新颖的见解，尤其他勤于阅读《清议报》《新民丛报》，深受西学新知的影响，对新思潮持开放态度，这表明他虽为乡绅，却与一般固守旧学的传统士人有较大的区别。

（五）温州乡绅刘绍宽的读报活动与时政观察

刘绍宽具有丰富的阅报经历，早在甲午战争期间，就经常阅读《申报》等报刊并详细抄录不少战事新闻。维新之后，刘绍宽很少阅读时务报刊，除了1904年到日本考察教育七十余天之外，他基本上在平阳和温州从教，从平阳县学堂教习到温州府中学堂监督，清末十余年间，刘绍宽始终没有离开学校。教课之余，刘绍宽热衷于阅读报刊，关心时政，尤其留意重大军政事件。他长期订阅《申报》，经常抄录其中的重要新闻。如光绪二十六年（1900）

四月十七日，他夜阅《申报》并记载："张香帅照会驻汉领事，转饬所属报馆，于国家政要以及官场机密事，概不准登。然则申报之消息固不能灵通矣。"对于张之洞这一举动，刘绍宽当时并未评论。多年后，他重新翻阅日记，根据自己的见闻，评价道："报馆被检查，不许登载机要，开其端者，乃竟为张香帅也。"① 张之洞在维新时期一度热衷于办报，但维新之后却严控报刊言论，这表明张之洞的报刊立场发生了明显转变。

对1900年爆发的义和团运动，《申报》有详细的报道。刘绍宽在阅读之余，往往抄录留存。当年四月二十二日，他阅读四月初一至初十日的《申报》并记道："会匪之类，广东、山东为最。山东拳匪有女子习拳，有'红灯照'，忆去年外间谣传有'满城红灯照'之语，盖即指此，谣言即若此辈之为也。"② 刘绍宽认为"拳匪"在谣言惑众，对他们颇为不满。至五月，京津一带义和团活动较为频繁。他抄录了数则新闻：

> 五月十二日铁路已阻不通，保定城火，赵州被踞。十三日京电，各处教堂被毁一空。十四日报，大沽口各国兵船共廿一艘，……十五日报，各国兵士入京多至数千名。十六日报，美廷议办拳匪，谓应由各国合同料理。十七日报，各国兵船至大沽口，共二十四艘。……十八日报，聂功庭军门（汝成）剿办拳匪。二十日报，大沽口外兵船，英九艘……共三十二艘。……廿一日报，京师东城内教民及各西人家佣役被杀数十百人，此系十七日之事。十八日，天津城内教堂被毁。廿三日报，廿一日大沽炮台忽开炮，击某国兵船，各国群抱不平，合力还击，西兵即占据北首炮台。日、俄两国急调大队水师登岸。③

对于义和团运动，中枢大臣形成两种意见，朝野议论纷纷。六月二十日，刘绍宽通过阅读《申报》了解到其中原委："京师匪乱，荣禄主剿，端王、刚

---

① 刘绍宽著，方浦仁、陈盛奖整理：《刘绍宽日记》第1册，中华书局2018年版，第281页。
② 刘绍宽著，方浦仁、陈盛奖整理：《刘绍宽日记》第1册，中华书局2018年版，第281页。
③ 刘绍宽著，方浦仁、陈盛奖整理：《刘绍宽日记》第1册，中华书局2018年版，第284页。

毅、崇绮、启秀、徐桐主抚，太后内侍多习拳者，故太后亦惑之。"在八国联军入侵北京之后，清军溃不成军。两宫西逃，清廷已面临灭顶之灾。在辛丑条约签订之前，主抚派被秋后算账。刘绍宽于辛丑年（1901）二月八日连读十一天《申报》，记载了主抚派的命运："各国公使开罪魁百余人，又提出十二人，请李傅相请旨惩处。……端王，原拟永远监禁，刻已改为赐死。礼部尚书启秀、刑部侍郎徐承煜俱由日兵解往正法。"①

之后一年多，刘绍宽读报次数较少。但癸卯年（1903），面对西方列强瓜分中国的危局，刘绍宽通过阅读《国民日日报》详加披露："各国实行瓜分，已有成约，以图寄示中政府，限六日议决。日本谓留学生汝等在此日日言流血，失此时不流，后将无流血之地矣。"对此，他还引证《中外日报》有关新闻印证："此信盖确无可讳。联军事起，东省忽挑衅强俄，始而驻兵不撤矣，继而奉天占据矣。日人初议拒俄，而中政府不能决策与之协力，至折而与俄协商，还与各国定瓜分之局。"列强在企图瓜分中国，刘绍宽阅报后极为悲愤，哀叹："呜呼'谁生厉阶，至今为梗'，痛哉！"②

日俄为争夺中国东北利益而剑拔弩张。刘绍宽于癸卯年（1903）年底开始关注《俄事警闻》的有关报道。十月二十日，他读了数期《俄事警闻》，摘录伦敦电、俄国近情、东边道袁大化述俄之政策、满洲交涉历史等方面的内容。此后，他多次抄录日俄战争的新闻，并阅读《外交报》等报刊，表达了对东北局势的忧虑。另外，他还对当局推行的新政颇为关注。如光绪三十一年（1905）九月十四日，他阅报得知"上谕停科举"，"奉旨开放东三省，多开商埠，并饬地方官举办各项实业"。十月一日，他又阅报得知："自警务部设立之谕下，政府即日通电各省、府、厅、州、县、村落均须认真兴办。添立海军部、巡警部，合之外、吏、礼、兵、刑、户、工，共十部。"对于这些新政，他提出质疑，进而总结道："政体、学术、风俗为立国之要素。新进少年，不先于此三者求改良增进，而欲举办一切新政，必无

---

① 刘绍宽著，方浦仁、陈盛奖整理：《刘绍宽日记》第1册，中华书局2018年版，第290、316页。

② 刘绍宽著，方浦仁、陈盛奖整理：《刘绍宽日记》第1册，中华书局2018年版，第341页。

效果。老成者,诋訾一切新政,而亦不知改良增进此三者,而徒事阻挠,皆失计也。"① 此论切中要害,对当时新旧两派的评价入木三分。

他与时俱进的识见与博采众长的学风,在日常阅读中得到体现。如他在宣统二年(1910)五月十七日阅读《新民丛报》之后,感叹:"凡学问专守一家之言,专持一先生说,必不能广博。梁任公多读泰西学说,还持以视中国古哲学说,遂彼此互证,另有一番学识。又多阅外国政书,还持以观中国现时政迹,遂彼此互勘,另有一番政见。此《新民丛报》与近出《国风报》诸篇,所以辟易万夫也。然非有超旷才识者,则旁骛眩惑,胸无定主,彼此迷误,且以惑世诬民矣,卓如亦卓矣哉。"② 这表达了他对梁启超的景慕之意,也体现他不拘一格的学术风格。长期的报刊阅读与深入思考,对他的思想境界有着深刻影响。

(六) 台州乡绅黄沅的读报活动与心路历程

目前所见黄沅日记稿本始于光绪二十八年(1902)九月一日,作者标为日记第一册,应是日记的开端。其时,黄沅已29岁,希望"日有所事,登诸记簿"。③ 因此,他对日常生活记录甚详。他主要通过书信往来、友朋交流和订阅报刊等方式获取资讯。壬寅年(1902),葭沚虽为小镇,但交通和邮政条件却大为改观,有轮船定期到达,附近的海门镇已设立邮政局,葭沚与上海、杭州、南通之间的交通较为便利,镇上的商业也较为兴旺。黄沅虽非科举正途出身,但由于家境富裕,学养较深,他乐善好施,爱好诗词书画,热心地方事务,在葭沚、海门一带交游甚广,他还经常到沪杭等地游历,结识不少政商界名人。他的日记中收发信件、友朋叙谈的内容占有相当的比重,但是,这些"日常的闲话"却难以体现新闻的价值。在黄沅看来,报刊是传递外部信息的重要来源。壬寅年(1902),黄沅已是《申报》的忠实订户,九月四

---

① 刘绍宽著,方浦仁、陈盛奖整理:《刘绍宽日记》第1册,中华书局2018年版,第352—354、409、411、412页。
② 刘绍宽著,方浦仁、陈盛奖整理:《刘绍宽日记》第2册,中华书局2018年版,第507页。
③ 黄沅:《黄沅日记》,广东省立图书馆、中山大学图书馆编:《清代稿钞本》第21册,广东人民出版社2007年版,第3页。黄沅后改名为黄秉义,周兴禄整理的《黄秉义日记》已于2017年由凤凰出版社出版,整理本以广东省立中山图书馆稿本为底本。

日，在他开始记日记的第四天，便记载："陶寿翁姻丈遣价送来《申报》一束，计六张。"① 黄沅所订《申报》由永宁号班轮送达，一般五六日送一次。如他在九月四日、十日、十七日，都收到《申报》。因此，他一般只能看到五六天前的报纸，尽管新闻有些迟缓，但从记录的角度看，则可根据黄沅的喜好，进行"选择性"记载，并在抄录后进行新闻评述。

值得注意的是，黄沅所订阅的《申报》，往往通过借阅的方式在友朋间传递。如他在壬寅年（1902）九月二十二日记载"叔父、妹丈向余借《申报》"一事。十月二十七日记载："静斋宗叔来借《申报》，余遣阿香向作羹兄取，转借，共计报两张。"癸卯年（1903）八月二十一日，"送《申报》一卷与秦梗友先生"，十二月十一日，"逸仙先生假去《申报》一卷"。② 这说明在葭沚镇，报刊的订阅尚不普及，黄沅所订的《申报》，被其亲友视为重要的资讯来源。黄沅将读后的报纸借与他人阅读，有效地提高了报纸的阅读率。对于借阅者而言，报纸进入他们的阅读世界之后，对新闻的理解和感受自然会有差异。而"一报多读"的现象，尽管在后来的阅报社和图书馆比较流行，但此类友朋之间的"共享"报刊现象，不仅起到社交中介物的作用，也极大地提高了报纸的有效阅读率，为地方社会营造了一种新型的"阅读景观"。

黄沅出身官宦之家，其父亲黄寿征曾任云南新兴州知州，山西吉州知州、虞乡县知县，为官清廉，颇有政声。黄沅对报刊信息的获取具有明显的"政治"导向，他摘录报刊的内容大多以朝廷政令、官员升迁、科场题名、政治事件等为主，尤其对台州官场动态甚为留意，而社会新闻很少引起他的关注。尽管从壬寅年（1902）开始，清廷开始实行"新政"，废科举、行新政的报道不少，但黄沅作为一名乡绅，对报刊所刊新政举措则较少提及。他在阅读当年九月二十日《申报》上有关"京师大学堂招考学生考法章程"后，对有关内容加以披露。十二月十五日，他还抄录了礼部奏请改变会试日期的新闻：

---

① 黄沅：《黄沅日记》，广东省立中山图书馆、中山大学图书馆编：《清代稿钞本》第21册，广东人民出版社2007年版，第4页。

② 黄沅：《黄沅日记》，广东省立中山图书馆、中山大学图书馆编：《清代稿钞本》第21册，广东人民出版社2007年版，第6、12、59、81页。

"新科举人覆试于会试揭晓后举行,深恐士子守候日久,旅费维艰,着改于会试三场后即行复试,以示体恤。"这大概与他当年捐监参加乡试有关。癸卯年(1903),黄沅对《申报》上刊登的会试名录特别关注,在四月二十一日的日记中,他特别指出:"本年会试,浙江统共会榜中式二十三人,台州得承二人,亦足生色矣。"① 字里行间,表现出对本地士子中式的羡慕,也流露出他对科举入仕的期盼。另外,黄沅对《申报》上刊登的各省乡试正副主考官姓名、朝考名次等科考消息予以详细抄录,显然报刊上的科举新闻对他有着强烈的吸引力。

作为乡居绅士,黄沅对养生之道颇感兴趣。他在读报活动中,关注一些保健和医疗新闻。如他抄录了癸卯(1903)六月十三日《申报》上的一则广告:"纪有枪戒□速膏,功效如神,该价每盒计洋六角,每打计洋六元,该售处系上海二马路中市西鼎新里石库门内暹罗大德通公司批发。"此类广告一般读者即便认真一阅,也不会在日记中特地记录,黄沅特加抄录,颇有用意。乙巳年(1905)七月六日,他在读《新闻报》之后,特地记载印度新到一种亚弥莲花:"其花异样,四季不枯,戒烟最为灵验。"对于报纸上的广告,他读后写下了一段较为私密的话:"余之烟瘾颇深,阅此花有如此灵验,另日购试,未知果然否也?"对于《申报》中屡屡言及的"电带之治病法",黄沅还想到上海后托友人询问。他还读到丙午年(1906)八月五日的《申报》上的补品广告:"上海四马路北首望平街,大隆燕窝公司内售化学补肾生精燕窝珍珠牛髓粉,每匣价洋一元,每打拾元。"同日,他又记载另外一则广告:"暹罗大德公司售赞医士监制五牛牌珍珠燕窝牛髓粉,每罐壹元,每打价洋拾元。"抄录之后,他自己也感到疑惑,"两种不知孰胜也"。② 这说明他对此类补品已有一定的消费意向。在晚清日记中,抄录报刊广告的现象甚为罕见,而黄沅却对各种补品、药品颇感兴趣,对枯燥的广告不惜笔墨加以记载,说

---

① 黄沅:《黄沅日记》,广东省立中山图书馆、中山大学图书馆编:《清代稿钞本》第21册,广东人民出版社2007年版,第6、20、37页。

② 黄沅:《黄沅日记》,广东省立中山图书馆、中山大学图书馆编:《清代稿钞本》第21册,广东人民出版社2007年版,第51、240、251、418页。

明他阅读报刊还具有"实用主义"的目的。

黄沅喜欢抄录报纸上的各种"上谕",尤其对官员开缺、补缺、升迁新闻颇感兴趣。癸卯年（1903）十二月八日,他看到《申报》有关"安徽青阳县知县汤寿潜著赏给道衔,署理两淮盐运使"的上谕后,颇为感慨,评论道："汤公由进士、翰林庶吉士散馆、知县,虽系绍郡人,虽著作颇多,以知县升署运台,国朝以资格所限,如此升迁,有所罕见也。"而对于台州籍官员王彦威补授太常寺少卿一事,他便由衷感叹："此台属之伟人也。"甲辰年（1904）一月二十六日,他从《申报》上得知："前台州府知府本任处州府赵寅臣太守调省察看"一事,便评论道："宦海风波,险之异常。"① 此类官场新闻在黄沅的读报记录中颇为常见。

丙午年（1906）,清廷实行预备立宪,报刊多有报道。黄沅对《申报》《新闻报》上有关官制改革的新闻颇感兴趣。如《新闻报》有关设立元老院的报道,《申报》有关分设各部以及长官任命的报道,他读报后认为："如今议论纷纷,不知至于何时何议为定议也。"之后,对于各省参仿京部官制的报道,他心存疑虑,评论道："未知各省督抚各宪宜如何参酌妥定办法也。"对于《晋报》有关湖广总督张之洞"奏请颁行各直省学堂诸生一切衣服定为一律"的报道,他大为赞赏,感叹道："定冠服即重学堂,大凡冠服,朝廷向有定制,不意今之无耻诸徒以洋装为喜,以致洋不洋中不中,成何体制？现张制军急定冠制,通行海内,真老臣持重,有此深谋,人所钦佩之至。"② 从黄沅对预备立宪的态度看,大体停留在改官制、定制服的层面上,对于立宪的具体举措,他很少关注和评论,他对清廷的统治合法性深信不疑。因此,当他读到慈禧、光绪相继"宾天"的新闻后,感到十分悲痛,连日抄录《申报》上相关报道,"闻言之下,涕泣交集",③ 忠君思想暴露无遗。

---

① 黄沅:《黄沅日记》,广东省立中山图书馆、中山大学图书馆编:《清代稿钞本》第21册,广东人民出版社2007年版,第80、93、102页。

② 黄沅:《黄沅日记》,广东省立中山图书馆、中山大学图书馆编:《清代稿钞本》第21册,广东人民出版社2007年版,第418、439、499页。

③ 黄沅:《黄沅日记》,广东省立中山图书馆、中山大学图书馆编:《清代稿钞本》第22册,广东人民出版社2007年版,第418、439、499、90页。

（七）余姚乡绅朱鄂基的读报活动与新旧杂陈

出生于1880年的朱鄂基为浙江余姚人，其祖父、父亲均为进士出身，且都担任过学政，颇有政声。朱鄂基虽两岁丧父，但家学渊源颇深，从小便接受良好教育。他长期在家族私塾实获斋就读。作为科举世族，朱鄂基对科举考试孜孜以求，并获宣统己酉科优贡，庚戌科朝考二等。同时，他对新学颇感兴趣，自辛丑年（1901）之后，其日记中有大量阅读西学书籍的记录，他还学习英文、数学等课程。可以说，他是过渡时代新旧交织的人物。他苦读经史，又广泛涉猎新学，订阅了《申报》《新闻报》《新民丛报》《国民报》《国粹学报》《农学报》《时报》《商报》等多种报刊，关注时政要闻和地方事务。

朱鄂基对报刊新闻的记载并无规律可言，但他对国内外要闻颇为留意。如光绪二十七年（1901）十一月二十五日，他看前一日《申报》，记载庚子赔款方面的后续新闻："美国所得中国偿款，合美金二百万圆，政府之意拟收一千八百万元，但期能抵上年军费而已。"他评论："余恐此说未必确也。果尔，则允与不允之际，又烦全权大臣应付矣。"当日，他还记载："近有法员合弼者禀呈议政局，论及法、德两国索偿之款，……而德廷所索多至三百〇四兆佛郎克云云。"至于两宫回銮的新闻，他也较为关注。十月二十七日，他阅《申报》得知："圣驾已抵保定府，定二十八日皇上先行进宫。"从光绪二十九年（1903）开始，朱鄂基经常阅读《新民丛报》，在日记中多次记载收阅该刊的情况。如三月二十二日，他读《新民丛报》第二十六号，"内有《饮冰室读书记》数页颇佳"。闰五月十四日记载："看去岁《新民丛报》第七号，内有《中国学术思想变迁大势论》，逐层将先秦学派与希腊、印度学派比较，且分别异同，明晰洞达，非拘拘末学者所能为也。"此后数年，他多次阅读《新民丛报》，对梁启超的文章极为推崇，深受其言论影响。如光绪三十一年（1905）十一月十日，他看《新民丛报》所载梁启超《余之生死观》一文，评价道："博引佛释及现今进化诸语，精湛之至。"①

---

① 朱鄂基著，朱炯整理：《朱鄂生日记》(1)，凤凰出版社2021年版，第14、15、32、47、189页。

朱鄂基热衷科举，对报刊有关科举考试方面的新闻也较为留意。光绪二十九年（1903）六月一日，他看报后记载："特科阅卷大臣公商将取列一、二等，有科第者擢二级用，其举、贡、生、监，除赐予出身，再加一级擢用。"六月十七日，他读《新闻报》得知浙江乡试消息："浙江正考官着唐景崇去，副考官着齐忠甲去。"六月十九日，他摘录《新闻报》消息："有御使奏请乡会试二场题目，应由严几道《原富》等书内拣出，庶无时俗流弊。"这反映出西学知识对科举考试的重要影响。九月十五日，他读《新闻报》所载浙江乡试榜单，在日记中"将宁绍新贵摘录于此"。① 尽管科举考试已是末路，但准备多年的朱鄂基仍然期待有朝一日能金榜题名，报刊上的科考新闻对这位普通的应考士子仍然有着强烈的吸引力。

朱鄂基对新学也颇感兴趣，他的亲友中有不少人在日本留学，他对报刊有关学制改革、留学生动向等方面的报道甚为关注。如当年七月十八日，他读报后记载："内有严几道先生手订《京师大学堂译书局章程》。"九月二十七日，他抄录《新闻报》所载商部考试新闻："各部咨送各司员题目：'马班以后，货殖无传论''美洲未立商部，以前商务之得失情形如何策'。"十月四日，他又抄录报上张之洞所订《大学章程》："大致分为四科：曰德行科，一切修身伦理之学属之；曰言语科，一切外国文字属之；曰政事科，一切掌故法律之学属之；曰文学科，一切史传词章之学属之。"② 之后，他多次阅读有关《大学章程》的报道，并加以摘录。

光绪三十一年（1905），朱鄂基新订阅了《时报》《中外日报》《南方》等报刊，但他看报的次数有所下降，对已积累的旧报仍然在闲时翻阅。如四月十三日，他看旧报，"殊多繁冗，然不看则心不安也"。六月十五日，他又看前月《中外日报》，"头绪甚清"。七月十四日，他整理之前订阅的《新民丛报》，看"六月一日后《中外日报》，要闻殊多"。③ 显然，一次阅读数天乃至数月的报刊，只能是浮光掠影，且是旧闻新读，很难留下深刻印象。但在

---

① 朱鄂基著，朱炯整理：《朱鄂生日记》(1)，凤凰出版社2021年版，第50、52、53、74页。
② 朱鄂基著，朱炯整理：《朱鄂生日记》(1)，凤凰出版社2021年版，第64、77、78页
③ 朱鄂基著，朱炯整理：《朱鄂生日记》(1)，凤凰出版社2021年版，第162、170、173页。

余姚乡下，朱鄂基能够整理和阅读不少旧报，从一个侧面反映了他能够"坐拥报刊"，阅读报刊颇为容易。

光绪三十二年（1906），朱鄂基到浙江高等学堂求学，阅读报刊的范围更广。四月三日，他在浙江高等学堂阅报处看报，"有《南方》《新闻》《中外》《时报》四种"。他摘录《南方报》新闻："端戴定四月返国，旧金山地震，人民失所者有三十万人。"之后两年，他日记中有关读报活动较少。至宣统元年（1909），他参加优贡选拔，对留学生选拔考试也较为关注。九月十四日，他读《时报》并记载："学部考试游学各国毕业生榜，最优等十三名，优等五十二名，中等一百九十名，盛氏昆仲均列中等，在珣八六，在琨九六。"他与盛氏兄弟相稔，特地记载他们的成绩，表达了关切之意。十一月二十八日，他读《浙报》有关余姚留学生报道："考入日本高等专门浙籍生吾姚得二人：李久身，二十一岁，自光绪卅二年七月清华学校建筑科毕业，现入东京高等工业学校，阳历九月入学。毛绶泉，二十岁，自光绪卅二年九月宏文学院毕业，现入业医专门学校，阳历九月开学。"第二年，他在日记中也多次记载余姚留学生的新闻。如四月八日，他读《时报》海外近信录并记载："蒋梦麟与波兰人诺君谈中国事，语颇可采，蒋系履斋先生之子，留美自费学生，此吾姚后起之英也。"对于这位有世交的本地才俊，他颇为自豪。四月二十五日，他见报上所载廷试游学生等第单，得知"盛氏昆仲均列一等"，颇为惊喜，当天便"发盛宅书，附烛敬壹元"。① 这是第二次抄录有关盛氏兄弟的新闻。显然，本地留学生的成就，被他视为地方社会的荣耀。

（八）长沙名士皮锡瑞的读报活动与思想演变

与张棡、黄沅这样的"小人物"不同，皮锡瑞因在维新时期曾任南学会会长，大力宣传变法革新而声名鹊起。戊戌变法失败之后，皮锡瑞被朝廷列为重点清算的人物之一，被遣送回原籍并交地方官严加看管。从1900年至1908年，皮锡瑞只能待在家乡长沙。初回老家的他，以抄汉碑、校古籍自遣，

---

① 朱鄂基著，朱炯整理：《朱鄂生日记》（1），凤凰出版社2021年版，第209、249、259、276、278页。

很少与外界接触。光绪二十六年（1900）十一月二十一日，他与友人聚会，对于当天议论的"办同文会""开报馆"之事，他认为"此举自属开通风气，保全大局，甚善。然阻力甚重，非得总署应允不可。但有成议，无不乐从"。此时的皮锡瑞与其在南学会期间的大胆果敢已有明显区别，不再贸然行事，以保全自身为要。但他仍然关注时局，将维新之希望寄托在光绪皇帝身上，十二月二日，他读到《申报》有关编修沈鹏建议皇上亲政的新闻后，极为兴奋，赞同皇上"宜乘训政之时，分荣禄之权，惩刚毅之暴，除李莲英之毒"，认为此文"可谓凤鸣朝阳，云保圣躬即以固大清基业，所见尤大"。① 由此可见，他是一个较为明显的保皇派人物。

庚子年（1900），皮锡瑞对义和团运动、八国联军入侵等事件特别关注。七月后，他多次阅读《汉报》，摘录报纸上有关新闻。如七月十一日，他看到《汉报》后，便在日记中追问："李相已到沪，未知和议若何？"十四日，友人钱硕人谈报纸所登"康筹兵饷勤王"之事，他认为"不可信"，由于康有为在海外活动，所以"外国人忌华人甚，在彼亦可传教、讲学，若聚兵造械，必不允"。二十二日，他读《汉报》，得知"联军入京之说"，甚惊惧，担心"现在不知有何举动"。八月二十二日，他读到《汉报》有关战局的近况："端王府已烧成平地，各国分地守京城，已设委员，又添兵，来甚多，且储衣服为卒岁计。"二十四日，他又读《汉报》新闻："各国以李相不能认真，不允和。"二十五日，他看到《汉报》所载"罪己之诏"，但对"不及拳匪作乱及诸臣误用拳匪之罪"，深感失望，然后又道及西太后与皇上已"安抵陕西"，对于议和一事，皮锡瑞仍然抱有很大期待，"如各国兵早退出京，即幸事矣"。② 可见，皮锡瑞接连记载庚子之乱，对国家命运极为关注，但他对"拳匪"的不满可看出其对义和团运动的否定立场。

辛丑年（1901），皮锡瑞主要阅读《湘报》《申报》《中外日报》《清议

---

① 皮锡瑞：《师伏堂日记》（4），国家图书馆出版社 2009 年影印本，第 102、111 页。有关皮锡瑞被湖南巡抚革去举人功名的说法，目前学界尚有争议。皮锡瑞在日记中也没有提及被革功名一事。

② 皮锡瑞：《师伏堂日记》（4），国家图书馆出版社 2009 年影印本，第 236、238、243、269、270—271 页。

报》,纵览各类新闻,关注时局动态。他认为《清议报》为梁启超"一己之言",评价不高。壬寅年(1902),他开始关注"学界风潮"和"革命言论",并订阅了《浙江潮》《大陆报》各一份,也读《大公报》《亚东报》《新闻报》等报刊,对《绣像小说》亦感兴趣。对报刊的革命言论,他认为"足以招外国之觊觎,速中原之分割",指出"学界风潮可怕"。他经常记载各地会党活动、科举考试、官场动态之类的新闻。癸卯年(1903),他阅读《新民丛报》《新小说》《大公报》《中外日报》等报刊,对中外交涉、官员任命、科举新闻等颇为留意。对《苏报》案他较为关注,读报后记载:"邹容已直认《革命军》为自己所作,章直认为作序,而报事直推吴稚非(晖)主笔。"对于当年科考,他认为:"复试文字不应用新名词,皆为《苏报》所误。"他指责《苏报》伪造"拿留学生谕",影响极坏,有违公理,"即西人报律,亦未必许之"。① 可见,这位昔日的维新人士对于《苏报》言论极为不满,其根本原因是《苏报》的立场与他寻求保皇改制的理念完全不符。

而对于报刊报道的立宪新闻,皮锡瑞读后也表达自己的看法。如他对《大公报》的立宪之议,颇不以为意。他认为:"中国之弊在律例繁而不必行,上下以具文相蒙,柄归胥吏及幕友,遂无一事利民。宜将旧令扫除更张,去除烦文,参以西法。以后令出惟行,则国治民安矣。"可见,他仍然坚持维新时期的立场,对于传播革命思想的报刊往往加以指责。如癸卯(1903)九月二十八日,他读到《汉声报》之后,便在当天日记中写道:"似非诸生所宜阅也。"十月初九日,他又"取《汉声》及《游学译编》阅之,有违碍,即不示诸生"。② 其时他在师范馆任教,对学生思想动态较为关注,他凭经验判断各种报刊的舆论动向,一旦发现激进或者变革的言论,便不希望学生看到。由此可见,这时的皮锡瑞已经对革命排满和民主思想极为不屑,对维持清政府的统治却不遗余力。

从1900年开始,皮锡瑞先在陈宅设馆授徒两年,1903年后在高等学堂师

---

① 皮锡瑞:《师伏堂日记》(5),国家图书馆出版社2009年影印本,第261、263、291、294页。
② 皮锡瑞:《师伏堂日记》(5),国家图书馆出版社2009年影印本,第312、368、377页。

范馆任教。由于有着很高的学术造诣和社会声望,他人生的最后几年虽然在新式学堂教书,仍然可以衣食无忧。与一般乡绅不同,他早在维新前后就养成的读报习惯一直没有中断,直到他去世前的几个月,仍在日记中记载读报内容。他将报刊新闻视为一种引发思考的资源,每每在抄录之后会加以评论,将自己的思想观念展示出来。他的读报和评报记录反映出其思想变动的轨迹。维新之后,他读过各种类型的报纸,包括留学生报刊和具有革命倾向的报刊,但这并不意味他具有进步开放思想,相反,他对革命报刊的批判和不满,反映出他的阅读世界中充满着怀旧情结。尽管当时湖南长沙已是民主革命的重要基地,排满革命的呼声颇高,但是他在读到这些言论时,则表达了自己对革命的担忧。而他对"拳匪暴乱""会党起义""学堂学潮""学制改革"的批判,亦表达了他对清王朝和光绪皇帝的忠心。可见,虽然他被朝廷"驱逐回籍",但骨子里仍是一个自命不凡的传统绅士,充满着对新事物和新思潮的种种猜疑和不满。总之,从皮锡瑞的思想历程和读报活动可以看出,他逐步由一个维新斗士转变成为封建制度的捍卫者。

(九)太原乡绅刘大鹏的读报活动与抵制心理

虽然刘大鹏与皮锡瑞同样拥有举人的功名,但这位山西乡绅的声望和学术地位无法与皮锡瑞相提并论。由于风气的闭塞、社交网络的局限、阅读条件的限制,刘大鹏读报的资历也远不能与皮锡瑞这样的经学大师相比,与浙江瑞安的秀才林骏、张棡也有很大差距。在维新之前,刘大鹏几乎没有读过新式报刊,而他偶尔读到邸报时,对甲午战争之类的重大新闻了解已非常滞后。1895年、1898年和1903年,他三次参加会试均告失败,除了三次会试期间短暂离开家乡到过北京和开封,刘大鹏的一生都在太原和太谷的乡下度过。会试失败并没有促使他接受新学,"他仍旧将自己看作梦醒子,一个已经投入自己所学的儒家经典伦理准则的人"。[①] 长期接受传统教育的刘大鹏,虽然有举人的功名,却不得不屈就乡下馆师。他在中举后的两年,还认为"教

---

① [英]沈艾娣:《梦醒子——一位华北乡居者的人生(1857—1942)》,赵妍杰译,北京大学出版社2013年版,第41页。

书不过暂为糊口计，若作为终身计，则甚左矣"。① 跻身仕途的希望破灭之后，他只好在太谷县南席村继续当私塾先生。他所处的晋中农村，信息非常闭塞，由于职业的低微和社交网络的局限，刘大鹏难有机会与那些上层精英建立良好的私交。他的生活也局限于乡下，和父母一起居住。他常去村后的山边散步，在田里干活，平日生活确实清贫，三餐也以素食为主。② 戊戌变法之后的一段时期，刘大鹏仍然没有机会读到新式报刊，直到1901年，他才开始阅读《申报》，了解到皇太后、皇上回京，沿途地方官趁机索贿，"百姓困苦，怨声载道"。③ 此前刘大鹏也通过其他信息通道了解到拳匪之乱、教案风波、联军入侵的新闻，但大多是道听途说。光绪二十八年（1902），山西的第一份报纸《晋报》的创刊，对刘大鹏的报刊阅读生涯有着重要影响。当年八月十七日，刘大鹏在日记中记道："近日省城设有晋报局，仿照上海、天津《申报》之法，东家送来一报。"他摘录当期"有瘟疫盛行各直省"④ 的新闻。此后的几年，刘大鹏便经常阅读《晋报》，直接从报纸上获知时政新闻。

但是，《晋报》毕竟是一份地方官报，其新闻内容以报道官场动态为主，观念较为陈旧。刘大鹏的思想世界也并没有因为读报产生巨大转变，他对《晋报》上的一些新闻颇有不满，并结合自己的见闻加以批评。如针对清政府推行的新政，他在读报后感叹："当时要政只以富强为尚，而大小臣工莫不讲求利权，向民间收括财利，修铁路，开矿务，加征加税，不一而足，民心离散，并不顾虑……"在刘大鹏看来，新政是造成民不聊生的重要原因，变革对社会极为不利。他在日记中抱怨道："近年来为学之人，竟分两途，一曰守旧，一曰维新。守旧者惟恃孔孟之道，维新者独求西洋之法。守旧则违于时而为时人所恶，维新则合于时而为时人所喜。所以维新者日益多，守旧者日渐少也，人心世俗将有不堪设想者矣。"刘大鹏以"守旧者"自居，虽然他在

---

① 刘大鹏著，乔志强点校：《退想斋日记》，山西人民出版社1990年版，第57页。
② ［英］沈艾娣：《梦醒子——一位华北乡居者的人生（1857—1942）》，赵妍杰译，北京大学出版社2013年版，第14页。
③ 刘大鹏著，乔志强点校：《退想斋日记》，山西人民出版社1990年版，第104页。
④ 刘大鹏著，乔志强点校：《退想斋日记》，山西人民出版社1990年版，第114页。

科举社会的境遇并不理想,但是,他对改书院为学堂的做法甚为不满,认为"今之学堂,所教者西学为要,能外国语言文字者,即为上等人才,至四书五经并置不讲,则人心何以正,天下何以安,而大局则有不堪设想者矣"。刘大鹏对新学堂的批判,还从他的职业危机和自身利益出发,因为新式教育使许多私塾教师面临失业,他看到馆师业经失馆,"惶惶然不知措手足也"。他还以儒家道统的观点捍卫传统伦理,因为新学堂颠覆了他的传统价值体系。他的忧虑反映在对具体新教育制度的指责。如光绪三十年(1904)五月五日,他看到《晋报》登载政府欲裁撤各省州县教谕的新闻后,便感叹道:"果如是也,则读书人更无出路矣。"正因为如此,当他在光绪三十一年(1905)得知科举停废后,便认为"有子弟者皆不作读书想,别图他业,以使子弟为之,世变如此,殊可畏惧"。在他看来,废除科举简直是断送了读书人的前景,因此,他"心若死灰,看眼前一切,均属空虚"。①

对新制度的憎恨和对旧制度的留恋,伴随着刘大鹏的读报活动和日常言行。他在看到《中华报》之后,对新学堂的教学内容进一步表达了忧虑之情。他说:"学堂设立极要极多,所学者皆洋夷之学,毕业以一年三年为限,孔孟之学俱弃之而不一讲求,时运为之也可奈何?"在刘大鹏看来,读报纸已经是一种自我折磨和痛苦的经历,因为所见所闻都与他的价值观相冲突,报纸上讲的各种新政都背离了孔孟之学和仁义道德。但是,他似乎又不愿意放弃看报,这位拥有高级功名的乡绅,在寥落的教书生涯中感受种种莫名的痛楚,就连平时与人讲伦常之理,遇到维新之人,"必招其斥骂"。②

尽管如此,刘大鹏仍然将平时读报心得记载下来,并且丝毫不隐瞒自己的观点。除了对教育制度进行深入批判之外,他对兴办铁路、发展交通的新闻也颇有微词。光绪二十九年(1903)十一月六日,他看到《晋报》上有关山西修建正太铁路的新闻后指出:"现在正太铁路之工已开,殆至工已告破,铁路成而轮车通,矿务大兴,取煤取铁,其势纷如,三晋人民非但不能安枕

---

① 刘大鹏著,乔志强点校:《退想斋日记》,山西人民出版社1990年版,第117、143、140、151、135、146页。

② 刘大鹏著,乔志强点校:《退想斋日记》,山西人民出版社1990年版,第149页。

而卧，且必受夷人之凌辱，即欲逃避而莫能矣。"光绪三十年（1904）八月二十三日，他再次看到正太铁路的新闻后，更认为危害无穷，感叹："此路一成，则三晋之门户恍然洞开，晋民无安居之日矣。"① 对现代科技茫然无知的刘大鹏，认为铁路将与民争利，进而影响到社会的稳定。

刘大鹏虽然看报，却没有从报刊中吸取先进理念和科技知识，他的观念系统并没有因为新式传媒而改变。相反，报纸上的新思潮和新事物刺激他回归传统，并对现实加以严厉批评。如光绪三十三年（1907）七月二十四日，他抄录《晋报》上有关革命党的新闻："东洋游学毕业生，多为革命党，装束皆为洋式，私运军火回华，专与国家为仇……封疆大吏饬各属文武，一体严密防范，认真搜捕，凡获该党，即行正法。"这是刘大鹏最后一次读到《晋报》，他对革命党的态度也跃然纸上。显然，刘大鹏的守旧观念使他对社会变革难以理解和接受，而报刊则是展示这种矛盾和不满的"中介"，促使他"新报旧读"，眷恋传统。他以不满的心态阅读着新式传媒，一旦没有了报刊，他反而感到不安。七月二十九日，他对《晋报》的停办进行了解释："顷闻《晋报》不出，由报馆主人被公立中学堂之人用强硬手段勒迫而罢也。"对于《晋报》的停办，刘大鹏还是深感失落，他认为"在学堂者之权力，可谓之大矣"。② 其言下之意是对学堂之人表示不满，直到一年之后，他才看到由山西谘议局创办的《并州官报》。在这位晋中乡绅的读报活动中，随处可见对"新"的仇恨，对"旧"的怀恋。报刊非但没有起到思想启蒙作用，反而成为他愤世嫉俗的对象，增添了他的无限愁绪和愤恨。在历史车轮滚滚向前之际，他则通过报刊向"后"看。这也说明他是一个另类的"盗猎者"，他对报刊的选择性记忆，满纸尽是"荒唐言"，从侧面证实了传统士绅存在着"抵抗性阅读"现象。

以上通过对徐兆玮、张棡、林骏、刘绍宽、吉城、黄沅、朱鄂基、皮锡瑞、刘大鹏等九位乡绅在维新之后读报活动的概述，我们可以看到乡绅们的观念世界与现代传媒有着极为复杂的关系。他们作为科举社会培养的读书人，

---

① 刘大鹏著，乔志强点校：《退想斋日记》，山西人民出版社1990年版，第131、136页。
② 刘大鹏著，乔志强点校：《退想斋日记》，山西人民出版社1990年版，第162页。

在清末变局中不可避免地存在着地域、利益、观念和文化的差异与冲突。徐兆玮作为取得进士功名的乡绅,能在常熟的乡下阅览各类报刊的言论,敏锐地把握时代的脉搏,适应社会的潮流,并善于通过报刊观察时局的变动,始终坚持求新求变,在自我变革中适应社会进步和时局发展。他与现代报刊之间的互动关系,体现出一个知识分子从传统到现代的蜕变过程。张棡在维新之后虽然也读留学生报刊,但对学潮和革命党活动持反对态度,并不愿阅读新式革命派报刊。林骏为张棡的内兄兼表亲,但在维新之后,他的思想较为激进,尤其在对义和团和日俄战争的新闻解读中,他对"君相"的懦弱和不作为极为不满,甚至在日记中大加指责,体现其担当和勇气。刘绍宽在维新之后对时局颇为关注,他到日本考察过教育,对创办新式学校颇为热衷,对近代温州教育做出了很大贡献。他认为"政体、学术、风俗为立国之要素",反对新旧两派的片面观点,主张渐进式改革,同时,他忧国忧民,对日俄战争和列强瓜分中国的危局颇为不安,但他的言论比较温和。吉城长期生活在东台县城,以教书为业,他曾是维新派的拥护者,对新式教育颇有兴趣,但他安于现状,虽接触西学书籍,内心对旧学充满眷恋。他虽是一名资深的报纸读者,但他向往君主立宪,对革命派报刊并无好感。黄沅以传统卫道士自居,他虽然长期坚持读报,但他对官场动态和科举新闻极为留意,对于新思潮并不关注,甚至连预备立宪活动,他也深表怀疑。他对清廷统治的合法性深信不疑,具有顽固的忠君思想,尤对革命党的活动深表不满。皮锡瑞则是旧制度的坚决捍卫者,称革命党人为匪徒,极端仇视革命,反对社会变革,对大清王朝充满了期待和幻想。朱鄂基虽然热衷于科举,但他1906年进入浙江高等学堂学习,并积极学习西学知识,对国际时政和社会新潮颇为留意,俨然是一位趋新之士,在价值观方面与传统士绅有着明显区别。作为维新派的重要人物,皮锡瑞很快就成为保皇派的支持者。他痛恨义和团运动,对学生运动颇为不满,对革命报刊的反清言论极为警惕,不希望改朝换代,而寄希望于皇上的"圣明"。刘大鹏在清末的最后几年,始终坚持阅读《晋报》和其他报刊,但他对社会变革深恶痛绝,尤其对新式教育甚为不满,对于留学生的革命活动,他极力反对。九人的报刊阅读,可谓各有侧重,各有所向,各有特色。

面对风雨飘摇的清政权，徐兆玮、林骏、朱鄂基三人思想较为开明，主动融入时代潮流。而其他几位绅士虽然所处地理空间不同，但一致希图现有制度能够得以延续。对于大多数乡绅而言，革命触动了他们的根本利益，他们是大清王朝的忠实臣民，在波谲云诡的时代变局中，他们希望维持社会安定，维护自身的切身利益，"求稳"是他们的真实想法。他们在旧时代所拥有的经济和文化资本，一旦遭遇"革命"，便可能化为乌有。因此，他们大多以"怀旧"的心理关注时局，希望清廷能够稳定局势，维护他们的切身利益。"革命排满"论必然遭到他们的强烈反对，传统伦理道德已在他们的脑海中根深蒂固，他们对报刊的选择性阅读和选择性评论，都与其经历、利益与观念相关。从这个层面上看，传统乡绅要突破自身的藩篱，通过接受新式报刊的激进主义观念而改变人生轨迹，是较为困难的。总之，乡绅们在读报时分的所思所念，与他们的切身利益、价值观念和个人经历有着直接关联。

四、《文明小史》中的报刊阅读现象

《文明小史》是清末官场谴责小说，从维新思潮、社会文明、官场生态、创作方式等方面研究的论著已较为深入。《文明小史》的作者李伯元为"小报鼻祖"，该书又最先于1903年在他主编的《绣像小说》上分期连续刊出，小说以庚子事变后数年间中国社会现实为背景，描述维新之后西方文明进入中国后被吸纳、模仿、抵抗、扭曲的过程。其时，中国报业经历了戊戌变法后的短暂沉寂，在庚子事变后，上海、天津等地的报刊业快速发展，且随着清末新政的推动，报刊对维新思潮的宣传颇为热衷，"新政新学"成为维新报刊的重要内容，在社会上有着广泛影响。李伯元作为参与其中的重要报人，对彼时的报刊思潮了如指掌，而报刊如何影响士绅社会，是报人办报的重要议题，也是观察时代面貌的重要途径。因此，在《文明小史》中，读报作为一种"文明行为"，是李伯元视为学习西学、了解时政的重要方式，被"嵌入"到特定的社会环境和故事情节之中。小说中的人物虽属虚构，但报刊名称和读报情景却是现实生活的写照。因此，系统整理《文明小史》中的读报活动，对于研究维新之后数年的报刊阅读史，有一定借鉴意义。

在小说的"楔子"中，李伯元便首先描写了一位报纸读者的形象："记得又一年，正是夏天，午饭才罢，随手拿过一张新闻纸，开了北窗，躺在一张竹椅上看那新闻纸消遣。虽然赤日当空，流金铄石，全不觉得半点歊热，也忘记是什么时候了。"作者以此提问，为何这位读报人如此专注，因为"这几年，新政新学，早已闹得沸反盈天"。① 要了解时局，就离不开报刊。读报纸乃是时人融入"文明社会"的基本方式。这位读报人便是"说书人"，《文明小史》的故事便是借着他的口吻，将报刊与现实社会联系起来。这也表明李伯元作为一名报人在创作这部小说时，特别强调庚子事变后报刊在描摹现实社会方面的重要作用，读报本身也就成为"文明行为"。

《文明小史》于 1903 年 6 月开始刊出，至 1905 年结束。大体以"清末新政"为社会背景。在废八股、学西学、行新政的过程中，报刊舆论起到了极为重要的引导作用。当时报刊地理的分布可以反映出各地的"文明状况"。其时，以上海、天津、广州等口岸城市为中心的报刊业已较为发达，北京、武汉等地也创办了不少报刊，但内地许多城镇仍然较为闭塞，读报颇为不易，比如前十回所描写的湖南永顺府，地处湘西，根本不知报刊为何物。地方官员对洋人奴颜婢膝，丑态百出。而江苏吴江地处苏、浙、沪交界处，交通便利，长洲县则是省会首县，较之吴江，已占文明之先。县里一位叫姚文通的乡绅，"未曾考取拔贡的前头，已经狠（很）有文名，后来瞧见上海的报纸，晓得上海有个求志书院，宁波有个辨志文会，膏火奖赏，着实丰富，倘能一年考上了几个超等，拿来津贴津贴，倒也不无小补。因此托人一处替他买了一本卷子，顶名应课。……"② 显然，姚文通通过读报，得知上海、宁波书院有征求课艺的广告，这些教会书院实力雄厚，尤其格致书院在王韬掌院之后，经常在《申报》《格致汇编》上刊登征求课艺的广告，按照考生成绩分等级奖励，书院所出考题大多以西学时务为内容，要求考生能博学中西，视野开阔，熟悉时政，从而促进新式书报的传播与阅读。

---

① 李伯元：《文明小史》，百花洲文艺出版社 1989 年版，第 1 页。
② 李伯元：《文明小史》，百花洲文艺出版社 1989 年版，第 86 页。

这位姚夫子因思想开通而博得时名，吴江县的贾家三兄弟便慕名拜师，书信往返频繁。姚拔贡在信中，"常说开发民智，全在看报，又把上海出的什么日报、旬报、阅报，附了几种下来。兄弟三个见所未见，既可晓得外面的事故，又可借此消遣，一天到夜，足足有两三个时辰用在报上，真比闲书看得还有滋味"。报刊打开了通向外部世界的窗口，这贾家三兄弟通过读报，"晓得了外面事故，又浏览上海新出的这些书籍，见识从此开通，思想格外发达"。由于尝到了读报的甜头，他们将报刊作为联系外界的桥梁，激发了西方想象和消费欲望。"凡见报上有外洋新到的器具，无论合用不合用，一概拿出钱来，托人替他买回，堆在屋里。他兄弟自称自赞，以为自己是极开通、极文明的了。"上海的报纸为他们提供了"文明"的养料，上海的都市魅力更令他们神往。当他们接到姚文通来信并邀请他们去上海一游时，三兄弟欣喜若狂，认为新闻纸虽然使他们增长了见识，但百闻不如一见，兄弟三人不顾家人的强烈反对，偷偷赶到苏州与姚文通会合。在赶往上海的轮船上，遇到洋人查验行李，三兄弟中的贾子猷因为看过报纸，知道国家因库款空虚，大力举外债，"即以中国厘金作抵"。① 所以，他们到上海洋关码头之前，被外国人盘查，若非通过报纸的介绍，这位从未出过县城的贾公子是不可能有如此认知的。

姚文通父子与贾家三兄弟抵达上海后，当时便在大观楼旁边的茶楼喝茶。五人在闲聊时，"只见一个卖报的人，手里拿着一叠的报，嘴里喊着《申报》《新闻报》《沪报》，一路喊了过来。姚老夫子便向卖报的化（花）了二十个钱，买了张《新闻报》"。姚老夫子对上海报刊发行市场颇为熟悉，他对徒弟们说："这就是上海当天出版的新闻纸，我们在家里看到的都是隔夜的，甚至过了三四天的还有。要看当天的，只有上海本地一处有。"这卖报的人听到姚老夫子的话，便知道他是读报的内行，便检出十几张报纸，对姚老夫子说："我把这些报通统借给你看，随便你给我十几个钱，等到看过以后，仍旧把报还给我就是了。"② 这让初到上海的贾家兄弟大开眼界，大家纷纷拿起报纸来

---

① 李伯元：《文明小史》，百花洲文艺出版社 1989 年版，第 86、87、92 页。
② 李伯元：《文明小史》，百花洲文艺出版社 1989 年版，第 96 页。

读。这卖报人的租报行为充分体现了其经营策略。卖报人利用报纸流通的时间范围,在茶楼等公共休闲场所以优惠的价格租出报纸,读报人读完之后又物归原主,卖报人又可以寻找下一个"租客",经过多次租借,卖报人甚至可以获得比报纸价格还高的收益,而他的出租成本几乎为零。一般外地人不懂得这其中的门道,姚老夫子作为资深读者与卖报人的交谈,让贾家兄弟初到上海便大开眼界。

报纸不仅刊登新闻,其广告还为民众提供消费指南。贾子猷读报时,"便看见报后头刻的戏目,今夜天仙茶园推出新骈文武新戏《铁公鸡》"。这广告立即勾起了贾子猷的记忆,他之前在乡下时,"他有个表叔从上海回家,曾赞过天仙戏园的《铁公鸡》如何好、如何好",这几个上海的"闲逛者",竟然通过读报激发起消费的想象。几个人甚为高兴,便约定晚上一起去看戏。而另外一位叫白趋贤的读者,则从《申报》的广告中,得知有专门为人制作假辫子的店铺,"出了两只大洋,替他办了一条辫子"。[①] 报纸跨越时空,为他们提供消遣的同时,又指引他们获得新的消遣机会。此类读报的好处,在一般读者的记录中,是难以言传的。

李伯元描述另外一位报纸读者济川,是第二代上海移民,其父曾是大亨洋行买办,家境颇为富裕。济川从十三岁开始,便在上海外国学堂读洋文,对西学新知颇感兴趣。与贾家兄弟到上海如进"大观园"的心情不同,济川对新学新政颇为热衷,熟悉上海洋场生活,经常出入酒楼茶馆。一日,济川来到一家茶馆,"进去歇歇脚,见有卖报的,济川买了个全分,慢慢的看着消遣。忽然见一张报上,前日那外国花园的衍说,高高登在上头,自己的名字也在上面。这一喜非同小可,觉得他们也算我为同志,非常荣幸"。[②] 济川以新潮青年自居,集会演说乃是清末上海进步青年的流行活动,也是"合群""乐群"的象征。

而保守官员对于新式书报却非常憎恨。如江宁知府康彝芳,虽然十七岁就中了进士,但对新学新政颇为反感。针对闹得沸沸扬扬的学堂学潮,这位

---

① 李伯元:《文明小史》,百花洲文艺出版社1989年版,第96、283页。
② 李伯元:《文明小史》,百花洲文艺出版社1989年版,第155页。

康知府说:"我看见上海报上,还刻着许多的新书名目,无非是劝人家自由平等的一派话头,我想这种书,倘若是被少年人瞧见了,把他们的性质引诱坏了,还了得!……现在正本清源之法,第一要禁掉这些书。书店里不准卖,学堂里不准看,庶几人心或者有个挽回。"在康知府看来,新书新报宣传自由平等的思想,直接影响到官府的权威,如果不对学堂学生的阅读范围加以控制,与官方创办学堂的目的就会背道而驰。因此,当曾留学日本的刘齐礼因为背包中被搜出两本《自由新报》,被警察提调黄某扭送至江宁府署时,康知府不问青红皂白,一口认定刘齐礼"同做《自由新报》的反叛勾通","定了一个监禁六年的罪"。① 以两本报纸为罪证,让新式青年身陷囹圄,足见这位康知府对新书新报之恨。

庚子事变后,安徽芜湖、安庆虽然风气稍有开通,省会安庆还有人"设立了一处藏书楼,几处阅报会,以为交换智识,输进文明起见"。芜湖有识之士还开办了《芜湖日报》,本地报纸的开办,自然引起各方的关注。而官员读报的缘由尤其耐人寻味。由于这报纸讥讽官场的论说,"这报传到省里,官场上甚觉不便,本来这安徽省城,上自巡抚,下至士庶,是不大晓得看报的。后来官场见报上有骂他的话头,少不得大家鼓动起来,自从抚台起,到府县各官,没有一个不看报,不但看芜湖的报,并且连上海的报也看了"。各级官员通过报纸来重新进行"自我审察",报纸言论不但关系到他们的声望,更对他们的仕途有着直接影响。这反映出新式报刊在"舆论干政"方面的强大威力。面对官方的查禁,许多报刊打着洋人的旗号,使官员徒呼奈何。值得注意的是,安徽巡抚面对舆论的汹涌,问计于洋务局总办,这位总办献计:"外国人会开报馆骂我们,我们纵然不犯着同他对骂,我国何妨也开一个报馆,碰着不平的事,我们自己洗刷洗刷也好。"② 这大约是官报兴起的一个重要原因。官报就是要维护官方的权威,与民报争夺舆论阵地,为官员的切身利益服务。然而,官报能否赢得读者的青睐,并非官员思考的重心。

---

① 李伯元:《文明小史》,百花洲文艺出版社 1989 年版,第 249、253 页。
② 李伯元:《文明小史》,百花洲文艺出版社 1989 年版,第 261、262 页。

在《文明小史》中，读报活动的描述虽然所占比例不高，但每次报刊的"出场"都有特别的"所指"，报刊被李伯元视为"文明"的象征，拉开了不同地域的文明差异。报刊折射了现实生活，庚子事变后新旧、中西之争更为激烈。在李伯元看来，报刊提供的观念相比新闻本身更为重要，无论是贾文通、姚氏兄弟还是济川，他们的读报活动不仅是看新闻，更多的是通过报刊贴近现代文明，感知现代生活，激发现代想象，向往现代消费，追逐现代时尚。不管守旧官员对报刊如何查禁和排斥，但报刊所形成的舆论场、文化场、知识场，已经通过上海不断向城镇和乡村社会扩散。尽管当时内地还非常封闭落后，但是报刊所带来的文明之风，已经逐步影响到更为广泛的读者群体，这便是20世纪初期的时代潮流。

五、清末的抄报人与抄报活动

自从有报纸出现，抄报就有可能存在。在一定程度上看，只要某人的日记中抄录了报刊新闻，他就是一个抄报人。但是，由于甲午之前报刊的发行与影响还并不广泛，许多文人在日记中抄录报刊新闻的比例较低，他们对报刊的抄录往往具有偶然性和选择性。从总体上看，甲午之前读者专门进行报刊摘抄的活动尚不多见。甲午之后，随着报刊数量和发行量不断增多，读者读报和藏报的"可得性"大大提高。一些读者不仅仅满足于在日记中摘录报刊新闻，他们在长期的读报活动中，对各类报刊的史料价值有了新的认识，就一些重要议题进行报刊史料摘抄，或者分门别类，或者按时间顺序罗列，或者分卷摘录，再现了某些重要议题的前因后果或来龙去脉，为专题研究提供了可靠的史料。

在印刷时代，抄书人极为少见，尤其是清末铅印书籍的广泛发行与传播，使得社会精英的"知识垄断"难以实现，读书人购书较为方便，抄书耗时费力，既无经济上的收益，又无多大的文献价值。读书人虽然喜欢写读书日记，却很少坚持长期抄写书籍。但是，清末的抄报人却在报刊的信息洪流中探寻自己喜欢的议题，通过抄录自己认为重要的新闻，凸显对某些问题的重视。此类抄报活动在思想上具有"自我映射"的作用。尽管抄报人对内容不加评述，但抄录的文章汇集成某些专题之后，却展示了其内在的逻辑和安排，体现出抄报人的选择性需求。这些抄录的文章，作为"他者"的思想，在排列和组合之后，具有了新的文本语境和价值。抄报人无论是自娱自乐还是进行文献的二次传播，其保存的文本已脱离了报刊的原有载体，在相互关联中呈现新的阅读价值。

清末抄报人的数量和分布难以考究，尤其是许多民间抄报人的报刊摘录难以寻觅。我们仅从广东省立中山图书馆、中山大学图书馆、上海图书馆保存的几部报刊摘抄、杂抄，以及个别士人日记中的抄报记录，来探析清末抄报人的抄报活动及其文献价值。从抄报人保留的材料看，这些抄报人抄录报刊的种类、数量、重心、内容都有较大差异。下面分而述之。

（一）《清末报纸摘钞》

《清末报纸摘钞》的作者佚名，其内容选录同治十一年（1872）至宣统元年（1909）间的各类报刊，主要包括《申报》《新闻报》《京报》《时务报》《昌言报》《中外日报》《杭报》《浙江日报》等，以地方大员的奏折为主，还包括部分评论、章程、新闻等方面的内容，涉及铁路、水利、舆图、防务、矿务、教案等议题。虽未标明类别，但抄报人根据报章主题分门别类，按照涉及议题的重要性排列顺序，打乱了报章新闻的时间顺序。由此可见，抄报人占有大量的报刊资料，由于抄录报刊时间跨度达到 37 年，这说明抄报人抄录的时间可能在 1909 年之后，否则他难以根据报刊内容分主题抄录。

在兴修铁路方面，抄报人首先抄录光绪十五年（1889）七月十四、十五日《申报》上张之洞的奏折《奏请缓造津通铁路改建腹省干路折》。其次，抄录该报同年九月五、六日总理海军衙门大臣的奏折《奏遵议通筹铁路全局折》《奏请旨派员办理铁路片》。接下来又抄录丙午年（1906）闰四月初六、八日《中外日报》上袁世凯的奏折《奏驳商部路务议员章程折》，以及《新闻报》癸卯年（1903）十一月十八日所载梁孟鼎的呈文《禀复直督查勘营榆铁路文》，等等。① 另外，抄报人还抄录了《中外日报》《时报》《新闻报》等报刊有关兴办各地铁路的大量禀稿、评论、条例和相关新闻。显然，抄报

---

① 佚名：《清末报纸摘钞》，桑兵主编：《五编清代稿钞本》第 211 册，广东人民出版社 2013 年影印本，第 3—33 页。

人对兴修铁路问题颇为重视,阅读了大量报刊资料,根据问题的需要,选择了重要人物的代表性言论进行抄录,内容多达六十余页。

庚子事变之后,"两宫西狩",迁都问题成为报刊的一个重大议题。抄报人抄录了数篇相关评论和新闻。如《申报》庚子年(1900)九月四日所载《陕西宜办营田以实仓储说》一文,《新闻报》闰八月十一日所载《论迁都得失》一文,《新闻报》闰八月十六日所载《近政慨言》一文。① 对于迁都西安的利弊,《申报》《新闻报》进行了广泛讨论,大多数意见仍然坚持不能随意迁都。这本是清廷考虑的大事,但在民间引发一定的反响,说明士人在国难当头之际,意见表达的范围大为拓展。

在兴办矿务方面,抄报人抄录了数篇《昌言报》转载的奏折,而《申报》上的相关评论抄报人也抄录了多篇。包括该报辛丑年(1901)八月二日刊登的《矿师不必专延洋人说》,光绪二十三年(1897)十月十一日刊登的《论中国金价日贵亟宜设法开采》,戊戌年(1898)八月二十七日刊登的《与客谈矿务》,② 等等。抄报人耗费如此心力整理旧时评论,表明他对兴办矿务问题高度重视,具有明显的"兴矿产、办实业"的价值取向。各类评论时间跨越很大,但形成了一条主线,体现了抄报人在报刊观点上的选择性。

在教案问题上,抄报人则选抄了新闻、奏折、章程、评论多方面的内容。如在教案新闻方面,抄报人首先抄录了同治十一年(1872)八月九日《申报》转载《香港近事编录》上的《教门争胜》一文,癸卯年(1903)二月十九日《申报》刊登的《教皇祝典》一文。③ 相对而言,抄报人对办理教案的各类章程更为重视,抄录了多篇有关办理教案的章程、手札、条陈等,如《总理各国事务衙门王大臣奏定地方官与教中往来事宜》《谕令委员查案手札》《两湖新订教务章程》《条陈南京教案事宜》《办理山西耶稣教案章程》

---

① 佚名:《清末报纸摘钞》,桑兵主编:《五编清代稿钞本》第211册,广东人民出版社2013年影印本,第136—158页。
② 佚名:《清末报纸摘钞》,桑兵主编:《五编清代稿钞本》第211册,广东人民出版社2013年影印本,第310—315、328—332、341—345页。
③ 佚名:《清末报纸摘钞》,桑兵主编:《五编清代稿钞本》第211册,广东人民出版社2013年影印本,第555—563页。

《教案善后章程》，等等，涉及《申报》《新闻报》《杭报》《浙江日报》等报刊，而《京报》上有关各地教案的新闻、奏折，抄报人也抄录甚多，颇为详尽，足见其对教案问题的高度关注。

抄报人对铁路、矿务、水利、教案等问题的抄录和整理，以地方大员的奏折、手札、禀稿为主线，体现出他对《申报》创办后中国诸多报刊重要议题的选择性汇编。抄报人选择的几大主题，与洋务运动、维新思潮与清末新政中有关推动现代工商业发展的基本思想是契合的。他不遗余力地抄录这些旧时新闻，体现出报刊中"求新求变"的线索，通过地方大员和社会贤达的言论，论证光宣年间中国社会推动现代化的种种努力。

（二）《光宣政书杂钞》与《京报摘钞》

抄录者不注姓名，顾名思义，此稿本以抄录"政务大事"为主。抄录者除了摘录报刊之外，还抄录了两广总督和地方官员颁布的一些告示，涉及较多广东地方行政事务，如光绪十年（1884）七月，抄录者便抄录了两广总督张树声颁布的数则告示。系统获得此类布告，对于普通民众而言，并非易事，因此，抄报人可能为广东地方官署的小官吏或者幕僚、师爷之类的人物。从整体上看，抄录者所录报刊的比重较高，且新闻来源较为广泛。值得注意的是，抄录人大体按照时间顺序抄录地方督抚的奏折，涉及内容从1880年开始，时间跨度达30年。但抄录者并不注明具体报刊的名称，除大量"照《京报》抄"之外，其他报刊大多以"新闻纸"统称，也不标明文章具体名称，仅以"照抄新闻纸""照新闻纸抄"说明文献出处。这就很难辨别抄报人具体看到哪些报刊，对新闻来源也难以考证。但抄报人似乎眼光较高，一般仅抄录地方督抚的奏折，并以涉及重大时政问题作为抄录的标准。如光绪六年（1880）十二月十五日，抄报人在录报之外，特地加上一段按语："闻近日中俄之事，道路传说纷纭，昨阅《申报》译出崇星使所议约章，姑照录之，俾阅者晓然于情事焉。"[①] 抄报人首先记录抄录日期，表明他对抄录报刊颇为慎

---

① 佚名：《光宣政书杂钞》，桑兵主编：《三编清代稿钞本》第141册，广东人民出版社2010年版，第34页。

重，具有"新闻编年"的意味；其次他加上自己的按语，表达了对《中俄伊犁条约》新闻来源的重视，通过逐条抄录，为今后的"读者"提供可信的史料。

抄报人通过辑录报刊新闻，汇成手稿，将报刊新闻汇编成为书册，体现了文本载体变化后"旧闻"对抄写者和读者的影响。抄报人抄录张之洞、张树声、左宗棠、岑毓英等督抚的奏折，按照主题和时间顺序，再现重要历史事件的来龙去脉。如中法战争之前，抄报人便抄录了彭玉麟的奏折："法越构兵，广东防务吃紧。遵旨前往会同筹办……"① 左宗棠关于"拓增船炮大厂以图久远"的奏折，以及岑毓英关于"撤师日期并调度刘军安置越兵情形"的奏折，这些奏折对于读者系统了解中法战争的前因后果颇有价值。

除了抄录现代报刊，清末也有抄报人专门抄录《京报》，如某抄报人系统抄录了同治十年（1871）至宣统三年（1911）《京报》上的重要内容，按照时间顺序抄录，名为《京报摘钞》，多达数百万字，② 足见抄报人对政事的关注。对于当时的报刊新闻，抄报人很少关注。《京报》上的各种奏折，在其他报刊上也经常刊登，显然，抄报人持续抄录《京报》，并非单纯为自己研究时政所用，还有为其他读者的二次阅读提供史料的目的。

（三）庄先识的报刊抄录活动

江苏武进（今常州）的庄先识（字通百）出生于1882年，他的日记始于1899年，彼时，他虽努力研习经史，但与普通家庭的不同之处在于，他的父亲庄清华为举人出身，长期在上海谋生，任盛宣怀的幕僚，而盛宣怀的夫人庄德华为庄清华的姐姐，这就为庄先识阅读上海出版的报刊提供了条件。庄清华特别重视报刊的作用，经常托人带交或在家信中附寄报纸，使庄先识足不出户便可了解天下事。庄先识多次在日记中提及其父从上海托交或寄送报纸的情况。如光绪二十五年（1899）九月九日记："永杏舅父自江西解京饷至

---

① 佚名：《光宣政书杂钞》，桑兵主编：《三编清代稿钞本》第141册，广东人民出版社2010年版，第38页。

② 参见《京报摘钞》，桑兵主编：《六编清代稿钞本》第282—300册，广东人民出版社2014年版。

都毕，抵家过沪时，父亲托带转初一至初五报五张。"九月十一日记："今日父亲于家信中附回初六至初八报三张。"九月十六日记："家中送到上海带回初九至十三《中外报》五张。"① 此类记载，在他的日记中随处可见。他在日记中标明所读报纸的来源，并非有意炫耀其家庭背景，而是对这些邮递的报纸带有特殊的感情。他一方面感念其父对他读报活动的重视，另一方面阅读这些报刊本身具有某种仪式感。

庄先识阅读最多的是《中外日报》，他经常摘录和抄录报刊新闻，他的日记几乎成为报刊新闻"汇编"，抄录新闻成为他日常生活的重要方式。如光绪二十五年（1899）九月十一日记载：

> 廿九报载，中国已允意大利开办江西金矿，至北京大学堂聘请意教习一节，两国不以为要，大约意人不复再索他款，故此事当不日议定矣。又云法人向中国要求龙宁铁路，已允其请，今更觊觎广州湾口附近二岛，闻已向中国要求计。报载，德政府近来隐隐□力东方军事，尤垂涎扬子江沿岸一带权利。又云江督牌示定九月一日换戴暖帽。……初三日报载，中国架造龙宁铁路款项系向道胜银行借，近闻该银行已付银六十万两，余六十万两仍欠之该银行。初六报载，中国已向俄华道胜银行借银一百二十万两筑造龙宁铁路。……②

由于庄先识每次读数天的报纸，新闻内容较多，他对新闻的摘抄有一定的选择性，从他摘录的新闻来源大致可以看出，他对中外交涉和新学新政方面的新闻颇为关注。如九月十六日，他读当月初九至十三日的《中外日报》，择要记载："初十日报载，又云梁启超筹款万金在日本设立一学堂，以便华人肄业。又云丹阳县一带拐匪横行，专以迷药食人……十一日报载，威海为英国海军根据之地。"十月十五日，他全文抄录《中外日报》十三日所登上谕：

---

① 庄先识：《庄通百日记》第1册，上海图书馆稿本（编号：78277—316），光绪二十五年（1899）九月九日、九月十一日、九月十六日。
② 庄先识：《庄通百日记》第1册，光绪二十五年（1899）九月十一日。

"俄人营口之铁路站周围,派俄兵若干巡逻,不准华人经过。……"十月二十三日,他抄录报上所载:"威海英兵与英人所练之华兵会操。……"十月二十五日,他抄录新闻:"营口俄铁路监工,因营埠瘟症盛行,深恐华人不洁,带入疫气,严禁工匠出入。"十一月十五日,他摘录当日所读重要新闻:"盛京卿前上条陈三十二条,内有一条,请国家练兵二十万。……"盛宣怀为武进人,是他的姑父,又是他父亲的顶头上司,对于盛宣怀的言论,他自然甚为关注。十二月二十日,他摘录十四日报纸要闻:"英都伦敦茶市渐佳。又云前月皇太后由赏出银一万两,饬做棉衣赏给贫民。……"① 这些新闻看似较为零散,但17岁的庄先识每次从报纸上挑选他认为重要的内容加以摘录,将读报、抄报与阅读认知结合起来,通过摘录的文本体现他对"外面的世界"的重视,报刊新闻成为他日记的主体内容,表明他的抄录行为具有仪式感、使命感和自豪感。

庚子年(1900),他经常阅读《沪报》《苏报》《中外日报》等各种报刊。与之前专抄新闻内容不一样,他还对报刊目录予以抄录。如当年三月二十四日,他"抄二月《中外日报》论说、专件目录,将其要者裁下存之"。② 显然,这与他之前注重抄录新闻不同,他注重报纸论说、专件目录的抄录,并将原报内容剪存附上,将抄报与剪报有机地结合在一起,形成报纸资料汇编,具有明确的史料保存目的。

对于自己感兴趣的新闻,他也在日记中加以摘抄。如三月二十六日,他阅读二十至二十三日《苏报》《沪报》《中外日报》,共十三张,摘录相关要闻:"三月十八日,奉上谕,吏部尚书,着刚毅调补,敬信着调补兵部尚书。……二十日《沪报》云,自日本航太平洋,经美洲,凡二十三四日即可直抵于英,其行程不可谓不速矣。廿一《沪报》云,中国各官场已于本月二十四日换戴凉帽。……廿一《中外日报》云,有一日本人新在距台湾鸡笼二

---

① 庄先识:《庄通百日记》第1册,光绪二十五年(1899)九月十六日、十月十五日、十月二十三日、十月二十五日、十一月十五日、十二月二十日。
② 庄先识:《庄通百日记》第2册,庚子年(1900)三月二十四日。

十五英里之洋面查见荒岛一处，内中禽鸟甚多。"① 从他摘抄新闻的内容看，他注重对各报新闻的选择，既留心官场动态，也关注奇闻异事。

辛丑年（1901），他阅读报刊的种类大为增加，除了原来的几种日报外，他父亲从上海寄回《大陆报》《新民丛报》《国民日日报》《杭州白话报》等新式报刊。另外，他还借阅《选报》《新世界学报》《湖北学生界》等报刊。对于八国联军侵略河北等地的新闻，他注意抄录。如辛丑年（1901）一月二十三日，他摘录《中外日报》新闻："连（联）军至易州，西陵、宣庙陵寝不止被兵蹂躏，地方官及守陵官均已先知逃逸。……"② 尽管他在日记中记载阅读报刊的次数大为增加，但在1901年之后，他抄录报刊新闻的内容大为降低，而他对留日学生报刊和上海出版的新式报刊颇感兴趣，尤其是1903年之后，他阅读的报刊类型有较大变化，包括《新民丛报》《大陆报》《新世界学报》《湖北学生界》《杭州白话报》《国民日日报》等多种报刊。另外，他还经常到图书馆借阅报刊，尽管抄录的内容较少，但这些以介绍新学为主的报刊对他的影响颇深。在此期间，他积极准备到日本留学，读新报、学新学成为他的日常生活方式，报刊不仅"联通"上海和世界，更为他提供了思想资源，促使他在新潮流中实现由旧学向新学的转变，体现了过渡社会新式知识分子的阅读"面相"。

第三节 学生社会的报刊阅读活动与观念变革

随着清末新政的推行，新式学堂得到快速发展，学生数量急剧增长。学生与士绅的阅读世界已产生明显的分野。新式报刊传媒已深入学生社会，尤其是海外进步报刊与国内革命性报刊遥相呼应，迎合了学生社会追求民主、自由、革命理想的需要，对学生的精神世界、人生道路与价值观念产生了极为深刻的影响。尽管由于个体的经历和接触进步报刊的时机有着一定差异，

---

① 庄先识：《庄通百日记》第2册，庚子年（1900）三月二十六日。
② 庄先识：《庄通百日记》第2册，辛丑年（1901）一月二十三日。

但进步报刊作为"思想纸""知识纸"的作用日益彰显。对于学生而言,读进步报刊,不仅是看新闻、学新知,更是一场精神洗礼与政治动员,学生读报后对舆论领袖和新思潮的广泛认同,转化为社会变革的巨大动力,对清末革命浪潮的发展起着直接的推动作用。

一、 清末学堂发展与学生读报活动的推广

1901年开始的"新政",其中有关教育方面的重要内容是改书院、废科举、办学堂、学新学。随着书院改制诏令的颁布,至清末,各省书院基本改制成学堂,据不完全统计,全国至少有1 606所书院改为各类学堂。[①] 书院改制的完成,意味着西学、新学在学校教育中的全面推广,尤其是1905年废除科举考试后,阻碍新式学堂发展的最大障碍被清除了。各类学堂如雨后春笋般快速发展,1903年全国学堂数为769所,1906年达到23 862所,[②] 1909年增加到59 896所。学堂数量的直线上升,使学生群体急剧扩大。[③] 1902年全国学生数为8 912人,1905年达到258 873人,1909年增加到1 639 641人,[④] 辛亥革命时期国内学生总计在300万人左右,几乎是1905年的12倍。[⑤] 可见,1909年左右,中国新式学堂学生规模已超过传统绅士人数的总和,学界已经成为当时社会阶层分化过程中涌现的"新势力"。新式学堂不仅在课程、学制和教学方式上朝着现代化教育的方向发展,而且为各类学生提供了新的公共空间。学堂使学生聚居一起,空间距离缩短,相互联系密切,彼此激励制约,养成团结之心和群体意识,围绕着小群体轴心的自转,产生和加强了对朝廷官府的离心力,使其逐渐脱离了围绕国家政权的向心运动轨迹。[⑥] 随着学生群体的逐步壮大,其对国家和社会的影响力日益深刻。《湖北学生界》甚至认为,"二十世纪之中国,学生之中国也。其兴也惟学生兴之,其亡也惟学

---

① 邓洪波:《中国书院史》,武汉大学出版社2013年版,第644页。
② 参见王笛:《清末近代学堂与学生数量》,《史学月刊》1986年第2期。
③ 参见桑兵:《晚清学堂学生与社会变迁》,广西师范大学出版社2007年版,第141、138页。
④ 参见王笛:《清末近代学堂与学生数量》,《史学月刊》1986年第2期。
⑤ 桑兵:《晚清学堂学生与社会变迁》,广西师范大学出版社2007年版,第139页。
⑥ 桑兵:《晚清学堂学生与社会变迁》,广西师范大学出版社2007年版,第143页。

生亡之"。①

过渡时期的学生社会与士绅社会有着密切关系,新式学堂推动了一些绅士的"身份转化"和"认同转变"。由于新式学堂的兴起,那些受过传统教育的士绅自觉或不自觉地被卷入到新教育的潮流之中,多少接触到一些新学,成为新旧学兼具的第三类知识分子。当时新式学堂注重招收有功名的士绅,给士绅阶层接受新教育带来了机会。例如京师大学堂就以招收举、贡、生、监等青年学子为主,据统计,1903—1906 年在京师大学堂中的浙江籍学生无科举功名者仅 12 人,占浙籍总人数 67 人的 18%;四川籍学生无功名者仅 3 人,占川籍总人数 21 人的 14%。② 1904 年,包天笑在青州中学任教,他的学生中,有已进过学的秀才四五人,而且还有一位举人先生。③ 包天笑的回忆大体上反映了当时中学堂有功名的学生情况。其时,学堂学生的年龄、出身和家境都有较大差别,新旧知识分子在学堂里汇集,在接受新学的过程中,共同感受变革时代新式教育所带来的巨大冲击和影响。与传统士绅相比,清末的读书人更关注学问、时政和社会思潮。有评论以"学者"指称新型知识分子,并赞叹道:

> 夫一社会中有最高之人格,收最大之名誉,且有最大之权力者,莫如学者。政府举动,学者得以监督之;人民迷罔,学者得而指导之。有左右风俗之权,有推挽官吏之力,其于文明社会无论矣。……故欲改革社会,移风易俗,莫不自学者始,则学者之责任重矣。④

这里所讲的"学者",自然包括当时各类学堂的学生,他们已成为当时知识界的主体,也是报刊阅读的主要群体。在维新时期,一些地方官饬令各书院订

---

① 李书城:《学生之竞争》,《湖北学生界》1903 年第 2 期,"论说"第 5 页。
② 房兆楹:《清末民初洋学学生题名录初辑》,"中央研究院"近代史研究所史料丛刊本 1962 年版,第 92—101、122—125 页。
③ 包天笑:《钏影楼回忆录》,中国大百科全书出版社 2009 年版,第 285 页。
④ 子复:《论陕西人对于国家之责任》,《夏声》1908 年第 1 期,光绪三十四年(1908)一月二十五日,第 4 页。

阅报刊，推动了书院士子"集体化阅读"的发展。一些私塾也开始注意报刊阅读的价值。如王氏育才书塾就规定："至公同翻阅之书，应用之器，并中外新闻纸等，由塾购备公阅，勿得拖散。"① 然而，这种模式由于戊戌变法的失败而很快遭到官方的禁止，书院、书塾的报刊阅读受到较大冲击。1900年，在杭州养正书塾读书的马叙伦，认为该书塾属于"新式教育机关"，但是，对于八国联军入侵北京的重大新闻，作为学生的他却无法从报刊得知。他回忆道："那时杭州有三份上海报纸，是《申报》《新闻报》《中外日报》，但是我们书塾里只有教员室有报看，我们哪里敢进去。这位陈老先生却常常把时事告诉我们。一日，他把我叫得去，告诉我联军进了北京，皇帝走了。我好像天向我头上压下来了，就号啕大哭。"② 新式的书塾尚且如此，至于边远地区的书院，一般生徒更难有机会阅读新式报刊了。

诚如波兹曼所言："学校是印刷行业的衍生品，其生死存亡取决于印刷业在这个世界的重要性。"③ 清末新式学堂与传统官学、书院的重要区别就是，它对新学教育和时政的重视势必与报刊印刷品有着特别的亲缘关系。新式学堂打破了报刊传播的传统路线。从地理和空间上看，新式学堂尤其是大中学堂主要集中在城市，学生社会与都市社会之间的紧密联系，为报刊传媒进入学堂提供了更为有利的条件。学堂与报馆有着天然的"亲近"关系，两者都是开启智慧和文明的重要方式。经元善在1901年拟设《上虞选报》时就指出："有出于学问者，则以学堂为大宗；有出于见闻者，则以报馆为大宗。学堂为根本，报馆为枝叶，二者不可偏废。然而论轻重，则学堂重；论缓急，则报馆急。且学校以培英才，其收效在十年以后。报馆虽华颠黄发，随览而皆有进境焉。"④ 对于学堂学生而言，增智识与广见闻亦不可偏废，读书与读报都是接受知识和了解世界最基本的途径。如孙诒让1902年在瑞安创办普通

---

① 《王氏育才书塾招考章程》，《实学报》第10册，光绪二十三年（1897）十一月一日。
② 马叙伦：《马叙伦自述》，中国大百科全书出版社2012年版，第9、10页。
③ ［美］尼尔·波兹曼：《技术垄断：文明向技术投降》，蔡金栋、梁薇译，机械工业出版社2013年版，第7—8页。
④ 经元善：《拟设上虞选报馆启》，虞和平编：《经元善集》，华中师范大学出版社2011年版，第305页。

学堂,农历九月,"瑞安普通学堂附设书报经理处,接学计馆之后,代邑读者向上海、杭州各地订购出版新书及各种报刊"。① 这个书报经理处不仅为学堂学生提供了公共阅读的机会,也为当地士绅购阅报刊提供了方便。

20 世纪初期,学堂的快速发展为报刊的发行提供了广阔空间。尽管商业性报刊仍然立足于官商社会,但具有思想性、政论性的新式报刊却需要学生社会的传播与回应,方能形成强大的舆论效应。梁启超谈到《新民丛报》《新小说》等杂志的影响时指出:"每一册出,内地翻刻本辄十数,二十年来学子之思想,颇蒙其影响。"② 可以说,具有民主和革命思想的报刊,与学生社会之间存在着天然的依存关系。如江浙一带的报刊销售对象就有明显的界别意识,从《国民日日报》和《警钟日报》有关江浙一带的报纸销数的调查可以看到,《新民丛报》《浙江潮》《江苏》《游学译编》等清末留学生报刊的主要阅读对象是学堂学生。③ 而《苏报》《警钟日报》《国民日日报》等具有民主和革命倾向的报刊则在 1903 年之后大量刊登学界新闻,尤其对学潮报道较为深入,其新闻供给明显偏向于学堂学生,从而引起广大学生的高度参与并积极阅读。尽管从报刊发行总量上看,学堂订阅量所占比重并不高,传统商业性大报和官报的销售量要比留学生报刊和革命报刊高得多,但是,那些一度被官方禁阅的进步报刊反而能够吸引学生的眼球,他们通过各种途径争相购阅,梁启超所言《新民丛报》在内地大量翻刻的情况,大体反映了学生对进步报刊的渴求。

与一般读者的读报活动不同,清末学堂学生的读报表现出交互式阅读与交流的特征。由于班级和集体的归属感,一种进步报刊出现在学堂时,往往被视为一种"公共消费品",一份报刊往往可以经过多次传阅而具有公共价

---

① 孙延钊撰,徐和雍、周立人整理:《孙衣言、孙诒让父子年谱》,上海社会科学院出版社 2003 年版,第 305 页。
② 梁启超著,朱维铮导读:《清代学术概论》,上海古籍出版社 1998 年版,第 85 页。
③ 《警钟日报》对杭州、武汉、南京、镇江等地报刊销数的调查,《国民日日报》对扬州、常熟等地报刊销数的调查,在所销处中都标明留学生报刊和革命报刊主要销往"学堂",以"学生社会为多"。见《警钟日报》1904 年 12 月 8 日、10 日,1905 年 1 月 18 日,12 月 1 日;《国民日日报》1903 年 9 月 22 日。

值。周作人曾回忆学堂对他读报活动的影响,他说:"如《新民丛报》《新小说》,梁任公的著作,以及严几道、林琴南的译书,这些东西那时如不在学堂也难得看到。"① 尽管周作人经常会收到鲁迅从日本寄来的书报,但他仍然认为学堂提供了更多的书报阅读的机会和空间。同样,左舜生对他在长沙长邑高等小学的读报经历记忆犹新。他回忆:

> 梁任公主干的《国风报》,大概是宣统二年出版的吧。记得有一次,已是晚上十点以后,早已超过了自修的时间,我和一个名叫易万之的同学,正读着沧江和明水一篇辩论中国究竟会亡不会亡的文字。这篇文字是两个人共同署名的,明水站在觉得中国非亡不可的一面,沧江则站在力辩决不会亡的一面。两人一往一复,大概提出了十几个不同的观点,往往明水提出的理由愈强,沧江也辩之愈力。当时我们只知道沧江就是梁任公,但我们还不知道明水就是后来讨袁一役死在广州海珠会议的汤觉顿。梁任公在这一篇文章里,真是把他那一枝常带感情的健笔,发挥到淋漓尽致,我们两个青年的热泪,也就随着他的笔一直在流。②

对于渴求新知的学生而言,读报的过程不是"浏览",而是具有仪式感的"精读",此类深度阅读是思想启蒙和价值导引的过程。报刊不仅是"消遣纸""知识纸",更多地体现了"思想纸"的功用。进步报刊将民主、自由、革命等理念引入学堂的公共空间,学生们在读完报之后进而展开讨论与交流,使报纸的思想进一步延伸和发展。此类"集体性"阅读具有一般私人空间难以比拟的共鸣效果。

清末学堂学生的年龄、出身、学识与价值观对具体的读报活动有着一定影响。由于大中小学堂的学生类型差别较大,不同区域与类型的学堂接触报刊的几率也有很大区别。对于19世纪七八十年代出生的学生而言,许多人接受了严

---

① 周作人:《知堂回想录:周作人晚年自述传》(上),安徽教育出版社2008年版,第74页。
② 左舜生:《近三十年见闻杂记》,沈云龙主编:《近代中国史料丛刊》正编第5辑,台湾文海出版社1967年版,第589页。

格的传统教育并拥有功名,他们从绅士转变为学生的过程中,既对旧有的文化资本和权力资本有着一定的依赖,又希图通过新式教育进一步改变自身的知识结构以适应新的变革需求。尤其是在科举废除之后,他们难以回归到传统轨道之中,但又希望学校能够带来科举一样的名利,因此,一些学生对"立宪"充满着向往,希望通过有限度的变革维持着"入仕"的希望。当然,也有一些激进主义者对"立宪"失望之后,走向革命排满的道路。而对于大部分出生于19世纪90年代之后的学生而言,他们虽然曾经接受了私塾教育,但由于知识体系尚未形成,新学堂则是他们的精神殿堂,他们较少受到传统和利益的束缚,容易接受新思想和新知识。因此,他们对社会变革充满着强烈的期待,希望在新时代能够大有作为。总体而言,学堂学生已成为推动社会变革的重要力量,从知识、价值与思想的角度看,他们对进步报刊有着旺盛的阅读需求。

二、《新民丛报》的阅读冲击与学生世界观的变化

黄遵宪在写给梁启超的信中,对梁氏在海外办报的成绩大加赞赏。他说:"《清议报》胜《时务报》远矣。今之《新民丛报》又胜《清议报》百倍矣。惊心动魄,一字千金。人人笔下所无,却为人人意中所有,虽铁石人亦应感动。从古至今,文字之力之大,无过于此者矣。"① 黄遵宪这封信写于《新民丛报》创办不到两个月之后,他对《新民丛报》的赞誉,大体上反映出该报所受欢迎的程度。严复在收到梁启超寄来的三期《新民丛报》后,也称该报为"亚洲二十世纪文明运会之先声。而词意恳恻,于祖国若孝子事亲,不忘几谏,尤征游学以来进德之猛"。② 壬寅年(1902)十二月十日,湖北士子朱峙三在日记中记载了《新民丛报》的影响,他说:"午后将郑宅借来之《新民丛报》《中国魂》二种,一一阅读之,习其文体,是为科举利器,今科各省中举卷,多仿此文体者。"③ 维新时期"时务体"成为科举考试的模仿对象,

---

① 黄遵宪:《黄遵宪集》(下),天津人民出版社2003年版,第490页。
② 严复:《与梁启超书(2)》,王栻主编:《严复集》第2册,中华书局1986年版,第515页。
③ 朱峙三著,胡香生辑录,严昌洪编:《朱峙三日记(1893—1919)》,华中师范大学出版社2011年版,第103页。

尚局限在一定范围,"新民体"则在《新民丛报》创办的当年已盛行国内各省,成为全国性的流行科举文体,这至少已证明《新民丛报》不仅冲击着那些死读四书五经者的阅读套路,并直接影响到科举考试走向没落的命运。

通过各种途径的传播,《新民丛报》在比较偏远的乡村亦产生反响。比如在浙江温州的乐清县,廪生郑良治组织创办柳市高等学堂,他于甲辰年(1904)八月二十一日读《新民丛报》第41册,对其中梁启超所著《私德篇》颇为有感触,他特地在日记中记载梁启超所言:"共学与共事,其道每相反,此有志合群者不可不兢兢也。当其共学也,境遇同、志趣同、思想同、言论同,耦俱无猜,谓将携手以易天下。及一旦出而共事,则各人有各人之性质,各人有各人之地位。一到实际交涉,则意见必不能尽同,始而相规,继而相怨,终而相仇者,往往然矣。……惟彼此道德之感情深者,可以有责善而无分离。吾于近日处地造事,三复斯言。"① 这反映出梁启超的言论对郑良治的影响。又如温州乡绅张枫的堂侄张组成,亦在当地私塾和小学教书。他在光绪三十年(1904)六月八日记载:"项颂甫兄处借阅《新民》四十四、五十一册,专详日俄战绩,其交恶因果,条析厘然。"② 这些乡村学校的教师对《新民丛报》的阅读感想,通过课堂的二次传播,便可能影响到学生的思想观念和价值取向。

传统士绅通过各种途径阅读《新民丛报》,已表明这份刊物对"言论市场"的重要影响,而它的舆论导向和文化启蒙作用,更多地体现在学生社会的广泛传播。无论是在大中城市还是边远县城,无论是高等学府还是中小学堂,清末学堂学生对《新民丛报》的喜爱远超过一般海外报刊,它对学生社会影响之深远,亦无报刊可与之媲美。

如果说《时务报》使梁启超蜚声士林,《清议报》则使梁启超"文与识均大进矣",③ 成为学生的精神导师。吕思勉对梁启超推崇备至,他回忆说:

---

① 郑良治:《百甓斋日记》,温州市图书馆编:《温州市图书馆藏日记稿钞本丛刊》第46册,第24117—24118页。
② 张组成:《浣坨日记》,温州市图书馆编:《温州市图书馆藏日记稿钞本丛刊》第46册,中华书局2014年影印本,第24442页。
③ 语出夏曾佑,光绪二十六年(1900)六月六日,夏曾佑在日记中写道:"连日读《清议报》,任公之文与识均大进矣。"参见杨琥编:《夏曾佑集》下册,上海古籍出版社2011年版,第741页。

"予年十三，始读梁先生所编之《时务报》，嗣后除《清议报》以当时禁递甚严，未得全读外，梁先生之著述殆无不寓目者，粗知问学，实由梁先生牖之，虽亲炙之师友不逮也。"① 郭沫若1907年在嘉定中学读书时，有机会看到《清议报》，他对该报印象深刻，曾评论道："《清议报》很容易看懂，虽然言论很浅薄，但它却表现出具有一种新的气象。"②

《新民丛报》继承了《清议报》的风格。从1902年2月该报创立起，它就一直以清新流畅的语言、生动犀利的文笔，着重介绍西方资产阶级政治学说，极力宣扬变法维新，力倡民族主义。其内容和风格极大地满足了学堂学生渴求新知、爱国图强的心理诉求。诚如《苏报》的一则"来函"所言："去年《新民丛报》刊行，学界大受其赐，今年添列批评一门，尤为人人之教师。"③ 可以说五四前的一代知识分子中有很大一部分受到该报的影响，尤其是许多留日学者对《新民丛报》耳熟能详。诚如蔡寄鸥所言："其最足以启发革命思想的，就是保皇党领袖梁启超所著的《新民丛报》。……他好用日本名词，仿效日本文调。当时在日本留学的青年，大多数都受过他的熏陶。"④ 例如，在日本宏文学院就读的黄尊三，于1905年7月10日读到《新民丛报》后，感叹："报系梁启超主办，文字流畅，议论阔通，诚佳品也。"之后，他多次阅读该报，如当年9月12日日记载："灯下看《新民丛报》，月明如画，窗外一片浓阴……"⑤ 即便是与维新派观点相左的留日学者也留意阅读，如钱玄同于1906年2月21日"看旧时《新民报》"；3月4日，"购《新小说》(6)、《新民丛报》(73)各一"；6月19日，"购《民报》《新民报》等"。⑥ 彼时，钱玄同已有强烈的反清思想，但他对《新民丛报》颇为关注。

《新民丛报》通过各种途径影响国内学生的思想世界。胡愈之在读小学

---

① 吕思勉：《吕思勉全集》第26册，上海古籍出版社2015年版，第164页。
② 郭沫若：《郭沫若全集》（文学编，第11卷），人民文学出版社1992年版，第121页。
③ 《来函述江西报界发达之现状》，《苏报》1903年5月30日，第2页。
④ 蔡寄鸥：《武汉新闻史（节选）》，杨光辉等编：《中国近代报刊发展概况》，新华出版社1986年版，第473页。
⑤ 黄尊三著，谭徐锋整理：《黄尊三日记》（上），凤凰出版社2019年版，第12、20页。
⑥ 钱玄同著，阎彤、王燕芝等整理：《钱玄同日记》（整理本），北京大学出版社2014年版，第23、26、49页。

时，就经常接触到新式书报。他回忆："家里订了《新民丛报》《浙江潮》和谭嗣同的《仁学》等书报，我也经常阅读这些书报。"① 1902 年，在上海的南洋公学，《新民丛报》就广受学生欢迎。曾为该校学生的平海澜回忆："我们一般小学生，大概对戊戌政变，对光绪是比较同情的。当时《新民丛报》登出来的内容总是说得痛哭流涕的，赞扬光绪皇帝是好的，西太后岂有此理。……所以拿到那张报，看得津津有味的。"另一位曾为南洋公学的学生伍特公也证实："记得《新民丛报》刚刚出刊，看的人很多，我们那班差不多个个人看。……如对意大利三杰，对卢梭等新人物、新事物都看得起劲。"② 周作人在江南水师学堂读书期间，于 1902 年 8 月 6 日第一次读到《新民丛报》第 11 号，他在日记中兴奋地写道："内好书甚多，率皆饮冰子所著，看至半夜，不忍就枕。"三天后，"又借来《新民报》两册"。③ 与周作人一样，初到上海读书的胡适，虽然还是翩翩少年，却对《新民丛报》和梁启超的文章仰慕不已。1906 年 5 月 31 日，他在课堂上看《新民丛报》，对梁启超所写《责任心与名誉心之利害》一文极为推崇，他看后，"心大感动，不自已，是篇立论，注重责任心"。④ 他感叹："这时代是梁先生的文章最有势力的时代，他虽不曾明白提倡种族革命，却在一班少年人的脑海里种下了不少革命的种子。"他特地指出两篇文章对他的影响尤为深刻："《新民说》诸篇给我开辟了一个新世界，使我彻底相信中国之外还有很高等的民族，很高等的文化；《中国学术思想变迁之大势》也给我开辟了一个新世界，使我知道'四书''五经'之外中国还有学术思想。"⑤ 胡适自此将梁启超视为老师，虽然他在 1920 年才有机会面见梁启超，但胡适之后所走的道路明显受到梁启超的影响。董必武谈到《新民丛报》时，也对其启蒙作用加以肯定。1905 年，已有秀才

---

① 胡愈之：《我的回忆》，宋原放主编：《中国出版史料》（现代部分）补卷，山东教育出版社 2006 年版，第 73 页。
② 《南洋公学的一九〇二年罢课风潮和爱国学社（座谈记录）》，《辛亥革命回忆录》第 4 集，文史资料出版社 1963 年版，第 67、68 页。
③ 张菊香、张铁荣编著：《周作人年谱（1885—1967）》，天津人民出版社 2000 年版，第 46 页。
④ 胡适著，曹伯言整理：《胡适日记全集》（第 1 册），台湾联经出版事业有限公司 2004 年版，第 39 页。
⑤ 胡适：《四十自述》，海天出版社 1992 年版，第 49、55 页。

功名的董必武在报考湖北省文普通中学堂的过程中，在武昌第一次读到该报，认为"立意新颖，文笔生动，笔下带有感情，开阔了眼界"。① 董必武仅仅是当时武汉学生的一个缩影。其实，"差不多武汉各学校的学生，都要展（辗）转托人，买一部《新民丛报》。其所给予革命党的帮助，是非常重大的"。②

在江苏江阴、常州等地的学堂，《新民丛报》通过各种途径进入学生的阅读视野。早在1896年进入江阴南菁书院的蒋维乔，在维新时期广泛阅读《时务报》等报刊，维新之后，他坚持每日读报。他在辛丑年除夕总结道："《中外日报》则无日不阅也。"光绪二十八年（1902），他分别在南菁书院和常州致用精舍学习。六月六日，他开始阅读《新民丛报》。第二天，他读完《新民丛报》第十号。之后，他经常阅读《新民丛报》《清议报》等报刊，并在日记中详细记载所阅册数。八月十一日，他阅《新民报》第十三册。九月十五日，他在舟中"阅毕《新民丛报》第十六册"。十七日，"在舟阅《译书汇〔编〕》第一册及《清议报全编》"。十八日，"在舟阅《译书汇编》第一册及《清议报全编》"。③ 是年除夕，他总结一年来所受新学影响及阅读经历：

> 余昔从事学问，无一定之目的。今岁南菁改设学堂，既到堂后，与诸教习及同学志士相处，乃大悟新学界之别开生面。自顾平昔所讲求者普通之学，当缺如也。堂中设理化、测绘、东文、西文、体操五科。余鼓其余勇气，兼而习之。虽未能久，而余之思想发达，实始于此。盖中国现势在过渡时代，而余之身年方三十，亦在过渡时代，而余之学新旧交换亦在过渡时代也。惟过渡，故则有动力。故余今岁之动力为生平未有。望姑苏，登虞山，临海欲度而返。凡三至沪焉。……赴虞山倩日本人金井秋蘋到常州开办修学社，传习东文法于同志，藉以结合常州团体，以邑民同盟为国民同盟之基础……所读新书（旧书少，不复记）及新报四十九册又

---

① 《董必武年谱》编辑组编：《董必武年谱》，中央文献出版社2007年版，第20页。
② 蔡寄鸥：《武汉新闻史（节选）》，杨光辉等编：《中国近代报刊发展概况》，新华出版社1986年版，第474页。
③ 蒋维乔：《蒋维乔日记》第1册，中华书局2014年影印本，第162、186、201、202页。

二卷。计：……《译书汇编》(未毕)三册，……《清议报全编》二卷，……《新民丛报》廿二册，《大陆报》一册，《新小说》报两册，……要而论之，是年者，余之学术之思想大改革之年，不可不留纪念也。①

可以说，《新民丛报》等新式书报作为"知识仓库"，为蒋维乔提供源源不断的思想资源，他的思想由此发生巨大转变，进而影响他的人生道路。第二年，他便受蔡元培之邀，携妻、子到上海，投身于爱国学社的新式教育事业，之后又进入商务印书馆编译所编写《最新初小国文教科书》。癸卯年（1903）除夕，他总结："所读之书较少，计《新民报》廿四至卅二共九册，《新小说》三、四、五共三册。"②虽然工作繁忙，他仍然坚持阅读《新民丛报》，足见这份杂志对他有着特别的吸引力。

1903年，16岁的柳亚子对《新民丛报》已颇为留意，他回忆道："从它那儿，看到了法国大文豪卢梭的天赋人权学说，否认君主专制，我甚为高兴，这是我服膺于政治革命的起源。"③同年，17岁的蒋梦麟在浙江高等学堂看到了《新民丛报》，虽然还不到弱冠之年，但他已拥有生员功名，由于曾在绍兴中西学堂就读，蒋梦麟较早地接受西学教育。他对《新民丛报》的内容耳熟能详，他认为："梁氏简洁的文笔深入浅出，能使人了解任何新颖或困难的问题。"他周围的同学也有很多人喜欢阅读，而他仅仅是"千千万万受影响的学生之一"。很多年以后，蒋梦麟仍然认为梁启超"在介绍现代知识给年轻一代的工作上，其贡献较同时代的任何人为大"。而《新民丛报》则成为梁启超的"标识物"和"中介"，"是当时每一位渴求新知识的青年的智慧源泉"。④

同年，钱基博时常向书铺借阅"戊戌亡命客及国内留学生在日本出版各种杂志"，认为"《新民丛报》，尤合口味"。与一般读者不同，16岁的钱基博还给《新民丛报》投稿。他回忆道："读了梁启超的《中国地理大势论》，殊

---

① 蒋维乔：《蒋维乔日记》第1册，中华书局2014年影印本，第222—224页。
② 蒋维乔：《蒋维乔日记》第1册，中华书局2014年影印本，第322页。
③ 柳亚子：《柳亚子自述续编1887—1958》，人民日报出版社2012年版，第11页。
④ 蒋梦麟：《西潮与新潮——蒋梦麟回忆录》，东方出版社2006年版，第67页。

未满意。因为梁氏译日本人著的一篇论文,而自己附一些意见进去。我就拿自己的意见,做了一篇《中国舆地大势论》寄去,约四万字,在癸卯年《新民丛报》登出,连续了四期。梁启超且给了我一封信,鼓励我。"① 这对于一个初显身手的青年学生而言,无疑会有欣喜若狂之感。

1903 年看到《新民丛报》的陈布雷,也如饥似渴,"有时夜课向子咸先生借读,翌日午前尽一卷而归之"。② 而顾毓琇的父亲顾庚明 1881 年出生,庚子事变后,顾庚明进入新式学堂就读,他读书已采用"抄文"及"剪报"两个方法,看了《欧洲政治史》《论治外法权》。他常剪贴中外日报,读梁启超的时务学堂文,更喜欢看《新民丛报》。③ 1906 年,在常州溪山小学读书的赵元任,与同学组织了一个"青年励进社",其重要活动便是买书成立图书馆。农历九月九日,赵元任到那里借了"一册《新民丛报》"。④ 1908 年后,在湖南溆浦高等小学堂读书的舒新城,也有机会读到《新民丛报》。⑤ 谢国桢回忆在私塾读书时,"当时正值清末民初的时候,梁启超所办的《新民丛报》风行一时,我很佩服梁的为人,就问这位老师,'我学梁启超好吗?'"⑥ 1908 年至 1911 年,在武卫左军随营学堂读书的徐永昌,也常读《新民丛报》《中国魂》一类书刊,"亦发生若干影响"。⑦ 1911 年,何廉在桂林的广西陆军学堂读书,他回忆:"许多学生偷偷阅读大量现代刊物。梁启超办的《新民丛报》被私运到广西,我曾有机会读过几页。"⑧ 可见,通过家庭、老师和学校等各种渠道,这些求知若渴的学生在读到《新民丛报》之后,都颇为欣喜。

一些少年书生在进入新式学堂之前,通过各种不同途径接触到这份具有指向性的启蒙读物。1890 年出生的陈衡哲是中国第一位官派留学女生,她在

---

① 钱基博:《钱基博自述》,安徽文艺出版社 2013 年版,第 12 页。
② 陈布雷:《陈布雷回忆录》,东方出版社 2009 年版,第 20 页。
③ 顾毓琇:《顾毓琇全集》第 11 册,辽宁教育出版社 2000 年版,第 15 页。
④ 赵元任:《赵元任早年自传》,广西师范大学出版社 2013 年版,第 74 页。
⑤ 舒新城从 1908 年开始进入溆浦高等小学堂,溆浦是湖南比较偏远的小县。但是,当时的学堂的阅报室中,"有《时报》《新民丛报》《国粹学报》《安徽俗话报》……等等"。参见舒新城:《舒新城自述》,安徽文艺出版社 2013 年版,第 51 页。
⑥ 谢国桢:《自述》,《谢国桢全集》(第 1 册),北京出版社 2013 年版,第 1 页。
⑦ 徐永昌:《求己斋回忆录》,中华书局 2016 年版,第 33 页。
⑧ 何廉:《何廉回忆录》,朱佑慈等译,中国文史出版社 1988 年版,第 13 页。

十二岁时便接触到《新民丛报》，尽管她当时随父亲读着《尔雅》之类的古书，由于父亲订阅了《新民丛报》，梁启超那富于感染力的文字影响了她的人生道路。她感叹道：

> 我只记得当时我被梁启超的《新民丛报》中关于罗兰夫人的文章迷住了，正是通过阅读这两个以及别的女子的生平事迹，我才对自己的生活产生了明确的意识，开始思考长大后要做什么样的女人。慢慢地，我模糊的渴望具体转化为一个爱国者的愿望，因为爱国主义是梁启超在《新民丛报》中大力鼓吹的。①

正是怀着这样的期待，陈衡哲以爱国的热情，对自己的未来充满憧憬，并强烈要求进入新式学堂学习，可以说，《新民丛报》改变了她的世界观和人生观。对于一些初步接触该报的少年来说，外面的世界是如此缤纷多彩，他们对传统观念已非常厌倦，希望有机会进一步探索报纸上所讲的爱国、民主与自由的道理。

与陈衡哲有些类似，1904 年，顾颉刚虽然在私塾读书，却由于父亲订阅了《新民丛报》而有机会接触新学，便"自读《新民丛报》"，"其中尤以《少年中国说》《呵旁观者文》等篇写得十分慷慨激昂，读得更高兴，俨然有古人'痛欲读《离骚》'的样子，把作者的感情和自己的感情融化而为一了"。② 两年后，顾颉刚入长元吴公立高等小学堂，接受新式教育，并陆续阅读《复报》《国粹学报》《民立报》等报刊，养成读报的习惯。

《新民丛报》的影响，还通过翻印成每年一册的合订本，作为"书"的形态在社会上广为传播。1907 年，梁漱溟在顺天中学读书时，"就拥有梁任公手编之《新民丛报》壬寅、癸卯、甲辰三整年六巨册"。梁漱溟阅读《新民丛报》颇为细致，尤其对《新民说》一文记忆深刻。对于梁启超自署为"中国之新民"，梁漱溟解释道："这是一面提示了新人生观，一面又指出中国社会应该如

---

① 陈衡哲：《陈衡哲早年自传》，冯进译，安徽教育出版社 2006 年版，第 46—47 页。
② 顾颉刚：《我在辛亥革命时期的观感》，顾潮编著：《顾颉刚年谱》（增订本），中华书局 2011 年版，第 15 页。

何改造的;恰恰关系到与人生问题中国问题的双方,切合我的需要,得益甚大。"梁漱溟还谈到该报有关西洋思想和儒家学说对他的影响非常深远,并指出:"这助益,是在生活上,不徒在思想上。"① 与梁漱溟同岁的毛泽东,1910年在湘乡东山高等小学堂读书时,《新民丛报》已停办三年多了,他回忆当时的情形:"我正在读我表兄送给我的两本关于康有为改革运动的书。一本是梁启超编的《新民丛报》。这两本书我读而又读,一直到我能够背诵出来。我很崇拜康有为和梁启超。"② 在《新民丛报》第四号《新民说》第六节"论国家思想"处,留下了迄今能够发现的毛泽东最早的政论文字。这说明毛泽东对《新民说》一文尤为重视,这与他以后成立新民学会不无关系。与毛泽东相似,邹韬奋在南洋公学就读时,看到几年前的《新民丛报》后,也极为激动。他回忆道:

> 我进了中院以后,仍常常在夜里跑到附属小学沈永癯先生那里去请教,他的书橱里有着全份的《新民丛报》,我几本几本地借出来看,简直入了迷。我始终觉得梁任公先生一生最有吸引力的文章要算是这个时代的了。他的文章的激昂慷慨,淋漓痛快,对于当前政治的深刻的批判,对于当前实际问题的明锐的建议,在他的那支带着情感的笔端奔腾澎湃着,往往令人非终篇不能释卷。我所苦的是在夜里不得不自修校课,尤其讨厌的是做算学题目;我一面埋头苦算,一面我的心却要转到新借来放在桌边的那几本《新民丛报》!夜里十点钟照章要熄灯睡觉,我偷点着洋蜡烛躲在帐里偷看,往往看到两三点钟才勉强吹熄烛光睡去……③

可见,如邹韬奋那样对《新民丛报》"走火入魔"的青年学子,已经将这份具有启蒙意义的报纸视为生命中最重要的精神食粮,并由此对现实和人生进行深刻思考,从而直接影响到他们的信仰和人生道路。

由于《新民丛报》深入到青少年的阅读世界之中,梁启超的文章和文风对整

---

① 梁漱溟:《我的努力与反省》,漓江出版社1987年版,第30页。
② 毛泽东:《毛泽东自传》,[美]斯诺录,汪衡译,国际文化出版公司2009年版,第16页。
③ 邹韬奋:《邹韬奋自述》,安徽文艺出版社2013年版,第10—11页。

个处于知识转型阶段的青少年而言,无疑起着导向性的作用。正如郭沫若所言:

> 平心而论,梁任公的地位在当时确是不失为一个革命家的代表。他是生在中国的封建制度被资本主义冲破了的时候,他负载着时代的使命,标榜自由思想而与封建的残垒作战。在他那新兴气锐的言论之前,差不多所有的旧思想、旧习气都好象狂风中的败叶,完全失掉了它的精彩,二十年前的青少年——换句话说,就是当时的有产阶级的子弟——无论是赞成或反对,可以说没有一个没有受过他的思想或文字的洗礼的。①

郭沫若所论,大体代表了当时青年学子对梁启超的膜拜之情。1946 年,59 岁的报人俞颂华回忆他四十余年前在上海求学时阅读的情景:

> 每当暑假年假,先兄必由学校(圣约翰书院)带回许多同盟会所出的鼓吹革命的和康梁一派主张维新的书报给我看。我在思想上受到梁氏文字的影响是从这个时候开始的。当时我年幼寡知,思想如一片白纸,无论革命的理论,维新的主张,脑筋正像吸墨水纸一样,都吸得进去。不过因为梁氏的《新民丛报》和章太炎氏的《国粹学报》比较上都容易买到,所以这两个刊物,便成了我当时的一种不可少的精神食粮。……只因梁氏的文章"笔端带有感情"(这是他自己在文章里说过的),而有魔力,故他的文章我总是经常不断的阅读,对于他的认识也因此自己觉得一天天加深了。②

可以说,《新民丛报》将梁启超推向了清末思想界的最高峰,成为过渡社会知识界的精神领袖,并影响到之后的报刊风格。"数十年来,国人无不受其相当之影响。报纸今文体多奉梁氏为圭臬焉"。③ 梁启超通过《新民丛报》"摇旗

---

① 郭沫若:《郭沫若全集》(文学编,第 11 卷),人民文学出版社 1992 年版,第 121 页。
② 俞颂华:《论梁启超——谈谈我对于他的认识》,《人物杂志》1946 年第 1 期,1946 年 8 月 10 日,第 5—6 页。
③ 王一心:《新闻文学开山祖梁任公》,黄天鹏编:《新闻学刊全集》,光华书局 1930 年影印本,第 331 页。

呐喊",无数青年学子在全国各地遥相呼应。《新民丛报》犹如雨后甘露,让清末社会的学子们体会和向往传统经典之外的精神世界,梁启超那富于感染力的文字和对国家民族的忧患意识,无疑促使那些处于彷徨和忧虑之中的青少年,不断思考和选择有别于传统士绅的新路,从这个层面上看,梁启超在清末报界的舆论领袖地位是当之无愧的。而《新民丛报》的影响,正如王一心所云:"国人竞读,风行全国,清廷虽严禁,绝不见效,每册一出,内地翻印辄至十数版,其影响之大,空前所未有。吾国新闻纸之发达,国人阅报趣味之养成,梁氏启其端也。"①

不仅如此,在清末新政之后,梁启超的"新民体"直接对科考取士产生影响。湖南名士李肖聃回忆庚子事变之后,士人争言时务。"梁于是时作《新民丛报》,著《中国新民说》数十万言,词艳而气雄,语长而意重,论锋所至,杂以谈嘲,间用日本俗语入文。复为《新罗马劫灰梦传奇》及《新小说》诸文。是时政府虽禁止邮寄,而求者愈亟。江西学政吴士鉴至于试卷批示诸考生,以剿袭《新民丛报》得科第者,不可胜数也。"②这大致描绘出梁启超及《新民丛报》在当时读书人当中的地位和影响,尤其是《新民丛报》在清末知识转型过程中所发挥的重要作用。

三、留学生报刊阅读与学生民主革命思想的涌动

1898 年至 1911 年间,中国掀起了留日热潮,在 14 年间,留日学生在四万五千人以上。③ 据留日学生监督处 1906 年发行《官报》时称:"吾国游学东邦者,始于戊戌、庚子间,其时,通东京学界不过十数人,嗣后,负笈来

---

① 王一心:《新闻文学开山祖梁任公》,黄天鹏编:《新闻学刊全集》,光华书局 1930 年影印本,第 330 页。
② 李肖聃:《星庐笔记》,绛希点校,岳麓书社 1983 年版,第 37—38 页。
③ 李华兴、陈祖怀:《留学教育与近代中国》,《史林》1996 年第 3 期,第 43 页。这是根据该文的表格大体统计的数字,由于数字来源于各种论著,不一定完全准确,但大致可以反映这一时期留日学生的规模。蒋梦麟也提到:"日本对俄战争的胜利,更使中国的西化运动获得新的鼓励,这时聚集在东京的中国留学生已近五万人,东京已经成为新的知识中心。"(蒋梦麟:《西潮与新潮——蒋梦麟回忆录》,东方出版社 2006 年版,第 67 页。)

游者，项背相望。据最近所调查数，殆盈万人（此指有学校簿籍可稽者）。"① 秦毓鎏回忆："中国派日本留学生，自戊戌（1898）始，越四年，余到日留学时，留学生仅百余人。东京留学生会馆成立初，留学生中有志者立有励志会。"② 这说明在1902年前，留日学生的数量并不多。1904年，仅《警钟日报》统计当年日本各学校中国留学生数量为1 199人。③ 当年，胡汉民回忆留日学生总数"二万余人"。④ 之后的1905年及1906年都约有八千人。⑤ 连地处偏远的云南，渡海求学者先后达千人。⑥ 张继在《苏报》上发表文章称："学生为一国之原动力，为文明进化之母。以举国无人之今日，尤不得不服于学生诸君，而东京之留学生尤为举国学生之表率。"⑦ 这虽有过誉之嫌，却表明了东京留学生对国内思想界的影响。

留日学生通过阅读国内报刊关注时政要闻。刘耀东、黄尊三等人的日记有不少阅读国内报刊的记录。如刘耀东于光绪三十一年（1905）七月二日，阅《中外日报》，并记载："浙省争矿事，惟处州无京官代表，萧山汤寿潜（蛰先）致书东京，声泪俱下，去电答之，同乡会推余属稿。"八月十六日，他阅初八日《时报》，"有废科举上谕，及孙家鼐奏设法律学堂之折。"⑧ 黄尊三在1906年10月14日记载："看《时报》，将看过之报，寄送胡子宜、王笃生，因泸邑交通阻塞，无报可看也。"⑨相对而言，他们在日本购阅国内报刊是较为便捷的。

留日学生饱含爱国热情，通过大力译书和办刊向国内传播新思想与新知

---

① 《〈官报〉发刊缘起》，《官报》1906年第1期。
② 秦毓鎏：《天徒自述》（节录），周新国、刘大可点校，《辛亥革命资料选编》第3卷下册，社会科学文献出版社2012年版，第615页。
③ 《记日本各学校之我国留学生人数》，《警钟日报》1904年6月13日，第3版。
④ 胡汉民：《胡汉民自述》，人民日报出版社2014年版，第16页。
⑤ ［日］实藤惠秀：《中国人留学日本史》，谭汝谦、林启彦译，生活·读书·新知三联书店1983年版，第39页。
⑥ 蔡锷：《蔡锷自述》，深圳报业集团出版社2011年版，第7页。
⑦ 自然生（张继）：《读"严拿留学生密谕"有愤》，《苏报》1903年6月10日，第1页。
⑧ 刘耀东：《疢顾日记》，温州市图书馆编：《温州市图书馆藏日记稿钞本丛刊》第58册，中华书局2017年影印本，第30737、30738页。
⑨ 黄尊三著，谭徐锋整理：《黄尊三日记》（上），凤凰出版社2019年版，第58页。

识。据石锦估计，清末留日学生在日本出版的报章杂志共计64种之多。① 留日学生热衷于翻译日本报章、日人论著和西方书刊，其中主要来自日本人的著作和报刊，诚如梁启超所言：

  壬寅、癸卯间，译述之业特盛，定期出版之杂志不下数十种。日本每一新书出，译者动数家。新思想之输入，如火如荼矣。然皆所谓"梁启超式"的输入，无组织、无选择，本末不具，派别不明，惟以多为贵，而社会亦欢迎之。盖如久处灾区之民，草根木皮，冻雀腐鼠，罔不甘之，朵颐大嚼，其能消化与否不问，能无招病与否更不问也，而亦实无卫生良品足以为代。②

梁启超的评价，大体上反映出早期留日学生刊物的状况。当时的各类杂志均注重译文，且对政治方面的译著尤为关注。与一般的商业性报刊不同，留学生报刊以传播"学问"为要务，"学问"被视为救国救民的良方。正如《游学译编》的一篇时评所言：

  一家之子弟不知学问，必破其家；一乡里之父老不知学问，必梗其乡里；一国之人不知学问，而其国不衰败以至于尽者，有是理耶？某念及此，而不得不为诸君正告者，厥有三事：一立学校也，一设图书馆也，一游学外邦也。三者之中不可以畸轻重。③

而留学生报刊恰恰是学校、图书馆和留学生都关注的知识来源，对读者的"学问"和思想起着极为重要的引导作用。留日法政学生创办的《法政杂志》也从"公理"的角度谈及改革的思想资源："苟欲改革，则必不能出于下列之

---

① 石锦：《中国现代化运动与清末留日学生》，台北启新水泥公司文化基金会1968年版，第95页。
② 梁启超著，朱维铮导读：《清代学术概论》，上海古籍出版社1998年版，第97—98页。
③ 周家纯：《致湖南青年游学外洋书》，《游学译编》第4册，游学译编社编辑：《游学译编》(1)，湖南师范大学出版社2008年影印本，第297页。

二公理：一、取中国固者之特质，不惟保持之，且从而发挥之；二、取各国共通之特质，不惟输入之，且从而消化之。"① 这体现出学术性杂志的旨趣。

早期留学生以"省界"为别，组织同乡会，他们在此基础上创办刊物，大力倡导"省界"观念，往往以"吾省"为例谈及时政和学术。如《浙江潮》在发刊词就指出："欲争自由，先言自治，然必于其本土之人情历史、地理、风俗详悉无遗，而后下手之际，乃游刃而有余。"② 此类刊物传播的意图明显针对他们的"家乡"。正如曹汝霖回忆留日经历所言："各省能文之士，都出一种刊物，评论朝政，发表意见，以《浙江潮》《江苏》销路最广。"③ 这种以地理空间来组织刊物的方式是当时的一大特色，《游学译编》《浙江潮》《直说》《云南》《四川》《江苏》《湖北学生界》等刊，都是各省留日学生同乡会所创办，其地域性特色较为明显。如《游学译编》的广告称："本编初次开办，专以输入文明、增长民智，本无意推广销路，希图利益。且本社同人大都湘籍，眷怀宗国之外，而于桑梓尤注意焉。"④ 爱祖国与爱家乡的感情容易得到国内读者的共鸣，以"省界"为标志的留学生刊物，建构了阅读的"地方性"。如对于湖北留日学生创办的《湖北学生界》，湖北各学堂"人人秘手一册，递相传播，皆欲奋起为天完徐帝，大汉陈皇，而为汉族争自由复国权矣"。⑤ 另外，这些刊物还大量译介西方民主革命理论和社会科学知识，回应国内兴起的新学热。正如杨度在《游学译编叙》中所言：

> 过渡时代，译者与阅者日以学术相切磋，而同进一寸，斯国民增一寸之热度矣；游学者与不游学者日以学术相责望，而同进一尺，斯国民增一尺之涨力矣。举国国民之学术既进，然后群起而谋其国，使一国之政事亦无一年、无一月、无一日、无一时而不有其进步，无不为其一国

---

① 张一鹏：《〈法政杂志〉之趣旨》，《法政杂志》1906 年第 1 期，第 5 页。
② 《发刊词》，《浙江潮》1903 年第 1 期。
③ 曹汝霖：《曹汝霖一生之回忆》，中国大百科全书出版社 2009 年版，第 21 页。
④ 游学译编社编辑：《游学译编》（1），湖南师范大学出版社 2008 年影印本，第 110 页。
⑤ 居觉生：《梅川日记》，上海大东书局 1947 年铅印本，第 5 页。

之过渡时代。夫而后一跃而与日本齐，再跃而与西洋各国齐，由此而追他日之日本，他日之西洋，长此焉，以至于无穷。①

学堂学生是这些刊物的主要读者和思想传播者，他们往往将这些刊物视为课外的主要读物。而留日学生刊物采用洋式装订，每期数十页乃至数百页的内容，已与一般书籍的外观类似，且文章内容较为丰富，许多文章还分期连载，适合学生进行"精细"阅读。

留日学生刊物在中国内地的流通与传播是一个极为复杂的问题，就发行管道而言，他们主要通过国内报刊的代销，在内地设立发行处，通过书店经销以及邮寄、走私夹带等方式传至读者的手中。如《浙江潮》就委托《中外日报》馆代为销售，《浙江潮》的主编蒋方震致信汪康年说："托《中外日报》馆总代派《浙江潮》事，度已知悉。第一期草草付印，内容甚不惬意，然不得已，字已出版，即由此度邮船运至上海，递单亦同时寄上，递单到后，祈即着人去一领，因领若稍迟，则书必尽入货内，一时甚难领出故也。"② 同时，《浙江潮》在广告中亦称："可函向本发行所挂号，每期当按址寄送。"③ 另外，留日学生除了自己阅读这些刊物之外，通过各种途径邮寄给亲友，也是一条重要的发行和阅读通道。如鲁迅在 1934 年 7 月 17 日写给杨霁云的信中提及："《浙江潮》实只十期，后不复出。范爱侬辈到日本，比我迟，那《题名》大约印在他们未到之前，所以就找不出了。"④ 作为当事人，鲁迅在 31 年之后对《浙江潮》仍然记忆犹新。他对留学生刊物极为关注，经常寄给在南京读书的周作人。1903 年 3 月 18 日，周作人就接到鲁迅于本月 9 日自日本写来的信件，"附《浙江潮》一本"。4 月 3 日，周作人又收到鲁迅来信，告知"谢西园下月中旬回国，将带回《清议报》《新小说》等"。⑤ 对于这些进步报

---

① 杨度：《〈游学译编〉叙》，游学译编社编辑：《游学译编》（1），湖南师范大学出版社 2008 年版，第 7 页。
② 《蒋方震函》，上海图书馆编：《汪康年师友书札》（3），上海古籍出版社 1987 年版，第 2917 页。
③ 《购阅略则》，《浙江潮》1903 年第 1 期。
④ 鲁迅：《致杨霁云》，《鲁迅书信集》上卷，人民文学出版社 1976 年版，第 600—601 页。
⑤ 张菊香、张铁荣编著：《周作人年谱》，天津人民出版社 2000 年版，第 51 页。

刊，清政府深表不满，曾多次下令严禁邮政当局寄递。"但是日本政府却同情中国留学生的革命活动，因此这些被禁的杂志仍旧不断地从日本流入上海租界，因此上海就成为革命思想的交易所，同情革命的人以及谋求厚利者再从上海把革命书刊走私到其他城市。"① 总之，通过各种途径，留日学生刊物能够广泛地在内地流布，1903年至1905年，《警钟日报》和《国民日日报》的调查也表明，在衢州、泰兴乃至埭溪这样的中小城市都能够购买到《浙江潮》《江苏》等报刊，而这些报刊的主要销售对象均为学堂学生，说明学生群体对留日学生报刊最为热衷，此类报刊对他们的影响也最为深远。

随着留日学生刊物发行范围的不断扩大，其影响也不局限于"省界"，如《译书汇编》《浙江潮》《江苏》等刊物在南京、武昌、成都、长沙等地均可购阅。朱峙三就从曾留日的鄂州同乡郑赤帆那里多次借阅《江苏》《浙江潮》《新广东》等刊物。癸卯年（1903）十一二月，他连日看《新广东》《浙江潮》《江苏》等杂志，在读后感中评价这些杂志"倡言革命排满，并无忌讳，印刷精良醒目。夜间看看，尤为有味"。他形容读这些杂志的心境："心目开朗，有时会令人流涕，令人愤怒不可止"，"令人起排满之念，真欲为汉人复仇也"。② 即使在资讯不太发达的四川，由于癸卯学制的颁布，一些新式学堂也在成都等地设立，留学生报刊便在学堂里流行和传播，当时郭沫若的大哥和五哥分别在成都的东文和武备学堂读书，许多新书籍由成都寄往乐山的家塾，郭沫若回忆道："甚么《启蒙画报》《经国美谈》《新小说》《浙江潮》等书报差不多是源源不断地寄来，这是我们课外的书籍。"③ 可见，留日学生报刊通过不同的管道进入学堂和私人家庭生活，直接影响到许多青少年读者的日常阅读。

四、《民报》等海外革命报刊的阅读与影响

1905年之后，《民报》和一些留日学生刊物的言论进一步转向于革命排满和民主革命，由《新民丛报》与《民报》引发的路线之争，使改良派和革命派

---

① 蒋梦麟：《西潮与新潮——蒋梦麟回忆录》，东方出版社2006年版，第68页。
② 朱峙三著，胡香生辑录，严昌洪编：《朱峙三日记（1893—1919）》，华中师范大学出版社2011年版，第131、134页。
③ 郭沫若：《郭沫若全集》（文学编，第11卷），人民文学出版社1992年版，第43页。

在政治上、思想上彻底划清了界限，革命思潮的传播深入人心。尤其是初到日本的留学生，看到《民报》后触动很大。如1905年11月29日，湖南留日学生黄尊三在初读《民报》后，觉其"鼓吹革命，提倡民族主义，文字颇佳，说理亦透，价值在《新民丛报》之上"。之后，他多次阅读《民报》，他还将《复报》与《民报》进行比较，认为两者同为"革党机关报"，"但《复报》为小品，不如《民报》材料之丰富，其价值亦远逊之"。《民报》上宣传陈天华的革命事迹，对他影响极大。对于该报所载的"陈天华绝命书一篇"，他"反复读之，不胜感慨"。① 比黄尊三早一年到达日本留学的李烈钧，在看到《民报》后，"民族思想则更进一步矣"。② 胡汉民对《民报》的影响颇为自得，他回忆道："《民报》既刊行一年，革命思想充满学界，且灌输于内地，清廷至悬金十万以购余与精卫之首。"③ 章门弟子钱玄同更是对《民报》倍加赞扬，他说："《民报》自太炎来后，固大放异彩，一至于此，真令人佩服。"④ 同盟会员田桐不仅是《民报》的作者，也是该报的忠实拥趸。1906年，他在给《民报》的信中由衷地感叹：

贵报自发行以来，受海内外热心同胞之欢迎者，固非笔墨形容之所能尽，即老师宿儒之辈亦莫非得《民报》一份，如获拱璧，足见人心未死，汉室犹有转机。《民报》之发达，即中国民族之发达也；《民报》之发达，即中国国民自由程度与幸福程度之发达也。⑤

曾在早稻田大学学习的汪东对当时留学生对《民报》的态度颇有印象，他回忆："这一点，在日本留学生中看得很清楚，有很多《新民丛报》的读者，转而看《民报》了。"⑥ 留日学生马凌甫进一步印证："自《民报》出版后，我

---

① 黄尊三著，谭徐锋整理：《黄尊三日记》（上），凤凰出版社2019年版，第30、52、161页。
② 李烈钧：《李烈钧自述》，人民日报出版社2011年版，第10页。
③ 胡汉民：《胡汉民自述》，人民日报出版社2014年版，第31页。
④ 钱玄同著，杨天石主编，阎彤、王燕芝等整理：《钱玄同日记》（整理本），北京大学出版社2014年版，第89页。
⑤ 田桐著，王杰、张金超主编：《田桐集》，华中师范大学出版社2011年，第10页。
⑥ 汪东：《同盟会和〈民报〉片段回忆》，《辛亥革命回忆录》第6集，文史资料出版社1963年版，第25页。

们站在同盟会的立场,不仅在言论思想上和《新民丛报》划清了界线,在行动上也和立宪派展开了斗争。"① 在《民报》革命思想的影响下,在日本陆军士官学校炮科学习的李烈钧于1907年加入同盟会,并信奉三民主义。《民报》还在马来西亚一带传播,据沈大闲回忆,1906年,马来西亚传教士江谨良在传教之余,"讲一些革命主张,教堂后面设有一阅书报社,备有各种报纸,其中有《中兴日报》《民报》,有邹容的《革命军》等。这些书刊不敢公开陈列,有人借阅时才拿出来。"② 可见,在1905年之后,《民报》已在海外广泛传播,尤其是得到了进步青年和学生的高度关注。

随着《民报》的影响日益扩大,留日学生创办的革命报刊也大量增加,总计不下三四十种,如《醒狮》《四川》《云南》《大江七日报》等。《大江七日报》于1907年3月9日在日本出版后,第二天钱玄同就认真阅读,他赞叹:"有《大江七日报》者出,寄意在提醒汉人迷梦,说明满虏诡谋,兼录大事,俾留学生得知祖国要闻,虏廷毒计。自《苏报》《国民日日报》《警钟报》消灭,报界久沦奴籍,今得此足大放异彩也。"③ 这些报刊的革命排满宣传极为明确,且不再局限于地域性传播,它们与同盟会的活动和国内的革命斗争相呼应,对辛亥革命前的"政治动员"起着重要的舆论导向作用。

尽管清政府采用各种手段禁止革命报刊的发行,但是越禁买者越多,海外革命报刊更是引发学生的好奇之心,学生们通过各种途径争相阅读。1906年,在武昌文普通中学堂读书的董必武,于四月间阅读了《民报》第三号号外,他认真研读两派文章,了解孙中山、章太炎为首的革命派的观点和主张,经过思考鉴别,思想日渐倾向革命派民主主义主张。④ 1906年8月,陈铭枢在广州黄埔陆军小学读书,他回忆:"当时的宣传品主要为同盟会在东京出版

---

① 马凌甫:《回忆辛亥革命》,《辛亥革命回忆录》第5集,文史资料出版社1963年版,第55页。
② 沈大闲:《我所知道的马来西亚同盟会》,《辛亥革命回忆录》第8集,文史资料出版社1982年版,第298页。
③ 钱玄同著,杨天石主编,阎彤、王燕芝等整理:《钱玄同日记》,北京大学出版社2014年版,第89页。
④ 《董必武年谱》编辑组:《董必武年谱》,中央文献出版社2007年版,第21页。

的《民报》和谭嗣同的《仁学》等,还有《扬州十日记》《嘉定屠城记》等小册子。"① 同年,十五岁的李健侯,由黄安来武昌就学。"当时一些禁书和进步刊物,如《扬州十日记》《嘉定屠城记》《革命军》《民报》等等,同学们争先阅读,重视之过于正常。……经过一段时间,推翻清朝的思想在多数同学中滋长起来了"。② 这说明《民报》等革命书刊在学生社会拥有不少忠实读者。

通过阅读《民报》,不少学生的思想观念发生转变。1906年,在安徽高等学堂读书的高一涵对《民报》有着特殊的认知,他说:"一九〇五年在日本东京出版的《民报》,更使革命思想弥漫全国。自有杂志以来没有像《民报》这样脍炙人口、激动人心的。……一到安庆就设法寻找《民报》,一天,他(革命前辈徐迂亭)把藏在旅馆房间内地板下的一册《民报》拿出给我看。我先是喜欢读梁启超办的《新民丛报》和《中国魂》之类的刊物,看到《民报》后,才认识到国家不强是'政府恶劣',而不是'国民恶劣';应该建立共和,不应该维持专制,种族革命与政治革命必须同时进行。"③ 1907年,在两湖总师范学堂读书的朱峙三开始阅读《民报》,"知满洲种族太杂,极言之并非人种也"。而当时武昌各学堂盛传《民报》,"排满之暗潮愈烈"。④ 同年,陈布雷在浙江高等学堂预科学习时,受到国文教师沈士远的影响,经常与之交流,有机会阅读革命刊物。他回忆道:"沈先生常常以《复报》《民报》及海外出版之《新世纪报》等,密示同学,故诸同学于国文课艺中,往往倡言光复汉物,驱逐胡虏,毫无顾忌。"⑤ 同样在这一年,刘莘园考入贵州陆军小学,革命报刊令他和同学们耳目一新。他回忆:"在报纸杂志方面,初次看到了《民报》等新刊物,读到了不少提倡新政治、民族独立平等、扫雪国耻、

---

① 全国政协文史和学习委员会编:《陈铭枢回忆录》,中国文史出版社1996年版,第6—7页。
② 李健侯:《武昌首义前后忆事八则》,《辛亥革命回忆录》第2集,文史资料出版社1962年版,第79页。
③ 高一涵:《辛亥革命前后青年学生思想的概况》,《辛亥革命回忆录》第4集,文史资料出版社1963年版,第434页。
④ 朱峙三著,胡香生辑录,严昌洪主编:《朱峙三日记(1893—1919)》,华中师范大学出版社2011年版,第201页。
⑤ 陈布雷:《陈布雷回忆录》,东方出版社2009年版,第33页。

挽救危亡的议论。因此，我们不少同学在思想上起了很大的变化，不再想做清朝的'武官'或'忠臣'，而倾向于孙中山的革命运动了。"①

随着革命报刊广泛传播，许多偏远地方的阅读风气也发生了深刻变化。如四川大竹县颇为闭塞，1906年，该县留日学生同盟会员肖德明、陈凤石发起组织了革命机构"大竹书报社"，"备有各种新出版的书报杂志，如《广益丛报》《云南报》《民报》等供人浏览，并且大量经营文具业务"。②又如在辛亥革命前，云南个旧就有不少读者深受革命书刊的影响。张若谷回忆："个旧见到的刊物，公开的有《云南》杂志，半公开的有《滇话》杂志，秘密寄递的有《革命军》《清秘史》《新世纪》等，均用各种方法寄到清可轩书画社。这些刊物，对于广大群众特别是一般知识分子的民族意识和政治认识，都起了很大的启发作用。"③ 而1909年成立的云南陆军讲武堂，教官多为留日学生，因此，该校学生深受同盟会的影响，当时的新书报，如《民报》《天讨》《国粹学报》《汉声》《云南》等，"在学校中争相传阅"。④ 这些革命书刊是清政府严厉禁止订阅的，但是，地方官员对于这些书刊的传播防不胜防，学堂学生阅读革命报刊已成风潮。

另外，许多新军的军人也深受革命报刊的影响。如革命志士潘慎明辛亥前在武昌居住，其住所邻近有一所屋子，常见有军人出入，以为只是普通聚会，可是每人出来，往往挟着一本精装书册。心里很奇怪，后来才知道是《民报》。这一件事，充分说明了革命书报的传播及其影响。武昌一地如此，各省可知。⑤

革命报刊作为"思想资源"的后续作用十分明显，如1907年年底，张百

---

① 刘莘园：《辛亥革命时期贵州陆军小学的一些活动》，《辛亥革命回忆录》第3集，文史资料出版社1962年版，第480页。
② 政协大足县委员会：《辛亥革命前"大竹书报社"的革命活动》，《辛亥革命回忆录》第3集，文史资料出版社1962年版，第1页。
③ 张若谷：《辛亥革命前后的个旧》，《辛亥革命回忆录》第3集，文史资料出版社1962年版，第397页。
④ 素庵、适生：《云南陆军讲武堂的概况》，刘萍、李学通主编：《辛亥革命资料选编》第1卷下册，社会科学文献出版社2012年版，第566页。
⑤ 汪东：《同盟会和〈民报〉片段回忆》，《辛亥革命回忆录》第6集，文史资料出版社1963年版，第27页。

麟、黄泽霖等在贵阳发起贵州自治学社，创办公立法政学堂，发行《西南日报》和《自治学社杂志》。自治学社用自治的名义，借学堂作掩护，凭报刊为喉舌，宣传革命主张。不到一年，分社的分布将近五十州县，入社者达一万四千多人。① 曾在杭州府中学堂就读的骆憬甫，对曾留日的孙耦耕先生在推介革命报刊方面的作用记忆深刻，他回忆："孙耦耕在文化尽量输入维新和革命书报，如有名的同盟会机关报《民报》和《浙江潮》《学生界》，改良派的《新民丛报》等。"② 蔡锷在回忆《云南》杂志的影响时指出，该刊"痛陈清廷不纲及列强谋滇政策，由海外流入中国，读者快之"。③ 尽管毛泽东在1914年到湖南一师读书后才看到《民报》，但对他的人生道路产生了深刻影响。他回忆说："另外有一个教员常给我看旧的《民报》，我总是十分高兴地读它。从这上面我愈加清楚同盟会的活动和会纲了。"④ 这些后期的海外刊物直接将矛头指向清政府，以革命言论吸引学生社会的关注，从而影响到他们对时局的判断与人生道路的选择。

五、 国内革命报刊阅读与学生革命思潮的发展

20世纪初期，各类商业性报刊适应了社会各界的阅读需求，发行量有较大增长。但是，"更多持有不同政治观点的人达成共识，更多激进团体要求推翻整个帝制，这些革命者像维新派一样借助报刊进行宣传"，"革命党人的报刊进行着波澜壮阔的斗争，以朝气蓬勃的姿态崛起于中国的报坛"。⑤ 这些政论性报刊所提出的革命排满的主张，是引发革命的重要思想资源。因为"任何领域、任何规模的革命都伴随着观念上的吐故纳新，具体即摈弃传统而接纳舶来者，这意味着革命往往超越出政治的范围，而延伸到文化的层面"。⑥

---

① 萧子有：《贵州自治学社和宪政会的斗争》，《辛亥革命回忆录》第3集，文史资料出版社1962年版，第454页。
② 骆憬甫：《浮生手记（1886—1954）：一个平民知识分子的纪实》，上海古籍出版社2004年版，第51—52页。
③ 蔡锷：《蔡锷自述》，深圳报业集团出版社2011年版，第8页。
④ 毛泽东：《毛泽东自传》，[美]斯诺笔录，汪衡译，国际文化出版公司2009年版，第30—31页。
⑤ [美]白瑞华：《中国报纸》，王海译，暨南大学出版社2011年版，第117、126页。
⑥ 罗志田：《近代读书人的思想世界与治学取向》，北京大学出版社2009年版，第112页。

其中，受影响最大的当属学堂学生和新式知识分子（包括学堂教师）。《苏报》在与维新派的论争中，非常注重学界动态的报道，借以吸引学生社会的关注，并于1903年6月2日开始，"特将《学界风潮》，异常注重，论说之下，首隶此门，用以酬诸君子之雅望"。① 以1903年的《苏报》案为标志，其爆炸性新闻所产生的影响是巨大的，如京师大学堂报刊阅览处揭示《苏报》中有关《革命军》的文字，极为轰动。②《警钟日报》以警醒国民，激发爱国主义、民族主义热情为重要目的，其广告称："凡具有光复祖国之思想者不可不阅本报"，"凡具有对外之思想者不可不阅本报"，"凡欲知民党之真情者，不可不阅本报"。为了吸引学生社会的关注，该报还特别声明："本报为学生社会之机关，故于全国学界之事，几于无微不知。凡欲研究教育、占验学风者，不可不阅本报。"③ 1907年，河南留学生在日本创办《河南》杂志时，特别强调："吾国同胞中凡有军人学生定购本报，必于规定价目之中特减一成，以彰优待。"④

正如《苏报》的评论所言："学生为革命之原动力。"⑤ 在过渡时期，学生对新思潮最为敏感，对时局最为关切，他们与进步报刊之间有着天然的依存关系。如柳亚子在1903年初入爱国学社，便与章太炎、邹容等人过从甚密，针对《新闻报》的一篇《革命驳议》，他奉章太炎之命续写《驳〈革命驳议〉》，他回忆："这篇文章在《苏报》上发表，这便是我和言论界第一次的因缘。"⑥ 其时，柳亚子年仅16岁，已对报刊言论较为关注，并通过《苏报》表达革命倾向。而一般中小学堂的学生，则通过各种途径接触到革命报刊。如蒋廷黻早年在湘潭益智小学就读，尽管这是一所教会学校，但是校长林格尔被形势所逼，也只好从上海订了两份报纸。林格尔夫妇不知道那两份报纸就是国民党的宣传品，国文老师对社论非常推崇。对于革命报刊能够进

---

① 《本报大注意》，《苏报》1903年6月2日，第1页。
② 景梅久：《留日回顾》，大高岩、波多野太郎译，东京平凡社1966年版，第24页。转引自周佳荣：《苏报及苏报案——1903年上海新闻事件》，上海社会科学院出版社2005年版，第88页。
③ 《本报十大特色》，《警钟日报》1904年11月15日，第1版。
④ 《本报之十大特色》，《河南》1907年第1期，附录第3页。
⑤ 《祝北京大学堂学生》，《苏报》1903年6月6日，第1页。
⑥ 柳亚子：《柳亚子自述续编》，人民日报出版社2012年版，第3页。

入学校，蒋廷黻解释道："这些报纸是在租界地印的，也就是说在外国统治的领土上印刷的。它们虽不是在大清帝国的领土内印刷，但是大清邮局却把它们按时送到学校来。清帝国，在理论上虽然是专制的，但却没有学会近代独裁制度的某些统治方法，尽管老师们不批评朝政，但革命的政治理论却经过报纸传进学校。"① 显然，革命报刊对学生的主要影响表现为犀利的言论。诚如《苏报》的一则评论所言："报馆之性质乃移人而非移于人者也；乃监督人而非监督于人者也。惟有此性质，是必出其强硬之手段，运其灵敏之思想，无所曲徇，无所瞻顾。"② 可见，这样的立场符合学生社会的阅读需求。

学生对《苏报》的关注，还与它大篇幅地刊登"学界风潮"有关，这让学生读者通过读报寻找到群体归属感，而《苏报》对学堂腐败和学生斗争的揭橥，显然迎合了学生读者对现实的强烈不满。在《苏报》的影响下，之后的《国民日日报》《俄事警闻》《警钟日报》等报刊都非常注重报道学界新闻，使学生通过读报而了解全国各地学堂动态和学潮发展的态势。甚至《时报》《中外日报》等商业性报刊也非常关注学界风潮。如钱玄同在日本留学时，通过阅读《中外日报》《时报》等报刊了解国内学界动态。1906年1月14日，他读《中外日报》，"知湖州两学校均大起风潮，全班退学，盖与恒农为难也"。③ 可以说，学生社会是革命报刊赖以支持和依靠的基本对象，而学生对革命报刊的阅读，则进一步促使革命浪潮从学堂走向广阔的社会运动之中。

由于革命报刊经常受到清廷的查禁，许多报刊创刊时间不长便被查封了。这以广州的革命报刊尤为明显。但是，由于革命报刊与学生社会有着密切联系，许多报人本身即为学堂学生。如邹鲁、陈垣等人在学生时代就曾参与办报活动。因此，革命报刊进入学堂的机会较多。1903年，在南京江南水师学堂读书的周作人，在旅途中"携得《国民日报》十数纸"，秉烛夜读，"至四更始睡"。④ 1907年，朱东润考入上海南洋公学附小读书，他从

---

① 蒋廷黻：《蒋廷黻回忆录》，岳麓书社2003年版，第40页。
② 《论报界》，《苏报》1903年6月4日，第1页。
③ 钱玄同著，阎彤、王燕芝等整理：《钱玄同日记》（整理本），北京大学出版社2014年版，第16页。
④ 周作人：《知堂回想录》（上），安徽教育出版社2008年版，第81页。

小县城来到大都市，对报刊有了全新的感受。他回忆道：

> 我在泰兴的时候，还不懂得看报，到了上海，懂得看报了。最初报纸印在单面的有（油）光纸上，老师们还珍贵地保藏起来，不给孩子们看。以后不行了，报纸印在新闻纸上，而且逐渐地普遍了，保藏固然不需要，而且也藏不起来了。老师们是开明的，索性把报纸公开阅览。形形色色的派系，有形形式式的报纸。有《申报》《新闻报》这些商人的报纸，也有《舆论报》《时事报》《神州报》这些维新派的报纸，后来又有了《民呼报》这张同盟会的报纸。①

尽管朱东润也阅读《申报》等商业性报刊，但他对《民呼报》却有着特别的感情。他特地回忆了该报的一则趣闻：

> 这个同盟会的刊物就曾说到一个故事：一位中国留学生刚到东京，看到商店大减价，这本是资本主义社会流行的一种经营方式，店门口横写着"本日大卖出"五个大字。可是这位初次出国的朋友还没有摆脱自右而左书写文字的习惯，惊骇地道："啊哟！怎能说'出卖大日本'呢！"《民呼报》据此出了一个上联"本日日本卖日本"，要读者对下联。过了几天，在没有收到下联的情况下，报社自己提出"日本"可对"天皇"，以后又说"卖"可以对"讨"，就这样指出是"皇天天皇讨天皇"。报社这样做，反映中国人对于日本的怨恨。②

与朱东润相似，1907年后，李大钊在天津北洋法政专门学校求学期间，经常阅读各种革命报刊。他说："当天津学生政治运动正在激昂的时候，上海的《民立报》上天天有一段时评，告诉我们学生，应该作什么样运动。"③ 1908

---

① 朱东润：《朱东润自传》，人民文学出版社2009年版，第38页。
② 朱东润：《朱东润自传》，人民文学出版社2009年版，第39—40页。
③ 李大钊著，朱文通等编辑整理：《李大钊全集》（第4卷），河北教育出版社1999年版，第323页。

年,陈布雷在浙江高等学校读书时,课余时间最喜读《新民丛报》《警钟报》《神州日报》《国粹学报》《浙江潮》《新小说》等报刊。陈布雷与很多同学已接受并信仰孙中山的革命思想,"希望将来能够以文学表达革命意志"。① 此后,他还担任《天铎报》编辑,积极鼓吹民主革命。

1905年,日知会在武昌成立,刘静庵等人利用日知会阅报室和书报社,阅读革命书报,开展革命宣传,其时,在两湖师范学堂附属高等小学读书的万耀煌,身处其中,深受影响。他追述:

> 时日知会设在花园山下高家巷圣公会内,为革命机关(光绪三十一年冬成立)。主其事者为潜江刘静庵先生(原名大雄,亦名贞一,又字敬庵),每周藉传教而宣传革命排满;并分发《猛回头》《警世钟》《皇帝魂》等小册子,以鼓荡人心。该会设有书报社,购到新书新闻杂志甚多,每日来阅者踵趾不绝,并利用假日聚集同志,讲演时势,抉别症结,声情激昂,咸为感悚。我以稚朴乡童甚为好奇,几于每次必参加听讲,对他们的学问及理论,心领神会,极为钦佩。②

1909年,在江苏公立第一中学读书的顾颉刚,就与同学阅读于右任主办的《民呼日报》《民吁日报》,他回忆道:"我们非常的爱他能给我们一种新血液……使我们甘为国家牺牲。"1910年,他与同学读《民立报》,其中南社慷慨淋漓的诗词、苏曼殊的小说,"使我们做中学生的仰望之若神仙"。③ 比顾颉刚高一年级的叶圣陶,也喜欢读《民立报》《天铎报》等报刊,对于《民立报》,他"取其社论而读之"。④ 1909年,张国焘在江西萍乡县立小学读书时,对革命书报记忆深刻,他回忆道:"同学中也有人偶然得到一些从上

---

① 陈布雷:《陈布雷自述》,华文出版社2013年版,第30页。
② 万耀煌口述,沈云龙访问,郭廷以校阅:《万耀煌口述自传》,中国大百科全书出版社2010年版,第5页。
③ 顾潮编著:《顾颉刚年谱》,中华书局2011年版,第23、24页。
④ 叶圣陶:《辛亥年日记》,郑逸梅、陈左高主编:《中国近代文学大系》(第9集·第24卷·书信日记集二),上海书店1993年版,第780页。

海、长沙来的片段的违禁书刊。偶然得着了,那我们就如获至宝,暗中传阅,交头接耳的传说开去。"① 1910 年,吴宓在报考清华学校的过程中,也开始阅读新式报刊。他在日记中记载,十月四日至十日,"余无所事,……再则阅《小说月报》及《剖脑记》、《贝克侦探谈》、《拿破仑忠臣传》、《福尔摩斯再生第十一、十二、十三案》等小说数种而已";十二月十二日,"归至孟二兄处阅《小说月刊》第 4 期";十二月十五日,"归翻阅《中国白话报》及《新大陆游记》"。② 1911 年,毛泽东在长沙开始读中学时,接触到《民立报》,他说:"我读了以后,极为感动,并发现《民力(立)》里面充满了有刺激性的材料,同时我也知道孙中山的名字和同盟会的会纲。"③ 贵州盘县的学生张道藩在报刊上读到许多有关革命的文告和通电,对中国为什么要革命,为什么要推翻清、建立民国有了更多的认识,革命报刊促使其"思想慢慢的发生了变化"。④ 可见,这些新潮的学生在看到心仪的报刊之后,都会在思想上产生极大的震动,并结合报纸的言论对时局作出自己的评判。其时,马克思主义尚未在中国传播,革命排满是进步青年热议的头等大事。在如此迅猛的舆论攻势下,处于风雨飘摇之中的清政府只能陷于四面楚歌之中。

一些政论性报刊在言论上也逐渐关注学生社会和知识界的阅读需求。1898 年创办的《中外日报》,在维新之后,注意刊登新学、新政方面的新闻,颇受学生社会的欢迎。值得注意的是,《中外日报》在海外留学生中也有不少读者。如陕西省盩厔(今周至)县人路孝植 1902 年留学于日本东京农科大学,时年 20 岁。他的日记中多记录听讲义,学习东语、数学、化学、作物学等方面的内容,其中也有不少阅读《中外日报》的记载,如当年正月八日,他阅《中外日报》。二月十八、二十二日,他又阅《中外日报》。⑤ 之后的三月至六月间,他多次阅读该报,虽无具体的新闻记载,但他在海外读上海出

---

① 张国焘:《我的回忆》(第 1 卷),现代史料编刊社 1980 年版,第 21 页。
② 吴宓著,吴学昭整理:《吴宓日记》(第 1 册),三联书店 1998 年版,第 4、8 页。
③ 毛泽东:《毛泽东自传》,[美] 斯诺笔录,汪衡译,国际文化出版公司 2009 年版,第 21 页。
④ 张道藩:《酸甜苦辣的回味》,台湾传记文学出版社 1968 年版,第 6 页。
⑤ 路孝植:《东瀛学稼日记》,上海图书馆稿本(编号:561431),壬寅年(1902)一月八日,二月十八、二十二日。

版的报纸,显然是关注国内动态。

1904年创刊的《时报》,是康梁的保皇会在国内的机关报。1908年之后已脱离了康梁的影响,成为狄楚青独立经营的报纸。创刊伊始,《时报》一直是一份通俗报纸,由于深受大众的欢迎,《时报》时常被称作"文明先驱""市民警钟""民众喉舌",教师和学生是《时报》的主要读者。① 后来长期任《时报》编辑的包天笑,1905年尚在青州府中学堂教书,虽然学堂里也订购了《新闻报》,但是,他坚持订阅了一份《时报》,他认为,"报纸总在日求进步,《中外日报》出版后,报纸有一进步,《时报》出版后,报纸又有一进步"。② 《时报》在印刷和内容上都有创新,尤其是陈景韩主笔的时评,短小精悍,切中时弊,使《时报》很快跻身大报之列,与《申报》《新闻报》齐名。《时报》创办之际,胡适刚到上海不久,在梅溪小学读书的他,看到《时报》上刊登许多日俄战争的新闻,尤其是上海一个宁波籍木匠被俄国水兵无故杀害,胡适看到新出版的《时报》,"天天用简短沉痛的时评替周生有喊冤,攻击上海的官厅"。胡适回忆当时的情形:"我们少年人初读这种短评,没有一个不受刺激的。"③ 胡适所言青少年学生对该报时评栏目的欢迎,大体上反映了《时报》的风格与特色。

《时报》在学生中间广受欢迎,还由于其内容通俗易懂,新闻快捷而真实。顾颉刚在13岁时就开始看《时报》,并不觉得难懂,"很佩服立宪派人谋国的公忠"。④ 虽然他后来看《国粹学报》《民立报》而改变了对立宪派的看法,但他在1905年读《时报》的感触,大体上反映了该报的宣传策略。1906年年初,在日本留学的钱玄同也经常阅读《时报》,2月24日,他读到《时报》上所刊登的《兴教育议》,感叹道:"言之颇中肯綮,可以见诸实行,现时讲教育者所言,罕如此中的。"⑤

---

① 汪英宾:《中国本土报刊的兴起》,王海、王明亮译,暨南大学出版社2013年版,第35页。
② 包天笑:《钏影楼回忆录》,中国大百科全书出版社2009年版,第299页。
③ 胡适:《四十自述》,海天出版社1992年版,第50页。
④ 顾潮编著:《顾颉刚年谱》,中华书局2011年版,第17页。
⑤ 钱玄同著,杨天石主编,阎彤、王燕芝等整理:《钱玄同日记》(整理本),北京大学出版社2014年版,第23页。

尽管学生对革命和政论性报刊比较感兴趣，但是并无证据表明当时的学堂没有订阅商业报刊，包天笑说青州中学堂订有《新闻报》就是一个例证。翻阅近人在20世纪初期的日记或回忆录，很少发现有阅读商业性报刊的记录，这并不意味着商业报刊在学校就没有销路，也不能说明学生排斥读商业性报刊。或许一些名人在回忆录中存在着"选择性记忆"，但是另一些名人仍然提及一些启蒙报刊对其童年阅读的影响。如郭沫若对童年读过的《启蒙画报》印象极为深刻，他在《少年时代》一书中写道："这部《启蒙画报》的编述，我到现在还深深地纪念着它，近来中国也出了一些儿童杂志一类的刊物，但我总觉得太无趣味了，一点也引不起读者的精神。"① 梁漱溟对《启蒙画报》也有同感，他说："我从那里面不但得了许多常识，并且启发我胸中很多道理，一直影响到我到后来。我觉得近若干年所出儿童画报，都远不及它。"② 这两位文化名人对童年读报情形的回顾，应该可以印证《启蒙画报》对儿童教育的深刻影响。而时年12岁的冯友兰则由于当知县的父亲订阅了《外交报》，便有机会阅读，他说："其中发表的文章，都是讲世界知识和国际情况，这些文章我很爱看。"③ 由此可见，既便从"选择性记忆"的角度看，当时的学生们很少记载商业性报刊可能与"记忆不深刻"有着一定关系。

六、学生读报与思想历程：周作人的早期读报活动（1898—1905）

光绪二十四年（1898），13岁的周櫆寿（周作人）在家乡绍兴的私塾三味书屋念书，可以通过各种途径接触到新式报刊。在少年櫆寿的记忆中，报刊及其新闻是值得书写的大事，因此，从正月二十八日开始记日记后第二天，便记载："兄往申昌购《徐霞客游记》六本，……有布套画报二本。"这布套画报很可能就是鲁迅提及的《点石斋画报》，鲁迅长周櫆寿4岁，他当天从杭州申昌号购买的书报，对未出远门的周櫆寿而言，确有"别开生面"之感。两天后，他又提及："兄往越，带回《历下志游》二本，……《画报》一

---

① 郭沫若：《郭沫若全集》（文学编，第11卷），人民文学出版社1992年版，第45页。
② 梁漱溟：《我的努力与反省》，漓江出版社1987年版，第16页。
③ 冯友兰：《三松堂全集》（第1卷），河南人民出版社2001年版，第20页。

本。"这份画报便可能是周櫆寿阅读现代报刊的重要起点。一个多月后，他在日记中便记载了《知新报》的新闻。三月一日，他接到绍兴方面寄来的三封信函，信中云："有《知新报》内有瓜分中国一图，言英、日、俄、法、德五国谋，由扬子江先取白门，瓜分其地，得浙，英也。"这则新闻是通过"玉泉公公""健豸"束函的二次传播进入周櫆寿的阅读视野的，尽管他当时没有看到《知新报》，但他根据大人们的"转述"，对时局有了初步的了解。这对一位乡村少年而言，殊为难得。当月十七日，他直接读到了报纸新闻，记载："报云：俄欲占东三省，英欲占浙。"新闻极简约，却反映了他对"列强瓜分中国"问题的关注。半个月后的闰三月四日，他又记载一则报纸新闻："报云，上拟于二十阅操，系奉太后谕。"这则新闻的详细来源是报上所载"初一上谕"。① 这表明他对这则上谕是认真阅读过的。可见，一个13岁的私塾学生能够在绍兴乡下接触到现代传媒，并影响到他的阅读生涯，实属不易。

之后的一年多，周櫆寿的日记中很少有读报记录，但他经常"收发杭信""收发江南信"，通过信件与外部保持密切联系，间接获取各种新闻。庚子年（1900）一月二十日，他在日记中记载，"又使章青往申报馆，买《瓮牖余谈》一部，《寰瀛画报》一本，《点石斋画报》一本"。② 这表明他自己主动托人去购买自己喜爱的画报，与之前从大哥处阅读报纸不同，他已经有购报的需求。

自辛丑年（1901）开始，他已经购阅多种报刊，包括《申报》《新闻报》《游戏报》《觉民报》《文社日报》等等。彼时，鲁迅在南京求学，他常发"江南信"，受到新学思潮的影响，周櫆寿准备投考江南水师学堂。他虽在绍兴乡下，但通过阅读报刊了解时政新闻，与外部世界保持密切联系。而他的读报活动，也通过亲友网络在乡下扩展。他的表兄鲁延孙就多次向他借阅报刊。二月二十八日，他记载："鲁延孙表兄来，……借去海上《文社日报》《游戏报》共一束，《觉民报》两本。"第二天，鲁延孙提出向他"借《申报》"。三月十五日，他读二月二十二日的《新闻报》，"见挽袁京卿昶（字

---

① 周作人：《周作人日记》（上），大象出版社1996年影印本，第2、5、6、7页。
② 周作人：《周作人日记》（上），大象出版社1996年影印本，第112页。

爽秋，浙江人）联，系吾乡汤蛰仙太史（寿潜）所撰也"。他读后颇感兴趣，"抄录于左"。三月十九日，他托三弟寄鲁延孙兄函，"借《申报》，并索取《文社日报》"。这表明他当时已收藏有多份报纸，但乡下交通不便，他往往一次收到数份乃至数十份报纸。如他在闰三月二日记载："收到《申报》三十八张，附张九张。"闰三月十六日，他收到"《申报》七张"。①《申报》《新闻报》送至他手中时，可能已是半个月甚至一个月前的旧报了。尽管如此，他能够在乡下阅读数种报纸，识见已不同一般青少年了。

壬寅年（1902），在江南水师学堂就读的周櫆寿已是17岁的新潮青年，在校期间，他将自己的名字改为周作人。与绍兴乡下的旧时私塾生活不同，他学习轮机专业，使用的是英文教材。现代教育理念对他有着深刻影响，宿舍成为他交往与阅读的主要空间。在乡下，他是报刊阅读网络的"中心"，表兄弟都向他借阅报纸。但初到江南水师学堂，他经常向宿舍同学借阅报纸。如三月三十日，他从同学郑仲洼处第一次见到《新民丛报》，得知该报"系今年立，才第五册，每年洋五元"，并感叹："书极好，而价巨。力不能胜，负□而已。"他羡慕此报甚好，却无力购买，只好向同学借阅。七月三日，他向同学黄明第借得《新民丛报》十一号，可谓欣喜若狂，当即阅之，并感叹："内好书甚多，率皆饮冰子所著，看至半夜，不忍就枕，喜哉，善哉，令我有余慕矣。"七月六日，他向同学郑则善"借得《国民报》《译书汇编》《文言报》"，对于此等好报，他利用一切机会阅读，当年的日记中，他多次记载阅读《新民丛报》的经历和心得。如七月七日上午，他通过与同学"自由书看"，"竟换得《新民报》两册"。当日下午，"看报，夜还"。此后数日，他接连阅读《新民丛报》：九日下午，"看《新民报》至晚，竟四本"；十日下午，"摘抄《新民报》"；十一日上午，"看《新民报》"；十二日，"夜看七期《新民丛报》一册，（原十册已看完）"。而一旦有机会借阅《新民丛报》，他便爱不释手，秉烛夜读。如十二月十三日下午，他借得《新民报》一册，

---

① 周作人：《周作人日记》（上），大象出版社1996年影印本，第214—215、221、224、228、230页。

"煮茗读之，寒气都解"。①读报纸所激发的精神力量，竟然驱赶寒冷，周作人如此沉浸于报刊世界，足见《新民丛报》之魅力。

当年，周作人还阅读了大量新式报刊，读报成为他日记中的重要内容。三月十二日上午，他看《格致汇编》一本；十三日晨，他看《万国公报》；十五日晚，他看"《合文报》至十一下钟始睡"。此后，他多次阅读《格致汇编》《万国公报》，这些介绍西学和新学的报刊，极大地开阔了他的视野。他还阅《国民日报》等报刊。如七月十三日，他看《国民报》两册，读后感叹："词意危竦，一字一血。"八月八日，他读《格致书院课艺》，认为"内多佳作"。②但他对西学书刊并非盲从，如他对《泰西新史揽要》《开智录》之类的书刊，他并不喜欢，读来昏昏欲睡。而《申报》《中外日报》《文社日报》《独立报》，他也在得闲时阅览。粗略估算，他在1902年至少读过十种报刊，而大部分报刊都是向同学借阅的，此类报刊"共享"现象，表明新式学堂由于交往网络的密切而在传播报刊文化方面有着独特优势。

癸卯年（1903），周作人与同学进一步开展读报与集资订报活动，目的是通过同学分摊报费而订阅更多的报刊，从而达到"一报多读"的目的。一月二十五日，他向同学李昭文借阅《大陆报》，向陈丙良借阅《两江日报》。二十九日，他在日记中记载："李君来约看《大陆报》，三人（昭文、咏仙及余）合看，又《苏报》（予三人及张敬甫）共二种，月出月三角，予诺之。"显然，几位同学"合资"购买报刊，可以减轻经济负担，又可以读到更多的报纸，这一建议很快得到其他同学的响应。二月十日，"李君（昭文）来云，戈鸿钧君辈愿联络一气，共阅报。因至胡君处商议，伊亦称善。定议九人定报四种，嘱予作函。后同驾驶已有，十二人议另办，遂与管轮七人定阅报。"集资订报由宿舍发展到"驾驶""管轮"班级，一个学生读报组织由此产生。第二天，兴奋之余的周作人，"作阅报社章程十五条"，由李昭文转同学商讨，"戈、陈诸公皆无间词"，一个阅报社由此成立。他之后便有机会经常阅读集

---

① 周作人：《周作人日记》（上），大象出版社1996年影印本，第331、344、345、366页。
② 周作人：《周作人日记》（上），大象出版社1996年影印本，第328、346、349页。

体订阅的《苏报》《大陆报》等报刊。另外，他还通过书庄购买一些报刊，如三月九日，他委托陈丙梁"到城南明达书庄购《女报》或《男女交际论》，付十二仙"。四月十四日，他"到明达书庄买三月份《湖北学生界》一册，洋二角"。①

癸卯年（1903）对周作人的读报活动颇有影响的一件事，就是留学日本的鲁迅给他寄回了大量书报。二月十三日，他收到鲁迅寄来的《新小说》第一号。三月六日，他在日记中记载："接日本二十函，由韵君处转交。内云谢君西园下月中旬回国，当寄回《清议报》《新小说》，闻之喜跃欲狂。"② 三月十二日，他收到鲁迅寄回的书报目录，甚为可观。其目录如下：

《清议报》八册（余未出）；《新小说》一册（三号）；《雷□余声》一册；《林和靖集》二册；《真山民集》一册；《朝鲜名家诗集》一册；《天籁阁》四册；《西方东侵史》一册；《世界十女杰》一册；《日本名所》一册（贻三弟）；《新民丛报》二册；《译书汇编》四册；弘文同学摄影一张；断发照相一张，玻璃笔二支。共书廿七册、照片两张、笔两支。③

周作人一次收到如此多的书报，颇为惊喜。之后的十余天，他每天都在读报。如三月十五日，下午看《浙江潮》；十六日，晨起，看《新小说》；十七日，又看《新小说》；十八日，上午看《大陆报》；十九日，竟又看《新小说》三号；二十日，看《译书汇编》，甚佳，而太奥，苦不甚解；二十一日，看改良《译书汇编》；二十二日，看《译书汇编》一本；二十三日，夜看《新民丛报》至十二下钟。二十四日，谢西园来，送来《清议报》八册；第二天上午，他看《清议报通论》两卷共二百余帧，并赞叹："材料丰富，议论精当奇辟，足以当当头之棒喝，为之起舞者数日。"接着，他又急不可待地继续阅读《新

---

① 周作人：《周作人日记》（上），大象出版社1996年影印本，第374、376、392页。
② 周作人：《周作人日记》（上），大象出版社1996年影印本，第377、382页。
③ 周作人：《周作人日记》（上），大象出版社1996年影印本，第384页。

民丛报》和《清议报》。二十七日，上午看《新民》《清议》两报；二十八日，上午看《新民报》；二十九日，看《清议报》。① 直至四月中旬，他对《新民丛报》《清议报》念念不忘，有时看至深夜方睡，足见周作人对这两份报刊的偏爱。

之后两年，周作人的日记缺失甚多，读报记录也较为少见。但从 1904 年开始，他给上海的《女子世界》投稿，并在《女子世界》第五期上发表了他的处女作《偶作》，实现了他与报刊关系的一大转变，即从读者变为作者。之后，他与《女子世界》保持着通讯联系，如乙巳年（1905）三月二日，他收到上海女子世界社寄信并《女子世界》十一本，并增刊一册。② 由于他的日记中缺 1906 年至 1911 年的记载，之后数年间，周作人如何读报，便不得而知。

总体上看，周作人于 1898 年开始接触现代报刊，从《点石斋画报》《寰瀛画报》开始，逐步接触到《申报》《新闻报》等商业性报刊，少年时期就通过读报了解时政和社会新闻。1901 年进入江南水师学堂之后，学校生活开启了他读报的新时代。通过自己订购、同学合购、海外寄赠等方式，他接触到至少十余种海内外报刊，尤其是《新民丛报》和《清议报》对他的影响极深，他对梁启超的文章推崇备至，秉烛读报成为他的生活习惯。报刊作为传递新闻、知识和思想的载体，对周作人的精神世界有着深刻影响，这与他后来积极参与新文化运动亦有内在关联。

七、南洋公学学生庄文亚的读报抄报活动（1902—1903）

庄文亚出生于 1886 年，江苏武进（今常州）人，1902 年，庄文亚就读于南洋公学特班，与黄炎培同学，他经常习洋文，写英文日记，对西学颇感兴趣。在南洋公学就读期间，庄文亚广泛涉猎各种报刊，其《无逸窝日记》中有大量读报、找报、订报、寄报记录，占到日记内容七成以上。其阅读报刊

---

① 周作人：《周作人日记》（上），大象出版社 1996 年影印本，第 385、386、387、388、389 页。
② 周作人：《周作人日记》（上），大象出版社 1996 年影印本，第 411 页。

数量之多、记录之详,令人惊叹。这里,我们集中探讨他在 1902 至 1903 年间的读报抄报活动。

庄文亚平时阅读最多的是《中外日报》,他在日记中抄录了《中外日报》的大量新闻,抄报也成为他的日常生活方式。他不惜笔墨,经常全文抄录时政新闻,"兹录于左"成为他抄报的"导言",并经常在抄录之后予以评论。如壬寅年(1902)正月十六日,他阅《中外日报》,在日记中先介绍"第四次俄公使所送满洲新约稿本",然后"兹录如左",全文抄录。在他看来,这个条约是重要文献,值得留存备考。十一月三十日,他摘录该报中"紧要上谕一道",主要内容为商办电报收回官办:"各国电报多归官办,……中国创自商办,诸多窒碍,亟应收回,以昭郑重。……"此事关涉新政,他加以抄录,自然有所选择。十二月十八日,他又摘录该报新闻云:"皇太后拟欲改易西装,心中不快,故目下已饬某太监往洋行购得西装数套,入宫试穿,以便决定云。"他录后加上"案语":"余谓此事甚佳,能行云未始非惟新之一端也。"① 显然,他对有可能发生的"改革服饰"的新闻颇感兴趣,认为"西服"能带来新气象。

1902 年七八月间,他的兴趣集中在科举新闻的阅读和抄录。七月初,《中外日报》陆续刊登各省乡试正副主考名单,这本是各地应试士子最为关注的内容,作为南洋公学的学生,他的学习内容基本与科举考试无关,且无参加科举考试的意愿,但他在日记中抄录了《中外日报》《申报》大量相关报道。如七月七日,他夜阅六月二十日至三十日《中外日报》十一张,报上刊登六月二十三日上谕:"江南,正考官戴鸿慈,副考官黄均隆;陕西,朱延熙、段友兰;山西,曹福元、杨士燮。"他抄录后补充说明:"山西例七月八日放主考,此次因与陕西合闱,离京较远,故亦早放云。"七月十日,他阅初一日至当日《中外日报》十张,又抄录报上所登六月三十日上谕:"顺天,正考官裕德,副考官陆润庠、李联芳,同考官为步翔藻、傅增湘……等十八员。初八

---

① 庄文亚:《无逸窝日记》(1899—1907),上海图书馆稿本(编号:66580—614),壬寅年(1902)一月十六日、十一月三十日、十二月十八日。

日上谕，山东正考官支恒荣……"他又进行解释："顺天放主考例应八月初五，此次因借闱河南，故独早。"① 此类说明是他抄录文本的意义延伸，有借题发挥之意。

九月之后，《中外日报》经常刊登各省乡试题目和放榜的消息，他颇为关注，阅览后予以抄录。如九月四日下午，他阅《中外日报》，"见各省乡试题目"，便全文抄录。之后，他陆续抄录各省乡试全榜，如九月十三日，他读当日报纸，"知浙江乡试于是日放榜"，"正榜二百十四名"，便将其全榜录下。九月十八日，他阅日报，"知顺天乡试已于十五日揭晓"，"正榜三百五十八名"，② 又将其正榜全文抄录。之后，他多次抄写湖南、福建等省的乡试全录，至十月下旬，他的日记中抄录了密密麻麻的各省乡试中式举人姓名和籍贯，此类甚为枯燥的抄录活动，他却不厌其烦，重现了当年各省乡试的"盛况"。尽管报刊对乡试榜单已广为登载，但作为新式学校的学生，庄文亚仍然对此颇感兴趣，这表明科名对他具有强大的吸引力。

除了经常抄录《中外日报》的新闻外，庄文亚在当年还广泛涉猎《申报》《苏报》《繁华报》《女学报》《新世界学报》《图画演说报》《新民丛报》等报刊。到上海街头购阅报刊，是他的一大乐事。他在十二月二十二日记载："午后往大马路广智书局阅《新民丛报》，四马路飞鸣阁询《西学启蒙》，惠福里取《新世界学报》第八期，商务印书馆内《图画演说报》，后由大马路迳往盛公馆带回《申报》《苏报》各十余张及今日《中外报》一张。"仅一个下午，他就取阅六种报刊，足见对读报活动之偏爱。他接触一种新报之后，对其作简略的介绍。如十二月三日，他读《女学报》第一、第二、第五、第七期，介绍道："此报开设苏报馆内，系常州陈叔俦之女名撷芬为主笔，中分白话、演说及最新眉语等类，颇足以便幼童及年幼女学。每本售洋一角。月出一期，销数极旺云。"而对于《繁华报》之类的小报，他根据其特色，"裁下野史杂事计百余条"。他在十二月十四日读完《新民

---

① 庄文亚：《无逸窝日记》（1899—1907），壬寅年（1902）七月七日、七月十日。
② 庄文亚：《无逸窝日记》（1899—1907），壬寅年（1902）九月十二日、九月十八日。

丛报》第二、三两号之后，主要抄录"《泰西名人事略》"。① 当月，他还阅《新民丛报》至二十五号，并多次抄录《泰西名人事略》。《新民丛报》成为他阅读类型中的"新宠"。

癸卯年（1903），庄文亚读报的种类更多，除了《中外日报》《申报》《苏报》《新闻报》《京话日报》等日报之外，他广泛搜罗日本留学生报刊和上海、北京、杭州出版的各类报刊，如《浙江潮》《游学译编》《湖北学生界》《江苏》《选报》《绣像小说》《新小说》《女学报》《童子世界》《启蒙画报》等，数量之多、阅读之勤、记录之详，足见他对报刊的关注和热爱。对于当年新购阅的报刊，他在日记中加以介绍。如二月二十六日，他夜阅《女学报》第一期，介绍该报主编陈撷芬："叔俦之女，系天足，且面不傅脂粉，举动亦彬彬有礼，绝非寻常儿女可比，彼所穿之鞋系外国女皮靴，底既薄而不湿水，较之穿男皮鞋者尤善。"三月十日，他到眉寿里取归《童子世界》两张，并介绍道："此报设在爱国学社蒙学内，每日一张，每年二元二角，半年一元二角，零售每纸六文，始于昨日出报，拟先送三天，然后再出售。"三月十五日，他从其父亲好友吴稚晖处借得《浙江潮》一本，读后记载该刊基本情况："每月一册，逢月望日发行，每本之价大洋三角二分，全年十二册三元二角，半年六期一元八角，总代派所在杭州草安桥，上海中外日报馆。"四月八日，他从朋友处借阅《北洋官报》七本，并对这份北方最有影响的官报予以介绍："二日出一册，每册价洋五分。每月七角，代派所：商务印书馆、文明书局。其内容共分图画、上谕、论说、本省政治、本省学务、本省兵事、近今时务论、农学、工学、商学、兵学、教案交涉、外省新闻、各国新闻诸门。每册虽不能尽备，然必有十门以上。惜以限于官场，故多旧论耳。"四月十八日，他从"吴世叔"处借阅《江苏》第一期第一册，摘录其发行广告："每月一册，每册二角五分，半年一元三角，全年二元五角，月朔发行，代销十分以上者，提一成为酬劳，三十分以上者，提二成酬劳，总代办处在棋盘

---

① 庄文亚：《无逸窝日记》（1899—1907），壬寅年（1902）十二月二十二日、十二月三日、十二月十四日。

街文明书局内。"五月十八日,他从"幼舲世丈"处借阅《启蒙画报》第一至四册。介绍该报:"每月一册,每册六角,全年十二册计洋七元八角,共分伦理、地舆、掌故、格致、算学、动物学、植物学诸门,间以图画,均用官话,明白易晓,诚为启蒙之佳书。馆设北京五道庙路西。"① 庄文亚不厌其烦地介绍各类报刊,记载它们的发行、价格、栏目和特色,这些内容大多来自报刊的推销广告,一般读者不太关注,但在庄文亚看来,这些内容起到阅读引导的作用。

是年,他抄录报刊的内容更为丰富。彼时,科举已经穷途末路,清末社会已在变革中呈现出新气象,报刊对社会新风颇为留意。他读报后也注重抄录与"改良""改革"有关的新闻。如正月二十八日,他抄录《中外日报》有关杭州立不缠足会的新闻:"杭州各官员中之夫人女公子等,近日在西湖张勤里公祠内聚会,议立不缠足之事。所到各官员眷属有八十余名。……"四月八日,他读《童子世界》十七号,抄录一则新闻:"东京女留学生有电至申,言女学生待俄日开战期,决亦拟与男学生往东三省云。"四月十六日,他阅十二至十五日《苏报》四张,全文抄录《议设放足会》的新闻:"常州同志议设风俗改良会,……于先立不缠足会,……拟定简明实行规则,……列者数十人,签名者二十六人,现已议决宗旨,约言至举理事及法律经费等,下一休沐日会议,并约此后每逢休沐日聚议。"② 此类新风尚,他特加记录,除了颇感兴趣之外,也隐喻了他的价值取向。

三月之后,庄文亚接触大量新出版的报刊,这些报刊的目录具有"知识索引"的作用,他对此较为重视。与之前详细抄录全文的方式不同,除了抄录一些紧要新闻之外,他采取了抄录报刊目录和记载每天所阅读页数的方式,展示他的阅读经历。如三月八日,他阅《新小说》第一号一册,并抄录该刊目次。十三日,他阅《新小说》报第二号一本,"计外国页数一百八十四页。

---

① 庄文亚:《无逸窝日记》(1899—1907),癸卯年(1903)二月二十六日、三月十日、三月十五日、四月八日、四月十八日、五月十八日。

② 庄文亚:《无逸窝日记》(1899—1907),癸卯年(1903)一月二十八日、四月八日、四月十六日。

兹将其目录录下：图画、历史小说、政治小说、科学小说、冒险小说、侦探小说"。二十四日，他阅《女学报》二期一册，"计外国页数五十六页"，并抄录全册目次。二十六日，他阅《杭州白话报》"第八期至卅三期十六本，计中国页数三百零三页，兹将其全部目录录左"。① 此类记载，在当年的阅读记录中随处可见，尤其是他在阅《浙江潮》《新小说》《启蒙画报》《游学译编》等新式杂志后，特别注意抄录每期的目录，他在日记中不厌其烦地加以罗列，增加对所读内容的记忆，体现他对新知识的高度重视。

值得注意的是，庄文亚身处上海，深知常州老家的亲友难有机会读报，他利用自己的地利之便，经常给亲友寄送或代订报刊。如癸卯年（1903）三月一日的日记载："与兆甲信一封，《选报》四十一（二本），四十二（六本），四十三（六本）期及《女学报》第一册，交招商公司往常州局前街史第。"三月二十日，他到中外日报馆，"代季叔父购壬寅年《杭州白话报》三十三本，计洋一元三角。"二十二日，他给"通哥"寄第二十号书一箴，"并附去《新民报》二十六号，《大陆报》第五期各本"。之后，他经常给这位通哥寄送书信和报刊。如四月二日上午，他上通哥第二十二号书一函，"并附去年《杭州白话报》三十三本，《选报》四十期一册，书目三张，托招商局公司带往常州"。五月十八日，又上通哥第二十五号书一函，"附去诗简六本，《新民报》三十号，《湖北学生界》第三期各一本，《女学报》第三期二册，《童子世界》二本，均交招商局小轮带往"。② 这类给通哥寄送报刊的记载，他以信件编号的方式进行"链接"，虽然大多为他所读过的旧报刊，但对于他的通哥而言，报刊则代表了"外面的世界"，来自上海的各种报刊使身处常州的通哥能够"资源共享"，这些报刊通过空间的"移动"，虽然在时间上较为滞后，但作为"知识纸"和"思想纸"的价值得以延展。

---

① 庄文亚：《无逸窝日记》（1899—1907），癸卯年（1903）三月十三日、三月二十四日、三月二十六日。

② 庄文亚：《无逸窝日记》（1899—1907），癸卯年（1903）三月一日、三月二十日、三月二十二日、四月二日、五月十八日。

小 结

本章主要探讨清末十余年读书人的读报问题，这里的读书人既包含了四民之首的"士"，也包括了学生，至于农、工、商如何读报，由于史料的缺乏难以深入研究。与戊戌变法前的中国传播生态不一样，清末最后十余年是"过渡社会形态"表现最为显著的时期。形式多样、种类繁多的报刊已深入中国社会的肌肤之中，犹如社会的镜像，正如1906年《申报》的一则时评所言："报馆进步之程度与国民进步之程度有互相联合之势。"①

清末先后发行的千余种报刊，虽然有相当部分受到查禁，或由于经费等原因存续时间不长，但报刊通过邮政网络进入城镇乃至乡村社会。1908年，《申报》的一则评论指出："至近五六年，报界始稍稍发达，社会之购报章者亦稍稍加多，而士民能知大势，注意国权，热心公益者，较诸五六年前遂不止一与五之比例。虽由新学家之灌输，识时者之提倡，而所赖以提撕警觉，唤起国魂者，报纸实亦有力于其间。"② 报刊发展与社会需要有着极为密切的关联。"为谁办报""办给谁看"是任何报刊都必须考虑的问题。尽管清末各类报刊都有很大的发展，尤其是商业报刊与市场需求相互影响，发行量大增。但是，对社会舆论影响最大的仍然是政论性报刊，可以说，政论性报刊与清末政局变动、思潮变化有着"共生"的关系。诚如革命志士杨毓麟所言："吾国辛丑以后之报纸，为时势所造；丙午以后之时势，又将为报纸所制造。"③ 报刊与时势相互影响，相互渗透。

尽管戊戌变法宣告失败，但是"庚子事变"后宣布实施的新政，却使中国社会走向"改良"的道路，新学的广泛传播已是不可逆转的潮流。但是，传统力量依然强大，尤其是传统士绅所秉持的道德观念与新思潮之间存在巨

---

① 《论阅报者今昔程度之比较》，《申报》1906年2月5日，第2版。
② 《论政府将颁严重之报律》，《申报》1908年1月8日，第2版。
③ 寒灰：《论本报所处之地位并祝其前途》，《神州日报》1907年4月3日。寒灰为杨毓麟发表此文所用的笔名。

大的冲突,因此,清末官绅往往被贴上"开明"或"守旧"的标签,从而表明他们对改革的态度。在改书院、兴学堂、废科举的潮流中,部分有功名的士人加入新式学堂中接受知识改造,从而成为"士""学"兼具的"第三类人";而许多新生代的学生,由于没有功名的拖累,与旧时代决裂的态度最为坚决。在"除旧布新"的过程中,就报刊阅读主体而言,士绅、学生由于出身、阅历、价值观等方面的差异,他们在面对具体的报刊时,势必产生观念上的分歧。他们在读报时分的所思所想所行,无疑是观察清王朝最后走向分解和消亡的重要"面相"。

保皇派的领袖康有为在舆论影响上已远不及他的弟子梁启超,而梁启超自己也没有预期到自己的思想转变对知识界产生的巨大影响。从保皇、保教到保国、民主观念的言论转变中,梁启超与其所创办的《清议报》《新民丛报》,已逐步走出传统的维新理念,西方民主、自由、平等、博爱的思想资源势必需要与传统价值体系进行区隔,《新民丛报》成为读者"睁眼看世界"的理论源泉,也成为读者"闭眼恨清廷"的批判火种。虽然彼时的梁启超并没有推翻帝制的政治勇气,但他在报刊上发表的言论已经使读者听到了"弦外之音"。西方民主政治理念的广泛传播,使开明士绅与学生对"国家"和"朝廷"的分野有了更明确的认识,一些学者往往以1905年维新派与革命派论战来判断思想上是否先进,而对梁启超在《新民丛报》中蕴含的革命意识和西方民主思想评价不高。这显然对梁启超在20世纪初的舆论领袖地位认识不足。

对于思想启蒙的问题,不少论者往往关注白话报刊对下层社会的影响。其实,社会变革的动力主要来自读书人的思想解放。而清末读书人向"读报人"的转变,是思想启蒙运动的重要表现。尽管《时务报》短期内发行量突破上万份并使其发行网络抵达"城镇社会",但是这一时期维新报刊的影响仍然局限于开明士绅的范围,乡村社会很难由于新式传媒的影响而"思潮涌动"。而"庚子事变"后"国将不国"的现实,已经使整个民族陷于危机之中,清廷的合法性危机已表露无遗。庚子事变之后,面对国家被瓜分的危局,在士绅社会向知识人社会的过渡进程中,由于政治资本、文化资本的差异,读书人对报刊传媒的态度有着很大区别。许多守旧士绅热衷阅读邸报，抄录各种上谕和奏折，对现代报刊不闻不问，他们根本不屑于读报，或者视报刊为毒草，将之排斥于思想世界之外。或者视报刊为敌人，进行"抵抗式阅读"。也有些乡绅仍然不知报刊为何物，沉醉于儒家经典世界之中。但就整体而言，报刊传媒与社会思潮的互动已非常紧密，社会舆论与报刊言论之间也相互激荡。因此，对于大部分读书人而言，报纸已成为"社会纸"，即便如刘大鹏此类守旧的士绅对现实极度不满，也只好边骂边看。而官僚阶层对于报刊的态度也大有转变，"虽不能尽绝此等思想，但其大半则已知报章之凭公理，而非以逞私见"。读报纸与知政局有着直接的关联，"故渐有据报章之记录而形诸公牍，以为案证者矣"。① 于是，清廷屡次禁报的命令在地方官场形同具文，许多官员需要通过读报纸来了解时局和处理政务。由于政治立场的关系，他们对排满反清的报刊舆论持反对意见，一旦发现报刊言论危及自身利益，则设法从传统资源中寻找论据加以辩驳，尤其是当一些报刊宣扬民主革命和违背儒家伦理时，便会受到官员们"无君无父"的严厉指责。

那些介于传统与现代性之间的士绅，对报刊则有着"暧昧"的心态。他们是现有制度的既得利益者，他们希望国家富强、民族振兴，但不愿意看到社会革命的发生。革命就要革掉他们的利益，导致现有的阶层格局被颠覆。诸如张枬、黄沅此类的乡绅，虽留意时政要闻，但不喜欢报刊上的激进主义言论，因此，他们对革命报刊颇为不满。总体上看，守旧士绅们的日记中普遍缺乏阅读革命报刊的详细记录，而当时的报刊发行调查也表明，《申报》《新闻报》等商业性报刊则更受官绅和商家的欢迎。因此，在清末社会，这些身份、经历和观念有着较大差异的绅士，在维新之后社会急剧变化的背景下，选择了不同的人生道路和价值取向。而他们是否读报，读何类报纸，读后的态度如何，又在一定程度上反映出他们的心路历程。从这个层面上看，这些生活在都市或城镇的士绅们，面对戊戌变法后报纸的类型、内容和派系的变化，其阅读的选择与记录在一定程度上折射出他们在变革时代的思想历程。

---

① 《论阅报者今昔程度之比较》，《申报》1906年2月5日，第2版。

但是时代的潮流不可逆转，清末社会的现代性成分不断生长，一部分拥有中低级功名的士绅，已经敏锐地观察到科举考试的空疏无用，现代教育导致职业分工的细密化趋势日益明显，尤其一些留学生在新兴行业的显赫地位和优厚待遇无疑具有强大的吸引力。留学和进学堂的前景较为广阔，科举考试的经典训练和现代教育的技能训练在相互比较中初见分晓。而那些毫无功名羁绊的莘莘学子，则对新式学堂充满着强烈的期待，学堂的发展为新式报刊传播提供了潜在的读者。最晚在1909年时，学堂学生数量已超过绅士数量，学生群体成为革命报刊最重要的阅读对象。尽管大中小学堂订阅报刊的数量和范围有着很大区别，但是新式学堂的读报风气已逐步形成。学生读报与传统士绅读报的最大区别在于，学生没有累积的政治资本，或者说没有预设自身的立场。他们对社会思潮和新闻舆论最为敏感也最为关切，他们对政府无能、官场腐败、卖国求荣最为痛恨。因此，当革命报刊聚焦于学生社会时，势必引发学生们的强烈回应。对于学生而言，读报纸不仅是看新闻、学知识，更是一种日常仪式和精神洗礼。因此，"学界之留意于报纸者甚广，凡内政外交及一切学务变革等事皆取资于是，视为求学之急务，而不肯一日间断也"。[①] 从这个层面上看，革命报刊是地道的"思想纸"。

对于清末一代的学生而言，报纸打开了一个全新的思想世界。后来成为政治精英和文化精英的许多核心人物，都在回忆录和日记中承认梁启超、章太炎等人所创办报刊的巨大影响。许多学生从私塾转入新学堂之后，虽然学习新学，却并不了解"西方民主世界"和"社会革命"。当新式报刊将卢梭、孟德斯鸠、弥尔顿等人的思想不断向学生输入的时候，在学堂里就充满着民主、自由和革命排满的公共讨论，而报刊流行的诸多新词和革命话语，则成为学生遣词造句的思想资源。与一般的新闻纸不同，革命报刊以制造舆论和引领革命为重任，其目的就是为了改变"沉重的现实"。学生读报后思绪之翻滚，爱恨之交织，都体现在日常生活之中。尽管我们看到的大多数是精英人物的读报回忆，但学堂是一个新型的公共空间，读报纸并非单纯的个体行为，

---

① 《论阅报者今昔程度之比较》，《申报》1906年2月5日，第2版。

一张报纸经由一班同学竞相传阅，会对某些重要观念产生共鸣。而学生们读报之后对时政要闻的公共讨论，往往又是引发"学潮"和"社会行动"的导火线。报纸的威力通过学生们的集体行动，向社会渗透。由于学生又是家庭成员，他们所获得的报刊新闻与观念，经由家庭和初级社群的广泛传播，又进一步影响了社会价值体系。因此，学生的读报活动不仅是一种生活方式，也是激发社会变革的重要动力。

正是由于学生的思想可塑性较强，容易产生观念上的转变，清末政论性报刊自身的变革也关顾到学生的阅读需求，包括西方译著、文艺副刊、小说专栏和学界风潮等新栏目的推出，很大程度上满足了学生多元的消费需要。而大多数杂志采用洋式装订，使其在形态和内容上兼具书籍和报刊的特征，其大量的翻刻本和合订本，有着很好的阅读延续性和空间延展性，这就使许多革命报刊充当着课外"书籍"的作用。对于数年以后读到它们的学生而言，许多理论和观念并没有过时，因为这些报刊作为"思想纸"的魅力历久弥新，即便是毛泽东1910年才看到《新民丛报》，1914年才看到《民报》，也不影响这些报刊的思想启蒙价值。从这个层面上看，我们很难估算清末革命报刊有多少具体读者，因为一张报刊在学校的轮流阅读，其重复利用率已经很高。再加上它不断被合订、翻刻，在多年之后仍然散发着思想的光芒。而诸多源于报刊的论说和小说单行本的广泛流传，则更难估算具体报刊影响了多少读者。从这个层面上，我们试图说明清末社会已进入"报刊社会"，而学生则是推动报刊发展的最活跃、最主动的力量。

第五章

辛亥时局与报刊读者的阅读心态

辛亥革命的亲历者左舜生在他的回忆录中谈到:"清廷之防范革命,不可以说不严,但何以这些公开鼓吹革命的书报,既未受到检查,也从来没有听说不许邮寄,而可以一一听其到达我们这样一个小学生的手里呢?我想,这绝不是由于清廷懂得什么尊重言论自由,或者只是由于它的懒惰和愚昧。"① 那么,为何革命报刊没有受到检查并广泛传播呢?要正面回答这个问题非常困难。处于内外交困中的清廷,并非不知道革命报刊的舆论鼓动作用,而是由于"专制权威"的衰微导致其"号令"形同具文。如左舜生之类的小学生能够读到革命报刊,恰恰表明了辛亥革命的舆论动员颇有成效,推动革命活动向社会运动的方向发展。面对突如其来的革命浪潮和波谲云诡的时局,身处全国各地的读者对报刊新闻的接触和反应自然有很大差异。面对前所未有的危机,读者在读报后的感想和心境颇值得关注。本章拟从社会情境和读者读报的心路历程出发,研究辛亥前后报刊新闻的社会影响。

---

① 左舜生:《近三十年见闻杂记》,沈云龙主编:《近代中国史料丛刊》正编第5辑,台湾文海出版社1967年版,第591页。

第一节 辛亥革命、报刊造势与社会心理影响

1911年爆发的辛亥革命，是中国千年来未有之变局。清帝退位，民国成立，时局之变，惊心动魄。面对革命形势的变化，亲历者的喜怒哀乐，"既关乎对革命进程的理解，也有助于对新政权及其命运的认识"。① 尤其是关于战局与和谈的消息，关系到国家存亡与个人命运。在所有信息传播媒介中，电话、电报是最快捷的资讯，但其传播局限于特定的范围。电话仅限于资讯相对发达的北京、上海、广州等少数城市，使用电话者非富即贵，且是一对一的消息传播。如武昌起义爆发的第二天，担任宪法协纂大臣的汪荣宝，"闻汉阳陷，夜间以电话询诸《宪报》馆，则云果然"。② 尽管清末革命党与清政府都形成了各自的电报传播系统，但军事情报与官方电报有着严格的传阅范围，且内容简要，很难快速公开传播，即使是一些高级官员，也难以及时获得机密电报的内容。尤其是武昌起义之后，不少电报线路受到阻隔或破坏。如《申报》在武昌起义后的第二天，"汉口商电已禁阻不通，电局不肯拍发"。③ 之后虽有恢复，但是来自前线的电报往往真假难辨。为稳妥起见，《申报》报馆"仅将电传上谕刊发传单并黏贴本馆门首"。④ 但是，能够直接读到这些"电传"原件的人毕竟有限。与之对应的是，报刊所刊登的大量新闻，则对急于了解时局的各类读者提供了极为重要的资讯。与电报不同，报刊的报道是一个比较完整的文本，其新闻勾勒了某个事件的来龙去脉，使读者易于理解和判断。

早在辛亥革命前几年，革命党与保皇党就"要不要革命"展开了激烈的报刊论战，报刊的政治主张与读者的立场有着密切关系。政党报刊在学生社会具有很大影响力，而各类守旧报刊和官报则不受学生欢迎。体制内的官员

---

① 桑兵：《走进共和：日记所见政权更替时期亲历者的心路历程（1911—1912）》，北京师范大学出版社2016年版，第1页。
② 汪荣宝著，韩策、崔学森整理：《汪荣宝日记》，中华书局2013年版，第305页。
③ 《记本埠惊闻武昌失守情形》，《申报》1911年10月12日，第1张第3版。
④ 《三记本埠惊闻鄂乱情形》，《申报》1911年10月14日，第1张第3版。

第五章 辛亥时局与报刊读者的阅读心态

因反对"革命排满",对"革党"所办报刊颇为憎恶,往往在"抵抗性阅读"中加以诋毁。商业性报刊的派系色彩较淡,则比较容易被各类读者所接受。从总体上看,辛亥革命之前,政党报刊的影响不断扩大,在培养读者的政治立场和观点方面发挥着重要作用。

辛亥革命时期的报刊大多具有"选边站"的报道立场。具有官方背景的报刊,总是朝着对清廷有利的方面进行时政报道;而具有革命倾向的报刊,则对革命局势大力鼓吹,在舆论上具有很大影响。上海的一些报刊虽非革命党人所控制,但其对时局的报道也激发了读者的阅读热情。1911年11月26日,梁启超在写给友人的信中感慨:"今兹革命之奏奇功,得诸兵力者仅十之三,得之言论鼓吹者乃十之七。"① 王云五则说得更为直接:"实际上革命成功如是之速,一部分不能不归功于上海报界之赞助与渲染。例如甲省本未独立,而由报界盛传其已独立,一则使乙丙等省当局恐慌,或受诱惑,二则乙丙等省人民起而赞助,结果对此等省分之独立发生不少促成作用。"② 而革命派所创办的《中国日报》《大江报》《民立报》《国风报》等,在广州黄花岗起义、武昌起义过程中的宣传鼓动作用更是功不可没。如《国风报》在武昌首义成功后,每日于报上鼓吹南军如何壮大,北伐军已进抵某地,并谓本社社员温楚珩已率队渡过黄河,等等。因此,北京满城风雨,清室举朝惊骇,莫知所措。③ 从这个层面上看,辛亥革命时期的报刊对时局采取选择性报道的策略,代表了办报人及其代言者的立场、观点和利益。正如托克维尔所言:"一种报刊就代表一个社团。"从群体的角度看,"报纸是以全体读者的名义向每一位读者发言,而且读者个人的能力越弱,它越容易吸引读者"。④ 在一般读者很难进入战场的情景下,报刊新闻便成为他们所依赖的消息来源。报刊的选择性报道与读者的选择性读报,有着复杂的社会背景。面对波谲云诡的战局,读者对"革命"的态度要么赞同,要么反对,要么观望,他们对报刊

---

① 丁文江、赵丰田编:《梁启超年谱长编》,上海人民出版社2009年版,第371页。
② 王云五:《岫庐八十自述》(上),《王云五文集·陆》,江西教育出版社2011年版,第59页。
③ 卢智泉、温楚珩:《记北京〈国风日报〉》,中国人民政治协商会议全国委员会文史资料研究委员会编:《辛亥革命回忆录》第6集,文史资料出版社1963年版,第27页。
④ [法]托克维尔:《论美国的民主》(下卷),董果良译,商务印书馆1989年版,第701页。

的态度亦与其阅读心态密切相关。他们对于新闻的理解及其读报后的思考与记录，不仅表达了"我读故我在"，还通过"我在故我思"进行价值判断。因此，有关辛亥革命的新闻传播与读者阅读，颇能体现大变局中的社会现实、民众心理和多重影响。

革命报刊在激发读者革命热情方面起到了关键作用。早在辛亥革命前，全国各地涌现了较多革命报刊，如上海的《民呼日报》《民吁日报》《民立报》《越报》《中国公报》《民声丛报》《克复学报》《锐进学报》《大陆报》等，广州的《南越报》《平民日报》《可报》《人权报》《天民报》《平民画报》《中原报》《齐民报》等，武汉地区的《江汉日报》《雄风报》《大汉报》《大江报》等，北京的《国风日报》《国光新闻》等。全国各地的革命党人以报刊为阵地，大力开展革命宣传，在辛亥革命时期发挥了巨大的宣传鼓动作用。柳亚子作为亲历者谈及他在辛亥年的办报活动："辛亥武昌起义的时候，我在上海和朱少屏同住安澜路大吉里，为了宣传前方胜利的消息，我们便办了一个'警报'，地址在城内一家小印刷所。见方不到一丈的楼面，编辑、印刷、校对，却色色都全。同事的，除我和少屏外，还有胡寄尘与金慰农，少屏和慰农翻译外报。方方的小纸儿，一天出两次，或是三次，批给报贩子，据说销路很不错呢。"① 这份每天出二三次的报纸，之所以销路不错，显然与偏向报道"前方胜利"的消息有关。

由于读者对革命形势极为关注，报刊的革命言论对读者的影响尤为深刻。如同盟会会员柏文蔚通过读报得知武昌起义的消息，"与诸同志窃喜，皆云否极泰来"。② 趁着"革命"之东风，诸如《民立报》之类的报刊在宣传革命形势方面，起着推波助澜的作用。诚如冯自由所言："中华民国之创造，归功于辛亥前革命党之实行及宣传之二大工作。而文字宣传之工作，尤较军事实行之工作为有力而且普遍。蒋观云（智由）诗云：'文字收功日，全球革命潮！'诚至言也。"③ 可见，报刊宣传在促进革命行动的过程中起着关键作用。

---

① 柳亚子：《辛亥光复忆语》，《越风》1936 年第 20 期，第 2 页。
② 柏文蔚：《柏文蔚自述 1876—1947》，人民日报出版社 2011 年版，第 26 页。
③ 冯自由：《开国前海内外革命书报一览》，《革命逸史》第 3 集，中华书局 1981 年版，第 136 页。

第五章 辛亥时局与报刊读者的阅读心态

一些革命报刊将矛头直指清政府，直接推动了革命斗争的开展。如《大江报》原为白话报，詹大悲接办之后，1911 年改《大江白话报》为《大江报》，自任主编兼经理，成为武昌文学社的机关报。该报注意加强与新军士兵的联系，"士兵秘告大悲，以军官刻（克）扣不法等情，一一披露报纸"。新军将领张彪，由此受到官方和学生社会的谴责，"于是张之下层干部，亦渐用学生，士兵亦乐依学生，以图革命"。① 又如在闸北留美预备学堂任教的王云五，在辛亥革命前夕为《天铎报》写稿，投身到革命宣传之中，他回忆："我在两校停课后，遂集中时力，在《天铎报》作种种有利于革命之宣传，或撰写社论，宣传民主，或就电传消息，画蛇添足，为革命张目，而鼓动响应。"② 《大江报》《天铎报》等革命报刊不仅让读者看到了革命形势的发展，而且通过其革命道理的传播，促使许多进步青年转变思想观念，进而从行动上支持革命，实现了由"革命理想"到"革命实践"的转变，体现了革命报刊的巨大影响力。如革命志士李国镛在武昌起义期间的日记中记载："阅上海各报及《革命军》《猛回头》等篇，心怦怦然。"③

辛亥革命不仅是一个历史事件，也是一场轰轰烈烈的社会运动。其影响波及整个社会，尤其是对国民心理产生了巨大的冲击。无论是达官贵绅还是下层民众，这场革命都与他们的切身利益相关。在武昌起义爆发后的第九天，《申报》的一则评论揭橥了当时社会各色人等的心理：

> 普通一般之人，虽未必个个赞成革命军，然却无一人反对革命军者。言语词色之间，可以觇之。
>
> 一般□守地方之官，则处处似有革命党之潜伏，时时若有革命军之猝发而一刻不得安心。
>
> 其余之各官吏则观望中立以视革命军与政府军之胜败，政府而胜则

---

① 居觉生：《梅川日记》，上海大东书局 1947 年铅印本，第 14 页。
② 王云五：《岫庐八十自述》（上），《王云五文集·陆》，江西教育出版社 2011 年版，第 59 页。
③ 李国镛：《武昌起义日记》，李德龙、俞冰主编：《历代日记丛钞》第 167 册，学苑出版社 2006 年版，第 189 页。

仍服从政府，革命军而胜则即服从革命军。

官绅商之有财者，则既知政府之不足恃，又不敢投诚于革命军，唯恐各处土匪乘机而起，于己之财产有损，或提存款，或购金元，或存外国银行，终日营营唯此是务，而商业因而牵动。

商界中人大半唯忧各地起乱，于己商业有碍，其一部分则知此机会之可乘，因欲算计乘机以图大利。

奉政府之命往鄂与革命军对敌之兵欲与革命军战，则同类相残既有所不忍，欲倒戈相向一时又有所未便，故悉保持中立之态度，命之守地方则尚平安无事，命之攻革命军则即合而为一，此于豫于汴之兵而已然也。

今所不可知者唯北来之军及袁氏耳。①

此论虽有失偏颇，但大体上可以看出社会各界对武昌起义的态度。总体上看，对革命表示明确反对的声音较少，普通民众也愿意看到"暴风雨"的来临。在这样的社会背景下，革命报刊的舆论造势运动便具有广泛的群众基础，备受读者关注。革命党人宋教仁、叶惠钧、叶楚伧等利用《民立报》宣传革命胜利消息，针对当时"谣言多、搬家多、抢案多"的社会乱象，②《民立报》大力鼓吹革命。"报纸一出，购者纷至。竟至有出银元一元而不能购得一份者。"③ 在武昌起义爆发后第五天，《民立报》的"上海春秋"专栏便指出："商学各界则成群结队，均以报章为谈助，述及紧要时事，举欣欣然有得色。其幸灾乐祸欤？抑别具心理欤？请以质诸有国家观念者。"④ 黄炎培进一步描述了当时上海民众的态度："上海息楼所在的望平街每晚人山人海，发生了大影响。望平街左右相望的报馆，家家大玻璃窗外，张贴各地消息。街上日日夜夜群众挤得满满地在探听，一个捷报到来，鼓掌狂欢；一个报告失败，认为这家报馆受清廷指使，诬胜为败，群众极度愤恨地把大玻璃窗砰轰砰轰地

---

① 无名：《今日各种人之心理》，《申报》1911 年 10 月 19 日，第 1 版。
② 《革命声中之三多》，《民立报》1911 年 11 月 7 日，第 4 页。
③ 沈焕唐：《上海光复前夕的一次重要会议》，中国人民政治协商会议全国委员会文史资料委员会编：《辛亥革命回忆录》第 4 集，文史资料出版社 1963 年版，第 48 页。
④ 拜南：《三日中之上海观》，《民立报》1911 年 10 月 15 日，第 5 页。

立刻打得粉碎。从此报馆不但不敢在门首披露失败消息,特别不敢在报上披露。"① 蔡元培也回忆当时的趣闻:"那时候又有一段新闻,关于辜汤先生的事:自武昌起义以后,望平街各报馆每日发好几次传单,并在馆门口用大字誊写,藉示有人;于是望平街有人山人海之状。辜先生那时正在南洋公学充教员,乃撰一英文论说,送某报,责问公共租界工部局谓:'望平街交通阻滞何以不取缔?'南洋公学学生阅之,认辜先生含有反革命意,乃于辜来校时,包围而诘责之。辜说:'言论本可自由,汝等不佩服我,我辞职。'学生鼓掌而散,辜亦遂不复到校。"② 辜汤先生的本意是为了维持公共秩序,但他的提议涉及民众的"革命意志",遂遭到自己学生的围攻,可见革命思潮已深入人心。

在这样的社会情境和阅读心态下,《民立报》因为鼓吹革命,颇受民众欢迎,销量猛增,该报因"赶印不及,每日出报太迟,时为阅者所诘责"。只好于11月1日刊出"特别启示":"暂停告白数星期,两面皆印新闻。"③ 武汉的《大汉报》于10月15日创刊,上面激动人心的消息和充满信心的革命宣传,人人争睹,当天销售达一万余份,一周后增至四万八千份。④ 可谓洛阳纸贵,万众瞩目。

可见,这场革命关系到国家存亡和个人安危,民众以报刊新闻为中心的讨论,体现出报刊舆论对普罗大众的影响。有竹枝词描述道:"武昌起义众心惊,报馆齐张革命声。争向门前探捷报,望平街上路难行。"⑤ 上海社会各界对革命舆论的响应,足见报刊新闻对社会的心理影响。诚如作家王钝根在《申报》的"海上闲谈"所言:"子欲知人心之趋向,请至上海英租界望平街各报馆门首,摩肩叠背□足昂首之人团中,观其阅急报后之神色如何,观其前晚见革党小挫之报告后之神色如何,更观其昨晚见革党大胜之报告后之神

---

① 黄炎培:《我亲身经历的辛亥革命事实》,《辛亥革命回忆录》第1集,文史资料出版社1962年版,第65页。
② 蔡元培:《辛亥那一年》,《越风》1936年第20期,第1页。
③ 《本馆特别启示》,《民立报》1911年11月1日,第1页。至13日该报恢复在第一版刊登广告。
④ 方汉奇主编:《中国新闻事业通史》第1卷,中国人民大学出版社1992年版,第629、630页。
⑤ 朱文炳:《海上光复竹枝词》,顾炳权编:《上海洋场竹枝词》,上海书店出版社1996年版,第205页。

色如何。"① 报刊成为民众的心理"陀螺仪",影响着整个社会的情绪和动向。

报刊成为观察社会的"晴雨表"。在江浙一带,报刊关于革命的消息传来,"路人亦为之欣喜"。② 辛亥革命爆发后,南京城内街头巷尾,到处听到叫卖号外的声音。报童手里拿着号外,一面跑,一面叫:"号外!号外!革命党在武昌起义了,瑞澂、张彪都逃走了。"一瞬间的工夫,号外即抢购一空。③ 武昌起义第二天后,消息传至江阴,"从此人人争看沪报"。之后,"各处独立的消息像潮水般涌来,人心震动,老年官僚顿时垂头丧气,少年兴奋,一路踊跃欢呼"。④ 江苏巡抚程德全致电内阁云:"前日(10月21日)上海时事报馆登载革军战败一条,即时有千百人前往攻诘,人心如此,良可慨痛!"⑤ 对于读者而言,看报是观察时局、表达立场的重要手段。武昌起义后,报刊俨然成为革命的另一个剧场,或哀叹,或狂喜,或赞同,或行动,读者通过读报而了解"剧情",并通过各种途径向社会迅速传播革命消息。

而在湖南长沙,早在庚戌年(1910)三四月间,因米价奇贵爆发的民变事件,"为次年革命张本",在长沙居住的官宦子弟瞿兑之,对此颇有感触。武昌起义后,他在八月下旬的日记中写道:"连日报纸所载湖北四川事,甚骇心目,平昔传闻多不审,此殆无可疑矣","坐树下读报纸,目迷五色,恐乱象已成,美景良辰对之亦索然寡欢"。⑥ 通过读报,这位年方十八的青年,亦明显感受到"天下大乱",身处其中,徒生悲伤。

尽管贵阳地处偏远,武昌起义的消息并没有很快影响到当时民众的生活,但是随着革命形势的发展,报刊新闻的影响逐步显现。忍庐作为外地人观察

---

① 钝根:《海上闲谈》,《申报》1911年10月21日,第2张第4版。
② 张馥真:《辛亥前后江浙妇女界的革命活动片段》,中国人民政治协商会议全国委员会文史资料委员会编:《辛亥革命回忆录》第6集,文史资料出版社1963年版,第70页。
③ 沈铸东:《南京陆军第四中学学生赴武汉参加革命经过》,《辛亥革命回忆录》第2集,文史资料出版社1962年版,第69页。
④ 张砚春:《江阴光复记》,扬州师范学院历史系编:《辛亥革命江苏地区史料》,江苏人民出版社1961年版,第177页。
⑤ 程德全:《宣统三年九月初二日致内阁》,扬州师范学院历史系编:《辛亥革命江苏地区资料》,江苏人民出版社1961年版,第47—48页。
⑥ 瞿兑之:《长沙城内》,《越风》1936年第20期,第57页。

到贵州社会的变化:

> 贵阳的交通在二十多年前是十分闭塞。外省的报纸——例如上海报纸,非经过一个半月不能带到。所以武昌起义的消息,一直到辛亥年阴历九月初才有点达到贵州。省城里一般社会闻人,渐渐的有点惊慌起来。当时笔者看的是上海《神州日报》,同许多年青朋友,谈起革命消息,都觉得十分可怕,好像大祸就要来临,预备着逃难的样子。到了九月初十左右,市面上虽不见得有什么变化,其实富绅巨贾,早已把衣物箱套都藏到乡下,或秘密的所在。大锭的银元宝,有人也掘地埋藏起来——事后听说。当时笔者年纪很轻,略微有点普通智识,只晓得逃难是要走路的,所以预备了一张贵州地图,当作逃难的法宝,心里惶惶不安的过了几天。……①

辛亥革命震惊世界,在华的一些外国人亦颇为关注。如长期在华活动的日本间谍宗方小太郎在辛亥革命期间经常阅读报刊,向日本国内政要汇报战局进展。在武昌起义爆发四天后,他摘录了《申报》关于武昌起义的报道,并介绍:"革党有步枪二万支,另夺山炮、野炮,以武昌谘议局为军司令部,叛将二十一协统黎元洪为总统。"② 其对"革党"的装备、机构、统领等情况记录颇详,并全文记录了湖北军政府发布的"告示"。作为长期潜伏在上海的日本新闻界、文化界名人,宗方小太郎对武昌起义非常敏感。他通过《申报》等报刊分析战局,其阅读新闻的意图颇为明确,那就是为日本侵略者提供更为全面的情报。

第二节 革命形势、社会恐慌与官绅的读报心态

由于新式报刊的发行范围较为广泛,辛亥革命前后,士绅读报的机会大

---

① 忍庐:《辛亥革命在贵阳》,《越风》1936 年第 20 期,第 24 页。
② [日]宗方小太郎:《宗方小太郎日记(未刊稿)》下册,甘慧杰译,上海人民出版社 2016 年版,第 882 页。

为增加。报刊成为他们判断时局、表达立场的"政治纸",对他们的阅读心理产生了深刻影响。一些忙于公务的官绅也关注报刊新闻,如外交官颜惠庆在随伍廷芳出使美国前,于1908年1月14日"订购《中外日报》"。① 在辛亥革命爆发之初,一向忙于鼓吹君主立宪的汪荣宝,在北京的政治舞台上极为活跃,作为协纂宪法大臣,他在武昌起义爆发的前两天,还忙于修宪事宜,"续草第四章按语"。11日,他"闻湖北兵变,武昌已陷"。12日,他"闻本日有旨褫瑞澂职,仍留任,命陆相荫昌督师进剿"。13日下午四时许,他"以电话询诸民政部,不得确耗","晚间以电话询润田","又以电话询吴又卿,则云豫军至鄂即哗溃,据长沙法领事电报,谓长沙已于昨晚六时失守,又据冯梦华电报,谓安庆、芜湖等处并岌岌可危"。武昌起义的消息对汪荣宝触动极大,作为高级官员,他利用电话、电报了解战局,消息颇为灵通。在此之前,他很少阅读京沪各地的报刊。然而,真正对舆论产生广泛影响的媒介还是报纸。面对革命局势的迅猛发展,14日,汪荣宝得知,按照陆军部、民政部的要求,京师各报"于鄂中乱事暂缓登载"。但是,"《顺天时报》乃大书特书南京、广州、许州、岳州、九江、安庆等处失守之谣传",汪荣宝得知后,"真甚痛恨"。之后的一个月,汪荣宝仍然通过电话、电报了解"乱局"。至11月14日,他"所阅北京近日各报,颇觉昨日在津所闻之不实"。彼时,报刊被汪荣宝视为"证伪"的手段,从而推翻了他之前的各种听闻。他虽然与清廷高级官员往来密切,且拥有多种资讯渠道,却难免听闻诸多谣言,因此,除了通过电报、电话了解武昌起义的消息外,他注重报刊新闻的阅读。从11月26日开始,他连续3天关注《北京日报》的战局新闻。第一天,他"见《北京日报》果有官军占领大别山之信",进而判断,"若此,则武昌殆矣"。第二天,又通过《北京日报》证实"官军占领大别山尚不搞,惟占领汉水南岸之四平山,距大别山尚二十馀里也"。第三天,他遇到友人邵仲威,"云官军以昨日占领汉阳,此信系得诸《天津日日新闻》社",为了进一步确证,他"买本日《北京日报》读之,乃知所闻不虚"。然而,这些所

---

① 颜惠庆著,上海市档案馆译:《颜惠庆日记》第1册,中国档案出版社1996年版,第3页。

谓的好消息并未能阻止清廷覆灭的命运。12月6日，汪荣宝便通过《天津日报》号外得知："摄政王退位，世续、徐世昌为太傅，保育皇帝，与袁世凯共膺国事。"形势急转直下，作为袁世凯集团的重要成员，汪荣宝见清廷大势已去，便极力劝说袁世凯主政。12月29日之后，他阅读《京津日报》《天津日日新闻》《民意报》等报刊，对报刊上刊登的"内阁奏请召集国会""国民会议地点断断争持""南京政府布告文"等大事，加以记载并评论。报刊新闻成为他评论时政的主要资讯。他在1912年1月的日记中，充斥着大量的读报记录，尤其对南北和谈的进展极为关注。作为前清遗臣，他对大清灭亡的结果深感失望，申请"开缺"，并认为："隆裕皇太后尊重人道，以天下让之盛心，亦当令我国民感念于无极矣。"① 汪荣宝以一己之见，将民国肇始之功，归于隆裕皇太后的德行，其结论极为可笑，这显然与他曾身居清廷要位有关。

出生于1856年的傅增淯，为四川江安人，傅家一门三进士、两翰林，傅增淯、傅增濬、傅增湘三兄弟，号称"江安三傅"。傅增淯长期担任翰林院编修，曾官至知府、学政。1903年补国史馆总纂，1909年以山东试用道充任调查局会办。辛亥前数年，他在日记中对报刊新闻偶有记载。如光绪三十四年（1908）二月十二日，他阅《国事报》并记载："有政府电张安帅释放二辰丸，以全邦交，安帅愤极，电请告退，政府□允之。"张安帅便是两广总督张人骏，他在维护东沙群岛权益上，与日本人展开斗争。但这则新闻表明，清廷在内外交困之际，意在对日妥协。六月二十二日，他阅报后记载："上谕，派张之洞为粤汉铁路督办大臣，本日报又有赵次帅为川汉铁路督办大臣之说。"② 对于当时粤汉、川汉铁路，官场与民间多有议论，他通过报纸新闻予以记录，以示关注。1909年后，他对于一些"新政"，也有留意。如宣统二年（1910）十一月二十六日，他阅报后，见"文官考试章程，又附记于此"。他全文抄录该章程，有留存备查之意。之后，他摘录了不少条例和章程。辛

---

① 汪荣宝著，韩策、崔学森整理：《汪荣宝日记》，中华书局2013年版，第304、305、306、316、320、321、324、329、332—333、343页。

② 傅增淯：《澄怀堂日记 附澄怀杂存》，清华大学图书馆编、冯立昇主编：《清华大学图书馆藏稿钞本日记丛刊》第15册，国家图书馆出版社2018年版，第147、210—211页。

亥革命爆发后，他对南北军之间的战况颇为关注，当年十一月二十九日记载："登州府于昨日失守，盖土匪也。昨日报言，民军各闹意见，《大公报》载程德全有致黎元洪书，甚不满孙文。"此类新闻真假难辨，但颇能扰乱人心。十二月二十日，他读报后记载："十六日旨，张镇芳署直隶总督兼北洋大臣，《大公报》载津人有拒不接待，请收回成命者。"① 清廷的任命被天津地方派系视为具文，可见大厦将倾，大清政权已毫无信用可言。

辛亥革命之前，唐烜已在京师官场混迹多年。唐烜于1889年考中进士并签分刑部任主事，之后长期担任刑部中低级官员。1906年，他担任刑部福建司员外郎，是年，唐烜关注朝廷立宪活动。农历八月二日，他收阅《中华报》，"载有近日考查政治大臣泽公密疏，请决议立宪事，大旨谓时人阻挠宪政者多以军权将失为言，疏中力辨之，并申言满汉之界务先破除云云"。第二天，他又阅《中华报》并记载："高蔚然同年侍卿一折，专发明宪法字义来历，以求正名思义，力诋近来新名词中所谓平权、自由等说，而于立宪之是非可否，不置论辨，令阅者于言外得之，设想狡狯。"但京城已有革命党人在"活动"，八月四日，他阅《中华报》并记载："外城巡警厅近日捕革命党有误拿日本人藤堂一事，极意形容厅官野蛮之种种，几于嬉笑怒骂，总之文明野蛮，视乎其人之自为，报馆向固左袒新政者，至此乃不能为之讳矣。"②

至1907年，报纸有关革命党人的报道不断增多，唐烜深以为忧。他在农历六月十二日写道：

自客岁至今，报纸中屡言革命党人事，上月安徽有恩中丞被杀一案，连日报中几于不胜载矣。在署阅《顺天时报》，内有一则云，江、皖各处有匿名揭帖，谓南皮协揆从前剿戮革命党人最多，现下六七月间必行暗杀之事。闻近日协揆署中防备极严，又报载鄂省近获私运军火之犯，讯为孙汶之侄，业已正法。又《京报》载，皖中拿获刺客徐锡麟，讯供时

---

① 傅增湘：《澄怀堂日记 附澄怀杂存》，清华大学图书馆编、冯立昇主编：《清华大学图书馆藏稿钞本日记丛刊》第16册，国家图书馆出版社2018年版，第161、179、191页。
② 唐烜著，赵阳阳、马梅玉整理：《唐烜日记》，凤凰出版社2017年版，第226、227页。

第五章 辛亥时局与报刊读者的阅读心态

慷慨激昂，自承为革命党首领，而非孙汶之党，自言与孙汶宗旨不同，渠乃专以排满为事。……奇人奇事，世变将何所底哉！①

革命党人起事的消息不断传来，尤以行刺地方大员颇具震撼力。彼时，在刑部担任第三庭正审官的唐烜，对京城各报的相关报道颇为关注。六月二十五日，他阅览《顺天报》《京报》等报有关新疆巡抚联春舫遇刺的报道，并记载："刺客系一知县，据云受伤颇重（系刃伤）尚未废命。革命排满风潮四起，人心惶惧，如何如何？"他又记载了几起类似的新闻："月内报纸并载有奉天徐制军于接见僚属时送客后，地下遇有炸药一包，河南张中丞因求雨入庙行香，香炉内预藏有炸药数斤，幸未炸爆。又闻江浙间有私运军火之案，皆藏于棺柩中，诈称搬灵，不便搜检……"地方官屡屡遭受生命危险，作为中级京官，唐烜不禁哀叹："杯蛇风鹤，何日是了？徒贻外人笑柄，他日史册传纪中多添衰朝故事耳。"② 尽管1907年之后，唐烜的日记不见留存，但他对几次有关革命党人起事的记载，已对时局颇为忧虑，且有大势已去的预感。

辛亥年，恩光已是61岁的老人，他在16岁时便在京谋差，直到1891年才得到"仓差"的职位，辛亥革命前，他任职学部，后受学部委派筹建京师图书馆，是一个典型的"小吏"。他虽然身处低位，收入不多，但对清廷忠心耿耿。辛亥革命爆发后，他对革命党恨之入骨，对袁世凯的阳奉阴违也极为愤怒，经常在日记中大发议论，表达自己对清廷的忠诚和对时局的不满。他在督办图书馆工程的同时，留心时事，希望朝廷能够及早平乱，维持秩序。武昌失守后，他对局势极为关注，九月二十日深夜，他写道："近闻政党革党民党等目，党之一字，如此之多，不外叛逆而已。"他对革命党人恨之入骨，认为他们"欺蔑朝廷，狂悖之极"。十月一日深夜，他读《爱国报》后记载："新简各省宣慰使伍廷芳、张謇、唐文治、温宗尧党辈，竟敢上言摄政王请逊

---

① 唐烜著，赵阳阳、马梅玉整理：《唐烜日记》，凤凰出版社2017年版，第319页。
② 唐烜著，赵阳阳、马梅玉整理：《唐烜日记》，凤凰出版社2017年版，第325页。

位云云，狂吠鸮号，不胜发指。此辈受过厚恩，不思报本，出此无君无父之言，平日高谈学业经济，文明政治，临时以叛逆为识时，乱臣贼子充遍，天下可以不问矣。世间尚复有伦理之事乎！可叹！"在他看来，要挟摄政王退位是大逆不道，面对随处可见的"乱臣贼子"，他极为愤懑。他常看《爱国报》，了解时局进展。至十一月八日，他又愤然记载："八月十九日夜，武昌失守，不一月天下即大乱，叛逆土匪，蜂拥而起，生灵涂炭，此大劫运也。"十二月二十六日深夜三点，他在日记中沉痛地写道："宣统三年十二月廿五日，恭读皇帝钦奉太后懿旨退位一事，亘千古来未有之奇逆也。逼迫勒胁，内外交攻，彼谋夺社稷，倾陷家国，阴算毒计，已成叛逆。妖孽扰害天下，亦系为他作伥。自后恐四海无宁静日也。哀哉，不胜令人痛哭流涕。抢呼长叹，至是待死而已，何辜值此！"① 如此哀痛，如丧考妣，足见他对清廷的愚忠。

武昌起义前数年，从甘肃学政之位上辞职回苏州老家赋闲的叶昌炽，以读书、收藏、著述自乐。但他平日交游甚广，长年阅读邸报，热衷于在日记中抄录"上谕"，关注各种时政新闻。同时，他也阅读各种新式报刊。如宣统三年（1911）六月九日，他接友人仲午两函，"并送来《刍言报》三纸"，他读后评价道："此报为汪穰卿主笔，专纠各报之横议，亦警世钟也。"武昌起义爆发后，叶昌炽开始频繁阅读《申报》等报刊，记录一些重要新闻。九月十四日，他接阅报纸并记录："报载，昨日八点钟革党占领上海城，并载中华民国民政长官李安民告示一通。"这说明他能够阅读头天的新闻，并及时了解时局变化。第二天，报纸来，大奏凯歌，大清国号宣统纪元均已不见。他感叹："虽抵地亦何济于事哉！"九月十七日，他看到邸报上的"布告天下臣民诏"，"不禁放声一恸"。② 其对清廷之愚忠可谓至深。

他对报刊革命舆论颇为不满，九月二十三日，他指出："今之舆论苟之，

---

① 恩光著，许庆江、董婧宸整理：《恩光日记》，凤凰出版社2020年版，第88、93、102、110页。

② 叶昌炽：《缘督庐日记》第11册，江苏古籍出版社2002年影印本，第6699、6807、6809、6811页。

所谓波辞邪说，无父无君，春秋之所必讨也。"但是，他虽然宣称"吾不欲观之矣"，却不得不从报纸上了解时局的变化。九月二十五日，他读报得知："长沙革军已内讧，毙死伪都督二。"但是，关于朝政大事，他则多录邸报，对报纸的消息不予采纳，如邸报上关于袁世凯为内阁总理大臣的消息，他便在日记详加抄录。连日读到报纸上的不利言论，使他心绪恶劣。十月十四日，针对多日来读报所得各种噩耗，他感叹："无量恐怖、无量烦恼皆从无量接触生，不见不闻，是无接无触法。"报纸被他视为烦恼的根源，遂决定停止订报，"《申报》即于今日截止，付羊（洋）一元钱一百文讫"。然而，拒绝阅读《申报》之后，他看到邸报上仍然是各种不利的消息，地方大员引退、补缺、殉难、抚恤的报道接连不断，至十二月二十六日，他看到隆裕太后退位懿旨后，感叹："自八月鼎沸，至今五月，沦胥之祸，亦未有□于此时者也。呜呼噫嘻！"① 大清王朝寿终正寝，他抄录邸报的时代也随之结束。

辛亥革命爆发前，已辞职闲居的恽毓鼎，对时局亦颇为关注。八月二十日，他乘火车至天津，下榻后，阅报纸，关注川乱，知"叙州府失守"。他评论："川事糜乱至此，朝廷犹不肯罢斥赵尔丰，别简有威望之员，岂竟弃川不顾耶？"在他看来，四川的民变是当前朝廷亟需解决的大事。他并不知道对清廷具有毁灭性打击的武昌起义就在当天爆发。至二十一日，他得知"革命党于二十日凌晨据武昌省城"。武昌失守的消息传至天津，他在八月二十三日记载："一时人心摇惑，市面大扰，银行、钱店纷纷兑取银洋，周转不灵，遂致接踵闭门"，"米价飞涨至每石银十二两"。文武官员相继逃命，朝廷混乱不堪。恽毓鼎陷入各种传言之中，"一日谣言甚多，传某某处皆兵变失守矣，或系伪电，或出讹传，均无其事"。然而，战事并没有朝着他预想的方向发展。九月初，南方各省纷纷独立，"大江以南割据之势已成"。十月一日，他指出清朝亡国有三妖："一东洋留学生，一新军，一资政院谘议局。"他对报纸的各种"讹传"深恶痛绝。十一月九日，他大发议论："欲定人心，非解散谘议

---

① 叶昌炽：《缘督庐日记》第 11 册，江苏古籍出版社 2002 年影印本，第 6817、6818、6833、6879 页。

局，封禁报馆不可。"因此，他虽然对时局极为关注，却对报刊新闻颇为疑虑，认为报纸是制造谣言的罪魁祸首。至十二月一日，他将头天所阅《时报》新闻付诸笔端："忽睹袁致总理电，请上以位让总理，闻直督陈筱帅不愿与禅让事，将挂冠去。"彼时，和谈大局已定，而他"悲愤交迫，几不聊生"。当月二十五日，他"访民政赵大臣"，方知懿旨已宣布退位，他哀叹："呜呼，国竟亡矣，三万六千场之欢娱，极于亲贵；二百七十年之宗社，渺若云烟。天耶人耶，真堪痛哭。"① 清朝覆灭乃千年来之大变局，而恽毓鼎将不利局面怪罪于报馆，很少通过报刊新闻来判断时局，体现出愚忠而盲从的心理。

辛亥年五六月间，郑孝胥尚踌躇满志。农历五月二十五日，他被摄政王召见于东小阁，并提出自强之策，指出："中国如欲自强，机会只在二十年内，以二十年内世界交通之变局有三大事，一帕拿马运河、二恰克图铁道、三俄印铁道是也。"六月十二日，他在日记中记载："《北京日报》捏造余廿五日召对之语，各报和之，意皆尤余为政府所利用。"彼时，郑孝胥已辞职出京，对报刊捏造自己的言论极为不满。八月五日，他再次提及各报诋毁之事，他感到欣慰的是，"汪穰卿《刍言报》驳《帝国日报》《国风日报》所言之谬"。但第二天，他看《神州日报》后记载："有题《郑苏戡之历史》者两则，皆妄捏诋毁语。"此时的郑孝胥对自己的名节耿耿于怀。但是，八月二十日，也就在武昌起义的第二天，他得知"湖北兵变，督、藩署毁"。数天之间，各种不利消息纷纷传来。九月八日，他抵达上海老宅海藏楼，阅《申报》后得知："资政院劾盛宣怀，奉旨革职，永不叙用。"九月九日，《民立报》刊登了他至沪上的新闻，面对乱局，他"真欲发狂，与其坐以断肠，无宁与匪决死"。九月十六日，"报纸皆除去大清宣统年号"，新闻报道苏州、太原、杭州均已陷落。他在惊恐之中寄希望于袁世凯，指出："如能挟外交之力，抱尊王之义，诚今日之正论也。"二十五日，他读到《申报》有利于清廷的新闻，内有袁世凯的电文，云"革党内讧，黎元洪决降，已允致某省解散"，并

---

① 恽毓鼎著，史晓风整理：《恽毓鼎澄斋日记》(2)，浙江古籍出版社 2004 年版，第 551、552、561、567、571、572、573、576 页。

声称"各省民军,虎头蛇尾,势将解散,可以无虑"。二十八日,他又记载袁世凯内阁成立的新闻。但时局并无好转,十月一日,报纸新闻称:"钟建堂被害,陆荣廷被举为都督。"乱局使他忍无可忍,第二天,他大骂"南方士大夫毫无操守,提倡革命,附和共和,彼于共和实无所解,鄙语有所谓'失心疯'者,殆近之矣"。天下大乱,各省纷纷独立,三日,他在日记表露自己的心境"寝不安席,食不甘味",认为自己"于朝廷无所负,于革党亦无所怍",可以充当调停之人。当然,他的内心是向着清廷的。十日,他看到报载《梁星海致黎元洪劝降书》一文,颇为欢喜,认为梁文"词气甚美",与自己是"空谷足音"。但是,三天后,报纸便登出"革党已陷南京"的消息。上海报纸纷传郑孝胥与孟庸生受袁世凯指使,携巨金运动《时事新报》《新闻报》《申报》《时报》四家,主张君主立宪。然而,《申报》《时事新报》等报予以否认。十七日,他继续关注报纸对自己的相关报道,特别提到《申报》第三次宣言:"凡我同胞,切勿为其所惑,仍乞坚守一定宗旨以图进行,民国幸甚!"上海报纸纷纷倾向革命党,时局于清廷极为不利。十八日,摄政王宣布引退。十一月六日,报纸刊登袁世凯通电各省议和的消息。之后数日,郑孝胥通过阅读报纸了解和议进展。十六日,天津《经纬报》竟有报道他"逗留沪上被刺"的报道。十七日,他认为章炳麟在《大共和报》上发表的《发刊辞》,"颇箴共和之失,惟语意尚浅"。他深知此次革命的"历史意义",二十八日,他"索所存今年各报,将以编《革命纪事本末》"。报纸关于袁世凯、孙中山的传闻颇多,莫衷一是。各报围绕着共和还是立宪,展开激烈的讨论,但大清王朝已无法起死回生。除夕之日,他全文抄录懿旨退位诏书,感叹:"北为乱臣,南为贼子,天下安得不亡。"是夜,在爆竹声中,"大清二百六十八年至此夕而毕"。①

同样在辛亥年,署理吉林西南路兵备道的孟宪彝,在长春大力防治鼠疫,但他对时局颇为敏感,通过电报与高层保持着密切往来。同时,他对报刊言

---

① 郑孝胥著,中国国家博物馆编,劳祖德整理:《郑孝胥日记》第3册,中华书局1993年版,第1326、1330、1347、1349、1353、1354、1355、1356、1357、1358、1359、1365、1366、1377、1378、1384、1396、1399页。

论颇为关注。农历二月二十日,他接到"抚帅来电",言及"满洲各处对俄蛊惑日增,人民或有谣言之影响,请设法消弭",他当即"传知《长春公报》照办"。尽管他严控报刊舆论,但第二天,他读报后,"知大局危险已极,悲愤填膺,几欲失声一哭。又以手无斧柯,不克于济时艰,为之一慨"。作为身处长春的地方大员,他对变局颇为无奈,报刊提供的不利消息使他感到大清江山难保。彼时,武昌起义尚未爆发,但是各地有关"革命"的报道已使他深感不安。对于他治下的长春,一有风吹草动,他便颇为紧张,对报刊言论控制极为严厉。如他在十月十三日记载:"长春《国民新报》近日所载,皆属鼓吹革命之事,大违报律,并有诬人名誉情事,即饬巡警康局长将魏声钥传来,当面责以后当严加取缔云云。"十月十六日,他又接到日本领事的投诉,称"《国民新报》信口诬诋,有碍两国邦交,求为取缔"。显然,这位颇受督抚信任的地方大员,对报刊"革命""诬诋"言论颇为不满,通过严控新闻,力求维持社会稳定。但时局的变化却超乎他的想象。六天后,他读报获知,摄政王退位之后,在地方官场引发震动。"上谕吉林陈等:请收回摄政王退位成命,实属不知事体,均着传旨申斥等语。则抚帅及各司道以摄政王退位使人民益滋疑惑,非所以救危局,亟宜收回成命,否则臣等不能复任地方之责云云。"他读报后感叹:"疆臣热诚,朝廷微意,各行其事也。"报刊为他提供了判断时局的"素材",十一月十八日,针对南北战事,他只能"洗樽祖饯多惆怅,南望风云更怆神"。十二月二十七日,他收到电报局送到"皇太后懿旨两件",其内容是"命袁内阁组织共和,宪法改为中华民国"。阅后,他长叹:"如此,则大清二字亡矣。为之酸楚不已。"① 寥寥几句,体现出大清遗臣的悲痛与无奈。

在黑龙江,担任呼伦厅同知的翟文选,早先已阅读《刑事诉讼法》《国际公法》之类的法律书籍,以及《美国图》之类的地理书籍,也曾阅读《国风报》之类的报刊。辛亥年八月一日,他阅《远东报》,记载四川铁路风潮新

---

① 孟宪彝著,彭国华整理:《孟宪彝日记》(上),凤凰出版社2016年版,第22、61、62、64、72、84页。

闻:"见上谕,四川省城被围,四处响应。"他读报后评论:"川民为争铁路收为国有,如此激烈,民气洵可危矣。"武昌起义爆发之后的第五天,他阅各报纸后记载:"见《内阁官报》内载宣告中立,义、土开战,为非洲泰波利登及喜奈格。两地遍索地图不得。嗣阅《民立报》,知泰波利登即地里波的,在非洲北部埃及与突尼斯之间。至喜奈格究在何处,应再查考。"① 彼时,报刊上随处可见武昌起义的消息,但翟文选却在关注意土战争,考证非洲地名,似乎辛亥革命对他并无多大影响,其读报旨趣耐人寻味。

对于边远地区的官员而言,他们获取武昌起义消息显然要困难得多。内地一般州县官员尚很少使用电话、电报,而报刊的传播也较为迟缓。当辛亥革命的浪潮席卷云南时,满族出身的楚雄知府崇谦甚为惊恐,农历九月十二日,蔡锷已宣布云南独立,但作为地方大员,崇谦对时局缺乏深入了解。九月十八日,他才"阅省城新出《大汉滇报》",得知"排满之说更烈,不胜焦灼"。报纸提供的新闻使他感到大势不妙。九月二十七日,他在日记中记载:"午后杨少山仆张祥由省城回楚,阅带来《大汉滇报》及杨少山家信,谓'省军廿五六由省起(身),嘱少山赶即迁出署外'云云,风声仍属不佳,阖家焦灼无已。"至十月二十八日,他读到北京《民视报》,认为"此中议论,尚属持正不虚"。但报刊传递的消息表明,"虽北京政府尚照旧办事,而各省糜烂已不堪问"。② 崇谦读报的心态经历了"焦灼"到"失望"的过程。作为对仕途充满期待的知府,他对清廷自然非常忠诚,但革命形势的发展迫使他不得不认清残酷的现实。各省相继宣布独立,清廷已徒具形式,国将不国已成为现实,他自然深感失落。

相对而言,山西太原作为省城,报刊新闻传播较为快捷。在山西太原学务公所任职的赵元成,从辛亥年七月开始,几乎每天都有读报的记录。七月二日午后,他"阅《北京日报》《北方日报》《帝京日报》《京津时报》《神州日报》各数纸"。七日,他"阅《北方日报》《国风日报》各数纸"。他的

---

① 翟文选著,宋皓琨整理:《翟文选日记》,凤凰出版社2020年版,第114、118页。
② 崇谦著,宝铎注:《宦滇日记》,刘萍、李学通主编:《辛亥革命资料选编》第3卷上册,社会科学文献出版社2012年版,第279、282、292页。

《辛亥日记》中，记载 1911 年下半年共阅读了十余种报刊，有时一天读四五种报刊，"阅数纸"已成为常态。他结合所见所闻对时局加以评论，如九月八日记载："自七月得武昌失守消息，银根顿紧，人心惶惶，学生多有请假归者，月初讹言益甚，教会中亦得鄂中警告，省中大吏颇注意及此。"九月十二日，他读完《中华民国日报》之后，评论道："自变起后，居民纷纷迁避，煤米均不入城，大有匮乏之虞。嗣军政府出示招徕，始敢照常贸易。"十一月二日，他阅《时报》后得知："镇浙沪联军会攻南京，夺取紫荆山天保城。十三日进克省城，士气百倍，竞议北伐，张勋退屯徐州。"第二天，他阅《北方日报》并记载："清廷派唐绍怡（仪）为议和大臣，与民军总代表伍庭（廷）芳在沪商酌各事。"而他于十一月六日读《时报》数纸后感叹："清大局十去八九，改革之事万众一心。但恐稽延时日，各国商务大受影响，外交界种种问题或将缘衅而起耳。"寥寥数语，表达了对时局的判断和担忧。社会的剧变，已通过报刊的传播，对其内心产生巨大的震动。民国元年一月一日，他购《民视报》《经纬报》读之，对中华民国的未来充满期待，指出："今者中山受国民委托，建立中央政府于南京，谋庶政之统一，策共和之进行，民国前途庶有望乎！"①

在偏远的湖南溆浦县，由于交通不便，信息闭塞。"八月十九日，武汉革命家起义，消息传至溆邑，已至下旬"。此时，在溆浦县衙担任幕僚的陈天锡对武昌起义的消息颇为怀疑，"其初以为不过如去年二月广东新军之事，及本年二月黄花岗之役"。在他看来，"武昌起义"也许会与以前的起义一样，终究会以失败告终。至重阳节（九月九日），他接到省城寄来九月一至三日日报，"内载更为详尽，内如巡防营统领黄先浩，长沙县知县沈士登赢，均被杀等语，尤为可怖"。② 陈天锡虽在武昌起义二十天后看到报纸，但他似乎对湖南时局更为关注，至于全国的革命形势，他很少提及。作为依附于旧体制的幕僚，他对"革命"的恐惧心理依稀可见。

---

① 赵元成著，倪春军整理：《赵元成日记（外一种）》，凤凰出版社 2015 年版，第 1、2、17、19、29、47 页。
② 陈天锡：《迟庄回忆录》（第一、二编合编），沈云龙编：《近代中国史料丛刊续编》第 3 辑之 24 册，台湾文海出版社 1974 年版，第 76 页。

与官员不同，乡绅们虽然不参与政务，但对地方事务颇为热衷。浙江台州临海县的乡绅黄沅，早在1902年的日记中就有读报的记录，并长期订阅《申报》。他是当地的大户人家，颇为富裕，与地方官员往来密切，且在京沪苏杭等地有一些人脉资源，对地方事务发挥着一定影响。作为既得利益者，他竭力维护旧制度，不希望社会发生巨大变革。辛亥革命爆发后，黄沅对革命党的不同戴天之仇便跃然纸上。辛亥年九月后，他经常阅读《申报》《新闻报》《时报》《民立报》等各种报纸，在之后三个多月的日记中，他对革命党的谩骂和诅咒随处可见。而对于以前大加赞赏的张之洞，他恨之入骨，认为张之洞是造成乱局的罪魁祸首，指出："湖北设立新军为最早，出洋游学之人，以湖北为最多，均是张香涛制军督两湖时为始。"在他看来，新军起事源于张之洞埋下的祸根，因此，"黎元洪借革命之名，以致反手，所办一切，归己所用，以致祸事以湖北为最烈。罪之名虽在黎元洪，罪之首实在张之洞"。他认为张之洞是罪恶滔天，乃是当朝奸臣，他在日记中放肆大骂："我朝任用张之洞，致有今日之祸，张之洞者，正千古罪人也"，"我朝之万世罪人，在张之洞一人耳"。黄沅将革命之祸归结于张之洞训练新军之始，实为一叶障目，曲意解读，对于清政府自身的危亡，他始终不愿面对，期待"仍从旧制，团结民心"。然而，清政府早已摇摇欲坠，革命风潮势不可挡。报刊风向大变，"各报中均以革党胜为喜"，"《时报》《民立报》《中外报》《新闻报》俗言曰革命报"。即便是他经常阅读的《申报》，他也认为不可靠。"《申报》尚且如是谬言，而况各报之纪事而可听信乎？""今《申报》以及各报纸均是革命中之语言，阅之不胜怒、不胜恨、不胜叹"。因此，他看到《申报》"全是革命之语"，"真难看视，随行抛却而已"。①

话虽如此，处于慌乱和恐惧之中的黄沅，却急于打听战事的进展。由于他认为报刊所载新闻大多不实，"沪江各报，均系革命党人主笔，又是革命党中人经理，一切语言，均是革命党之口气耳，所言官军败者，不可听信，所言官军

---

① 黄沅：《黄沅日记》，广东省立中山图书馆、中山大学图书馆编：《清代稿钞本》第22册，广东人民出版社2007年版，第331、336、333、420、342、345、360、368、385页。

胜者，则实然"。他采取"反读消息"的方法，认为报刊是刻意制造革命舆论，他对革命党的"胜利"不屑一顾，期盼官军必胜。但是，各省纷纷兵变，相继独立，他所在的临海县，已有革命党人起事，"本街各家均竖白旗，赴海门争看革命党者，纷纷而行"。对于革命形势的发展，他认为报纸起着推波助澜的作用，"各报纸将各处与民所忌者先为刊报，而后游说，以致如此之速"。然而，他坚信官军实力强大，"我朝统兵大员如徐军门及萨军门镇冰、张军门彪者数十人，中国安得不强，何畏革命乎？""现官军兵精粮足，革党求乞于人者，耻哉。各项报纸均是革匪煽惑人心，难于取信"。然而，清廷的覆灭却不以他的意志为转移。民国成立之后，他对报刊尤为不满。哀叹道："现在报纸所纪各事实无趣味，今年购取半载，余而详览者，不及十纸。"彼时，黄沅仍然迷恋于专制时代的优裕生活，对于民国的新潮流毫无兴趣。而他坚持阅读了近十年的《申报》，也订至当年六月三十日为止，"以后作为罢论"。① 尽管黄沅碍于情面，还订购一份当地的《赤霞报》，但之后他读报的记录已较为少见。在他看来，报纸一直为革命党控制，远离报刊便代表了他反对共和体制的基本立场。

辛亥革命爆发，江苏昆山的乡绅余鸿钧对报刊新闻极为关注，其日记风格亦为之一变，除了简要记载日常生活外，他每天坚持抄录报刊新闻，并赋诗一首，抒发对时局的看法。其抄报活动持续达一年之久，全景式地反映了辛亥革命前后的时局变化，作者痴迷于抄报与赋诗，对革命的忧虑、恐惧与憎恨体现于字里行间。辛亥年八月二十二日，他开始关注武昌起义的消息，在日记中记道："连日报载，十九夜，湖北革命与新军里应外合，武昌省城失守，推协统黎元洪为首，总督瑞澂逃匿兵轮，奉旨革职，暂留署任，责令尅期恢复。二十，汉阳失守，军械尽为革党所获。"他有感而发，赋诗云："党人视满疾如仇，欲得甘心事未休。川粤鄂湘皆扰乱，百般磨折不回头。"二十四日，报纸又载："长沙革命军于二十二日起事，电线已断，荫昌廿二开车分四次南下，湖北提督张彪弃营逃出，大干纪律，即行革职。起用袁世凯，补

---

① 黄沅：《黄沅日记》，广东省立中山图书馆、中山大学图书馆编：《清代稿钞本》第22册，广东人民出版社2007年版，第354、355、409、454页。

授湖广总督,岑春煊补川督。"通过读报,他对时局动态的了解较为及时。二十五日,他读《时报》并记载:"鄂藩连甲电京,参劾瑞澂闻变先逃,以致城陷,武昌各官出险情形。……革命军分三部分,军政归黎元洪管理,外交归黄兴管理,民政归谘议局管理。"面对乱局,他通过诗句表达对革命的不满:"谁倡维新意好奇,致贻革党乱如丝。山河几送诸公手,罪恶滔天岂胜诛。"显然,他对"革党"颇为憎恨。二十六日,他抄录《时报》新闻:"陆军大臣荫昌二十四辰刻督率大军南下。"他对清军南下颇有期待。二十七日,他继续关注清军前往汉口的消息,抄录报纸新闻云:"萨镇冰兵舰廿六抵汉口。"二十八日,他读报后抄录前方战事新闻:"革命军与官军廿七日在汉口之北开仗,胜负未定。"二十九日,他关注江苏巡抚的言论,抄录报纸新闻:"苏抚程雪楼请朝廷下诏罪已改造内阁。"三十日,他进一步关注袁世凯复出的新闻:"袁世凯已补授湖广总督,长江一带水师均暂归节制。"① 他不惜笔墨抄录报刊新闻,对清廷的部署尤为关注,期待"北军"获胜的心理也体现在他的抄录之中,他以抄录报刊新闻为每天的重要任务,对前方战局的关注体现在他的阅读实践和抄录过程之中。

至九月,战火进一步燃烧,时局诡异。九月四日,他抄录报纸新闻:"长沙革命军三十夜起事,但围抚署,胁令湘抚余诚格交出印信"。他对消息的纷乱感到不满,赋诗批评:"报章记事应相同,原使新闻到处通。己意妄参何所取,文言虽好总非公。"九月五日,"报载陕西安省城初三失陷",他对报刊宣传革命的态度予以揭示:"官军视敌疾如仇,报纸宣传革命优。此事总归天作主,人心偏向欲何求。"九月六日,"报载贵州省城兵变失守",报上各种消息真假难辨,他感叹:"谣言到处闹无休,人尽惊惶不自由。实被报章烘太甚,管窥安见识全牛。"九月八日之后,报载江苏镇江、山西太原、上海等多地起事,官军大败。至十一月一日,报载南北方第一次议和,"民国开出四大纲,一、清帝逊位。二、建立共和政府。三、优给清帝岁俸。四、汉满一律同视。"

---

① 余鸿钧:《余鸿钧日记》,苏州博物馆编:《苏州博物馆藏近现代名人日记稿本丛刊》卷24,文物出版社2018年影印本,第183、185、186、187、189、190、191、192页。

他坚决反对民主共和，作诗云："人心是否太癫狂，捐弃君恩总昧良。华夏由来惯专制，共和立说实荒唐。"但各省纷纷倒戈，形势对清廷大为不利，袁世凯拥兵自重，清朝廷已摇摇欲坠。他逐日记载了南北战事和议和的进展。至十二月十七日，他抄录报纸新闻："袁世凯入宫见清太后，议决逊位。"得知这一消息，他甚为沉郁，哀叹："气运循环似水流，天心人事两悠悠。从来得失原无定，岂有如今不战休。"他强烈反对议和，但大局已定，清廷已是惶惶不可终日，他仍然抄录议和的进展和内容。至二十八日，他抄录报纸所登"上谕"，大清寿终正寝。他哀叹："杜门终岁坐书斋，阅世浮沉百事乖。自笑平生太高洁，夜阑拍案壮吟怀。"①

同样在苏州，生员出身的陆宗篆在辛亥年仍然以馆课为生。辛亥革命爆发后，苏州社会出现动荡。他在九月二日记载："又闻谣言四布，民心惶惑，逃避者纷纷。"九月五日早上，友人盛贯一来，"言及长沙失守，贼势猖狂，有关大局。财源壅塞，不便通商。中等人家，几如涸辙之鱼，坐以待毙矣"。彼时，陆宗篆尚未留意报刊言论，但苏州市面已较慌乱。至九月十一日，他看报，"见大势已去，难以挽回，一叹"。两天后，友人英梅来谈天，"言各处民心惶惑，移徙一空，市面依然不通，国事不堪设想"。他极为不安，哀叹："日坐愁城，夜不安枕，奈何。"简短几句，表明这一重大事件对其内心有着强烈冲击。时局变化之快，超乎他的想象。至九月十六日，他与友人盛贯一茶话，"见各报所载各省均已失守，军心悦服，倒戈相向，未及一月，顿改山河，何神速若是耶"。② 山河易色，革命胜利在望，令这位乡绅不知所措。

曾任翰林院编修的常州乡绅徐兆玮，在加入同盟会之后，则与旧官员的读报兴趣大不相同，他特别喜读《民立报》。他在1911年2月6日读《民立报》三十六号至四十号之后，赞叹道："资料浓郁，《民立报》之长也，然好招人过，亦是一短。《民报》以指导国民，当以和平出之，嬉笑怒骂，殊非长

---

① 余鸿钧：《余鸿钧日记》，苏州博物馆编：《苏州博物馆藏近现代名人日记稿本丛刊》卷24，文物出版社2018年影印本，第198、199、200、272、345、358页。
② 陆宗篆：《补过日新·辛亥下》，苏州博物馆编：《苏州博物馆藏近现代名人日记稿本丛刊》卷32，文物出版社2018年影印本，第283、285、288、289、291页。

厚君子所当出也。"彼时，他在思想上虽然倾向革命，但对革命报刊之长短，却有着较为公允的评价。1912年1月3日，他记载孙中山从元旦起改用阳历一事，对于《民立报》所论，"以为改历大事，不应如是轻率"。他予以回驳，质问："然不以是改新日月，又何以振兴民气乎？"① 其思想之进步，可见一斑。之后，他当选常熟民政副长，任国会众议院议员，成为新政权的积极参与者，实现从翰林院编修、同盟会员到议员身份的转变。

辛亥革命前夕，贺葆真闲居直隶故城老家，服侍病重的父亲。但之前数年，他多次随其父亲寓居北京，结识徐世昌等当朝显贵，同时与京城不少名士相往来，并经常购阅各种新式书报，参观新式厂矿、学堂，学识大有长进。但对于报刊上刊登的各种革命言论，他很少提及。光绪三十一年（1905），他偶尔提及《中华报》对日本留学生的态度，在农历八月十二日的日记中记载："阅《中华报》，近日各报莫不盛誉留日本学生，独此报时指摘其败行无所讳。"然而，他对这张改良派的报纸并无恶意。辛亥革命爆发后，他却很少关注革命党人的活动，但对友人的革命活动，他极为反对。十二月十二日，友人李采岩来谈，拟在天津组织报馆，他问其宗旨，"则提倡革命说，以促国之变改"，他"大不谓然，阻之不能得"。他对朝廷颇为忠诚，面对大清帝国的消亡，他在十二月二十六日的日记中记载："王印（荫）轩自津来，荫轩在天津警署充警务科科长。出昨日报纸相示，惊悉皇帝竟退位，改帝国而共和，千古国体，一旦变更，闻之怆然。"② 其内心之失落，亦由此可见。

辛亥革命所产生的巨大冲击力，对于身处其中的士绅而言，在各方面都会深受影响。如鲁莽在辛亥年还是一名小学生，但他在绍兴观察到长辈们的读报活动，并由此产生极大的兴趣。他回忆：

> 经过辛亥年的天翻地覆……那时的父亲和叔叔，因为变乱停闭了商号，在家赋闲，每天上午要看一半天的报，一份光复会的机关报叫做

---

① 徐兆玮著，李向东、包岐峰、苏醒等标点：《徐兆玮日记》（2），黄山书社2013年版，第1147、1231页。

② 贺葆真著，徐雁平整理：《贺葆真日记》，凤凰出版社2014年版，第121、187页。

《越铎日报》的,……报馆距离我家很近,每天由报差送来,那时我很奇怪,怎么会有这样的一种东西?不知道"报馆"又是怎么一种建筑?我见过庙宇、衙门,没有见过报馆,问父亲,父亲也答不出,只是天天问铃声接报,看着报一句句的念,我就在旁边读书似的跟着读。①

值得注意的是,一些官绅虽经历辛亥革命,却在日记中很少提及报刊,尤其是那桐、徐世昌、荣庆等中枢大臣,仍然忙于公务,对报刊舆论很少关注。如兵部左侍郎秦绶章日记内容丰富,但很少有读报记录。仅在宣统三年(1911)十二月二十六日,"买报纸,载上谕",得知清帝逊位后,甚为悲痛,"阅之,实不能录也"。② 即便是甲午海战期间就开始阅读报刊的王同愈,面对革命局势,在日记中也很少记载报刊新闻。仅在光绪三十四年(1908)九月二十日记载:"报载常御史奏请平秋瑾墓,且逮治葬秋之吴芝英、徐寄尘两女士,廷寄浙抚查照办理云云。是否确实不可知。"③ 而辛亥期间在京津之间不断往返的思想家严复,也仅在辛亥年九月二十三日读报后,记载辛亥革命的消息:"报言江宁恶战,福建松督自尽,朴留守被害。由津同三儿回京,报言武昌内讧。松寿自杀,朴寿阵亡。"④ 山西太原的乡绅刘大鹏,在辛亥革命前后,看报的记录已明显少于1907年以前。这其中的原因不甚明了,当时山西报刊已明显增加,这位乡绅不太关注新政并加以批评。也许是他已觉得自己离新时代太远了,也许是他已对"革命"没有多大兴趣,而他对"新世界"的批判和道德文章的追求却并没有因时代变迁而改变。

第三节 革命报刊、革命想象与革命运动

辛亥革命前夕,清政府处于风雨飘摇之中,危机此起彼伏。革命报刊对

---

① 鲁莽:《夜生活——二十年报纸生涯甘苦录》,独立出版社1945年版,第2页。
② 秦绶章:《秦绶章日记》,苏州博物馆编:《苏州博物馆藏近现代名人日记稿本丛刊》卷18,文物出版社2018年影印本,第189、191页。
③ 王同愈:《栩缘日记》卷2,顾廷龙编:《王同愈集》,上海古籍出版社1998年版,第434页。
④ 严复著,王栻编:《严复集》第5册,中华书局1986年版,第1512页。

第五章 辛亥时局与报刊读者的阅读心态

革命运动和革命先烈的歌颂，对青年学子有着深刻的影响。著名报人喻的痴在湖北黄州读书时，思想颇为激进，对革命报刊甚为关注。他回忆：

> 蕲春方觉慧、詹大悲，罗田何亚新暨同邑宛思演诸君，同学中富于革命思想之尤者也，俱与予交笃且密。课余暇暑，辄相与共读新闻纸或其他鼓吹革命刊物。寒夜青灯，对床风雨，每感痛国是，未尝不淬厉激昂，互以匹夫兴亡之责相勖勉。而予于报载时论，且选其沉痛激越之作，手录成帙，研讨诵读，是乃予读报之始也。①

曾在山西大学就读的南桂馨，也有机会接触到革命报刊，他回忆："留学日本八个月的短期学生刘懋赏、徐子澄、孟元文等回到太原，带来了《民报》《猛回头》《革命军》和《大义录》等进步书刊，我读了非常激动，因此立志要革命。"② 曾在武昌陆军第三中学读书的周武彝，感受到了革命思潮在该校的影响。如陈天华的《猛回头》《警世钟》，邹容的《革命军》，同盟会出版的《民报》，湖北留学生办的《汉声》等革命理论书刊，大家暗中传递，争相阅读，革命情绪十分激昂。③ 曾在该校就读的另外一名学生刘莘园也对同学们阅读革命报刊的情形印象深刻："那时，同志们每月至少捐钱一元订阅同盟会在上海发行的《民立报》，及具有新思想的《神州日报》，又由《民立报》的介绍，订阅在美国旧金山出版的《少年中国报》与南洋出版的《光华日报》。"④ 南京陆军第四中学的很多学生，平时喜爱阅读《新民丛报》一类的书刊，但也反对康梁的君主立宪；对孙中山、汪精卫、胡汉民、章太炎等人在日本所创办的《民报》更为喜欢。因该报的内容多系反驳康梁君主立宪主张，鼓吹

---

① 喻的痴：《我与〈中西报〉》，章开沅、罗福惠、严昌洪主编：《辛亥革命史资料新编》（第1册），湖北人民出版社2006年版，第214页。
② 南桂馨：《山西辛亥革命前后的回忆》，《辛亥革命回忆录》第5集，文史资料出版社1963年版，第145—146页。
③ 周武彝：《陆军第三中学参加武昌起义经过》，《辛亥革命回忆录》第7集，文史资料出版社1982年版，第12页。
④ 刘莘园：《回忆武昌首义》，《辛亥革命回忆录》第7集，文史资料出版社1982年版，第20页。

推翻清朝，建立共和国的论文。……因此，武昌一声炮响，革命思潮迅速化为行动。下课后，三个一堆，五个一群地议论如何参加革命的问题。① 1908年，直隶提督马玉昆开办武卫左军随营学堂，徐永昌是首批被录取的学生。他回忆："过去我虽不甚了解革命，但几年来我直觉地认为西太后这人太不好，压迫光绪帝不能实行新政立宪，以为不是她，中国或者早强了，所以心上很讨厌她，又常读《新民丛报》《中国魂》一类书刊，亦发生若干影响。"②

至辛亥革命前夕，在福州明伦小学读书的萨孟武，家里订有一份《民立报》。黄花岗之役爆发后，《民立报》的报道对他产生了深刻影响，他特别指出："在许多革命党人之中，我很崇拜赵声，他有一首七律，我至今还能背诵。……黄兴我也极崇拜。"③ 辛亥年，左舜生在长沙高邑高小读书，开始阅读革命报刊。他回忆："我们当时对于革命运动进行的实况，可以说完全不知道，但等到辛亥年三月二十九日黄花岗一幕出现以后，却给了我们一个绝大的刺激，我们全班同学，原来合资定有三份上海报纸，《民立报》《时报》《神州日报》。……上面的三种报纸，对黄花岗一役的经过都记载得很详细，我们读了那班烈士们激昂慷慨的供辞，看了方声洞、林觉民、陈更新等的遗像，实在是悲愤万状。"④ 1911年，16岁的沈宗瀚在浙江余姚诚意高等小学堂读书，他后来回忆："在诚意学校阅上海《神州日报》，三月间广州起义，黄花岗七十二烈士以身殉国，余甚悲痛。后在报端见烈士小史，肃然起敬，抄录珍藏之，自是渐起革命思想。"⑤ 这表明黄花岗起义的报道对读者产生了强烈的震撼。苏雪林也有类似的经历，她自述："那时我已稍能读报纸，也稍知时事。广州起义失败，七十二烈士合葬黄花岗，上海《民立报》所发表的惋惜痛恨文字，我读了深受感动，林觉民遗妻书，曾教我流了不少眼泪。"⑥

---

① 沈铸东：《南京陆军第四中学学生赴武汉参加革命经过》，《辛亥革命回忆录》第2集，文史资料出版社1962年版，第69页。
② 徐永昌：《徐永昌回忆录》，团结出版社2014年版，第20页。
③ 萨孟武：《学生时代》，广西师范大学出版社2005年版，第53页。
④ 左舜生：《近三十年见闻杂记》，沈云龙主编：《近代中国史料丛刊》正编第5辑，台湾文海出版社1967年版，第591页。
⑤ 沈宗瀚：《沈宗瀚自述》（上），黄山书社2011年版，第40页。
⑥ 苏雪林：《苏雪林自传》，江苏文艺出版社1996年版，第19页。

第五章　辛亥时局与报刊读者的阅读心态

随着革命形势的发展，革命报刊在青年学子中的影响日益深入。1911年，在杭州府中学上学的徐志摩，喜欢读《民立报》。3月23日，他阅《民立报》，得知中俄交涉的消息，感叹："势必经大战争而后已，为国民者，其知自警乎。"① 与之类似，在两湖总师范学堂读书的朱峙三，在辛亥年读了《民报》《天讨》《大江报》《民呼报》等革命报刊，他对《民呼报》尤为喜爱。如四月三日，他读《民呼报》，认为"言论甚新"，八日，他记载同学牟鸿勋定有《民呼报》，"同学借者极多，甚合近人心理矣"。二十九日，他读《民呼报》后称赞道："说理充足，满汉种族截然不同，且世仇也。"六月二日，他读《民呼报》并指出："省城各学堂、新军有知识者，均同意排满革命。"②

武昌起义爆发后，"各报均以革命党胜为喜"。③ 尤其是各省纷纷宣布独立之后，各报千篇一律，"无不歌颂革命军之胜利，或鼓吹北伐，或主张组织政府于南京"。④ 报刊舆论对革命党人的一边倒支持，对全国各地的学生观察时局有着直接影响。在南京，陆军中学反响极为强烈。曾为该校学生的陈铭枢回忆，当武昌首义的消息传播至该校后，"全体同学除旗人外，都兴高采烈，喜形于色；不论是否为同盟会员，都争着买一角钱一张的报纸看"。⑤ 在嘉兴中学读书的茅盾回忆："武昌起义的消息，由偶然到东门火车站买东西的一个四年级同学带回来了，立刻轰动全校。……当天下午就有几个同学请假出去，到东门车站去买上海报。这是等候上海开来的火车到站后，上车去和旅客情商，买他们手中的上海报。偶尔有人下车来，那就几个同学围着他抢买。"⑥ 在北京，协和书院虽已停课，杨学羔、耿志清、陈保安等同学仍留院内。据杨学羔追述："他们每日将报上所载各省独立、革命胜利的一些好消

---

① 徐志摩：《徐志摩未刊日记》，北京图书馆出版社2003年版，第20—21页。
② 朱峙三著，胡香生辑录，严昌洪编：《朱峙三日记（1893—1919）》，华中师范大学出版社2011年版，第281、282、283、286页。
③ 黄沅：《黄沅日记》，广东省立中山图书馆、中山大学图书馆编：《清代稿钞本》第22册，广东人民出版社2008年，第342页。
④ 黄尊三著，谭徐锋整理：《黄尊三日记》（上），凤凰出版社2019年版，第304页。
⑤ 陈铭枢著，全国政协文史和学习委员会编：《陈铭枢回忆录》，中国文史出版社2012年版，第15页。
⑥ 茅盾：《茅盾回忆录》（上册），华文出版社2003年版，第75页。

息,择抄誊写油印出来,邮寄给那些家居的同学,以慰他们对革命事业殷切的关念,并加强他们对革命必将迅速成功的信心。……十二月二十六日,他们于京津各报见到头一天清廷所颁的逊位诏书,他们就以为革命真正地成功了,真是兴高采烈,喜欢的连觉都睡不着。于是星夜里将诏书誊写油印出来,次日清晨即邮寄给在乡村的同学。"① 在湖南,武昌首义的消息令人心大振。青年学生更加激动,学校自动停课,学生们终日鹄立长沙关码头上,守候从汉口开来的轮船,打听消息,抢购报纸。亲历者邓介松谈及当时情形:"碰巧我遇见一个相识的乘客,他的网篮中有包裹用的报纸很多,而且新的居多,我们用好纸换取了做包裹的报纸。跑步回校,集体传阅,并摘要抄下张贴。"② 显然,武昌起义的消息激发了同学们的读报热情,革命报刊对热血青年的革命理念有着深刻影响。

值得注意的是,新式学校为学生的读报活动提供了便利条件。1911 年,17 岁的吴宓在清华学校读书期间,经常在阅览室阅读各种报刊。3 月 15 日,他读《国风日报》,对《民立报》报馆被烧毁一事,"闻之不胜扼腕悼惜"。并感叹:"于右任君始创立神州报馆,即以火灾而废。《民呼》《民吁》迭遭封禁,今《民立》又罹此劫,赔累何堪设想。岂天不欲中国有一完全之日报耶!"武昌起义爆发后,他对时局甚为关注,10 月 25 日,他在日记中写道:"鄂事惶惶,殊未知结果如何?"根据新闻报道,他进而指出:"革党在鄂设施制度,一切迥有规模。气象蒸蒸,方兴未艾。而政府则萎遢,一无所为。将来事局如何,实未可以预卜也。"10 月 26 日,他得知"吴禄真在军中杀死荫昌,以兵叛附革党",认为"此事太似离奇,实有不可信者存"。29 日,他读《民立报》,"其中盛称革命不遗余力"。由此进一步对北京报刊的言论产生怀疑。他认为:"盖北京各报极力辩护,言毫无事情,好传荫昌胜仗,实皆不可凭信。而上海诸报则极力鼓吹,言革命之多胜利,实亦有过分语。吾辈今日

---

① 杨学羔:《华北协和书院师生的革命活动》,《辛亥革命回忆录》第 5 集,文史资料出版社 1963 年版,第 448 页。

② 邓介松:《辛亥革命在湖南所见》,《辛亥革命回忆录》第 2 集,文史资料出版社 1963 年版,第 204 页。

处此，如在梦中。外间真确消息毫未闻知，实为不妥之至。恐事势紧急而临时尚无所知，不能预作防患之计，则诚非善也。"吴宓作为青年学生，主要依靠报刊了解战局，但他通过比较京沪报刊的新闻，较为客观地指出京沪报刊的报道风格，进而对新闻的真实性产生怀疑、焦虑。两天后，他进一步表达了内心的不安，写道："自鄂事发生以来，至今恰二十日，余等既忧国势之将来及世界之变迁，复以乱耗迭传并为故乡虑，为家中虑，而又为一己生命之安虑。以故，心长大扰，皆毫未习学课。"战事关系到家国安危，吴宓虽在学校却无心读书，报刊报道的各种消息真伪难辨，但他对报刊的政治背景有着自己的判断。1912年2月2日，他看到保皇党的《时事新报》有关"西安府已为升允攻得"的消息后，颇不以为意。他认为，"此报记载常多虚浮，故其事之有无尚难断定"。对于于右任创办的《民立报》，他情有独钟，尤其是清华学校因战事暂时停办之后，他来到上海圣约翰大学就读，经常造访《民立报》报馆，他在3月7日写道："而亦无日不阅《民立报》，每晨以此为消遣物，阅之至详且尽，于是余与《民立报》之缘甚深。"① 可见，在吴宓的内心世界，《民立报》之类的革命报刊具有很高的地位，对革命报刊读之愈久，爱之愈深。

辛亥年，在苏州草桥中学读书的叶绍钧，同样对《民立报》情有独钟。开学后不久，就联合同学五人，"合资看《民立报》一份，令送报者按日送至校中"。数天后，《民立报》馆失火，叶绍钧颇为失望。只好看其他报刊，了解中英、中俄交涉新闻。农历二月二十一日，他得知"《民立报》已于昨日起照旧样出报，另增画一张"，认为"卷土重来，煞是可喜"。此后，他多次秉烛夜读《民立报》。五月二十一日，他开始夜抄《民立报》中英伦通信《英国工党与社会党之关系》。二十九日，又抄《民立报》社论栏中之《健儿篇》。六月二十四日，他见《民立报》杂录栏中《亡国奴传奇》，"因于夜间抄之"，"而以后则每日抄其每日所载出者也"。闰六月二十五日，他

---

① 吴宓著，吴学昭整理：《吴宓日记》（第1册），生活·读书·新知三联书店1998年版，第36、171、172、177、178—179、189—190、203页。

读《民立报》，其社论中有哀杨笃生文，读竟作一长叹。七月间，大乱之势出现，各处掠米抢薪之举，报纸屡见。二十四日，他已对报上有关川路风潮的报道有较多了解，对于川省宣告独立的电文，他欢欣鼓舞，大声疾呼云："独立乎，独立乎，我日望之矣。更求川人毋吝其血与骨，以终成之也。""则欲救吾中国者，又非独望川人，吾黄帝之子孙皆其责矣。"八月三日，他阅报，"见江震饥民肇事。学校、局皆为蹂躏，情形已属糜烂"。八月五日，他读报，了解川路事件的进展。"见川人重复发难"，则内心甚喜，"深望传闻之非诬也"。① 对于即将到来的革命风暴，作为中学生的叶绍钧似乎已有预感。

武昌起义爆发后，八月二十一日，叶绍钧课后阅报纸，方知"武昌已为革党所据"。他进而展望："武昌据天下上游，可以直捣金陵，北通燕赵。从此而万恶之政府即以推倒，亦未可知也。自由之魂其返，吾民之气当昌，其在此举矣。"第二天，报载汉阳铁厂为革党所得，蜀、粤两省亦有跃跃欲动之势。他赞叹："风云际会，盛哉此时。"② 其对革命的向往之情跃然纸上。

面对革命形势的发展，叶绍钧对报纸如饥似渴，有时报纸没有及时送到，便与同学请假外出购阅。八月二十九日，他读到数份报纸，各报关于"革军与彼虏交战"的新闻互有异同。"《民立报》则云革军胜，《时报》则云无甚胜负，《字林西报》则云革军不利"。作为革命军的狂热拥护者，他"闻不利之消息，则闷郁特甚"。第二天，他急购《时报》阅读，"第一条专电即见廿八日革军系伪败"，他"心油然喜"，"以报纸携进教室，则同学争夺之。见第一条，皆笑色现于面，暗相告语，不顾程先生在讲台上矣"。③ 报刊有关"革命排满"新闻对学生情绪的影响由此可见一斑。

叶绍钧对革命胜利极为渴望。九月四日，他从报上得知南北两军休战三日的消息，颇感失望。期待"明后日可得好消息矣"，"盼望之殷，恨地球不

---

① 叶圣陶：《叶圣陶集》第 19 卷，江苏教育出版社 2004 年版，第 14、17、22、23、25、28、29、31、32、33 页。
② 叶圣陶：《叶圣陶集》第 19 卷，江苏教育出版社 2004 年版，第 35、36 页。
③ 叶圣陶：《叶圣陶集》第 19 卷，江苏教育出版社 2004 年版，第 39、40 页。

快转两周"。而他对报纸刊登的"革军文牍",赞不绝口,认为其"醇厚静穆,深得书经精髓,而自有一种雄壮慷慨之气,流露于字句之间"。读到报纸的好消息后,他认为"文学实产生英雄,今日之众英雄皆报纸之生产儿"。报纸激发了他的想象力、爱国心和革命情怀。九月七日,他统计各报有关各省独立的新闻,"则十八省省城,只一南京尚未动也"。他展望未来,"乐矣哉"。连日来,他又读《社会报》《天铎报》等报纸,九月十四日,他读报得知:"上海起事,报纸上称未害一人伤一家,历一二句钟而已定。"当天,苏州光复,第二天,为表示庆祝,他将自己的名字改为叶圣陶。二十六日,他摘录《天铎报》一篇《革心》的社论:"大约谓今日之势,尤当以改革人心为首要。"此主张与他不谋而合,对于如何"革心",他希望与社论作者一会,"以共同讨论也"。十月间,南北军队各有胜负,革命军遇到种种困难。叶圣陶一有机会即购阅《大汉报》《社会报》《民报》等报,十日,他读报得知,鄂省我局军确难支持,他相信"众心坚结,当不难重复旧观,尽扫贼敌也"。而随着形势的不明朗,报纸各依其主见以为胜负。在南北和议不决之际,他坚决反对和谈,认为"只有战,不可和"。二十八日,他阅报得知南京开选举临时总统会,便相信"民国基本愈形巩固矣"。十一月七日,他读《民国报》和《民报》,对孙中山推崇备至,认为"我国革命之首倡者,实推孙中山","全国人心中之第一任总统属望此公矣"。十一日,他阅报得知孙中山当选临时大总统,颇为赞同。欣喜地写道:"君久历欧西,一切文明典制定必了然于胸,此时组织临时政府,当能惬我同胞之心也"。①

辛亥革命爆发后,在浙江谘议局任议员的刘耀东于八月二十三日读《民立报》,"载武昌、宜昌、长沙皆先后失守"。② 早在1906年留学日本时就是同盟会员的他,对革命的消息自然欢欣鼓舞。而身处绍兴《越铎日报》报馆旁边的鲁莽,虽然只有11岁,但他对报纸所产生的冲击力颇有感触。他

---

① 叶圣陶:《叶圣陶集》第19卷,江苏教育出版社2004年版,第42、43、44、49、58、63、64、69、71、74页。
② 刘耀东:《疢瘝日记》,温州市图书馆编:《温州市图书馆藏日记稿钞本丛刊》第58册,中华书局2017年影印本,第30785页。

说:"那时绍兴的报人地位很高,社会对于报馆的崇敬也比现在高十倍。我的志趣就想做一个'访事员',或'编辑先生'。所以以后对于林白水、邵飘萍等事件,只有增加我对于记者生活的神往,毫不使我惧怕。我那时从革命的新闻、革命的言论中,已沾染了不少革命的气味,直到现在还是不易妥协的性格,可以说多少是童年时代所受的影响。"① 鲁莽从一个报刊观察者、阅读者到办报者身份的转变,证实辛亥革命对他的人生道路有着巨大影响。

在四川成都,曾留学日本的吴虞编辑过《蜀报》,思想较为进步,对封建礼教尤为不满。他认为:"中国之天下所以仅成一治一乱之局者,皆儒教之为害也。"武昌起义爆发后,吴虞已被成都府中学解聘,并与其父有严重冲突,涉及讼案。辛亥年,他阅读了《商会公报》《蜀江报》《独醒报》《大汉国民报》等报刊,这些基本上是四川本地报刊。他认为《蜀江报》甚佳,《蜀醒报》《大汉国民报》均无价值,可勿购矣。十月七日,他阅读《独醒报》,才得知赵尔丰被迫交权,"大汉独立矣"。十八日,他"忽闻枪声,询知巡防军变","夜各处火起大扰乱,人心惶然,俨如法兰西革命时代矣"。时局危殆,但吴虞却无法及时收阅报纸,至二十六日,才从友人胡巨川处得知"政府固无恙",认为"斯亦奇矣"。然而,他对"革军"的消息并无多少了解,北京方面的来信大多讲述朝廷大事。直到十一月八日,他读《新民语》得知:"云南陈先源率兵八千踞叙府,同志军一面截其后,一面向军政府告急。"十二月初,他受聘《西成报》总编辑后,作书黄体珊,"言外省紧要新闻一条俱无",足见当时新闻传播之阻隔。十一日,报馆议定订阅上海《外交报》《东方杂志》《法政杂志》《民立日报》《大共和报》,重庆《光复报》《独立报》《国民报》《皇汉大事记》。彼时,南北和谈已近尾声,吴虞似乎对革命并无多大热情。二十七日,成都府中学学生欲组织民党,邀请吴虞出面维持,但他"以杜门养晦,不预外事辞之"。二十九日,他作《国民党序》,指出:"政党首贵保持统一之精神。"第二年正月,吴虞订阅了《四川公报》,他在

---

① 鲁莽:《夜生活——二十年报纸生涯甘苦录》,独立出版社1945年版,第2—3页。

日记中写道："此后上半日看新学书，下半日看旧学书，晚上看报章或小说，以娱散情志。"① 在吴虞的阅读计划中，报章占据一定的比重。当然，他对辛亥革命缺乏深入的观察，也与他的见闻和视野有关。

辛亥革命的消息通过各种途径传播至海外，对留学生亦产生极大震撼。10月12日，武昌起义爆发后的第二天，在美国康奈尔大学读书的胡适就"闻武昌革命军起事"，至10月14日，他得知"武昌宣告独立，北京政府震骇失措"，而"美国报纸均袒新政府"。胡适虽身处美国，但对这一突发的重大政治事件极为关注，除了担心在武汉的大哥和侄儿的安危之外，他内心对革命抱有很大的期待。他希望袁世凯不要为清政府所用，10月17日，他得知"袁世凯已受命"，便怒言"此人真是蠢物可鄙"。10月19日，在听过多日的传闻之后，胡适终于看到了国内寄来的《神州日报》，"读川乱事，见政府命岑春萱（煊）赴川之谕旨，有'岑某威望素著'，又'岑某勇于任事'之语"。平时性情颇为平和的胡适，在读到这则新闻后，"不禁为之捧腹狂笑"。② 其对岑春煊之流的官员嗤之以鼻，对清政权的厌恶亦流露笔端。

蔡元培在辛亥年已是43岁，但辛亥革命爆发时他仍在德国莱比锡大学留学，研究心理学、美学、哲学诸学科，虽在海外，他非常留意国内政局。辛亥年八月中旬，他在德国的维铿斯多中学参观，他回忆："我在此校住了一星期，忽见德国报纸上载有武汉起义的消息，有一德国朋友问我这一次的革命是否可以成功。我答以必可成功，因为革命预备已很久。"③ 而在美国哥伦比亚大学攻读博士学位的顾维钧，与其他留美学生一样，对武昌起义的消息大感意外，也颇为兴奋。他回忆："我记得我们有好几天都对学习失去了兴趣，把注意力集中在阅读报纸上。我们买了一份又一份的午报和晚报，有时还打电话给《先驱报》打听更多的消息。革命给我们的印象是成功相当容易。我

---

① 吴虞著，中国革命博物馆整理：《吴虞日记》上册，四川人民出版社1984年版，第4、5、6、9、17、18、19、21、23页。
② 胡适：《胡适留学日记》，岳麓书社2000年版，第41页。
③ 蔡元培：《辛亥那一年》，《越风》1936年第20期，第1页。

们觉得汉口清兵的兵变是起义成功的信号,因为这部分军队被认为是一支模范部队,清政府正是依靠它来维持君权的。"①

辛亥革命之前,黄尊三已在日本留学6年,他经常阅读《民报》等革命报刊,同时也留意《泰晤士报》等外文报刊,他对国内革命局势颇为关注。对于宣统二年(1910)四月的长沙大暴动,他颇为留意,在当月十七日阅报得知此事,"但不知因何而起"。第二天,他在日记中对事件详加披露:"阅报,载昨日长沙饥民,因防谷令,大起暴动,杀死巡抚岑春萱(煊),放火烧巡抚衙门,及教堂、公所,湖北驻兵,无力防卫,现各国军舰,已陆续开往该地云。"他进而评论:"余意此事虽因防谷令而起,其内幕必有重大原因,各国军舰,动即干涉吾国内政,无理之至,吾力能为,当先粉碎之也。"其为国报效之情,溢于言表。辛亥年,他对时局甚为关注,在二月之后的读报活动中,充分体现出仇恨清廷、拥护革命的心态。二月十九日,他早起阅报,"载英、俄交涉愈益迫切,有旦夕破裂之势,中国政府尚无相当应付方法,真是不堪痛恨。掷报于地,即至早稻田赴谈话会"。情绪激昂的黄尊三愤而指出:"中国国事至此,除断行革命外,一切都是废话。"十月之后,"四川铁路风潮日形紧张。革命潮流亦随之播荡,日甚一日。留东革命党人,向内地进发者,日有多起"。他预测,"不久或将有大事发生"。武昌起义爆发后,黄尊三极为欣喜,他在十一月二日记载:"早起,阅报,武昌革命军起,占领省城","阅之,欣喜欲狂,绕室彷徨,不知所措"。四日,他阅报得知:"革命军占领汉阳、汉口,黄克强为总指挥,军势颇盛。日本各报同发号外,日本人心为之震动。留学生之在东京者,几全体罢课,到处开会庆祝。"十六日,他读报后记载:"蓝天蔚协统在关东独立,称关东大都督。"十九日,报上传来坏消息:"汉阳有被冯军夺取之讯,武昌危急,因民军仓猝起事,组织尚未完备故也。"他读报后,"甚为忧虑"。但当日报纸号外又带来好消息:"云贵相继独立,四川总督端方被革军枪杀于重庆,四川亦宣告独立。"他"闻之甚

---

① 顾维钧:《顾维钧回忆录》(第1分册),中国社会科学院近代史研究所译,中华书局1983年版,第73页。

喜"。二十一日，他阅报后记载："浙江独立，南京震动，将军铁良有出走之讯，喜极。"① 受报刊舆论的影响，黄尊三决计归国，以实际行动投身革命，拥抱新时代的到来。

值得注意的是，革命报刊在新军中的影响颇为广泛。辛亥革命之前，一些革命党人在清军中暗中活动，利用革命报刊在军营中宣传革命思想，颇有效果。如太原起义就得益于杨彭龄等革命党人的宣传，据在太原清军当常备兵的郭登瀛回忆："他（杨彭龄）悄悄地给寄来的信件、报纸给我们看，看完后，赶紧烧掉，不敢让别人知道。记得，那时候革命党在山东烟台办着一个宣传革命的报纸——《兴华报》，秘密地寄到太原，杨彭龄收到后，就给我们看，给我们讲，就这样，我们知道了许多革命道理。"② 武昌首义后，在保定的新军管带冯玉祥弄来一架油印机，从早到晚印刷传单。每天将《大汉报》等刊物所刊载的民军胜利的消息，各省响应的文电，还有许多鼓吹革命的小文章，都摘录出来，用油印印好，每次三四百份。到晚上派人偷偷地各营取散发，或是由邮局寄到本地各机关去。③ 革命党人利用报刊在清军中的宣传，对瓦解敌方阵营起到了重要作用。

武昌起义后，各地革命党人"详阅报章，默察时势"，但是关于辛亥革命的具体细节，"虽已详载各报"，而革命胜利之后，"举凡若何革命，曷以成功，逐日进行种种之手续，恰如白马过隙，星移物换，遂至湮没而不彰，尤可惜也"。因此，报刊有关革命的资料，需要系统整理，以防散佚，并为后人留下可靠的史料。鉴于此，革命党人寿臣决心编录辛亥革命报刊史料，"自八月二十日起，逐日选择京、津、上海各报章，分门重印"。"兹因十二月二十五日议和完结，革命成功，是编遂是日截止而欣然易其名曰《辛亥革命始末记》"。④ 寿臣对辛

---

① 黄尊三著，谭徐锋整理：《黄尊三日记》（上），凤凰出版社2019年版，第199、260、261、299、300、301、302页。

② 郭登瀛：《太原起义的回忆》，《辛亥革命回忆录》第8集，文史资料出版社1982年版，第198页。

③ 冯玉祥：《我的生活》，黑龙江人民出版社1981年版，第114页。

④ 寿臣：《辛亥革命始末记》，《近代中国史料丛刊》正编第42辑，台湾文海出版社1969年影印本，"自序"第1页。

亥革命报刊史料的整理和出版，表明了当时报刊在记录武昌起义进程中的重要作用，它的编辑加工过程，不仅是重温报刊新闻内容，也极大地推动了"革命"新闻的二次传播。

小　结

从总体上看，辛亥革命时期的报刊新闻以"革命"为主线，激发了读者的阅读热情。而报刊对革命所持的立场，不仅在舆论上起到了导向作用，也直接影响读者的阅读偏好。读者对报刊的选择性阅读，有着复杂的社会情境，也表明报刊具有明显的价值导向。应该看到，面对清王朝的灭亡，时人无法置身于外。而革命形势发展之迅猛，使各方势力均无法想象。报刊对于战局的报道，往往预设议题，各说各话，以致各种新闻鱼目混杂，难辨真伪。这恰恰为报刊的造势提供了舆论氛围。在帝制与共和之间，大多数报刊预设了立场。因此，不同身份的读者势必因价值观的差异而对报刊进行选择性阅读，进而就自己的立场进行新闻解读，对时局的研判也带有强烈的主观性。报刊政治与阅读政治有机结合，使这一时期的报刊阅读具有明显的"革命"色彩。

利益决定了立场。面对摇摇欲坠的清政权，绝大多数官吏希望帝制得以延续，皇权政治得以维持。因此，从当朝权贵到地方官绅，他们对"革党"的暴动极为不满，对报刊的排满言论更是充满仇恨。尽管官方报刊刻意制造清王朝的强大形象，但体制内的既得利益者并未就危局提供可行的方案。袁世凯成为南北双方争取的对象，但最终却以末代皇帝溥仪下台作为结局。辛亥年的官吏们读报时由震惊而焦虑、由失望而绝望，在改朝换代的当口，报刊不再是他们日常的娱乐品，而是将他们带入一个"悲惨世界"。他们读报后的痛苦与无奈、悲愤与失落、谩骂与仇恨，乃是时局发展之必然。

在走向共和的过程中，新式知识分子和青年学者以极大的热情拥抱新时代的到来。他们渴望革命，革命党人也渴求他们的响应。革命报刊则为推翻清王朝提供舆论阵地，凝聚更多新兴力量的共识。尤其是武昌起义后，革命报刊塑造的民主、革命、共和理念激发了读者的阅读热情。在各类学校里，革命报刊成为学生争抢阅读的对象。他们心朝着南方的"革命军",满腔热情地讴歌革命。读报是他们了解革命形势、激发革命斗志的重要方式。报刊的革命宣传顺应了读者的革命需求,报刊充当了读者与革命军之间的桥梁。一些革命报刊的夸耀式新闻报道,也获得了读者的好感,这是革命激情带来的狂喜效果。革命报刊成为革命的代言者,在制造革命舆论的同时,也制造了阅读革命。

应该看到,以日记、回忆录作为观察辛亥时局的基本史材,也有一定的局限。在武昌起义后的数月间,以日记记录读报心路历程的读者毕竟所占比例不高,许多读者虽有读报经历,却并未形成文字,难以揣测其态度和想法。由于当时的识字率和报刊普及率并不高,许多劳苦大众与报刊阅读无缘,当清政权处于风雨飘摇之中,一些贫苦大众仍然为生计奔波,面对三千年未有之变局,他们难以通过报刊新闻了解时局,更难以在纷乱的时局中发出他们的声音。有文字记载的阅读固然可以帮助我们了解真相,而无数经历者虽然没有留下任何文本,但他们的存在不可忽视。然而,由于文字的"不可见",他们被视为"潜流"而非"主体",无数"执拗的低音"往往被我们忽略了。① 而之后出版的各种回忆录、口述史料,对了解辛亥革命的社会影响大有裨益,但当事人的立场与选择性记忆可能会影响事实的陈述。从这个角度看,本章关于辛亥革命与读报人阅读心态的研究,仅仅是帝制与共和冲突中的局部"面相"。

---

① 王汎森:《执拗的低音:一些历史思考方式的反思》,生活·读书·新知三联书店2020年版,第1页。

第六章

劝民读报与公共读报活动的发展

在晚清社会，报刊的大众化受到传播技术、交通条件、经济发展水平、阅读风气等方面的影响，报刊的消费也受到民众识字率、经济条件、"可得性"等因素的制约。在报刊生产与读者消费之间，始终存在巨大的"鸿沟"。士绅和新式知识分子固然是报刊读者的主体，通过不少个案的分析，可以"重演"个体读报的场景，但是，过度强调社会精英的阅读事实，往往会忽视那些被忽略甚至被遮蔽的边缘群体。在报刊阅读史研究中，报刊阅读文化如何"下移"长期没有得到充分重视。在突出读者是"盗猎者"，注重个体差异的同时，我们又必须承认，没有社会大众的参与，报刊就很难实现真正的大众化。从19世纪初期报刊的稀缺到清末报刊的逐步大众化，报刊自身的发展固然重要，但报刊如何经由"一报多读"和"公共阅读"的方式塑造新型的公共文化，乃是我们运用"集体阐释"策略研究阅读史必须注意的议题。因此，本章从报人办报、劝民读报、读报组织与公共阅读的角度，探讨晚清报刊阅读的大众化问题。

第一节 办报与读报：报刊大众化的探索与困惑

一、维新之前报人办报与下层社会的读报问题

报刊作为大众传媒的重要功能就是能够公开地为大众所阅读，也就是说，

第六章 劝民读报与公共读报活动的发展

对于一份报刊而言,是否有效地进入读者的阅读世界,是检验其发行量、影响力和传播效果的重要因素。近年来,一些学者往往将白话报刊作为社会启蒙的重要媒介,如李孝悌认为,义和团运动之后,为了开启一般无知的"愚夫愚妇"的智慧,白话报纸大量出现,另一方面,官府和民间为了将讯息更有效地传达给一般人,也开始大量刊发白话告示和传单。① 胡全章也指出,启蒙宗旨是清末白话文的立身之本。② 白话报刊以激发下层社会阅读为目的。但是,关于下层社会的读报问题,并非白话报刊首先关注到。现代中文报刊出现之后,如何吸引大众阅读就已成为办报者着重关注的问题。最早的《察世俗每月统记传》之所以会选择在马六甲一带开办,就是由于传教士马礼逊、米怜等人对中国内地的传播生态较为熟悉,考虑到清廷禁报的风险而转移至华人移民较多的东南亚区域。早期的传教士很难在"上层社会"进行传教,士绅对儒家传统的尊隆是根深蒂固的。而传教士行走于大街小巷乃至偏远乡村,也是希冀下层民众能够有机会接触到基督教理念。因此,早期宗教报刊眼光向下,期望下层民众能够有机会接受"文字布道"。诚如《察世俗》的序言所指出的那样:

> 富贵者之得闲多,而志若于道,无事则平日可以勤读书,乃富贵之人不多。贫穷与作工者多而得闲少,志虽于道但读不得多书,一次不过读数条。因此,《察世俗》书之每篇必不可长也,必不可难明白。盖甚奥之书不能有多用处,因能明甚奥理者少故也。容易读之书者,若传正道,则世间多有用处,浅识者可以明白,愚者可以成得智,恶者可以改就善,善者可以进诸德,皆可也。成人的德,并非一日的事,乃日渐至极。太阳一出,未照普地,随升随照,成人德就如是也。又,善书乃成德之好方法也。③

---

① 李孝悌:《清末的下层社会启蒙运动:1901—1911》,河北教育出版社2001年版,第17页。
② 胡全章:《清末民初白话报刊研究》,中国社会科学出版社2011年版,第108页。
③ 《〈察世俗每月统记传〉序》,《察世俗每月统记传》1815年全卷,第2—3页。

可见，在1815年《察世俗》初创之时，马礼逊、米怜已经对"贫穷与作工者"的读报问题非常关注，他们认为宗教报刊只有以通俗浅易的内容面向下层社会传播，才能达到宗教普及的效果。而下层社会识字不多、见闻不广、理解不深，势必需要办报者对宗教理论再度加工，他们结合俗理和儒家伦理进行解释，并进行断句，目的是让读者容易读懂，如此才能深入中国读者的精神世界。显然，此类号称"书"的刊物，已经在内容上区别于中国经典书籍，其宗教启蒙的导向十分明显。与《察世俗》相类似，后来的一些宗教报刊也关注下层社会的阅读问题，如《东西洋考》在序言中指出："好仁不好学者，其蔽也，愚。"① "治愚"的目的就是要扩大读者阅读的范围，使刊物能够深入下层社会。鸦片战争后，传教士报刊仍然坚持面向大众的传播策略，将基督教义融入中国儒家文化的浅易说理之中，并兼及传播科技、人文知识，坚持"传教"与"启智"相结合。虽然宗教报刊由于种种原因难以获得广泛关注，但是，早期的宗教报刊读者中仍然存在一定数量的下层民众。如上海租界的一些外国人为华人家佣订阅宗教报刊，就是一个明证。当然，甲午前后，《万国公报》将阅读对象调整为官绅阶层，其内容已经由布道转向为传播西学新知。但在此前的数十年间，宗教报刊一直努力满足普通民众的阅读需求，不断调整刊物的栏目和内容，促进宗教和科技知识的大众传播。如《格致汇编》和《教会新报》的读者答问栏目，就是以通俗的语言向读者解释宗教和科技问题，扩大读者的阅读面和知识面。

19世纪70年代后，《申报》等商业性报刊以市场为导向，关注不同层次读者的消费需求，其报刊内容趋向多元化。其第一号《本馆告白》中就指出："务求其真实无妄，使观者明白易晓。……自新闻纸出，世之览者亦皆不出户庭而知天下矣。"让四民都可从《申报》中读到自己所需要的内容是办报者的理想，而文字的通俗易懂则是提高报纸普及率的前提。在办报者看来，报纸之所以不同于书籍，是因为报纸能够做到"文则质而不俚，事则简而能详"。

---

① 《序》，爱汉者等编，黄时鉴整理：《东西洋考每月统记传》，道光十三年（1833）六月，中华书局1997年版，第3页。

因此,"上而学士大夫,下及农工商贾",① 都能从报纸中获得所需的信息。对于报纸读者而言,"知道"比"理解"更重要,因此,读报应该比读书容易得多。尽管受当时的经济水平、媒介环境、交通条件、发行渠道等方面的影响,《申报》之类的商业性报刊并没有广泛地进入下层社会,但它对下层社会的关注仍然是不容忽视的。

对于日报与大众阅读的重要性,早在甲午战争期间,郑观应在他的《盛世危言》中就有专题论述,他认为,报纸的开设,必须注重以民为本,文字务必浅近,达到"增人智慧,益人聪明,明义理以伸公论"的目的。因此,他提出,"如欲变法自强,宜令国中各省、各府、各州县俱设报馆",强调将报纸延伸至县一级区域,达到深入乡村社会的目的。而且这些报纸都应为日报,因为日报的优势非常明显,"逐日阅之,殊不费力,随事求之,必有新获"。而日报的大众化也是其他类型报刊不能比拟的。日报的发展与民众的识见有着直接的关系,"若日报一行,则民之识必扩,民之志量必高,以此愈进愈深,愈求愈上"。②

一般认为,维新时期的报刊主要以"变法图强"吸引士绅社会的高度关注,下层社会接触维新报刊的几率甚低。可是,梁启超提出的"去塞求通",就是由于"上有所措置,不能喻之民;下有所苦患,不能告之君"。③ 因此,他认为报纸要充当"喉舌""耳目"的作用,使上下之情都能够通达,而下情至少包括了下层社会的诉求。但时务报刊以政论和新学为主,其言论很难被下层社会所知晓。由于《时务报》之类的学术性刊物太偏重于理论,且传播的时效性较差,很难达到对下层社会启蒙的目的。裘廷梁创办《无锡白话报》时,就将"开启民智"作为办报的根本目的,他指出:"欲民智大启,必自广兴学校始。不得已而求其次,必自阅报始。报安能人人而阅之,必自白话报始。"只有提高下层民众的阅读率,报刊才能达到开启民智的效果,"俾商者农者工者及童塾子弟,力足以购报者,略能通知中外古今及西欧西学

---

① 《本馆告白》,《申报》1872 年 4 月 30 日,第 1 页。
② 郑观应著,王贻梁评注:《盛世危言》,中州古籍出版社 1998 年版,第 113、117 页。
③ 梁启超:《论报馆有益于国事》,《时务报》第 1 册,1896 年 8 月 9 日,第 1 页。

之足以利天下，为广开民智之助"。① 在他看来，白话报的主要读者对象应为普罗大众，而非士绅阶层。

针对政论性报刊偏向士绅阶层传播的现状，英敛之早在1898年给《益闻录》的投稿中，就对推广通俗性的日报进行了较为全面的论述。他对当时报刊阅读的现状甚为担忧，他说："以中华四兆人计之，阅报者定无五十万人，是八百人中无一人阅报，其风气何日大开乎？"这一估算虽然并不一定准确，但他对日报发行不广的评价是较为中肯的。他认为"士人读书攻习举业以八股试帖为正宗"，"各报议论庞杂，记述猥琐"，这些是报纸不发达的重要原因。因此，要发展日报，必须要"定极廉之价，使人易购"，要满足下层读者的消费需求，使他们有能力购阅。而针对日报内容的改革，他提出"不须深文周内，使人便观；务期朝野通行，雅俗共赏"。② 这在很大程度上表明了英敛之的办报理想，他认为要推广日报，务必做到文字通俗易懂，使下层社会便于理解。后来他创办的《大公报》，显然体现了这一办报理念。

与一般维新刊物注重义理不同，严复在创办《国闻报》时就注意到内容的通俗性。他认为："大抵日报则详于本国之事，而于外国之事则为旁及。旬报则详于外国之事，而于本国之事则为附见。"所以，要根据报纸性质具体分析读者的阅读需求，他进而指出："大抵阅日报者，则商贾百执事之人为多，而上焉者或嫌其陈述之琐屑。阅旬报者，则士大夫读书之人者为多，而下焉者或病其文字之艰深。"他认为日报的通俗性是旬报所无法比拟的。因此，创办日报的基础在于"合群"，尤其要注重发挥四民之中农工商的作用，达到"农得尽地利之用"、"工得讲究艺事探索新理"、"商得消息盈虚操计奇赢"的目的。③ 同时，《国闻报》注重将读报与变法图强、开启民智结合起来，提出："号称有教化之国，怎能行野蛮之事。……今中国朝廷既朝言变法图强，夕言变法图强矣，未有欲变法图强而犹使朝野之人不明内外之势，不通上下之气。以愚民为得计，始终言报馆不当设，报纸不可阅也……报纸必将盛，

---

① 裘廷梁：《〈无锡白话报〉序》，《无锡白话报》1898年5月11日。
② 英敛之：《推广日报说》，《益闻录》1898年1月29日。
③ 严复：《〈国闻报〉缘起》，《国闻报》1897年10月26日。

第六章 劝民读报与公共读报活动的发展

阅报之风必将大开也,是不待智者而后知也。"① 可见,《国闻报》以联结四民社会为目的,将普通民众的阅读需求放在非常重要的位置。这说明严复等人的眼光是"朝下的",同时也体现了《国闻报》在推广大众阅读方面的努力。

对于日报的功效,《苏报》也持相似的观点,该报曾大力鼓吹各省要广设日报,认为日报之设,"上则裨军国,下则益于编氓"。对于读者而言,"逐日读之,不费时,随事求之,易有所得"。因此,如果广设日报,"民之识见必加数倍,民之爱国亦必加数倍矣"。②《时报》则认为日报是"国民今日之现在史也",因此,日报对于国民而言,"犹如形之于影,声之于音,身体之于衣服,鸟兽之于羽毛,不可一日去"。③ 这表明,对于日报的通俗性与大众化,一些报人已有较为深入的理解和认识。

尽管经过传教士和本土报人数十年的努力,中国报刊的整体水平仍然较低,尤其是报刊在下层社会的传播很不理想。梁启超在总结中国报馆不发达的原因时指出:

> 一、由于创设报馆者,不预筹相当之经费,故无力扩充,或小试辄蹶;二、由于主笔时事等员之位置,不为世所重,高才之辈莫肯俯就;三、由于风气不开,阅报人少,道路未通,传布为难;四、由于从事斯业之人,思想浅陋,学识迂愚,才力薄弱,无思易天下之心,无自张其军之力。④

梁启超的评论,从"生产"与"消费"的角度亦可理解报馆、报人与读者的关系,他认为报人思想浅薄、学识不高是影响报馆发达的"病根"。这与梁启

---

① 《论中国阅报之风必将大开》,《国闻报》1899 年 2 月 15 日。
② 《各省宜多开日报说》,《清末时事采新汇选》,壬寅年(1902)三月十四日,北京图书馆出版社 2003 年影印本第 1 册,第 345 页。
③ 《论日报与社会之关系》,《清末时事采新汇选》,光绪三十年(1904)九月二十一日,北京图书馆出版社 2003 年影印本第 11 册,第 5492 页。转载自《时报》,光绪三十年(1904)九月三日。
④ 梁启超:《本馆一百册祝辞并论报馆之责任及本馆之经历》,《清议报》第 100 期,1901 年 12 月 21 日,第 5 页。

超作为当时维新派领袖地位有关，他对报人思想与学识的高度关注，也凸显了当时政论性报刊引领思潮的作用所在。然而，戊戌变法之后，维新派所倡导的"保皇立宪"，始终依赖精英阶层尤其是传统士绅的力量，梁启超所关注的"思想界"舆论动态，就是要培养国家观念，弘扬国民精神。但是，他很少关注下层人的"思想世界"，虽然他深知"风气不开"的现状，强调"中外通、上下通"，但如何使更多下层读报，他却没有提出切实的解决方案。他通过维新派报刊所发起的君主立宪运动，并没有发动下层民众参与的意图。

20世纪初，受《苏报》案所引发的民主革命热潮的推动，革命报刊则将开明士绅和学生群体作为主要的阅读对象。革命报刊尤其注重学生社会的"鼓动"作用，正如《湖北学生界》的一则评论所言："学生介于上等社会下等社会之中间，为过渡最不可少之人。"学生被认为是社会变革的主要动力，是上下层社会都依赖的重要对象。因此，"二十世纪之中国，学生之中国也，其兴也惟学生兴，其亡也惟学生亡之"。[①] 这自然是留学生报刊对学生社会的自我张扬，但也反映出其对学生参与变革的热切期待。然而，革命报刊注重学生读者的阅读需求，却很少关注下层民众的读报问题。即便是辛亥革命前夕，中国学生总数为三百万人左右，对于有四亿人口的中国而言，仅仅强调学生社会的读报需求，无论如何也难以解决"阅报人少"的难题。尽管在清末的最后十年中，报刊数量有快速增长，但是整体的发行量和阅读率并不高，下层社会的读报问题仍然没有得到有效解决。

二、下层社会的阅报困境与劝民读报

维新之后，随着各类报刊的快速增长，报刊之间的竞争也日趋激烈。尽管政论性报刊主要以士绅和学生为阅读对象，但从总体上看，这两类读者的数量在人口中所占比例仍然很低。关于读报的好处，《申报》《新闻报》《大公报》等报刊都多次刊登专文加以论证，还借读者来信栏目加以推广。如一位署名"射湖渔人"的读者，声称报纸"凡地球各国所有守旧之弊，维新之

---

① 《学生之竞争》，《湖北学生界》1903年第2期，第3、5页。

第六章 劝民读报与公共读报活动的发展

资,无一不载"。对于读者而言,"阅之积久而豁然贯通,则化愚顽为明智,进贫弱以富强"。① 然而,此类宣扬,对于无法接触报纸的人而言,毫无影响。关于读报人过少的问题,清末一些报刊在开办之初便深为痛惜,如《直隶白话报》就指出:"我国的人民会看报的也不过千人中一两个罢了,并且我们中国人就会认字,也未必会看报。"②《政艺通报》也有论者认为:"读新闻杂志者,不过全社会少数之人民,发卖之额数,其佳者仅及万、数千以上,利益既薄,趋者自少,专科之学子遂不能不舍而之他。"③ 广东的《潮声》则认为本地的阅报状况更为糟糕,就潮州而言,"着有五六千人,正有一人买报纸去看"。④

尽管庚子事变后清廷推行新政,北京却缺乏有全国影响的报刊,且北京的达官贵绅也很少有人读报。汪康年曾提及:"都中之报,有日诟一贵人,而贵人乃未知者,盖贵人初不看报,亦无暇看报。"⑤ 此类不看报的贵人在当时并非个案。北京的情况如此,其他北方省份可想而知。为了开通风气,也有热心之士出资购报张贴街头,供众阅览。如天津义界居民阅报者甚为寥寥,有山东商人王文元,"出资购置各项报章,每早准于十句钟在棋盘街悬挂满壁,任人观览"。⑥ 但单凭一己之力来解决公共读报问题,显然难以取得理想的效果。

对于报纸阅读率偏低的问题,一些报刊进行了深入分析。如《京话日报》的评论就指出:"计算我中国的人,不识字的占一多半,识字的人,不通文理的人占一多半。"⑦ 又如《安徽白话报》认为:"现在所出的报,大半多是文言,白话的简直是没有几种。咳,下流社会,没有受过教育,怎样能够读得懂呢?"⑧《直隶白话报》也指出:"中国近来所出的各种报,大半是文言,文

---

① 射湖渔人:《阅报论·其二》,《顺天时报》1902年3月15日。
② 《〈直隶白话报〉缘起》,《直隶白话报》第1期,1905年2月4日,第1页。
③ 《新闻纸与杂志之关系》,《政艺通报》1903年第12期。
④ 《本报发刊辞一》,《潮声》第1期,1906年4月24日,第1页。
⑤ 汪康年:《汪穰卿笔记》,中华书局2007年版,第194页。
⑥ 《开通民智》,《大公报》1907年11月1日,第4版。
⑦ 彭翼仲:《本报忽遇知己》,《京话日报》1904年10月28日,第1版。
⑧ 《告读〈安徽白话报〉者二》,《安徽白话报》1909年第3期,第5页。

理很深，里头又有许多典故字眼，寻常认字的人，哪能容易懂呢？所以中国的地方比日本大过几十倍，看报的人反比日本少几十倍哩。"① 《半星期报》则从消费与阅读能力方面提出中流以下社会不读报的困难有两点：

> 一则手作劳动，月得无几，俯仰衣食无不赖之。值此艰难时代，救死不赡，则阅报之费似无所出，其难一；一则中流以下，识字能解文义者，实鲜其人。虽有人日送千百份报纸来，亦多得些盖瓮物。如俗语所谓盲佬挽灯笼无异，其难二。②

可见，读不懂报与买不起报是制约报刊大众化的两大根本原因。对此，彭翼仲也持类似看法，他认为报纸销路不广的原因，"第一是各报的文理太深，字眼儿浅的看不了；第二是价钱太大，度日艰难的人买不起"。③ 显然，那些为生计发愁的下层民众没有消费意愿是客观存在的。但是，一些有一定经济实力的家庭不购买报纸，就与他们的见识和消费观念有关。《觉民》对此现象进行了评析：

> 独怪小康之家，终年香火之费若干金，卜筮之费若干金，延方士、占风水、卜家宅之费若干金。不宁唯是，甚且延僧道诵经礼忏、修筑庙宇则有钱，建醮则有钱，应僧道之募则有钱。其下焉者，则车马之费一挥数金，秦楼楚馆一挥数十金，种种荒谬，更仆难数。要旨，挥霍坦然，毫不吝啬，……甚至购新书新报亦曰无钱。……以其终年浮费十分之一二而购阅新书新报，则不知可购几许种。顾于急务则吝啬万端，而于浮费则千金不惜。是非颠倒，斯举措不当矣。④

论者认为当时的小康之家不愿购阅报纸，是在消费观念上出现了严重的错位。

---

① 《〈直隶白话报〉缘起》，《直隶白话报》，光绪乙巳年（1905）一月一日，第1页。
② 梓轮：《说中流以下阅报之简捷法》，《半星期报》1908年第2期，第1—2页。
③ 彭翼仲：《作〈京话日报〉的意思》，《京话日报》第1号，1904年8月16日，第1版。
④ 修真：《阅报之有益》，《觉民》第1期，1903年11月，《觉民》第1—5期合本，"论说"第3页。

第六章　劝民读报与公共读报活动的发展

在论者看来，报纸能"通上下之隐情，传内地之动静"，"又能为研究新学之母"，体现了新闻性、学术性的有机结合。对于民众而言，"苟平日不留意世务，安能建大业于世界耶？"① 从这个意义上看，"劝民读报"必须解决民众思想认识上的偏颇。因此，要让民众高度重视报刊的价值，促使他们自愿购买报刊。

对于那些热心公益、自愿为公众订阅报刊的热心人，一些白话报刊采取了较多的优惠措施，以期推广发行，扩大影响。如《福建白话报》在创办章程中就规定：

> 凡有热心爱乡里的君子，恐怕我们这报一时销路不广，看的人不多或是穷苦的人没有余钱买报，情愿自己一人买了几份报或是几十份、几百份去送给人看，这等好事，这等盛意，我们做报的人真是十二分感激得很。因此，也想出酬报的章程。凡一人独买十份以上的，照价九折；独买三十份以上的，照价八折；五十份以上的，照价七五折；百份以上的，照价七折。②

而下层社会购阅报刊，则能开文明之风气。1905 年，《时事画报》对广东西樵河清堡农民的读报活动加以专门报道，其文云：

> 近数日，有潘保波等，在乡演说阅报纸之益。闻者皆激动热血，各有感情。有数农夫尤为感发，奋然兴起，相与签银购省港各报，藉以熟悉时事，一豁眼帘。晚上则有胡君东曹，为之讲解，合群领益。一时风气为之丕变。夫天下兴亡，匹夫有责。要当各尽义务，出而宏济时艰。彼虽农夫，乃能抱爱国保种之热诚，爱阅报纸，则将来智育德育之进步，

---

① 修真：《阅报之有益》，《觉民》第 1 期，1903 年 11 月，《觉民》第 1—5 期合本，"论说"第 2 页。
② 《〈福建白话报〉章程》，《福建白话报》1904 年第 1 期，1904 年 10 月 9 日。

何可限量。伟哉！河清农夫之特色。①

这篇报道对河清堡农民的读报活动大加颂扬，从爱国保种、德育智育的高度关注下层社会的读报问题。显然，作者认为，在农村地区，有人演说报纸，开启读报之风极为重要。而农民如果受到感染，自然会竞相购阅，从而起到开通民智、转变民风的作用。因此，下层社会的购报读报问题，是不为也，非不能也。诚如《半星期报》所言："以为中流以下之诸君，……其家居则有食熟烟钱，有祀木偶之香烛钱，此无益之耗费也。其在外则有祠祭费，有饮茶钱，有店用下栏钱，此工值外之余款也。若节其三分之一，以钱罂蓄之，均足以阅报一份而有余。"② 也就是说，对于下层社会而言，只要转变消费习惯，购阅一份报纸不是问题。但从供给者的角度看，缺乏适应下层社会阅读的内容，则是阻碍报刊发行的重要原因。从消费者的角度考虑，如果下层民众识字率太低，无法阅读，则即便有报纸亦如同盲聋者。因此，对于清末的报界精英而言，他们如果想要报纸为下层社会所欢迎，就必须降低姿态，从内容、文字和风格上进行转换，以文字浅显、通俗易懂、贴近生活的方式满足下层民众的阅读需求。这是清末报刊走向通俗化的必然要求。

清末一些地方官员对于下层社会的读报问题较为重视，将"劝民阅报"作为"开风气、广智育"的重要手段。以《湖南演说通俗报》的发行为例，一些地方官员就努力推广。如湖北孝感县令劝谕士民阅读该报，指出："手报一纸，举凡中外时务，无不了然心目。将愚者可渐进可明，智者亦日知乎新，新机日辟，文明大进。"③ 湖南醴陵县令明确指示："各乡各团均有公费，各团订购一册，所费无多，收效甚大，亟应谕饬遵办。"④ 安徽铜陵大通镇厘金兼保甲总办许苓西，也告谕士民订阅该报，认为"报纸一份，每月仅需数角，

---

① 《农夫特色》，《时事画报》1905 年第 3 期，1905 年 10 月 18 日，第 3 页。
② 梓轸：《说中流以下阅报之简捷法》，《半星期报》1908 年第 2 期，第 2 页。
③ 《湖北孝感县邹大令劝士民阅报示谕》，《湖南演说通俗报》1903 年第 12 期。
④ 《醴陵张大令劝令乡团阅报谕帖》，《湖南演说通俗报》1903 年第 8 期。

价廉识广，何乐不为"。对于那些无力购报者，"不妨至本局按日借阅"。① 湖南长沙县令认为《演说通俗报》"以俗话演说，据理论事，极为浅易，质至妇人孺子，尤易了然"。因此，他要求各团总一体购阅，"各绅富及有志之士，或竞购送，或能宣讲，俾教化普及，风气日开，尤为佩纫"。②《河南白话演说报》出版之后，"陕州之陈太守则更于每月之逢五逢十等日，亲为择要督讲，并出示广劝四民往听云"。③ 宣统年间，地方自治渐成潮流，地方政府为了推动地方自治，创办了不少白话报进行"解说"。如《湖南地方自治白话报》就指出："本报专办说明地方自治法理及筹办方法，以图自治思想普及而进于实行为宗旨。"并表明其体例："专以浅显白话编为简明片段，务使阅者易于解悟，以唤起自治精神为主。"④《长沙地方自治白话报》也表达了类似的观念：

> 于今我们这个报，就是专讲地方自治的，要使列位看了，都晓得自治的道理，自治的好处。日后办起自治来，大家对于地方的事件，有利益的，就把他兴起来；有弊病的，就把他除了去。使我们都安安稳稳的，岂不甚好吗。⑤

在预备立宪的过程中，一些官话报也以浅易风格吸引民众的关注。如《预备立宪官话报》就声称：

> 我们这个官话报，为的是开通社会起见，专讲研究法政、讲求实业。通达时势的名家，用官话体例，把要紧的事项，分门别类，按月初一日

---

① 《大通厘金兼保甲总办许苓西太守劝商民阅报以益智慧事》，《湖南演说通俗报》1903年第7期。
② 《长沙县沈大令通饬乡团购阅通俗报本手谕》，《湖南演说通俗报》1903年第13期。
③ 《时报》1906年12月30日。
④ 《〈湖南地方自治白话报〉简章》，《湖南地方自治白话报》第1期，宣统二年（1910）二月，第1页。
⑤ 《〈长沙地方自治白话报〉缘起》，《长沙地方自治白话报》第1期，宣统二年（1910）八月，第1页。

准出一期，决不违误。总想于社会有益，并非为利起见，所以页数又多，材料又足，每本只取大洋二角，凡是海内同胞，思想作立宪国民的，都应当手置一编，照着预备立宪呢。①

该报的目的就是为推广预备立宪，通过通俗化的解说，用官话言说官方的政策、法令，其目的是："我们想要四万万同胞，男男女女，老老小小，个个都晓得实行预备立宪。"②《湖北官话报》突出"宗旨纯正，题材谨严。凡所采录，必裨实用；凡有记载，力戒虚诬"。其目的是"正人心而开民智，息邪诐而助政教"。③ 显然，地方官试图将"官话"言说为"白话"，促使普通民众了解地方政府的意图。可见，地方官员对民众读报问题的重视，有利于拓广报刊的发行渠道，推动报刊知识的"下移"。《湖南演说通俗报》就由于官方倡导而广为传播，该报报道：

> 醴陵县，原由抚宪饬洋务局，派阅通俗报二十份，张大令为之提倡，各团境长，大家购阅演说，近已共销一百四十二份。彼都人士，可谓热心牖民，开通之极。现闻长沙、善化、湘潭、湘乡、平江、浏阳各团绅，皆拟购买通俗报，共兴演说，况各团皆有公款，报资甚微，惠而不费，但得贤令尹一谕帖，则不患有人阻挠。上有好者，下必甚焉。④

除了官方大力倡导之外，地方士绅也将推广白话报作为开启民智的重要途径，清末各地士绅创办的阅报社，大多注意订阅白话报刊，以便粗识文字者阅读。一些士绅和学生订阅白话报刊免费发放给民众阅读。如浙江温州阅

---

① 《看看看》，《预备立宪官话报》第1期，丙午年（1906）十一月一日。
② 化：《做〈预备立宪官话报〉的缘故》，《预备立宪官话报》第1期，丙午年（1906）十一月一日。
③ 《督部堂张饬开办〈湖北官话报〉札》，《湖北官话报》第1册，光绪三十一年（1905）三月一日。
④ 储能子：《畅销报纸》，《湖南演说通俗报》1903年第8期。

报风气较为浓厚，以孙诒让（字仲容）等人为代表的当地士绅，热心公益，捐资购买白话报刊，供乡人阅读。据乡绅刘绍宽光绪二十八年（1902）四月十六日记载："（吴）郁周招集同志筹捐购《白话报》，分赠乡人，以开风气。孙仲容先生、戴席如（学礼）皆有捐款，交大街庆元楼银店经手。"① 这表明，早在1902年，温州乡绅已经非常关注白话报刊的大众启蒙问题。

当然，报刊的通俗化还需要报界的自律和改革，针对当时报馆之间的恶性竞争，《新闻报》就呼吁要进行报体改良，要求新闻界务必团结一致，"大小报皆不必相互攻抵"，报刊要"敦品立行，志趣远大"。②《商务日报》则提出报人之间要"通力合作，除诸弊端，以求民智之开"。③ 另外，《新闻报》还建议当局"减轻邮资，以畅其销场"。要尽力推广销路，使民众多阅报刊，并指出："中国今日多一阅报之人，中国即多一开通之士。"④ 可见，做大做强报业，力求通达下层社会，已成为许多报馆和报人的共识。

三、白话报刊与下层社会的阅读面向

尽管精英阶层对办报呼吁甚高，且在维新时期形成了政论报刊发展的一个高峰。但是，清末下层社会报刊阅读率偏低的现象仍然较为普遍。如何让初识文字的民众有机会、有兴趣阅读报刊，是整个社会面临的一个时代命题。一些论者认为五四运动是中国启蒙运动的标志，而对甲午以来社会启蒙问题避而不谈，这显然不符合历史的原貌。对于白话文，过去一直认为是五四运动所造成的。即使早已有人指出白话的提倡在清末已有先例，但从来没有人认为清末的白话和五四时期的白话有什么实际上的关联。⑤ 值得注意的是，甲午之后中国社会的变革，虽然由于戊戌变法的失败而有较

---

① 刘绍宽著，方浦仁、陈盛奖整理：《刘绍宽日记》第1册，中华书局2018年版，第324页。
② 《报体宜改良论》，《清末时事采新汇选》第1册，壬寅年（1902）一月二十四日，北京图书馆出版社2003年影印本，第92页。
③ 《报馆宜定宗旨论》，《清末时事采新汇选》第1册，壬寅年（1902）三月十四日，北京图书馆出版社2003年影印本，第344页。
④ 《论报馆有益于国》，《清末时事采新汇选》第12册，光绪三十一年（1905）三月八日，北京图书馆出版社2003年影印本，第6342页。
⑤ 李孝悌：《清末的下层社会启蒙运动：1901—1911》，河北教育出版社2001年版，第6页。

大阻滞，但是，庚子事变后，清廷对教育革新已较为重视，在知识界学习新学的同时，如何让下层社会通过读书看报适应变革的需要，不仅是官方面临的问题，更是挽救危亡的知识精英们所忧虑的大事。如裘廷梁便呼吁："今宜增设浅报，择要译录，精为之图，以诱观者；并于群经诸子中，刺取大义数百条，译以浅语，证以西事，名曰《群经要义》《诸子要义》，每册附一二条，务令浅显详明，如白香山诗，村妪能解。俾天下之为商、为工、为农及书塾中年幼子弟，力足以购报者，皆略通中外古今及西学之足利天下，为大开风气之助，诸君子其有意乎。"① 马相伯则提出："要开风气，要长智识，要多见闻，除是白话报，没有第二个法子的。"② 有论者指出："白话报者，文明普及之本也。白话报推行既广，则中国文明之进步固可推矣。"③ 另有评论指出："如今要开通风气，印书不如印报，印文话报不如印白话报。"④ 因此，下层社会的读报是"开民智""牖文明"的重要途径，如何让报纸易看、易懂，已上升到救国救民和社会启蒙的高度。如浙江衢州的毛云雕、余天民、张热夫等三人创办白话报，就是鉴于"衢州自停试之后，风气益加闭塞，读书者寥寥无几"。为了让更多的孤寒之士有书报可读，三人筹款创办白话报，"以期开通民智"。⑤ 又如《广东白话报》甫一创办便提出："办报人脑力的进步，在著作之精神；阅报人眼力的进步，在解读之明白。"⑥ 再如《岭南白话杂志》强调"土话"的重要性："凡我广东人，讲番广东省城的土音，了于目，便了于心。睇到有件事，确系有益于人嘅。"⑦ 由此可见，清末白话报刊的发展是与一系列启蒙和变革运动相互呼应的。正如《新闻报》的一则评论所言：

---

① 《裘廷梁函（2）》，上海图书馆编：《汪康年师友书札》（3），上海古籍出版社1987年版，第2626页。
② 《马相伯先生祝辞》，《国民白话日报》，光绪三十四年（1908）七月四日。
③ 《论白话报与中国前途之关系》，《警钟日报》1904年4月25日，第1版。
④ 《本报忽遇知己》，《京话日报》1904年10月28日，第1版。
⑤ 《倡办白话报述闻》，《警钟日报》1904年11月7日，第3版。
⑥ 《广东白话旬报内容浅说》，《广东白话报》第1期，丁未年（1907）四月二十日，第1页。
⑦ 伯耀：《办白话杂志于社会上好有关系》，《岭南白话杂志》第2期，戊申年（1908）一月十五日，第5页。

> 盖下流社会占全国之多数，而听其聋焉、瞽焉，茫然于世界之大势。惟非政府之咎，抑亦士大夫之责也。……所谓开通下流社会之报纸，急宜广出，而不可一日缓也。前各埠曾创白话报一门，惜未推广，虽有若无。各馆所出报纸与若辈格不相入，故若辈亦绝不过问。呜呼，处大地交通时代人，而不阅报纸，是有耳目不止无耳目，有知识不止无知识。①

《新闻报》的这则评论发表于1906年，这说明当时白话报刊并没有得到很好的普及，有论者认为清末十余年间，白话报刊的总数在270种以上。② 白话报刊的总数占到清末报刊总量的四分之一左右。但许多白话报刊是1906年之后创办的，且当时一些白话报刊多半存续不长，有些白话报甚至在出版数期之后就因经费不足停办了。但是，白话报刊作为一种新的传媒形态，与当时的"文言文"报刊有着明显不同的阅读差异。它以"大白话"的形式向下层民众传播新知识、新思想，从而让读者有机会了解现代文明，改变愚昧落后的境况。《竞业旬报》的发刊词，从白话启蒙的角度昌明其创办的宗旨：

> 智识之启，得之于学堂，不若得之于报纸之取效速。得之于文深旨晦之报，又不若得之于明白易晓之报之取效广也。……同人创为是报，纯用官话，说理务显明，记事务翔实，不为光怪陆离之文，与夫一切可惊可愕之不中情实之语，以欺而骇俗。期在文明普及，使国人自知奋勉振发，敬业乐群，熙熙焉逐世运以俱进而已。……斯报之出，无远不届；贩夫走卒，无人不识；国语大同，言文一致；群情感通，如一家子；德教昌明，权舆于是。③

其实，早在维新时期，一些仁人志士便开办白话报刊，意在开启民智，

---

① 《论急宜创办开通下流社会之报纸》，《新闻报》1906年7月8日，第1张第1—2页。
② 胡全章：《清末民初白话报刊研究》，中国社会科学出版社2011年版，第30页。
③ 胡梓方：《竞业旬报发刊词》，《环球中国学生报》1906年第3期，第64页。

推动维新。如吴稚晖等人在 1898 年创设的《无锡白话报》，就希图以无锡为起点，将白话文运动推向全国，认为"以后做白话的越出越多，可以做到中国四万万人，个个有见识有学问，白话的功劳，比文理极好的书还大，这都是天下人的福气"。① 尽管白话文运动由于戊戌变法的失败而受到阻碍，但庚子事变后，知识界对开民智的要求更为迫切，"推广各种白话报"也成为舆论关注的重要议题。② 而如何让下层社会读报，则成为白话报刊立足于报界的重要基础。1901 年出版的《京话报》宣称该报以通俗的"京话"写出来，"将京外的新闻、外洋的时事，各国的风土人情，一一的编成白话，令人容易懂得，极有趣味"。③ 该报的章程更是明确表达了对下层社会读者的关注："务使稍能识字之人，皆不难到口成诵，且极有趣味，以期引人入胜，而劝化感格于无形之中，庶于世道人心，不无小有裨益。"④ 1902 年，梁济因为"深痛国人之愚昧无知，决然以开民智为急",⑤ 大力支持好友彭翼仲创办《启蒙画报》，该报主要"给十岁上下的儿童阅看的",⑥ 对许多发蒙期的儿童阅读有着较大的影响。而对于画报的畅销和启蒙作用，有竹枝词描述道："各家画报售纷纷，销路争夺最出群。纵是花丛不识字，亦持一纸说新闻。"⑦ 这体现出画报在图画新闻方面的独特优势，对不识字者尤有功效。

当然，白话报发行的重要目的是让普通读者愿意看、喜欢看。1903 年 12 月，林白水在《中国白话报》的发刊词中，便劝告读者："你们若肯听我的说话，天天看这白话报，自然会慢慢的伶俐起来，慢慢的在行起来，大家也慢慢地和好起来了。做百姓的又伶俐、又在行、又和好，不要说没有人敢拿亏

---

① 《无锡新闻·白话大行》，《无锡白话报》第 1 期，1898 年 5 月 11 日。
② 白话道人：《论开风气的法子》，《中国白话报》第 19 期，1904 年 8 月 24 日，第 5 页。林獬（白话道人）在该文中还指出，开风气的法子有六：一、唱戏；二、改良音乐；三、推广各种白话报；四、赌博改良；五、图画；六、做小说。这些办法都强调通过民众喜闻乐见的方式开启民智。
③ 《论看这〈京话报〉的好处》，《京话报》第 1 回，1901 年 9 月 27 日，第 3 页。
④ 《创办〈京话报〉章程》，《京话报》第 1 回，1901 年 9 月 27 日，第 1 页。
⑤ 梁焕鼐、梁焕鼎：《桂林梁先生遗著》，台湾华文书局 1969 年版，中华文史丛书第 4 辑之 37，第 37 页。
⑥ 梁漱溟：《我的努力与反省》，漓江出版社 1987 年版，第 15 页。
⑦ 忧患生：《京华百二竹枝词》，雷梦水、潘超、孙忠铨、钟山编：《中华竹枝词》（1），北京古籍出版社 1997 年版，第 271 页。

来给我们吃，还有许多说不尽的好处哩。"① 1904年，彭翼仲创办的《京话日报》则以社会一般人为对象，而不是写给"上流社会"看的。② 彭翼仲在该报开创之初，便期待"借这报纸，开通内地的风气，叫人人都知道天下的大势"。尽量让更多人能够读懂，是白话报刊"开民智"的前提。对于有志于文化普及的报人而言，"但愿人人都能看报，做报的赔钱折工夫，也是甘心情愿"。③《吉林白话报》则以预备立宪为背景，"以宣上德、通民隐、开通风气、改良社会，俾一般人们咸具普通之知识，以预备立宪国民之资格为宗旨"。④《卫生白话报》的创办者将讲卫生与治病作为吸纳读者的"亮点"，其发刊辞指出："同人们要想把这卫生两个字，详详细细说给大家听听，使得大家讲究卫生，自然病痛也可以少些，人种也可以强些。"⑤ 通俗易懂、劝民化俗、有趣耐读是白话报的基本风格，也是其吸纳下层社会的重要策略。

为了表明白话报刊并不是自说自话，编者就必须以各种方式证明看此类报刊的诸多好处。《京话日报》从第2号开始，连续7天刊登有关看报的益处。该报首先介绍报纸对于国民阅读的重要性，用外国看报的习惯来说明看报是"一件日用必需的物件，也象鸦片有瘾似的"。因此，坚持经常看报，"不但于个人有益，并且于国家有益，并且于国家政务，更大大的有益"。⑥ 至于看报有哪些具体的好处，《京话日报》从几个方面加以阐述，由于要以大白话吸引读者，该报对于读者读报的经济利益特别关注，提出看报可以发财，"譬如看见报上说，那（哪）一处被水旱天灾，秋收不好，便知粮价一定要涨了，趁着没有涨的时候，便预先收卖"。⑦ 不仅如此，由于看报可以了解物价信息，所以"什么货什么价钱，是那（哪）一家最好，报上都说得仔细，就不至受人的哄骗"。⑧ 而读报对于日常生活和精神层面的影响，《京话日报》

---

① 白话道人：《〈中国白话报〉发刊词》，《中国白话报》第1期，1903年12月19日。
② 梁漱溟：《我的努力与反省》，漓江出版社1987年版，第16页。
③ 彭翼仲：《作〈京话日报〉的意思》，《京话日报》第1号，1904年8月16日，第1版。
④ 《〈吉林白话报〉出版章程》，《吉林白话报》1907年8月4日，第1版。
⑤ 《本报发刊辞》，《卫生白话报》第1期，戊申年（1908）五月。
⑥ 《看报的益处》，《京话日报》第2号，1904年8月17日，第1版。
⑦ 《看报可以发财》，《京话日报》第3号，1904年8月18日，第1版。
⑧ 《看报可以省钱》，《京话日报》第5号，1904年8月20日，第1版。

也有专文进行阐述，认为"看报可以去病"，"要是能看报，虽是坐在家里，外面的事，都能知道，还有新鲜的笑话，外洋的小说，每天看一两遍，心花怒放，自然血气调匀，那（哪）会生什么病"。① 而且，由于足不出户而知天下事，所以，对于读者而言，看报可以代游历，"要是天天看，保管你一年以后能知道不少的事"。② 因此，从增长见闻的角度上，看报比读书有用，因为看报可知天下事，了解世界的变局，久而久之，"种种骄傲自大的心，自然的没有了"。③《京话日报》对看报种种好处的罗列，在功用的层面为读者提供了诸多想象，该报面向下层社会的"现身说法"，展示了白话报刊的实用主义特征。

尽管《京话报》企图通过推广京话，达到"遍中国的人皆能够言语相通，同心一意"的目的，④ 但是所谓的白话，却与方言与地域文化有着直接的关联。即便是影响很大的《京话日报》，其发行范围主要集中在北京和东北地区。从总体上看，清末十年的大多数白话报刊，在"劝民读报"的立场上都基于地方社会考虑，这在南方各省的白话报刊中表现尤为明显。由于各地方言不同，地方性白话报刊的发行对象主要是本地的读者。这种以"地方"为中心的传播方式，与白话报融入地方文化相关。如《安徽俗话报》就在开办之初，将安徽人作为传播对象。其开篇便指出："第一是要把各处的事情，说给我们安徽人听听，免得大家蒙在鼓里。……第二是要把各项浅近的学问，用通行的俗话演出来，好叫我们安徽人，无钱多读书的，看了这俗话报，也可长点见识。"⑤ 显然，其目的是通过强化"我们安徽人"的观念，以建构安徽人的"俗话报"。其广告称："本报发行以来，仅及半载，每期由一千份增至三千份，销路之广，为海内各白话冠。"⑥《福建白话报》也有类似的办报

---

① 《看报可以去病》，《京话日报》第4号，1904年8月19日，第1版。
② 《看报可以代游历》，《京话日报》第8号，1904年8月23日，第1版。
③ 《看报比读书还强》，《京话日报》第30号，1904年9月14日，第1版。
④ 《论看这〈京话报〉的好处》，《京话报》第1回，1901年9月27日，第4页。
⑤ 《开办〈安徽俗话报〉的缘故》，《安徽俗话报》第1期，1904年8月17日，第3页。
⑥ 《本社广告》，《安徽俗话报》1904年9月24日。

理念，其宗旨是"专门开通福建儿童、妇女及农工商兵等人的智识"。①《直隶白话报》更是呼吁："好叫直隶的人们一看就明白天下的大势，赶紧设法去挽救中国。"② 广东的《潮声报》则以潮州地区为主要发行范围，"欲使俺潮州个人，看久就会开通，有志气、有本领"。③

对于白话报服务本地的立场，《吴郡白话报》在办刊宗旨中有着较为深入的讨论，并指出其中两个基本理由：

> 一个是我们做报的大半是苏州人，即使有一两个是外省人，也不过原籍是他省，生长却是在苏州的。一切事情，总比他省熟悉一点儿，做出来的东西，在苏州却是切中时弊，在他省未免有不切的地方。一个是从前出的白话报，是那一省做的就题那一省的名字，有如《杭州白话报》之类，虽是里头做的东西，总不外乎开通人的知识，无论那一省人都可看报。然而因为题出了省名，就有多少人，以为这报既然题这省名，必然是专指这省说的，看了无益，大家就不买来看了。岂不是不题这吴郡二字，苏州人永世想不到买来看了么。所以这白话报题名《吴郡白话报》。④

可见，这份立足于苏州的白话报，就是要从本地的实际出发，为本地读者提供具有地域特色的新闻和论说，让普通民众达到广见闻、增智识、正风气的目的。与之相似的是《湖州白话报》，此报由湖州公社创办，该团体以"湖州地方自治界为限"，⑤此类"大白话"已经融入了地方文化的因素，让当地民众体会到"我们的报纸"或"家乡的报纸"的文化概念，通过在下层社会的广泛传播而建构"阅读共同体"。

---

① 《章程》，《福建白话报》第1期，1904年10月9日。
② 《〈直隶白话报〉缘起》，《直隶白话报》，光绪乙巳年（1905）一月一日，第2页。
③ 乙：《本报发刊辞一》，《潮声》第1期，1906年4月24日，第2—3页。
④ 《做〈吴郡白话报〉的缘故》，《吴郡白话报》第1期，1904年1月31日，第2—3页。
⑤ 《湖州公社章程》，《警钟日报》1904年6月7日，第4版。

四、白话启蒙与现实阅读困境

白话报刊在"和群""乐群"的同时,也注意分众传播。在下层社会中,农工商都有一定的比例,白话报刊设法为各类人群提供相适应的内容,满足下层读者的多元需求,使他们阅报后有所收获。《京话报》将看白话报与变法自强结合起来,指出普通民众都会从中获益:"白话书不但于念书人有益,就是种地的农夫,手艺的工人,做买卖的商家,向来不能识文断字,若是有了这种白话的书,人人都能写能看,将各行的事业,整顿起来,十年之后,中国自然就可以渐渐地富了。"① 而且,该报还借山西巡抚岑春煊之口,夸张"京话白话报,无论什么人都容易懂得,要是有人能够买这种报,当着善书似的去送人,对国计民生都有益处"。② 白话报刊将各行业的人都视为受众对象,就是要期待报刊能够在下层社会中引起关注,让读者获得实实在在的好处。如《安徽俗话报》就对各类人群读报的好处进行了详细描述:

> 读书的人看了,可以长多少见识,而且本省外省本国外国的事体,没有一样不知道,这是算秀才不出门能知天下事了;教书的人看了,也可以学些教书的巧妙法子;种田的看了,也可以知道各处年成好歹;做手艺的看了,也可以学些新鲜手艺;做生意的看了,也可以晓得各处的行情;做官的看了,也可以明白各地的利弊;当兵的看了,也可以知道各处的虚实;女人孩子们看了,也可以多认些字,学点文法,还看些有趣的小说,学些好听的歌儿。③

其言下之意,对于所有能识字的人而言,读白话报都能从中获得自己所需的养料。但是,报刊自身的宣传能否获得实效,却是一个值得商榷的问题。何人读报、读了有何好处,自然是读者关注的话题。

为了进一步扩大影响,一些白话报馆自费在街头张贴报纸,吸引民众阅

---

① 《白话报是变法自强的根子》,《京话报》第3回,光绪二十七年(1901)九月中旬。
② 《山西抚台劝人看报》,《京话报》第5回,光绪二十七年(1901)十月中旬。
③ 《开办〈安徽俗话报〉的缘故》,《安徽俗话报》第1期,1904年8月17日,第3—4页。

第六章　劝民读报与公共读报活动的发展

读。如烟台白话报馆为开通风气,"于各街巷口设立木牌,将每日所出之报遍行张贴,以便行人阅览"。① 一些白话报刊则利用"读者来稿"进行现身说法,促进报刊发行。如《京话日报》就多次刊登读者来信,畅谈读报的诸多好处,有位叫袁豹岑的读者在来信中指出:"合国的民气相通,非看报别无妙法,不喜欢看报的人,没有一个知道时局的,这样的人很多,所以中国败坏到如此。"② 作者将看报与国运结合起来,显然要劝导民众注意留心报刊。一位初识文字的读者写信给《京话报》,被自称赵文府的人修改后发表,作者陈述自己原来是一个糊涂人,"自从去年看了《中华报》《京话日报》以来,如梦初醒的一般"。③ 另一位叫啙窳的读者,以自己的亲身经历,将读《京话日报》的好处娓娓道来:

> 在下本是糊涂人,不认得甚么字,见人家看报,都说是有益处,也想看看。怎奈字眼儿太深,看了总不懂。从去年七月,见了这《京话日报》,十分对劲儿,看了这半年多,瞧不敢说明白了,实在比先前透点亮儿。这看报的好处,真是一言难尽,那做报的苦处,更是诉说不清。怎么见得呢?就看在下的说。当初没看报的时候儿,心里任什么也不知道。如今见这报上,说说北京城的事情,就生了个明白世路人情的心;见说中国有四万万人呢,就生了个爱国爱种的心;见说广西东三省的饥荒,就生了个着急的心;见说这一国那一国,人家瞪大了眼睛看我们呢,就生了个害怕要自强的心;见说那一国人民爱国,那一国妇女有本事,就生了个羞愧的心。……④

这位啙窳先生,真名叫爱新觉罗·文谦,是清末北京白话启蒙运动中的活跃分子,曾发表白话演说百余篇,在当时颇有影响。他至少为《京话日报》写

---

① 《报馆热诚》,《大公报》1907年11月11日,第5版。
② 子彝袁豹岑:《劝人看报说》,《京话日报》第156号,1905年1月18日,第1版。
③ 《报的力量实在不小》,《京话日报》第276号,1905年5月26日,第1版。
④ 啙窳:《一定要劝看报》,《京话日报》第210号,1905年3月21日,第1版。

了88篇演说，为《北京女报》写了31篇演说。① 《京话日报》借岂龛的演说文大力宣传，因创办人彭翼仲与岂龛同为旗人，且私交甚笃。将岂龛对读报好处的论说，视为一般读者的感受，难免有所牵强。但是，其阅读白话报刊所产生的心理感受，却有很强的逻辑推理，让下层社会的读者产生类似的阅读情境和感受。办报者用此类演说来劝民读报，目的是激发下层民众的阅读热情。正如《直隶白话报》的一篇《祝辞》所言："这做报总是要替那看报的人用心，拿他的心装入我的心，然后再拿我的心去化他的心。黑白分明，是非瞭亮，不愁世人不懂。懂了浅的，自然不愁深的了。"② 用浅近的文字、通俗的说理去感化那些下层社会的读者，是白话报刊一直努力追求的目标。梁漱溟在总结《京话日报》的成功经验时说："以办报发起和推进社会运动，又还转以社会运动发展报纸；把办报与搞社会运动结合起来而互相推进。"③可见，白话报刊与社会启蒙运动的相互结合，是不少报人的办报理念和职业理想。

然而，这些热心于文化普及与大众启蒙的白话报人，尽管已经将读报门槛大大降低，但从实际效果看，并没有达到他们预想的目标。清末教育改革虽然极大地促进了学堂的发展，但即使到辛亥革命前夕，识文字者在总人口中所占的比例仍然很低，大部分的下层民众仍然是文盲，对报纸的需求很少。虽然白话文文字浅近，"并没有甚么难解的文章，只要读了两年书，认了几百字，就可以一口气念下去了"。④ 但是，文盲仍然无法直接接受白话报刊的启蒙。尽管《京话日报》在开办一年之后，宣称"已销到七千来张"，⑤ 但从总体上看，报刊的订阅率还非常低。以辛亥革命前的北京为例，一项对于325个家庭1 217人的统计调查显示，报纸订户约占接受调查家庭的26%，即订阅报纸的家庭有86个。这些家庭实际上都是高收入家庭，家庭成员接受教育的

---

① 王鸿莉：《岂龛：用京话写寓言》，《北京社会科学》2012年第6期。
② 今吾庐主人：《〈直隶白话报〉祝辞》，《直隶白话报》1905年第1期，1905年2月4日，第3页。
③ 梁漱溟：《记彭翼仲先生》，《忆往谈旧录》，中国文史出版社1987年版，第70页。
④ 警众：《告读〈安徽白话报〉者二》，《安徽白话报》1909年第3期，第5页。
⑤ 《放纸加价》，《京话日报》第342号，1905年8月1日，第1版。

第六章　劝民读报与公共读报活动的发展

机会较多,识字率大约为75%,远高于一般家庭20%的比例。调查中还有3个家庭同时订阅了两份报纸,按人均算,7%—10%的识字人是报刊读者。[①] 这些数据未必准确,但大体上可以反映当时北京的报刊阅读态势。北京城尚且如此,一些穷乡僻壤就更难有报刊传阅了。

因此,尽管白话报刊坚持"为中人以下说法则",[②] 下层民众却很难有机会阅读。一些白话报的读者中,中上等社会的人并不少,如任安徽巡抚幕僚的顾森书,就是早期白话报刊的读者。光绪二十四年(1898)八月十六日,他便收到"廿一二期、廿三四期白话报十六分,共三十二本"。[③]《京话日报》的读者就有不少上等社会的人,该报曾声称:"西太后和光绪皇帝都遣内侍传旨下来,要看这报。"[④]《正宗爱国报》直接指出:"白话报,上等人看的多,下等人看的也不少。"[⑤] 至民国初年,《爱国白话报》更是指出当时报刊数量颇多但传播不广的缘由:"现在所有报纸,不是党派机关,便是个人机关,既给党派或个人作机关,遇有国家利害,合(和)党派或个人相冲突的时候儿,私心就发生出来。"[⑥] 这与白话报刊进行下层社会启蒙的初衷有着一定的差距。从阅读的层面上看,报纸的普及与民智的开发是双向互动的。清末新式学校和学生数量虽然增长较快,但学校大部分立足于城镇社会,尤其是一些私立学校收费颇高,降低了劳苦大众的入学机会。传统的书院、官学和义塾所提供的免费教育却逐步减少,这就使教育不公的问题显得较为突出。尤其是在废除科举之后,读书人不断地汇聚城镇社会,城乡之间的"知识沟"不断扩大。尽管白话报刊宣称要为"做工的、务工的和做买卖的人"服务,但从消费的角度上,穷苦大众虽然可以节衣缩食购买报纸,但他们对白话报刊的阅读意愿却并不高。也就是说,对于穷苦大众而言,在他们的必需品没有得到

---

① [美]白瑞华:《中国报纸(1800—1912)》,王海译,暨南大学出版社2011年版,第134页。
② 《创办〈京话报〉章程》,《京话报》第1回,1901年9月27日,第1页。
③ 顾森书:《顾森书日记》(第3册),国家图书馆2015年影印本,第359页。
④ 梁漱溟:《我的努力与反省》,漓江出版社1987年版,第19页。
⑤ 《本京新闻·如是我闻》,《正宗爱国报》1908年3月15日。转引自胡全章:《清末白话报刊研究》,中国社会科学出版社2011年版,第82—83页。
⑥ 《〈爱国白话报〉刊辞》,《爱国白话报》第1号,1913年7月30日。

很好的满足之前，在物质生活没有得到很好的改善之前，读报纸仍然被视为一种高级的精神消费，一种对他们的生活并无实际价值的奢侈性消费。因此，我们一方面肯定清末白话报刊在下层社会启蒙过程中所作出的贡献，另一方面，从清末社会的现状看，它的实际启蒙效果并没有得到充分的释放。在白话报刊的启蒙价值与读者阅读效果之间，仍然存在着明显的差距。

第二节 早期阅报组织与公共读报活动的发展

一、报馆集报与报人读报

尽管私人读报活动在近代报业发展之初就有可能出现，但是，早期的宗教报刊往往采取免费赠送的方式，很少有读者主动向报馆订报。如《察世俗每月统记传》就声称："凡属呷地各方之唐人，愿读《察世俗》之书者，请每月初一、二、三等日，打发人来到弟之寓所受之。"① 尽管是免费赠阅，但有兴趣阅读的华人十分少见。事实上，早期在华办报的传教士，则是西方报刊的热心读者，因为他们需要翻译"西报"的文章，然后在他们自己的刊物中登出。如郭实猎在创办《东西洋考》的过程中，就经常通过外国船只带来的书报获得国际新闻。该刊1834年第4期的新闻栏目，开头就言明："本月内有英国船到粤，带来新闻纸。内言，以大英国主已派世袭侯爵、水师提督罗拿碧一位来粤，当正监督之任。"② 对于这些外国报刊，郭实猎作为翻译者，是肯定读过的。而在广州的外国人也有可能通过各种途径阅读外国报纸。在十三行一带，外国新闻的传播，除了西方人的口头信息之外，西方报刊是重要的消息来源。当时在广州创办的几份英文报刊，便受到在广州的外国人的欢迎。我们尽管没有看到外商们读报的资料，但从外国船只上流传出来的外国报刊，有时可能会出现争相传阅的情形。

然而，在报纸出现在公共场所之前，早期的报馆通过各种方式收集报刊，

---

① 《告帖》，《察世俗每月统记传》，嘉庆乙亥年（1815）全卷，第33页。
② 《新闻》，爱汉者等编，黄时鉴整理：《东西洋考每月统记传》，道光十四年（1834）四月，中华书局1997年版，第117页。

使一些报人兼具读者的身份，较早有机会读到新式报刊。尽管鸦片战争之前有关传教士读报的史料较为少见，但是，如马礼逊、米怜、郭实猎、麦都思等人在《察世俗》《东西洋考》上发表的有关时政的文章，就有可能是通过各种外报而编撰的。尤其是《全地万国纪略》之类的栏目，应该综合了西方报刊和书籍杂志的内容，通过编者翻译成中文向读者进行通俗性介绍。当然，这些传教士是否在一起读报，则无从考究。在鸦片战争后，香港、上海等地创办的传教士报刊，依托于英华书院、墨海书馆等出版机构，一方面说明传教士注重整合集体力量进行传教，另一方面，他们出版的中文报刊则增加了大量有关西方科技、文化方面的新闻，说明他们收集的外报内容更为丰富。而这些翻译和出版机构还利用集中收集西方书报的优势，较早地将西学经典和重要新闻介绍给中国读者。如墨海书馆于1843年成立后，便成为传教士在中国内地的翻译和出版中心。它利用上海对外贸易崛起的机会，广泛收集各类西方书报，尤其是加强与西方各国至沪轮船的联系，获取西方报刊的大量新闻。《六合丛谈》"泰西近事述略"栏目的内容便是翻译的西方新闻汇编。其第二期的新闻中就称："火轮驿船以林至沪，驰递泰西诸札。"[①] 香港创办的《遐迩贯珍》则在上海的墨海书馆代为销售。其时，王韬、李善兰、蒋剑人等"秉笔华士"都在墨海书馆任职，有机会阅读《遐迩贯珍》，而其他香港报刊也通过墨海书馆在上海发行，这在王韬的日记中可以得到印证。由于麦都思、慕维廉、伟烈亚力等多名传教士大力译介西学和编撰书报，在馆内工作的华人助手便有机会阅读来自西方和香港的书报，而郭嵩焘、周腾虎、赵烈文等偶尔造访墨海书馆，便能够获赠《遐迩贯珍》或《六合丛谈》，说明墨海书馆的确藏有不少当时出版的中文报刊。在咸丰年间，尽管传教士报刊在内地的发行并不理想，但是，墨海书馆却凭借其获取海外新闻和传播西方文化的优势地位，将现代报刊作为"公共读物"置于馆内，至少让华人助手有机会阅读新式报刊。从这个层面上看，王韬等人的读报活动，体现了"公共阅读"的某些特征。如《遐迩贯珍》之类的报刊，并非由他们订阅，自然就

[①] 《泰西近事述略》，《六合丛谈》第2号，咸丰七年（1857）二月一日，第9页。

不能算作他们的"私产",他们是借工作之便接触到各类报刊,尽管墨海书馆可能没有书报借阅的条例,但它体现了新式书刊组织化传播的某些特征。

19世纪60年代,由字林洋行出资创办的《上海新报》,虽然发行量不大,但由于有字林洋行的资金支持,该报能够长期订阅当时上海、香港、广州等地出版的其他中文报刊,并大量转载这些报刊的新闻。如《京报》《中国教会新报》《香港近事编录》《香港新报》《中外新闻七日录》等报刊的新闻,占到新闻版面的大部分内容,这说明《上海新报》的部分新闻具有摘编性质,也表明该报由于客观条件的限制,需要通过借助其他报刊的资讯来充实版面。尽管该报曾由傅兰雅、林乐知先后担任主编,但是其出版与印刷仍然要雇佣华人,这些曾在《上海新报》协助办报的华人,便有机会阅读到报馆订阅的数种中文报刊。由此可见,当时香港中文报刊的新闻资讯较为发达,尤其是在报道贸易信息和粤港两地时政新闻方面,具有明显的地缘优势。《上海新报》的转载,有利于这些新闻的二次传播。编辑和相关人员采编这些报刊的新闻内容,充分利用了报馆的公共资源,也体现了"公共阅读"的某些特征。

与《上海新报》类似,广州的《中外新闻七日录》也比较注重转载《京报》《香港新报》《上海新报》等报刊的新闻,尽管该报立足本地发行,但在新闻的编排上,注重国际、国内与地方新闻的比重,大量"选录"的新闻都经过编者的加工,内容较为简单,能够帮助读者了解国际、国内时政要闻。《中外新闻七日录》主要在惠爱医馆发行,可通过"医学布道"达到传播西学和宗教的目的。该报附设于教会医院之内,医院所聘请的华人雇员则有机会读到这些置于医院内的外地报刊。由此可见,当时香港、广州与上海报界之间的联系较为紧密,各地传教士通过各种途径将自己创办的报刊传送给同行,以便达到资源共享的目的。正是由于这种相互寄送,各报的主编和相关人员有机会在简易的报馆中读到数种中文报刊,这对培养早期的读者群体无疑起到了一定的推动作用。

《申报》创办之后,一方面注重自办新闻的采写,另一方面也扩大了与其他报刊的合作,并为其他报刊刊登发行广告,如《教会新报》《格致汇编》等报刊的内容经常在《申报》上转载,《申报》还为之评论和推销。如蔡尔康为《格致汇编》第二年（1877）第四、五、六、七卷撰写评论，并陆续在《申报》上发表。① 一位名为"门外汉"的编辑，也为《格致汇编》第二年第九卷撰写评论，并透露《格致汇编》由《申报》馆"代印行问世矣"。② 这说明《申报》的华人编辑可以在馆内比较方便地读到《格致汇编》，也正是由于如此，蔡尔康认为"恐此书亦东观所未有也"。③《申报》对《格致汇编》的代理与推销，也在一定程度上表明了其报界地位，而《申报》的华人编辑显然是利用报馆的便利条件，比一般读者早先看到《格致汇编》。同样，《万国公报》的编辑也经常阅读《申报》，如《万国公报》第385卷就刊登了有关《申报》报道的新闻，并结合自身的报道进行了辩白。其文云："昨阅《申报》，列疑问一条，谓瑞西为西国，非也。本报第三百零一卷刊有合约十四国一则，误写十五国，并误将瑞西一国入其中也，随即更正，谅阅报诸君早知之矣。"④ 这些编辑的读报活动，显然是利用了报馆这一公共阅读场所，并由此与报界建立更为广泛的联系。

由于《申报》在社会上影响甚广，在19世纪80年代，一些新创办的报刊往往会通过各种方式获得《申报》，以便引用和转载其新闻。如1884年创办的《述报》，在中法战争期间，就曾多次引用《申报》的报道。当然，《申报》也曾转载《述报》的新闻，如中法战争期间，《述报》采写的战时新闻就被《申报》大量转载。可见，当时报刊之间相互转载新闻，就是利用了各报之间相互寄送的有利条件，达到新闻共享的目的。至于当时的邸报，则为各报所必备的新闻转载来源，各报一般都会在第一版刊出"宫门钞""邸钞恭录"之类的固定栏目，早期报人阅读邸报应该是每天编报的基本内容。显然，在各报对新闻版权没有法律界定之前，报刊之间的相互转载在清末新闻界已是司空见惯。1895年10月28日，《申报》的一则评论对各报之间的新闻传阅进行了解读：

---

① 蔡尔康发表的有关《格致汇编》的评论，分别见《申报》1877年6月26日、6月30日、8月7日、8月24日、8月25日、9月26日。
② 门外汉：《书〈格致汇编〉第九卷后》，《申报》1878年1月1日，第3页。
③ 海上铸铁生（蔡尔康）：《书〈格致汇编〉第四卷后》，《申报》1877年6月26日，第3页。
④ 《书〈申报〉疑问后》，《万国公报》第385卷，1876年4月29日。见《万国公报》第5册，上海书店出版社2014年版，第606页。

本省之报，售与本省之人，易于周到。本省之人阅本省之报，亦不至迟缓。且本省之人访本省之事，登本省之报，则事更详明细切。至于外省别省之事，则各报馆相互阅报，以有易无，将天下一日之事，数日之间，各处皆可周知矣。上海为通商要道，消息最灵。外洋一切情形，各省报馆不能不采上海之报。而上海报馆可以转采各省之报，而无容另延访事矣。①

这就是说，报刊之间要利用各自的优势，在突出地域性新闻的同时，注意广泛收集异地报刊并及时转载重要新闻。这样，报馆之间就要有协作精神，相互寄送报纸并互通有无。报馆收集各类报刊是提高办报质量的重要基础，而报人在报馆读报，不仅是一种自我消遣，还必须承担采选国际、国内新闻的任务。随着报纸发行量的扩大，报馆一般会雇用多名报人进行采编分工，报人在报馆的读报活动是报刊新闻选编的必经程序，这就使报人成为许多报刊的先期读者，通过他们的采写和编辑，许多国际、国内新闻才能实现二次传播。

　　至于文摘性质的报刊，更是集各报之精华。在维新时期，就有《萃报》《译书公会报》之类的文摘报刊问世。梁启超在为《萃报》作序时指出："尽集群报，撷其精英，汰其糟粕，以饷天下。"② 而《译书公会报》的主要栏目就有"西报汇译""东报汇译""各国报译""交涉纪事本末""文编"等。选译的东西方报刊主要有英国的《泰晤士礼拜报》《伦敦中国报》，法国的《勒当报》《法国权报》，德国的《德文新报》，美国的《国政报》以及日本的《大阪朝日报》等数十种。③ 此类报刊文章的摘编，需要编者认真研读大量原文，非一人之力可以完成，如《译书公会报》就设总理一人，协理三人，翻译十余人。对于办报者而言，就是要尽量购阅各种报刊，对各种新闻加以筛选与摘录，为读者提供更为多样、精简的新闻。《华字汇报》宣称："举中外所出华字各报全行购备，精选汇登"，提出要"有长必录，无美则遗"，使读

---

① 《扩充报务议》，《申报》1895年10月28日，第1版。
② 梁启超：《〈萃报〉叙》，《时务报》第33册，1897年7月20日，第3页。
③ 中华书局编辑部：《影印说明》第3页，《译书公会报》（上），中华书局2002年影印本。

者"一展卷而五洲在目,万国罗胸",从而达到"增智识、广见闻"的目的。① 而《文言报》则在开办之初声言:"专采译海内外最新之文字,与各报之议论,分类编辑,以为学者开通之助。"② 可见,清末的文摘类报刊以汇集报刊精华为要务,以采摘要闻为手段,通过报人涉猎群报获取高质量的文章,为读者节约阅读时间和成本。而报人的读报活动则利用了报馆的社会网络和资源优势,在分工协作的基础上对各种报刊新闻进行认真甄别,从而博采众长。此类读报活动进一步体现了报人读报的社会价值。

清末的各类留学生报刊更能体现留学生读报与办报活动的结合。留学生利用阅读西方和日本书报的便利,将读过的书报加以翻译,通过各地同乡会和其他组织创办报刊,介绍西学、推动民主思想传播。这在《浙江潮》《江苏》《湖北学生界》等报刊中得到直接反映。这些留学生刊物除了翻译社会科学、自然科学书籍之外,其中有相当部分的文章和新闻来自各类报刊。如《浙江潮》的"纪事"栏目就强调:"越在异国,于本国情事未能详悉,然举其有关系者,言之或附以说。"其"东报时论"栏目特别指出:"中国各报之佳者亦附焉。"③ 这说明《浙江潮》的编辑人员是经常阅读中西报刊的。而浙江同乡会作为刊物的发起机构,具有组织、编辑、发行刊物的职能,与浙籍留学生在这里读报、译报与办报活动有着直接的关系。这从宋教仁的阅报与办报经历中可以得到印证。1904 年 12 月 13 日,宋教仁抵达日本后,除了自费订阅《警钟日报》《时报》等国内报刊外,他经常"至会馆阅报",④ 第二年 3 月 8 日,宋教仁筹办《二十世纪之支那》,在会馆"开杂志会,发行章程。到会者三十余人,新入股者十余人"。⑤ 之后,宋教仁经常出入各地会馆,联系留学生进行革命活动。会馆成为宋教仁读报与办报的主要场所,而会馆所订阅的报纸具有公共阅览的特征,各地同乡会成员自然享有免费读报的权

---

① 李洵:《〈华字汇报〉缘起》,《大公报》1905 年 6 月 3 日,第 2 版。
② 《文言报》第 1 册,光绪二十八年(1902)四月一日。
③ 《〈浙江潮〉发刊词》,《浙江潮》1903 年第 1 期。
④ 宋教仁:《宋教仁自述》,人民日报出版社 2011 年版,第 19 页。宋教仁至会馆的一项重要任务就是阅"书报",在光绪三十一年(1905)五月的日记中,他就记载有 5 次至会馆阅书报的经历。
⑤ 宋教仁:《宋教仁自述》,人民日报出版社 2011 年版,第 22 页。

利，会馆的书报阅览室则也具有"公共图书馆"的某些特征。留日学生在会馆的公共阅读与集体办报活动的结合，使报刊在传递革命思潮与现代文明方面的功效得以放大。

二、晚清书院与公共读报活动的发展

书院是中国古代重要的教育组织，其教学、祭祀、藏书的三大功能早已为学界所熟知。晚清时期，书院逐步成为传播西学的重要基地，有关"西书"在书院的传播，已有较多的探讨。但是，关于新式报刊传媒如何引入书院，并通过官方的制度化推动，引发书院士子的阅读兴趣，从而在一定程度上改变他们的知识结构和观念世界，是一个尚未引起重视的问题。一般而言，书院与儒学有着天然的亲缘关系，尤其是宋代书院与理学实现一体化发展之后，儒家经典始终在书院教育中占统治地位。19世纪初期之后，随着中国"被动现代化"进程的加快，西方传教士在香港、上海、广州等地创办的教会书院，将"西学"和现代报刊传媒引入书院教育体系，使书院士子在读"经典"的同时，有机会阅读现代报刊。报刊作为新的信息来源、知识类型和思想资源，对读者的"知识仓库"逐步产生影响。维新前后，由于时务报刊在书院广为流布，师生的读报活动逐渐流行，他们通过报刊关注时政、学习新学，从而与现实社会建立广泛的"意义之网"。这里主要从晚清书院与报刊传播时务新知的角度，探讨书院师生对报刊的阅读与认知，以及报刊作为思想纸、知识纸的价值和作用。

（一）传教士与教会书院的报刊传播

在一些早期来华的传教士看来，设书院与办报刊有着互动互进的关系，早期教会书院与报刊传媒一样，也是从中国外围向本土逐步发展起来的。一些传教士将创设书院作为培育传教人才和推广西式教育的基本手段，而报刊则是他们传播宗教知识的重要工具。从教会书院的功能看，它与中国传统书院有着一定的区别，尤其是其祭祀建筑和祭祀规章普遍缺失。早期传教士一方面以书院为名引入西方教育模式，另一方面希图模仿中国书院重视义理传承和道德教化的传统，将基督教纳入书院教育的范围。但是，其前提是必须承认并接受儒学在教育系统的知识谱系,由此,基督教与儒学作为教会书院的两种知识类型都应得到重视。正如传教士米怜在马六甲筹办英华书院时所倡导的那样:"本书院之设立,以交互教育中西文学及传播基督教理为宗旨。"①

以中文传播基督教是教会书院和宗教报刊共同追求的目标。传教士米怜在《察世俗每月统记传》发行后的第三年,又担任英华书院院长一职,实现他兴学与办报的目标,从而有利于教会书院与宗教报刊的相互促进。英华书院在创设之初,便将招生范围定位于"恒河外方各族","各项课程之设计均本以和平传播基督教及东方一般文化之原则,冀以达致有效影响为目的"②。这与早期宗教报刊的办刊宗旨是耦合的。尽管我们无法得知马六甲的英华书院具体招收了多少亚洲和中国学生,但建院之初,米怜将自己主编的《察世俗》介绍给英华书院的学生,则是完全有可能的。

1843年,英华书院和附属印刷所从马六甲迁往香港后,其华人学生所占比例大为提高,尤其是广东籍的学生较多。而院长理雅各是著名汉学家,对儒家经典的研究颇为深入。1853年出版的《遐迩贯珍》,就利用英华书院的活版印刷,并在英华书院代理发行。其创刊号称:"兹将贯珍第一号由本馆着人分派致送,以后每月各号,现拟凡取阅者在港英华书院、广东省金利埠合信医生、上海墨海书馆处,请自到检取,较为简便。"③ 这说明英华书院与《遐迩贯珍》有着极为密切的关系,且英华书院的华人牧师黄胜长期担任该刊助理,尤其是1855年后,英华书院院长理雅各担任《遐迩贯珍》主编,英华书院的学生免费阅读该刊的机会更多。《遐迩贯珍》刊登大量介绍西洋文明的文章,也关注时政新闻和地方新闻,为英华书院师生提供了更多的"世界知识",开拓了他们的阅读视野。这是当时内地书院无法获取的媒介资源。

---

①② 《马六甲筹组英华书院计划书》,陈谷嘉、邓洪波主编:《中国书院史资料》(下册),浙江教育出版社1998年版,第2025页。

③ 《遐迩贯珍》第1号,1853年8月1日。[日]松浦章、[日]内田庆市、沈国威编著:《遐迩贯珍》(附解题、索引),上海辞书出版社2005年版,第716页。

第二次鸦片战争后，上海成为外国传教士的活动中心。随着洋务运动的兴起，传教士与洋务派对于培养西学人才有着相似的看法。1874年，徐寿在《上李鸿章书》一文中，就对格致书院章程进行了详细规划，他强调："院中陈列旧译泰西格致书、各种史志、上海制造局新译诸书、各处旧有及续印新报、西国文字、各种格致机器新旧之书、格致机器新报、机器新式图册……以期考古证今，开心益智，广见博闻。"① 1875年，格致书院董事会也制定规条，规定："院内备有各省现时及续增所刊新闻，并有西人所译西国经史子集各种书卷、汉文著作，至中国各种书籍，听凭董事增列入院，又设天球、地球并各项机器奇巧图式，俾众备览。"② 在格致书院创办过程中，传教士傅兰雅与华人学者徐寿都非常关注"西学"与"新报"在书院教育中的作用，报刊被视为书院教育体系中的重要知识类型。在傅兰雅看来，报刊应为西方科学知识的汇编。他所创办的《格致汇编》，"其书由格致书院发出"，"欲将西国格致之学广行于中华，令中土人士不无裨益"。③《格致汇编》设于格致书院之内，体现了傅兰雅所倡导的科学教育理念，因此，该刊虽不是格致书院的院刊，却成为书院师生阅读的重要刊物。而格致书院内的看书处，备有新出版的各种中文报刊，说明师生能够阅读各种中文报刊，尤其是《申报》《万国公报》等不同类型的报刊，成为士子了解时政新闻和学习西方知识的重要读物。这与19世纪50年代英华书院的读报环境已有很大不同。其时，上海、香港等地已出版多种中文报刊，格致书院订阅的报刊数量大增，报刊既可提供感知性的新闻知识，又能提供理解性的科学知识。这是当时偏远地区一般书院士子无法获取的思想养料。由于格致书院师生较早阅读《格致汇编》等现代报刊，有利于他们培育现代报刊的观念和阅读习惯，又由于《格致汇编》在江苏、浙江、北京、天津、广东、福建等地广为寄售，"第一卷印三千本，业已售尽"，④ 让许多府县学堂和书院的士子有机会阅读这份刊物，进而对他

---

① 徐寿：《上李鸿章书》，《申报》1874年11月11日，第3页。
② 《格致书院第一次记录》，《万国公报》第357卷，1875年10月9日。见《万国公报》第4册，上海书店出版社2014年版，第201页。
③ 傅兰雅：《发行〈格致汇编〉启事》，《格致汇编》1876年第1期，第1页。
④ 《格致汇编》1877年第3期，第1页。

们后来的学习与办报活动产生影响。他们可以通过参加格致书院的课艺考试而成为该院的"肄业生徒"。如杭州仁和县生员叶瀚在格致书院 1893 年春季的课艺考试中，因西学和舆地知识渊博，旁征博引，获得"超等第一名"，① 后来他担任《蒙学报》总撰述。又如格致书院的"肄业生徒"中，许克勤曾担任《蒙学报》撰述，项藻馨曾主编《杭州白话报》，这与他们早年阅读《格致汇编》等报刊有一定关系。

值得注意的是，《格致汇编》作为传播西学的"杂志"，内容极为丰富，区别于一般的"教科书"。傅兰雅在《格致汇编》的创刊号上告知读者："凡欲定买《格致汇编》，或有疑问之事者，祈寄信至上海格致书院内《格致汇编》馆可也。"② 格致书室的售书广告称："专售西学格致书籍，如江南制造局及各埠西人所译各书外，另有自经译刊之书数十种。"③ 这些书目中，已出版的《格致汇编》被列入目录之中。格致书院还设立"书房"，"书房内看书处备华文各种新报等"。④ 可见，格致书院集教学、研究、出版为一体，使学生能够广泛阅读新近出版的各种西学书报，这显然有别于传统书院以"经典"为中心的阅读范式。因此，从这个角度看，以格致书院为代表的教会书院，将现代传媒引入教学空间，使学生有机会通过公共阅读的方式获得西学知识，这是教会书院对现代报刊阅读的一大贡献。而本土书院生徒有机会读报，一般认为是《时务报》创办后，由于地方官员颁令订阅才逐步推广。

（二）教会书院的公共读报活动与观念渗透

1818 年，马礼逊和米怜创办英华书院时，就"开设一所广阔之中文图书馆以及一所西欧文库"。⑤ 图书馆成为教会书院的重要标志，也是提供公共阅读的重要空间。英华书院的图书馆也必然与早期中文报刊有着天然的联系。

---

① 上海图书馆编：《格致书院课艺》（4），上海科学技术文献出版社 2016 年影印本，第 7 页。
② 傅兰雅：《发行〈格致汇编〉启事》，《格致汇编》1876 年第 1 卷，第 1 页。
③ 《格致书室常售书籍价目》，《格致汇编》1877 年第 3 卷。
④ 《上海格致书院发往各国之条陈》，《万国公报》第 323 卷，1875 年 2 月 13 日。见《万国公报》第 2 册，上海书店出版社 2014 年版，第 200 页。
⑤ 《马六甲筹组英华书院计划书》，陈谷嘉、邓洪波主编：《中国书院史资料》（下册），浙江教育出版社 1998 年版，第 2025 页。

卓南生认为，在紧随米怜之后抵达马六甲的传教士当中，有不少是一面主持英华书院，一面出版中文定期刊物的。① 如《天下新闻》(*The Universal Gazette*) 是英华书院印刷所出版的另一份中文刊物，由英华书院院长吉德 (Samuel Kidd, 1799—1843) 在 1828 年创办并编辑。② 英华书院尤其强调华人学生必须学习英文，这导致英华书院在马六甲办学的 25 年中，不少华人毕业生英语水平达到相当程度，其中在晚清翻译界声名最显者，则非袁德辉莫属。他日后成为林则徐翻译班子的重要成员，在林氏主持的翻译活动中发挥了重要作用。③ 如袁德辉这样的华人学生，除了可以流利地阅读《察世俗》《天下新闻》之类的中文期刊外，还有机会阅读英华书院印刷所出版的《印中搜闻》 (*The Indo-Chinese Gleaner*) 的英文期刊。理雅各担任院长之后，香港英华书院的图书和出版事业取得了长足的进展，《遐迩贯珍》的编辑、印刷和出版都离不开英华书院。因此，《察世俗》《遐迩贯珍》等刊物进入英华书院图书馆应该是顺理成章的事情。1875 年 11 月，格致书院教友何玉泉在《万国公报》第 363 卷发表《人生论》一文，④ 说明《万国公报》是有可能在格致书院传阅的，《万国公报》特地加上英华书院教友的称谓，也表明其与该书院之间的关系。尽管我们无法统计有多少英华书院的学生读到中文刊物，但教会书院与刊物一体发展的模式，使有幸进入英华书院的学生成为早期报刊的读者。如梁发、黄胜等协助传教士编辑中文刊物的华人，也因为与英华书院的种种联系，成为早期中文刊物的重要传播者。

值得注意的是，随着教会书院的发展，传教士将教会书院作为报刊传播的重要场所。中国本土教会书院的发展有近 70 年的历史，从 1858 年至 1900 年，是教会书院的兴盛期。⑤ 教会书院是传教士从事基督教教育、介绍和传播

---

① 卓南生：《中国近代报刊发展史》，中国社会科学出版社 2002 年版，第 21 页。
② 谭树林：《英华书院之印刷出版与中西文化交流》，《江苏社会科学》2015 年第 1 期。
③ 谭树林：《英华书院与晚清翻译人才之培养——以袁德辉、马儒翰为中心的考察》，《安徽史学》2014 年第 2 期。
④ 《人生论》，《万国公报》第 363 卷，1875 年 11 月 20 日。见《万国公报》第 4 册，上海书店出版社 2014 年版，第 420—422 页。
⑤ 邓洪波：《教会书院及其文化功效》，《贵州教育学院学报》（社会科学版）1993 年第 3 期。

第六章　劝民读报与公共读报活动的发展

西学的中心，它为新式报刊的组织化传播提供了较为有利的条件。1875 年，福建厦门的外国传教士与商人在创建博闻书院时，就注重报刊在文化传播中的作用，"购备《万国公报》、中国《京报》、《中西闻见录》、上海《申报》、香港日报及各处新报，并买译成华文泰西格致各学书籍，存于院内"，[①] 开辟了供社会各界免费阅读的图书室，并对阅读书报作了具体规定：

> 凡厦地仕宦绅商文雅之士，有志欲来本书院观看各书各报者，须向司理书院董事取给执照，方可出入。其余工匠仆役以及粗俗轻浮之人，一概不准入院遭扰。倘敢故违，硬自闯进者，定即送究。
>
> ……
>
> 凡来看书之士，须各安心静坐观阅，不得言语喧哗，以及谈说闲话，倘如不知自爱者，面斥莫怪。
>
> 本书院内所有各书各报，欲看之人，俱请来院阅看。无论何人，一概不准借出。倘有无耻之辈，私自窃取出门，一经发觉，定照窃律究治。
>
> 本书院各书各报，各有一定处所安设，凡来看书看报之人，须在原处观看，不可参差翻乱，以及东走西观，漫无定向。如此处安设之书及报，不得携至彼处安放，观毕仍归原处，以免紊乱难查。[②]

上述条规，具有现代图书室阅读条例的基本内涵。与之前设于报馆或官衙的报刊不同，博闻书院的图书室面向社会开放，虽然限于"仕宦绅商"，却表明当地读书人只要办理借阅手续，便可免费阅读。这在近代报刊阅读史上是一个值得关注的现象。以前包括李孝悌、李斯颐等学者在探讨阅书报社时，往往以维新时期作为研究的起点，而对于教会书院的公共阅读问题没有引起重

[①] 《厦门泰西各国仕商创建博闻书院启事》，"中央研究院"近代史研究所编：《海防档》丁编《电线》，台北 1957 年版，转引自陈谷嘉、邓洪波主编：《中国书院史资料》（下册），浙江教育出版社 1998 年版，第 2032 页。

[②] 《厦门泰西各国仕商创建博闻书院启事》，"中央研究院"近代史研究所编：《海防档》丁编《电线》，台北 1957 年版，转引自陈谷嘉、邓洪波主编：《中国书院史资料》（下册），浙江教育出版社 1998 年版，第 2031 页。

视。从时间上看，博闻书院的书报室要比南学会的图书室早二十多年。从功能上看，博闻书院订阅了当时出版的大部分中文报刊和各类新学书籍，成为当地传播西学和新闻的文化中心。从阅读规章看，它努力吸纳知识精英的关注，对阅读流程、秩序、规范进行了规定，使读者进入阅读空间后，感受到现代文明的氛围与公共文化的魅力。因此，博闻书院可以视为现代图书馆的雏形，其基本功能在二十多年后的阅书报社中大体得到延续。

之后，上海、厦门、广州等地的教会书院多辟有图书室，注重订阅各类中文报刊。尤其是格致书院学生以学习西方语言和科学知识为主，与本土书院的课程有着本质的区别。王韬在1884年担任格致书院山长后的数年，学生"于西学则穷流溯源，由本及末，由粗及精，皆能探其奥窍"。①《格致汇编》所刊登的西学文章，成为格致书院学生吸纳的重要知识和资讯来源。格致书院于1885年议定章程，规定："院内随时可出西事论题，请华士著论，以便辅兴西学，俾求精进，并令众人知设院之本旨。"此类面向全国士子的考题，具有公开选拔优秀人才的目的。为了提高其公正性和知名度，格致书院就考题、发布、阅卷作出了具体规定："诸董内特派数人，定规例，出题目，登各新报，布告周知，并阅来卷各论，品评甲乙。"另外，还"特请高才而有名望之华友，襄理此事"，其中为格致书院出题的多为熟悉洋务的江浙地方大员，这就确保了考题的质量。书院对课卷的评阅极为重视，"凡取中之卷，则酬花红若干，即印成书本，随时发售"。②可见，格致书院面向全国的考课制度，通过报刊的广为传播，在知识界和思想界产生了广泛的影响。各地热衷西学的考生，通过格致书院的严格遴选而享有"肄业生"的荣誉，对其研习西学产生极大的促进作用。一些考生的课卷，不乏真知灼见。如江苏宝山县学附生瞿昂来在谈到富强之术时，提出设立工艺学校的想法："不能为士，愿为工者，入工艺塾。塾中规模异于士之艺馆。"在此类学校，西学和工艺教育应成为主流，他指出："凡有关格致与工艺之书册、图籍、仪器等件，以及机器、

---

① 王韬：《〈格致书院课艺〉序》，《格致书院课艺》庚寅卷上，光绪庚寅年（1890）石印本，第1页。
② 《格致书院诸董事于光绪十一年四月二十八日议定章程开列如左》，《申报》1885年7月19日，第10版。

第六章 劝民读报与公共读报活动的发展

格致各书报,无不广为罗致,俾得研求披览。"① 格致之学,在格致书院的倡导下,通过《格致汇编》《申报》等报刊的广泛报道,在读者中逐步传播,一些文章还通过二次传播,如作为书院课程的重要内容。而博闻、博习、中西等教会书院,在规制上与格致书院有诸多相似之处,这些教会书院广采图书报刊,注重拓广西学知识。而报刊与西学有着相互通融的关系,教会书院的学生阅读报刊的几率要远高于一般的读书人。尽管甲午之前教会书院的数量并不多,但是,它与报刊传媒的亲缘关系却有别于本土书院。

(三)本土书院公共读报活动的发展

维新时期,在张之洞等洋务派官员的倡导下,"中学为体,西学为用"成为许多书院的教育方针。"西学"作为制度化的课程首先进入洋务派所开办的书院之中。如味经、两湖、经心、尊经等书院的西学课程占有一定比例。与此同时,一些时务报刊经由地方官员的饬令而进入各级书院,现代报刊通过制度化的通道成为"新学"的象征,从而区别于以儒家经典为代表的"旧学"。1895年,陕西味经书院创设时务斋,将"勤阅报章"视为五大条例之一,指出:

> 欲知时务,须多阅报章。《京报》《申报》《万国公报》以及新出各报,时务斋均拟购一分,俾诸生分阅。而时务斋须设法购活字铅版及印刷机器一架,择各报之有用者,每月排印一册,散给时务斋诸生及会讲各友人各一册,余存刊书处货卖。此项尚无的款,拟先从刊书处垫办。俟有机会,筹定的款,则报纸不取分文。凡不阅报者,不准入斋会讲。凡时务斋讲会有切时用之文,亦便附于报章,以求正于四方君子。②

1898年,张之洞要求两湖书院生徒分习经学、史学、舆地学、算学四门,

---

① 瞿昂来:《中国近日讲求富强之术当以何者为先论》,上海图书馆编:《格致书院课艺》(第1册),上海科学技术文献出版社2016年版,第86页。
② 刘光蕡:《味经创设时务斋章程》,武占江点校整理:《刘光蕡集》,西北大学出版社2015年版,第230页。

— 541 —

经心书院生徒分习外政、天文、格致、制造四门。"两书院分习之大指，皆以中学为体，西学为用，既免迂陋无用之讥，亦杜离经叛道之弊。"①由于有张之洞的鼎力支持，两湖、经心书院师生阅读报刊也较为容易。谭嗣同在浏阳创办的算学馆也要求学生："余时温习经、史，阅看外国史事、古今政事、中外交涉、算学、格致诸书及各新闻纸。其有心得及疑义，与夫应抄录以备遗忘者，即随时分类录入杂记。"② 新闻纸被视为一种学习门类，与其他学科具有同等意义。

地方大员对书院订阅报刊的高度重视，自然会引发各级书院主事者的关注，尤其是维新思潮较为活跃的湖南、湖北、江浙、陕西、江西、四川等地，许多书院纷纷制定报刊阅读的具体规定，督促士子定期读报，学习时政和新学。如湖南湘乡县的东山书院，在光绪二十一年（1895）十二月制定的章程中就规定："道莫善于通，学不厌其博。精舍每月筹款购《万国公报》两册，每季购《格致汇编》两册，又各种新闻纸如《申报》《汉报》之类，分给诸生披览，俾通知时务与夷情夷形，自成有用之才。"③ 又如江西义宁的仁义书院，虽然是一所乡人捐资的乡村书院，但对新式报刊的价值却有深刻的认知："欲知今日中西情事，莫如阅《时务报》，其议论明达，视向来各报不同，各省大吏俱札饬属员购给各书院士子披阅。《湘学新报》分史学、掌故、舆地、算学、商学、交涉六门，贯穿古今中外，讲求实用，每年末又附各门切要书目提要二页，指示门迳，诚最便学者之书。"④ 这体现了仁义书院对报刊现实价值的高度重视，在改诗赋为策论的科举考试导向下，时务报刊对士子应试有着特别的指导作用。仁义书院的课程改革，体现了时务报刊对书院教学的重要价值。

---

① 张之洞：《两湖经心两书院改照学堂办法片》，苑书义等主编：《张之洞全集》第2册，河北人民出版社1998年版，第1299页。
② 谭嗣同：《兴算学议》，《谭嗣同全集》（上），中华书局1981年版，第178页。
③ 《湘乡东山精舍章程》（光绪二十一年十二月），舒新城主编：《近代中国教育史料》第1册，上海中华书局1928年版，第19页。
④ 《江西义宁县仁义书院变通冬课诗赋改为策论启》，《知新报》第48册，光绪二十四年（1898）三月十一日，第10页。

第六章 劝民读报与公共读报活动的发展

维新之后,一些地方官员对时务报刊的认知较为深入,他们在督促书院士子学习西学的过程中,特别强调报刊的现实功用。如江西萍乡县令顾家相对鳌洲书院的士子说:

> 自复用八股后,外间谣传,有不用时务之说,此大谬也。为士者坐而言,为官者起而行,前之议以策论取士,不过欲合坐言起行为一贯耳。今虽复用八股,为士者不谙时务,似可藏拙。然一旦为官,则所行之政,所办之事皆时务也。不考求于平日,而欲应用于临时,不已晚乎!①

这表明,时务报刊不仅是求学者"知识仓库"的重要养料,也是为官者必备之"书"。因此,书院士子从自己的前程着想,务必要研习时务报刊。显然,在论者看来,时务报刊的价值已超过一般的儒家典籍,成为书院士子应举入仕、研究时政的必读"课程"。

书院的"风格"影响到师生的阅报风气。维新之后,在改书院为学堂的舆论氛围下,许多书院纷纷改革学制和课程内容,加大自然科学与社会科学的教学内容,对新式报刊的订阅也颇为注重。一些时务报刊如《湘学报》《蜀学报》与书院有着极为密切的关系,学会、书院与报刊之间互动作用较为明显。如蜀学会就附设于尊经书院,山长宋育仁主编《蜀学报》,又任蜀学会会长,蜀学会章程规定:"入会者以阅报为首务";"膏奖一项,会友系书院生,由书院给发,非书院生,由报馆给发"。② 这说明不少尊经书院学生是蜀学会的会员,一些学生还兼具《蜀学报》读者和作者的双重身份。

河北冀州的信都书院,在吴汝纶、贺涛等新派学者的影响下,特别注重西书和新报的订阅。据贺涛之子,当时的信都书院学生贺葆真在光绪二十八年(1902)九月八日记载:"是时,书院所阅报凡七种,为极盛时代。曰《万国公报》月报,出耶稣教会,多外国人论说经济,《丛编》序(叙)事极

---

① 《江西萍乡县顾大令家相课士略说》,《知新报》第98册,光绪二十五年(1898)八月一日,第3页。
② 《蜀学会章程》,《蜀学报》第1册,1898年5月,第3页。

简要,《外交报》多纪各国事,《汇报》天主教会出板(版),《时事采新》《汇选》多泛论,《顺天时报》日本人立阁抄汇编谕旨及奏折也。自《时事采新》《汇选》以下四种,皆出京都。"①

一些低级书院也注重订购新式报刊。如定海义学书院总董戴广文,"于去年(1903)创设阅报所,拨书院余款购买《外交报》《新民丛报》《大陆报》《选报》《中外日报》《申报》,并奉杨厅尊赠来《农学报》《南洋官报》及二十四史等书,按月订期,俾肄业各士子阅看,以开风气而长智识"。②此类义学书院虽属基础教育的低级书院,但是主事者已经关注到新式报刊知识的重要性,通过创办阅报所为士子提供思想资源。

诚如托克维尔所言:"在社团与报刊之间,存在着一种必然的联系:报刊在制造社团,社团也在制造报刊。"③ 一些书院学生还组织社团,通过集体活动开展公共读报活动。如求是书院的学生在1900年组织励志社,请由院拨给东斋宿舍卧室一间为书报阅览室,各同学将自阅之书报杂志,如旧的《时务报》等,新的《清议报》(后改为《新民丛报》)等,《译书汇编》及有关传播知识之书籍,置诸书架,各同学可于课后来借阅;并定于星期日外,每日夜饭后,自八时至九时止,聚集室内,讨论各自阅读之心得。④ 通过捐报、读报、讲报活动,励志社的同学将报刊视为组织活动的重要内容,报刊阅读已然成为一种"集体仪式",报刊作为新闻知识与思想传播的载体,通过学生的集体阅读和公共讨论,成为他们向往变革和进步的精神资源。

总之,在晚清报刊阅读史上,书院师生是需要特别关注的阅读群体。书院读报活动是晚清"现代性"的一个侧影,也是晚清报刊渐进式传播的重要"面相"。其中,传教士在推动教会书院的报刊传播与阅读过程中起着重要作用,但报刊从教会书院到本土书院的传播是一个漫长的过程,且受到晚清政治、文化和媒介环境等因素的影响,甲午之前,教会书院师生在传播与阅读

---

① 贺葆真著,徐雁平整理:《贺葆真日记》,凤凰出版社2014年版,第89页。
② 《提倡阅报》,《时报》1904年6月23日,第1张第3版。
③ [法]托克维尔:《论美国的民主》(下卷),董果良译,商务印书馆1989年版,第699页。
④ 钱均夫:《杭州求是书院〈罪辫文〉案始末记略》,刘萍、李学通主编:《辛亥革命资料选编》第1卷上册,社会科学文献出版社2012年版,第394页。

宗教报刊过程中发挥了重要作用，但"西报""西学"对本土书院的影响不大。维新前后，时局阽危，旧学虽未解体，但新学已成时尚，时务新知的传播势不可挡。在"中体西用"的原则下，地方大员要求书院订阅时务报刊的饬令，满足了书院士子"趋新"的阅读需求。皮锡瑞、缪荃孙、吴汝纶、谭献等经学大师在各地书院传播经典的同时，都对西学和报刊产生了浓厚的阅读兴趣。在他们的"知识仓库"中，报刊知识的比例在逐步提高，报刊作为"今日之书"，打开了他们通往现代世界的窗口。报刊、学会、书院作为公共传播网络的价值凸显，三者之间互动又促使书院士子不断进行知识转型和观念变革，从而将阅读报刊视为"察时政、求新知"的重要方式。岳麓、求是、东山等书院的"阅报章程"表明，当时在学生斋舍推广的"轮流读报"制度，规范了学生读报的程序和进度，极大地提高了报纸的利用率。而书院学生读报与评报的结合，体现了报刊阅读的深度和广度，学生们在宿舍或者教室对报纸内容所进行的讨论，表明报刊在进一步建构"意义之网"。在这个相对自由的舆论空间，学生之间的交流有利于报刊知识与思想的组织化传播。一些书院的师生在时务报刊上发表维新言论，说明他们已经将报纸视为延伸思想的载体，读报与投稿的结合是知识接受与传播的互动，报纸作为"知识纸""思想纸"的作用进一步彰显，书院师生从读"经典书籍"到读"时务报刊"的转变过程，表明了报刊作为"知识仓库"和"现代资讯"的重要来源，对他们的思想世界产生深刻影响，并"逐渐成为日常读书生活里的必需品"。[①] 因此，晚清书院读报活动的发展，在一定程度上表征了报刊、书院与社会思潮之间的多元互动关系。

三、甲午之前阅报场所发展与公共读报方式的演进

这里所探讨的报刊"公共阅读"，主要从报刊传阅的角度上考虑，一般而言，报刊如果置于公共场所，被不同的读者所阅读，就具有公共阅读的性质。

---

① 潘光哲：《晚清士人的西学阅读史（1833—1898）》，"中央研究院"近代史研究所2014年版，第20页。

从这个层面看，在鸦片战争之前，梁发在广东科举考试之际所散发的宗教书刊，对于参加科考的士子而言，就具备公共阅读的某些特征。而林则徐在广州禁烟之际，下令收集并翻译粤澳出版的报刊，由于需要聘用相关人员进行新闻加工，也由此具有"一报多读"的特点。《东西洋考》的创刊号虽然仅印刷了600份，但是，由于在广州的外国人向中国人大量散发，所以后来又加印了300份。据《中国丛报》调查，甚少有华人出资订购，但辗转获得，阅读之后，多加称道。① 一些读者免费获取的刊物，也有可能被其他读者推荐或者在公共场所阅读。但是，从总体上看，鸦片战争之前，集体性的读报活动还非常少见。

鸦片战争后，随着上海、香港商贸业的发展，中文报刊对新闻和商贸动态的报道内容大为增加。但是，中国读者订阅甚少，正如《遐迩贯珍》在停刊启事所言："盖华民购阅是书固甚吝惜，即不吝惜，而所得终属无多，惟赖英花二国同人启囊乐助。"② 而英美二国的赞助商大多不识中文，他们所获得的刊物便有可能转赠给他们的佣人或者其他华人，华人在得到免费的刊物之后有可能相互传阅。同样，《六合丛谈》的发行也不理想，其经费大部分来自外商的订阅，而外商订阅的报刊也往往会赠阅华人，其有效阅读量仍然不广，当时亦很少见到公共借阅的场所，因此，早期的宗教报刊在阅读的公共性方面仍然较为欠缺。

19世纪60年代之后，随着洋务运动的逐步推行，"新闻纸"便成为洋务派官员了解西方社会的重要窗口。在一些洋务派代表人物的衙门中，订阅报刊便成为一项公共事务。曾国藩、刘坤一、李鸿章等地方大员注重了解国外时局，通过各种渠道搜集国际资讯。这就为中外报刊进入官方机构提供了条件。如薛福成自1865年进入曾国藩幕府后，从1868年开始记日记，他通过阅读"外国新闻纸"，较为全面地记录了日本废藩府、日本内战、明治维新、

---

① 转引自［美］白瑞华：《中国报纸（1800—1912）》，王海译，暨南大学出版社2011年版，第28页。
② 《〈遐迩贯珍〉告止序》，《遐迩贯珍》第5号，1856年5月1日。见［日］松浦章、［日］内田庆市、沈国威编著：《〈遐迩贯珍〉——附解题、索引》，上海辞书出版社2005年版，第407页。文中所言"花国"即美国，早期传教士报刊称美国为花旗国。

朝鲜内乱、美国南北内战、普法战争等国际新闻，通过阅读《香港新报》等中文报刊了解国际贸易状况。正是由于薛福成对国际事务的了解，为他以后成为驻外使节创造了条件。1872年前的四年，薛福成一直在两江总督衙门担任幕僚，他所看到的中外报刊应为总督衙门所订阅。除了薛福成之外，其他官员和幕僚应该有机会看到一些报刊。与薛福成同为"曾门四弟子"的吴汝纶，也在曾国藩幕府看到了大量报刊。同治丁卯年（1867）十一月二十一日，吴汝纶在日记中记载："是日见新闻纸，谓法国与布国（普鲁士）战，是西洋各国有不和之征，中国之利也。"① 吴汝纶关注的布法战争，延续了几年，同治十年（1871），薛福成在日记中也多次记载了布法战争的进展，如二月二十五日记道："新闻纸电报云：布、法议和，日耳曼军皆退出巴黎斯城，布相亦已回国矣。"② 由此可见，两人都是在两江总督衙门通过看报纸了解国际时政，而两人对西学的了解与平时的广泛阅读有着直接关系。两江总督衙门所订购的书报，对于曾国藩的幕僚们而言，具有"公共读物"的性质，这是当时幕府政治的一大特色，也是洋务派较为开明的表现。

19世纪70年代，随着《申报》等商业性报刊的发展，在上海这样的大都会，报刊进入公共场所的机会大增，尤其是《申报》在城内重要商铺设置代售点，方便了普通民众购阅。早期《申报》标榜其读者群体以"市肆之人"为多，并声称："购一《申报》，全店传观，多则数十人，少则十数人。"③ 早期《申报》对店铺的看重，出于当时邮政不发达，报纸传递不广的考虑，而店铺是人群聚集之所，置一张报纸于其中，顾客便有可能随意观看。由于报纸提供了一般人难以知晓的新闻，而店铺为顾客营造一种"新闻场域"，通过读报或者听讲新闻，顾客可以获得许多重要新闻和商业信息，也可以参与到"公共的闲话"讨论之中。因此，对于许多店铺而言，放置一份报纸，则意味着营造了一种文化景观，报纸不仅供顾客围观，还成为一种资讯的象征，为读者提供了丰富的想象。正如一首竹枝词所言："客窗寂寂静难

---

① 吴汝纶著，施培毅、徐寿凯校点：《吴汝纶全集》（4），黄山书社2002年版，第373页。
② 薛福成著，蔡少卿整理：《薛福成日记》（上），吉林文史出版社2004年版，第67页。
③ 《论本报销数》，《申报》1877年2月10日，第1页。

禁，一纸新文说字林。今日忽传有《申报》，江南遐迩共知音。"① 而茶馆读报的现象也刊诸《申报》，有竹枝词云："松风阁上评茶经，《汇报》新来阅一程。字样整齐文理软，个中主稿未分明。"②

随着洋务运动的发展，一些开明官员对现代报刊的态度有了极大的改变。早在《申报》创办之初，当时的总理衙门就有订阅，郭嵩焘在出使英法之前，于光绪二年（1876）二月二十九日，"上兵部及总理衙门，并致吊库仁凫之弟，见《申报》"。通过读报，他得知："黎召民去岁议设立伦敦洋行，已经定议。洋行名曰宏远，分设香港、福州、上海三处，美国之牛约口，亦分设行栈焉。"③ 郭嵩焘当时能够在总理衙门看到《申报》，说明它可能是一种置于官厅的公共读物，有兴趣的官员是可以免费阅读的。而郭嵩焘、曾纪泽、薛福成、张荫桓、李经方等驻外使节，在使馆内经常收阅从上海寄来的《申报》，说明当时的使馆已经将《申报》作为了解国内动态所必备的读物，驻外使节至少都有数名随从，尤其是充任翻译和文案的随员，需要代拟文稿，阅读《申报》应成为其工作的一部分内容。早期《申报》能够引起李鸿章、左宗棠、张之洞、刘坤一等当朝显贵的关注，也在一定程度上说明一些地方督抚衙门是有可能订阅的。而他们读报后对某些新闻的评论与反应，也表明某些高级官员注重报刊舆论对他们名节的影响，同时，这些督抚们所阅读的报纸也是可以在他们的下属和幕僚中传阅的。衙门中的读报活动也具有了"公共阅读"的某些特征。

19 世纪 80 年代之后，新兴的商业性报刊都比较注重在公共场所设置代售处。如 1887 年，《广报》在广州城内的唯一派报处就设在"双门底圣教书楼"。④ 1892 年，《中西日报》，则在广州城内设立 6 个"派报挂号处"，包括"本城黄黎巷福昌书信馆、同兴街万泰打饷店、杉木栏逢源席店、马鞍街美南

---

① 嘉门晚红山人稿：《续沪上竹枝词》，《申报》1872 年 9 月 28 日，第 1 页。
② 留月主人：《沪城口占仿竹枝词二十首》，《申报》1874 年 11 月 26 日，第 4 页。
③ 郭嵩焘著，湖南人民出版社古籍编辑室校点：《郭嵩焘日记》（第 3 卷），湖南人民出版社 1982 年版，第 21 页。
④ 《广报》1887 年 11 月 16 日，第 1 页。

鞋店、双门底圣教书楼、西门口永盛号"。① 圣教书楼为基督教徒左斗山所设，是当时广州新学和新式报刊传播的中心。根据冯自由对圣教书楼的记载："凡属上海广学会出版之西籍译本如林乐知、李提摩太所译《泰西新史揽要》《西学启蒙十六种》《万国公报》等类，皆尽量寄售，实为广州惟一之新学书店。"② 这几种报纸将主要发行点设立于传播新学的圣教书楼，在报刊阅读史上是一个值得关注的现象。与之前《申报》等商业性报刊主要以店铺为代销点不同，广州圣教书楼作为当时最著名的书报销售中心，由于与传教士有着直接联系而受到特别的关照。作为输入新学的重要窗口，圣教书楼无疑成为开明士绅的向往之所。《广报》《中西日报》《万国公报》等报刊在此销售，就是凭借其文化中心的地位而受到读者的关注。从这个层面看，报刊发行从店铺走向书楼，在文化空间上是一个重大的转变。以前在店铺发行，报刊以启发"市肆之人"为荣，以下层人读报为销售口号，但从"精读"的角度看，下层民众识字不多，对报纸的理解非常有限。一旦报纸"走"向书楼这一新的文化空间，就成为读书人关注的精神产品，其对读书人的直接影响就更为明显。因此，到书楼读报与买报则具有明显的公共文化消费的特质。

四、维新前后的阅报组织与读报活动

维新前后，面向民众开放的公共阅报社开始出现。阅报社是进行报刊阅读推广的重要组织，其创办初衷是鉴于普通民众没有读报的习惯，又无力或不愿购买报刊，为了吸引更多的民众经常阅读报纸，创办阅报社便是有识之士的一项公益性的活动。学界对于这一问题的研究，主要集中在以下几个方面：全国各地阅报社的创建情况与发展阶段；阅报社与下层社会的启蒙，尤其是增进民众智识与开通社会风气等方面的作用；阅报社与社会动员与舆论导

---

① 《中西日报》1892年6月18日，第1页。
② 冯自由：《革命逸史》（初集），中华书局1981年版，第13页。孙中山1886年入广州博济医院附设的南华医学堂学医。1887年转入香港雅丽氏医院学习。1892年7月毕业，先后在澳门、广州开设药局，行医济世。《广报》《中西日报》在圣教书楼发行，孙中山初在广州业医，以同教之关系，假该楼为诊察所。这说明圣教书楼不仅为新学的传播中心，也与宗教、西医的传播有着密切联系。

向的效果，等等。① 但是，阅报社作为一种公共组织，能够在清末得以快速发展，有着较为复杂的原因，如官员、绅商和其他社会力量对阅报社的态度与权力控制，阅报社的资本运作模式与权力的分享，阅报社的公共服务与地方文化的发展，阅报社进行规范化运作以提高传播效果，等等。

创办阅报社的重要目的是为了进行社会启蒙，这是毋庸置疑的。但是，为何在近代中文报刊发展了数十年之后，才有阅报社的称谓？而报馆、学会、社团和教会书院购置书报供公众阅读的情况，未能进入阅报社研究的范围？其实，从公共阅读的角度看，这些公共阅读机构提供的报刊，具有"一报多读"的作用，与阅报社的功能有一定的相似之处。而一些志趣相投的士人自愿组成读报组织，共同集资购报，使报刊在成员之间相互流通，达到报刊资源共享的目的。如蔡元培于光绪二十四年（1898）联合籍忠宣、张检、吴仲簏等好友，创办求实书屋，订阅《湘学报》《蒙学报》《萃报》《农学报》等报刊，他们排定日程，轮流传阅，每10日在松筠庵集会座谈。蔡元培在日记中记载："五月二十一日，《湘学报》第三十三册传到，二十四日传出。五月二十五日《蒙学报》第二十三、第二十四传到，第二十七日传出。二十七日《湘学报》第三十四册传到，二十九日传出。"他还详细罗列了求实书屋存报和轮流阅读者的姓名及地址：

（存蒙）王焯酌（升）　　南半截胡同，吏部。
（存萃）蔡元培（鹤庼）
　　　　籍忠宣（鹿侪）　　校场胡同，内阁。
　　　　张检（玉叔）　　　化石桥东北，吏部。

---

① 近年来有关阅报社的研究成果论著达数十种至多，如李孝悌的《清末的下层社会启蒙运动（1901—1911）》（河北教育出版社2001年版）、闵杰的《近代中国社会文化变迁录》（第二卷）（浙江人民出版社1998年版）都有相关章节进行论述，而专题论文如李斯颐的《清末10年阅报讲报活动评析》（《新闻研究资料》1990年第2期）、刘喜中的《我国解放前的阅报所》（《中国图书馆学报》1996年第6期）、高俊的《清末阅报社团述论》（《社会科学》2012年第11期），等等。应该说，已有的成果根据清末的报刊史料，对阅报社发展的基本情况进行了梳理，但由于研究重心和史料收集的重点不同，关于阅报社的全面研究仍有待深入。

第六章　劝民读报与公共读报活动的发展

　　（存农）吴仲麓　东茶食胡同，鸿胪寺。
　　　　　　陆勤伯　长巷头条，光禄寺。
　　（存湘）陆绍渊　海北寺街，吏部。
　　　　　　王积庵　方壶斋，吏部。
　　（旬以第三日到松筠庵茶话）①

当然，由于求实书屋是蔡元培与好友集资创办，入会者具有严格的身份限制，且轮流读报限于会员之间，尤其是每月三次的茶话会，具有俱乐部的某些特点。这与阅报社所强调的下层启蒙与免费阅读有较大区别。

　　从阅报社产生的机理看，它与报刊的通俗化与大众化有着直接的关系。北京较早创立的日新阅报社在周年纪念时，刊文指出："去年（1905）的今天，本社开办，在那时候，没想到准能立成。阅报处本是一个新花样，庚子以前，谁也没听见说过。"②尽管这是以北京为例谈到阅报社的情况，但是庚子以前很少有阅报社的设立，大体上反映了当时的状况。1905年，担任山东学务处议员兼文案的宋恕，在规划山东阅报机构时便提出："省城宜先设一阅报总所，随通饬各府州县各先设一阅报分所。其民间专为一乡或数乡，一里或数里，一族或数族设者皆为小分所。"对于阅报所的具体设置，他指出："阅报总分所均宜于内设立官绅入阅室、学生入阅室。……除奉本省抚宪通饬购阅之官报外，凡新购到一种报，必先发官绅入阅室供阅，俟总所官绅阅过数期后，公酌该报可否兼供学生阅，如以为可者居多，再将该报呈院裁夺。"③宋恕的规划受到了山东巡抚杨士骧的首肯。之后，山东的阅报社方逐步推广。《大公报》的一篇时论曾指出："更可喜的这半年来的工夫，北京、天津又开了许多的阅报处，预备各种报章，任人观看，不取分文。"④ 这表明，1905年

---

　　① 蔡元培著，中国蔡元培研究会编：《蔡元培全集》第15卷，浙江教育出版社1998年版，第179页。
　　② 《日新阅报社期年纪念演说》，《京话日报》第667号，1906年7月5日，第1版。
　　③ 宋恕：《拟阅报总分所章程》（1905年10月下旬），胡珠生编：《宋恕集》上册，中华书局1993年版，第367、368页。
　　④ 《敬告阅报社的诸位君子》，《大公报》1905年7月22日，第3版。

上半年，京津地区才出现大量阅报社。李孝悌也认为，"阅报社的建立成为一种风气，大概是 1904 年以后的事情。"① 这段时期白话报刊发展较快，一般认为阅报社进一步推动了白话报刊在下层社会传播。

但是，仅仅将白话报刊与阅报社视为因果关系可能有失偏颇，而将阅报社视为 20 世纪的新事物更是一种错误的认知。早在 1897 年，张元济在北京创办通艺学堂，便附设了阅报处。他写信给汪康年说："此间亦拟设一藏书楼及阅报所，然力量太薄，将来贵馆译印各书，能捐送一份否？南方有新出书籍，均请随时代购寄下为盼。"② 这说明此类新式学堂已非常关注书报阅读问题。而维新时期的民间读报活动形式多样，其中创设阅报公社并开展读报活动，便是一个值得关注的现象。如 1898 年 11 月 18 日的《新闻报》就对苏州的阅报社进行了报道："苏垣元妙观内关帝殿，房廊宽敞，地亦幽静。日前有人在内设立阅报公社，购办各种报章，任客翻阅。如看旬报，每客取资二十文，日报十文，并有茗茶以供消渴。朝开晚闭，风雨不更。想有心时务者趋之若鹜也。"③ 又如慈善家经元善于 1898 年将劝善、看报合成一会，在浙江余姚、上虞创设劝善看报会，目的是："一扩其识，一葆其真。庶几识时势亦明义理，除僻陋并革浇漓。"这个劝善看报会的开办经费，"由会中同志筹垫"，属于公益性质的阅书报组织。其所订书报，一类包括《劝善要言》《圣谕广训》《太上宝筏》《阴骘文说证》之类的劝善书籍，另一类包括《万国公报》《农学》《东亚时报》等各十二份，《新闻报》六十份，《中外日报》一百二十份。④ 这些书报"作六处分派"，"两邑诸同志，欲阅书报者，可向经理诸处取阅"。对于读报的意义，该会章程特别予以强调：

然阅报亦岂撷拾新闻，聊资谈助乎？如见我华之被人侵削，土宇

---

① 李孝悌：《清末的下层社会启蒙运动（1901—1911）》，河北教育出版社 2001 年版，第 48 页。
② 张元济：《致汪康年（19）》，上海图书馆编：《汪康年师友书札》（2），上海古籍出版社 1986 年版，第 1706 页。
③ 《阅报开社》，《新闻报（附张）》1898 年 11 月 18 日，第 1 版。
④ 经元善：《余上劝善看报会说略章程》，虞和平编：《经元善集》，华中师范大学出版社 2011 年版，第 227 页。

日蹙，则当思发愤自强，誓雪国耻。见泰西各国之日进文明，国富兵强，则当思振刷精神，急起直追。见五大洲中人物之富庶，制造之新奇，则又当皇然自失，不敢挟虚矫之气，而以咫见尺闻为已足。夫而后始能收阅报之实益。但有体方能有用，不可不借善书灌溉，以植其基。①

在经元善看来，读新式报刊是知国耻、学西学、广见闻、图自强的重要途径，这与维新派的"中体西用"观念是一致的。但是，经元善与维新派不同的是，他注意到报刊对大众启蒙的意义，便通过创办劝善读报会，促使报刊惠及普通民众。因此，尽管《时务报》在精英之间建立了"阅读共同体"，但是，普通民众更需要通过免费阅读的方式获得报刊知识，而经元善所发起的免费读报活动，则体现出报刊作为"公共知识"的普遍意义，对"自守无甚远志，于当世之务鲜所究心"的下层民众而言，"阅报愈多者其人愈知"。② 因此，通过"公共读报"改变他们的"知识仓库"的架构，便具有重要意义。

维新时期出现的各种学会、书局、学校等教育和文化机构，也曾有订阅报刊供会员、学生和民众阅读。如湖南的南学会所订购的26种报刊，除了《启蒙报》之外，其他报刊并非白话报刊。1897年，湖南龙南致用学会在创办之际，便提出"学会中必广购中外有益之报，以备诸同志浏览"。③ 其章程列出的书籍有101种，订购的报章包括"《时务报》《农学报》《知新报》《湘学报》"。④ 梁肇敏、邓家仁、谭颐年等创建广州时敏学堂时，在章程中指出：

---

① 经元善：《余上劝善看报会说略章程》，虞和平编：《经元善集》，华中师范大学出版社2011年版，第228页。
② 经元善：《余上劝善看报会说略章程》，虞和平编：《经元善集》，华中师范大学出版社2011年版，第227页。
③ 《湖南龙南致用学会章程（附购书阅书章程）》，《知新报》第43册，光绪二十四年（1898）一月二十日，第9—10页。
④ 《湖南龙南致用学会章程》，《知新报》第46册，光绪二十四年（1898）二月二十一日，第8—12页。

刊报章以备刍荛。西国上下通情，得力于协会，亦称社会，而辅之以报馆。其大报馆类有博士主之，其博士、律师等又各以所操专门学业，集同业者联为社会，皆有会所。今宜仿其制，同会诸君，各擅专门，倘有心得，录出存记，随时汇刊成册，分送同人。①

后来出版的《时敏报》便依托时敏学会和时敏学堂，体现学校、学会与报刊的一体化发展。同年，汉口汉记书局"特设立阅报总会一所"。② 而鲁迅在矿路学堂读书时，学堂已设立了阅报处，"《时务报》不待言，还有《译学汇编》"。③ 与鲁迅一样有阅读新式报刊经历的学生，在维新时期并非个案。如南京东牌楼某报房，"创设阅报会，购办沪上各报，无不应有尽有，以备有志维新者得就近取阅"。④ 浙江求是书院、湖南岳麓书院、湖北两湖书院当时都订有《时务报》等新式报刊，使书院生徒读报的机会大大增加。当然，维新时期各学堂、书院所开设的阅报室，很少面向社会开放，其公共阅读的功能尚不明显。另外，维新时期地方官衙订阅了报刊，一些官员能够有机会读报，但这些报刊仍然不面向民众开放。因此，这些名义上的"阅报处"并不具有广泛的公共性与免费阅读的功能。维新之后，一些新成立的学会往往会订阅报刊，促进会员之间的学习和交流。如1904年成立的沪学会，其主要功能是："补习科育、普及教学、阅览书报、运动游息、招待客员。"⑤ 显然，此类学会所附设的书报室，为公共阅读提供了便利条件。另外，如杭州藏书楼在1903年时订有"旬报、日报等十二种"。⑥ 这说明此类具有图书馆性质的机构，也重视订购报刊供众阅览。

20世纪初期，除了大量的阅报社之外，一些酒楼、茶楼与娱乐场所也购

---

① 《广州时敏学堂公启章程》，《知新报》第53册，光绪二十四年（1898）四月一日，第9页。
② 《汉口代派各报处江左汉记书局告白》，《时务报》第62册，1898年5月30日，"本馆告白"第1页。
③ 周树人：《鲁迅自传》，台北龙文出版社1993年版，第29页。
④ 《设会阅报》，《申报》1898年9月26日，第2版。
⑤ 《沪学会章程》（甲辰七月），《警钟日报》1904年8月27日，第4版。
⑥ 《杭州藏书楼书数表》，《浙江潮》第3期，1903年4月17日。

置报刊，供客人空闲时观览。1900 年，钱均夫与同学集资订阅《杭州白话报》二十份，分送给庆春门外坿郭之茶坊酒肆。① 显然，这些求是书院的学生热心于推广白话报，希望普通民众有机会接触新式传媒。当然，更多的酒楼茶馆则将购置新式报刊作为营销策略。如天津满春楼西餐馆就在广告中称："且有各种报纸，随意观览。"② 而茶馆是普通民众的消遣场所，一些有识之士观察到茶馆在传阅报刊方面的优势，遂订阅报刊，供众阅读。如北京德胜门外大关的回民杨某，"在自己的茶馆里，添设阅报处，回教的顽固人，见了说闲话，杨某并不理会，并对人说，这是文明事情"。③ 天津启明阅报社设于东马路一品茶楼左，"于晚间兼教授贫苦人等识字"。④ 四川仁寿县乡绅屈玉辉在老君场四义茶社组织阅报公社，"购备各种报章，任人浏览"。⑤

上海、广州的一些高级妓院也订有报刊，各类小报刊登的妓院新闻，不仅为文人骚客提供了"信息来源"，也得到了一些妓女的关注。上海的《游戏报》《采风报》《笑林报》，广州的《天趣报》《游艺报》，在妓院颇有市场。一些身处高墙之内的妓女，也能通过阅报而知晓天下事。一些妓女在空闲时，对报纸新闻颇感兴趣。如《天趣报》就描写一位妓女彩玉，"持某报与读"，恰恰该报载有一读者来信，题为彩玉致十八郎书，"梁为之诵解，校书闻之，骂不绝口，并谓该函乃十八自作多情，并非我所寄云云"。⑥ 酒楼、茶馆、妓院的人群流动性很强，放置报刊有助于各类人群驻足观看，感知现代传媒所带来的新闻趣事。而一些寺庙也利用其空置场所，订阅报刊，供民众免费阅读，如北京西城护国寺就开设阅报处，"逛庙的人，随意都可以进去歇歇腿儿，顺便就把报看了，比别处开设的，更觉得合式（适）"。⑦ 值得注意的是，清末一些教堂也除了订阅宗教报刊之外，还备有商业报刊。如较为偏远

---

① 钱均夫：《杭州求是书院〈罪辫文〉案始末记略》，刘萍、李学通主编：《辛亥革命资料选编》第 1 卷上册，社会科学文献出版社 2012 年版，第 394 页。
② 《满春楼广告》，《中外实报》1909 年 5 月 1 日。
③ 《老回友很有热心》，《京话日报》第 704 号，1906 年 8 月 11 日，第 3 版。
④ 《又一阅报社》，《大公报》1905 年 7 月 15 日，第 4 版。
⑤ 《仁寿阅报社之组织》，《广益丛报》总第 240 期，1910 年 8 月 4 日，第 10 页。
⑥ 《采玉对客辩诬》，《天趣报》1910 年 12 月 21 日，第 3 版。
⑦ 《护国寺也要开设阅报处》，《京话日报》第 314 号，1905 年 7 月 4 日，第 2 版。

的河北故城县教堂，就订有天津《日日新闻报》，1901年6月9日，贺葆真所读的天津《日日新闻报》，"则借阅于耶稣教堂"。① 可见，公共阅报之风，已通过各种公共场所，对民众的日常生活产生影响。

一些报刊代售处在销售报刊的同时，也设法为寒门之士提供阅读的机会。如辽宁锦州某分报馆主人1903年在《大公报》刊出阅报章程，规定：

> 凡我同胞寒士有欲入会阅报者，可先赴许穆二公书房报名注册，以便沿门传送。诸公亦当珍重报章，勿致烧湿污秽。……传送各报，以报名注册之先后为次序。如甲乙丙丁四家入会阅报，各报到时，由经理人派价送至甲处，日报以一天为限，旬报、月报以三日为限，再由甲处派价转送至乙处，乙处如期阅毕，再派价转送至丙处，以次递送，不得留滞逾期。大家阅毕，仍送回经理人处收存。②

此类读者入会轮流阅报的规定，体现了经营者的公共服务意识，经营者将"所有权"与"阅读权"分开，一些"寒士"通过入会登记，便可获得轮流阅读权，此类"一报多读"的现象，虽与阅报社的集体阅读有一定区别，但具有公共读报的性质。

从公共阅读的历史看，早期的报馆订报具有明显的行业性和排他性，读者仅限于报馆同人。后来的官衙订报，其读者也主要是衙门内的官员和幕僚。之后的一些商业店铺代理售报，虽然为读者的集体阅读提供了条件，但并非免费阅读。一些书院、学堂所订阅的报刊，也不面向社会开放。厦门博闻书院面向读书人开放，可以说是近代公共阅读的一个重要起点，可惜之后的教会书院并未广泛设立类似的机构。而维新时期的学会办报，虽然也注意到报刊的轮流阅读问题，但少数阅报室也仅对会员开放。进入20世纪后，随着各类阅报社的创办，不限制身份的公共阅读才真正兴起。但是，作为传播报刊

---

① 贺葆真著，徐雁平整理：《贺葆真日记》，凤凰出版社2014年版，第69页。
② 《阅报章程》，《大公报》1903年2月25日，第3版。

文化的公共组织,阅报社的创设与清末政治、经济、文化的发展有着密切关系,阅报社作为公共空间的作用与价值值得我们关注。

第三节 阅报社与公共阅读的推广

阅报社作为清末社会兴起的重要公共文化组织,其根本目的是推动报刊阅读的大众化,从而广见闻、开民智、树新风。由于教育尚不普及,有识之士认为:"仅恃学堂开通风气,恐自幼失学者终不免向隅之叹。"创设阅报社可以弥补学校教育之不足,具有社会教化的作用。因此,无论老幼,"可以余闲增补知识,获益良非浅鲜"。① 关于开设阅报社的好处,《大公报》的一篇时论以白话文的形式进行了阐述:

> 我们中国的报纸,虽是不如外国多,到底也总算不少了。中国人顽固的多,阅报的风气不大开,你劝他花钱买报看,他是不肯的。就是买报看的,也不能买得许多,但靠着一两种报考查天下的事,究竟所知道的事有限。要打算多买,又买不起。惟有设立阅报处最好,这阅报处拣那极好的报买些种,任人观看。不但于明白人有益处,就连那顽固人,也可以渐渐的化过来。②

这道理很浅显,阅报社可以达到节约经费、一报多读、开启民智、转变风气的作用。而阅报社的广泛开设,与庚子事变后清廷推行新政有关,也与地方社会各类群体的价值取向及文化话语权有关。从组织建设与组织传播的角度看,创设面向大众的阅报社,需要资金、人力、场地等基本条件,从而涉及权力控制、资本筹措、阅读空间、社会价值等方面的问题,下面分而述之。

---

① 《天津启文阅报社章程》,《教育杂志》(天津)1905年第9期,第51、52页。
② 《天津也当设立阅报处》,《大公报》1905年5月30日,第6版。

一、官办阅报社与读报活动的推广

维新时期的少数阅报社一般是在维新志士的支持下，利用学会与报馆的资源附设，规模不大，影响有限。随着清末新政的推行，报刊成为推行新政的重要舆论工具，上至中枢大臣下至地方官绅，对于报纸的作用与价值都有着新的认知。利用政治资源推广报刊阅读，成为官方创办阅报社的主要动力和目的。清末的阅报社有官办和民办之分，李斯颐统计清末的220家阅报社讲报所中，官员（含政府机构）占35.5%，士绅（含青年会、学生会、商会等民间社团）占57.39%，市民占7.1%。① 这一统计很不完整，比如一些地方志所载阅报社，李斯颐很少关注，许多新式学堂、劝学所附设的阅报场也未统计在内，尤其是清末各地图书馆附设的阅报室几乎没有涉及，而全国各地报刊所报道的阅报社也很难进行完全统计，近年来，随着清末报刊的数字化，可以查阅更多的阅报社史料，其中不少阅报社现有的论著没有涉及。因此，可以断定，清末阅报社的总数远超过二百余家。但李斯颐的统计分类大体上反映出清末阅报社的性质。虽然从总数上看，官办的阅报社数量要少于民办，但是，官办的阅报社大多集中在城市繁华地带，其规模与影响力往往较大。如吉林省官报局设立后，该局总办张印之拟于本局内增设阅报社，"除本省官民各报外，并订购津沪各省著名报纸计四十八种，以便任人入内取阅"。② 如此订阅规模，自然可以满足读者博览群报的需要。

民办阅报社虽然源自民间人士的捐助，但其创办则需要通过官方的审批，且官方对具体营运有着一定的制度约束。如果没有官方的支持，民办阅报社难以持续发展。因此，从总体上看，阅报社作为公共阅读组织的存在，应该看作清末新政在施行过程中的重要举措。尽管维新之后清廷加强了对报刊的管控，但是在《苏报》案之后，随着各类报刊的不断增多，尤其是留学生报刊和革命报刊的发展，清廷对报刊言论防不胜防。统治者认为一些以革命排满言论著称的报刊，"致阅者惑于革命、自由之谬说"。③ 而报刊舆论所产生

---

① 李斯颐：《清季末叶的阅报讲报活动》，《文史知识》2002年第7期。
② 《官报局添设阅报社》，《新闻报》1908年8月9日，第4版。
③ 《力遏奇邪》，《申报》1903年4月19日，第2版。

的巨大影响,也逐步为统治者所关注。如一向仇视报刊的慈禧太后也开始关注报刊新闻,1902年年初,《新闻报》便报道:"皇太后、皇帝将令所有各华字报由地方官进呈一分之说。"① 当年8月,该报又报道云:"皇太后近日颇看各种报章,由贝子溥伦等择要宣讲。"② 1904年,该报还报道:"皇太后近数月来常令内侍赴南城购买各种报纸,每夕于灯下披阅。但内侍等已受王大臣之嘱,凡稍有关系之报均不敢购进。所购仅《外交报》《小说报》《启蒙画报》《北洋官报》等几种。"③ 至1908年,《通学报》也有相关报道,皇太后"命李大总管订购各报,并饬姚宝生于每日恭请平安脉后,即于驾前诵读各报"。④ 一些王公大臣也关注报刊,如《新闻报》1905年的一篇报道指出:"庆王近来留心时事,每退直以后,即检阅各种报纸,故疆吏贤否、民生利弊,无不了然于胸。"⑤ 1909年,《大公报》报道,摄政王载沣"向来最重报纸,每于理政余暇,必反复披阅"。⑥ 在当政者的影响下,军机处也设立阅报处,"派章京四员轮流阅看,凡有关本处之事以及国计民生者,皆须随同选择,以备参考"。⑦ 北京工艺局"在局司事各员自行捐资,广购报纸,设立阅报处"。⑧

所谓上规下随,最高统治者和中枢大臣注重阅报,地方大员自然不敢怠慢。对于各地创建阅报社,地方大员一方面具有批准监督之责,另一方面又可凸显自身政绩,只要新设的阅报社遵守官方的规定,地方官员不仅乐观其成,还利用各种机会加以推动。尤其是清末预备立宪之际,阅报社在"君主立宪"与"下层政治"的传播中起到了更为明显的作用。有时论指出开设阅报社与民众读报的益处:

---

① 《两宫阅报传闻》,《新闻报》1902年2月25日,第2版。
② 《深宫阅报述闻》,《新闻报》1902年8月20日,第2版。
③ 《购阅报纸述闻》,《新闻报》1904年2月9日,第2版。
④ 《慈宫注意报纸》,《通学报》1908年第98册,第243页。此新闻《大公报》亦报道:"皇太后逐日遣人购买京津各种报纸,呈进,不时披览,以觇舆论之趋向而考政治之得失云。"(《慈宫购阅报纸》,《大公报》1908年12月3日,第2版。)
⑤ 《军机领袖阅报》,《新闻报》1905年10月3日,第2版。
⑥ 《摄政王无暇阅报》,《大公报》1909年7月29日,第5版。
⑦ 《军机处设立阅报所》,《神州日报》1908年9月23日,第2版。
⑧ 《工艺局设立阅报图书所》,《申报》1905年7月10日,第3版。

阅报之益，尤较阅书为大。故设立阅报所，亦较图书馆为要。而其设置则较易，就一邑而言，宜于四门各择一公共地方，设备椅桌，购置各种日报，任人观览。余如各地所出之旬报、月报，亦宜酌量购办。其隔日无用之报，可于粘木板，悬诸门首，以便行路之人无意阅报亦得以寓目。此项报纸，只可用二三种，并只可用首页，余均不列，以免累赘。凡隔三四日者，又可以粘附板面，悬于热闹街市之紧要处所，或悬于酒馆茶楼之间。……乡镇之间，亦宜同时举办，应由乡董任其事，所费即由地方公款开支。若地方较大，则宜分设二处、三处不等。应请人经理，以专责成。

阅报之益甚多，一可见政府官吏及地方绅士之设施；一可知各地各国之要事，自能化其愚昧固执之见，且晓然于国家发政施令之所由。则此后凡关于宪政事项之实行，人民必舞蹈以欢迎之。①

从总体上看，清末出现的大量官办阅报社，以州县一级官员为主要创办力量，其中县令所占比重最高。总体而言，当时的省会城市一般都有报纸出版，其报刊发行量也相对较高。省一级官员深知"劝民阅报"对于通晓时务的重要性，并从行政上加以推动，因此，"直省各大宪札饬各府厅州县晓谕绅商士庶，观阅报章，其培植人才之意至切"。② 山东巡抚周馥对民众读何类报纸尤为关注，他饬令："近者，中国各省埠报章大兴，其名类至繁赜，不可偻计，纯驳不一，瑕瑜互见，须选择而阅之。其最要者，如湖北江南之《商务报》，上海之《农学报》《蒙学报》《政艺通报》，京师之《蒙学画报》，晋省《官报》，与新设之《北洋官报》，咸翔实有用，尤宜购阅。"③ 四川总督锡良也对报纸的选择颇为关注，指出："宜遴选开通端谨之士，严定主义、屏绝邪诐，择录各报中雅言要论，与夫政法、学校、财政、农工商渔实业及交涉要端，

---

① 健：《论广设图书馆及阅报所为预备立宪之要着》，《时报》1909年5月10日，第1版。
② 《大通厘金兼保甲总办许芩西太守劝商民阅报以益智慧录》，《湖南演说通俗报》1903年第7期。
③ 《山东巡抚周劝选阅报章以扩见闻示谕》，《政艺通报》1903年第2卷第7期。

第六章 劝民读报与公共读报活动的发展

有足助政教而裨实用者，精心采择，研究讲解。以正大定民心，以博达牖民智。"① 贵州巡抚庞鸿书有鉴于"选举投票之淆乱"，与学政陈石林商议，"拟设阅报所一处"。② 但在整个全省政务中，读报纸毕竟不是最急需解决的大事。对于督抚大员而言，捐立阅报社尚需要考虑时效和实际运作问题，对他们的政绩难有直接的影响。

而州县官员在具体执政的过程中，就直接面临民众"见闻不广、智识不开"的问题。许多穷乡僻壤尚不知报纸为何物，"目无所见，耳无所闻，将何以鼓舞其精神，激发其志气"。③ 倡导读报活动，不仅有利于开发民智、改变民风、推广新政，也有助于地方官凸显政绩、树立亲民形象、获得政治资源。加之他们与地方士绅接触的机会较多，对创设阅报社的公益活动自然加以支持。如前署顺天府尹陈京兆，"仿照京师各阅报所办法，饬于府署左近设立阅报处，派员经理"。④ 河南卫辉道员刘伯绅认为："环球交通标新竞异，欲保自有之权利，须有抵制之方术。而风气不开，未免事事落后。"因此，他独力捐资创办益智阅报社，"购置各项新书图画约有二千余种"。⑤ 安徽臬司玉廉访"为开通风气计，特与张太守龙元等就八旗会馆内组织爱国阅报社一所，所有报资由发起诸君担任，每日购集各种报章，任人阅看"。⑥ 河北霸州知府认为"欲通今者，莫若阅报"，他与当地士绅商量，"于州署大堂左侧设立阅报处一所，拟定章程，购储各报，每日令人进处阅看"。⑦ 浙江处州（今丽水）地处偏远，"风气朴僿，民智未开。郡守萧太守文昭拟借城隍庙创立阅报所一所，购备各种报纸，无论何人均准入所观览，以牖民智。即由太守及其缙云县捐廉二百五十元以充开办经费"。⑧ 广西南宁知府杜某，"将府衙门前

---

① 《督宪批大邑县开办阅报公所及天足会女学情形详文》，《四川官报》1905 年第 15 期，第 4 页。
② 《贵州阅报所之提议》，《大公报》1909 年 7 月 10 日，第 9 版。
③ 《山东诸城县朱大令设立阅报馆禀》，《东浙杂志》1904 年第 1 期。
④ 《各省报界汇志》，《东方杂志》第 3 卷第 10 期，1906 年 11 月 11 日。见《东方杂志》第 11 册，上海书店出版社 2012 年版，第 774 页。
⑤ 《大开民智》，《大公报》1906 年 2 月 20 日，第 5 版。
⑥ 《臬司提倡阅报社》，《新闻报》1908 年 5 月 29 日，第 10 版。
⑦ 《霸州详设立阅报处并定期宣讲抄录章程请立案禀》，《直隶教育杂志》1907 年第 13 期，第 29 页。
⑧ 《阅报所》，《新闻报》1907 年 7 月 8 日，第 4 版。

之清风楼捐廉开办阅报社，名曰又新，备办有益学界、商界各报，以新耳目"。① 署理成都府知府李元英"近在府署东街状头坊及西街光化寺侧各设阅报社一所"。② 郑孝胥在任广西龙州边防督办期间，创办学社，并订阅《外交报》《大陆报》《国粹报》《东方杂志》《万国公报》《中外日报》等各种报刊，"每报到，用纸大书'本社寄到某报第几号'，粘于门外以晓众，十日内不得借出学社"。③ 这个学社兼具阅报社的功能，且对报纸借阅有严格的时限规定，主要考虑到报纸阅读的时效性和读者的阅读需求。但是，清末由府州一级长官所创办的阅报社数量不多，相比而言，在以知县为主体的官员主导下，清末县一级阅报社得到了快速发展，是官办阅报社的主流，其背后蕴含的政治逻辑耐人寻味。

值得注意的是，清末省级学务处作为主管教育的行政机构，对创办阅报社已比较关注。尤其是山东总学务处利用官方力量推动阅报社的发展，取得了较为明显的成效。丙午年（1906），山东总学务处"特仿京津办法，分设阅报所数处，以开风气而广见闻"。据《时报》报道，当年三月十一日，新开设的阅报社地址如下："东门大街路南，后宰门中间路南，大明湖内历下亭□院东路北圆通庵，南新街官立自费师范学堂，南关岳庙后街西首路北"。④ 四月，总学务处又增设三家阅报社，地址分别为"正觉寺街中间路北，东关青龙街路西，杨庄山左学堂内"。⑤ 短短一个多月间，济南便增设9家阅报社，足见学务处的推广力度。

知县创设阅报社，一般都以"养廉银"作为资金来源，且规划较为具体。如山东诸城县令在禀告设立阅报社时，就声称："房屋之租价，管理之人之薪工，以及购备各报之资……皆由卑职捐廉自备。"⑥ 山东泰安县令"仿省城阅

---

① 《纪又新阅报社》，《大公报》1906年6月24日，第3版。
② 《推广阅报室》，《通学报》1908年第95期，第148页。
③ 郑孝胥著，中国国家博物馆编，劳祖德整理：《郑孝胥日记》（2），中华书局1993年版，第995页。
④ 《学务处分设阅报所》，《时报》1906年4月10日，第3版。
⑤ 《学务处添设阅报所》，《时报》1906年5月20日，第3版。
⑥ 《山东诸城县朱大令设立阅报馆禀》，《东浙杂志》1904年第1期。

第六章　劝民读报与公共读报活动的发展

报章程,先于城内设阅报公所一处,即借资福寺闲房安置,多备条案椅几,有愿看者,无论何人,皆许入内阅"。① 河北元氏县县令鉴于本县风气不开,"特于城内南街筹设阅报处一所,捐廉购备各种新闻报章,专供众览"。② 河北井陉县令拟办阅报社并承诺:"所有社内器具以及一切茶水夫役工食,皆由知县担任,筹款给发。"③ 河北宣化县设立阅报研究所,"并附设半日学堂,教习识字及算法"。"凡士庶军民农工商贾人等,每日不拘时刻,均准赴所阅报,所有报资悉由官捐备"。④ 直隶高邑县令在县城毕公祠设立阅报处,各报由他"按期选购"。⑤ 山东利津吴县令在城内习艺所内设一阅报社处,"购备北京、北洋、胶州、济南、农学、商务各报,陈设厅内,任人观览,以开风气"。⑥ 河北新城县令租借"闲废官厅,略加修葺",并捐养廉银,"设阅报社一处,将各种报章纵人观览,不取分文"。⑦ 湖北孝感县令在本署设立阅报处,除了遵令捐购《农学报》《商务报》之外,还捐购《汉口日报》《申报》《新闻报》等报若干份,"无论何人,均可来阅,以收浚智之效"。⑧ 浙江桐乡县令徐汉澄,"采办各种报章,在学宫后创一阅报所"。⑨ 江苏兴化县,风气未开。该县吕大令到任后,注意移风易俗。"现于县城关帝庙内设立阅报社一所,广购各报,无论何人皆准入看。经费由县捐给,不取分文。刻已择期开设,阅者日多,士民无不称便。"⑩ 浙江宣平县风气闭塞,该县县令"购备各

---

① 《山东泰安县毛阅报公所牌示》,《四川官报》1904年第17期,"公牍"第6页。
② 《元氏县创设阅报所并章程禀》,《教育杂志》(天津)1905年第14期,1905年10月13日,第15页。
③ 《井陉县禀设立阅报社情形酌拟规则呈请示遵文并批》,《北洋官报》1911年总第2747册,第6页。
④ 《宣化县呈送阅报研究所暨附设半日学堂章程请折》,《教育杂志》(天津)1905年第11期,第12页。
⑤ 《高邑县禀在毕公祠设立阅报处文》,《直隶教育杂志》1908年第19期,第30页。
⑥ 《各省报界汇志》,《东方杂志》第2卷第9期,1905年10月23日。见《东方杂志》第7册,上海书店出版社2012年版,第555页。
⑦ 《新城县禀捐廉创设阅报社宣讲所情形文并批》,《北洋官报》1911年总第2722册,第30页。
⑧ 《湖北孝感县邹大令劝士民阅报示谕》,《湖南演说通俗报》1903年第12期。
⑨ 《各省报界汇志》,《东方杂志》第2卷第11期,1905年12月21日。《东方杂志》第8册,上海书店出版社2012年版,第339页。
⑩ 《提倡阅报社》,《新闻报》1910年8月22日,第2张第2版。

种报纸，设立阅报所，订定章程，以为开通民智之地"。① 四川新津县令"于城内创设阅报所并饬各区于繁盛处设立分所，藉以开通风气"。② 对于地方官捐廉派报活动，《杭州白话报》还予以关注，著名报人林白水撰写新闻，报道浙江分水县和余姚县县令，"晓得开风气是地方官责任，前日定了不少白话报，带到那一县去，不论城乡各镇，到处分送"。③ 这些有关地方县令捐资创办阅报社和订报活动的报道，成为当时官方新闻的一大亮点，不仅在舆论上为这些县令树立了良好的形象，也为地方官重视阅报社建设起到了一定的示范作用。

各地知县纷纷设立阅报社，是地方社会的一件大事。由于有地方大员的鼎力支持，阅报社作为新的公共阅读场所，成为一些读书人新的文化消费空间。作为地方官员推动的文化工程，阅报社的意义不仅在于满足民众的阅读需要，还具有"文化坐标"价值，在辨别政风民风方面也有特殊意义。1904年至1907年间，正值预备立宪与地方自治之际，地方官员将创建阅报社作为推行新政的重要手段，也视之为地方政绩工程向上级官员呈文汇报，以捐养廉银展现自身热衷公共事业的形象，从而对上可以获得一定的政治加分，对下可以获得亲民的美誉，目的是"使学者诚能大者识政，小者识艺，四民皆有振奋自强之心"。④ 而当时各类报刊尤其是官报对这些捐资设阅报社事迹的报道，进一步提高了这些官员的知名度，并在官场形成了"从众效应"。

从报刊对县级官办阅报社的报道情况看，此类官办阅报社主要集中在京津、山东、直隶、河南、浙江等省，即使是偏远的绥远，亦有阅报社之设。如绥远城巡警总办松岩，"自到任以来，将前次设立之绥远阅报社□所倍极整顿，恐致废弛，故日前特由身薪金内捐数金以作购报之需，并拟定联络各界，再行集资，扩充办理。"⑤ 然而，南方省份官办阅报社的报道相对较少。初步

---

① 《本司支批宣平县呈报该县设立阅报所禀》，《浙江教育官报》1908年第5期，第22页。
② 《新津县禀设阅报所一案》，《四川教育官报》1910年第12期，"公牍"第20页。
③ 林獬:《大令捐廉》，《杭州白话报》第27期，1902年4月2日。
④ 《山东巡抚周劝选阅报章以扩见闻示谕》，《政艺通报》1903年5月11日。
⑤ 《绥远阅报处发达之起点》，《顺天时报》1911年2月8日，第4版。

第六章　劝民读报与公共读报活动的发展

统计，长江以北的阅报社占全国总数的70%以上，而广西、贵州等地则鲜见官办阅报社的报道。从报刊分布的角度看，维新之后的数年，南方报刊发展较快，尤其是两湖、广东与江浙地区的地方报刊数量较多，县一级的报刊发行市场已初步建立，一些乡镇邮局亦可订阅报刊。从彰显政绩的角度看，南方地方官员捐建阅报社的效果可能不太明显。

从北方各县阅报社所订报刊的种类看，京津出版的各类官报占有主导地位，尤其是《北洋官报》出版之后，各官办阅报社争相订阅，并且订其他官报的比例也较高。如直隶高邑县令在县城毕公祠设立阅报处，订购的报刊包括：《北洋官报》《北洋法政报》《商务报》《政治官报》《学报》《农话报》《学部官报》《法政官话报》《警务白话报》《农务报》《顺天时报》《天津日日新闻》。① 直隶万全县成立的官办阅报所，订《北洋官报》《天津日日新闻》《京话日报》诸报及《教育杂志》数份。② 直隶宣化县阅报所订阅了如下书报：《湖北商务报》《时务报》《蒙学画报》《农学报》《时事新报》《经济丛编》《白话丛书》《瀛洲观学记》《北洋官报》《日日新闻报》《变法奏议丛钞》《圣谕直解》《京话日报》《徐家汇报》，以及北洋各种学报。③ 值得注意的是，北方的官办阅报社很少订阅南方地区出版的报刊，尤其是《申报》《新闻报》这样的大报，在北方的一些官办阅报社难得一见，至于当时在各类学堂流行的留学生报刊，如《浙江潮》《江苏》《湖北学生界》等，官办阅报社更是不太可能触犯禁令而订阅。1905年之后创办的革命报刊，则是官方严厉禁止订阅的读物，显然不可能在官办甚至民办阅报社出现。

由此可见，县级地方官倡建阅报社，具有明显的意识形态导向。一方面，他们要忠实执行新政的具体措施，通过阅报社进行政策导向，起到"上情下达"的作用，从而为地方社会管理创造良好的条件；另一方面，通过"选择性阅报"，使某些报刊的"异端邪说"排斥在官方话语体系之外，尤其是让普

---

① 《高邑县禀在毕公祠设立阅报处文》，《直隶教育杂志》1908年第19期，第30页。
② 《万全县设立宣讲阅报所禀并批》，《教育杂志》（天津）1906年第21期，第14页。
③ 《宣化县呈送阅报研究所暨附设半日学堂章程请折》，《教育杂志》（天津）1905年第11期，第12页。

通民众减少接触"革命排满"思想的机会,从而维持清政府的切身利益。如四川江安县教谕傅廷玺、合江县教谕傅崇榘在禀告总督岑春煊开设阅报公所时,特别表明"将奇邪淫诐之报,并不许阅,以免坏风俗而丧人心",① 其"正人心,避邪说"的目的十分明确。尤其在 1908 年之后,清政府发动"预备立宪"运动,地方官员积极响应,通过发动民众阅报,"使民间先具政治思想,然后及于自治,以为他日宪政成立之基础"。② 如山西右玉县劝学总董王某□因该县地处北漠,风气闭塞,新政难开,禀明汪瞿凫太守县尊朱大令,遂于右玉高等小学堂之西院创设阅报所一处。③ 可见,这位劝学总董是为了推行新政而创设阅报社的。之后的一些阅报社以"祛旧染而启新知,化成见而不致阻力于宪政前途"为目的。④ 显然,地方官员的政治导向非常明确,将劝民读报与推行新政有机地结合在一起。

值得注意的是,清末一些新军内部也创设阅报社,以期推广阅读。如 1909 年 6 月,武昌新军第八师张统制为普及官兵读报,"传知各标营自筹的款,于每队设一阅报所,多购中外报纸,派人专管,每日除上操下学时间外,无论官弁,均可随便观阅"。⑤ 此类在军队内部设立的阅报社,很少见诸报道。但在辛亥革命时期,新军中有不少官兵阅读新式报刊,新军内部也应有不少阅报场所。

二、民办阅报社与读报风气的拓展

由于创办阅报社需要官方的批准,因此民办阅报社事实上会受到官方的影响,尤其是县级以下的士绅群体往往与基层政权有着密切的联系,地方官员捐建阅报社对他们有一定的示范作用。与官员比较注重政治目的不同,地方士绅设立阅报社的自治意识和文化服务意识要强烈得多,体现了"绅权"在基层社会的延伸。不少士绅就起到开通风气方面的示范作用。如维新时期,

---

① 《力遏奇邪》,《申报》1903 年 3 月 19 日,第 2 版。
② 《高邑县禀在毕公祠设立阅报处文》,《直隶教育杂志》1908 年第 19 期,第 30 页。
③ 《右玉开办阅报所》,《顺天时报》1909 年 5 月 6 日,第 4 版。
④ 《吴桥县详设立阅报兼宣讲所并批文》,《北洋官报》1911 年总第 2965 册,第 9 页。
⑤ 《创设各营阅报所及邮筒之计画》,《顺天时报》1909 年 6 月 17 日,第 4 版。

扬州的匡时学会由本地士绅发起成立,在1898年的章程中就规定:"本会购买书籍外,各种报章皆宜广搜博采,以新耳目而开智慧。如《昌言报》《中外日报》《农学报》《申报》《新闻报》俱各备一份,置诸会中,公同流(浏)览。"① 同年,汉口的汉记书局不仅代理《时务报》等维新报刊,还设立阅报总会,"将各报备齐,以供众览。并备茶烟,以为消遣之资"。② 汉记书局的经营者热心公益,开辟公共阅报空间,为读者免费读报提供了条件。

地方士绅将"开启民智""移风易俗"作为开办阅报社的重要任务。如直隶束鹿县令拟设立研究时政馆一所,"以便绅民阅看报章,讲求得失",遂召集绅董商量,"该绅董等意见相同,均愿各尽义务,乐观厥成"。③ 四川江安县教谕傅廷玺与合江县教谕傅崇榘出资在成都设立阅报公所,"广置华洋各种报章,听人入阅"。④ 乐山县举人陈润海、廪生王秉基等热心公益,"纠合同志筹集私款,仿照成都溥利公书局、开智阅报社章程办理,创设公书局一所,拟名曰浚智;阅报社一所,拟名曰通识"。⑤ 浙江嘉兴的开明绅士褚辅成于1903年7月,与敖嘉熊、田文渊等发起组织竞争体育会,并设立阅报室,"陈列各种书报,以供会员阅读。当时竞争体育会所吸收之青年分子很复杂,其中虽有地主、商人子弟,但对宣传鸦片、赌博之害及设立阅报室,并无反对意见"。⑥ 江苏东台县城的几位乡绅,在癸卯年(1903)之初,便有阅读公会之议。据吉城日记记载,二月十二日,"切斋、伯声、禹言、桢甫拟集同人,为阅读之聚"。二十日,他读报后记载"泰州有阅报公会之举","与切斋昨议不期而应,然此间竟中辍"。⑦ 这说明吉城和几位乡绅对开办阅报公所

---

① 《续录扬州匡时学会章程》,《新闻报》1898年10月7日,第2版。
② 《汉口代派各报处江左汉记书局告白》,《时务报》第62册,1898年5月30日,"本馆告白"第1页。目前,关于阅报社起源的研究尚没有定论,但是,国内研究者基本上将20世纪初期作为阅报社开办的起点。这显然忽视了维新时期的一些阅报社和公共读报机构的存在,比如湘学会、蜀学会、匡时学会等都开设了阅报室,而汉记书局开办的民间阅报场所,尤其值得关注。显然,对于维新时期的公共读报活动,尚需要从史料上进一步开掘。
③ 《束鹿县创设研究时政馆请立案禀》,《教育杂志》(天津)1905年第11期,第25—26页。
④ 《阅报公所告示》,《大公报》1903年5月18日,第4版。
⑤ 《开办公书局阅报公社禀》,《大公报》1903年3月15日,第2版。
⑥ 王天松:《褚辅成年谱》(上册),学苑出版社2015年版,第12—13页。
⑦ 吉城著,吉家林整理:《吉城日记》(下),凤凰出版社2018年版,第608、609页。

已筹议数日，虽然此事并无下文，但乡绅对读报公所的关注却是当地社会的新现象。

民间力量参与创办阅报社，与官方的导向不无关系。士绅商民创办阅报社尽管大多是自发的，但如果没有地方官支持，就很难得到制度保障，尤其是拿到省级提学司的批文，需要地方官专文上报。民间阅报社的创办也与地方官的政绩有关，在推行新政的过程中，民间阅报社推广读报、开通风气与宣扬新法，进而为地方官施政提供了诸多便利条件。如江苏丹阳书报社以"增进一群之知识，完全全权之人格"为宗旨①，体现了士绅对群体利益的高度关注。因此，各地地方官在上报阅报社时，都对民间创办阅报社大加赞赏，以期与士绅形成合力，共同维持地方社会的利益。如四川江北厅上报阅报社的禀文，就受到总督的褒扬，认为"筹划周详，实心任事，查阅训词，亦甚质朴中肯"，并要求当地官员"督饬绅董等认真办理，以期教育普及"。②1906年，直隶总督袁世凯对丰润县民间捐建阅报所予以奖励，并批文确认："该县教员郑赞清嗣母刘氏捐制钱五百吊，应准给予'名垂彤管'匾额一方，并给予其子郑赞清六品功牌一张。捐钱二百吊之刘伏生等二名，准给予六品功牌二张。"③官方对捐建阅报社的民间人士进行奖励，有着舆论导向的作用，尤其是督抚对辖区阅报社的态度，对民间人士创设阅报社有着直接影响，进而促使州县地方官员将之视为辖区的重要新政措施，从各方面加以扶持和引导。而民间力量也注重遵循官方规定，在积极发展这一公益事业的同时，也获得官方嘉勉所带来的无形资产，从而提高他们在地方事务中的声望与影响力。

由于资金筹措困难，初期的阅报社对读者范围有一定限制，并非完全免费。一些阅报社根据自身的财力和读者状况，往往会收取一定的"门票"。早在1899年，杭州文明社设立阅报社，前来观览者颇多，"嗣恐漫无限制，纷

---

① 《丹阳书报社缘起》，《警钟日报》1904年8月23日，第4版。
② 《江北厅禀筹设阅报所一案》，《四川教育官报》1909年第4册，第12页。
③ 《直隶提学司详郑赞清嗣母刘氏等捐建宣讲阅报所请予奖励文并批》，《四川学报》1907年第4册，第4页。

至沓来,经理人应付不周。因公议阅酌收阅报资每人制钱二十枚,社中所有各报听便取阅,唯不准任意携归。一、本社印有票据,交洋一角给票五张;二角给票十二张;三角给票二十张;五角给票三十五张;整元给票八十张。购票至少由一角起,以归简捷。一、已有票据者先缴票,未有票据者先缴钱,缴付既楚,可指名需阅日报,由经理人检交"。① 1901 年,"武昌江夏刘君蓣生、彭君耜鬯,江都蒋君翊孙纠集同志,在斗级营创设阅报公社一所,以开风气。各项报纸一例齐备,入内阅报,每人取资四十文"。② 同年,武昌另一家阅报馆成立后,"除沪津各报齐备外,即海外诸报亦均罗列"。对于读者阅报的费用,根据购票的情况加以区别规定:"本馆售票每纸百文,联阅三次,然后注销。如不购票,计客纳资青铜四十,略示区别。"③ 光绪二十七年(1901)二月,浙江瑞安学计馆议设阅报公所,读者"赴馆阅报,须现付报资伍角,收条为凭。馆中计买十余报,任人分阅"。④ 1903 年,四川江安县教谕傅廷玺等人设立的阅报公所,"每人每日取钱十文,以资津贴"。⑤ 同年,山西晋明书报所在章程中规定:"所有书报,外人亦概不借阅。"⑥ 1904 年,浙江湖州徐某创办的阅报公会,"阅报诸君供茗一椀(碗),香烟一枚,各取阅费三分,收小账一分"。⑦ 此类需要读者付费的阅报社,其公益性很难得到保障,一些贫寒之士可能望而却步。1905 年之后,很少有阅报社向读者收费。

1904 年之后,各地民间阅报社蔚起,许多阅报社采取社会筹资的方式开办,广泛吸纳社会各界人士参与,并通过"会费""助捐""捐款"等方式筹措资金。如天津第一阅报处开办之初获得捐款 67 元。⑧ 而直隶永清县阅报处就通过募资的方式开办。其第一次捐款公告称:

---

① 《杭州文明社阅报处章程》,《新闻报(附张)》1899 年 11 月 30 日,第 1 版。
② 《记阅报公社》,《同文沪报》1901 年 3 月 29 日,第 3 版。
③ 《阅报公会详志》,《同文沪报》1901 年 3 月 31 日,第 3 版。
④ 张棡著,张钧孙点校:《张棡日记》第 2 册,中华书局 2019 年版,第 646 页。
⑤ 《阅报公所告示》,《大公报》1903 年 5 月 18 日,第 4 版。
⑥ 《开办晋明书报所简明章程》,《政艺通报》第 19 号,1903 年 11 月 3 日。
⑦ 《阅报公会之成议》,《警钟日报》1904 年 10 月 25 日,第 3 版。
⑧ 《纪阅报社》,《大公报》1905 年 11 月 7 日,第 4 版。

社友五人倡捐洋一百二十元。助捐人：姚君叙斋，每年洋十元；朱君祐三，洋三十八元；胡君焕亭，每年洋三元；杜君晓园，洋五元；茹君甡芝，每年洋三元；史君焕臣，洋十元；叶君衣珊，洋二元；孟君达三，每年洋六元；朱君九丹，洋十元；孟君秉初，每年洋三十六元；李君永芳，每年洋一元；余大令谷香，洋二十元；曹君子和，每年洋二元；金君阆仙，洋六元；张君锡九，每年洋十七元；王君乐山，每年洋二元；刘君韫亭，每年十元；朱君良弼，每年洋一元；城内庆和永，洋二元；姚君筠臣，每年洋十元；南关镇协成会君，十五元。①

按照公告统计，此次捐款额达到 331 元，这作为开办经费已较为宽裕。为了吸引社会各界捐款，一些阅报社对捐款者给予一定回报。如四川叙州府某某阅报社规定："捐资，分二种：一、赞助捐，十元以上者；二、通常捐，五元及一元者。利益：一、公所各报任人纵观；二、凡捐资者均可于各报传观后按名调阅；三、凡捐资在五元以上者；报到即由公所按名输送；捐资十元以上者，于常例外年终酬日报半年。"②

　　有了充足的资金，阅报社便可以为读者提供更优质的服务，新办的阅报社大多宣布"免费阅报"，并以"开通风气"为宗旨，以此吸引民众的关注。以北京为例，1905 年，在顺治门内便设有一处阅报社，"系湘人醵资所立，张野秋尚书捐银五十两，其阍者王某捐银百两"。③ 其他如蒋君、范五等，结成团体，合资设一克明阅报处于方巾港路东。李君星五等，设一讲报处于东直门。八旗学堂同人设一阅报处于护国寺琉璃厂内。王君设一阅报处于土地祠。其余王子贞照相馆亦购报数份，听人观览。某茶馆旁之药铺亦购白话报在内宣讲。东单牌楼有某志士亦捐资设立中外阅报处。前门外大宛试馆内朱君仲孚

---

① 《永清县阅报处第一次捐款告》，《大公报》1905 年 5 月 17 日。
② 《叙州府阅报公所》，《广益丛报》1908 年第 184 期，"纪闻"第 7 页。
③ 《各省报界汇志》，《东方杂志》第 2 卷第 8 期，1905 年 9 月 23 日。见《东方杂志》第 7 册，上海书店出版社 2012 年版，第 369 页。

昆玉出资设立阅报处。① 某太史"择定护国寺胡同增设一阅报社,以便逢九逢十该寺庙会开日,游人往来入内憩息,可大施其开通风气之助动力"。② 1905年时,阅报社作为京城新兴的公共文化机构,引人关注。诚如一副对联所言:"不知户庭周知时事,开通世界输入文明。"③ 从直隶故城来京游历的贺葆真,对北京阅报社印象深刻:"出游至西城阅报处,报凡数十种,规模颇整齐,内外城皆有阅报处,报章之富,地之清洁,无逾此处,然人之捐助有每月一二百元者。"④ 1906年6月27日,《大公报》调查北京阅报社共有26处,⑤ 如表6-1所示:

表6-1 京师阅报社调查表

社　　名	地　　址	发　起　人
西城阅报社	西斜街	黄琮
会友讲报社	东安市场	卜广海
尚友阅报社	化石桥	王子贞
首善阅报社	西河沿	赵钰
日新阅报社	安定门大街	曾荫
乐群阅报社	朝阳门外	马璇
经正阅报社	米市胡同	吴云庵
西北城阅报社	西城宝禅寺	崇芳
广益阅报社	西安门	陆振华
讲报说书处	骡马市	刘瀛东

---

① 《各省报界汇志》,《东方杂志》第2卷第9期,1905年10月23日。见《东方杂志》第7册,上海书店出版社2012年版,第555页。
② 《护国寺又开阅报社》,《大公报》1905年7月1日,第4版。
③ 《纪启文阅报社》,《大公报》1905年7月23日,第5版。
④ 贺葆真著,徐雁平整理:《贺葆真日记》,凤凰出版社2014年版,第127页。
⑤ 《京师阅报社调查表》,《大公报》1906年6月27日,第6版。

续 表

社 名	地 址	发 起 人
左安阅报社	左安门外	张子江
合群阅报社	东直门	李福
爱国阅报社	北新桥东	吴绍垆
多闻阅报社	西直门	赵廷弼
进化阅报社	北新桥北	贵福
正俗阅报社	烟袋斜街	多福
半日阅报社	前门大街	朱克忠
同人阅报社	皇城根	马广润
爱群阅报社	旧刑部街	志恺
代立阅报社	朝阳门外	僧人续成
草市讲报说书处		陈汉章
公议阅报社	西交民巷	雷德润
宣明阅报社	宣武门	僧人觉先
福禄轩讲报社	西四牌楼	勋荩臣
公（工）艺局阅报处	土地庙	本局办
阜城阅报处	顺城街	祥瑞卿

此后不久，北京各方创办阅报社的热情高涨。1906年年初，马君与觉先和尚纠合同志十余人在宣武门内官厅对过路东设立阅报处一所，① 1906年9月19日，《大公报》便报道北京阅报社的最新进展："现又于护国寺设立开智阅报社一区，武隆厅设立梦醒阅报社一区，均于日前先后开设。兹闻日新阅报社近日又拟在交道口分设阅报社一处。罗圈胡同七处戒烟公所议在本所附设阅

---

① 《设阅报处》，《大公报》1906年2月4日，第5版。

报社一处,皆已组织完备,定期开办矣。"① 阅报社设立分社,以及戒烟所设立阅报社,都是值得关注的新现象。这表明阅报社得到更为广泛的认同。至1907年,北京各类阅报社的总数累计达到45所,② 其中大多数为民办阅报社。1907年上半年,《顺天时报》就报道了北京有3家阅报社设立的消息。2月,善佑臣拟在安定门黑桥村庙内设立阅报社一处。③ 4月,有某志士纠合同志,拟在东华门北池子头修胡同设立阅报社一处。④ 6月,东安市场总办耆君,因开通民智起见,拟在东安市场设立阅报处一区,仍名为正俗阅报社。⑤ 1908年3月,八旗高等学堂学生温松乔"筹资在安定门创设一阅报所"。⑥ 这些阅报处的设立者包括退休官员、商人、医生、教师、学生等不同职业群体,他们身份各异,但热心公益,服务民众,开通社会的目的是一致的。

北京阅报社的发展,对天津有着参照作用。《大公报》的一篇论说就呼吁天津要向北京学习,多设立阅报处,其文云:"这阅报处,拣那极好的报买些种,任人观看,不但于明白人有益处,就连顽固人,也可以渐渐地化过来。……假如再有人仿照北京的办法,多立阅报处,不但是入学堂的可以开通,学堂以外的人,也可以得开智的益处。天津有志之士甚多,必不至于专让北京人作这个好事,我们今天给天津的志士们提个醒儿。"⑦ 在北京开办阅报社风气的影响下,天津阅报社也相继开办,如益智阅报社于1905年创办,"专备京、津、沪、粤、南洋各种华字报,纵人观览,不取分文"。⑧ 之后,启明、启智、启文等阅报社相继开办。1906年4月,"有曹建秋君助楼房四间,下面一间设立启文阅报分社"。⑨ 天津沈家庄的张文治联合本村佟春泉等

---

① 《阅报社之发达》,《大公报》1906年9月19日,第4版。
② 参见闵杰:《近代中国社会文化变迁录》(第2卷),浙江人民出版社1998年版,第400—405页。
③ 《立阅报社》,《顺天时报》1907年2月24日,第7版。
④ 《立阅报社》,《顺天时报》1907年4月6日,第7版。
⑤ 《市场设阅报处》,《顺天时报》1907年6月19日,第7版。
⑥ 《阅报所》,《顺天时报》1908年3月21日,第4版。
⑦ 《天津也当设立阅报处》,《大公报》1905年5月30日,第6版。
⑧ 《各省报界汇志》,《东方杂志》第2卷第9期,1905年10月23日。见《东方杂志》第7册,上海书店出版社2012年版,第555页。
⑨ 《添设阅报分社》,《大公报》1906年4月15日,第4版。

五人,"各捐资购办各种日报,并就张文治自有房屋腾空,安置桌椅,为阖村认明阅报之所"。① 1910 年,天津某邑人王君,"请于河北甘露寺宣讲所内附设阅报社,以开民智"。② 而天津的乡村阅报社之设,说明公共读报活动已延伸至乡下。

在社会各方力量的支持下,加上报刊舆论的引导,各地民办阅报社迅速发展。各类阅报社的开办,有一人独立出资者,有集合同志捐资者。如辽宁营口的商人张子岐拟设立阅报社一二处,"特约同该处绅士李翰臣来京购买书籍及采取阅报社章程"。③ 直隶深泽县绅士学生合办创立阅报社一处,"禀明提学司立案,业经学宪温语优嘉,准予立案,以开民智而益风化"。④ 保定东关武备速成学堂某君,在城内创设阅报处一所,"改借天华牌楼关帝庙房屋数间,以便开办"。⑤ 直隶山海关阅报处原来附设于劝学所内,"因其地甚属闭塞,逐日阅报人数寥寥,难以开通",1910 年,"经学董王晋亭君移设城镇南街人烟繁盛之区,复添置报纸多种,以期广开民智"。⑥

河南的阅报社开设较早,尤以省会开封为盛。1904 年,汴梁有志之士以汴省风气渐开,"集资购各项报章,在双龙巷租房一所,门悬一牌曰中州阅报社。其中陈设均系仿照沪上形式,……来阅报者,概不取分文"。⑦ 1906 年,河南孟县梁君肖严捐资设立一阅报所。⑧ 1907 年开封第一阅报所设立之后,进行了一次大规模扩张。据《时报》报道:"现学司以不便于僻居人士,更拟分区筹设。已派员觅定城东之火神庙为东路,相国寺门之栗大王庙为南路,西门之马神庙为西路,惟北方无相宜之处,因商之北门大街之两湖会馆,暂设所于馆内。每所各贮日、旬等报数十份,委派司事。以经理之办法尚为合

---

① 《天津县详沈家庄职绅张文治等捐立阅报社文并批》,《北洋官报》1911 年总第 2868 册,第 8 页。
② 《请附设阅报社》,《顺天时报》1910 年 3 月 27 日,第 4 版。
③ 《来京调查学务》,《大公报》1906 年 8 月 9 日,第 4 版。
④ 《大开民智》,《大公报》1906 年 10 月 29 日,第 4 版。
⑤ 《阅报处改地》,《大公报》1905 年 8 月 12 日,第 5 版。
⑥ 《山海关添设阅报处之详情》,《顺天时报》1910 年 4 月 14 日,第 4 版。
⑦ 《阅报设社》,《新闻报》1904 年 11 月 23 日,第 3 版。
⑧ 《各省报界汇志》,《东方杂志》第 3 卷第 5 期,1906 年 6 月 16 日。见《东方杂志》第 10 册,上海书店出版社 2012 年版,第 351 页。

宜，闻不日尚有扩充矣。"① 开封醒豫阅报社原设于鸿影庵，因为地处较僻，不便交通，阅者甚少。1908年，"该社所筹设之工艺学堂已勘地于三圣庙门，适为南北通衢，且有余室临街，因将该所移设于学堂之右"。② 另外，卫辉某君联合同志，设一益智阅报社。③ 这些材料说明河南的阅报社已从省城向州县发展，且得到地方士绅的积极响应。

山东的民办阅报社数量较多，分布较广。如在山东济南，山东官报馆主笔李明坡征君，于1904年在布政大街设一阅报馆，各报具备，任人往阅，不取分文。④ 在山东曲阜城内，东洋留学生陈宪镕氏函商在籍圣裔孔广修氏，创设阅报馆于该处。复由陈捐款购书，以供阅者之开通智识。⑤ 在山东威海，华商松江沈君、江宁朱君、登州柳君等创设阅报社一所，名曰威海阅报社。⑥ 在山东潍县，劝学总董徐君连芳暨各钜绅，"在劝学公所内附设一阅报处"。⑦ 在山东临沂，士绅拟公立阅报馆，"将中外各项时务报章，择其有切实用者，定购若干种，置于馆中，无论何人，均可到馆阅看"。⑧ 这些报道虽然较为简略，但大致反映出山东各地士绅已积极筹办阅报社，产生了公共阅读的"涟漪效应"。

过去对民间阅报社的研究多集中于北方，研究者尤其注重《大公报》《东方杂志》等报刊的史料，而南方的阅报社往往较少统计。事实上，上海以及南方各地的报刊对于阅报社创设亦有不少报道。尤其是《申报》《新闻报》等报刊对江浙、安徽、江西、四川、湖南、湖北、广东、福建等地的民办阅报社有大量报道，这些新闻较为零散，但经过梳理，仍然能观其大略。

---

① 《阅报所已经设立》，《时报》1907年3月15日，第5版。这一新闻《顺天时报》也有报道，见《阅报所分区设立》，《顺天时报》1907年3月24日，第4版。
② 《醒豫阅报社之迁移》，《顺天时报》1908年3月21日，第4版。
③ 《各省报界汇志》，《东方杂志》第2卷12期，1906年1月19日。见《东方杂志》第8册，上海书店出版社2012年版，第606页。
④ 《各省报界汇志》，《东方杂志》第1卷第6期，1904年8月6日。见《东方杂志》第2册，上海书店出版社2012年版，第608页。
⑤ 《孔子故里设阅报馆》，《鹭江报》1904年10月23日。
⑥ 《各省报界汇志》，《东方杂志》第4卷第9期，1907年10月31日。见《东方杂志》第15册，上海书店出版社2012年版，第503页。
⑦ 《潍县组织阅报所》，《大公报》1909年4月14日，第5版。
⑧ 《阅报公禀》，《四川官报》1904年第16册，"新闻"第6页。

江苏的阅报社主要分布在长江沿线经济较为发达的地区，常州是较早创设阅报社的城市。壬寅年（1902）在常州致用精舍学习的蒋维乔，便联合诸同志成立阅报所。他在八月六日的日记中记载："前月在里，与杨君秉铨、何君海樵诸同志议设常州阅报所，或助报费，或捐全年报，厥后，又推广之，改为常州藏书阅报所。暂借白云溪育志蒙学为开办处。公举屠太史敬山为总理，而于本日开办。屠总理登坛演说开办宗旨，到者有数十人。可见常州动力颇不类昔者之气象。"① 1903年，常州学社也创设阅报所。"所中广储中国国文报并有新撰新译之书。俟经费稍裕，即多购白话报并东西诸国国文报，以备粗解文义及同志中之兼习东西文者"。② 1905年，常州武阳学生会设立阅报所于铁市巷图书馆，"每日下午五点钟至七点钟广备各种日报，阅者甚为踊跃"。③ 1907年，常州西门外的一些志士联合设一阅报所，"沪上各日报均皆置备，并广购旬报、月报。来阅者不取分文，每日到所之人尚形踊跃"。④ 可以看出，学生和志士在推动常州公共阅读方面起到了重要作用。

苏州离上海较近，阅报风气较盛，阅报社创办较早。《新闻报》在1898年就报道苏州阅报公社成立的情况："苏垣元妙观内关帝殿房廊宽敞，有人在内设立阅报公社，购办各种报章，任客翻阅，如看旬报，每客取资二十文，日报十文，并有茗茶。"⑤ 1904年，苏州震泽镇"徐君沧粟、汤君聘棠邀集同志，就东西两市各创阅报社"。⑥ 而苏州阊门外山塘一带，离城较远，公共阅读活动开展较晚。1910年，韩君庆澜为开通人民智识，"特在该处新桥左近财神堂内创立阅报社，专备各种日报，任人阅看，所有该社经费，由韩独自捐助，以开风气"。⑦

扬州的阅报社也成立较早，1903年夏天，某志士等曾设交通阅报社于北

---

① 蒋维乔：《蒋维乔日记》第1册，中华书局2014年影印本，第199—200页。
② 《阅报设所》，《新闻报》1903年8月23日，第3版。
③ 《学生会创办阅报所》，《时报》1905年10月6日，第2张第6版。
④ 《设立志城阅报所》，《新闻报》1907年7月24日，第10版。
⑤ 《阅报开社》，《新闻报（附张）》1898年11月18日，第1版。
⑥ 《记震泽阅报社》，《警钟日报》1904年9月20日，第3版。
⑦ 《创立阅报社》，《新闻报》1910年2月25日，第14版。

柳巷,又华瀛公社中亦附设阅报公会,颇足开通风气。到 1904 年,这两家阅报社"因事相继中辍,闻者惜之"。但是,有识之士仍然热心发扬,"又有某君等拟联合同志,广购书报,以饷学者"。① 扬州砖街青年会原来设立的阅报社,地方窄狭,甚为不便。1908 年,"经该社总理郭君梅生于埂子街赁定房屋一所,将该社迁移,大加扩充,并添购各种书报"。② 在扬州的阅报社建设中,"志士"之类的新式知识分子起到了重要作用。

南通的阅报社出现相对较晚,1909 年,南门基督会堂热心公益,在会堂侧边设立阅报社,"广备沪上各报以及广学会各种书籍,纵人入阅,以开风气"。③ 1910 年,南通平潮镇乡绅周费汤等人,拟在该镇设立阅书报社,"由发起人筹垫经费,购致各种报纸以及有裨实用各项书籍,任人阅看,以开风气"。④ 1911 年,南通的绅董筹办阅报社,拟设城中东西南四处,"订购报纸四五种,略备桌席座次,责成妥人经营,每月备款二十元云"。⑤

相对而言,江苏其他地区阅报社的报道较少。以淮安为例,1910 年,清江(今淮安)秀才夏芹甫为开启民智,筹资设立一阅报社,"禀奉江北提督批准,并月拨经费洋二十四元,现经茂才择定陈公祠内厅屋三楹以为社所"。⑥ 此类阅报社虽有官方资助,但随着政局动荡,生存颇成问题。

与江苏相比,浙江的阅报社开设相对较晚。如浙江绍兴虽然报刊发行较早,阅报风气较浓,但 1909 年以前,"阅报社尚付阙如"。⑦ 乡绅孙德卿"特在孙端镇,设立阅报社一处,并备置各种书籍,任人取阅"。⑧ 1909 年,宁波士绅杨启东创办四明阅报所,颇受社会欢迎。为进一步开启扩大影响,启发民智,"现经邀集同志,会议办法,现就中城添设一处,一面广筹经费,俟获充足,即分城西、城东、城南、城北、厢西、厢东、厢北、厢南八处,以资

---

① 《阅报社之继起》,《时报》1904 年 7 月 4 日,第 1 张第 3 页。
② 《扩充阅报社》,《新闻报》1908 年 10 月 18 日,第 10 版。
③ 《教会创设阅报所》,《新闻报》1909 年 12 月 11 日,第 2 张第 2 版。
④ 《设立阅报社》,《新闻报》1910 年 8 月 8 日,第 2 张第 2 版。
⑤ 《阅报社成立》,《新闻报》1911 年 9 月 24 日,第 2 张第 3 版。
⑥ 《创设阅报社》,《新闻报》1908 年 8 月 26 日,第 10 版。
⑦ 《阅报社成立》,《新闻报》1909 年 6 月 2 日,第 11 版。
⑧ 《创设阅报社》,《大公报》1909 年 6 月 10 日,第 6 版。

普及云"。① 浙江平湖县附贡蒋昺奎等人"创设西城阅报社,以期开发民智"。② 浙江长兴县北乡鼎甲桥地方,人烟稠密,有乡绅赵允升等组织阅报社,"订购各种报纸,取阅不取报费"。③ 上述几家阅报社的开设时间都在1909年之后,且集中在少数几个地方。这似乎与浙江的阅报风气不太相称。

安徽相对闭塞,但阅报社的出现并不算晚。1905年,省会安庆便出现阅报社,"周君兆熊等在东门外创设一皖江阅报社"。1906年,"某君等借城内同安岭财神庙,又组织一集义阅报社"。④ 除了省会外,其他地区的阅报社也有报道,如望江县令之子梅先,热心教育,"特与湘岳寓公方式枨通转集议,创设阅报社,广购各华字报,任人来阅"。⑤ 全椒县三江师范学堂学生吴东崾等热心公益,谋办阅报社,"赴省具禀学务处,谓现在盐斤项下筹得洋蚨数十圆,设立阅报舍一所,无论军民人等均可来所观阅,以期开通民智"。⑥

江西的阅报社报道并不多见,且大多集中在省城南昌。如1904年,南昌广智书社某君,"在百花洲彭公祠内临湖处葺屋数楹,备报章二三十种,任人阅看"。⑦ 1905年,南昌城半步街中西医院医士杨立三,在院内附设一阅报所,"购贮各种报章,任人入内观览,并备有座位、茶烟,不收分文,以开风气"。⑧ 南昌汪仲潜、方仲藻等人"发起于樟树下地方,创设普爱阅报社"。⑨ 其他地方也有阅报社之设,如江西饶州府属鄱阳县诸生李儒修等为首,"邀集同志,设立阅报所。并集资购办各种报章,纵人观览"。⑩

四川的阅报社,除了成都地区的几家之外,重庆也有士绅倡设。癸卯年

---

① 《甬郡广设阅报社》,《新闻报》1909年8月26日,第2张第3版。
② 《本署司袁批平湖县详蒋昺奎等开办阅报社由》,《浙江教育杂志》1910年第35期,"文牍二"第36页。
③ 《组织阅报社》,《新闻报》1909年8月16日,第12版。
④ 《安庆又设阅报社》,《申报》1906年2月9日,第2张第9版。
⑤ 《议设阅报社》,《新闻报》1905年4月6日,第9版。
⑥ 《禀请开设阅报所》,《时报》1905年9月4日,第2张第6版。
⑦ 《各省报界汇志》,《东方杂志》第1卷第8期,1904年10月4日。见《东方杂志》第3册,上海书店出版社2012年版,第385页。
⑧ 《阅报设社》,《新闻报》1905年8月2日,第9版。
⑨ 《各省报界汇志》,《东方杂志》第4卷第9期,1907年10月31日。见《东方杂志》第15册,上海书店出版社2012年版,第503页。
⑩ 《禀请设立阅报所》,《新闻报》1905年7月16日,第3版。

(1903)六月七日,庄文亚阅本日《同文沪报》一张,记载渝中设立阅报公社新闻:"渝中张树三氏近设阅报公社,……购集九种报章,任人观阅。"①庄文亚为常州武进人,彼时,他在上海南洋公学就读,他抄录这则新闻,从读者角度证实了重庆设立阅报社的事实。1904年之后,四川其他地区士绅也有兴办阅报社之举。如泸州文生陈璧近在石马场仿成都阅报社办法,设立阅报公所。四川仁寿县老君场绅士屈玉辉"因该场风气未开,特假附近之四义茶社组织阅报公社,购备各种报章,任人浏览"。②四川江油县中坝场吴某,"以该处户口繁庶,智识多未开通,近在场合众集资设立博览公社一所,订购报章多种,每日纵人入社观览"。③四川绵竹县陈象山、彭温如、钟德仙诸君,纠合同志,开设益闻阅报公所。"度地南城内,规模甚具,所办报章,三等社会人均可售阅。取价甚廉,并拟轮流演说,以开民智。"④ 这些例子说明四川的州县乃至乡镇都有阅报社之设,读报之风已渗透到基层社会。

湖南的阅报社出现较早,维新时期,南学会便创立了阅报室。1902年,湖南省城内药王街自添设圣公总会后,大兴土木,"兹于其旁又开设阅报馆一所,总集中外各报,每人收洋一角即可入内畅阅竟日云"。⑤ 1905年,长沙南门内某福音堂"购置各种报纸,设立阅报处,任人前往阅看。每日以九点钟起至十二点钟止。湘人士见之,亦接踵设数处,藉开民智"。⑥ 但湖南其他地区很少有阅报社的报道。这与维新之后湖南报刊业的一度沉寂可能也有关系。

湖北的阅报社较少见诸报道,维新前后,张之洞在湖北创办报刊,兴办学堂,但民间阅报之风并没有出现显著变化,民间阅报社的创办也似乎较为少见。黄鹤楼为著名旅游景点,1906年,有人在此开设阅报社,"仅收茶费百文,各种报纸任人观览"。⑦ 彼时,其他阅报社大多免费阅读,但黄鹤楼阅

---

① 庄文亚:《无逸窝日记》(1899—1907),上海图书馆稿本(编号:66580—614),癸卯年(1903)六月七日。
② 《仁寿阅报社之组织》,《广益丛报》1910年第240期,"纪闻"第10页。
③ 《阅报开社》,《四川官报》1906年第31期,第50页。
④ 《创开阅报所》,《新闻报》1906年3月11日,第3版。
⑤ 《阅报设局》,《新闻报》1902年8月29日,第3版。
⑥ 《设阅报会》,《新闻报》1905年11月28日,第9版。
⑦ 《黄鹤楼开设阅报社》,《申报》1906年11月14日,第2张第9版。

社收取茶费，虽开风气，但赢利的意图也较为明显。湖北其他地区鲜有开设阅读社的报道，尽管张之洞在督鄂期间非常重视官报的发行与阅读，但他对如何推广民间读报活动似乎并无得力举措。

清末广东报业较为发达，阅报社的创设也较早。南海沙头乡有女阅报社之设，可谓开风气之先。1904年，广州黄韵玉女士，"纠合同志女士杜清持等十九人，在城西创设一女子阅报社，以爱群阅书报社定名"。广东江门商务公所的董事，"在所内设立阅书报社，择购各种书报，储之所内，任人到阅，不取分文"。① 广东东莞"有志士多人组织一阅报社于石龙，张君励操将本镇贝底水铺地基送与本社"。② 广东新会荷塘乡人梁灌甫，"联集同志，在该乡组织一阅报社，以期开通乡人智识"。③广东番禺沥滘乡设阅报社一所。④ 广东嘉应虽然地处偏远，但早在1903年，"其州东四十里之丙村三堡，各绅士近思启发民智，拟设一阅报公所，备购中外有用报纸，便人翻阅"。⑤ 1907年，嘉应米商杜广泰等，联合各行，设一阅报会所，"借以扩充智识，联络商情"。⑥ 从这些报道可以看出，广东阅报社分布较为广泛，尤其是乡村也设有阅报社，民间力量在其中起到关键作用。关于广东乡村的公共读报活动，《时事画报》以图文并茂的方式多次予以报道，尤其是南海、番禺、佛山一带，民间读报、讲报风气颇有影响。

清末福建报刊数量相对较少，但民间力量仍积极参与阅报社的创办。如1904年，福建福州黄某捐资创一阅报社；福建福州阅报社由于"社中志士实力讲求"，"诚足为开智之先声，广闻之要旨矣"。⑦ 福建开智阅报社由开智学

---

① 《各省报界汇志》，《东方杂志》第1卷第10期，1904年12月1日。见《东方杂志》第4册，上海书店出版社2012年版，第158页。
② 《阅报社成立之可喜》，《东莞旬报》1908年第1期，第65页。
③ 《新会荷塘又有阅书报社出现》，《总商会报》1907年10月11日。
④ 《各省报界汇志》，《东方杂志》第4卷第7期，1907年9月2日。见《东方杂志》第15册，上海书店出版社2012年版，第168页。
⑤ 《筹资阅报》，《同文沪报》1903年1月7日，第3版。
⑥ 《各省报界汇志》，《东方杂志》第4卷第7期，1907年9月2日。见《东方杂志》第15册，上海书店出版社2012年版，第168页。
⑦ 《福州阅报社》，《鹭江报》1904年第77期，1904年9月14日。

会 30 余名会员发起，于 1902 年创办，"一时学界大受其影响"。① 福建连江县地处偏远，信息闭塞。早在 1903 年，《苏报》就报道该县有阅报社创办的消息，南洋公学学生庄文亚在农历四月二十四日抄录了《苏报》的报道："福州连江僻邑，向无新书报到彼，故邑中人无所闻见。邑中某青年常往来省中，见南台举办益闻社，大有观感。现拟仿照该社章程，在该邑设立社会，举办阅报所、蒙学堂等事，以开风气云。"② 1905 年，该县士绅又议设一阅报所，以开风气，"拟将考武卷资一项，提作经费"。③

即便是风气较为闭塞的广西，也有民间力量创设阅报社。如 1905 年，桂林便有志士"于其地立一阅报社，捐资购报，任众游览"。④ 其他如云南、贵州，虽很少有民办阅报社的报道，但辛亥革命前夕，两地的学校已有不少阅报社。总之，除西藏之外，全国各省均有阅报社之设，其中，民间阅报社占比较高，说明社会各界对大众读报问题有着较为深刻的认知。

民间阅报社创设人员来源非常广泛，这表明清末民间社会的各种力量对这一新兴组织较为重视，地方士绅、学生、商人、报人、传教士乃至僧人等社会各界人士都参与其中。如北京的"马君"与"觉先和尚"，"纠合同志十余人，在宣武门内官厅过路东设立阅报处一所，不惟备设各种报纸，并购算学、舆地等书及各国地图存储其间"。⑤ 一些阅报社还由"志士"创办，志士应该是没有士绅身份而思想、作为先进的平民。⑥ 在河南彰德府，有位叫古约翰的外国牧师，"热心教育，欢待远人，如见读书人士，则尤加钦敬。今年因在彰德府鼓楼前讲堂，府设阅报所一区，派仆经理，又购置西学、时务书籍

---

① 《开智学会之中兴》，《警钟日报》1904 年 9 月 25 日，第 2 版。
② 庄文亚：《无逸窝日记》（1899—1907），上海图书馆稿本（编号：66580—614），癸卯年（1903）四月二十四日。
③ 《各省报界汇志》，《东方杂志》第 2 卷第 8 期，1905 年 9 月 23 日。见《东方杂志》第 7 册，上海书店出版社 2012 年版，第 369 页。
④ 《各省报界汇志》，《东方杂志》第 2 卷第 11 期，1905 年 12 月 21 日。见《东方杂志》第 8 册，上海书店出版社 2012 年版，第 340 页。
⑤ 《设阅报处》，《大公报》1906 年 2 月 4 日，第 3 版。
⑥ 李孝悌：《清末的下层社会启蒙运动：1901—1911》，河北教育出版社 2001 年版，第 52 页。

八十余种，以资揣摩"。① 直隶新河阅报社由"家系小康"的高魁斗创办。高魁斗因时局艰危，宁愿节衣缩食，在城内开设阅报社，"特托冯君代购良报纸十余种，以供众览"。② 从总体上看，民间力量捐资创设阅报社是为了"开通风气，增进文明，使人增长知识，通晓时务"，③ 可以弥补学校教育之不足。在创办者看来，"多一阅报人，即多一晓事人，开通风气，断以此举为要着，且又简便易行，所以亟亟兴办"。④ 社会各界创设阅报社的热情，由于得到了官方的鼓励与回应，与清末十年废科举、改书院、办学堂、废旧俗、树新风等举措融为一体，成为趋新之士关注的重要公益领域。

应该看到，民办阅报社对报刊的性质和宗旨也较为关注。如《北京阅报社规则》就指出，"应择忠君爱国、合群保种、知耻自强之报为主义。此外如怪诞不经、驳杂不纯诸报，一概不备"。⑤ 相对而言，在符合"宗旨纯正"的原则下，民办阅报社在订阅报刊方面具有较大的自主选择权。如1899年杭州文明社设立的阅报处，"备阅之报，日报如《申报》《沪报》《苏报》《新闻报》《中外日报》《国闻报》《格致汇报》《便览报》及各辕抄等，旬报如《湖北商务报》《江西工商杂志》《五洲时事汇报》《亚东时报》以及澳门、横滨各旬报等，月报如《万国公报》等"。⑥ 1903年，浙江定海义学书院总董戴颂仙广文创设阅报所，"拨书院余款购买《外交报》《新民丛报》《大陆报》《选报》《中外日报》《申报》，并奉杨厅尊赠来《农学报》《南洋官报》及《二十四史》等书，按月订期，俾肄业各士子阅看，以开风气"。⑦ 民办的北京西城阅报社所备各报，在京出版的如《中华报》《京话日报》《顺天时报》《北京报》等类，在外埠出版的如《汉报》《外交报》《中外日报》《大公报》等类。⑧

---

① 《耶稣教创设阅报馆》，《通问报》1906年总第203期，"教务"第35页。
② 《纪新河阅报社》，《大公报》1906年6月9日，第2版。
③ 《深泽县阅报室简章》，《直隶教育杂志》1907年总第21期，"学制"第1页。
④ 《北京日新阅报处创办章程》，《教育杂志》（天津）1905年第8期，第44—45页。
⑤ 《北京阅报社规则》，《大公报》1906年2月10日，第3版。
⑥ 《杭州文明社阅报处章程》，《新闻报（附张）》1899年11月30日，第1版。
⑦ 《提倡阅报》，《时报》1904年6月23日，第1张第3版。
⑧ 《北京西城阅报处创办章程》，《直隶白话报》1905年第10期，1905年6月17日，"专件"第3页。

民办的北京公益阅报社订有"《大公》《北京》《中华》《直隶》各报纸多份"。① 浙江上虞县管溪阅报社订阅报刊的原则是"不拘文言、白话,但得持论纯正,容易为一般不识文字人解说"。其已订阅的报刊有:"(一)《绍兴公报》;(二)《全浙公报》;(三)《浙江日报》;(四)《时报》;(五)《神州日报》;(六)《中外日报》。"② 北京日新阅报处在创办章程中列出了如下"报目":

> 本处所备各报,在京出版者,如《中华报》《北京报》《官话报》《京话日报》《顺天时报》之类,皆由本处订购,按日送阅。外埠出版者,如《汇报》《时报》《汉报》《外交报》《中外报》《大公报》《胶州报》《政艺通报》《中外时报》《天津日日新闻报》之类,亦分别函购寄京。至《东方杂志》《译书汇编》及其他各种富强书籍、学报等类,亦拟陆续购存,以为输进文明,开浚知识之助。③

阅报社所订报刊种类和数量,是其实力和影响力的重要体现。北京的《华字汇报》阅报处,"得旬报日报四十余种,始犹以为少也"。④ 1907 年,吉林的一家新开阅报社,"将各报订购二十余种"。⑤ 同年,保定练饷局吴某联合同志筹款购报,择地于杨公祠内正殿作为阅报处。已购得《北洋官报》《顺天时报》《大公报》《日日新闻》《北方日报》《中直报》《画报》《官话字母报》《农务报》《商报》《爱国报》《京华报》等十余种。⑥ 天津沈家庄的乡村阅报社,也订有"《民兴报》《北方日报》《时闻报》《天津白话报》《中外实报》各一份"。⑦ 这表明阅报社能够通过多种渠道订阅到当时出版的各类报刊。为了吸引阅报社订阅,一些通俗报刊对阅报社讲报所订报实行价格优惠。如

---

① 《纪公益阅报社》,《大公报》1905 年 8 月 9 日,第 5 版。
② 《上虞管溪预备自治会倡设阅报社章》,《越报》1909 年第 1 期,"专件"第 1 页。
③ 《北京日新阅报处创办章程》,《教育杂志》(天津) 1905 年第 8 期,第 45 页。
④ 李洵:《〈华字汇报〉缘起》,《大公报》1905 年 6 月 3 日,第 2 版。
⑤ 《阅报社开办有期》,《吉林白话报》1907 年第 47 期,1907 年 11 月 5 日,第 4 页。
⑥ 《立阅报处》,《顺天时报》1907 年 3 月 8 日,第 4 版。
⑦ 《天津县详沈家庄职绅张文治等捐立阅报社文并批》,《北洋官报》1911 年总第 2868 册,第 8 页。

《浅说画报》就告示欲订阅本报,"请来函书明何处宣讲所阅报处,以戳记为凭,本馆即行派送,每月收报资半价"。① 此类针对阅报社讲报所的价格优惠,体现了《浅说画报》对公共阅读问题的关注。

除了阅报社出资订阅,一些报馆和热心人士的捐报,也成为阅报社报刊的重要来源。如天津启文阅报社仅在1908年下半年就收到捐助的各种报刊17份,具体捐助者、报刊份数如下:

《中外实报》馆,本报一份;《商报》馆,本报一份;学务处,《教育杂志》一份;《津报》馆,本报一份;《大公报》馆,本报二份;《竹园报》馆,本报一份;《时闻报》馆,本报一份;《五洲画报》馆,本报一份;李茂林先生,《中外日报》一份,又《南方报》一份;于少甫先生,《白话报》一份;《人镜画报》馆,本报一份;何绸堂先生,《中外实报》一份;《醒俗画报》馆,本报二份,又《敝帚千金》一份。②

从阅报社所订报刊的类型看,并非白话报刊占主导,各地阅报社一般都比较注重订阅有影响的大报和地方报刊,一些阅报社还广泛订阅商业性、行业性、消遣性报刊。阅报社订阅不同类型的报刊,说明其服务对象并非完全针对下层社会,而是考虑到不同层次读者的阅读需求。但是,检看当时阅报社的报刊名录,几乎没有革命性报刊。因此,在阅报社这一公共空间,阅读的自由仍然受到意识形态的影响,但对于具体的阅报社管理,在地域上可能会有所区别。

值得注意的是,民间阅报社的开办具有一定的随意性,它虽然得到社会各界的广泛支持,但是开办之后,日常经营和管理的经费往往难以得到保障。以北京阅报社为例,1907年3月,因款绌停办者则有同人阅报社、正俗阅报社、爱国阅报社、乐群阅报社。因此,单独依靠民间力量维持阅报社的运行

---

① 《宣讲所阅报处鉴》,《浅说画报》1911年总第841期。
② 《天津启文阅报社丁未十二月出入款项造具清册呈览》,《大公报》1908年3月27日,第2张第4版。

具有诸多困难,对于这一问题,北京督学局已有所发觉,"拟将各设调查注册,按月□给补助金,以期持久"。① 京师阅报社的情形尚且如此,一些偏远地区的民间阅报社在具体运作过程中的困难可想而知。

从创办力量看,社会各界人士的参与,是民办阅报社从京师向乡村发展的重要动力。由于阅报社与学校阅览室在服务对象与功能上有较大差异,阅报社的创办者面对的是一个区域的潜在读者,其辐射力和影响力一般大于学校阅览室。阅报社对地方文化与社会风尚的导向作用也日趋明显。如江苏陆师学堂毕业生赵百先,回到老家镇江大港后,在家祠内创设学堂,并设立阅报所,"计储日报旬报十三种",为了便于远道而来的读者阅读,他规定"可留餐宿","并在阅报楼下设茶馆,所有旧报,凡来茶客必一一给阅,不另索资"。对于茶馆阅后的旧报,"又复汇集一处,贱价以沽,乡人咸争购之"。受到阅报风气的影响,"大港人士之来郡城者,皆具有新知识,非复从前气象矣"。② 而一些有志于推广报刊阅读的新式知识分子,则利用占有书报资料的优势,在阅报社"汇集同志"。如实业家穆藕初1903年在镇江海关工作时,"就附近山麓开办阅书报社,同志云集,颇极一时之盛"。③ 可见,阅报社对地方风气的转变,有着较大的影响。《安徽白话报》有一篇对安徽庐州的调查认为,庐州一府四县一州,除合肥外,庐江的人要开通一些,买书的人自然是要多些。究其原因,"听说一位姓庐的绅士,在他们县里很尽了点开通的义务,办那些开学堂、阅报社的事,所以,有这点文明的效验"。④ 在调查者看来,开学堂、办阅报社是社会开通的重要原因。

值得注意的是,1906年,在浙江海宁,已经出现了现代意义上的图书馆。当年四月六日,时年60岁的王乃誉,到"庙宫图书馆阅报",⑤ 阅读了当月十九、二十、廿一的《中外日报》,这表明具有阅报功能的图书馆已经出现。又如在偏远的湖南永州府,于1908年年初,"绅耆王君等具禀当道,拟办图书

---

① 《纪阅报社》,《大公报》1907年3月4日,第2版。
② 《兴学阅报》,《大公报(附张)》1903年9月8日,第1版。
③ 穆藕初:《穆藕初自述》,安徽文艺出版社2013年版,第13页。
④ 《庐州书市的情形》,《安徽白话报》1904年第14期,第23页。
⑤ 王乃誉著,海宁市史志办编:《王乃誉日记》(第4册),中华书局2014年影印本,第2106页。

馆并附设阅报所，任人观览，不取阅资，以期民智日渐开通"。① 而湘潭图书馆自 1910 年开办以来，"所有一切规则均称完善。近日复就馆内添设阅报室一处，广购沪汉各种报纸，于每日上午八时至下午四时，任人流（浏）览，俾扩见闻而增学识"。② 此类阅报室，尽管附设于图书馆之内，但其功能与阅报社并无多大区别，随着图书馆事业的发展，阅报室的设施、功能、规章比阅报社更为完善。尽管张之洞等人在 1902 年有湖北省图书馆之设，但从现有的报道看，州县以下的图书馆在清末较为少见，海宁、永州、湘潭的图书馆，对探究清末民办阅报社向图书馆转变就有重要意义。尽管如此，从整体上看，清末阅报社的总量并不多，且许多边远地区并没有创设，但它作为一种新型阅读组织所产生的社会影响力，却是值得关注的。

三、阅报社规章与公共阅读的制度化

尽管与维新时期创办的各种学会在性质上有很大区别，但是阅报社作为新型社会组织，在筹办、运作与管理的过程中，仍然涉及各种具体问题。因此，制订阅报社规则或章程，是保障其正常运转和有序管理的基础。对于阅报社的创设者而言，他们从服务民众、开发民智、传播文明的角度出发，力求为社会作贡献。如晋明书报所在章程中开宗明义，指出："本所之设，在开通晋人之智识，改良晋人之性质，俾知我国与各国竞争在学问而不在血气。无学问，则人挟幽并之健，地负关河之雄，徒酿乱阶，靡雪国耻。至本所阅书报者须咸励此志。"③ 江苏丹阳书报社则以 "开通内地风气，提倡民族精神" 为宗旨。④ 创设者深知，如果不能在制度上进行管理与约束，良好的愿望就会化为泡影。阅报社为读者服务固然是中心任务，但是，由于大部分阅报社提供免费服务，读者与阅报社之间并没有经济上的契约关系，创设者如何筹措资本、管理场所、维护秩序，都需要进行详细的筹划与规范。在阅报社

---

① 《禀设阅报所》，《新闻报》1908 年 1 月 26 日，第 4 版。
② 《图书馆添设阅报室》，《申报》1910 年 12 月 4 日，第 11 版。
③ 《开办晋明书报所简明章程》，《政艺通报》1903 年第 19 号，1903 年 11 月 13 日。
④ 《丹阳书报社简章》，《警钟日报》1904 年 8 月 24 日，第 4 版。

的整个运转过程中,这些规章起到了约束和保障作用。

阅报社租赁场所、添设器具、聘用员工后,核心任务是如何加强对报刊阅读过程中的管理,以便更好地服务读者,提高报刊阅读效率。对于读者而言,了解阅报社的作息时间是十分必要的,许多阅报社都规定了开放时间,如杭州文明社阅报处规定:"春冬两季每日午前九下钟启阅,午后五下钟停阅。夏秋两季每日午前八下钟启阅,午后六下半钟停阅。"① 北京西城阅报社的开放时限为:"夏天秋天每日从早晨八点钟起到晚上五点钟止,春天冬天每日从早晨九点钟起到晚上四点钟止。"② 直隶万全县阅报所开放时间为:"夏秋早自十点钟起至晚三点钟止;春冬早自十一点钟起至晚二点止。"③ 四川泸州劝学所附设阅报所,要求阅报者必须先报姓名住址,注册后方可入内阅报,阅报时间为:"午前十点钟起十二点钟止,摇铃为号。"④ 内蒙古的归化城(今呼和浩特)阅报处阅报时限:"四月至八月,每日午前九钟至午后五钟;九月至三月,每日午前十钟至午后四钟。"⑤ 直隶深泽县阅报室每日阅报时限:"自八点钟至晚十点钟止。"⑥ 这些阅报社规定的阅报时间,大体上考虑到当地民众的作息习惯和季节因素,且大多每天开放,读者入室阅读较为方便。

读者进入阅报社,就意味着进入了公共阅读空间,这就需要读者在满足自我阅读需要时,不能损害公共利益。因此,阅读规则是确保阅读秩序和阅读效果的重要基础。许多阅报社都从爱护公物、有序借阅、保持安静等方面对读者在阅报社的言行进行了具体规定。如1902年设立的成都开智阅报公社,在章程中就特别强调了借阅制度:

> 第十三条,新到之报,每人每期所取,以一册为限,连旧报不得逾四册,日报未订成册之前,只许在社披阅,不得携出。

---

① 《杭州文明社阅报处章程》,《新闻报(附张)》1899年11月30日,第1版。
② 《北京西城阅报处创办章程》,《直隶白话报》1905年第10期,1905年6月17日,第3页。
③ 《万全县设立宣讲阅报所禀并批》,《教育杂志》(天津)1906年第21期,第15页。
④ 《泸州劝学所附设阅报所简章》,《广益丛报》第6年第13期,1908年6月28日,第9页。
⑤ 《阅报规章》,《四川官报》1909年第10册,第3页。
⑥ 《深泽县阅报室简章》,《直隶教育杂志》1907年总第21期,"学制"第1页。

第十四条，本社报章概不能圈点批抹，如有所见，只可黏条达意。

第十五条，取报逾期不还者，由干事派人走取，脚力钱由本人自给（城内一角、城外二角）。

第十六条，社友临时有要事，不能亲身到社取报还报，务托妥人持票到社，如阻于风雨，自当格外通融，于晴朗日开社交还，否则，照逾期办理。

第十七条，凡取报遗失者，照全部价赔偿，污损者，照价赔偿所污损之册，违者罚停取报。①

显然，成都这家较早设立的阅报社具有对外借阅的功能，章程的重点是确保报纸得到有效保护并能尽量发挥流通作用。这家阅报社是集资创办，"入股者每年每股出洋二元，作为购报之费",② 只有入会的社员才有资格外借报刊。而一些阅报社对读者的行为规范有严格要求，如扬州阅书报社就明确规定："在社内吸鸦片烟、赌博、挟妓等事，皆在禁止之例。"③ 山西的晋明书报所章程对读者作出了具体规定：

所中除阅书报外，不得闲谈或任意喧哗；茶水由本所捐备，烟、酒等具概不得携入；脱衣有架，涕时有盂，溲溺有所，各宜自爱；栉沐不勤，衣履不洁，举止怪诞者，概不得入。④

河南中州阅报社也非常注意读者的行为规范，在章程中指出："阅报室不准吸烟；不准任意咳唾。"⑤ 北京较早成立的西城阅报社要求读者看完报纸后，"一定要送回取报处放好"。并要求读者遵守如下规定：

---

① 《成都开智阅报公社章程》，《大公报（附张）》1902年10月17日，第1版。
② 《成都开智阅报公社章程》，《大公报（附张）》1902年10月17日，第1版。
③ 《扬州阅书社章程》，《警钟日报》1904年9月17日，第4版。
④ 《开办晋明书报所简明章程》，《政艺通报》1903年第20期，1903年11月19日。
⑤ 《中州阅报社章程》，《大公报》1904年11月25日，第5版。

第六章 劝民读报与公共读报活动的发展

（一）阅报时不能够随便叫唤，高声喧笑。（二）各种的报不能够借出去看。（三）报内常常有精细的图画，阅报的人不能把他砍下拿去。（四）阅报的人虽然自己有什么见解，不能够在报纸上动笔批写。（五）除阅报外，不能够在这里闲坐闲谈。（六）屋里头有吐痰的器具，阅报的人不能够随便乱吐。①

这几条禁止性的规定，从现代阅读文明的角度，要求读者遵守公共秩序和社会道德，尤其是要求读者不高声喧哗和不随地吐痰的做法，对一些不良习惯具有一定的约束力。在20世纪初的中国社会，民众在公共场所吐痰已习以为常，但是西城阅报社作为传播现代文明的新型组织，却在阅报社安放痰盂，要求读者讲究卫生，这在当时是十分难得的举措。此后的一些阅报社也作出了类似的规定。

一些阅报社针对读者的特点，增设了较为人性化的设施，如杭州文明社阅报处，"备有清茶，尽可取饮，并备笔墨以便劬学之士择要札录"。② 直隶深泽县阅报室"另设一桌，以备饮茶吸烟之用"，③ 其目的是为了不影响其他读者认真读报，尽可能地营造安静舒适的阅读环境。福州西城阅书报所在章程中提出："本社力量稍充，当添购图书仪器，以供实验。"④ 阅报社提供"仪器"的意图，表明创立者希望读者能够进行科学实验，从而提高科学认知水平。江西某阅报社附近，由黄君荪潭，"在百花洲内开办之三育善会阅报餐处"。⑤ 设立"阅报留餐处"，一方面说明阅报社的读者不少；另一方面也体现了此类餐馆为读者服务的理念，使阅报社的附加功能进一步延伸。

除了部分个人独资设立的阅报社外，一些合资设立的阅报社往往需要

---

① 《北京西城阅报处创办章程》，《直隶白话报》1905年第10期，1905年6月17日，"要件"第4页。北京日新阅报社的规条也与西城阅报社相类似，只是以文言文表达而已，其规定是："一、阅报时不可信口吟哦、高声喧笑。一、各报不得借出外观。一、报内常有精细图画，阅者不得裁割携去。一、阅报纵有所见，不得在原报纸上动笔批写。一、除阅报外不得在此闲坐闲谈。一、室内安有痰盂，不得任意吐唾。"[《北京日新阅报处创办章程》，《教育杂志》（天津）1905年第8期，第45页，1905年6月17日。]
② 《杭州文明社阅报处章程》，《新闻报（附张）》1899年11月30日，第1版。
③ 《深泽县阅报室简章》，《直隶教育杂志》1907年总第21期，"学制"第2页。
④ 《福州西城图书报所总章》，《警钟日报》1904年11月6日，第4版。
⑤ 《阅报留餐处停办》，《警钟日报》1905年1月5日，第3版。

"协同管理",尤其是一些采取"社员制"和"会员制"的阅报社,往往存在着出资与权益的问题。因此,此类阅报社往往在章程中强调社员的团结,如成都开智阅报社就要求社员做到以下几点:

> 一、当存自重之念,养成廉耻之心。二、当起亲爱之情,养成共同之趣。三、当兴辞让之风,养成静肃之气。四、当求卫生之要,养成清洁之习;除鄙吝之私,铲隔阂之弊;开意气之偏,涤龌龊之秽。平等平权,务蹈大道,以收乐群之效。①

这几点要求,主要从道德层面对社员的行为进行约束,达到"克己"而"合群"的目的。作为立足于地方社会的公共组织,阅报社试图将服务民众与自身建设结合起来,提高其吸引力和影响力。因此,阅报社对自身的约束被认为是制订规章的重要前提。如北京地区的阅报社在联合推出规则时,首先就指出:"凡我同志,既以劝人为己任,各宜认明公理,脚踏实地作事,方与立阅报社、讲报社之宗旨相合。倘假托文明,沽名钓誉或藉此别有取意,则恐一人累及同社,一社污点累及全体。先事预防,不可不慎。"以"同志"之称告诫参与者,既表明志同道合之意,又告诫参与者要洁身自好以维护组织的荣誉,善于"克己","既为阅报社之同人,自当以身作则,始可为社会之矜式"。在清末各种学会、社团、公会等团体纷纷设立的背景下,阅报社注重对组织者和管理者严格约束,旨在加强内部协调与沟通,以期获得更为广泛的认同和影响。北京地区由于阅报社较多,各阅报社虽未成立联合组织,但订立了共同遵守的规则,并规定了对外交涉和处理的措施:"如有局外人故意寻隙无理取闹者,当执守文明。以和平之法过之,不可稍涉,操切激烈。如不能情恕理遣者,则约集各阅报社公评,以定曲直。"② 这表明阅报社同业之间有着较为密切的联系,对于较为复杂的事务有着协同处理的约定,以便提高

---

① 《成都开智阅报公社章程》,《大公报(附张)》1902年10月17日,第1版。
② 《北京阅报社规则》,《大公报》1906年2月10日,第3版。

第六章 劝民读报与公共读报活动的发展

阅报社的行业声望和管理水平。

清末的一些阅报社不仅对民众免费开放,还根据时局需要展开学术研究与公共讨论,进而从思想层面上扩大其社会影响。1906年,18岁的王云五在上海益智书室任教时,组织了一个振群学社,并任社长。他"租了一幢一楼一底的房屋,楼上购藏书报,或由各人以自有图书储存,备他人公余阅读,并相聚论学"。社员们"讨论一般社会问题,旁及国家大局。或谈天说地,放言无忌,或专题讨论,集思广益"。① 又如成都开智阅报社对"讲学"非常重视,规定"每月上弦下弦取报之日为讲学之日期"。这里的"讲学",不同于"讲报",具有学术研究与交流的意图。其讲学的有关规定如下:

> 第十九条,社友学术虽浅深不同,皆当集思广益。兹拟以普通学、法学、哲学为一类,中外时事为一类。或但求大略,或专主一科,均听其便。此外学科或为社友所研究,亦可随意讲说。若社友中有不欲讲说者,则置札记一册,将平日读书看报所得新理新论,随时登记,临期交社友传观。庶收彼此切磋之益。
>
> 第二十条,会时以整齐严肃为主,不得诙谐戏谑、蹈浮浅轻率之习。
>
> 第二十一条,凡讲论者社友如欲辩驳,必使讲论已毕,始可申明己意,不得率尔争说。
>
> 第二十二条,凡社友讲论,一、当言者直捷明白之;二、有问者速答之;三、不得因言之难遂不敢言。……
>
> 第二十三条,事理当各究其是,不可好同恶异,启攻排之端。凡有问答,务其量其学之浅深,不可故为高论。
>
> 第二十四条,凡讲论及札记与否,均听其便,不相勉彊。②

上述几条有关讲学的规定,从主讲者和听众的角度,对讲学进行了较为全面

---

① 王云五:《岫庐八十自述》,《王云五文集·陆》上册,江西教育出版社2011年版,第44页。
② 《成都开智阅报公社章程》,《大公报(附张)》1902年10月17日,第1版。

的要求，表明开智阅报社是一个具有学会性质的组织，社友成为组织成员后，不仅要定期读报，更重要的是要经常参加讲学活动。扬州阅书报社也有类似的规定，要求社员每礼拜叙会一次，"互究学问，并由同人敦请积学高才，演讲各种新理"。① 此类讲学，类似古代书院的"会讲"，主讲者以某一主题发表见解，并与听讲者对答互动，相互切磋，达到增进学识、扩充见闻的目的。讲学的内容以哲学和时事为重点，显然超出了报刊阅读的范围。主讲者的知识储备更多地来自书籍和平时的学术积累。虽然清末此类具有学术研究性质的阅报社数量不多，但它延伸了学术团体的部分功能，使读者在阅报之余有了更为广阔的学术交流平台。这对促进读者之间的相互交流、提高读者的讲演水平和学术能力都有一定作用。

阅报社的制度建设为其提高服务水平和管理能力奠定了基础，也为读者的"制度化阅读"提供了有利条件。由于阅报社创造了公共阅读的新形态，加之阅报社所订购的报刊往往数量较多，读者可以在公共空间"博览"群报。如成都地区的阅报社所订报刊甚多，傅崇矩在《成都通览》中统计共有82种。② 阅报社一般设立于城镇繁华地带，人群流动性较大，有利于其广纳读者，促进了报刊阅读的大众化。在清末社会，尽管随着邮递网络的扩张和传播技术的进步，县一级发行市场得到了一定发展，但是，下层社会民众购阅报刊的比例仍然有限，即便是北京这样的大都会，在彭翼仲创办《京话日报》之前，下层社会对报纸普遍茫然无知，也就是在1904年之后，随着北京各街道逐渐设立阅报社，读报风气才逐步形成。

报刊舆论对阅报社的规章制度和服务态度颇为关注。如《大公报》在1906年8月7日对顺天设立之阅报所进行了专题报道，认为该所"一切办法极为完全，所定章程十五则，亦称完善"。但是，在具体管理过程中，"惟府署丁役有目不识丁者，亦皆入内，裸体跣足，随意谈笑。想系该所馆役瞻徇情面，不肯阻拦之故也"。③当年11月24日，该报对北京半日学堂之阅报社进

---

① 《扬州阅书社章程》，《警钟日报》1904年9月17日，第4版。
② 傅崇矩编：《成都通览》上册，成都时代出版社2006年版，第358页。
③ 《阅报所之缺点》，《大公报》1906年8月7日，第4版。

行报道时指出："该堂学生于未授课之时，齐集（阅）报社嬉笑戏谑，乐而忘形，恐文明人观之，稍有不雅云。"① 第二年2月，有人调查了这两家阅报社，并进行了对比。其称：

> 顺天府派办处设立之阅报处，办理最称完全，所有章程尤属尽善，所用人役颇知接该规则，毫无傲慢之习，本署各员亦不时稽查，故逐日阅报者接踵而来，无不交口称赞。东四牌楼南半日学堂待（特）设之阅报社，所立章程非不完善，惟日久生懈，经理人慢不加察。所用人役，尤属恶劣，每见有阅报人取讨报附章计（时），任便轻慢，以致下流社会人畏其声威，竟有徘徊门外，不敢妄入者。噫嘻，经理诸君盍一察查而思改良役之乎，毋以馆丁之故而碍于全社名誉也。②

显然，阅报社"丁役"的素质对其声誉有着重要影响，且关涉读者阅读的积极性与参与度。如直隶保定在1909年设有阅报社4处。"一在杨公祠，一在贡院街，一在厚福营（以上三处前往阅报为络绎不绝），一在大慈阁。惟大慈阁前往阅报者甚属寥寥。其原因系为该处之管报人（管役）诸多野蛮，且规则与他阅报处不同。阅报人非但不能自由，且受种种限制，是以不愿前往云。"③ 可见，一家管理良好、服务优良的阅报社能够吸引更多读者，而素质低下、态度恶劣的阅报社却令读者望而却步。由于缺乏具体的统计资料，我们无法知道有多少读者进入阅报社读报。一些阅报社往往以"阅报者颇不乏人"来形容其发展状况，④ 并没有提供读者的具体人数，但阅报社在引领报刊阅读方面的作用却是值得关注的。对于阅书报社的价值，少年陆费逵有着深刻的认识，1898年，南昌已经开设阅书报社，其时年仅13岁的陆费逵极为关注，经常去阅报社读书看报。他回忆道：

---

① 《纪阅报社》，《大公报》1906年11月24日，第4版。
② 《相形见绌》，《大公报》1907年2月20日，第5版。
③ 《阅报处亟宜整顿》，《大公报》1909年9月30日，第5版。
④ 《光化创设阅报所》，《通问报》1906年第185回，第4页。

我隔日去一次，午前九时去，午后五时回来，带一点大饼馒头作午餐，初时尚有阅者二三十人，后来常常只剩下我一人，管理员也熟了，他便将钥匙交给我，五大间的藏书，好像是我的了。这三年中，把当时新出的书籍杂志，差不多完全看过，旧书也看了许多。遇欢喜的，便摘抄于簿子上；遇不懂的，也记出来，以便查书或问人。①

陆费逵的记述，对于我们了解阅书报社的公共文化价值有一定参考价值，他在此三年苦读，打下了较为扎实的文献基础，认为自己"学问渐渐进步，文理渐渐通顺，常识渐渐丰富"。② 1908 年，在天津陆军警察学堂学习的童保喧经常阅读《神州日报》等各种报刊，包括《南洋军事杂志》等专业刊物，他在农历二月十三日的日记中记载："诸友在阅报所见报上载：我国与日本为在广东某商轮易国旗故，开大交涉。"③ 他的同学在阅报所得到的重要新闻，成为他们在一起讨论的话题。由此可见，阅报社作为传播公共文化的场所，创造了读者的自主阅读与学习的新空间。尤其是对于无力购报的读者而言，报纸打开了一个新世界。阅报社为读者提供的想象空间和符号意义，有时甚至超越了阅读本身。它在一定区域内充当着信息中心与文化坐标的作用，在地方社会具有文化象征意义。对于读者而言，经常到阅报社读报固然重要，但是阅报社的公共阅读体验也是不可忽视的。由"公共阅读"而产生的"场域"感，是私人空间里无法获得的。因此，阅报社所引领的阅读方式变革，不仅对清末民初图书馆的建设有着一定影响，对于读者阅报理念的培养和公共精神的培育，也起到潜移默化的作用。

四、讲报活动与报刊知识的传播

宽泛意义上的讲报活动，是读者阅报之后对报刊内容的二次传播。在一定程度上看，讲报者本身就是读者，且为具有较好阅读和表达能力的读者。

---

①② 陆费逵：《陆费逵自述》，安徽文艺出版社 2013 年版，第 15 页。
③ 童保喧著，宁海县政协教文卫体和文史资料委员会编：《童保喧日记》，宁波出版社 2006 年版，第 12 页。

因此，我们主要从阅报社讲报所的功能分析讲报活动。讲报活动兴起于何时难以考证。早在维新时期，一些学会讲学与讲演活动，已与讲演者读报活动有关。但由于讲演者以某一主题发表议论，还涉及时政与书籍等方面的内容，因此，此类演讲不能视为专门的讲报活动。

诚如一则时评所言："白话者，报纸之先锋也"，"演说者，又白话之先锋也"。① 通过演说和讲报活动，"可知世界变迁之大局及各地各国之要事"，"可见政府官吏及地方士绅之规画"。② 因此，一些阅报社将讲报作为其重要功能。讲报的兴起是由于受到阅报活动的影响，阅报需要一定的文化程度，对于不识字的人而言，无论报刊如何普及都没有多大意义。《新闻报》的一则评论认为："中国国民识字者十人中仅得三四，有志之士虽设立阅报所，然便于识字无力购报之人，而不识字者仍不得开通之益。"③《通学报》转载《中外日报》的评论也认为："吾国民人素未受普通教育，故大半不能识字，不能识字，又乌能读报。故传播文明之利器，虽在报章，而传播报章以传播文明之利器，断在演说。"④ 因为识字是读报的前提，从清末社会的实际出发，要从整体上改变"愚夫愚妇"的陈腐观念，讲报便是向下层社会进行启蒙的重要方式。

《新闻报》的评论还指出："欲为不能阅报者计，莫如多设讲报所，汇集群报，择其中有益于民智者，撮其大要，仿宣讲上谕、乡约之例，每县设立若干所，选诚实通儒逐日讲解。凡昔日说书唱曲之人，一概严禁，予以工薪，责令讲报。数年而后，民智大开，富强之效，操券可获。"⑤ 而在乡村地区，讲报尤为重要。《大公报》的评论也认为："特是阅报社一事，非惟城邑所不可少，乡镇之间亦宜同时举办。但乡民识字者少，识字而能阅报者尤少，……为开通乡民计，自以广立讲报社，尤为切实而有效。"⑥《通学报》转载《中外日

---

① 《论政府宜利用报馆并推广白话演说》，《东方杂志》第 2 卷第 8 期，1905 年 9 月 23 日。见《东方杂志》第 7 册，上海书店出版社 2012 年版，第 331 页。
② 无妄：《推广阅报社之益》，《大公报》1910 年 4 月 2 日，第 4—5 版。
③ 《设立讲报所说》，《新闻报》1905 年 6 月 21 日，第 1 版。
④ 《论直隶倩人宣讲报纸之善》，《通学报》1906 年第 12 册，第 377 页。
⑤ 《设立讲报所说》，《新闻报》1905 年 6 月 21 日，第 1—2 版。
⑥ 无妄：《推广阅报社之益》，《大公报》1910 年 4 月 2 日，第 4—5 版。

报》的时评,对演说更为推崇:"演说报纸乃能使不识字者如识字,不入学者如入学堂,不立学堂者如立学堂。"① 因此,一些阅报社专门就演说活动制定章程,如宣化县阅报研究所在章程中对演说报刊有具体规定:

> 一重演说。藉阅报之名以行演说之事,然只拈出报中紧要节目以阐发之,不得妄议国事,庶足养民忠孝之心,以杜清谈之弊。
>
> 一尚白话。演说务使明白易晓,妇孺皆知,不止免却文章习气,即官话亦非愚民所尽知,故须以方言俗语为主。
>
> 一定准期。每日阅报,同人可轮日演说,此名小演说,每月宜请官长,或朔、望日,或三、八、五、十日临所,仿学政讲书例,于同人中指定一人出场开演,如说评书者然,此名大演说,或曰演说会。
>
> 一穿便衣。同人到所,宜去衣冠,盖脱尽官场习气,平民不致生畏避心,不致有局促态,所谓动人以感情也。如家人父子之处一堂,则天机自有活泼之致。
>
> 一讲应酬。创此盛举,顽固者以为骇人听闻,每日来阅者,务察其果系热心,即延以上座,请其质疑问难,彼若厉声,我总以和容悦色答之,要而言之,是劝人非教人也。守此宗旨,不患无引人入胜之路。……
>
> 一在事同人另列轮班表一纸,每班若干位,共分若干班,轮日到所,不可贻误。若有事不能分身,请同人代之。如遇演说期,大家均到为是。……
>
> 一演说本为开通民智,不谈洋务,不讲西学,惟择报章内有关风化、人所易晓者,或由同人自作一段出场演说,务须乐于听闻,以期引人入胜。②

值得注意的是,官办阅报社往往注重政治导向,将宣讲"圣谕"作为讲报的必备内容。先讲解"圣谕"之后,才能择要讲报。如束鹿县研究时政馆

---

① 《论直隶倩人宣讲报纸之善》,《通学报》1906 年第 12 册,第 378 页。
② 《宣化县呈送阅报研究所暨附设半日学堂章程请折》,《教育杂志》(天津)1905 年第 2 期,第 12—13 页。

第六章 劝民读报与公共读报活动的发展

要求绅董"每日宣讲圣谕一二则，以期启发人心。日约四小时为止"。① 而《圣谕直解》也被许多官办阅报社作为必备之书，在地方官员看来，宣讲"圣谕"是确保阅报社政治合法性的前提，因此，宣讲报刊也务必体现"宗旨纯正"的要求，乃至洋务和西学都不在宣讲之列。官方对传统道德伦理的宣扬，在一定程度上消解了讲报的化民启智作用。

但民办阅报社的讲报活动似乎更为灵活。如直隶深泽县阅报室由学界、商界捐助设立，其讲报内容除了新报之外，还包含"科学实业"。②

关于讲报的具体要求，天津启文阅报社有章程规定：

一、每日开讲时限以晚七点钟起至八点半钟止。

二、每日开讲，先解字义，次讲报文。

三、所讲之字均于漆板上写出，以便众人照抄。

四、每日所讲之字，有难解者，有易解者，因听讲之人程度不齐，故不能不有所分别。

五、凡听讲者均须自备纸本并笔墨等件。

六、每日讲解报文，仅择其有益民智者，讲解一二段，一切浮文泛论概置不取。

七、所讲之报虽多浅语，均有深意，不得藐藐听之。

八、每至开讲时，务各沉心静听，不得互相谈话。

九、既已报名听讲，不得无故不到，即有至要事件，亦须来社告假。

十、每逢星期停讲一日，如有风雨，晚间走路不便，亦暂停讲。③

关于如何选择演说者，报刊也有专论指出，要"延聘通儒，采择浅近、显豁、有关内政外交之事，登坛演说"，并认为"各行省府县一体仿而行之，

---

① 《束鹿县创设研究时政馆请立案禀》，《教育杂志》（天津）1905 年第 11 期，第 26 页。
② 《深泽县阅报室简章》，《直隶教育杂志》1907 年总第 21 期，"学制"第 1 页。
③ 《天津启文阅报社章程》，《教育杂志》（天津）1905 年第 9 期，第 53 页。

吾敢决中国已死之心可换，而不灵之脑可易"。① 在论者看来，通过"通儒"广阅各报，选择内容浅近、有关内政外交的大事面向下层民众宣讲，是促进变革、开启民智的重要途径。因此，选择合适的讲报者是提高宣讲效果的前提。直隶宣化县令"拟于师范学堂内添立学报演说一班，使学习师范生皆洞悉中外情形、当时要务。庶以后散处四乡，抒其济世热心，广为演说"。② 通过师范学堂培养讲报人才，是一条捷径。而直隶学务处则呈文总督袁世凯，要求报刊宣讲人员由劝学员充任，"应由官报局按期将白话报随同官报分递各州县，转发劝学所，分给劝学员携赴城乡村镇，随时随地广为讲演，藉以开通民智"。③ 利用劝学员到城乡各地讲报，可谓一举两得。

对于讲报活动和人才选派，社会各界在创办阅报社时也有较为深入的认识。许多阅报社本身就附带讲报的功能，一些阅报社还规划专门的演说机构，如湖南莫厘开明社会阅书报处就声称："将来拟举演说部、体育部、工艺部。"④ 一些阅报社与讲报所设于一处，阅报与讲报活动并重，并通过阅报活动选拔讲报员，"于各报中择其宗旨纯正者"，并"辨明了邪正"。⑤ 在阅报社内公开演讲，或者定期到街头进行宣讲。阅报社派出的讲报员，需要遵守许多规则，以免与官方要求相冲突。如北京地区的阅报社对讲报员提出了十条禁令："一、不得说革命；二、不得讥刺朝政；三、不得排击宗教；四、不得囿于迷信；五、除去满汉界线；六、不得语近谣惑；七、不得谈论闺阃；八、勿以言语骄人；九、不得语言过激；十、不得语近攻讦。"⑥ 由此可见，阅报社对讲报员的要求颇为严格，希图讲报员在开通风气、传播文化的过程中，不能因个人言行对阅报社产生不利影响。

由于阅报社多设于城镇繁华地带，有推行讲报活动的优势。一些演讲所

---

① 《设讲报所》，《清末时事采新汇选》第14册，北京图书馆出版社2003年影印本，第7507页。
② 《宣化县请于师范学堂内添立讲究阅报演说一班禀并批》，《教育杂志》（天津）1905年第12期，第15页。
③ 《本处遵饬拟令劝学员宣讲官报局所编白话报呈请核示文并批》，《教育杂志》（天津）1906年第1期。
④ 《莫厘开明社会阅书报处约章》，《警钟日报》1904年9月24日，第4版。
⑤ 《敬告立阅报社的诸位君子》，《大公报》1905年7月22日，第5版。
⑥ 《北京阅报社规则》，《大公报》1906年2月10日，第3版。

阅报社在初创之际，就将讲报视为一项核心任务。如北京东四牌楼医生卜广海，积资创设演报社，"专演说各报，每日听者甚多"。① 奉天广宁民风朴陋，智识未开。巡捕队幕府李参军子贞联合绅富，劝阅报章，历有年余，文明大启。近又邀同李刺史徕僧、萧茂才焕章组织一演说会。"冬月望日，第一次在儒学明伦堂开会演说，……观者密如堵墙，颇极一时之盛"。② 又如江苏丹阳书报社就规定："本社定于每十日演说一次，无论何人经济，均得入座旁听及言论自由。"③ 直隶吴桥县阅报社兼宣讲所也规定："每逢一、六集期，将各项新政要领并各报中法令、规章、政界杂说，明白宣布，详为讲解。"④ 直隶新城县令在阅报社附设宣讲所，"每逢朔望集市，偕同城教佐士绅宣讲《圣谕广训》有关宪政自治等讲义"。⑤ 直隶大城县阅报社设立之际，"邀集同城官绅演说"，"来宾及观听人数日以千计"，并规定"每逢集期，诸色人等，均可入听。每遇星期，则专为学界演说"。⑥ 直隶深泽县阅报社则选择"明达者若干人，于二七集期，按二人轮班，宣讲新报及科学实业"。⑦ 直隶高邑县令也要求阅报社在"三八集期"，由"宣讲员为之讲演"。⑧ 浙江桐乡县令徐汉澄，在学宫后创设阅报所，"复延数士于市廛菜肆中演说时事，颇觉动听"。⑨ 这些阅报社将讲报作为开展组织活动的重要内容，注重发挥阅报社在民众中的影响，利用城镇集市人群较为集中的机会，派出得力的宣讲员讲报。此类讲报活动往往会吸纳较多的人群驻足听讲，容易引起民众的关注和讨论，从而有利于报刊内容的二次传播。

---

① 《各省报界汇志》，《东方杂志》第 2 卷第 8 期，1905 年 9 月 23 日。见《东方杂志》第 7 册，上海书店出版社 2012 年版，第 369 页。
② 《演说阅报有益》，《新闻报》1905 年 12 月 31 日，第 3 版。
③ 《丹阳书报社简章》，《警钟日报》1904 年 8 月 24 日，第 4 版。
④ 《吴桥县详设立阅报兼宣讲所并批文》，《北洋官报》1911 年总第 2965 册，第 9 页。
⑤ 《新城县禀捐廉创设阅报社宣讲所情形文并批》，《北洋官报》1911 年总第 2722 册，第 7 页。
⑥ 《大城县禀开办宣讲所阅报社情形并试办简章呈请查核文》，《直隶教育杂志》1908 年第 18 期，第 39 页。
⑦ 《深泽县阅报室简章》，《直隶教育杂志》1907 年总第 21 期，"学制"第 2 页。
⑧ 《高邑县禀在毕公祠设立阅报处文》，《直隶教育杂志》1908 年第 19 期，第 30 页。
⑨ 《各省报界汇志》，《东方杂志》第 2 卷第 11 期，1905 年 12 月 21 日。见《东方杂志》第 8 册，上海书店出版社 2012 年版，第 340 页。

讲报活动是有识之士进行社会启蒙活动的重要举措,其参与人员、演说内容与活动范围较为广泛。从繁华都会到偏远乡村,从阅报社到酒楼茶馆,讲报活动已深入下层社会。如光绪二十八年(1902)十一月,孙诒让创办瑞安演说会,并担任会长。演说会规定:"每逢朔望开常会,召集城郊区各学堂师生及绅商、农工各界到会听讲,约数百人。演说项目,(甲)议论之部……(乙)述告之部:一、中外历史,二、中外时事,三、地方新闻,四、通俗小说。……是会历办逾三年,于一邑风气之开通有相当影响。"① 从其演说项目看,范围比较广泛,但报刊新闻是演讲的重要内容。

阅报与讲报的意义所指有一定区别。壬寅年(1902),发起常州第一个阅报社的蒋维乔在农历八月九日的日记中指出:"报章能激发识字之人,演说能激发不识字之人。所以同志拟推广演说。每星期在阅报所讲演,……于是日为始。"在蒋维乔看来,充分发挥阅报所的讲演功能,可以进一步凝聚力量,启智牖民,推动报刊深入下层社会。第二天,他阅《新民报》之后,"赴讲习会"。八月十三日,他至育志蒙学演说,并记载当日演说盛况:"首程君瑶笙;次余演说自救自立之道,莫如学术教育,人人有开学堂之责;次杨君秉铨演说阅报社;次屠君敬山演说科学关键;次华君若溪演说阅报界限;次陆君赓韶演说自立自护自养自强之道。是日听者一百余人。"② 此类多人轮流演说的集会,影响进一步扩大,演讲者可以充分发挥他们的知识储备和独到观点,将学校教育与社会教育有机结合,促进知识共享和社会启蒙。

清末,一些阅报社成员还到茶馆举行讲报活动。茶馆为四民聚集之所,中国历来有通过"讲茶"而处理民间纠纷的习惯,民众也乐意在茶馆传播"公开的闲话"。因此,阅报社派员到茶馆讲报,具有传播新闻的天然优势。如北京升平茶楼主人穆子元,"在楼上每日宣讲报章,以开商人之习。自十五日起,每日晚间讲演,往听者颇不乏人"。③ 北京东四牌楼有位开药铺的卜先

---

① 孙延钊撰,徐和雍、周立人等整理:《孙衣言、孙诒让父子年谱》,上海社会科学院出版社2003年版,第306、307页。
② 蒋维乔:《蒋维乔日记》第1册,中华书局2014年影印本,第200、201页。
③ 《茶楼讲报》,《大公报》1906年7月12日,第4版。

生,并租房给人开茶馆兼说书处。受讲报之风的影响,"辞退了茶馆,改为讲报处","请定了两位朋友,都是热心爱国,并且口齿清楚,天天讲报给人听。外送茶水,不取分文"。① 北京西四牌楼永顺轩有位叫张智兰的说书人,"以演讲《聊斋》著称,近被报纸激动热诚,故拟每日演讲报纸两小时,不取书资"。② 而在边远乡村,虽然没有阅报社,但也可以组织讲报活动。如《星期报》的一则评论认为:"乡里以内,必有学子,一店之中,必有稍通文墨之人,倘值工夫余暇,移其讲《水浒》《西游》、嫖经博情之闲话,将是日之报纸,宜宣读讲解,以开导乡里同伴之不识字者,彼未有不大快。"③ 这是从文化普及的角度谈到讲报的社会意义,然而,民间自发的讲报活动具有偶然性,热心公益的读书人要经常坚持为下层民众讲报,甚不容易。

阅报社作为公益组织的讲报活动,具有很好的政治、文化资源和制度保障。由于阅报社将讲报活动视为报刊二次传播的前提和基础,对于讲报者的吸引和培养,是开民化俗的第一步,而派出得力的宣讲员向民众宣讲,也是主持者或地方官员保持对地方政治、文化影响力的重要举措。清末许多州县官员率先在阅报社讲报。如河北霸州知府在禀设阅报社时,就提出:"每月三、八日,在大堂前宣讲报章,均由卑职首先演说,其余劝学员轮班宣讲,以期普通智识。"④

清末预备立宪之际,一些地方官对宣讲报刊颇为重视。如1906年的《时报》曾报道:"河南官界于七月初曾创有白话报一种,分演说、历史、教育、新闻等约十数门,月出六册,发由各州县派人宣讲。兹悉各属劝学所相继成立,实行之者甚夥。如陕州、封丘等县均纷纷来省,请额外添寄十分,以资分派各乡镇绅董宣讲。而陕州之陈太守则更于每月之逢五逢十等日,亲为择

---

① 《说书馆改了讲报处》,《京话日报》第259号,1905年5月9日,第3版。
② 《各省报界汇志》,《东方杂志》第3卷第5期,1906年6月16日。见《东方杂志》第10册,上海书店出版社2012年版,第351页。
③ 梓轸:《说中流以下阅报之简捷法》,《半星期报》1908年第2期,第2页。
④ 《霸州详设立阅报处并定期宣讲抄录章程请立案禀》,《直隶教育杂志》1907年第13期,第30页。

要督讲,并出示广劝四民往听云。"① 这份《河南白话演说报》体现了地方性、通俗性与可读性,官绅演说也颇为容易。其他如《湖南演说通俗报》《海城白话演说报》等,都具有文字浅显、通俗易懂的特点,为演说者的二次传播提供了很好的"文本"。

地方官绅以身作则,自然起到上规下随的作用,而讲报者由于对报刊"宗旨纯正"的把握,宣讲内容就以介绍时政、推行新法、鼓吹立宪为主。如果有宣讲员敢于触犯禁令,就会很快受到地方官员的制裁。但是,一些官办阅报社过度强调报刊的政治导向,便会使听讲者产生逆反心理,难以达到预想效果。

从整体上看,阅报社所主导的讲报活动,在下层社会唤起了对报刊的认知与认同,拓宽了报刊新闻传播的途径和渠道。对于许多孤陋寡闻的"愚夫愚妇"而言,在集市或公共场所听讲报刊新闻,自然是大开眼界。尤其是一些通俗性时政和科学常识的介绍,对他们的"生活世界"或多或少地产生一些影响。尽管讲报者未必能够达到启蒙的预想效果,但作为报刊文化的延伸,讲报活动可以影响社会风气,让那些偶尔有机会听讲的听众,在集体听讲活动中获得一种新的文化体验。这种体验,尽管与庙会、赶集等公共活动有关,但内容取自现代报刊,这就使报刊通过宣讲的方式,在传统的公共场所得到了较为广泛的传播。对于一些稍识文字的听众而言,报刊新闻也许激发了他们阅读的欲望,偶尔的听讲或许会促使他们进入阅报社,进一步阅读他们感兴趣的内容,这种听报与阅报的互动,便可能在广阔的社会文化层面展开。因此,从这个角度看,清末许多阅报社、讲报所的讲报活动对民众起着知识、观念与文化上的启蒙作用。

小　　结

报刊的发行与读者的阅读彼此相关。无论是宗教报刊、商业性报刊还是

---

① 《白话报演说之实行》,《时报》1906年12月20日,第3版。

第六章 劝民读报与公共读报活动的发展

官报,没有读者的阅读,其影响力无从谈起。从阅读史的角度看,晚清报刊发展史与读者阅读史如影随形。而报刊的通俗化是大众化的前提,报刊作为大众读物要区别于传统的经典书籍,除了在内容上接近民众的日常生活外,其文体的变革是适应普通读者的必然趋向。因此,从早期的宗教报刊开始,如何吸引一般读者关注并使他们有兴趣阅读,已是办报者着力思考和践行的主题。从这个角度看,"劝民读报"是晚清报人共同秉持的理想与追求,尤其是随着《申报》等商业性报刊的发展,读者的主体地位进一步彰显,《申报》有关地方新闻与文艺娱乐等通俗性内容的推出,目的是引发读者的阅读兴趣。但是,报刊的大众化并非报人的主观努力所能达到,维新之前中国封闭的社会制度、落后的传播技术、陈旧的阅读观念在很大程度上制约了报刊的大众化进程。而之后的维新报刊则主要激发了士绅的阅读兴趣,维新派报人对下层社会的启蒙问题虽有所关注,但是他们所介绍的西学西政只能在知识界或思想界引发反响,下层社会对新式传媒缺乏基本认知。庚子事变之后,以《大公报》为代表的商业性报刊,比较注重通俗化与大众化,并大力推进白话文运动。20世纪初期各地先后创办的白话报刊,就是要解决下层社会买不起报和读不懂报的问题。白话报刊对下层社会的启蒙作用是值得肯定的,但在实际推广过程中,仍然存在发行与阅读不广的问题,尤其是在下层社会的传播,并没有达到预想的效果,对于不识文字者而言,无论多么通俗的报刊也难以进入他们的阅读范围。

让民众有机会接触报刊,是推动报刊大众化的重要前提。除了私人订报之外,报刊在公共场所的呈现,对读者的阅读有着深刻影响。早期的报刊"公共性"主要通过报馆订阅的方式得以体现,一些报刊编辑通过博览报刊摘录新闻,从而兼具公共场所的读者和编者的身份。但是,报馆所订购的报刊并不面向公众开放,其阅读面较为狭窄,即便是维新之后各级官府、书院与学校订购的报刊,也仅在其内部流通与阅读。阅报社就是为了解决民众无力购报和无法阅报的困难而设,早在1875年,博闻书院创设的阅览室就面向厦门士绅开放,这说明传教士已经注意到报刊的公共服务功能,而维新时期一些学会所创设的阅报室,却很难对普通民众开放。

真正具有"任人阅览"功能的阅报社，是在庚子事变后清廷推行新政的过程中才逐步发展起来的。地方官员对创设阅报社的支持与鼓励，既有迎合新政、凸显政绩、获取权力资本的需要，也有热心公益、推动文化普及的意愿。尽管官办阅报社的比例不高，但它起着舆论导向与价值引领的作用，尤其是对政治立场与报刊宗旨的规定，使阅报社必须在官方的监控下运行。社会各界人士热衷于创设阅报社，一方面受到地方官的鼓励与嘉奖，具有彰显个人价值和服务民众的双重意蕴；另一方面也开创了新式报刊免费进入民间社会的新途径，对开民智、树新风起到了直接的推动作用。因此，阅报社体现了权力、资本与文化的融合，在官方与民间力量的合力推动下取得了较快发展。从清末报刊对阅报社的报道看，北方地区的官办阅报社比例较高，南方地区的民办阅报社数量较多。在政治、资本力量的博弈中，阅报社的种类及数量与地方政治、社会风尚有着密切关系。

尽管清末县一级报刊发行市场已逐步发展，私人订报在县以下的乡村社会仍然推行不广。城镇和乡村阅报社的设立，使其很快成为当地报刊文化传播中心，数种乃至数十种报刊的集中呈现，有利于读者进行选择性和集中阅读。民间阅报社的创设，体现了清末社会各界对公共阅读问题的重视。不管创设者的身份如何，他们期待通过阅报社为普通民众服务的目的大致相同。民间阅报社的创办需要在资金、人员、场地、报刊等方面进行规划，也需要官方的支持和批准，是地方文教事业的有机组成部分。清末不少士绅、留学生、商人、志士注重发挥学校、学会和社团的作用，通过"集议"的方式组织阅报社，具有"合群"和"启智"的目的，从而将创办阅报社作为社会启蒙的重要途径。因此，阅报社便成为传播报刊文化的公共组织，在促进报刊阅读的同时，也推动报刊文化的下移。一些阅报社资金筹措、人员管理和阅览制度方面的具体规定，更能体现其作为公共组织的规范性和影响力。

一些阅报社还兼具"讲学"功能，让读者读报后登台演讲并相互切磋，极大地提高了读者的交往与思辨能力。而许多阅报社附设讲报所，利用城镇定期集市进行公开讲报，面向没有机会读报的下层民众进行报刊内容的二次传播，此类讲报活动便成为社会启蒙的重要方式。它通过地方官员和士绅的现身说法，将报刊内容进行选择性输出，为民众讲解时政、传播新知、普及科学，达到广见闻、开民智、树新风的目的。但是，阅报社、讲报所以"宗旨纯正"作为报刊传播的前提，在一定程度上排斥了革命性报刊在公共空间的传播，阅报社、讲报所对官方禁令的遵守，表明了传统力量仍然较为强大。由此也可以看出，革命报刊易于在学生和开明知识分子中传播，而在下层社会中的影响却较为有限。这显然与权力精英对下层社会的阅读导向与舆论控制有着直接关系。

  清末各地设立的白话报刊试图掀起下层社会的阅读革命和文化启蒙，但是，从整体上看，白话报刊尽管通俗易懂，却面临着不识字者不能和不愿阅读的困境。而阅报社、讲报所在一定程度上促进了"报刊文化"的下移，尤其是不少乡村阅报社与讲报所在承接下层社会阅读方面起到了较为明显的作用。然而，在乡村社会，阅报社讲报所的数量毕竟有限，"公共阅读"在许多偏远地区仍然难得一见，"劝民读报"活动在实际运作中遇到了重重困难，教育不广，智识难开。尽管有识之士已经意识到报刊大众化的价值与意义，但读者总量的偏低从根本上制约了报刊阅读的发展。从这个角度看，清末的报刊大众化与启蒙运动，也仅仅是一个开端，其实际效果仍然较为有限。

余 论

报刊阅读是复杂的社会现象,对报刊阅读史的研究则是"精神的历险",面临诸多问题和困难。本书试图利用报刊、日记、书信、回忆录、年谱等有关"读报刊"的零散史料,从整体上描述晚清报刊阅读的"社会图景"。但是,报刊阅读史研究涉及面甚广,各类史料较为繁杂,文本的"碎片化"更是难以驾驭。本书力求"有几分材料说几分话",尽量收集与读报活动相关的各种史料,以报刊发展为线索,结合具体文本,进行系统而多元的阐释。然而,报刊阅读史研究起步较晚,并无成型的理论体系。仅就史料阐释而言,报刊阅读的文本丰富多样,需要结合特定历史语境和社会情境进行解读。阅读本身没有止境,研究阅读史更是如此。以读者为中心,将读者的报刊阅读视为"阅读"社会的重要方式,从整体上把握晚清报刊阅读的历史脉络和基本特征,则是本书努力的方向。

一

报刊是读者阅读的载体,也是读者获取新闻、建构意义的对象。报刊形态和内容的转变,需要通过"历时性"分析加以证实。在西方报刊出现二百余年后,传教士才将这一新式传媒介绍至中国。19世纪初期,印刷资本主义促使西方商业性报刊得到快速发展,尤其是廉价报刊发行量的快速增长,使

余 论

报刊作为私人读物的普及率大为增加。但是,初入中国的"刊",往往被传教士称之为"书",将其作为文字布道的工具,这显然与西方"新闻纸"的功能有很大的区别。早期宗教报刊发行不广,读者寥寥无几,这与传教士的传播偏向有关,也与读者对宗教报刊的排斥有关。在整个19世纪前半叶,士绅阶层对西学的排斥非常明显,在以科举考试为导向的古典阅读模式中,熟读经史是应举入仕的必然选择。读书人阅读经典是"向后看"的过程,是在仰望古圣先贤的过程中,以背诵作为基本的技能训练,尤其是儒家经典作为科举考试的必读书目,要求读书人手不释卷并视儒学为知识的本源。显然,科举考试对经典的强调,使读书人沉醉于古典的阅读世界并通过经典的训练而不断"见贤思齐",从而将文献的考据与道德的约束有机地结合在一起。在科举考试没有结束之前,读书人势必以儒家经典为主要阅读载体。因此,从晚清阅读史的角度看,古典阅读始终占据主导地位,现代报刊进入读书人的阅读世界,则是艰难而漫长的过程。

宗教书报的引入,打破了传统知识体系的垄断地位。我们不能小觑报刊在晚清社会的作用,正如王汎森所言:"每一个时代所凭借的'思想资源'和'概念工具'都有或多或少的不同,人们靠着这些资源来思考、整理、构筑他们的生活世界,同时也用它们来诠释过去、设计现在、想象未来。"[1] 晚清报刊突破了古典知识谱系的固有范式,尤其是宗教报刊通过引入西方宗教、科技和人文知识,使晚清社会的思想资源从"道出于一"转向"道出于二"和"道出于多",报刊作为"思想资源"与"概念工具"的作用,伴随现实社会所面临的严重问题,逐步受到了读书人的关注,有论者甚至认为"中国新报可以日益振兴,则中国各事亦可以日益振兴矣"[2]。而报刊作为"知识纸""思想纸"的价值与功用,也在晚清社会的新陈代谢中逐步体现出来。

随着口岸城市国际贸易的发展,尤其是租界所形成的"国中之国",让现代报刊可以在租界容身,并能避开清政府的管制。一些外国洋行也加入办报

---

[1] 王汎森:《中国近代思想与学术的系谱》,河北教育出版社2001年版,第150页。
[2] 《书同治十三年申报总录后》,《申报》1875年2月4日,第1页。

的行列中来，这就使报刊注重商贸信息的传播，尤其是强化了对洋行商品信息和地方新闻的报道。虽然如《上海新报》之类的商业性报刊发行量不大，但它向口岸城市的消费者传递较为实用的信息，对于读者而言，读此类商业性报刊，可以了解城市的商贸动态和重要新闻，也可以从中获取有价值的交易机会。鸦片战争后，上海很快成为中国报刊的中心，与上海租界的管理制度有着直接关系，租界所享有的"出版自由"，让一些商人看到了报刊的商业投资价值，也看到了中国市场的潜在需求。

晚清时期的"被动现代化"对报刊发展有着直接的影响，尤其是在洋务运动的推动下，一些传教士更加关注报刊在西学启蒙中的作用，他们为适应口岸城市中西交流的需要，注重与地方士绅的互动。传教士从劝下层民众读报到劝精英读报策略的改变，与他们对中国社会的了解和观察有关，尤其是洋务官绅对"布新"的需求，有利于"新报"对西学新知的传播。19世纪70年代以后，报人新闻理念的转变对报刊内容的革新有着直接影响。报刊作为传播新闻和西学的载体，对读报人的影响逐步加深。正如《申报》的评论所言："若欲取用西法，必先自阅新报始。"① "新报"即为"新知"，它为读报人打开了认识世界的窗口。

口岸城市商贸的发展与社会流动的加快，为报刊传递商业信息和时政新闻提供了机遇。《申报》之类商业性报纸的诞生，进一步推动了新闻生产机制的变革，《申报》以市场和消费者为导向的办报思路，已向西方现代新闻理念靠近。早期《申报》读者既有官绅和口岸文人，也有店铺伙计，其新闻来源广泛，一些文人骚客的吟咏之作，也通过《申报》加以传播。报刊向"时闻新知""生活世界""身边故事"靠拢，表明了其与现实社会的高度关联。尤其是随着电报的使用，报刊较快地传递西方世界的重要新闻，并反映西方工业文明的诸多成就，所谓一报在手而知天下事，表明读者可以通过报刊与世界建立广泛的联系。尽管早期的商业报纸读者数量不多，但它影响了读者的观念世界，通过读报纸，读者获得了新的阅读体验，并关注"天下事"，使

---

① 《书同治十三年申报总录后》，《申报》1875年2月4日，第1页。

余 论

"当下"在阅报的过程中具有参照意义。显然,这与古典阅读对过去的思辨与记忆有着明显的"区分"。从一定程度上看,读报刊,就是读社会、读世界。报刊提供了现代社会的"缩影",拉近了与新闻的时空距离。

甲午之后,时务报刊以变法图强为宗旨,在引入和介绍西艺西政方面不遗余力,报刊作为"政治纸""思想纸"的作用更为明显。甲午海战之后国将不国的残酷现实,激发了读者对清廷的不满,也引发了读者对报刊的期待与想象。在除旧布新的过程中,以《时务报》为中心,读者与报人之间所形成的庞大交往网络,进一步增强了维新志士对西方政治与现代文明的向往。以甲午战争为起点,在士绅社会向知识人社会过渡的阶段,时务报刊被贴上政治的标签,社会启蒙的作用更为显著。读者"读何报"具有进步与保守、先进与落后、传统与现代之分,时务报刊是"新"的象征,阅读时务报刊不仅是"趋新"的标志,也是争当"新人"的重要途径。庚子事变之后,海外留学生报刊的广泛传播,表明社会变革已深入人心。而1905年之后革命报刊与维新报刊之间的论战,体现了报刊舆论的深远影响。

在"上下通、中外通"的时代诉求中,清末的办报环境和社会情境有了很大改观,办报已成为报人实现政治理想、个人价值与思想启蒙的重要途径。清末白话报刊将下层社会的启蒙作为重要目标,引发"志士"的办报热情。而各类白话报刊和地方报刊的迅速增多,表明"地方性知识"在报刊传播中的重要价值。对于读者而言,"这种地方性不仅指地方、时间、阶级与各种问题而言,并且指情调而言——事情发生的经过自有地方特性并与当地人对事物之想象能力相联系"。[①] 报刊进一步强化与地方政治和社会文化的联系,使其社会新闻的可读性进一步增强,报纸作为读者"身边纸"的价值进一步提升。

从"夷书""新报""新闻纸""杂志"到报纸,晚清社会"书—刊—报"形态的演变,不仅意味着阅读载体的变化,也意味着报刊作为社会的

---

① [美]克利福德·吉尔茨:《地方性知识:阐释人类学论文集》,王海龙、张家瑄译,中央编译出版社2004年版,第273页。

"基础设施",其"毛细血管"作用逐步得以显现。报刊内容从早期的宗教知识、科技知识到新学新政的变化,决定了读者的阅读来源,影响了读者的认知水平,反映了晚清社会新陈代谢的进程。因此,从"类型""形态""载体"的角度认识晚清报刊与读者阅读和社会变迁的关系,是建构晚清报刊阅读史理论框架的基本前提。

二

报刊深受意识形态的影响,读者阅读报刊也具有丰富的政治和文化意涵。晚清报刊仍然是帝制时代的产物,这与西方工业革命后报刊的自由主义发展历程有着根本区别。虽然数次外敌入侵已使清王朝千疮百孔,但是它在走向衰亡的过程中,对言论的控制甚为严厉。而源自西方的现代报刊,却需要以自由作为生存和发展的基础,也需要有自由阅读的读者作为市场的基础。从早期传教士创办报刊的尝试看,他们基于对清政府禁令的试探,只是传播一些简单的宗教和科技知识,对于各类时政新闻的刊载,他们较为谨慎。早期宗教报刊很难吸引官绅的关注,这与他们视报刊为怪物的心态有关。在上千年的邸报传阅制度中,普通民众被排除在阅读范围之外。既然邸报是由官方进行控制性阅读,那么来自异国的传教士就不可能让这些守旧官绅放心。因此,封建社会以言治罪的传统,使早期报刊与读者之间难以建立信任关系。

阅读产生知识,知识催生信仰。读报不仅是接受新闻信息的过程,也是"我读故我思"的呈现方式,还与个体的立场和观念有关。读者读报的体验与观念千差万别,尤其是对重大新闻事件的评价,往往能展现读者的见解和立场,如中法战争、甲午海战中读者读报后评价的差异,便表现出不同利益集团的价值观。维新时期读者对《时务报》的赞颂更是体现了变法图强思想的强大威力,而顽固派对维新报刊的攻讦则表达了祖宗之法不可变的守旧立场。在重大军事、政治斗争面前,读者需要表达他们的"问题"与"态度",进而站在政治的立场上言说。在他们的读报活动中,新闻内容也由此具有意识形态的属性,他们的解读和体会也有强烈的政治色彩和价值取向。

余 论

随着报刊传播网络的扩展,读者数量大为增加,读者读报的实践网络与阅读规则千差万别,读者的报刊阅读也呈现出中西古今、意义多样的复合性思维。与维新之前以士绅为主导的读报活动不同,维新之后各类新式知识分子纷纷加入读报的行列。尤其学生群体在阅报活动中的积极表现,极大地改变了原有的阅读格局,新式报刊作为"精神导师"的作用进一步彰显,一些革命性报刊对西方社会制度的推崇使许多读者为之神往,但报刊的革命言论也引发守旧官绅的惊恐不安,他们以"抵抗性阅读"表达对革命报刊的不满。阅读即政治,报刊政治与文人论政相互影响,在新旧冲突不断加剧的社会情境下,报刊的思想价值和政治功能进一步彰显。官方将"宗旨纯正"作为读报的门槛,表明其对"制度化阅读"的支持和鼓励。而对于学生社会所阅读的"邪说谬论",官方虽然屡屡禁止,却形同具文。清末的最后十余年,报刊的"可得性"大为增强,通过阅读报刊,读者忧时局、看社会、划阵线、谋前途,报刊在"社会动员"和"政治斗争"中的作用得以凸显。读报所引发的思想革命已成为清末阅读政治的一大景观。

报刊阅读是一种生活方式,丰富了读者的精神世界。正是由于报刊的稀缺,晚清士人的报刊阅读往往具有象征意义。无论是王韬在墨海书馆翻阅"外国新闻纸",曾纪泽在法国使馆"饭后读报",还是顾客在茶楼、酒馆中的读报消闲,抑或个人在家里信手翻阅并读后摘抄,报刊不仅带来了新闻和知识,也"静悄悄"地影响读者的阅读习惯。对于不少士人而言,阅读报刊便成为一种时尚,也隐喻了他们"求新""求变"的立场,还在日常的阅读中具有仪式感,深刻地影响他们的行为方式、社会交往和观念系统。不少士人在日记中"再现"阅读的场景,记录他们的阅读经历和心理体验,为他们的日常生活增添不少情趣。他们的阅读实践,在日记的叙事中得以展现,充满了丰富的情感经历和文化想象。

报刊阅读是现代文明的重要表征。王德威将晚清时期视为"被压抑了的现代时期",而读报却是突破"压抑"的重要手段,也是触摸"现代性"的重要方式。从这个层面看,晚清读报人的"知识仓库"充满了"现代性"的韵味。因此,"五四其实是晚清以来中国现代性追求的收煞——极匆促而窄化的收煞，而非开端。没有晚清，何来五四？"① 从阅读史的角度看，没有读者，何来阅读？没有阅读，何来现代？因此，晚清时期的读报现象可视为"现代性"的表征，是观察社会变迁的重要"面向"。

可见，在波谲云诡的晚清社会，"时势"对读者的报刊阅读有着直接影响。从早期少数开明士绅通过宗教报刊对"世界知识"的理解，到清末学生阅读革命报刊的热潮，报刊都是社会的风向标。晚清报刊阅读史研究的宏观视野，须以"报刊政治"作为理论资源，在具体的政治话语和情境中解读阅读报刊的社会意涵，尤其是一些重大新闻事件，不仅事关政局和社会变革，也直接影响到读者的阅读心理、价值取向和政治态度。阅读史固然不是"事件史"的累积，但读者阅读报刊不仅增广见闻、了解新知，更通过新闻表达"立场"。从阅读政治的角度理解晚清社会的变革，将报刊阅读视为"静悄悄的革命"，需要"政治眼光"，这也是本书突出甲午海战、维新运动、辛亥革命等重大新闻阅读史研究的目的所在。

三

读者、报刊与社会之间存在着广泛的互动，报刊"媒介"了读者与社会。正如理斯曼所言："印刷媒介为读者提供了榜样，开拓了视野，为他们尝试扮演新的角色开辟了广阔的空间。"② 从个体角度看，读报不仅是社会历史的观照，也是读者信息获取与心灵体验的过程。通过各种日记、书信、回忆录有关读者读报的记载，以及读者对报刊内容的回忆和评述，可以反映报刊对读者日常生活和思想世界的影响。读者对报刊的认知与判断，往往与个人的身份、阅历、价值观有着直接关系。阅读是在时空交错中进行的，除了强调"历时性"之外，阅读空间则是探究报刊阅读群体扩散和社会影响的关键因素。

在晚清报刊地理分布中，存在着粤港、上海和京津三个报刊出版和发行

---

① 王德威：《没有现代，怎样文学？》，台北城邦文化事业股份有限公司1998年版，第38页。
② [美]大卫·理斯曼等：《孤独的人群》，王崑、朱虹译，南京大学出版社2002年版，第96页。

中心。虽然甲午之后湖南、湖北、四川等地也出现了一些维新报刊，但就报刊发展的空间格局看，存在着显著的地区不平衡。洋务运动之后，上海报业的中心地位更为突出，而东北、西北地区的报业发展非常落后，至清末，一些边缘地区尚未出现现代报刊。报刊是检视现代性的重要标志，也是"地方性知识"的重要体现，报刊分布的不平衡直接影响到报刊阅读地理和地方阅读风气。

读者的社会流动可以创造阅读机会。从早期的口岸文人到清末社会的学堂学生，他们由乡村进入都市之后，便有机会接触报刊。萧穆、蔡尔康、李伯元等人的读报经历，显然与他们在口岸城市谋生有关。而何兆瀛、何承禧、何荫柟祖孙三代的读报活动，也与他们定居杭州后的阅读环境有关。但是，晚清社会的城乡流动并不活跃，通过流动创造的阅读机会固然值得重视，却不是一种普遍现象。在报刊文化由都市向城镇、乡村社会的扩展中，由于传播技术、交通条件、发行网络等方面的影响，其从中心到边缘的扩散效应，受到一定制约。报刊文明的影响力，存在着中心与边缘的"鸿沟"。光绪初年，在苏州吴江乡下的柳兆薰等人可以读到《申报》，而在甘肃、贵州的乡下，辛亥革命爆发后，绝大部分民众却无法得知"国变"的消息，报刊阅读地理存在着显著差异。

从晚清报刊阅读群体的角度看，上海和江浙一带是读报活动最为活跃的区域，除了上海、杭州、南京、苏州等大城市存在规模较大的阅读群体，扬州、常州、温州、绍兴、南通等中小城市也有不少报刊读者，东台、平阳、余姚、江阴之类的县城也有一批读者。在晚清江浙士人的日记中，留下了较为丰富的读报记录，他们的交往网络也直接影响到阅读网络的扩展。报刊作为传统社会的新媒介，对拥有者而言，通过其交往网络，在各种形式的传阅过程中，可以促进"意义延展"，增加"情感资本"。从这个意义上看，报刊本身就是交往的媒介，它是人的关系的延伸，并在流转中实现了资源共享，此类"一报（刊）多读""旧报（刊）新读"现象，表明读者之间存在"重复利用"。通过所有者对报刊进行跨时空的"位移"，其关系网络中的亲友可免费阅读并能"击鼓传花"，从而在"规模"上不断扩大报刊的消费地理和阅读圈层。因此，尽管此类传阅现象在晚清士人中还不普及，却打破了私人阅读的"独享"范式，有利于西学新知和时政要闻的"共享"。

报刊隐喻了"时闻""新知"，通过报刊文化的"下移"，能够产生阅读上的"涟漪效应"，并对阅读群体的价值观产生深刻影响。如在孙诒让、宋恕、陈虬等温州名士的倡导下，张棡、刘绍宽、林骏等乡绅也在乡下广泛涉猎报刊，推动了温州报刊阅读圈层的扩展。吴汝纶、皮锡瑞之类的秀异之士则通过书院组织而传播报刊文化，促进了新学的传播。此类现象，表明阅读本身具有感染力。通过士人的辗转传阅，报刊作为"新知"的价值得以体认，报刊新闻的传播空间得以延伸。从这个意义上看，晚清士人之间的报刊传播网络，丰富了读者的阅读"链条"，"重演"了一些新闻事件，"再现"了"时闻""新知""新学"的传播路径。

公共读报组织进一步推动了报刊阅读的大众化，有利于阅读群体的壮大。以清末白话报刊发展为契机，报刊的通俗化促进了社会启蒙，不少开明士绅和新式知识分子投身于阅报社建设，着力提高报刊文化对下层民众的影响。随着清末阅报社的发展，不少普通民众获得公共读报的机会。但是，阅报社的总量有限，地理分布仍然很不平衡，中西部地区的广大乡村，由于交通阻滞、风气闭塞，难觅报刊踪影。教育不振，智识难开。晚清民众识字率的低下，不利于报刊阅读文化的普及。

由于晚清报刊相对稀缺，报刊新闻具有较强的"新鲜感"和"刺激性"。一些士人在报刊中探寻自己喜欢的议题，通过摘录、抄录自己认为重要的新闻，凸显对某些议题的重视。抄报是"写文化"的具体表现形式，在思想上具有"自我映射"的作用——"我抄故我在"。抄写新闻虽然极为枯燥，但士人为何抄、何时抄、抄什么，与其对新闻的理解、判断有着直接关联，这些经过抄报人选择的新闻汇集成某些"事件"或专题之后，展示了其内在的逻辑和安排，体现出抄报人的选择性需求。这些抄录的新闻，作为"他者"的思想，在排列和组合之后，具有新的文本语境和"再现价值"。抄报人无论是自娱自乐还是进行文献的二次传播，其保存的文本已脱离了报刊的原有载体和语境，在相互关联中呈现新的文本意义和阅读价值。读与抄、抄与思的结合，是士人隐喻新闻意义和自我价值的方式。当然，随着印刷资本主义的发展，甲午之后报刊从都市社会逐步渗透至城镇社会，报刊阅读引发更广泛的"涟漪效应"，抄录报刊现象自然更为普遍。

在具体的阅读时空中，读者作为"盗猎者"对新闻的理解可谓"月映万川"，他们的记载本身就是对新闻的过滤。我们看到的可能是他们记录的"事件"，而那些他们认为不重要、不喜欢的新闻往往被忽略了。我们强调这些读者阅读文本的真实性，但那些没有被读者记载的新闻往往被遮蔽了。作为研究者，我们很容易前置"意义"，注重那些"重要"文本的勾连和阐释，而对于那些日常的社会新闻很容易忽略。那些精英读者的主流声音容易被发现，而边缘读者所发出的"低音"则容易被轻视。读者的选择性阅读和文本的选择性研究，都会由于突出主体而可能导致以偏概全。那些被挤到边缘和被忽略的新闻是否被读者阅读和感知，需要我们反思："这些边缘或低音是否可能成为重要的资源？"[①] 因此，读者的报刊阅读存在意义多元的"复调"，需要在特定时空和具体情境中探寻阅读的价值和意义。

四

阅读史是关于读者阅读的科学，读者阅读的目的是探求意义，与之相关，研究阅读史的目的是通过具体史料建构"意义之网"。与西方阅读史强调档案材料的运用不同，在晚清档案中，我们很难找到读者读报活动的官方文件。西方阅读史特别强调阅读心理和效果研究，然而，晚清士人在报刊阅读记载中，更多地强调"何时读""读什么"，文本之间往往缺乏关联，很难进行具体的效果研究。与西方阅读史注重理论分析、计量研究不同，在晚清报刊阅读史研究中，我们更多地通过读者阅读的个案来"串联"阅读场景。思想资源和史料来源的差异，无疑影响到研究路径。本书一再强调晚清报刊阅读的历史语境和社会情境，注重日记史料在阅读史研究中

[①] 王汎森：《执拗的低音：一些历史思考方式的反思》，生活·读书·新知三联书店2020年版，第2页。

的独特价值，是由于读者在日记中真实呈现了阅读的情景，这是研究"真实读者"的重要依据。如果说历史学的对象本质上是"复数的人"，[①] 阅读史的对象便是"复数的读者"。可以说，阅读史研究的关键是发现历史上的真实读者，并阐述他们具体的阅读活动。本书呈现了不同时空中的读者阅读个案，尽量展示他们所记录的阅读经历。通过读者的"聚合"，多角度呈现具体的阅读场景。与历史上存在的报刊读者规模相比，这些读者的数量仅是很少的一部分。这固然是阅读史研究的缺憾，但只有这些真实读者的"出场"，方能进行阅读史的陈述。因此，晚清士人的读报记录是阅读史研究的根基所在，也是意义阐释的基本来源。

以报刊发展为线索，以社会变革为背景，以读者阅读为中心，在时空交织中建构报刊、读者和社会变迁的多元关系，是晚清报刊阅读史研究的基本路向，也是坚持"论从史出"的前提所在。"我读故我在"是宏大的历史话语，阅读上的"在"是复杂的社会现象。"我在故我写"则是阅读意义的延伸，晚清士人所书写的阅读文本，作为"实在"的证据，为后人的阅读史书写留下"旁白"。面对丰富多样的文本，研究者不仅需要"技艺"，更要进行合理的阐释和想象。让真实读者"说话"，从他们的笔下看到另外的"社会"，是本书所追求的意境。

我们一再强调研究阅读史是学术上的探险，是由于在理论和史料上都会遭遇极大的挑战。阅读是一种即时性体验，报刊阅读更是一种具有较强感知性的体验。读者很少留下有关阅读体验的记载，因此对阅读心理、情感和效果的研究尤为困难。而且，西方阅读史的诸多理论有特定的语境，不能简单套用。但是，如果不从具体的阅读文本中阐释阅读的意义，阅读史研究的价值就会受到质疑。本书在十多年的艰难"跋涉"中一直力图通过"阅读"来重新认识报刊的意义，"重访"那些被人忽略的读报场景和"事件"。尽管阅读史研究特别强调事实，但我们仍然需要对晚清的报刊阅读保持一定的想象

---

① ［法］马克·布洛克：《历史学家的技艺》（第 2 版），黄艳红译，中国人民大学出版社 2011 年版，第 46 页。

力。我们仅仅是在较为有限的史料中"重构"了部分场景,那些大量未被发现的报刊读者,则"游离"在本书之外。在对阅读文本的阐释中,研究者的视野、能力更直接影响到阅读意义的探求。因此,无论是从史料厚度还是从阐释高度看,本书仅仅是初步勾勒。

参考文献

一、报刊

1. 《察世俗每月统记传》，1815、1819 年全卷（电子版）。
2. 《特选撮要每月纪传》，1823 年全卷（电子版）。
3. 《中国丛报》，广西师范大学出版社 2008 年影印本。
4. 爱汉者等编，黄时鉴整理：《东西洋考每月统记传》，中华书局 1997 年影印本。
5. ［日］松浦章、［日］内田庆市、沈国威编著：《遐迩贯珍》（附解题、索引），上海辞书出版社 2005 年版。
6. 沈国威编著：《六合丛谈》（附解题·索引），上海辞书出版社 2006 年版。
7. 《教会新报》，台湾华文书局 1968 年影印本。
8. 《格致汇编》，南京古旧书店 1992 年影印本。
9. 《万国公报》，台湾华文书局 1968 年影印本。
10. 《申报》，1872—1911 年，上海书店 1982 年影印本。
11. 《汇报》，广东教育出版社 2012 年影印本。
12. 《益闻录》，上海图书馆藏本，复旦大学新闻学院资料室藏本。
13. 《上海新报》，台湾文海出版社 1990 年影印本。
14. 《中外新闻七日录》，台湾华文书局 1969 年影印本。

15.《花图新报》，台湾学生书局 1966 年影印本。

16.《教会新报》，台湾华文书局 1968 年影印本。

17.《中西闻见录》，南京古旧书店 1992 年影印本。

18.《字林西报》，上海图书馆藏本。

19.《述报》，1884—1885 年（部分复印件），原件藏于苏州大学图书馆。

20.《晚清珍稀期刊汇编》，全国图书馆文献缩微复制中心 2009 年影印本。

21.《甬报》，国家图书馆缩微胶卷。

22.《广报》，广东省立中山图书馆缩微胶卷。

23.《新闻报》，上海图书馆缩微胶卷，复旦大学新闻学院资料室藏本。

24.《时报》，国家图书馆缩微胶卷。

25.《强学报·时务报》，中华书局 1991 年影印本。

26.《知新报》，澳门基金会、上海社会科学院出版社 1996 年影印本。

27.《国闻报（外二种）》，孔祥吉、［日］村田雄二郎整理，国家图书馆出版社 2013 年影印本。

28.《中外日报》，国家图书馆缩微胶卷。

29.《清议报》，中华书局 1991 年影印本。

30.《集成报》，中华书局 1991 年影印本。

31.《实学报》，中华书局 1991 年影印本。

32.《新民丛报》，中华书局 2008 年影印本。

33.《民报》，中华书局 2006 年影印本。

34.《湘学报》，湖南师范大学出版社 2010 年影印本。

35.《湘报》，中华书局 1965 年影印本。

36.《大公报》（长沙版），人民出版社 1980 年影印本。

37.《东方杂志》，上海书店出版社 2012 年影印本。

38.《顺天时报》，天津古籍出版社 2014 年影印本。

39.《盛京时报》，盛京时报影印组 1985 年影印本。

40.《游戏报》，国家图书馆缩微胶卷。

41.《时事新报》，国家图书馆缩微胶卷。

42.《南方报》，国家图书馆缩微胶卷。

43.《太平洋报》，国家图书馆缩微胶卷。

44.《帝国日报》，国家图书馆缩微胶卷。

45.《清末官报汇编》，全国图书馆文献缩微复制中心 2006 年影印本。

46. 李伟、陈湛绮编辑：《中国早期白话报汇编》，全国图书馆文献缩微复制中心 2009 年影印本。

47. 姜亚沙、经莉、陈湛绮主编：《中国早期农学期刊汇编》，全国图书馆文献缩微复制中心 2009 年影印本。

48.《译书汇编》，台湾学生书局 1966 年影印本。

49.《浙江潮》，中国国民党中央委员会党史资料编纂委员会 1968 年影印本。

50.《警钟日报》，中国国民党中央委员会党史资料编纂委员会 1968 年影印本。

51.《江苏》，中国国民党中央委员会党史资料编纂委员会 1968 年影印本。

52.《苏报》，中国国民党中央委员会党史资料编纂委员会 1968 年影印本。

53.《国民日日报》，中国国民党中央委员会党史资料编纂委员会 1968 年影印本。

54.《湖北学生界》，中国国民党中央委员会党史资料编纂委员会 1968 年影印本。

55.《俄事警闻》，中国国民党中央委员会党史资料编纂委员会 1968 年影印本。

56.《民呼日报》，中国国民党中央委员会党史资料编纂委员会 1969 年影印本。

57.《民吁日报》，中国国民党中央委员会党史资料编纂委员会 1968 年影印本。

58.《民立报》，中国国民党中央委员会党史资料编纂委员会 1969 年影印本。

59.《天趣报》，1910 年至 1911 年零散报纸，中山图书馆缩微胶卷。

60.《游艺报》，1905 年零散报纸，中山图书馆缩微胶卷。

61.《安雅书局世说编》，1901 年至 1902 年零散报纸，中山图书馆缩微胶卷。

62.《七十二行商报》，1910 年至 1913 年零散报纸，中山图书馆缩微胶卷。

63.《羊城日报》，1906 年零散报纸，中山图书馆缩微胶卷。

64.《唯一趣报有所谓》，1906 年零散报纸，中山图书馆缩微胶卷。

65.《香港少年报》，1907 年零散报纸，中山图书馆缩微胶卷。

66.《香港华字日报》，1905 年至 1911 年零散报纸，香港中央图书馆缩微胶卷。

67.《国事报》，1910 年零散报纸，中山图书馆缩微胶卷。

68.《岭学报》，1898 年第 1 期，中山图书馆藏本。

69.《岭海报》，1900 年零散报纸，中山图书馆缩微胶卷。

70.《时事画报》，1906 年至 1911 年，中山大学图书馆藏本。

71.《赏奇画报》，1906 年第 1 至 23 期，中山图书馆藏本。

72.《时谐画报》，1907 年第 2 期，中山图书馆缩微胶卷。

73.《点石斋画报大全》，上海集成图书公司 1910 年刊本。

74.《广东日报》，1904 年至 1906 年，香港中央图书馆缩微胶卷。

75.《国民报》，1911 年零散报纸，中山图书馆缩微胶卷。

76.《清末时事采新汇选》，北京图书馆出版社 2003 年影印本。

77.《游学译编》，湖南师范大学出版社 2008 年影印本。

78.《中国早期科技期刊汇编》，全国图书馆文献缩微复制中心 2008 年影印本。

79.《中国报》，1909 年零散报纸，国家图书馆缩微胶卷。

80.《中外实报》，1909 年零散报纸，国家图书馆缩微胶卷。

81.《正宗爱国报》，1908 年零散报纸，国家图书馆缩微胶卷。

82.《译书公会报》，中华书局 2007 年影印本。

83.《河南》，北京鲁迅博物馆编，中央编译出版社 2014 年影印本。

84.《南越报附张》，1909 年零散报纸，中山图书馆缩微胶卷。

85.《总商会报》，1907 年零散报纸，中山大学图书馆藏本。

86.《文言报》，1902 年，中山大学图书馆藏本。

87.《振华五日大事记》，1907 年，中山大学图书馆藏本。

88.《半星期报》，1908 年第 1 至 20 期，中山大学图书馆藏本。

89.《教育杂志》，1909—1911 年，中山大学图书馆藏本。

90.《南洋官报》，1904 年零散报纸，中山大学图书馆藏本。

91.《选报》，1902 年，中山大学图书馆藏本。

92.《字林沪报》，复旦大学新闻学院资料室藏本。

93.《新世界学报》，复旦大学新闻学院资料室藏本。

94.《汉城周报》，1886 年第 16 号，复旦大学新闻学院资料室藏本。

二、资料汇编

1. 王锡祺辑：《小方壶斋舆地丛钞》，杭州古籍书店1985年影印本。
2. 桑兵主编：《清代稿钞本》《续编清代稿钞本》《三编清代稿钞本》《四编清代稿钞本》《五编清代稿钞本》《六编清代稿钞本》《七编清代稿钞本》，广东人民出版社2007—2015年影印本。
3. 《中国近代教育史资料》，人民教育出版社1961年版。
4. 刘萍、李学通主编：《辛亥革命资料选编》，社会科学文献出版社2012年版。
5. 章开沅、罗福惠、严昌洪主编：《辛亥革命史资料新编》，湖北人民出版社2006年版。
6. 方汉奇、王润泽主编：《中国人民大学新闻学院藏稀见民国新闻史料汇编》，国家图书馆出版社2012年版。
7. 中国史学会编：《鸦片战争》，上海人民出版社2000年版。
8. 中国科学院近代史研究所史料编辑室、中央档案馆明清档案部编辑组编：《洋务运动》，上海人民出版社1961年版。
9. 中国史学会编：《太平天国》，上海人民出版社2000年版。
10. 中国史学会编：《戊戌变法》，上海人民出版社2000年版。
11. 雷梦水等辑：《中华竹枝词》，北京古籍出版社1997年版。
12. 孙毓棠编：《中国近代工业史资料》，科学出版社1957年版。
13. 故宫博物院明清档案部编：《清末预备立宪档案史料》，中华书局1979年版。
14. 陈谷嘉、邓洪波主编：《中国书院史资料》，浙江教育出版社1998年版。
15. 徐珂编撰：《清稗类钞》，中华书局1984年版。
16. 中国第一历史档案馆编：《光绪宣统两朝上谕档》，广西师范大学出版社1996年版。
17. 中国第一历史档案馆编：《光绪朝朱批奏折》，中华书局1996年版。
18. 《近代广州口岸经济社会概况》，暨南大学出版社1995年版。
19. 申报馆编：《最近之五十年（1872—1922）：申报馆五十周年纪念》，上海书店2015年版。
20. 徐载平、徐瑞芳：《清末四十年〈申报〉史料》，新华出版社1988年版。

21. 顾炳权编：《上海洋场竹枝词》，上海书店出版社 1996 年版。
22. 《中国近代文学大系》，上海书店出版社 1993 年版。
23. 庄建平主编：《近代史资料文库》，上海书店出版社 2009 年版。
24. 复旦大学新闻系新闻史教研室编：《中国新闻史文集》，上海人民出版社 1987 年版。
25. 张研、孙燕京主编：《民国史料丛刊》，大象出版社 2009 年版。
26. 张枬、王忍之编：《辛亥革命前十年间时论选集》，生活·读书·新知三联书店 1960、1963、1977 年版。
27. 沈弘编译：《遗失在西方的中国史：〈伦敦新闻画报〉记录的晚清 1842—1873》，北京时代华文书局 2014 年版。
28. 朱士嘉编：《官书局书目汇编》，中华图书馆协会 1933 年版。
29. 张静庐辑注：《中国近代出版史资料初编》，群联出版社 1953 年版。
30. 张静庐辑注：《中国出版史料补编》，中华书局 1957 年版。
31. 荣孟源、章伯锋主编：《近代稗海》，四川人民出版社 1985 年版。
32. 仇润喜主编：《天津邮政史料》，北京航空学院出版社 1988 年版。
33. 邓洪波主编：《中国书院学规集成》，中西书局 2011 年版。
34. 刘铮云主编：《傅斯年图书馆藏未刊稿钞本》，"中央研究院"历史语言研究所，2015 年影印本。
35. 《清代诗文集汇编》，上海古籍出版社 2010 年影印本。
36. 上海图书馆编：《格致书院课艺》，上海科学技术文献出版社 2016 年影印本。
37. 来新夏主编：《清代经世文选编》，黄山书社 2019 年版。

三、全集、文集

1. 魏源：《魏源全集》，岳麓书社 2004 年版。
2. 李鸿章著，顾廷龙、戴逸主编：《李鸿章全集》，安徽教育出版社 2008 年版。
3. 刘坤一著，中国科学院历史研究所第三所主编：《刘坤一遗集》，中华书局 1959 年版。

4. 康有为著，姜义华、张荣华编校：《康有为全集》，中国人民大学出版社 2007 年版。

5. 左宗棠著，刘泱泱等校点：《左宗棠全集》，岳麓书社 2009 年版。

6. 张之洞著，苑书义、孙华峰、李秉新主编：《张之洞全集》，河北人民出版社 1998 年版。

7. 陈澧著，黄国声主编：《陈澧集》，上海古籍出版社 2008 年版。

8. 谭嗣同著，蔡尚思、方行编：《谭嗣同全集》，中华书局 1981 年版。

9. 刘光第著，《刘光第集》编辑组编：《刘光第集》，中华书局 1986 年版。

10. 张謇著，曹从坡、杨桐主编：《张謇全集》，江苏古籍出版社 1994 年版。

11. 吴汝纶著，施培毅、徐寿凯校点：《吴汝纶全集》，黄山书社 2002 年版。

12. 梁启超著，林志钧编：《饮冰室合集》，中华书局 1989 版。

13. 沈葆桢：《沈文肃公牍》，江苏广陵古籍刻印社 1997 年影印本。

14. 郑观应著，夏东元编：《郑观应集》，上海人民出版社 1982 年版。

15. 严复著，王栻主编：《严复集》，中华书局 1986 年版。

16. 朱一新：《拙盦丛稿》，《近代中国史料丛刊》第 28 辑之 272 册，台湾文海出版社 1968 年影印本。

17. 夏曾佑著，杨琥编：《夏曾佑集》，上海古籍出版社 2011 年版。

18. 蔡元培著，中国蔡元培研究会编：《蔡元培全集》，浙江教育出版社 1998 年版。

19. 宋恕著，胡珠生编：《宋恕集》，中华书局 1993 年版。

20. 熊希龄著，周秋光编：《熊希龄集》，湖南人民出版社 2008 年版。

21. 汪康年著，汪林茂编校：《汪康年文集》，浙江古籍出版社 2011 年版。

22. 黄体芳著，俞天舒编：《黄体芳集》，上海社会科学院出版社 2004 年版。

23. 王国维著，谢维扬、房鑫亮主编：《王国维全集》，浙江教育出版社 2009 年版。

24. 唐才常著，湖南省哲学社会科学研究所编：《唐才常集》，中华书局 1982 年版。

25. 经元善著，虞和平编：《经元善集》，华中师范大学出版社 2011 年版。

26. 黎庶昌著，黎铎、龙先绪点校：《黎庶昌全集》，上海古籍出版社 2015

年版。

27. 缪荃孙著，张廷银、朱玉麒主编：《缪荃孙全集》，凤凰出版社 2014 年版。
28. 黄绍箕著，俞天舒辑：《黄绍箕集》，政协瑞安市文史资料委员会 1998 年版。
29. 文廷式著，汪叔子编：《文廷式集》，中华书局 1993 年版。
30. 王同愈著，顾廷龙编：《王同愈集》，上海古籍出版社 1998 年版。
31. 李伯元著，薛正兴主编：《李伯元全集》，江苏古籍出版社 1997 年版。
32. 陈虬著，胡珠生编：《陈虬集》，中华书局 2015 年版。
33. 唐才常著，中华书局编辑部编，刘泱泱审订：《唐才常集》（增订本），中华书局 2013 年版。
34. 郭长海、郭君兮辑注：《秋瑾全集笺注》，吉林文史出版社 2003 年版。
35. 马建忠著，王梦珂点校：《马建忠集》，中华书局 2013 年版。
36. 黄遵宪著，陈铮编：《黄遵宪全集》，中华书局 2005 年版。
37. 陈炽著，赵树贵、曾丽雅编：《陈炽集》，中华书局 1997 年版。
38. 田桐著，王杰、张金超主编：《田桐集》，华中师范大学出版社 2011 年。
39. 鲁迅：《鲁迅全集》，人民文学出版社 2005 年版。
40. 吕思勉：《吕思勉全集》，上海古籍出版社 2015 年版。
41. 王云五：《王云五文集》，江西教育出版社 2011 年版。
42. 胡道静：《胡道静文集》，上海人民出版社 2011 年版。
43. 郭沫若：《郭沫若全集》，人民文学出版社 1992 年版。
44. 冯友兰：《三松堂全集》，河南人民出版社 2001 年版。
45. 谢国桢：《谢国桢全集》，北京出版社 2013 年版。
46. 陈汉章：《陈汉章全集》，浙江古籍出版社 2014 年版。
47. 顾毓琇：《顾毓琇全集》，辽宁教育出版社 2000 年版。
48. 刘光蕡著，武占江点校整理：《刘光蕡集》，西北大学出版社 2015 年版。
49. 熊月之编：《中国近代思想家文库·冯桂芬卷》，中国人民大学出版社 2014 年版。
50. 熊月之编：《中国近代思想家文库·郭嵩焘卷》，中国人民大学出版社 2014

年版。

51. 王维江、李礽哲、黄田编:《中国近代思想家文库·王先谦、叶德辉卷》,中国人民大学出版社 2015 年版。

52. 王东杰、陈阳编:《中国近代思想家文库·宋育仁卷》,中国人民大学出版社 2015 年版。

53. 蒙默、蒙怀敬编:《中国近代思想家文库·廖平卷》,中国人民大学出版社 2015 年版。

54. 汪林茂编:《中国近代思想家文库·汤寿潜卷》,中国人民大学出版社 2015 年版。

55. 吴稚晖:《吴稚晖全集》,九州出版社 2013 年版。

56. 海青编:《中国近代思想家文库·王韬卷》,中国人民大学出版社 2013 年版。

57. 黄克武编:《中国近代思想家文库·严复卷》,中国人民大学出版社 2014 年版。

58. 李大钊著,朱文通等编辑整理:《李大钊全集》,河北教育出版社 1999 年版。

59. 江标著,黄政辑:《江标集》,凤凰出版社 2018 年版。

四、日记、笔记、书信

(一) 稿本、善本、线装本

1. 胡朴安:《朴学斋日记》(1899—1947),复旦大学图书馆稿本(善本)。
2. 沈景修:《蒙庐日记》(1871—1886),复旦大学图书馆稿本(善本)。
3. 王伟桢:《修闲居士日记》(1878—1898),复旦大学图书馆稿本(善本)。
4. 殷兆镛:《春明日记》,复旦大学图书馆稿本(善本)。
5. 曹元弼:《复礼堂日记》(1906—1909),复旦大学图书馆稿本(善本)。
6. 曹元忠:《庐行日记》,复旦大学图书馆稿本(善本)。
7. 蒋黻:《浮海日记》,复旦大学图书馆稿本(善本)。
8. 佚名:《寓沪日记》,复旦大学图书馆稿本。
9. 佚名:《寓杭日记》,复旦大学图书馆钞本。

10. 半庐主人：《乙亥年日记》，复旦大学图书馆稿本。

11. 杨宾：《杨子日记》，复旦大学图书馆善本。

12. 刘承幹：《求恕斋日记》（1903），复旦大学图书馆稿本。

13. 宋咸熙：《惜阴日记》，复旦大学图书馆线装本。

14. 瞿元霖：《苏常日记》，复旦大学图书馆线装本。

15. 邵懿辰：《半严庐日记》，复旦大学图书馆线装本。

16. 胡玉缙：《甲辰东游日记》，复旦大学图书馆线装本。

17. 佚名：《香庄日记》（1872），复旦大学图书馆线装本。

18. 沈曾植：《海日楼日记》，复旦大学图书馆线装本。

19. 钱大昕著，何元锡编次：《竹汀日记钞》，复旦大学图书馆线装本。

20. 采侯：《采侯日记》，复旦大学图书馆线装本。

21. 佚名：《子和日记》（1892—1898），上海图书馆稿本（编号：530241—43）。

22. 庄先识：《庄通百日记》（1899—1924），上海图书馆稿本（编号：78277—316）。

23. 庄文亚：《无逸窝日记》（1899—1907），上海图书馆稿本（编号：66580614）。

24. 刘汝翼：《需次日记》（1873—1894），上海图书馆稿本（善本，编号：862236—46）。

25. 封章炜：《安素居日记》（1897—1902），上海图书馆稿本（编号：530248—50）。

26. 叶尔恺：《柏皋庚戌日记》（1910），上海图书馆稿本（编号：436528）。

27. 陈倬：《陈培之先生日记》（1874—1875），上海图书馆稿本（编号：821019）。

28. 褚伯约：《褚伯约日记》（1873），上海图书馆稿本（编号：381930）。

29. 丁祖荫：《丁初我日记》（1906—1929），上海图书馆稿本（编号：826583—604）。

30. 冯芳缉：《冯申之先生日记》（1857—1861），上海图书馆稿本（善本，编号：T35441—42）。

31. 高凤谦:《戆斋日记》(1893),上海图书馆稿本(善本,编号:T26625)。

32. 关豫:《关承孙先生日记》(1894—1898),上海图书馆稿本(善本,编号:T25397—401)。

33. 吴嵩泰:《犁叟日记》(1899),上海图书馆稿本(编号:506193)。

34. 佚名:《懒懒生日记》(1902—1903),上海图书馆稿本(善本,编号:29380—81)。

35. 王诒寿:《缦雅堂日记》(1872—1878),上海图书馆稿本(善本,编号:T41770—73)。

36. 李维格:《思无邪斋日记》(1901—1905),上海图书馆稿本(编号:827026—29)。

37. 孙宝琛:《孙宝琛日记》(1903—1932),上海图书馆稿本(善本,编号:T47017—41)。

38. 徐际元:《徐善伯先生日记》(1903—1914),上海图书馆稿本(善本,编号:T10474—77)。

39. 邹嘉来:《怡若日记》(1908—1911),上海图书馆稿本(善本,编号:T36458—60)。

40. 宋枏:《约言》(松存日记,1885—1898),上海图书馆稿本(善本,编号:T29363—66)。

41. 张锡恭:《张征君日记》(1885—1899),上海图书馆稿本(编号:826695—712)。

42. 潘祖年:《拙速日记》(1901—1924),上海图书馆稿本(善本,编号:T58748—54)。

43. 王海客:《王海客日记》(1859—1863),上海图书馆稿本(善本,编号:826689—91)。

44. 朱钟琪:《朱蜕庐日记》(1897—1901),上海图书馆稿本(善本,编号:T453301—04)。

45. 陈宗彝:《龙门书院读书日记》(1868),上海图书馆稿本(善本,编号:T53509—11)。

（二）日记影印本汇编

1. 国家图书馆编：《国家图书馆藏抄稿本日记选编》（全 60 册），国家图书馆出版社 2015 年版。
2. 李德龙、俞冰主编：《历代日记丛钞》（全 200 册），学苑出版社 2006 年版。
3. 温州市图书馆编：《温州市图书馆藏日记稿钞本丛刊》（全 60 册），中华书局 2017 年影印本。
4. 王建朗、马忠文主编：《近代史研究所藏稿钞本日记丛刊》（全 80 册），国家图书馆出版社 2020 年版。
5. 周德明、黄显功主编：《上海图书馆藏稿钞本日记丛刊》（全 86 册），国家图书馆出版社、上海科学技术文献出版社 2017 年版。
6. 北京大学图书馆藏稿本丛书编委会编辑：《北京大学图书馆藏稿本丛书》（全 23 册），天津古籍出版社 1987 年版。
7. 清华大学图书馆编，冯立昇编：《清华大学图书馆藏稿钞本日记丛刊》（全 24 册），国家图书馆出版社 2018 年版。
8. 李永明主编：《北京师范大学图书馆藏稿抄本丛刊》（全 46 册），国家图书馆出版社 2011 年版。
9. 苏州博物馆编：《苏州博物馆藏近现代名人日记稿本丛刊》（全 39 册），文物出版社 2018 年影印本。
10. 湖北省图书馆编：《湖北省图书馆藏稿本日记四种》（全 48 册），国家图书馆出版社 2021 年版。

（三）普通版本

1. 曾国藩著，林世田等点校：《曾国藩日记》，宗教文化出版社 1999 年版。
2. 郭嵩焘著，湖南人民出版社古籍编辑室校点：《郭嵩焘日记》，湖南人民出版社 1980—1983 年版。
3. 翁同龢著，翁万戈编，翁以钧校订：《翁同龢日记》，中西书局 2012 年版。
4. 王韬著，方行、汤志钧整理：《王韬日记》，中华书局 1987 年版。
5. 陈其元：《庸闲斋笔记》，中华书局 1989 年版。

6. 叶昌炽：《缘督庐日记》，江苏古籍出版社 2002 年影印本。

7. 李兴锐著，廖一中、罗真容整理：《李兴锐日记》，中华书局 1987 年版。

8. 王文韶著，袁英光、胡逢祥整理：《王文韶日记》，中华书局 1989 年版。

9. 王闿运著，吴容甫点校：《湘绮楼日记》，岳麓书社 1997 年影印本。

10. 薛福成著，蔡少卿整理：《薛福成日记》，吉林文史出版社 2004 年版。

11. 曾纪泽著，刘志惠点校辑注：《曾纪泽日记》，岳麓书社 1998 年版。

12. 周星誉、周星诒著，刘蔷整理：《鸥堂日记·窳櫎日记》，河北教育出版社 2001 年版。

13. 张荫桓著，任青、马忠文整理：《张荫桓日记》，上海书店出版社 2004 年版。

14. 皮锡瑞：《师伏堂日记》，国家图书馆出版社 2009 年影印本。

15. 孙宝瑄：《忘山庐日记》，上海古籍出版社 1983 年版。

16. 斌椿著，谷及世校点：《乘槎笔记（外一种）》，湖南人民出版社 1981 年版。

17. 刘大鹏著，乔志强标注：《退想斋日记》，山西人民出版社 1990 年版。

18. 杨葆光著，严文儒等校点：《订顽日程》，上海古籍出版社 2010 年版。

19. 谭献著，范旭仑、牟晓朋整理：《谭献日记》，中华书局 2013 年版。

20. 杨度著，北京市档案馆编，杨念群点校：《杨度日记（1896—1900）》，新华出版社 2001 年版。

21. 朱峙三著，胡香生辑录，严昌洪编：《朱峙三日记（1893—1919）》，华中师范大学出版社 2011 年版。

22. 恽毓鼎著，史晓风整理：《恽毓鼎澄斋日记》，浙江古籍出版社 2005 年版。

23. 绍英著，张剑整理：《绍英日记》，中华书局 2018 年版。

24. 郑孝胥著，中国国家博物馆编，劳祖德整理：《郑孝胥日记》，中华书局 1993 年版。

25. 张棡著，张钧孙点校：《张棡日记》，中华书局 2019 年版。

26. 蔡元培著，王世儒编：《蔡元培日记》，北京大学出版社 2010 年版。

27. 汪荣宝著，韩策、崔学森整理：《汪荣宝日记》，中华书局 2013 年版。

28. 张佩纶著，谢海林整理：《张佩纶日记》，凤凰出版社 2015 年版。
29. 俞樾著，孙炜整理：《春在堂日记 曲园日记》，凤凰出版社 2021 年版。
30. 李星沅著，袁英光、童浩整理：《李星沅日记》，中华书局 1987 年版。
31. 莫友芝著，张剑整理：《莫友芝日记》，凤凰出版社 2014 年版。
32. 翁曾翰著，张方整理：《翁曾翰日记》，凤凰出版社 2014 年版。
33. 贺葆真著，徐雁平整理：《贺葆真日记》，凤凰出版社 2014 年版。
34. 赵元成著，倪春军整理：《赵元成日记（外一种）》，凤凰出版社 2015 年版。
35. 翁斌孙著，张剑整理：《翁斌孙日记》，凤凰出版社 2015 年版。
36. 吴骞著，张昊苏，杨洪升整理：《吴兔床日记》，凤凰出版社 2015 年版。
37. 姚锡光等著，王凡、汪叔子整理：《姚锡光江鄂日记（外二种）》，中华书局 2010 年版。
38. 唐景崧著，古辛整理：《唐景崧日记》，中华书局 2013 年版。
39. 王乃誉著，海宁市史志办编：《王乃誉日记》，中华书局 2014 年影印本。
40. 许宝蘅著，许恪儒整理：《许宝蘅日记》，中华书局 2010 年版。
41. 谢家福著，苏州博物馆编：《谢家福日记》，文物出版社 2013 年版。
42. 谢家福著，苏州博物馆编：《谢家福书信集》，文物出版社 2015 年版。
43. 吉城：《鲁学斋日记（外二种）》，国家图书馆出版社 2010 年影印本。
44. 顾森书：《顾森书日记》，国家图书馆出版社 2015 年影印本。
45. 李辅燿著，徐立望、胡志富主编：《李辅燿日记》，浙江大学出版社 2014 年影印本。
46. 叶舟点校，常州图书馆编：《晚清常州名贤日记四种》，凤凰出版社 2013 年版。
47. 孙家振：《退醒庐笔记》，上海书店出版社 1997 年版。
48. 荣庆著，谢兴尧整理、点校、注释：《荣庆日记》，西北大学出版社 1986 年版。
49. 汪康年：《汪穰卿笔记》，中华书局 2007 年版。
50. 沈家本：《沈家本日记》，韩延龙、刘海年、沈厚铎整理：《沈家本未刻书集纂补编》(下),中国社会科学出版社 2006 年版。

51. 上海图书馆编:《汪康年师友书札》,上海古籍出版社,1986—1989 年版。

52. 周腾虎著,肖连奇整理:《周腾虎日记》,凤凰出版社 2019 年版。

53. 俞樾著,张燕婴整理:《俞樾函札辑证》,凤凰出版社 2014 年版。

54. 管庭芬著,张廷银整理:《管庭芬日记》,中华书局 2013 年版。

55. 朱希祖著,朱元曙、朱乐川整理:《朱希祖日记》,中华书局 2012 年版。

56. 吴虞著,中国革命博物馆整理:《吴虞日记》,四川人民出版社 1984 年版。

57. 余肇康著,湖南省博物馆编:《余肇康日记》,湖南人民出版社 2009 年版。

58. 胡适著,曹伯言整理:《胡适日记全集》,台湾联经出版事业有限公司 2004 年版。

59. 胡骏:《补斋日记》,沈云龙主编:《近代中国史料丛刊》三编第 8 辑之 71 至 78 册,台湾文海出版社 1986 年影印本。

60. 于荫霖:《悚斋日记》,沈云龙主编:《近代中国史料丛刊》第 23 辑之 224 册,台湾文海出版社 1966 年影印本。

61. 徐鋆:《辛丑日记》,沈云龙主编:《近代中国史料丛刊》第 3 辑之 24 册,台湾文海出版社 1967 年影印本。

62. 严修著,陈鑫整理:《严修日记(1876—1894)》,天津古籍出版社 2015 年版。

63. 严修:《蟫香馆使黔日记》,沈云龙主编:《近代中国史料丛刊》第 20 辑之 198 册,台湾文海出版社 1979 年影印本。

64. 钱玄同著,杨天石主编,阎彤、王燕芝等整理:《钱玄同日记》(整理本),北京大学出版社 2014 年版。

65. 徐世昌:《徐世昌日记》,北京人民出版社 2013 年影印本。

66. 姚永概著,沈寂等标点:《慎宜轩日记》,黄山书社 2010 年版。

67. 颜惠庆著,上海市档案馆译:《颜惠庆日记》,中国档案出版社 1996 年版。

68. 林传甲著,况正兵、解旬灵整理:《林传甲日记》,中华书局 2014 年版。

69. 吴宓著,吴学昭整理:《吴宓日记》,生活·读书·新知三联书店 1998 年版。

70. 居觉生:《梅川日记》,上海大东书局 1947 年铅印本。

71. 赵烈文著，廖承良标点整理：《能静居日记》，岳麓书社 2013 年版。
72. 黄庆澄：《东游日记》，岳麓书社 1985 年版。
73. 邓华熙著，马莎整理：《邓华熙日记》，凤凰出版社 2014 年版。
74. 黄尊三著，谭徐锋整理：《黄尊三日记》，凤凰出版社 2019 年版。
75. 赵彦俦：《三愿堂日记》，商务印书馆 1930 年版。
76. 徐绍桢：《学寿堂日记》，商务印书馆 1928 年版。
77. 陈荣昌著，周立英点校：《〈乙巳东游日记〉点校》，云南美术出版社 2007 年版。
78. 郭曾炘著，窦瑞敏整理：《郭曾炘日记》，中华书局 2019 年版。
79. 金毓黻：《静晤室日记》，辽沈书社 1993 年版。
80. 吕珮芬：《湘辂日记》，北平传信印书局 1937 年铅印本。
81. 狄葆贤著，段春旭整理：《平等阁诗话 平等阁笔记》，凤凰出版社 2015 年版。
82. 英敛之著，方豪编录：《英敛之先生日记遗稿》，沈云龙主编：《近代中国史料丛刊续编》第三辑，台湾文海出版社 1974 年影印本。
83. 潘道根著，罗瑛整理：《潘道根日记》，凤凰出版社 2016 年版。
84. 黄炎培著，中国社会科学院近代史研究所整理：《黄炎培日记》，华文出版社 2008 年版。
85. ［日］宗方小太郎：《宗方小太郎日记（未刊稿）》，甘慧杰译，上海人民出版社 2016 年版。
86. 江瀚著，郑园整理：《江瀚日记》，凤凰出版社 2017 年版。
87. 黄秉义著，周兴禄整理：《黄秉义日记》，凤凰出版社 2017 年版。
88. 王承传著，冯雷、王洪军整理：《王承传日记》，凤凰出版社 2017 年版。
89. 胡嗣瑗著，裘陈江整理：《胡嗣瑗日记》，凤凰出版社 2017 年版。
90. 唐烜著，赵阳阳、马梅玉整理：《唐烜日记》，凤凰出版社 2017 年版。
91. 王锺霖著，周生杰、周恬羽整理：《王锺霖日记》，凤凰出版社 2017 年版。
92. 粟奉之著，江潮、高明祥整理：《粟奉之日记》，凤凰出版社 2017 年版。
93. 王振声著，徐慧子、李周整理：《王振声日记》，凤凰出版社 2017 年版。

94. 刘绍宽著，方浦仁、陈盛奖整理：《刘绍宽日记》，中华书局2018年版。

95. 符璋著，陈光熙整理：《符璋日记》，中华书局2018年版。

96. 林骏著，温州市图书馆编，沈洪保整理：《林骏日记》，中华书局2018年版。

97. 傅云龙著，傅训成整理：《傅云龙日记》，浙江古籍出版社2005年版。

98. 杨恩寿著，陈长明标点：《坦园日记》，上海古籍出版社1983年版。

99. 王祖询等著，卢康华整理：《蟫庐日记（外五种）》，凤凰出版社2016年版。

100. 陶存煦著，刘桂秋、刘国芹整理：《陶存煦日记》，凤凰出版社2022年版。

101. 杨昌济：《达化斋日记》，湖南人民出版社1978年版。

102. 周作人：《周作人日记》，大象出版社1996年影印本。

103. 刘鹗著，刘德隆编：《抱残守缺斋日记》，中西书局2018年版。

104. 赵钧著，温州市图书馆编，陈伟玲整理：《赵钧日记》，中华书局2018年版。

105. 梁启超著，汤志钧、汤仁泽编注：《梁启超家书：南长街54号梁氏函札》，中国人民大学出版社2016年版。

106. 徐敦仁著，张剑整理：《徐敦仁日记》，凤凰出版社2021年版。

107. 潘钟瑞著，尧育飞整理：《潘钟瑞日记》，凤凰出版社2019年版。

108. 高心夔著，张剑整理：《高心夔日记》，凤凰出版社2019年版。

109. 何宗逊著，韩宁平、夏亚平整理：《何宗逊日记》，凤凰出版社2019年版。

110. 江标著，黄政整理：《江标日记》，凤凰出版社2019年版。

111. 徐兆玮著，李向东、包岐峰、苏醒等标点：《徐兆玮日记》，黄山书社2013年版。

112. 康有为著，张荣华整理：《康有为日记（1886—1889年）》，《近代史资料》总第119号，中国社会科学出版社2009年版。

113. 孟森、吴慈培著，谭苦盦整理：《孟心史日记·吴慈培日记》，凤凰出版社2018年版。

114. 黄侃著，黄延祖重辑：《黄侃日记》，中华书局2007年版。

115. 高枬著，谢文君整理：《高枬日记》，凤凰出版社 2022 年版。
116. 袁昶著，孙之梅整理：《袁昶日记》，凤凰出版社 2018 年版。
117. 徐乃昌著，南江涛整理：《徐乃昌日记》，凤凰出版社 2020 年版。
118. 曹元弼著，李科整理：《曹元弼日记》，凤凰出版社 2020 年版。
119. 刘承幹著，陈谊整理：《嘉业堂藏书日记抄》，凤凰出版社 2016 年版。
120. 陶兆麒著，张霞整理：《壬癸避难日志 辛卯年日记》，凤凰出版社 2016 年版。
121. 李红英整理：《常熟翁氏友朋书札》，凤凰出版社 2020 年版。
122. 潘曾绶著，张何斌整理：《潘曾绶日记》，凤凰出版社 2020 年版。
123. 恩光著，许庆江、董婧宸整理：《恩光日记》，凤凰出版社 2020 年版。
124. 宗源瀚著，曹天晓整理：《宗源瀚日记（外二种）》，凤凰出版社 2020 年版。
125. 翟文选著，宋皓琨整理：《翟文选日记》，凤凰出版社 2020 年版。
126. 有泰著，康欣平整理：《有泰日记》，凤凰出版社 2018 年版。
127. 袁崇霖著，刘奥林、李强整理：《袁崇霖日记》，凤凰出版社 2020 年版。
128. 何汝霖、季芝昌、沈兆霖、许庚身、廖寿恒撰，张剑、郑园整理：《晚清军机大臣日记五种》，中华书局 2019 年版。
129. 吴宗濂著，许尚、穆易校点：《随轺笔记》，岳麓书社 2016 年版。
130. 顾文彬著，苏州市档案局、苏州市过云楼文化研究会编：《过云楼日记》，文汇出版社 2015 年版。
131. 杨宜治著，李文杰整理：《杨宜治日记》，上海人民出版社 2020 年版。
132. 张文虎著，陈大康整理：《张文虎日记》，上海书店出版社 2009 年版。
133. 许瀚著，崔巍整理：《许瀚日记》，河北教育出版社 2001 年版。
134. 朱鄂基著，朱炯整理：《朱鄂生日记》，凤凰出版社 2021 年版。
135. 上海人民出版社编：《清代日记汇抄》，上海人民出版社 1982 年版。
136. 黄庆澄：《东游日记》，岳麓书社 1985 年版。
137. 杜凤治著，邱捷点注：《杜凤治日记》，广东人民出版社 2021 年版。
138. 徐敦仁著，张剑整理：《徐敦仁日记》，凤凰出版社 2021 年版。

139. 翁曾纯等著，王振伟整理：《翁曾纯日记 瀚如氏日记（外二种）》，凤凰出版社 2021 年版。

140. 蒋维乔：《蒋维乔日记》，中华书局 2014 年影印本。

141. 童保喧著，宁海县政协教文卫体和文史资料委员会编：《童保喧日记》，宁波出版社 2006 年版。

142. 姚福奎著，杨珂整理：《姚星五日记》，凤凰出版社 2022 年版。

143. 姚觐元著，董婧宸、董岑仕整理：《姚觐元日记》，凤凰出版社 2022 年版。

144. 傅肇敏著，邱明整理：《傅肇敏日记》，凤凰出版社 2022 年版。

145. 阎锡山：《阎锡山日记》，九州出版社 2011 年版。

146. 陈庆均著，邓政阳整理：《陈庆均日记》（上），凤凰出版社 2023 年版，第 24 页。

五、自述、传记、回忆录

1. 章太炎：《章太炎自述》，人民日报出版社 2012 年版。

2. 胡适：《四十自述》，海天出版社 1992 年版。

3. 梁漱溟：《我的努力与反思》，漓江出版社 1987 年版。

4. 毛泽东：《毛泽东自传》，［美］斯诺笔录，汪衡译，国际文化出版公司 2009 年版。

5. 蔡锷：《蔡锷自述》，深圳报业集团出版社 2011 年版。

6. 王云五：《岫庐八十自述》，江西教育出版社 2011 年版。

7. 陆费逵：《陆费逵自述》，安徽文艺出版社 2013 年版。

8. 吕思勉：《吕思勉自述》，安徽文艺出版社 2013 年版。

9. 章克标：《九十自述》，中国文联出版公司 2000 年版。

10. 骆憬甫：《浮生手记（1886—1954）：一个平民知识分子的纪实》，上海古籍出版社 2004 年版。

11. 蒋梦麟：《西潮与新潮——蒋梦麟回忆录》，东方出版社 2006 年版。

12. 陈少白：《陈少白自述》，人民日报出版社 2011 年版。

13. 柏文蔚：《柏文蔚自述》，人民日报出版社 2011 年版。

14. 谭人凤：《谭人凤自述》，人民日报出版社 2011 年版。
15. 李烈钧：《李烈钧自述》，人民日报出版社 2011 年版。
16. 宋教仁：《宋教仁自述》，人民日报出版社 2011 年版。
17. 邹韬奋：《邹韬奋自述》，安徽文艺出版社 2013 年版。
18. 中央文献研究室编：《朱德自述》，解放军文艺出版社 2003 年版。
19. ［日］冈千仞：《观光纪游》，台湾文海出版社 1971 年影印本。
20. 舒新城：《舒新城自述》，安徽文艺出版社 2013 年版。
21. 曹汝霖：《曹汝霖一生之回忆》，中国大百科全书出版社 2009 年版。
22. 邹鲁：《邹鲁回忆录》，东方出版社 2010 年版。
23. 蒋廷黻：《蒋廷黻回忆录》，岳麓书社 2003 年版。
24. 周作人：《知堂回想录》，安徽教育出版社 2008 年版。
25. 张国焘：《我的回忆》，现代史料编刊社 1980 年版。
26. 周树人：《鲁迅自传》，台北龙文出版社 1993 年版。
27. 冯自由：《革命逸史》，中华书局 1981 年版。
28. 唐宝林：《陈独秀全传》，社会科学文献出版社 2013 年版。
29. 汪诒年纂辑：《汪穰卿先生传记》，中华书局 2007 年版。
30. 陈布雷：《陈布雷回忆录》，东方出版社 2009 年版。
31. 陈衡哲：《陈衡哲早年自传》，冯进译，安徽教育出版社 2006 年版。
32. 柳亚子：《柳亚子自述续编》，人民日报出版社 2012 年版。
33. 胡汉民：《胡汉民自述》，人民日报出版社 2013 年版。
34. 罗振玉：《罗振玉自述》，安徽文艺出版社 2013 年版。
35. 穆藕初：《穆藕初自述》，安徽文艺出版社 2013 年版。
36. 李济深：《李济深自述》，安徽文艺出版社 2013 年版。
37. 周钟岳：《周钟岳自述》，安徽文艺出版社 2013 年版。
38. 柳诒徵：《柳诒徵自述》，安徽文艺出版社 2013 年版。
39. 周学熙：《周学熙自述》，安徽文艺出版社 2013 年版。
40. 马叙伦：《马叙伦自述》，中国大百科全书出版社 2012 年版。
41. 陶希圣：《潮流与点滴——陶希圣回忆录》，中国大百科全书出版社 2009

年版。

42. 钱基博：《钱基博自述》，安徽文艺出版社 2013 年版。

43. 沈宗瀚：《沈宗瀚自述》，黄山书社 2011 年版。

44. 李平书：《且顽老人七十岁自叙》，沈云龙主编：《近代中国史料丛刊续编》第 5 辑之 46 册，台湾文海出版社 1974 年影印本。

45. 苏雪林：《苏雪林自传》，江苏文艺出版社 1996 年版。

46. 朱东润：《朱东润自传》人民文学出版社 2009 年版。

47. 齐如山：《齐如山自述》，安徽文艺出版社 2014 年版。

48. 王锡彤著，郑永福、吕美颐点注：《抑斋自述》，河南大学出版社 2001 年版。

49. 徐永昌：《求己斋回忆录》，中华书局 2016 年版。

50. 赵元任：《赵元任早年自传》，广西师范大学出版社 2013 年版。

51. 万耀煌口述，沈云龙访问，郭廷以校阅：《万耀煌口述自传》，中国大百科全书出版社 2010 年版。

52. 何廉：《何廉回忆录》，朱佑慈等译，中国文史出版社 1988 年版。

53. 叶瀚：《块余生自纪》，《中国文化研究集刊》第 5 辑，复旦大学出版社 1987 年版。

54. 包天笑：《钏影楼回忆录》，中国大百科全书出版社 2009 年版。

六、年谱

1. 来新夏编著：《林则徐年谱长编》，上海交通大学出版社 2011 年版。

2. 董丛林编著：《曾国藩年谱长编》，上海交通大学出版社 2017 年版。

3. 刘忆江著：《李鸿章年谱长编》，河北大学出版社 2015 年版。

4. 罗正钧著：《左宗棠年谱》，岳麓书社 1983 年版。

5. 吴剑杰编著：《张之洞年谱长编》，上海交通大学出版社 2009 年版。

6. 孙应祥：《严复年谱》，福建人民出版社 2003 年版。

7. 黄国声、李福标著：《陈澧先生年谱》，广东人民出版社 2014 年版。

8. 康有为著，楼宇烈整理：《康南海自编年谱（外二种）》，中华书局 1992 年版。

9. 丁文江、赵丰田编：《梁启超年谱长编》，上海人民出版社1983年版。

10. 杨廷福著：《谭嗣同年谱》，人民出版社1957年版。

11. 夏东元编著：《郑观应年谱长编》，上海交通大学出版社2009年版。

12. 顾潮编著：《顾颉刚年谱》（增订本），中华书局2011年版。

13. 万仕国编著：《刘师培年谱》，广陵书社2003年版。

14. 郅玉汝编著：《陈独秀年谱》，香港龙门书店1974年版。

15. 高平叔撰著，《蔡元培年谱长编》，人民教育出版社1998年版。

16. 朱文通主编：《李大钊年谱长编》，中国社会科学出版社2009年版。

17. 沈谱、沈人骅编著：《沈钧儒年谱》，群言出版社2013年版。

18. 穆家修、柳和城、穆伟杰编著：《穆藕初年谱长编》，上海交通大学出版社2015年版。

19. 王天松：《褚辅成年谱》，学苑出版社2015年版。

20. 孙延钊撰，徐和雍、周立人整理：《孙衣言、孙诒让父子年谱》，上海社会科学院出版社2003年版。

21. 李永圻、张耕华编撰：《吕思勉先生年谱长编》，上海古籍出版社2012年版。

22. 陈锡祺编著：《孙中山年谱长编》，中华书局1991年版。

23. 张菊香、张铁荣编著：《周作人年谱》，天津人民出版社2000年版。

24. 中共中央文献研究室编：《朱德年谱（新编本）（1886—1976）》，中央文献出版社2006年版。

25. 《董必武年谱》编撰组编：《董必武年谱》，中央文献出版社2007年版。

26. 刘乃和等著：《陈垣年谱配图长编》，辽海出版社2000年版。

27. 李渊庭、阎秉化编著：《梁漱溟先生年谱》，广西师范大学出版社2003年版。

七、译著

1. ［美］克利福德·格尔茨：《文化的解释》，韩莉译，译林出版社1999年版。

2. ［美］克利福德·吉尔兹：《地方性知识：阐释人类学论文集》，王海龙、张家瑄译，中央编译出版社2004年版。

3. [美]罗伯特·达恩顿：《屠猫狂欢：法国文化史钩沉》，吕健忠译，商务印书馆2018年版。

4. [美]罗伯特·达恩顿：《催眠术与法国启蒙运动的终结》，周小进译，华东师范大学出版社2010年版。

5. [法]罗杰·夏蒂埃：《书籍的秩序——14至18世纪的书写文化与社会》，吴泓缈、张璐译，商务印书馆2013年版。

6. [加拿大]阿尔维托·曼古埃尔：《阅读史》，吴昌杰译，商务印书馆2011年版。

7. [新西兰]史蒂文·罗杰·费希尔：《阅读的历史》，李瑞林等译，商务印书馆2009年版。

8. [美]本尼迪克特·安德森：《想象的共同体——民族主义的起源与散布》，吴叡人译，上海人民出版社2011年版。

9. [美]白瑞华：《中国报纸（1800—1912）》，王海译，暨南大学出版社2011年版。

10. [美]费正清：《剑桥中国晚清史》，中国社会科学出版社1985年。

11. [英]沈艾娣：《梦醒子——一位华北乡居者的人生（1857—1942）》，赵妍杰译，北京大学出版社2013年版。

12. [日]实藤惠秀：《中国人留学日本史》，谭汝谦、林启彦译，生活·读书·新知三联书店1983年版。

13. 汪英宾：《中国本土报刊的兴起》，王海、王明亮译，暨南大学出版社2013年版。

14. [德]斐迪南·滕尼斯：《共同体与社会——纯粹社会学的基本概念》，林荣远译，北京大学出版社2010年版。

15. [美]孔飞力：《叫魂：1768年中国妖术大恐慌》，陈兼、刘昶译，生活·读书·新知三联书店2012年版。

16. [英]齐格蒙特·鲍曼：《共同体》，欧阳景根译，江苏人民出版社2007年版。

17. [美]大卫·理斯曼等：《孤独的人群》，王崑、朱虹译，南京大学出版社2002年版。

18. ［美］刘易斯·芒福德：《技术与文明》，陈允明、王克仁、李华山译，中国建筑工业出版社 2009 年版。

19. ［法］加布里埃尔·塔尔德、［美］特里·N. 克拉克编：《传播与社会影响》，何道宽译，中国人民大学出版社 2005 年版。

20. ［英］彼得·伯克：《欧洲近代早期的大众文化》，杨豫、王海良等译，杨豫校，上海人民出版社 2005 年版。

21. ［德］里夏德·范迪尔门：《欧洲近代生活：宗教、巫术、启蒙运动》，王亚平译，东方出版社 2005 年版。

22. ［美］周绍明：《书籍的社会史：中华帝国晚期的书籍与士人文化》，何朝晖译，北京大学出版社 2009 年版。

23. ［美］威廉·C. 亨特：《广州"番鬼"录》，冯树铁译，广东人民出版社 1993 年版。

24. ［美］亨特：《旧中国杂记》，沈正邦译，广东人民出版社 1992 年版。

25. ［英］保罗·法兰奇：《镜里看中国：从鸦片战争到毛泽东时代的驻华外国记者》，张强译，中国友谊出版公司 2011 年版。

26. ［英］李提摩太：《亲历晚清四十五年——李提摩太在华回忆录》，李宪堂、侯林莉译，天津人民出版社、人民出版社 2011 年版。

27. ［美］詹姆斯·W. 凯瑞：《作为文化的传播》，丁未译，华夏出版社 2005 年版

28. 冯亚琳、［德］阿斯特莉特·埃尔主编：《文化记忆理论读本》，余传玲等译，北京大学出版社 2012 年版。

29. ［美］尼尔·波兹曼：《技术垄断：文明向技术投降》，蔡金栋、梁薇译，机械工业出版社 2013 年版。

30. ［法］托克维尔：《论美国的民主》，董果良译，商务印书馆 2016 年版。

31. ［法］皮埃尔·布尔迪厄：《区分：判断力的社会批判》，刘晖译，商务印书馆 2015 年版。

32. ［美］周永明：《中国网络政治的历史考察：电报与清末时政》，尹松波、石琳译，商务印书馆 2013 年版。

33. [美]詹姆斯·克利福德、乔治·E.马库斯编:《写文化——民族志的诗学与政治学》,高丙中等译,商务印书馆 2006 年版。

34. [美]西敏司:《甜与权力——糖在近代历史上的地位》,王超、朱健刚译,商务印书馆 2010 年版。

35. 郑曦原编:《帝国的回忆:〈纽约时报〉晚清观察记》,郑曦原、李方惠、胡书源译,生活·读书·新知三联书店 2001 年版。

36. [美]约翰·R.麦克尼尔、威廉·H.麦克尼尔:《人类之网:鸟瞰世界历史》,王晋新、宋保军等译,北京大学出版社 2011 年版。

37. [日]小森阳一:《作为事件的阅读》,王奕红、贺晓星译,南京大学出版社 2015 年版。

38. [日]高柳信夫编著:《中国"近代知识"的生成》,唐利国译,商务印书馆 2016 年版。

39. [日]增田涉:《西学东渐与中国事情》,由其民、周启乾译,江苏人民出版社 2011 年版。

40. [美]段义孚:《空间与地方:经验的视角》,王志标译,中国人民大学出版社 2017 年版。

41. [美]段义孚:《恋地情结》,志丞、刘苏译,商务印书馆 2019 年版。

42. [英]马凌诺斯基:《西太平洋的航海者》,梁永佳、李绍明译,华夏出版社 2002 年版。

43. [美]柯文:《在传统与现代性之间——王韬与晚清改革》,雷颐、罗检秋译,江苏人民出版社 2003 年版。

44. [美]曼纽尔·卡斯特:《网络社会的崛起》,夏铸九等译,社会科学文献出版社 2006 年版。

八、著作

1. 魏源著,李巨澜评注:《海国图志》,中州古籍出版社 1999 年版。

2. 徐继畬:《瀛寰志略》,上海书店出版社 2001 年版。

3. 梁廷枏著,骆宾善、刘路生校:《海国四说》,中华书局 1993 年版。

4. 郑观应著，王贻梁评注：《盛世危言》，中州古籍出版社1998年版。
5. 姚公鹤著，恽树钰校：《上海闲话》，商务印书馆1927年版。
6. 梁启超著，朱维铮导读：《清代学术概论》，上海古籍出版社1998年版。
7. 梁漱溟：《东西文化及其哲学》，商务印书馆2010年版。
8. 朱一新撰辑：《无邪堂答问》，朝华出版社2018年影印本。
9. 潘光哲：《晚清士人的西学阅读史（1833—1898）》，"中央研究院"近代史研究所2014年版。
10. 陈旭麓：《近代中国社会的新陈代谢》，中国人民大学出版社2012年版。
11. 蒋国珍：《中国新闻发达史》，上海世界书局1927年版。
12. 蒋廷黻：《中国近代史》，新世界出版社2019年版。
13. 戈公振：《中国报学史》，台湾学生书局1976年版。
14. 赵君豪：《中国近代之报业》，上海申报馆1938年版。
15. 方汉奇：《中国近代报刊史》，山西人民出版社1981年版。
16. 桑兵：《晚清学堂学生与社会变迁》，广西师范大学出版社2007年版。
17. 王汎森：《中国近代思想与学术的系谱》，河北教育出版社2001年版。
18. 王汎森：《思想是生活的一种方式：中国近代思想史的再思考》，北京大学出版社2018年版。
19. 王汎森：《执拗的低音：一些历史思考方式的反思》，生活·读书·新知三联书店2020年版。
20. 葛兆光：《中国思想史》，复旦大学出版社2001年版。
21. 罗志田：《近代读书人的思想世界与治学取向》，北京大学出版社2009年版。
22. 罗志田：《权势转移：近代中国的思想与社会（修订版）》，北京师范大学出版社2014年版。
23. 罗荣渠主编：《从"西化"到现代化》，黄山书社2008年版。
24. 张星烺：《欧化东渐史》，商务印书馆2011年版。
25. 邹振环：《西方传教士与晚清西史东渐》，上海古籍出版社2007年版。
26. 耿云志：《近代中国文化转型研究导论》，四川人民出版社2008年版。

27. 李泽厚：《说中体西用》，上海译文出版社 2012 年版。
28. 瞿同祖：《中国法律与中国社会》，中华书局 2003 年版。
29. 郑大华、彭平一：《社会结构变迁与近代文化转型》，四川人民出版社 2008 年版。
30. 张仲礼：《中国绅士：关于其在 19 世纪中国社会中作用的研究》，李荣昌译，上海社会科学院出版社 1991 年版。
31. 费孝通：《中国绅士》，惠海鸣译，中国社会科学出版社 2006 年版。
32. 李长莉：《中国人的生活方式：从传统到近代》，四川人民出版社 2008 年版。
33. 李孝悌：《清末的下层社会启蒙运动》，河北教育出版社 2001 年版。
34. 张灏：《危机中的中国知识分子：寻求秩序与意义》，高力克、王跃译，毛小林校译，新星出版社 2006 年版。
35. 熊月之：《西学东渐与晚清社会（修订版）》，中国人民大学出版社 2011 年版。
36. 王德威：《没有现代，怎样文学？》，台北城邦文化事业股份有限公司 1998 年版。
37. 许纪霖等著：《近代中国知识分子的公共交往（1895—1949）》，上海人民出版社 2008 年版。
38. 廖梅：《汪康年：从民权论到文化保守主义》，上海古籍出版社 2001 年版。
39. 闾小波：《中国早期现代化中的传播媒介》，上海三联书店 1995 年版。
40. 汤志钧：《戊戌时期的学会和报刊》，台湾商务印书馆 1993 年版。
41. 洪煜：《近代上海小报与市民文化研究（1897—1937）》，上海书店出版社 2007 年版。
42. 王敏：《上海报人社会生活（1872—1949）》，上海辞书出版社 2008 年版。
43. 石锦：《中国现代化运动与清末留日学生》，台北启新水泥公司文化基金会 1968 年版。
44. 景梅久著，大高岩、波多野太郎译：《留日回顾》，东京，平凡社 1966 年版。

45. 周佳荣：《苏报及苏报案——1903年上海新闻事件》，上海社会科学院出版社2005年版。

46. 胡全章：《清末民初白话报刊研究》，中国社会科学出版社2011年版。

47. 叶中强：《上海社会与文人生活（1843—1945）》，上海辞书出版社2010年版。

48. 谢彬：《中国邮电航空史》，上海中华书局1928年版。

49. 许涤新、吴承明主编：《旧民主主义革命时期的中国资本主义》，人民出版社1990年版。

50. 张海鹏、李细珠：《中国近代通史》（第五卷），江苏人民出版社2006年版。

51. 刘志琴主编：《中国近代社会文化变迁录》，浙江人民出版社1998年版。

52. 孙燕京：《晚清社会风尚研究》，中国人民大学出版社2002年版。

53. 陈伯熙编著：《上海轶事大观》，上海书店出版社2000年版。

54. 卓南生：《中国近代报业发展史》，中国社会科学出版社2002年版。

55. 章清：《学术与社会——近代中国"社会重心"的转移与读书人新的角色》，上海人民出版社2012年版。

56. 章清：《清季民国时期的"思想界"》，社会科学文献出版社2014年版。

57. 章清：《会通中西：近代中国知识转型的基调及其变奏》，社会科学文献出版社2019年版。

58. 林语堂：《中国新闻舆论史（1968年版）》，王海译，暨南大学出版社2011年版。

59. 桑兵：《走进共和：日记所见政权更替时期亲历者的心路历程（1911—1912）》，北京师范大学出版社2016年版。

60. 夏晓虹：《晚清社会与文化》，湖北教育出版社2001年版。

61. 徐铸成：《报海旧闻》（修订版），生活·读书·新知三联书店2010年版。

62. 程丽红：《清代报人研究》，社会科学文献出版社2008年版。

63. 李占才主编：《中国铁路史》，汕头大学出版社1994年版。

64. 傅崇矩编：《成都通览》，成都时代出版社2006年版。

65. 史静寰、王立新：《基督教教育与中国知识分子》，福建教育出版社 2000 年版。

66. 李楠：《晚清民国时期上海小报》，人民文学出版社 2006 年版。

67. 李金铨编：《报人报国：中国新闻史的另一种读法》，香港中文大学出版社 2013 年版。

68. 樊亚平：《中国新闻从业者职业认同研究（1815—1927）》，人民出版社 2011 年版。

69. 张仲民：《出版与文化政治：晚清的"卫生"书籍研究》，上海书店出版社 2009 年版。

70. 张仲民：《种瓜得豆：清末民初的阅读文化与接受政治》，社会科学文献出版社 2016 年版。

71. 胡道静：《新闻史上的新时代》，中国传媒大学出版社 2018 年版。

72. 项士元编：《浙江新闻史》，之江日报社 1930 年版。

73. 王余光主编：《中国阅读通史》，安徽教育出版社 2017 年版。

74. 杨代春：《〈万国公报〉与晚清中西文化交流》，湖南人民出版社 2002 年版。

75. 赵建国：《分解与重构：清季民初的报界团体》，生活·读书·新知三联书店 2008 年版。

76. 方平：《晚清上海的公共领域（1895—1911）》，上海人民出版社 2007 年版。

77. 周作人著，刘应争编选：《知堂小品》，陕西人民出版社 1991 年版。

78. 张运君：《晚清书报检查制度研究》，社会科学文献出版社 2011 年版。

79. 苏精：《铸以代刻——传教士与中文印刷变局》，台大出版中心 2014 年版。

80. 苏精：《马礼逊与中文印刷出版》，台湾学生书局 2000 年版。

81. 潘光哲：《创造近代中国的"世界知识"》，社会科学文献出版社 2019 年版。

82. 戴联斌：《从书籍史到阅读史：阅读史研究的理论与方法》，新星出版社 2017 年版。

83. 宋耕编著：《重读传统：跨文化阅读新视野》，外语教学与研究出版社 2005 年版。

84. 李伯元：《文明小史》，百花洲文艺出版社 1989 年版。

85. 张小莉：《清末新政时期文化政策》，人民出版社 2010 年版。
86. 钱国红：《走近"西洋"和"东洋"：中日世界意识形成的比较研究》，商务印书馆 2009 年版。
87. 卢明玉：《译与异——林乐知译述与西学传播》，首都经济贸易大学出版社 2010 年版。
88. 吴义雄：《大变局下的文化相遇：晚清中西交流史论》，中华书局 2018 年版。
89. 郑师渠：《思潮与学派：中国近代思想文化研究》，北京师范大学出版社 2005 年版。
90. 傅荣贤：《中国近代知识观念和知识结构的演进》，知识产权出版社 2016 年版。
91. 丘为君：《启蒙、理性与现代性：近代中国启蒙运动（1895—1925）》，台大出版中心 2018 年版。
92. 金林祥主编《中国教育制度通史》，山东教育出版社 2000 年版。
93. 杨早：《清末民初北京舆论环境与新文化的登场》，北京大学出版社 2008 年版。
94. 邵志择：《近代中国报刊思想的起源与转折》，浙江大学出版社 2011 年版。
95. 梁群球主编：《广州报业（1827—1990）》，中山大学出版社 1992 年版。
96. 杨光辉等编：《中国近代报刊发展概况》，新华出版社 1986 年版。
97. 李仁渊：《晚清的新式传播媒体与知识分子：以报刊出版为中心的讨论》，台北稻乡出版社 2005 年版。
98. 薛毅主编：《西方都市文化研究读本》，广西师范大学出版社 2008 年版。
99. 陈镇波：《宋恕评传》，浙江人民出版社 2010 年版。
100. 刘圣宜：《近代广州社会与文化》，广东高等教育出版社 2004 年版。
101. 陈占彪：《五四知识分子的淑世意识》，商务印书馆 2010 年版。

九、论文

1. 潘光哲：《追索晚清阅读史的一些想法——"知识仓库"、"思想资源"与"概念变迁"》，《新史学》2005 年第 3 期。

2. 潘光哲主编：《开拓近代中国历史图象的新天地——"近代中国的阅读、出版与文化"专辑》，《思与言》2005年第3期。

3. 潘光哲：《〈时务报〉和它的读者》，《历史研究》2005年第5期。

4. 潘光哲：《开创世界知识的公共空间：〈时务报〉译稿研究》，《史林》2006年第5期。

5. 秦曼仪：《书籍史方法论的反省与实践——马尔坦和夏蒂埃对于书籍、阅读及书写文化史的研究》，《台大历史学报》2008年总第41期。

6. 瞿骏：《造报、阅报与毁报——论辛亥革命时期的上海报》，《近代史学刊》2010年。

7. 桑兵：《民国学界的老辈》，《历史研究》2005年第6期。

8. 沈坚：《记忆与历史的博弈：法国记忆史的建构》，《中国社会科学》2010年第3期。

9. 王余光、许欢：《西方阅读史研究评述与中国阅读史研究的新进展》，《高校图书馆工作》2005年第2期。

10. 汪叔子：《维新思潮的涌涨——以〈时务报〉在广州地区的销售为例》，《学术研究》2004年第4期。

11. 张仲民：《从书籍史到阅读史——关于晚清书籍史/阅读史研究的若干思考》，《史林》2007年第5期。

12. 张仲民：《晚清出版的生理卫生书籍及其读者》，《史林》2008年第4期。

13. 余英时：《中国知识分子的边缘化》，《二十一世纪》1991年第6期。

14. 张灏：《中国近代思想史的转型》，《二十一世纪》1994年第52期。

15. 姚福申：《天津〈国闻报〉若干史实辨析》，《新闻研究资料》1990年第3期。

16. 王笛：《清末近代学堂与学生数量》，《史学月刊》1986年第2期。

17. 李华兴、陈祖怀：《留学教育与近代中国》，《史林》1996年第3期。

18. 邓洪波：《教会书院及其文化功效》，《贵州教育学院学报》（社会科学版）1993年第3期。

19. 杨念群：《反思西学东渐史的若干议题——从"单向文化传播论"到知识

类型转变的现代性分析》,《华东师范大学学报》(哲学社会科学版) 2019 年第 3 期。

20. 李斯颐:《清末 10 年阅报讲报活动评析》,《新闻研究资料》1990 年第 2 期。

21. 王维江:《"清流"与〈申报〉》,《近代史研究》2007 年第 6 期。

22. 叶汉明:《〈点石斋画报〉与文化史研究》,《南开学报》(哲学社会科学版) 2011 年第 2 期。

23. 朱英:《经元善与晚清慈善公益事业的发展》,《华中师范大学学报》(人文社会科学版) 2001 年第 1 期。

24. 谭树林:《英华书院之印刷出版与中西文化交流》,《江苏社会科学》2015 年第 1 期。

25. 谭树林:《英华书院与晚清翻译人才之培养——以袁德辉、马儒翰为中心的考察》,《安徽史学》2014 年第 2 期。

26. 陈平原:《新闻与石印——〈点石斋画报〉之成立》,《开放时代》2000 年第 7 期。

27. 杨朕宇:《〈新闻报〉广告与近代上海休闲生活的建构(1927—1937)》,复旦大学新闻学院 2009 年博士学位论文。

28. 卞冬磊:《古典心灵的现实转向:读报纸与现代性(1894—1911)》,复旦大学新闻学院 2013 年博士学位论文。

29. 徐茂明:《19 世纪中叶江南寒士的"三不朽"与民间生活伦理——以〈王韬日记(增订本)〉为中心》,《历史研究》2019 年第 4 期。

十、英文文献

1. Smith Anthony (1998), *Television: An International History*, New York: Oxford University Press.

2. Cheek Arrington, Rudd McGhee (2000), *Effective Oral Communication (2nd Edition)*, Illinois: Interstate Publishers, Inc.

3. Crisell Andrew (2006), *A Study of Modern Television*, Basingstoke: Palgrave

Macmillan.

4. Bielby Denise and Harrington Lee (2008), *Global TV*, New York: New York University Press.

5. Marvin, C (1988), *When Old Technologies Were New: Thinking about Electric Communication in the Late Nineteenth Century*, New York: Oxford Press.

6. Rice, R. E (2009), "Sociological and Technological Interdependencies of New Media", *Journal of Computer-Mediated Communication*, April 2009.

7. Bill Kovach and Tom Rosenstein (2001), *The Elements of Journalism: What Newspeople Should Know and the Public Should Expect*, New York: Three River Press.

8. Jack Fuller (1997), *News Values: Ideas for an Information Age*, Chicago: University of Chicago Press.

9. Meyrowitz, Joshua (1985), *No Sense of Place: The Impact of Electronic Media on Social Behavior*, New York: Oxford University Press.

10. Asch, S. E. (1951), "Effects of Group Pressure Upon The Modification and Distortion of Judgment", Guetzkow (ed.), *Groups, Leadership and Men*. Pittsburgh, PA: Carnegie Press.

11. K, Lewin (1948), *Resolving Social Conflicts*, New York: Harper and Row Publishers.

12. C, Wright (1959), *Mass Communication: A Sociological Perspective*, New York: Random House.

13. Cavallo Guglielmo, Chartier Roger (ed) (1999), *A History of Reading in the West*, Amherst and Boston: University of Massachusetts.

14. Martyn Lyons (2006), *Reader and Society in Nineteenth Century France: Worker, Women, Peasants*, New York: Palgrave Macmillian.

15. Martn P. Thompson (1993), "Reception Theory and the Interpretation of Historical Meaning", *History and Theory*, Vol. 32, No. 3.

16. Michel de Certeau (1998). *The Practice of Everyday Life*, Berkeley: University

of California Press.
17. Park, R. (1940), "News as a Form of Knowledge: a Chapter in the Sociology of Knowledge", *The American Journal of Sociology*, 45 (5).
18. Peter Burke (1989), "What Is Cultural History", Cathy N. Davidson (ed), *Reading in America: Literature and Social History*, Batimore: John Hopkins University Press.
19. Jonathan Rose (2004), "Arriving at a History of Reading", *Historically Speaking*, Vol. 5.
20. Relph E. (1976), *Place and Blamelessness*, London.

图书在版编目(CIP)数据

中国报刊阅读史:1815—1949.第一卷,晚清时期:1815—1911/蒋建国著.—上海:复旦大学出版社,2024.9
ISBN 978-7-309-17347-5

Ⅰ.①中… Ⅱ.①蒋… Ⅲ.①报刊-文化史-中国-1815-1911 Ⅳ.①G219.29

中国国家版本馆 CIP 数据核字(2024)第 058878 号

中国报刊阅读史(1815—1949)第一卷 晚清时期(1815—1911)
蒋建国　著
出品人/严　峰
责任编辑/章永宏

复旦大学出版社有限公司出版发行
上海市国权路 579 号　邮编:200433
网址:fupnet@fudanpress.com　http://www.fudanpress.com
门市零售:86-21-65102580　团体订购:86-21-65104505
出版部电话:86-21-65642845
上海盛通时代印刷有限公司

开本 787 毫米×1092 毫米　1/16　印张 41　字数 606 千字
2024 年 9 月第 1 版
2024 年 9 月第 1 版第 1 次印刷

ISBN 978-7-309-17347-5/G·2584
定价:188.00 元

如有印装质量问题,请向复旦大学出版社有限公司出版部调换。
版权所有　侵权必究